貓頭鷹書房

有些書套著嚴肅的學術外衣，但內容平易近人，非常好讀；有些書討論近乎冷僻的主題，其實意蘊深遠，充滿閱讀的樂趣；還有些書大家時時掛在嘴邊，但我們卻從未看過……

如果沒有人推薦、提醒、出版，這些散發著智慧光芒的傑作，就會在我們的生命中錯失——因此我們有了**貓頭鷹書房**，作為這些書安身立命的家，也作為我們智性活動的主題樂園。

貓頭鷹書房——智者在此垂釣

貓頭鷹書房 451

金融帝國的興衰

從暴發戶到跨國企業，
梅迪奇銀行帶你見證資本主義的起源

The rise and decline of the Medici Bank, 1397-1494

德魯福◎著

呂吉爾◎譯

貓頭鷹

本書依據哈佛大學出版社 1963 年版本譯出，譯稿授權自呂吉爾先生。

貓頭鷹書房 451

金融帝國的興衰：
從暴發戶到跨國企業，梅迪奇銀行帶你見證資本主義的起源

作　　者　德魯福
譯　　者　呂吉爾
選 書 人　賴建誠
責任編輯　張瑞芳
協力編輯　蘇鵬元
校　　對　魏秋綢
版面構成　張靜怡
封面設計　許紘維
行銷業務　鄭詠文、陳昱甄
總 編 輯　謝宜英
出 版 者　貓頭鷹出版 OWL PUBLISHING HOUSE

事業群總經理　謝至平
發 行 人　何飛鵬
發　　行　英屬蓋曼群島商家庭傳媒股份有限公司城邦分公司
115 台北市南港區昆陽街 16 號 8 樓
畫撥帳號：19863813；戶名：書虫股份有限公司
城邦讀書花園：www.cite.com.tw　購書服務信箱：service@readingclub.com.tw
購書服務專線：02-2500-7718~9（週一至週五 09:30-12:30；13:30-18:00）
24 小時傳真專線：02-2500-1990~1
香港發行所　城邦（香港）出版集團／電話：852-2508-6231 ／ hkcite@biznetvigator.com
馬新發行所　城邦（馬新）出版集團／電話：603-9056-3833 ／傳真：603-9057-6622
印 製 廠　中原造像股份有限公司
初　　版　2019 年 10 月
定　　價　新台幣 1200 元／港幣 400 元（紙本書）
I S B N　978-986-262-399-2

讀者意見信箱　owl@cph.com.tw
投稿信箱　owl.book@gmail.com
貓頭鷹臉書　facebook.com/owlpublishing

國家圖書館出版品預行編目資料

金融帝國的興衰：從暴發戶到跨國企業，梅迪奇銀行帶你見證資本主義的起源／德魯福著；呂吉爾譯. -- 初版. -- 臺北市：貓頭鷹出版：家庭傳媒城邦分公司發行, 2019.10
面；　公分.
譯自：The rise and decline of the Medici Bank, 1397-1494.
ISBN 978-986-262-399-2（精裝）
1. 梅迪奇家族 2. 銀行史 3. 義大利佛羅倫斯
562.945　　108014961

（佛羅倫斯共和國國父）科西莫·德－梅迪奇

本書於一九六六年因「商業的原則及商業在社會中的作用」，獲得羅伯特—特魯普—佩因獎。

英文版編者的話

亨麗埃塔・拉森（《哈佛工商史研究叢書》主編）

本書標誌著《哈佛工商史研究叢書》的一個新起點。它是完全討論歐洲工商業系列研究中的第一本書，記錄一家在時間上早於其他書籍主題幾個世紀的企業經營。然而，它關心的是銀行體系的發展，這是本系列已出版的四本書所講述的主題，跟前面四本書的內容一樣，論述的重點也在於管理的過程。

梅迪奇銀行是十五世紀最強大的銀行。它擔任教會的財務代理人，貸款給統治者，並促進西歐的國際貿易。梅迪奇銀行的主要業主和管理人憑藉個人影響力，並利用獲得的利潤，幫助佛羅倫斯發展成最偉大的文藝復興中心。這家中世紀企業的歷史有助於認識歐洲經濟和文化發展的一個偉大時代。

本書對《哈佛工商史研究叢書》的特殊價值在於，梅迪奇銀行與現代投資和商業銀行業務的歷史淵源相近。實際上，從經營的方式來看，它可說是幾個世紀後一些英國、美國銀行的中世紀祖先，本系列叢書中的《美國貿易中的巴林家族》和《私人銀行家傑伊・庫克》就分別描述這類英國與美國銀行。

梅迪奇經營時所處的經濟體制，與巴林家族或傑伊・庫克及合夥人的時代大相徑庭。這些十九世紀的合夥企業是在一個國際化、迅速發展的工商業經濟中經營，具有廣大的市場基礎。十五世紀的銀行家雖然也是採取國際化經營，但基本上還是局限在主要為教會、國家和上層社會服務的商人和銀行家構成的商業系統。

這家中世紀的企業雖然處於不同時空，卻在許多方面與現代的巴林企業和庫克企業類似。跟它們一樣，梅迪奇銀行也是由強而有力、富有創造力的企業家建立。它擁有一家合夥總部，以及在主要商業中心的分公司或辦事處。它的決策權集中，至少在理論上如此，不過經營時採取分散式管理，隨之產生控制問題。它主要用別人的錢來經營，並時常冒著高風險使用資本去創造利潤。它確實因錯綜複雜的原因陷入嚴重的困境。撇開時間因素或環境因素，這三家企業全都說明，明智的判斷在決策中的重要性，以及在集中決策、控制與分散式經營間達成一個可行的平衡的重要性。

雖然歷史學家都熟知本書的作者，但對其他讀者而言，簡要的介紹可能是有意義的。德魯福是比利時人，早期受過學術訓練，有工作經驗（先後在一家銀行和安特衛普最大的航運公司當過會計），他來到美國就讀哈佛工商管理學院，並於一九三八年獲得工商管理碩士學位。在哈佛就學期間，他師從格拉斯攻讀工商史，師從亞瑟攻讀經濟史。後來在芝加哥大學攻讀經濟史和經濟理論，並獲得博士學位。他是布魯克林學院的歷史學教授。

德魯福教授出版過多部著作，發表談論銀行業歷史、有價證券、會計學、經濟思想的許多文章。他早先撰寫較為簡短的梅迪奇銀行史，由紐約大學出版社出版，獲得過美國歷史協會的赫伯特－巴克斯特－亞當斯獎。他的《中世紀布魯日的貨幣、銀行業和信貸》獲得美國中世紀學院的查理斯－荷馬－哈斯金斯獎章。他的《格雷欣論外匯；試論英國早期的重商主義》獲得哈佛工商管理學院的贊助，並由哈佛大學出版社出版。還有一本用法文寫作、與匯票歷史有關的書由巴黎高等研究實驗學院出版，並得到法國政府的補助。德魯福教授雖已加入美國籍，但因為學術方面的貢獻，還是被選為祖國比利時的皇家佛蘭德科學、文學和美術院外籍院士。

就如德魯福教授的建議，在哈佛工商管理學院的出版物中，特別值得注意佛羅倫絲・愛德萊・德魯福博士對這本梅迪奇銀行研究的幫助。她就是德魯福夫人，身為哈佛工商管理學院工商史研究小組的成員，起先研究梅迪奇家族一家從事製造業的分公司業務紀錄，是她後來把丈夫帶進義大利梅迪奇銀行的豐富紀錄之中。雖然她謝絕分享本書的著作權，但身為文藝復興學者、佛羅倫斯和盧卡歷史的研究者，以及《中世紀義大利語商業術語彙編》（由中世紀學院出版）的作者，德魯福夫人提供構想和批評，並在研究梅迪奇銀行的紀錄上提供說明。

本書的出版費用已由哈佛工商管理學院承諾支付。這進一步說明學院管理人認為，重視工商史的研究和出版很有價值，認為這可以幫助商管教育，並了解經濟體制的歷史背景與其服務的社會。

一九六二年四月二十四日

■推薦文

為什麼《金融帝國的興衰》值得重新理解？

賴建誠（清華大學經濟學系榮譽教授）

一、譯本說明

我是這本中譯的催生者，很欣慰看到這麼可靠的譯本，更願意推薦給對金融史有興趣的讀者。重讀這本義大利十四至十五世紀梅迪奇家族的故事，一方面驚嘆國際金融體系和資本主義在這段期間已經發展得相當可觀；二方面從政治、商業、宗教三個角度來看，家族與金錢的網絡早已在國際間運作得相當純熟。

如果你在英美版的亞馬遜網路書店上，用梅迪奇的英文當作書名或關鍵字查詢，會找到非常多的著作，古今歐外都有。在Abebooks二手書店的網路上查詢，數量也多得讓人印象深刻。梅迪奇家族的故事是個歷久不衰的大題材，但中文學界能提供的訊息相當有限。溫州大學陳勇老師的博士論文《十三至十五世紀歐洲早期銀行業研究》，二〇一四年由社會科學出版社印行（共一百九十九頁），這是少數中文研究的起步。社會科學文獻出版社有《美第奇家族興亡史》（克利斯托夫·赫伯特著，二〇一〇年出版）、新星出版社有《美第奇家族：文藝復興的教父們》（保羅·斯特拉森著，二〇〇七年出版）。

研究梅迪奇家族的豐富文獻中，我覺得最深入也最可靠的是德魯福（一九〇四至一九七二年）一九六三年出版的這本書。他的生平與其他著作在網路上都有資訊可查，英文版的維基百科有簡單介紹。稍後我會解說他對我的重要啟發，以及為何我對這本《金融帝國的興衰》念念不忘。如果你想了解梅迪奇的家族史與最近的文獻，維基百科的中文版有簡單介紹，英文版在二〇一七年初有十三頁解說，法文版有十二頁，義大利文版也有十二頁。

我對梅迪奇銀行有過濃厚興趣，累積相當多文獻。原本想試著從產業經濟學、金融網路、結盟競爭的觀點，解說梅迪奇金融體系的運作特徵。經過幾年的準備，讀了大量的著作與論文，才明白一個基本的道理：一九六五年之後的諸多著作雖然琳琅滿目，也有些新觀點和新文獻，但究其實質與基本見解，仍未能明顯跳脫德魯福這本經典的掌心。

二〇一四年一至三月間，浙江財經大學的丁騁騁老師來清華大學擔任訪問學者。他的主要興趣是金融史，我談到對梅迪奇銀行的涉獵與感受：這是理解西歐金融史的根基性題材，也是早期資本主義運作的優良範例，更是產業、政治、宗教交織的精采故事，可以從好幾個切入角度看出好幾個面向的重要議題。

這麼重要的題材，其實我們都不具備研究的條件，除了語文的限制（拉丁文、義大利文），還有對時代背景的隔閡、綜錯複雜的家族關係、跨國性商業組織，以及無法精確判讀、也不可能看完的手稿檔案。簡言之，在華語世界目前唯一可行的，就是把這本名著翻譯出來，一方面先熟悉基礎圖像，二方面為下一代研究者鋪路。

二〇一四年三月下旬，丁騁騁準備回浙江時，我已有退休的念頭。當時手邊的工作還不少，實在無法進行梅迪奇的事。我就和他商量：趁著年輕力旺，若有機會完成此書中譯，也是功德一件，我願意把蒐集的文獻全部給他。雖然他對此事很有興趣，但學校與家庭瑣事纏身兩頭燒。沒料到他有更高明的辦法：找高中時期的英文老師呂吉爾先譯初稿，專業名詞與內容由他補充整理。

呂老師是浙江省特級教師（相當於教授），是中國優秀的外語教師，發表過許多教學研究論文和科技譯文，還有兩部基礎英語教學的專著。呂老師退休後時間較充裕，願意試譯這本大部頭名著。對他來說，這是既陌生又艱難的挑戰。二〇一六年四月他已譯好前九章，我覺得譯稿相當嚴謹，對細節掌握精確。以嚴密著稱的德魯福若地下有知，必然很高興有同樣態度的中文譯者，這麼認真地對待他的原著。

二〇一六年九月我在紹興和呂老師見面，同遊魯迅故居以及有書法聖地之稱的蘭亭。這是東晉永和九年王羲之邀集四十一位文雅人士，在此舉行曲水流觴的盛會，並寫下「天下第一行書」〈蘭亭集序〉。我對呂老師的印象非常好，他是典型的讀書人，對專業絕對執著，樸實可靠，我對這本中譯的信心因而更加堅定。

二〇一六年九月時已有初步完稿，丁騁騁開始逐行審訂。這不是容易的工作，必須逐句查對原文，檢查前後文邏輯，查證許多細節史料，我也協助解決少數細節，或提議合適的用詞。二〇一七年元月中旬收到全書譯稿，密密麻麻將近四百頁。綜覽之後大感驚嘆，這是我所能期盼最完整、最負責的譯本，特點如下。

一、全書的龐雜注解全部譯出，放在書末供研究者查閱。
二、對專有名詞或事件與人物的解說，以譯注的形式放在各頁注腳。
三、譯者在附錄整理人名譯名表、地名譯名表、其他專有名詞譯名表，真是負責踏實的譯者。
四、字裡行間折磨人的細節非常多，譯者不畏艱辛，查詢資料逐一克服。
五、依原書的圖片名稱，在網路上找出相同的彩色圖片，對出版社是一大幫助。
六、許多複雜的帳目都轉譯成中文格式，閱讀方便。
七、書末有梅迪奇家族的七個系譜表，譯者排版得讓人一目了然，對理解錯綜的家族關係非常有用。
八、最令人讚賞的是，呂老師把梅迪奇家族成員資訊，重新整合成完整族譜圖，共有三加十八代。時間橫跨將近七百多年，從一〇四六年（第一代：詹蔔奧諾）到一七三七年（第十八代：吉安）梅迪奇家族絕嗣，再無男丁。這個重編自製的家族譜圖，置於書衣海報供讀者查閱。

九、他的譯後記，真是文如其人，寫得真摯感人，展現出令人敬佩的「職匠精神」。

丁騁騁也寫了一篇長文導讀，介紹作者的貢獻與此書的意義，我在此就避免重複這兩個面向。整體而言，呂、丁師生的合作成果讓我自嘆不如，這本書必將成為名著中譯的優良示範。

二、四位啟發者

接下來轉換視角，說明四位學者對我的啟發。這是我專業求知的過程，梅迪奇研究是其中的小環節，年輕學子或許可參照。這些事略為曲折，需要較長篇幅鋪陳，算是整理心路歷程的小側面。兩個重點：一、這四位如何啟發我；二、我如何用較淺顯的著作，回報他們的啟發。

我的專業領域是經濟史與經濟思想史，我用三種方式學習這兩個領域的多元知識。一、隨手翻看各種出版品，時間一久雜聞益廣，分辨力自然增強。亂讀很重要：無意的拾取，幫助日後的信手拈來。二、長期跟緊英美的學術期刊，一方面掌握學界動態，二方面學習各國學者的問題意識與分析角度。三、剛入行時，挑幾位與自己相投的作者，精讀他們的主要著作，一行一頁地啃下去。幾年後會學到如何開展大視野、部署大架構，也較明白為什麼他們能出眾鶴立。

先談思想史。我受益最大的是馬克．布勞格（一九二七至二〇一一年）《經濟理論的回顧》。一九七八年第三版時我還太年輕，既跟不上又不能體會。一九八五年的第四版內容有新的增刪，我一字一行地讀完，真佩服他的淵博與銳利。十年內我重讀三次，可說了然於胸。這個馬步蹲得很踏實，奠定對這個領域的整體認知與判斷。一九九七年的第五版增刪不多，我就有點意見了：隨著這個領域的快速進展，某些章節已失去吸引力，某些重要的新發展來不及吸納。

這是社會的進步，也是我學識的增長，更是明星終將暗淡的宿命。如果你上網看亞馬遜的書評，會發現一九九七至二〇一六年間，對此書的評價已大幅降低：五星（三八％）、四星（一三％）、三星（三七％）、二星（一二％）。對這本名著而言真是難堪，但這也正是科學進步的軌跡。我回報布勞格的淺顯著作是一本科普書《經濟思想史的趣味》，二〇一六年增訂二版，共四十章與六個附錄（浙江大學出版社）。

經濟史的重要著作方面，我早期的學習重點是法國年鑑學派第一、二代的主將。我的歐洲經濟史知識主要建立在布勞代爾《資本主義史》（一九七九，三冊）。也是一字一行地啃完，前後看了三年，又看了好幾次，寫了無數的筆記與觀點析述。這是大架構、大視野、大構圖、大潑墨的著作。不易掌握精髓，但內容豐富變幻，隱含許多重要概念。

布勞代爾的史學概念與方法論消耗我不少心神，寫得臉色蒼白，但非常值得：先是學而知之，接著是困而知之，終於視野開闊、概念清晰、思辨無礙、終身受益。我回報布勞代爾的淺顯著作是《年鑑學派管窺》（一九九六出版年，上下冊）與《布勞代爾的史學解析》（二〇〇四年中英文版）。

舉布勞格和布勞代爾的例子是要分享我年輕時的方法與心得。我和這兩位的境界差距過大，連東施效顰的可能性都沒有。在社會經濟史這個領域裡，有兩位歷史學者是我原本想「跟上」，但終究自慚形穢的人物：一是年鑑學派的開創者之一布洛克（一八八六至一九四四年），一是比利時籍的德魯福（一九〇四至一九七二年）。

布洛克的名著很多，例如《封建社會》（一九三九年出版，上下冊）、《史家的技藝》（一九四九年出版）。我最心儀佩服的是《神跡國王：中世紀的英法國王與超自然觸療法》（主書名也可譯為《王權與神權》）。他的博士論文是《國王與農奴》（一九二〇年出版），接下來就是這本名著《神跡國王》（一九二四年出版），一九七三年才有英譯版本。主要議題是：中世紀英法的國王，在天授神權的觀念下，英國和法國的民間習俗相信，只要讓國王或女王觸摸一下，念幾句祝禱詞，就可以治好淋巴結腫塊。

這是因為感染結核菌，導致頸部淋巴結發炎潰爛。十二至十八世紀間，結核病菌無法有效治療，感染流行率又高。在宗教和政治結合（政教合一）的時代，民間就流傳說，經過教會神授的國王能觸摸患部治癒：「國王觸摸你，天主治癒你。」中世紀的英法國王具有超自然的觸療神跡，這是「心態史」的上好題材。

年輕的布洛克寫了五百多頁，一九八三年再版時（五百八十六頁），世界聞名的中世紀史學者、也是第三代的年鑑學派傳人之一勒高夫寫了長篇導讀，解說此書的經典地位。我對此書景仰已久，二〇一〇年初時稍得空，竟然做起白日夢：布洛克寫此書時，至今已將近九十年，學界對這個議題，必然有許多新見解可以補充，說不定我可以試著給《神跡國王》做個狗尾續貂的現代版。

我興奮地蒐集一架子文獻，把各國譯本找來，從電子資料庫搜尋相關文獻，從法國國家圖書館下載相關著作、期刊、檔案。搞了將近一年，文獻齊備、布局妥當、章節明暢，還寫了不少筆記與基本觀點。但愈寫愈心虛，終於認清一個簡單的事實：不可能超越一九二四年的舊作。

主因如下：一、這個議題要用到許多拉丁文獻，還牽扯到許多德文研究，我的語言工具掌握不夠。二、許多宗教、習俗、制度上的細節，我只知大要，無法掌握精髓，只能觸及表面，一寫就外行。三、我沒有新觀點，也沒重要的新議題，更談不上有效的論點。一年多後，承認失敗，全部拋棄，只留下一堆電子檔。這只是個小挫折，但確實感受到年輕時期布洛克的深厚學識，以及為何百年後仍無人能超越。*

我沒有要超越《神跡國王》的念頭，所以心理壓力不大，反而對過程中的困難與喜悅感受較強烈。這也讓我體會到什麼叫做經典：那是無法複製無法取代的。你聽過臨摹版的《蒙娜麗莎的微笑》能超越原作嗎？《國富論》與《資本論》有被超越取代過嗎？經典只能重述與補充，不能被超越的才有資格稱為經典。《神跡國王》是歷史學界的小經典，是中世紀史學界和年鑑歷史學派的大經典。我透過這本書和他交會了幾年，透過這種奇特的方式而更崇敬他。

我回報布洛克的淺顯著作是在《年鑑學派管窺》上冊第三篇十四至二十章，以科普的方式介紹他的傳記與著作。若天假我年，應該譯注布洛克《神跡國王》，寫篇專業導讀，解說這個議題從一九三〇年代至今的進展，提供補充性的文獻。

我和德魯福的邂逅就幸運多了。我很早就知道他在中世紀經濟史的豐碩研究成果，但真正進入他的著作是二〇〇七年初。我對以「劣幣驅逐良幣」聞名的湯瑪斯．格雷欣（一五一九至一五七九年）產生相當的興趣，想知道他如何提出這個概念，如何幫助都鐸王朝的國王與女王籌措償還外債。

我對都鐸一無所知，對它的經濟狀況與財政問題也是一臉茫然。我找到德魯福一九四九年出版的《格雷欣論外匯：試論早期的英國重商主義》（哈佛大學出版）。詳讀後豁然開朗，跟著他的思路與文獻指引。謙卑回報他的，是完成《王室與巨賈：格雷欣爵士與都鐸王朝的外債籌措》（二〇一五年出版）。

＊史帝芬．布洛根二〇一五年出版的《近代早期英格蘭的神跡國王：政治、醫療和原罪》是布洛克之後最完整的專著（共兩百六十五頁）。他把重點放在英國十六至十八世紀的情況，沒對比與法國的異同。布洛克的重點在法國，以中世紀為主，同時也對比英國的特徵。布洛克的視野較寬廣，議題較多元，細節更豐富（五百八十六頁）。布洛根做了許多細節分析，書末提供非常多檔案資料來源（見第二百二十三至二百二十九頁），參考文獻也很驚人（見二百二十九至二百五十七頁），但整體而言尚未明顯超越布洛克的布局。《神跡國王》這項題材的核心議題是集體性的社會心態史，這是布洛克的重要啟發。但布洛根的書末索引內，看不到對這個概念的探討。

寫作此書的過程使我對德魯福的生平與著作產生好奇，幾乎把他的著作蒐集齊全。他做了許多深層的奠基工作，作品也都在著名大學出版。他是比利時荷語區的人，用英文在美國寫作，不易得到廣泛知名度。他在布魯克林學院歷史系任教，但是內行人都知道他的重要性。跟隨他的腳步，我也對十六世紀的英國與歐陸經濟史有更進一步的理解。

我再度感受到相同的事：他是我所景仰但無法企及的史學工作者。這類型的學者在歐美學界可能不少，但以我的有限視野和先天後天條件，法國的布洛克和比利時的德魯福都是我無法跟上的英雄。希望中文學界也能從這兩位的著作中學習深層的技藝：如何從檔案史料重構重要時代的核心議題，讓另一個時空的異文化讀者，也能感受到深刻知識的震撼。德魯福的《金融帝國的興衰》和布洛克的《神跡國王》都是我們學習深層技藝的典範。

賴建誠
於新竹清華大學

建議參考資料

一九六五年之後梅迪奇家族研究代表性書目

Ames-Lewis, Francis (1992) ed.: *Cosimo 'il Vecchio' De' Medici, 1389-1464: Essays in Commemoration of the 600th Anniversary of Cosimo De' Medici's Birth*, Oxford: Clarendon Press.

Armstrong, Lawrin, Ivana Elbl and Martin Elbl (2007) eds.: *Money, Markets and Trade in Late Medieval Europe: Essays in Honour of John H.A. Munro*, Leiden: Brill.

Bergier, J-F. (1978): "Lettres genevoises des Medici, 1425-1475", in Luigi de Rosa ed.: *Studi in memoria di Federigo Melis*, volume 3, p. 296.

Böninger, Lorenz (2001): "Politics, trade and toleration in Renaissance Florence: Lorenzo de' Medici and the Besalú Brothers", *I Tatti Studies: Essays in the Renaissance*, 9:139-71.

Braudel, Fernand (1982): *Civilization & Capitalism: 15th-18th Century*. Volume II: *The Wheel of Commerce*, Volume III: *The Perspective of the World*, New York: Harper & Row.

Brown, Alison (1992): *The Medici in Florence: The Exercise and Language of Power*, Florence: Leo S. Olschki; Perth: University of Western Australi Press.

Brown, Alison (2000): "The revolution of 1494 in Florence and its aftermath: a reassement", in *Italy in Crisis: 1494*, ed. Jane Everson and Diego Zancani, Oxford: Legenda.

Brown, Judith (1982): *In the Shadow of Florence: Provincial Society in Renaissance Pescia*, Oxford University Press.

Brown, Judith (1983): "Concepts of political economy: Cosimo I de' Medici in a comparative European context", in *Firenze e la Toscana dei Medici nell'Europa del '500*, ed. Paola Barocchi, Scala: Edizioni Medicee, 1:279-93.

Brucker, Gene (1998): *Florence: The Golden Age, 1138-1737*, University of California Press.

Bullard, Melissa (1980): *Filippo Strozzi and the Medici: Favor and Finance in Sixteenth-century Florence and Rome*, Cambridge University Press.

Bullard, Melissa (1994): *Lorenzo il Magnifico: Image and Anxiety, Politics and Finance*, Florence: Leo Olschki.

Center for Medieval and Renaissance Studies (1979): *The Dawn of Modern Banking* (selected papers delivered at a conference held at UCLA, Sept. 23-25, 1977), Yale University Press.

Cipolla, Carlo (1982): *The Monetary Policy of Fourteenth-Century Florence*, University of California Press.

Cipolla, Carlo (1989): *Money in Sixteenth-Century Florence*, University of California Press.

Clarke, Paula (1991): *The Soderini and the Medici: Power and Patronage in Fifteenth-Century Florence*, Oxford: Clarendon Press.

Cleugh, James (1990): *The Medici: A Tale of Fifteen Generations*, London: Dorset Press.

de Roover, Raymond (1974): *Business, Banking and Economic Thought in Late Medieval and Early Modern Europe*, University of

Chicago Press. Edited by Julius Kirshner with an introduction "Raymond de Roover on Scholastic economic thought" (pp. 15-36); and an introduction "Raymond de Roover on Late Medieval and Early Modern economic history" by Richard Goldthwaite (pp. 3-14).

Fremantle, Richard (1992): *God and Money: Florence and the Medici in the Renaissance: Including Cosimo I's Uffizi and Its Collection*, Florence: L. S. Olschki.

Fryde, Edmund (1995): "The deposits of Hugh Despenser the younger with Italian bankers", *Economic History Review*, 70(3):344-62.

Goldsmith, Raymond (1987): *Premodern Financial System: A Historical Comparative Study*, Cambridge University Press.

Goldthwaite, Richard (1968): *Private Wealth in Renaissance Florence: A Study of Four Families*, Princeton University Press.

Goldthwaite, Richard (1973): "Italian bankers in medieval England", *Journal of European Economic History*, 2(3):763-71.

Goldthwaite, Richard (1980): *The Building of Renaissance Florence: An Economic and Social History*, Johns Hopkins University Press.

Goldthwaite, Richard (1985): "Local banking in renaissance Florence", *Journal of European Economic History*, 14:5-55.

Goldthwaite, Richard (1987): "The Medici bank and the world of Florentine capitalism", *Past and Present*, 114:3-31.

Goldthwaite, Richard (1993): *Wealth and the Demand for Art in Italy, 1300-1600*, Johns Hopkins University Press.

Goldthwaite, Richard (1995): *Banks, Palaces and Entrepreneurs in Renaissance Florence*, UK: Ashgate Variorum.

Goldthwaite, Richard (1998): "Banking in Florence at the end of the sixteenth century", *Journal of European Economic History*, 27(3):471-536.

Goldthwaite, Richard (2009): "The return of a lost ledger to the Selfridge Collection of Medici manuscripts at Baker Library", *Business History Review*, 83:165-71.

Goldthwaite, Richard (2009): *The Economy of Renaissance Florence*, Johns Hopkins University Press.

Guidi Bruscoli, Francesco (2007): *Papal Banking in Renaissance Rome: Benenuto Olivieri and Paul III, 1534-1549*, Abingdon: Ashgate.

Hale, John (2001): *Florence and the Medici: The Pattern of Control*, London: Phoenix.

Hatfield, Rab (1972): "A source for Machiavelli's account of the regime of Piero de' Medici", in *Studies on Machiavelli*, ed. Myron Gilmore, pp. 317-33, Florence: G.C. Sansoni Editore.

Hibbert, Christopher (1974): *The Rise and Fall of the House of Medici*, New York: Penguin Books.

Holmes, George (1968): "How the Medici became the Pope's bankers", in *Florentine Studies: Politics and Society in Renaissance Florence*, ed. Ricolai Rubinstein, pp. 357-80, London: Faber.

Holmes, George (1996): "Lorenzo de' Medici's London branch", in *Progress and Problems in Medieval England: Essays in Honour of Edward Miller*, pp.273-85, ed. Richard Britnell and John Hatcher, Cambridge University Press.

Hunt, Edwin (2003): "Medici bank", *Oxford Encyclopedia of Economic History*, 3:447-9.

Hunt, Edwin and James Murray (1999): *A History of Business in Medieval Europe, 1200-1550*, Cambridge University Press.

Kent, Dale (1978): *The Rise of the Medici: Faction in Florence, 1426-1434*, Oxford University Press.

Kent, Francis (1987): "Places, politics and society in fifteenth-century Florence", *I Tatti Studies: Essays in the Renaissance*, 2:41-70.

Kent, Francis (2004): *Lorenzo de' Medici and the Art of Magnificence*, Johns Hopkins University Press.

Lopez, Robert (1976): *The Commercial Revolution of the Middle Ages, 950-1350*, Cambridge University Press.

Lopez, Robert (1986): *The Shape of Medieval Monetary History*, London: Variorum Reprints.

Martines, Lauro (2004): *April Blood: Florence and the Plot against the Medici*, London: Pimlico (New York: Oxford University Press).

McLean, Paul and John Padgett (1997): "Was Florence a perfectly competitive market? Transactional evidence from the Renaissance", *Theory and Society*, 26:209-44.

Menning, Carol (1989): "Loans and favors, kin and clients: Cosimo de' Medici and the Monte di Pieta", *Journal of Modern History*, 61(3):487-511.

Molho, Anthony (1971): *Florentine Public Finances in the Early Renaissance, 1400-1433*, Harvard University Press.

Molho, Anthony (2003): "The medieval origins of the financial revolution: usury, *rentes*, and negotiability", *International History Review*, 25(3):505-62.

Morelli, Roberta (1976): "The Medici silver mines, 1542-1592", *Journal of European Economic History*, 5(1):121-39.

Mueller, Reinhold (1997): *The Venetian Money Market: Banks, Panics, and the Public Debt, 1200-1500*, Johns Hopkins University Press.

Murphy, Caroline (2008): *Isabella de' Medici: The Glorious Life and Tragic End of a Renaissance Princess*, UK: Faber and Faber. (Murphy, Caroline (2008): *Murder of a Medici Princess*, New York: Oxford University Press).

Padgett, John and Christopher Ansell (1993): "Robust action and the rise of the Medici, 1400-1434", *American Journal of Sociology*, 98(6):1259-1319.

Padgett, John and Paul McLean (2006): "Organizational invention and elite transformation: the birth of partnership systems in renaissance Florence", *American Journal of Sociology*, 111(5):1463-568.

Padgett, John and Paul McLean (2011): "Economic credit in renaissance Florence", *Journal of Modern History*, 83(1):1-47.

Park, Tim (2005): *Medici Money: Banking, Metaphysics, and Art in Fifteenth-century Florence*, New York: W. W. Norton.《義大利紅頂商人：梅迪奇家族的金權傳奇》，吳家恆譯，台北：時報文化。

Partner, Peter (1999): "The papacy and the papal states", in *The Rise of the Fiscal State in Europe, c.1200-1815*, ed. Richard Bonney, pp. 359-80, Oxford University Press.

Pottinger, George (1978): *The Court of the Medici*, N.J.: Rowman and Littlefield.

Rubinstein, Nicolai (1997): *The Government of Florence under the Medici, 1434 to 1494*, Oxford University Press, 2nd edition. Sinica.

Spallanzani, Marco (1978): "A note on Florentine banking in the renaissance: orders of payment and cheques", *Journal of European Economic History*, 7:145-68.

Spufford, Peter (1988): *Money and Its Use in Medieval Europe*, Cambridge University Press.

Spufford, Peter (2003): *Power and Profit: The Merchant in Medieval Europe*, London: Thames & Hudson.

Strathern, Paul (2003): *The Medici: Godfathers of the Renaissance*, London: Jonathan Cape.

Unger, Miles (2008): *Magnifico: The Brilliant Life and Violent Times of Lorenzo de' Medici*, New York: Simon & Schuster.

檔案與網址

The Medici Archive Project (http://www.medici.org/)

Archivio di Stato di Firenze (Florence State Archive), http://brunelleschi.imss.fi.it/itineraries/ place/ArchivioStatoFirenze.html)

The major source for a study of the Medici Bank is the collection of Medici paper called "Mediceo avanti il Principato" (http://www.archiviodistato.firenze.it/nuovosito/index.php?id =75)

References:

Armstrong, E. (1918): "The Medici archives", *English Historical Review*, 33(129):10-20.

de Roover, Raymond (1963): *The Rise and Decline of the Medici Bank, 1397-1494*, Harvard University Press. "Bibliography" (pp. 391-5): manuscript sources, partner contracts, account books, balance sheets, and miscellaneous.

Fisher, D. Havelock (1928): "The Medici account-books", *American Historical Review*, 33(4):829-31.

Goldthwaite, Richard (2009): "The return of a lost ledger to the Selfridge Collection of Medici manuscripts at Baker Library", *Business History Review*, 83:165-71.

Hirsch, Rudolf (1963): "Gondi-Medici business records in the Lea Library of the University of Pennsylvania", *Renaissance News*, 16(1):11-14.

Richards, Gertrude (1932): *Florentine Merchants in the Age of the Medici: Letters and Documents from the Selfridge Collection of Medici Manuscripts*, Harvard University Press (cf. the introduction by Gordon Sefridge, pp. 3-19).

Sefridge, Gordon (1927): "Original manuscripts of the Medici", *Bulletin of the Business History Society*, 1(1):1-6.

導讀

丁騁騁（浙江財經大學金融學院教授）

一

一部學術著作之所以能夠成為經典是許多因素促成的，首先是選題及素材（如史料），其次是作者的理論素養及研究方法，此外還需某種偶然性的「機緣」。德魯福成就《金融帝國的興衰》這部學術經典就是一個最好的例子。

至今仍鮮為人知的中世紀歐洲經濟史學家德魯福（一九〇四至一九七二年）原籍比利時，父親是個成功的企業家。在移民美國前，他學的是工商管理和會計，先後在銀行和安特衛普一家最大的航運公司擔任會計主管。純粹出於愛好，德魯福在業餘時間利用安特衛普、布魯日的檔案資料研究會計史。這是十分冷僻的領域，直到現在，很多學會計的人也可能聞所未聞。由於掌握中世紀會計簿記處理方法，德魯福發表一些會計方法、匯兌和商業組織的論著。一九三六年，德魯福與美國的佛羅倫絲·愛德萊博士結婚。這位跟他在經濟史上有著相近研究興趣的女學者日後成為文藝復興史的專家，曾出版《義大利中世紀的商業輝煌：一二〇〇至一六〇〇年》。也許，正是愛德萊帶他進入中世紀佛羅倫斯商業史的研究領域，從最直接的證據看，早在德魯福發表相關研究成果之前，愛德萊在一九四三年就已經發表過一篇梅迪奇銀行的論文。

婚後，德魯福移民美國，並進入哈佛大學商學院學習，在兩位著名的歐洲中世紀專家格拉斯*與亞瑟†的指導下繼續研究經濟史，一九三八年獲碩士學位後，進入芝加哥大學攻讀博士，這正是愛德萊的母校。在經濟史教授內夫‡指導下，德魯福於一九四三年獲得博士學位，五年後出版第一本關於梅迪奇銀行的專著§，獲美國歷史學會獎，德魯福開始嶄露頭角。畢業後，德魯福在求職過程中運氣一直不佳，在一九六一年獲得紐約城市大學布魯克林學院教職之前，他僅在威爾斯學院、波士頓學院有過短暫教學，直到後來出版本書成名後，才獲得哈佛大學商學院的教職。

也許是上天注定，梅迪奇銀行史的學術經典非要德魯福來完成，而在某種程度上，也只能由他來完成。首先是因為他長期從事會計工作，熟悉現代會計專業知識的同時，又對中世紀會計史簿記方法有深入研究。當然，德魯福的寫作也得益於妻子的協助，他們在研究中形成互補關係因而相得益彰。然而，如果沒有「機密帳簿」的發現，恐怕也難成就這部學術經典。

一九四九年，愛德萊在佛羅倫斯的檔案館中發現大量原始檔案，立即寫信給德魯福。接到信後，德魯福立即來到佛羅倫斯，之後幾乎停下原先手頭一切工作，繼續梅迪奇銀行的研究。愛德萊提到的原始檔案，是她在佛羅倫斯檔案館發現一捆被標錯的資料（第一百五十三號）中找到的梅迪奇銀行「機密帳簿」。所謂機密帳簿，是中世紀歐洲的商家為自己私用而記下的企業各項保密資料和帳目，如同現在一些小企業主為了應付各種檢查通常準備好幾本不同的帳冊，但自己肯定有一本祕不示人、記錄各種真實往來的帳簿，它既全面又真實，是了解企業內情的關鍵資料。據估計，像佩魯齊、阿伯提這些大商家，總部在佛羅倫斯，分號遍及國內外，這種帳簿成千上百，但流傳至今的已經寥寥，對史學研究來說是極其珍貴的寶藏。

在妻子協助下，德魯福用新發現一三九七至一四五〇年間的機密帳簿，傾十年之力寫成本書。這部著作在一九六三年由哈佛大學出版之後，就獲得學術界高度評價，拉森◎稱這本書可以說是邁向另一項里程碑，米斯基明※把它視為是研究梅迪奇銀行最權威的著作，德魯福得以確立學術界地位。此書於一九六六年由諾頓出版社出了第二版。由於在經濟史方面的傑出貢獻，德魯福當選為比利時皇家科學院外籍院士。一九七二年逝世後，拉森在一九九九年主編的《哈佛商業史叢書》重印德魯福的名作。直到現在，它仍是研究中世紀和文藝復興時期歐洲商業和經濟史的必讀書目。下面就來簡要介紹一下這本書的背景和內容。

二

佛羅倫斯是中世紀義大利半島上最大的手工業城市，也是資本主義最早萌芽的地方、十四世紀文藝復興的

---

* 格拉斯（Norman Scott Brien Gras，一八八四至一九五六年）是哈佛大學商業史教授。德魯福受其影響，將會計視為企業經營的手段，因而從會計帳簿中總結企業的經營策略、內部管理等問題。

† 亞瑟（Abbott Payson Usher，一八八三至一九六五年）是美國經濟史教授，著有《中世紀歐洲儲蓄銀行的早期歷史》。德魯福承認，亞瑟對早期銀行史的研究，提供他進一步研究中世紀歐洲銀行史以及相關理論問題的起點。

‡ 內夫（John Ulric Nef，一八九九至一九八八年）是美國經濟史教授，著有《征服物質世界》。

§ 即紐約大學出版社出版的《梅迪奇銀行：它的組織、管理和衰敗》，德魯福後來稱這本書是一九六三年出版的《梅迪奇銀行的興衰》的草稿。

◎ 亨麗埃塔．拉森（Henrietta M. Larson，一八九五至一九八三年）是哈佛大學商業史教授，她是第一個獲得哈佛大學全職教授的女性，著有《私人銀行家傑伊．庫克》。

※ 哈利．米斯基明（Harry A. Miskimin，一九三二至一九九五年）是耶魯大學經濟史教授，著有《一三〇〇至一四六〇年文藝復興歐洲早期的經濟》。

發源地。梅迪奇家族的祖先原為托斯卡尼的農民，後以經營工商業致富，十三世紀開始成為貴族，並在佛羅倫斯參政。薩爾維斯特羅．梅迪奇是第一個被載入歷史的梅迪奇家族成員，他在一三七八年佛羅倫斯發生的工人暴動時，是值班的正義旗手。＊一三八一年民選政府垮台後，他被逐出佛羅倫斯。真正使梅迪奇家族崛起的是薩爾維斯特羅的兒子喬凡尼（一三六〇年至一四二九年），在他手上經營的梅迪奇銀行與事業，使其成為巨富，並開始操控佛羅倫斯的政治。出生於佛羅倫斯的義大利思想家馬基維利寫到喬凡尼時說：「他從來都不追求政府中的高位，但卻享有一切。」到喬凡尼的兒子科西莫（一三八九至一四六四）時，梅迪奇家族已經成為佛羅倫斯共和國的實際統治者，由於他的開明、大方及慈悲，科西莫擁有崇高威望，被尊稱為「國父」。他不僅具備政治家的權謀，也有銀行家的精明，在科西莫的手中，梅迪奇銀行達到頂峰。科西莫死後不久，經歷他兒子皮耶羅（一四一六至一四六九年）的短暫過渡，整個家族的擔子就落到了孫子羅倫佐（一四四九至一四九二年）身上，他是梅迪奇家族最有名的人物，史稱「豪奢的羅倫佐」。

如果我們把歐洲中世紀名門世家比作夏夜的璀璨星空，那麼梅迪奇家族顯然是最耀眼的一顆星星。這個家族除了經營龐大的工商業並控制佛羅倫斯的政治以外，還出了三位教宗、兩位法國皇后。他們是利奧十世（一四七五至一五二一）、克萊門七世（一四七八至一五三四年）、利奧十一世（一五三五至一六〇五年），兩位法國皇后即卡泰麗娜（一五一九至一五八九年）、瑪麗亞（一五七三至一六四二年）。不僅如此，梅迪奇家族對文藝復興有著舉足輕重的作用，在他們鼎盛並統治佛羅倫斯期間，修建教堂及公共設施，網羅並資助藝術家，收藏圖書、手稿並對公眾開放。經梅迪奇家族資助的藝術家，我們能夠列出波提切利、達爾文、米開朗基羅、拉斐爾、多納泰羅等一長串偉大藝術家的名字。也正因為此，梅迪奇家族被後人稱為「文藝復興的教父」。一部文藝復興史幾乎就是一部梅迪奇家族史。沒有梅迪奇家族，我們很難想像文藝復興會是怎樣一番情景？

梅迪奇銀行的第一代奠基人喬凡尼，一三九七年在佛羅倫斯創立梅迪奇銀行。根據梅迪奇銀行的機密帳簿，創立梅迪奇銀行的資本為一萬福羅林†，其中喬凡尼投資五千五百福羅林，剩下的資金是合夥人投資。梅迪奇銀行興起之前，十三至十四世紀的佛羅倫斯已經出現很多銀行，最著名的有巴爾迪、佩魯齊和阿奇亞奧里三大銀行，它們是當時歐洲金融業的巨頭。一三四〇年代的黑死病使人口大量死亡，歐洲經濟陷入蕭條，同時由於佛羅倫斯的政治動盪，幾家大銀行紛紛倒閉，佩魯齊於一三四三年破產，巴爾迪公司於一三四六年倒閉。這使得阿伯提銀行、梅迪奇銀行、達蒂尼銀行趁勢而起，填補了真空。雖然後起的這幾家銀行規模從未超過巴爾迪等銀行。在一四二〇年重新調整後，梅迪奇銀行的資本大約是三萬一千五百福羅林，與之前倒閉的兩家大銀行相比，簡直是小巫見大巫（見第三章）。梅迪奇銀行在一四七〇年前後的員工總數有五十七人，是它那個時代最大的銀行，但佩魯齊銀行在一三三五年有十五或十六家分行，並有將近九十名員工（見第五章第二節）。儘管如此，從影響力而言，梅迪奇無疑是歐洲聲名最為顯赫的銀行。

喬凡尼成立梅迪奇銀行的同一年，立即在羅馬設立分行。羅馬是教宗所在地，他們財力雄厚，因此羅馬也成為資本的聚集地，涉足金融業不能不爭奪羅馬的市場。事實上，在梅迪奇銀行早期的歷史中，羅馬分行所創造的獲利遠遠超過同時期的其他分行，甚至達到總獲利金額的一半以上。後期有所下降，一四三五至一四五〇年間梅迪奇銀行的主要獲利有三〇％來自羅馬分行，其次是威尼斯分行‡。

---

* 正義旗手是佛羅倫斯共和國的一個臨時官職，有管理司法部門的權力，並負責看管城市旗幟。每兩個月會選出九個人擔任這個職務。

† 福羅林（florin）是一二五二年佛羅倫斯開始鑄造、並廣泛流通於歐洲的一種金幣。

‡ 文中除特別說明外，資料及相關資料出處均來自本書。

真正使梅迪奇銀行成為歐洲銀行業的巨頭，是在「國父」科西莫苦心孤詣的經營下實現。一四三五年，科西莫對銀行體制進行改革，銀行總部的合夥人共有三方，即梅迪奇家族、安東尼奧・薩盧塔蒂及喬凡尼・迪阿梅里格・本奇（一三九四至一四五五年），科西莫是整個家族企業集團的總裁，薩盧塔蒂和本奇為銀行的總經理，負責日常事務。這兩個總經理精明強幹，深得科西莫器重，梅迪奇家族銀行在他們的管理下迅速崛起。

在中世紀、文藝復興和重商主義時代期間，商人和銀行家並不會專注在某個領域，通常會進行多樣化經營，不錯過任何送上門來的獲利機會。與當時義大利大多數家族企業多樣化經營模式相同，喬凡尼在建立銀行同時，也不忘投身實業和商業貿易（包括明礬、鐵器和布料）。當時的佛羅倫斯是歐洲毛紡業的中心，一些世家大族均有涉足，梅迪奇自然不甘落後，它於一四〇二年建立第一家毛紡工廠，一四〇八年創辦第二家。到了科西莫一四三八年經營時，又併購一家絲織工廠和幾家羊毛商店，形成龐大的家族企業集團。一四五一年，梅迪奇家族在毛紡織業和絲織業的投資總額達到九萬福羅林，其中超過一萬八千福羅林的資本是由分行經理和外部投資者提供，其餘的七萬兩千福羅林由梅迪奇銀行的合夥人提供（見第四章），這也遠遠低於在十四世紀中葉破產的巴爾迪和佩魯齊等大公司的資本。

在梅迪奇的龐大家族企業中，銀行是最賺錢的事業，商業貿易其次，實業卻忝列末位。整個家族企業獲利主要（九〇%）源自銀行業和貿易。也正因為如此，銀行業也最被家族所重視。梅迪奇銀行的資本不斷增加，由原來的兩萬四千福羅林增加到三萬兩千福羅林，再到一四三九年的四萬四千福羅林（見第四章）。為了開拓市場，梅迪奇銀行除了在義大利開設分支機構以外，還在海外不斷成立分行。到了一四五五年，梅迪奇家族的銀行已具備相當規模，在義大利有佛羅倫斯總行和四家分行（比薩、羅馬、威尼斯、米蘭），海外也有四家分行（亞維儂、倫敦、布魯日、日內瓦）。據德魯福研究，梅迪奇銀行在鼎盛時期至少擁有十一家分行。根據一四五一年的銀行帳目，梅迪奇銀行的獲利達到二十六萬一千兩百九十二福羅林。

與巴爾迪、佩魯齊和阿奇亞奧里等銀行實行集權化管理的組織方式不同，梅迪奇銀行不是由單獨一家具有法人資格的銀行組成，而是由幾家合夥公司聯合而成的組合體，全由一家「母」公司控制，包括身為合夥人的梅迪奇銀行和一、兩位外人（例如從一四三五年至一四四三年的薩盧塔蒂和本奇）。每家分行或公司都是獨立的法律實體，有自己的正式名稱、自己的資本、自己的帳簿和自己的管理（見第五章第一節）。銀行之間的談判如同和其他外部單位一樣，互相會收取佣金和利息。兩家分行間談合作之前首先要談妥利益分配和承擔損失的方式。同時，梅迪奇家族在銀行中又保留很大控制權。

在經濟史學家中，德魯福是第一個注意到十五世紀佛羅倫斯商業組織這種特徵。他藉由對梅迪奇銀行的剖析，分析這種結構對管理的意義，並與十四世紀早期公司的組織方式進行比較，認為這種組織方式類似現代的控股公司制度。嚴格來說，梅迪奇銀行除佛羅倫斯總行以外，其他分行應該是子公司，由總部擁有多數股權，而分行經理擁有少量股權。這樣有利於激勵分行的積極經營，同時又能受總行有效控制，從而減少分行經理的舞弊行為。

每家梅迪奇銀行中，員工一般不超過十人，分為合夥人和普通雇員。合夥人是公司合約的簽約人，有權根據業績參與分紅，而普通雇員只領取固定薪資，不參與企業的分紅。梅迪奇銀行給普通雇員的薪資比競爭對手還低，但能幹的雇員就有機會成為合夥人，進而大幅增加收入。分行經理可以是合夥人或是雇員，這樣也有利於鼓勵經理積極進取。正是因為在經營管理上有這些深具活力的機制，使得梅迪奇銀行在巴爾迪等銀行衰落後得以興起並存續百年。

自一四五五年起，梅迪奇銀行停止擴張，在科西莫去世那年（一四六四年），梅迪奇家族開始走下坡，自然也影響到梅迪奇銀行的命運。科西莫的孫子羅倫佐是個了不起的政治家，在義大利各個國家間縱橫捭闔，對藝術家的資助也很慷慨，但在商業方面卻缺少祖父科西莫那樣的經營才能，他將家族企業的管理權交給總經理福朗切斯科·迪托馬索·薩塞蒂（一四二一至一四九〇年）。薩塞蒂本來在日內瓦擔任分行經理，後來被提名成為豪奢的羅倫佐的首席顧問，正是他執行錯誤政策，導致梅迪奇銀行災難性的衰落。雖然他的股份只有八分之一，但卻可以獲得六分之一的獲利（見第四章）。然而，薩塞蒂既沒有本奇的經營奇才，也沒有科西莫的鐵腕手段。科西莫對各分行經理有很強的控制權，而薩塞蒂將權力下放，自己不做決定，任由分行經理自行處理。其做法導致各分公司自行其是，為獲取個人利益，分行經理紛紛欺騙薩塞蒂，公司經營出現危機。一四八〇年，梅迪奇銀行被迫關閉倫敦與布魯日的分行，業績進一步惡化。一四九二年，羅倫佐去世，這一年哥倫布發現新大陸，一個新時代來臨了。兩年後，法國入侵義大利，梅迪奇家族投降，這家當年歐洲最大的銀行、仍保留七家分公司的梅迪奇銀行被迫關閉。儘管如此，梅迪奇家族餘脈未斷，一五一二年，這個家族恢復佛羅倫斯的統治權，並一直延續至一七三七年。

在德魯福看來，梅迪奇銀行關閉是中世紀銀行體系普遍出現的其中一項危機。正如他在書中指出的那樣，梅迪奇銀行的衰落不是個人因素，而是當時的環境和一系列因素綜合所造成的。不能單純地歸因於羅倫佐的錯誤與最後一任總經理薩塞蒂的缺點，或其不同分行的不當行為等。除了這些原因以外，政治環境與經濟變化可能是更重要的原因，比如英國羊毛出口減少對整個國際貿易情勢的改變，一四七五至一四八五年間銀產量劇增使金銀的相對價格改變，導致對整個銀行業的打擊等。無疑，這些因素遠非人力所能控制*。

書中德魯福關於梅迪奇銀行衰落的討論不多，全書十四章中只有一章提及，當然在前面幾章中，德魯福也夾敘夾議地提到導致銀行衰落的諸多原因。比如在現金管理上，梅迪奇銀行日常用於周轉的現金勉強超過四千福羅林，而短期負債甚至高達八萬福羅林，現金占比不到五%。雖然在緊急情況下有梅迪奇家族龐大私人資源的支持，而且在佛羅倫斯銀行家中以少量現金準備從事經營是普遍做法，但流動性不足是非常危險的，這可以部分解釋佛羅倫斯銀行業在十五世紀最後二、三十年義大利商業蕭條期間崩潰的原因（見第十章）。再比如，梅迪奇銀行的衰落也可能與家族的任人唯親有關，科西莫將前任佛羅倫斯錢莊經理波提納利的孤兒撫養成人，讓他們繼承父親的事業，三人日後都成為分行經理，他們對分行管理的漫不經心使梅迪奇銀行陷入驚人的虧空之中，同時由於波提納利兄弟也在銀行擔任經理，與三個侄兒的關聯給梅迪奇銀行帶來災難性的後果，這也造成梅迪奇銀行日漸衰敗（見第十章）。

梅迪奇銀行的終結也是中世紀晚期歐洲整個金融業的終結，銀行一家接一家地消失，到了一四九五年，成員減少到不再能充實行會組織機構的程度。除了佛羅倫斯，歐洲其他地方的銀行業也是如此。在布魯日，存款銀行被迫退出市場。在威尼斯，一四九九年幾乎所有轉帳銀行都被捲入一波破產倒閉浪潮之中，只有一家倖存。德魯福認為導致這場危機的原因仍然是個謎，並猜測很可能是十五世紀末歐洲貿易崩潰的一個方面（見第十章第一節）。

三

德魯福一生學術貢獻有三個方面，一是對商業技術尤其是中世紀會計與匯票史的研究；二是銀行史，特別是對梅迪奇銀行的研究；第三是經濟思想史。作為一個經濟史學家最為突出的特點，德魯福對商業技術方面有著異乎尋常的興趣，他是第一個將商業技術分析引入商業史研究的學者。他對檔案研究的癡迷，正好又與他妻子在尋找檔案方面的天才相結合。這一點連德魯福也承認，如果沒有妻子的協助，他不會有如此成就，最起

＊高斯威特（Goldthwait）則堅持認為，梅迪奇銀行衰落更主要的原因是由於內部管理。他在二〇〇九出版的《文藝復興與佛羅倫斯的經濟》是德魯福之後有關中世紀佛羅倫斯經濟史最重要的著作。

碼，愛德萊是梅迪奇這本書不署名的作者之一。儘管德魯福成就梅迪奇銀行這部學術經典有一定偶然性，但不得不承認，最主要還是歸功於作者的學術功力，因為沒有哪個人可以隨隨便便依靠運氣就能獲得學術上的成功。德魯福晚年主要從事經濟思想史的研究，後人曾根據他生前一些重要論文編了一部學術文選＊。其中的內容安排除了導言以外，也是按商業技術史、銀行史、經濟思想史三個方面來編排的。

德魯福有過良好的學術訓練，但一直對社會科學方法、新經濟史學持懷疑態度。他認為歷史研究必須在理論的指引下，而這兩者常常相互矛盾，因此他主張蒐集事實證據，透過對細節問題的分析中總結一般性規律，如此才有可能在此基礎上建立理論模型，這是經濟史學家和歷史學家的最大區別。德魯福在梅迪奇銀行研究中也貫穿了這一點，對宗教與資本主義關係的質疑就是一例。

按馬克斯·韋伯的觀點，世界各主要民族的社會經濟發展與該民族的精神文化氣質有著極大的內在聯繫。西歐在經過宗教改革以後所形成的新教，對於西方近代資本主義的發展起了很大推動作用，而沒有經過宗教改革的其他古老民族的宗教倫理精神對於這些民族的資本主義發展則成為嚴重的障礙。這個被人稱之為「韋伯命題」的假說受到很多質疑†，而且從實際情況來看，在歐洲歷史上能夠打破「新教倫理與資本主義精神」的反例很多，而中世紀銀行與教宗之間的關係就可略見一斑。

中世紀教廷與銀行之間的經濟聯繫歷史久遠。早在十二世紀下半葉，教宗就開始使用教廷之外的財務代理人，為其提供金融服務。最初，教廷主要依靠聖殿騎士團處理財務問題，把各地稅款存在聖殿騎士團，並委託他們轉運到羅馬。但是聖殿騎士團並不是一個專門的金融機構，教宗格列哥里九世在位期間（一二二七至一二四一年）開始轉而依靠義大利銀行家處理財務。由於佛羅倫斯是當時歐洲銀行業的中心，委託佛羅倫斯銀行家處理財務成為自然而然的事。前面所述的三家大銀行巴爾迪、佩魯齊、阿奇亞奧里等公司都曾為教廷提供服務，一直持續到一三四五至一三四六年這些銀行倒閉為止。從十五世紀初，梅迪奇銀行異軍突起，迅速取代其他銀行的位置。

教廷之所以需要銀行家為其提供金融服務，與教廷的稅收制度有關。教宗是中世紀唯一一個在歐洲所有角落都擁有徵稅權的統治者，他需要徵收、轉移和兌換這筆稅金。這需要有一個專門的金融機構為其理財。尤其重要的是，義大利銀行遍布歐洲的網路也使其成為羅馬教廷尋找財務代理人的不二人選。對銀行來講，作為資金巨頭的教廷顯然都是大家爭搶的客戶，它們一旦涉足教廷的理財業務，也迫使其進一步在海外開設分公司，滿足教廷需求，從而促進企業網路的國際化。

銀行家為教廷提供的服務主要有四個方面：徵收稅金、接收和轉移稅款、兌換貨幣以及提供貸款。這些活動說明中世紀銀行與教廷之間的密切聯繫，教會對銀行業的影響之大可見一斑。從這方面來看，韋伯所謂天主教乃是資本主義阻礙因素的論斷，至少就教廷與銀行之間的關係來看，不符合歷史事實。德魯福透過對梅迪奇銀行的研究認為，盛行天主教的義大利地區雖然沒有經歷宗教改革，並沒有延緩資本主義發展，而是透過排除外國滙票的貼現、延遲可轉讓性發展，改變資本主義的演化路徑。

在中國，關於梅迪奇家族在中世紀歐洲文藝復興的研究中經常被提及。近幾年來，研究梅迪奇家族的一些重要著作被翻譯成中文‡，這些著作實際上是家族的人物傳記。關於梅迪奇銀行，在世界史或專門史的研究中

＊即《中世紀末與現代歐洲早期的商業、銀行與經濟思想：德魯福論文選》，一九七四年芝加哥大學出版社出版。

†比如托尼在《宗教與資本主義的興起》，布勞代爾在《物質文明、經濟與資本主義：十五至十八世紀》等著作中都提出異見，此處不再展開。

‡如美國作家保羅·斯特森的《美第奇家族：文藝復興的教父們》，新星出版社二〇〇七年出版。英國作家提姆·帕克斯的《義大利紅頂商人：梅迪奇家族的金權傳奇》（時報出版二〇〇五年出版）。英國作家克利斯托夫·赫伯特的《美第奇家族興亡史》，上海三聯書店二〇一〇年出版。

已引起關注*，當然他們的引文無一例外都來自德魯福的名著。雖然由於資訊的發展，新史料的出現，關於中世紀銀行和梅迪奇家族的研究仍然層出不窮，但關於梅迪奇銀行研究恐怕再無人能出德魯福其右。

在中國，經濟史向來是一個冷僻的領域，如果說研究中國經濟史的學者已經寥若晨星，那麼研究外國經濟史的更是少之又少，這使得目前關於中世紀歐洲金融史的研究幾乎成一個空白。造成這種現象的原因是：對金融領域的學者而言，金融是經濟學這個顯學中最大的熱門，根本不屑於去做金融史（尤其是外國金融史）的研究；從史學界而言，雖然有人對其有興趣，卻因為不了解基本金融知識，因而對這個領域望而卻步。奇怪的是，隨著人們對金融的熱捧，坊間各種「淺說」、「戲說」外國金融史的通俗讀物卻層出不窮。歷史是研究未來的科學。如果我們要把握未來金融的發展，有必要對金融早期的源頭：歐洲中世紀晚期的金融史有深入研究，同時再來對照一下近代以來金融業發展的脈絡。有鑑於此，翻譯並推廣德魯福這本梅迪奇銀行史的經典著作非常必要，也是十分有意義的事情。

---

*類似的成果參見：龍秀清，二〇〇七年：《羅馬教廷與商人關係的歷史考察》，《世界歷史》第二期；張宇靖，二〇〇八年：《義大利美第奇家族銀行的興衰探析》，《國際商務》第四期；陳勇，二〇一四年：《十三至十五世紀歐洲早期銀行業研究》，中國社會科學出版社。

梅迪奇銀行的興衰

目次

【表格目次】

【插圖目次】

【示意圖】

【結構圖】

前言

本書是在佛羅倫斯檔案館研究三年的成果，替代一九四八年由紐約大學出版社出版相同主題的短篇論文。那篇論文是基於未必可靠的二手資料寫成，包含相當多的事實錯誤，但無論如何還是提出了一幅基本上正確的概況，這個新版本對此並未做過多的改動。因此，擁有舊版本的圖書館不應丟棄，因為它可能還是會對時間緊迫、只需獲得一個總體印象、不想陷入過多細節的讀者有所幫助。而且，在這本新書中也沒有重複收錄那些主要摘錄自梅迪奇銀行布魯日分行帳簿的附錄。

舊版只不過是個概述。在系統性的研究下，許多豐富的原始資料得以解讀。梅迪奇銀行一三九七年至一四五〇年的祕密帳簿中所顯示的定量資料，讓我們完全有可能重新寫出一本新書，更詳盡地說這個故事，並填補其中眾多的空白。生意興隆的梅迪奇銀行全貌已經變得更加清晰，因資料不全而產生的謬誤也已得到糾正。過往種種假設，尤其是梅迪奇銀行的組織結構，在很大程度上已確定無疑。這家銀行在一三九七年至一四五五年已經預示著現代控股公司的雛形，這可理解成一些合夥公司，而非股份有限公司的聚集。新的證據表明，梅迪奇銀行理所當然可以被稱做銀行，因為它著重銀行業甚於經商貿易，著重經商貿易甚於加工製造。現有的統計資料一勞永逸地解決這個問題。

在本書付梓之後，吉諾·科爾蒂博士報告在佛羅倫斯檔案館發現了機密帳簿，或者說是伊拉廖內·迪利帕喬·德－巴爾迪記載的個人帳簿，他從一四二〇年到一四三二年耶誕節前後去世為止一直擔任梅迪奇銀行的總經理。帳簿原稿的一份縮影卷片副本到了我的手裡，因為時已晚，來不及做很多修改，但問題不大。雖然伊拉廖內的這本機密帳簿提供家族和產業管理上有價值的新資訊，但有關梅迪奇銀行的新訊息卻很少，關於資本結構和獲利分配的資料與梅迪奇銀行二號機密帳簿中找到的資料是相同的。這不奇怪，因為兩份手稿除了他死後添加的幾項內容以外，均出自伊拉廖內之手。

近幾年，我們對中世紀銀行業的認識已經有長足的進步。很大程度上歸因於亞瑟教授開創性的努力，他指出一條能讓許多疑難最後得到解決的方向，尤其是關於把匯票當作轉帳工具和信用工具的問題。他是我在哈佛大學的老師，敦促我進入這個領域，我聽從他的建議，從未後悔。因此，這部書可以說是獻給他的。

要是沒有傅爾布萊特研究獎學金與約翰－西蒙－古根漢紀念基金會的慷慨相助，這項工作不可能完成。他們的幫助讓我能在義大利度過整整三年時光，一年擔任傅爾布萊特研究員（一九五一至一九五二年），兩年擔任古根漢研究員（一九四九至一九五〇年與一九五二至一九五三年）。

我對妻子佛羅倫絲·愛德萊·德魯福博士有最多的虧欠（所有義大利朋友都稱她為「翡冷翠夫人」），她的名字也許應出現在書名頁上，但她謝絕為一部充滿統計圖表的作品擔負任何責任。（她對它們的恐懼並不合理，因為編輯整理所有表格的人是我，留給她的工作是比較容易的文字、注腳和參考書目！）

重寫那篇相對膚淺的論文的想法，主要來自我的夫人。一九四九年耶誕節期間在比利時拜訪親戚的時候，她從佛羅倫斯寫信給我，說她探索梅迪奇家族檔案館，說有大量資料仍原封未動，被以前的歷史學家忽略。信中要我趕緊回義大利，放棄其他計畫，以便埋首探索梅迪奇銀行的紀錄。從那時起，我的妻子就負責這項新計畫的全部研究。以她在這方面慣有的效率，她有系統地查閱佛羅倫斯公國成立之前的梅迪奇家族檔案的詳細資料，這是一件相當繁重的工作，因為有成千上萬張卡片。要是沒有這段辛苦的過程，就不可能找到穿越梅迪奇家族檔案卷宗叢林的道路。也是我的妻子在一捆被貼錯標籤的卷宗（編號第一五三號）裡發現梅迪奇銀行的機密帳簿。在後期開始寫書的時候，我的妻子持續給予我寶貴的幫助，在文體與文章布局等問題提出建議和批評。

除了翡冷翠夫人，其次我還虧欠吉諾．科爾蒂博士很多，他擔任我們的研究助理，在謄寫許多信件與檔案上提供竭誠的服務。他有能在意想不到的地方挖掘相關資料的天賦，使我們不會漏失任何有用的資料。

我們希望能永遠記住已故的佛羅倫斯國家檔案館館長費迪南多．薩爾蒂尼博士，並感謝現任檔案管理員塞爾喬．卡梅拉尼博士與他的妻子朱麗亞．卡梅拉尼．馬里博士，以及其他工作人員，他們使用彈性規定，對我們的研究提供極大的便利。我們也很感激費德里格．梅利斯教授，他建議我的妻子注意第一百五十三號卷宗，經過仔細查證後，證明其中包含梅迪奇銀行的機密帳簿，而不是雜亂的斷簡殘篇。

在研究的過程中，有幾位善意地提出有益的建議，或是提供額外的資訊。他們人數眾多，難以一一列舉。我要特別感謝福雷德里克．拉內教授和阿曼多．薩波里教授提出能激發思考的問題，感謝請我們注意帕倫蒂的編年史和在斯特羅齊檔案中關於羅倫佐挪用公款文件的路易士．馬克斯，感謝幫助我鑑別在馬丁五世治理下一些羅馬教廷成員的彼得．派特納，還要感謝提醒我注意羅倫佐與米蘭的大使或演說家通信的沃曼．韋利福。

拉爾夫．海迪教授閱讀付梓前的書稿，明智建議將第二章濃縮。本系列叢書的編輯、也是我的老朋友亨麗埃塔．拉森教授，我從她長期的編輯經驗中獲益良多。她閱讀整份初稿，提出許多改進的建議。第一章增加一些內容，其他章節則依照她的建議刪節或部分重寫。我非常感激她，她不僅編輯這份書稿，還安排這本書出版。

還應提到福格藝術博物館的路易絲．盧卡斯女士，她幫忙選擇書中的插圖。

本書的完成讓我放下背負十年的包袱。實際上，其他計畫經常干擾並拖慢梅迪奇銀行的研究進度。我很高興我的任務終於結束了，希望我的工作不會白費，能夠更幫助大家理解義大利文藝復興的經濟背景。

德魯福

於紐約城市大學布魯克林學院

紐約布魯克林

一九六一年十一月十八日

第一章　導言

以私有制為基礎的現代資本主義，根植於中世紀和文藝復興時期的義大利。從十字軍東征到地理大發現，義大利一直是西方世界裡具優勢的經濟強國，義大利商人都是出色的商人。他們是中間人，他們的貿易關係把黎凡特地區*與北海沿岸國家聯繫在一起。就如在羅馬時代那樣，地中海再度成為「我們的內海」，熱那亞、比薩和威尼斯的旗幟無可爭議地占據具支配地位的義大利領海。來自東方諸國的香料也許是義大利貿易的支柱，因為在那裡始終有一個為西方提供東方香料的市場，但義大利商人還經營以絲織品、布料和羊毛為主等其他商品。若按照現代標準來衡量，這些國際貿易量其實很小，因為或多或少受限於奢侈品貿易，不過，當然還是會交易長途運輸的廉價、大宗產品，如小麥或木材。

義大利人不但是主要的商人，而且也是主要的銀行家。他們幾乎完全獨占這個領域，只有遠方的加泰隆尼亞人是唯一的競爭對手。顯然，義大利銀行業和貿易公司的最佳顧客是教會。教宗匯款流量的重要性絕不亞於貿易的現金流量，而且，根據實際情況，不是會促進平衡，就是趨於崩潰。當鋪老闆和貨幣兌換商為當地的需求提供資金融通，但是，國外的銀行業務，也就是匯票的買賣，主要還是掌握在義大利商人銀行家的手裡。

---

*黎凡特地區主要指地中海東岸、阿拉伯沙漠以北、美索不達米亞以西和托羅斯山脈以南一帶。

義大利人的這種霸權主要奠基在優異的商業組織基礎上。事實上，他們為大多數今天的商業機構打下基礎。他們不但創立合夥公司，而且還發展管理跨國公司的方法，以遠端操控的形式克服距離帶來的不利因素。股份公司直到十七世紀初才產生，但梅迪奇銀行已經在某些方面呈現控股公司的特徵。義大利商人還發展複式簿記（最早出現的確切例證是在一三四〇年），發明以付款通知單為形式的匯票，並試行海上運輸保險。在銀行業務領域，義大利人雖未發明紙鈔，卻精通支付的技藝，憑口頭指令或書面指令進行轉帳。由於中世紀的銀行是按部分準備金的原則運作，他們創造信用貨幣，使可轉讓存款不完全用錢櫃或金庫裡的現金支付。另一個值得注意的貢獻是，義大利商人催生出一套商業法，起先是習慣法，但後來成為正式法令，例如路易十四在一六七三年頒布的著名的《商業條例》。它的規則或多或少被普遍採用，且仍是形塑當今商業、金融、法律的基礎。

在十四、十五世紀，義大利的主要貿易中心在佛羅倫斯、熱那亞和威尼斯。雖然他們也派遣船隻穿過直布羅陀海峽去英格蘭和佛蘭德地區，但由於熱那亞和威尼斯是海岸城市，它們的活動主要往海洋發展，尤其是與黎凡特地區的貿易。在這兩個世紀期間，位居內陸的佛羅倫斯也許是主要的銀行業所在地。它也擁有繁盛的羊毛業和蠶絲業，並且從事香料和其他奢侈品的貿易。在一四〇六年，它征服比薩及其港口比薩港，從而獲取直接通向海洋的便利。[1]

佛羅倫斯商業組織的一個顯著特點是有著控制國外眾多分公司的龐大商業公司和銀行公司。當然，這些「公司」都是合夥公司，而不是股份有限公司。這類大公司主要都屬於西恩納人擁有，這早在十三世紀最初的二十五年裡就已經確立。今日的西恩納是托斯卡尼地區一座寂靜的城鎮，但有七十五年的時間可說是歐洲主要銀行業的中心。另一個內陸城鎮皮亞琴察也是勢均力敵的競爭對手。當時西恩納最大的公司是邦西諾里地區的大錢莊，它在一二九八年破產後，據說西恩納再也沒能東山再起，地位被佛羅倫斯取代。

在一三〇〇至一三四五年間，佛羅倫斯最大的公司是巴爾迪公司、佩魯齊公司和阿奇亞奧里公司。佛羅倫斯編年史學家、曾是佩魯齊公司合夥人的喬凡尼·維拉尼（一二七六至一三四八年）稱它們是「教會貿易的支柱」，他這樣說的意思大概是指它們是地中海地區西部貿易的主要支柱。[2]這三家公司全都在黑死病（一三四八年）爆發前不久倒閉，據說黑死病奪去歐洲三分之一的人口。這些公司會倒閉很可能是因為信貸過分擴張，以及對君王的超額貸款所引起，尤其是英格蘭國王愛德華三世（一三二七至一三七七年在位）和安茹王朝的那不勒斯國王羅伯特（一三〇九至一三四三）。這類貸款對中世紀公司的償付能力來說是長久的威脅。然而，這些義大利公司總是捲入其中，原因很可能是因為難以避免與宮廷做生意，因為這是他們經銷奢侈品的一個重要管道。

值得注意的是，一三三六年，以這些公司的規模來衡量，「三大巨頭」中排名第二的佩魯齊公司總共擁有十五家分公司，從倫敦到賽普勒斯，分別散布在西歐和黎凡特地區，它並僱用大約九十名職員，也就是「雇員」。[3]在一三一〇年的時候，它的資本總額就已經達到將近十萬三千金福羅林，以今日（本書寫作時，約一九五〇年前後）每盎司黃金三十五美元的價格計算，約等於四十一萬兩千美元。[4]這是個客觀的數字，尤其是因為當時貨幣的購買力要比今天的強得多。根據維拉尼的觀點，當佩魯齊公司在一三四三年破產的時候，英格蘭的愛德華三世欠他們的錢約等於「一個王國的價值」。[5]這三大巨頭公司中最小的公司是阿奇亞奧里公司，它在一三四一年時有四十三名雇員派駐在國外。

在這三大巨頭公司消失之後，教宗難以找到一家能提供同樣方便轉移教宗收入或津貼的銀行。最後，佛羅倫斯的一家企業阿爾伯蒂公司平安度過這次風暴的考驗，抓住對手淘汰的機會，成功地爭取到教宗的業務。然而，阿爾伯蒂公司因為家族內鬥，不久就分裂成幾家互相競爭的公司，因而大幅衰敗。再者，家族中一些主要成員與執政的佛羅倫斯寡頭政治執政者意見不合，結果從一三八二年至一四三四年間，阿爾伯蒂家族全被流放。阿爾伯蒂公司的地位被梅迪奇公司、帕齊公司、魯切拉公司和斯特羅齊公司取代。雖然梅迪奇公司成功地使競爭對手黯然遜色，但他們從未達到像十四世紀的巨頭巴爾迪公司或佩魯齊公司那樣的規模。一三九七年可以看作是梅迪奇銀行的創始年，因為一直在羅馬管理一家銀行的喬凡尼・迪比奇・德－梅迪奇[6]在那年決定把總部搬遷到佛羅倫斯。這家銀行持續將近一百年，直到一四九四年梅迪奇家族被逐出佛羅倫斯，他們的全部財產、商業投資以及不動產均被沒收，並落入接管人的手中。在那百年的歷程中，梅迪奇銀行在直到科西莫去世的一四六四年為止經歷了一段擴張期，接著是一段衰敗期，剛開始是緩慢漸進的衰退，但到了一四七八年，也就是帕齊陰謀*發生那年，撼動了梅迪奇大廈的根基，衰敗加速。就如我們所見一般，衰敗是由多種原因匯聚而成，比如管理不善、政策失當、組織弱化、不利的商業條件，以及一四七〇年後國際貿易量的萎縮導致的狀況惡化，這很可能是由於黎凡特地區的騷亂，以及在處理義大利人向北歐提出索賠時，轉帳困難所引起。

幸運的是，梅迪奇銀行有大量業務紀錄被保存下來，可以拼出一幅相當詳盡的圖像，以此說明梅迪奇銀行的內部工作情況，管理和控制的關鍵問題，以及政策的形成和制訂，無論這些政策是好是壞。其實現存的材料並不完整，缺口很多，但還是比中世紀其他公司的資料更為完整，除了在普拉托（托斯卡尼地區）的達蒂尼商務檔案之外[7]。

在一四五一年之前的那段時期，資料的一個主要來源是一九五〇年在貼錯標籤的一捆帳簿中發現的一套機密帳簿（機密的總分類帳）[8]。這些帳簿共有三本，不間斷地記錄半個多世紀，從一三九七年三月二十六日（此時梅迪奇銀行創立）到一四五一年三月二十四日。這樣的機密帳簿通常由某位合夥人保管，而不會交給簿記員。帳簿裡包含合夥人的投資與撤資帳目、業績帳目、分配給分行的資金帳目，有時候還包括雇員等行員的薪資帳目。由於梅迪奇銀行的機密帳簿使用相同格式，因此提供了有價值的公司整體資本結構資訊，以及不同分行每年的獲利情況。但無論這些資料有多少價值，主要都還是統計上的價值，並沒有多少政策相關的資訊。

商務信函可以彌補這個空缺。不過，遺憾的是，幾乎沒有一四五〇年之前的信函留存下來。

在一四五〇年之後，情況恰恰相反：信函資料比較豐富，但除了一些無足輕重的斷簡殘篇以外，帳簿不見了。因而，缺乏足夠的資料以豐富的圖像來描繪梅迪奇銀行的衰落。然而，那些信函卻用更具說服力的語言說明造成悲慘情況的原因，即使說法不是很精確。信函資料顯示事情是如何緩慢無情地愈變愈糟，一個分行接著一個分行是如何觸礁沉沒，或是艱難地掙扎求生，梅迪奇銀行是如何因分行經理的忤逆搪塞而蒙受巨大損失，最高管理階層是如何未能嚴於律己，政策上的意見分歧是如何導致爭吵不休和互相指責，坐失採取有效補救措施的良機，從而加速衰落的進程。

除了信函和帳簿以外，留存下來的紀錄還包括典型的合夥契約樣本，一些資產負債表與各式各樣的檔案，例如匯票、拒付證書、存款憑證、機密報告、備忘文件，甚至一份從未付諸實行的重組計畫書。這些紀錄雖然不完整，卻講述一個也許可以用細節加以修正的故事，從整體上看，可以說是一個不需要修訂的故事。

為什麼要研究梅迪奇銀行？有多個理由可以說明為什麼這項研究是有益的。

身為政治人物與文學和美術的贊助人，梅迪奇家族在義大利文藝復興中扮演的重要角色在歷史上久負盛名。然而，他們身為銀行家和商人的活動卻未引起同樣程度的關注。實際上，是經濟力量使得梅迪奇家族有機會抓住政治權力，也是經濟力量提供資金來源，使得他們有能力資助藝術家，弘揚人文主義，建造藏書豐富和絢麗別致的羅倫佐圖書館（現今依然存在），並花費鉅資建造紀念性建築物，例如聖羅倫佐教堂、道明會的聖馬可修道院（即菲耶索萊大教堂）。梅迪奇家族自喬凡尼·迪比奇以降，並不屬於一些社會歷史學者認為的中產階級，因為納稅紀錄顯示，他們顯然是整個佛羅倫斯城裡最富有的家庭，處於社會階層的頂端。9

＊一四七八年的帕齊陰謀，是一場暗殺豪奢的羅倫佐和其弟弟的事件，此事影響梅迪奇家族的地位，本書多次提及。

梅迪奇銀行的歷史增加我們對現代商業根基的了解。從商業史的角度來看，本研究帶出一個要點：技術雖已改變，但人類的問題依舊。如何任人唯賢、人盡其才，無論對梅迪奇家族還是今天的商業都是大問題。

由於溝通變得更加便捷，公司掌控的問題已經呈現不同的形態，但尚未因此而消失。尤其是在一四六四年之後，梅迪奇銀行缺乏協調，分行經理爭吵不休，因為他們未能互相理解對方的問題。如何協調不同分行或不同部門至今仍是商業與政府當局面臨的主要問題。就如梅迪奇家族這個例子，不斷累積的損失往往使衝突加劇，這又反過來阻礙為適應新情勢所必須進行的各種調整。

雖然按照現代標準來看，梅迪奇銀行只不過是一家小型公司，但在當時卻是最大的銀行。不管怎麼說，它無法與早些年的巴爾迪公司和佩魯齊公司的規模相匹敵，原因很可能是因為條件不再對大型公司有利。黑死病之前兩、三個世紀的特點幾乎是持續不斷的成長，與那時相比，歷史學家現在不是把十五世紀看作是倒退期，就是停滯期。毫無疑問，事物總是有起有落，但低谷的數量要比高峰的數量多，而且梅迪奇相關紀錄顯示，蕭條在一四七〇年之後加深，並且持續二、三十年。

儘管貿易量下降，但組織技術卻繼續改進，原因也許是因為更加激烈的競爭和下降的獲利空間激發效率。紀錄顯示，梅迪奇銀行當然使用可利用的最佳方法。從這個角度來看，它很可能並不典型，卻可說是最能代表中世紀和文藝復興成就的公司。然而，沒有證據表明喬凡尼．迪比奇與兒子科西莫取得那樣的成功是因為他們是引進新產品或新交易方法的「創新企業家」。相反，他們的成功主要是因為有效率的利用當時可採用的方法和成熟的技術。例如，梅迪奇發明匯票，這絕對可以看成是一種傳說。也許他們的創造性是表現在設計「控股公司」這種組織形式和形塑明礬的卡特爾壟斷。

從經濟史的觀點看，本研究也許可以說屬於個體經濟學的領域，因為注意力都集中在單獨一家公司身上。然而，這家公司必須放在適合的背景中加以考量。例如，梅迪奇家族與其他家族一樣，在貨幣市場中運作時也必須遵守遊戲規則。儘管事實上他們擁有明礬貿易的準獨占地位，但他們無法將自己的優勢利用到極致，因為他們與有組織的消費客群有利益衝突。在米蘭，他們的主要顧客是斯福爾札宮廷，但在英格蘭，情況就完全不一樣，他們主要關心的是羊毛，他們需要儘量多的羊毛來裝滿返程回國的槳帆船，以便餵飽佛羅倫斯的織布機，並為坐立不安的工人提供就業機會。梅迪奇經常無法控制經濟形勢或政治力量：他們能做的只能因勢利導，充分利用時勢，例如在英格蘭的玫瑰戰爭或由帕齊陰謀所觸發的危機。每當政治事件或生意前景有了出乎意料或不利的轉折時，梅迪奇通信中最喜歡用的一句話就是「老天保佑」。

就如本研究所顯示，梅迪奇達到一個高度發展、資本主義的組織形式，如果「資本主義的」這個詞的意思是指他們的目標是賺取獲利，且最終將控制權掌握在企業資本投入者的手裡的話。然而，在實務中，重大決策或戰略決策，例如設立一家新的分公司或重訂合夥合約，總是要跟很有權力的總經理商量，雖然他在資本和獲利中只占一小股。管理決策或決策執行通常會全部交給他，而在常規事務或日常管理方面，他無須與屬於梅迪奇家族的合夥人商量。總經理的主要任務之一是監督分行經理，以防止他們做出不當的承諾或輕率的投資。這絕非一項輕鬆的任務！由於交通不便且路途遙遠，分行經理享受不少的自主權；他們擁有太多的自由行動空間，也許這就是梅迪奇銀行的一個弱點。科西莫用鐵腕約束著分行經理，但他的繼任者放鬆管控，產生災難性的後果。

毫無疑問，諸如喬凡尼．迪比奇和科西莫．迪喬凡尼之類的人滿腦子資本主義的貪欲精神，一心想要累積巨額財富。他們實際上積聚起巨大的財富，仿效當年的流行做法，這些財富大多被投資在地產上，即在穆傑洛地區*廣泛擁有房產和散布於周圍農村的農場，尤其是在普拉托和西尼亞方向，豪奢的羅倫佐在那裡建造波喬

*歷史地名，在義大利托斯卡納的北部。

阿卡亞諾別墅。梅迪奇家族當然不滿足普通市民的平淡生活。他們的社會宏願一代比一代增強。不久，他們就努力贏得顯赫的社會地位，雖然甚至連豪奢的羅倫佐也繼續在衣著方面影響共和國原有的簡樸作風。梅迪奇家族的飛黃騰達也許可以用他們的聯姻更好地加以說明：首先是佛羅倫斯的名門望族，然後是王公貴族，最後是歐洲的王室。

本研究的結果與馬克斯·韋伯的論文相左，根據韋伯的論文，資本主義精神應該是喀爾文宗教改革的產物。梅迪奇比改革運動早幾十年，但要否認他們是一心追逐財富的資本家卻有失公允。

當然，梅迪奇銀行所處時代的資本主義是指商業資本主義。就如資產負債表所顯示，梅迪奇銀行的資產主要是由債權或存貨組成，很少投資於設備，甚至連由梅迪奇控制的製造業也是如此。因為在生產過程中只使用簡單的工具，而且，基本上是生產工人自己擁有工具。雇主提供的是生產用的原料。已經有折舊的概念，簿記員有時候會為此未雨綢繆，但必須強調，這些帳目從來只是經營成本中微不足道的一小部分而已。工業資本主義直到工業革命導致大量投資機器，繼而導致高折舊率後才出現。在梅迪奇那個時代，對固定資本的投資是很小的，可能的例外就是採礦和船運。

工業主義是新近的現象；它尚未出現在梅迪奇那個時代。那是一個大企業（根據當時的標準）仍舊局限於貿易和銀行業的時代。雖然梅迪奇注重銀行業甚於貿易，但他們仍然把兩者結合在一起，這是一種典型的組合。國際貿易量顯然不大，不足以成為專注發展某個產業的正當理由。而且，高風險和不穩定的條件是造成經營多樣化的進一步誘因。如格拉斯*教授曾經寫道：「撇開一個早期的私人銀行家，你會發現一個商人。」[10]有一些區域性的限制。與巴爾迪和佩魯齊公司不同，梅迪奇從未在黎凡特地區經營過；他們的行動局限於西歐，除了西班牙和葡萄牙。他們曾小心翼翼的試著進軍波羅的海地區，但沒有成功。漢薩同盟在那兒稱雄，不容忍任何對其領地的進犯。義大利商人銀行家的領地沒有擴張到萊茵河以東。而在萊茵河以西，他們擁有絕對的控制權。儘管佛羅倫斯人、熱那亞人與威尼斯人之間的競爭激烈到足以阻止這塊廣袤的地區轉變成殖民地的勢力範圍，但義大利霸權依然產生有利的影響，把它融合成類似共同市場的樣子。

注釋

1. 雖然佛羅倫斯人在一四〇六年征服比薩時獲得了比薩港，但他們並未拿下來亨的要塞和港埠，直到一四二一年才花十萬袋福羅林金幣的巨款從熱那亞人那兒買下來。比薩港淤塞嚴重，而且，來亨控制著它的出海通道。
2. Armando Sapori, *Studi di storia economica (secoli XIII-XIV-XV)*, 3rd ed. (Florence, 1956), p. 55.
3. 這個數字是根據薩波里發表的名單，第七百一十八至七百二十九頁。
4. 同上，第六百六十七頁。確切數字為十四萬九千福羅林鎊。
5. Giovanni Villani, *Cronica* (Florence, 1945) Libro XI, cap. 88.
6. 根據義大利人的習慣，喬凡尼・迪比奇・德－梅迪奇意思是梅迪奇家族中比奇的兒子喬凡尼。喬凡尼的兒子科西莫被叫做科西莫・迪喬凡尼・迪比奇（比奇的兒子喬凡尼生的兒子科西莫）。這個義大利的習俗會貫穿這個研究，因為這樣能便於識別每個人，避免名字相同的人造成混淆。尊稱「迪」只用於教名之前。當指整個家族時，義大利人使用定冠詞，沒有尊稱，如梅迪奇家族。
7. 達蒂尼檔案包括大約五百本帳簿和超過十萬封業務信函，還有數百種資料。即使花一輩子的時間也難以將這些資料全部研究透澈。
8. 佛羅倫斯國家檔案館（簡稱ＡＳＦ）梅迪奇家族檔收藏（簡稱ＭＡＰ），第一百五十三號。
9. 舉例來說，這是 Arnold Hauser, *The Social History of Art* (New York, 1951), I. 283 ff. 的觀點。若梅迪奇家族是中產階級，那麼上層階級在哪裡？Alfred von Martin, *Sociology of the Renaissance* (New York, 1944) 將梅迪奇家族歸類為「上層中產階

*格拉斯（一八八四至一九五六年）是哈佛大學商業史教授。

級」更為合理，因為他們不屬於封建貴族。

10. N. S. B. Gras, *Business and Capitalism; an Introduction to Business History* (New York, 1939), p. 145.

第二章 梅迪奇銀行及其創建背景

在進入核心主題之前，有四個具有普遍意義的議題最好在一開始就納入考慮，因為這些議題提供貫穿全書各章節的主軸。

第一個需要考慮的問題很簡單：既然教會禁止收取利息，那麼梅迪奇及其他銀行家卻能夠成功運作，藉由放款獲利，不讓自己輕易受到高利貸的指控，這又是怎麼一回事呢？對這個問題的其中一個答案，無疑涉及到梅迪奇時代的教會與商業界整體關係。讓我們試著確定教會的說教是否實際影響商業慣例；如果是，那又是如何影響的，影響到什麼程度？

接下來的問題涉及到梅迪奇銀行在佛羅倫斯行會體系裡的地位。身為銀行家，梅迪奇處於貨幣兌換商行會的管轄之下。我們要呈現的是，這個行會的監管權相當有限，在平時的商業運作中沒有什麼份量。

另一個值得考慮的話題是資產稅，這是佛羅倫斯的一種直接稅。是根據稅務官員登記的個人收入來課稅，這個流程頗像今天在美國、英國等國家的所得稅申報流程。成千上萬份的納稅申報表仍然保存在佛羅倫斯的檔案館裡，幾乎沒有缺漏。在本書中廣泛使用這樣的稅務報表，不僅有梅迪奇家的，而且還有他們親戚的報表。這些報表在許多方面都有用處，包括族譜和傳記的細節，以及定量分析或經濟數據。因此，有必要把這個重要資訊來源介紹給讀者，並告訴讀者一些資產稅和佛羅倫斯公債相關的原由與管理情形。

第四個需要說明的議題是貨幣。目的不是為了寫一篇中世紀貨幣的學術論文，而是介紹讀者一些出現在梅迪奇紀錄中的貨幣單位與貨幣符號，這些符號在接下來的各章節中會使用。

如果讀者的時間不夠，或是急著想進入本書的主題，那可以暫時跳過本章，等碰到一些令人費解的難題時再回頭來閱讀。不過，最好還是系統性地閱讀；這裡已經盡力將背景資料縮減至最少，且有條理地介紹各個主題給讀者。

一、教會的高利貸戒律與工商業

如果不牢記教會的高利貸戒律，那麼就無法理解中世紀的銀行業。因為就這點而言，銀行家會盡可能遵守宗教戒律，他們必須在不招致神學家譴責的前提下經營。因此，在歐洲大陸，從中世紀直到進入十八世紀很久，其銀行業與今天的銀行業大相徑庭。若相信高利貸戒律可以被輕易漠視而且對銀行實務幾乎沒有什麼影響，那就大錯特錯了；相反地，就如現有證據所證實的那般，它產生了巨大的影響。首先，對規避高利貸禁令的需求——若有可能就運用合法手段——影響了中世紀銀行業的整體結構。其次，它決定銀行運作的方式。第三，透過把某些交易認定為合法，同時把另一些交易認定為不合法，高利貸戒律會影響商業道德和公眾輿論。

中世紀的銀行家，例如梅迪奇銀行，也許一度承認他們的某些做法是遊走在合法經營的邊緣，但他們不願明白承認自己就是高利貸業者；事實上，他們也沒被公眾視為高利貸業者。然而，較嚴謹的神學家對此也許會有所保留，不過神學的觀點未必贊同這些不懂詭辯微妙之處的務實者普遍持有的看法。

為了充分理解其學術地位，最好遵循學者使用的相同分析方法。什麼是高利貸？根據教會法規，高利貸指存在於消費借貸契約（這是無擔保貸款的法律術語）中，本金之上的任何增值，無論大小。[1] 只要超越本金就是高利貸（*Quidquid sorti accedit, usura est*）。在此定義中，每個字都有其重要性。因此，高利貸在中世紀不只適用於過高的利率，還延伸到所有利息，無論高低，無論過分與公道。根據定義，一筆貸款是一份單方受益的合約。若非如此，事實上就已成為高利貸合約。[2]其箴言是：*usura solum in mutuo cadit*。[3]亦即，高利貸只發生在貸款中，無論是無擔保貸款（公然的高利貸）或是隱藏在另一合約幌子下的貸款（掩飾的高利貸）。[4]若能表明一份既定的合約既不是明顯的貸款，也不是隱含的貸款，那就不涉及高利貸。借款本身是無法要求報酬的，但一項貸款若因非原本就包含的某些原由，例如到期無力償還本金的時候，那麼要求賠償損失加利息則是合法的。因此就產生了外部所有權的學說，由於其眾多的漏洞，使神學家們陷入沒完沒了的困境。

現在要討論高利貸問題的所有面向是不可能的：詳盡的論述需要寫好幾本書。況且，義大利商人（對西班牙人來說就不大正確）不太注重學者津津樂道的細微差異。根據業外人士中流傳的有點被曲解的簡化版本，高利貸是憑藉貸款強行要求任何確定的獲益，尤其是完全以質押作為擔保的情況。[5]另一方面，收取補償金被認為是合法的，只要信用交易是投機性的或牽涉到風險或強制性。無論對錯與否，利息經常以饋贈或商業投機的獲利分紅來掩蓋。[6]實際上，有無數種方法可以規避高利貸禁令，這裡必須指出，它們還受到博士＊的遁詞鼓勵。從法律的觀點來看這個問題，後者在不經意間提供商人充分利用這些技術的機會。

對高利貸的禁止並未能阻止銀行業的成長，但新近的研究表明，高利貸禁令確實改變了銀行業的發展軌跡。由於不允許獲取利息，銀行家必須找到其他放款途徑來獲利。最有利的方法是票據交易。[7]它不是今天慣用的票據貼現，而是在外地、通常用另一種通貨支付的票據轉讓。當然，利息是包含在被適當地稱為「匯票」的票據價格中。雖然不可否認隱含著利息，但商人堅持兌換交易不是貸款，而是貨幣兌換，或者叫外幣買賣，

＊基督教產生初期對德學兼備的聖父、牧師的稱號。

多數神學家也認可這些觀點。[8]換言之，兌換交易被用來證明信用交易是正當的，而兌換中產生的投機性獲利成為掩蓋利息收入的幌子。然而，有人認為，兌換交易並沒有高利貸的性質，因為只要沒有貸款，就不可能有高利貸。[9]

實際結果是把銀行與兌換聯繫在一起，無論是現金兌換還是票據兌換。佛羅倫斯的銀行家行會被稱做貨幣兌換商行會，也許是有意義的。在義大利商人銀行家的帳簿裡，包括梅迪奇銀行的帳簿，就算有發現貼現的蹤跡，也很罕見，但卻有著成千上萬筆兌換交易的紀錄。在帳簿裡沒有利息所得的科目，但卻有兌換損益（*Pro e danno di cambio*）的科目。如果這件事與銀行業無關而且不那麼重要的話，那麼多數倫理神學論文不遺餘力地詳盡探討合法兌換與不合法兌換就失去了意義。[10]在十五世紀，這個主題已經在羅倫佐・里多爾菲老爺（一三六〇至一四四二年），西恩納的聖貝爾納迪諾（一三八〇至一四四四年）和佛羅倫斯大主教聖安東尼諾（一三八九至一四五九年）的著作中受到相當的關注。這三位都與喬凡尼・迪比奇和科西莫・德－梅迪奇是同個時代的人。[11]後來，這個話題被福拉・桑蒂（潘多爾福）・魯切拉（一四三七至一四九七年）詳加討論，他在老年喪妻後成為道明會修士＊。[12]由於他是銀行家的兒子，本人曾經商，大家必定認為他很了解銀行的運作方式。[13]因此，他對外匯交易的強調頗為重要。有人曾經發現，在行商指南中用好幾章的篇幅交代這件事，例如貝內代托・科特魯利在一四五八年寫下的古怪論文。[14]鑑於這些討論，毫無疑問可以說，教會對高利貸的態度著實影響了商業行為。

銀行家公然漠視教會教義的說法並不符合實際情況。[15]可以肯定的是，他們並非總是言行一致，時常違背私人契約禁止高利貸的訓誡。然而，未必有許多人會執拗地質疑教會立為信條的某個教義。[16]相反地，不少銀行家對自己有違教義的交易感到良心不安。大量證據反映在數目眾多的中世紀遺囑中，立遺囑人在遺囑中囑咐退還所有高利貸和不當得利。[17]但事實上，這樣的聲明在一三五〇年之後變得稀少，因為商人銀行家們愈來愈不想因為在遺囑中因特別提到退還財務，而不打自招被貼上高利貸業者標記，儘管，他們仍繼續為了拯救自己的靈魂而將遺產捐給教會。

此外，他們貌似真實地聲稱他們經營合法生意，而不是從事高利貸活動。事實上，他們也儘量規避非法合約。甚至連冷酷貪婪的普拉托商人銀行家福朗切斯科．達蒂尼（一三三五至一四一〇年）也在寫給妻子的信中誇言從未謀取不義之財。當在巴塞隆納的分行經理牽連上有問題的兌換交易時，立即受到老闆的憤怒譴責，並被告知立即停止這樣的活動。[18]同樣的態度也出現在達蒂尼的顧問兼公證人塞爾拉波．馬齊（一三五〇至一四一二年）的信件中。在梅迪奇的合夥協議裡，非法匯兌是一條明文禁止的規則，雖然就如帳簿和其他紀錄證明的那樣，這個條款並未貫徹執行。因此，就很容易理解，為何科西莫．德-梅迪奇會因為獲取不義之財帶來的內心不安感到困擾，並確保獲得一份教宗敕令，允許他捐款給佛羅倫斯的聖馬可修道院來為自己的貪婪贖罪。[19]

這種心態一直持續到十六世紀，甚至更晚的年代。在一五一七年以及一五三二年，一群在安特衛普的西班牙商人決定請教神學家某些兌換交易是否合法的問題。[20]在康波城，重要銀行家、西班牙人西蒙．魯伊斯（一五二六至一五九七年）拒絕參與任何有爭議的合約。[21]晚至路易十四世執政時期，布商雅克．薩瓦里（一六二二至一六九〇年），也是著名經商手冊《完美的批發商》的作者，敬告讀者不要在票據的票面價值中包含利息；在他看來，這就是高利貸，但投機性的兌換交易則是許可的。[22]

若不是因為高利貸戒律，商人怎麼會在有簡便方法可用的情況下還就繁文縟節呢？將債務票據貼現，比在國外用外幣支付匯票的操作簡單得多。首先，這個流程使得簿記變複雜。[23]其次，它要求銀行家與外地辦事處

* 道明會也稱布道兄弟會，是天主教托缽修會的主要流派之一。因修士均披黑色斗篷，因此稱為「黑衣修士」。

的網絡協同運作。另一個弊端是，借出、借入雙方都必須冒著匯率波動的風險。而且，票據買方不但會面臨債務人無力償還的風險，還會因為匯款的辦事處破產而遭致風險。這也許就是為什麼大銀行家偏愛與自己的分行打交道的原因。至於借入方，如果他在外地沒有存在自己名下的資金，那必須找到一個願意接受匯票並如期兌現匯票的人。而受票人（即付款人）則必須自己承擔贖回自己支出金額的風險。這樣一來，匯票的使用既使麻煩增加，費用也增加，實際的結果是，儘管高利貸的禁令初衷是為了保護借入方，卻增加借款成本。在某種程度上，教會針對高利貸的立法可能反而妨礙經濟成長。

正如亞瑟＊教授曾提到，義大利商人在十四世紀推出的匯票，或者叫「付款函」是一種獨特的新工具。[24]它的廣泛使用無疑「受惠於」高利貸戒律。從商業法的觀點來看，其影響是有益的，因為匯票的普及，導致商品關稅與促成最終普遍接受的流通性原則法律的規定出現。不應低估道德論者容忍外匯兌換合約的法律結果與經濟結果。[25]這種寬容使得他們陷入眾多矛盾，對他們整體地位的崩潰帶來很大的影響。

銀行家利用許可的合約形式來經營匯票，成功地避開高利貸禁令。重要的結果是，銀行家並沒有背上放高利貸的汙名。相反地，他們過著受人尊敬的公民生活，經常在社區裡擔任領導角色。偉大的義大利銀行家因為被稱為教宗的貨幣兌換商而感到自豪。若他們的子孫就任聖職，就會得到擢升，並且成為教宗、樞機主教或主教。梅迪奇家族提供了幾個例證，但絕非僅有的例子。對高利貸揮之不去的憎惡繞過了商人銀行家，讓攻擊全都落在小額放款人和當鋪老闆身上。[26]與其他地方一樣，在佛羅倫斯，他們被貼上高利貸業者標籤，並受到所有正派市民的排斥。依照教會法，這些可憐的傢伙生活在教會的禁令下，被剝奪聖禮和基督教葬禮的資格，甚至無法立下有效的遺囑。[27]

說也奇怪，如此可怕的命運並沒有降臨到像梅迪奇這樣的大銀行家身上，因為他們聲稱未參與放款，自己的活動都限制在合法合約的範圍內。的確，根據經院教義，既然在放款中不存在高額利息的儲蓄，那這種狀況自然被認為是正當的。

二、貨幣兌換商行會與梅迪奇銀行

在十五世紀的佛羅倫斯有三種不同的信貸機構，在義大利語裡都被叫做銀行，分別是當鋪（*banchi di pegno*）或 *banchi a pannello*）、小銀行（*banchi a minuto*）與大銀行（*banchi grossi*）。為了避免混淆，有必要對這三種類型清楚區分。

第一個群體其實並非一般人認為的銀行，而是由領有執照、高利貸業者經營的當鋪，之所以稱為 *banchi a pannello*，是因為門口會掛著紅色的門簾，一眼就可以認出來。[28]它們以個人財產抵押為條件來放款，並擅長今天所謂的「小額貸款」。[29]跟妓院一樣，當鋪被看作是兩大罪惡中的小惡。依照教會法規，當鋪的經營者被大喇喇地貼上高利貸業者的標籤。[30]原則上，政府不應該發執照給這樣的公共罪人。[31]不過實際情況是，佛羅倫斯的城市教父設法以犯下「可憎的高利貸罪孽」為由，對當鋪老闆集體罰款兩千福羅林†來避開這條教規。然而，因為一年繳納一次罰款，當鋪老闆就被「免除進一步的非難、罰金或課稅」。[32]實際上，所謂的罰金其實是一筆執照費，發執照的真正目的是為了讓高利貸合法化，而不是加以禁止。[33]

在十四世紀，佛羅倫斯的當鋪老闆多數是基督教徒，但大概從一四三七年以後，執照只頒發給猶太教徒。

＊亞瑟（一八八三至一九六五年）是美國經濟史學家，主要研究歐洲中世紀銀行史。

† 福羅林是一二五二年義大利佛羅倫斯推出的一種金幣，主要流行於當時的西歐和北歐，成為後來大多數歐洲金幣的原型，也是中世紀晚期歐洲較為通用的貨幣。詳見本書第二章第四節。

而無論當鋪老闆是基督教徒還是猶太教徒，只要明顯是高利貸業者，就被嚴禁加入任何行會，尤其會被拒於貨幣兌換商行會門外。[34]

梅迪奇銀行偶爾承做抵押貸款。結果喬凡尼．迪比奇以抵押品的名義持有屬於教宗若望二十三世（巴爾達薩雷．科薩）的鑲嵌珠寶主教法冠，後來教宗的繼任者馬丁五世主張這是他的物品。[35]但是，梅迪奇銀行不是當鋪：雖然以王冠珠寶及其他高價的物件為擔保，放款給王公貴族，但它從未預支小筆金錢給典當衣物或工具的窮人。

順帶一提，不管追溯多遠，盎格魯－撒克遜諸國當鋪的三個金色球標誌與梅迪奇銀行盾徽上的紅色圓形標識之間沒有任何關聯。[36]梅迪奇家族很可能早在與銀行業有聯繫之前就已經使用這些紋章。其實，列圓飾是貨幣在紋章上的表現。例如，佛羅倫斯的貨幣兌換商行會就將紅色列圓飾作為徽章佩戴。若當鋪老闆使用三個金色球，那麼理由只是因為列圓飾是貨幣在藝術和紋章上的傳統符號。

由於當鋪是直接由僭主（即佛羅倫斯政府）*監管，仍處於行會的控制之外，貨幣兌換商行會只對兩種銀行有管轄權，即小銀行和大銀行。佛羅倫斯的銀行家被籠統地叫做銀行老闆或錢莊主人，因為他們坐在長凳或長桌後面做生意。這一術語早在古希臘就已被使用。在古希臘，銀行家被稱作 *trapeziti*，這個詞是從 *τραπεζα*（*trapeza* 或桌子）一詞衍生而來的。[37]

小銀行寥寥無幾，無足輕重。現存與他們有關活動的確切資料數量極少。佛羅倫斯統治者的一位遠房兄弟福朗切斯科．迪朱利亞諾．德－梅迪奇（一四五〇至一五二八年）在一四七六年到一四九一年期間與兩家相關銀行有關係。根據他們尚存帳簿中的一份分期付款計畫來看，小銀行的業務似乎主要在於賒銷珠寶首飾。[38]他們也從事抵押珠寶的貸款。此外，貨幣兌換和金銀錠貿易也是銀行活動的一部分。也接受利息九％或一〇％的定期存款，但總分類帳不包含與「見票即付」存款有關的入帳紀錄。因此，小銀行不是存款銀行。

在商事法庭的檔案《有限責任合夥公司名冊》裡有更多關於小銀行的參考資料，記錄所有沒沒無聞的有限責任合夥公司。[39]如此，在一四七一年，安德烈．迪洛泰林格．德拉斯圖法以匿名的合夥人在一家由皮耶爾喬凡尼．丹德烈亞．馬西尼管理的公司裡投資五百福羅林。這種合夥的目的是在佛羅倫斯做生意，並磨練小銀行主的技藝。有明文規定，無論有無匯票，經營合夥人都不能從事匯兌。因此情況很清楚，小銀行嚴格來說是以珠寶首飾貿易為業務範圍的地方銀行。然而，在佛羅倫斯，金匠不屬於貨幣兌換商行會，而是屬於由金銀匠、絲綢商、布匹服裝零售商、成衣商、襪商、緊身上衣商和刺繡業者組成的聖瑪麗亞之門行會。[40]

梅迪奇銀行肯定不是小銀行，而是一間大銀行，它通常把貨幣兌換及地方存款銀行與經營匯票交易及外國銀行的業務結合在一起。[41]正如貨幣兌換商行會這個名字所暗示的那樣，無論是本地還是國際的銀行，仍然與兌換緊密地聯繫在一起，無論是自然屬於本地的貨幣兌換，還是要求與其他銀行業務地發生聯繫的票據兌換。

根據喬凡尼．維拉尼的著名編年史，在一三三八年前後，佛羅倫斯有八十家貨幣兌換商的銀行。[42]在一三五〇年，即黑死病過後兩年，銀行的數量減少到五十七家，一百二十名合夥人。到了一三五六年，又稍微回升到六十一家。[43]根據行會印製的《公司名錄》，在一三九九年，有七十一家銀行。[44]在一四六〇年，這個數字下降到三十三家。[45]根據編年史家貝內代托．代伊（一四一八至一四九二年）所記，在十二年之後的一四七二年，總數仍然相同，這看來是準確的數字，因為與行會保存的紀錄相符。[46]接著出現突如其來的下降。到了一四九〇年，不再有足夠的成員來補足行會的各個職位，紀錄至此也不再繼續。另一位編年史家喬凡尼．康比斷言，在一五一六年時只剩下八家銀行，並指出其中一家達潘札諾銀行於一五二〇年十二月二十九日破產。[47]換句話說，佛羅倫斯的銀行系統崩潰，而這也波及梅迪奇銀行。

＊僭主本意是指古希臘城邦透過非法手段取得政權的獨裁者。

在作者看來，銀行數量在十五世紀間持續下降並不是因為規模更為集中，而是由於業務量的逐步下降，而且在一四七〇年之後急劇下降。這個現象並不只出現在佛羅倫斯。在布魯日和威尼斯，私人轉帳銀行也受到十五世紀末一場嚴重危機的打擊。[48]只有在西班牙的銀行因為某種未解的原因得以倖存下來。[49]引起這場危機的原因仍然是個謎，但存款銀行業幾乎被摧毀，直到一五七五年左右隨著大眾銀行在巴勒莫、那不勒斯、威尼斯、熱那亞以及其他一些交易中心創建起來才得以復甦。[50]

行會的作用是什麼？它們主要負責管控，且局限在地方銀行業務。[51]外國銀行業務超出行會的管轄權，而且事實上完全受商業習俗的操控。在佛羅倫斯經營銀行或與此類銀行合夥的每個人都強制要求要加入貨幣兌換商行會成為會員。[52]依照行會章程，每家商行的領導人都被要求公開全部合夥人或幫其管理櫃台或銀行的兒子名字，但這個要求並不適用在佛羅倫斯城以外管理分行的合夥人。[53]這段描述的正確性可以從分析行會入會名單得到確認。因此，在一四七〇年，它提到經營一家錢莊的皮耶爾福朗切斯科和朱利亞諾．德－梅迪奇公司，並列出公司合夥人：羅倫佐．德－梅迪奇、洛多維科．馬西、福朗切斯科．諾里以及福朗切斯科．因吉拉米。[54]並未提及福朗切斯科．薩塞蒂，雖然他是整個梅迪奇銀行的總經理，但他不是佛羅倫斯錢莊的合夥人。那份名單也沒有負責羅馬辦事處的喬凡尼．托爾納博尼，或梅迪奇銀行其他分行的經理。因此，證據十分確鑿，無須再進一步說明。

在行會章程中，佛羅倫斯的錢莊主被描繪成過著一種需要久坐的生活，坐在鋪著綠色布料的櫃台後面做生意，「帳簿就在他們面前打開，裝錢的袋子伸手可及」。[55]顯然，他們總是隨時準備好兌換貨幣和轉帳付款，這些就是貨幣兌換商行會試圖管控的僅有兩大功能。

由於佛羅倫斯的貨幣體系錯綜複雜，貨幣兌換，即小額兌換，仍然是佛羅倫斯銀行家的重要功能，也是他們主要獲利來源。他們不但接受外幣兌換成當地貨幣，而且對金福羅林兌換成在佛羅倫斯流通的銀幣收取手續費。[56]這些銀行家也是金銀錠交易商，大概也是鑄幣廠的主要供應者。

政府當局把行會當作執行機構，因此，行會章程中有幾條法規規定有金融事項也就不足為奇了。當然，任何犯下銼邊加工或縮減通行硬幣罪行的銀行家都會受到重罰，被逐出行會，並被視為偽幣製造者向政府當局告發。[57]任何使用重新發行、假冒、偽造、銼邊硬幣的貨幣兌換商也會被課以罰款，除非他能夠將它們當作金銀錠買下來並剪成兩半退出流通。[58]同樣的命運威脅著任何把重量較輕的福羅林幣放入密封錢袋並發出給公眾的人。[59]因為這些制裁措施顯得不夠有力，一三一三年的法規授予執政官自由裁量權，在他們認為合適的時候懲罰任何獲得非法定貨幣（即使未經銼邊）的行會成員。[60]類似的規定在中世紀歐洲各地的法規中都有發現。[61]也許，就維護通貨本位的目的而言，其實它們在佛羅倫斯並不比在其他地方更有效。

在銀行業務領域，行會的管控並沒有超越設置專業標準和保護存款人免遭欺詐的範疇。當然，無力償債或破產的貨幣兌換商會被剝奪會員資格，直到債權人完全滿意為止。[62]

業務流程與今天不一樣：現金的轉帳和提領憑口頭指示，而不是憑支票由銀行家執行。[63]不然的話，為什麼貨幣兌換商或銀行家會被描述為坐在櫃台後面做生意，面前放著他們的帳簿，隨時執行來自顧客口頭的指令？既然貨幣兌換商或銀行家的帳本只是嘴上活動唯一的另一種紀錄，那麼行會規章拿重罰、除名等處罰來威脅任何被發現隨意毀壞紀錄、消除帳目或惡意竄改帳簿的成員就很自然了。[64]為了防止欺瞞，禁止在擴張欄使用阿拉伯數字：金額要用羅馬數字書寫。[65]對紀錄的保存有特別規定。已故或破產的貨幣兌換商帳簿被保存在行會的保管箱裡，為此，行會裡有個三把鎖的大箱子，只有行會的三位官員同時到場才能打開，每位官員持有一把不同的鑰匙。[66]若貨幣兌換商不能支付存款人正當要求的任何一筆錢，那就會使自己處於被驅逐和被抵制的情況。[67]萬一遭遇訴訟，只要行會主管提出要求，貨幣兌換商將不許拒絕出示帳簿，也不能拒絕遞交帳目的複本。[68]

如亞瑟首先強調的那樣，中世紀銀行業的一個特徵是，相較於書面轉帳，也就是後來稱的支票，明顯偏愛口頭轉帳指令。在巴塞隆納，市營銀行的規章晚至一五六七年還禁止使用支票（加泰隆尼亞文：*polissa*），雖然這個規定在不久之後被放寬。[69]在威尼斯這個保守的商業中心，這項規定在十八世紀時仍然完全有效，因此吉羅銀行的簿記員除非有存款人本人或其法定代理人「口授」指令，否則不允許進行任何轉帳。[70]最近在比薩發現幾張一三七四年簽署的支票。[71]在普拉托的達蒂尼檔案中也存有時間稍晚（一三九九至一四〇〇年）的一些支票。[72]費德里格．梅利斯教授仔細查閱這些檔案，並合理推估，它們大部分是由銀行顧客開出的真正支票，並由銀行付款給協力廠商。[73]因此，很清楚地，到了一四〇〇年時，托斯卡尼地區已使用支票，但在多大的程度上取代下達口頭轉帳指令給坐在櫃台或桌子後面銀行家，這個問題仍沒有解答。[74]

有一個法律問題需要澄清。根據後注釋法學派的觀點，不論是書面或口頭轉帳，銀行轉帳支付都是不可變更的，而且如果被債權人接受，債務人的債務即完全解除。[75]然而，這個規則不適用銀行以外的轉讓，債務人仍要負責，直到債權人完全滿意為止。[76]

佛羅倫斯的銀行數量太多，以至於難以組織起一個高效率的結算系統，諸如在威尼斯和布魯日那樣的結算系統。為了改善這種情況，一個名叫安德烈．迪福朗切斯科的人約在一四三二年提議，創立一家公共轉帳銀行，並強制所有商業交易都在銀行裡付款。[77]這個計畫還包括將公債貨幣化，這原本可能會引起高度通貨膨脹。但幸運的是，這項計畫泡湯了。

在佛羅倫斯，銀行集中在新舊市場附近，以及靠近美麗的行會禮拜堂聖米凱萊菜圃教堂與阿爾諾河左岸區。根據從一四二七年到一四八〇年的所有資產稅報告，梅迪奇錢莊位於新市場附近，即現在的朱門大街與羊毛行會大街（以前叫卡瓦爾康蒂陡坡或聖米凱萊菜圃）轉角處的卡瓦爾康蒂宮裡。[78]梅迪奇錢莊及在卡瓦爾康蒂宮一樓的兩家相鄰商店有三分之一屬於科西莫的兄弟羅倫佐．迪喬凡尼．德－梅迪奇，那是他妻子吉內芙拉・迪喬凡尼・卡瓦爾康蒂的嫁妝。這屬於羅倫佐的三分之一店鋪的租金為十福羅林，總計相當於一年三十福羅林，租金相當高，不過這些位於佛羅倫斯商業中心附近的商店租金本就不低。當仲裁人分割科西莫及其侄子皮耶爾福朗切斯科・迪羅倫佐的共同財產時，坐落於卡瓦爾康蒂宮的梅迪奇錢莊或者說銀行，在一四五一年的裁決書中也有被提到。[79]也許該說清楚，梅迪奇銀行有自己的中央辦事處，設在拉爾加大街上自己的宮殿裡，而只有佛羅倫斯錢莊位於朱門大街。

來自阿雷佐且在佛羅倫斯安頓下來的商人拉札羅・迪喬凡尼・迪費奧・布拉奇（卒於一四二五年）的帳簿中曾記載，由於地理位置的緣故，梅迪奇銀行有時被叫做「新市場錢莊主人」。順帶一提，在一四一五年十一月八日，他從他們那裡買來一張由巴塞隆納承兌的匯票，這證明錢莊的活動不限於當地銀行業務。[80]羅梭・迪喬凡尼・迪尼科洛・德－梅迪奇的私人紀錄中也提及科西莫和羅倫佐・德－梅迪奇錢莊。他是一位關係很遠的親戚，一四二七年在銀行有一個活期帳戶，用來提領存款在當地使用。[81]

因為梅迪奇銀行在佛羅倫斯城內經營一家錢莊（*Tavola*），他們世世代代都是貨幣兌換商行會的成員。然而，根據佛羅倫斯的習俗，擁有一個行會的成員資格，並不會對取得另一個行會的成員資格造成妨礙。興趣廣泛的傑出商人往往加入不止一個行會，這個現象很普遍。因此，福朗切斯科・迪馬可・達蒂尼（一三三五至一四一〇年）同時是俗稱聖瑪麗亞之門行會或生絲行會的蠶絲行會（一三八八年）、貨幣兌換商行會（一三九九年）、布匹進口商行會（一四〇四年）的成員。[82]梅迪奇銀行也是如此。梅迪奇銀行的創始人喬凡尼・迪比奇在一三八六年加入貨幣兌換商行會，當時他還在為遠房親戚梅塞爾・維耶里・迪康比奧・德－梅迪奇服務；在一四〇三年，他在羊毛行會增加一個會員資格。[83]他的兒子，著名的國父科西莫，被准許加入貨幣兌換商行會（一四二〇年）和蠶絲行會（一四三三年），但他顯然從未屬於布匹進口商行會或羊毛行會。[84]然而，科西莫的兒子卻早在一四三五年就被接納加入後面這些行會，當時，他們還只有十九歲和十四歲。[85]皮耶羅・迪科西莫和他的弟弟喬凡尼分別從一四二五年和一四二六年開始，被允許加入貨幣兌換商行會。[86]後來，皮耶羅又加入蠶絲行會（一四三六年）和布匹進口商行會（一四三九年）。[87]最終，他獲得四個行會的會員資格。

至於下一代，豪奢的羅倫佐與他的弟弟朱利亞諾，則跟隨上一輩的腳步。他們在一四五九年一月十五日獲准加入布匹進口商行會，儘管實際上他們只是十歲和六歲的小男孩。[88]差不多七年之後，他們的父親讓他們都獲准加入貨幣兌換商行會（一四六五年十二月三十日）。[89]羅倫佐在一四六九年單獨成為蠶絲行會的會員。[90]羊毛行會則沒有他加入的紀錄，但也可能是遺漏或疏忽。

從紀錄中可以清楚地看到，梅迪奇銀行未曾遠離過行會系統。雖然行會系統在不斷變化的環境中迅速瓦解，但仍保持著決定專業標準和對個別措施設定某些限制的規章制定權。然而，誇大行會的作用是錯的：它們的影響並沒有歷史學家經常認為的那樣大，因為留存下來的只有行會紀錄，而可能讓情況看得更清晰的業務紀錄則往往已損毀。

三、佛羅倫斯的資產稅

在佛羅倫斯社會經濟史中常被忽視的資料來源就是無敵的系列資產稅紀錄。它們主要由藝術史學者利用，以便找到著名藝術家的相關資料，但到目前為止，這個資訊寶藏尚未被其他挖掘者所開發，除了少數系譜學者和海因利希·西夫金和阿爾福雷德·多倫等幾位先驅以外。早在十八世紀，詹福朗切斯科·帕尼尼就指出方法，但很少有人沿著他的足跡前行。其實，資產稅檔案通常有許多人口統計、社會和經濟狀況有關的各種資料，包括財富和收入的分布、階級結構、蓄奴制度、公債、家庭生活、城市和農村財產、農地問題、商業組織等議題。

佛羅倫斯與中世紀歐洲的其他地方一樣，政府先是從消費稅和通行稅等間接稅獲得大部分收入。當然，它們有個缺陷是嚴重違反付稅能力原則，因為窮人遠比有錢人感到更多負擔。由於這些間接稅的收入並不足以支應公共開支，因此在十三世紀期間開徵一種叫做財產估價稅的直接稅。這是一種根據不動產和動產評估價值課徵的財產稅。這些評估的目的與其說是為了評估真實價值，不如說是為了達成城市裡每個區或教區可分配給個人一定的徵收稅額。[91]換句話說，財產估價稅就是法國人所謂的分攤稅（un impôt de répartition）。

由於評估是基於相當隨意的規則，眾人對不公平的稅制怨聲載道：張三負擔重，李四負擔輕，窮人吃虧，富人得利，或者政敵吃虧，當權者及其支持者得利。反反覆覆的改革，例如一二八五年的稅改，都未能平息不滿情緒。[92]

雖然一三一五年廢除財產估價稅，但到了一三二五年又重新開徵，因為跟往常一樣，政府需要更多的收入來資助戰役，而這次是要對付盧卡領主卡斯特魯喬．卡斯特拉卡尼（卒於一三二八年）。[93]但在全民的壓力下，試著更徹底的消除財產估價稅的不公正和不平等，並「根據每個人的能力和可能性」來徵稅。[94]評估是基於納稅人宣誓後的陳述。如此一來，便奠定了未來資產稅的基礎。[95]一三二五年稅改的另一個特徵是資產稅的稅率與評估價值成正比，但職業收入則根據累進稅率徵收。[96]

因為財產估價稅與富人（即富商和織布商）的階級利益相悖，所以受到他們的一貫反對。在十四世紀期間，財產估價稅成為寡頭政治集團與平民（也就是那些小行會的工匠們，而不是工人階級）之間衝突的主要原因之一。[97]隨著這場權利鬥爭和對收入需求的盛衰變遷，財產估價稅被廢了又設，設了又廢；然而，政府盡可能多依賴間接稅的結果，使得更多納稅負擔落在窮人頭上。

額外支出則用另一種方式來籌措資金：即強制志願借款。起先，這樣的貸款由轉讓特定收入來源當作擔保，但這個方法證明並不令人滿意，因為結果是扣押未來的收入。在一三四二年十一月，佛羅倫斯的獨裁統治者雅典公爵（瓦特・德布瑞尼）發現自己處於四面楚歌的境地，故取消所有轉讓，以讓稅款流入公庫，而不是流入債權人的私囊。[98]

短期債務的比例急劇增長，唯一的解決辦法就是將其轉為長期借款。一項一三四三年十二月二十九日頒布的法律規定，所有未償債務全被合併記入公債總分類帳。在幾個月時間內，另一項法令宣告總分類帳中記錄的貸方的款項可以被轉讓，而且受益人有權獲得五%的利息。因此，在一三四三年和一三四五年間出現「公共基金」的組織。[99]神學家立即就是否可以合法取得國家貸款的利息，以及是否允許在公共基金組織買賣債券的問題開始爭吵。[100]聖方濟會會士們說「可以」，而道明會和奧古斯丁會修士則說「不行」。這個論戰只對吹毛求疵者的良心產生困擾，並不能阻止一個公共基金債券市場的崛起，就如我們今天說的公債市場。

有幾年的發展一帆風順。然而，隨著公債增加，如期支付利息變得愈來愈困難。利息不久就出現拖欠，導致產生一個高度投機性的逾期索賠市場。隨著拖欠日益增加，公共基金債券的價格在一四二七年跌到六〇%，一四三一年跌到三五%，一四五八年跌到二〇%。[101]

政府為了引誘投資人自願借錢所採用的權宜之計把事情弄得一團糟。早在一三五八年，認購人只要支付一百福羅林現鈔就可獲得三百福羅林的債券，至少在理論上，這是把利息從五%提高到一五%的方法。[102]在一三六二年，政府又再次採取相同的權宜之計，以便取得與比薩戰爭的經費。[103]和平的時間很短，在一三六九年，佛羅倫斯參與另一場吞併聖米尼亞托－阿勒泰代斯科的戰事。然而，這只是一場小衝突，所需的費用很容易就募集得到：貸款人拿錢去換債券的比例不是三比一，而是只有二比一。這樣就產生了三倍利債券和兩倍利債券，兩者於一三八〇年與舊公帑融合在一起。[104]

當然，在自願認購後繼無人時，佛羅倫斯政府只能繼續依賴強制借款。尤其是在戰爭時期，強制借款次數眾多，有時候在同一年就有好幾次。甚至受歡迎的詩人安東尼奧・普奇（約一三一〇至一三八八年），在一三七三年前後以諷刺的筆調寫到，每個月就有一次強制借款。[105]評估的方法最後有了改變，但或多或少依照財產估價稅設定的先例，並且建立在產權準則的基礎之上。由於在某種程度上這個規則是任意設定的，因而照例引起偏袒和不公的抱怨。

一三九〇年再次與米蘭爆發戰爭時，為了平息這種批評而通過一條法令。[106]個人配額由每個區的行政長官設定，但這次設計出詳細的規則以確保公平，並考慮到付稅能力。那些接受評估的人可選擇全額支付配額並拿到公帑債券，或者只支付一半，同時放棄任何進一步的索賠權。[107]這實際上是藉由不正當的途徑重新開徵財產估價稅。

在十五世紀開端，佛羅倫斯共和國參與一連串的武裝衝突：征服比薩（一四〇四至一四〇六年），與米蘭交戰（一四二二至一四二八年），以及欲奪取盧卡卻沒成功（一四二九至一四三〇年），結果又再次引發一場米蘭之戰（一四三〇至一四三三年）。這些由貪婪的傭兵隊長與傭兵參與的戰役需要耗費大量的金錢。曠日持久的米蘭之戰尤其使佛羅倫斯的財政負擔雪上加霜，現有的間接稅遠遠不足以填補財政赤字。[108]募集額外收入不可避免。儘管寡頭統治集團討厭直接稅，但李納多・德利阿爾比齊家族和統治集團別無選擇，只好提議設置資產稅（一四二七年）。[109]

資產稅是否該視作財產稅還是所得稅也許是有待商榷的問題，因為它具有兩者的某些特點。顧名思義，與財產估價稅一樣，依據的是由估價委員會做出的估計；而資產稅也與現代的所得稅相似，基於個人所得申報，義大利文稱為*portate*，由納稅人向稅吏或資產稅稅務官員申報。[110]法律要求每家的戶長準備一份報告，列出所有財產，包括不動產和動產、公共基金債券，以及在國內外的所有商業投資。為了稽核這些投資的收入，納稅人被要求在報告中附上一份最近的資產負債表，或參與合夥的每家公司的財務報表。[111]因此，梅迪奇家一四二七年和一四三三年的資產稅報告中仍附有幾份資產負債表。

在佛羅倫斯的檔案資料裡有成千上萬份個人納稅申報表，整齊地按該城市的各區歸檔。這是一份獨特的中世紀收藏品，是社會生活和經濟生活各個方面無比珍貴的資訊庫。在官員審核和認可之後，個人納稅申報表被刪節轉錄到叫做 *campioni*（樣本）的大型匯總冊中。這些文件大部分都留了下來，常常比個人納稅申報表更有用，因為它們更容易閱讀，並提供申報的納稅人到期須付的金額。記錄在樣本匯總冊裡的資料隨後被概括到匯總表裡，匯總表只是一份寫有每位納稅人姓名及稅額的列表。原先城市每個區都有單獨的匯總冊，但今天只有一四五七年的資產稅是完整的。

一四二七年五月二十二日的法律規定，每三年申報一次，每位納稅人到期須付的稅額須相應調整。[112]這個規定實際上在一四三〇年（第二次資產稅）和一四三三年（第三次資產稅）實行。此後，這個規則被放寬，也許是因為每次資產稅的工作量實在太大。直到一四四二年（第四次資產稅）才做出新的修正，接著是一四四六年（第五次資產稅）、一四五一年（第六次資產稅）、一四五七年（第七次資產稅）、一四六九至一四七〇年（第八次資產稅）、一四八〇至一四八一年（第九次、也是最後一次資產稅）。資產稅在梅迪奇家族沒落後不久的一四九五年被廢除，並被什一稅取代，這是整個十八世紀都還在課徵的稅款。什一稅與資產稅大不相同，它只對不動產徵收，因此，不包括公帑債券與貿易和產業投資。[113]這個政策的改變是由鼓勵貿易的期望所推動。據說，這種期望不應該被削弱，因為那麼多人的生計都有賴於商業活絡。[114]

就如馬基維利（一四六〇至一五二七年）在《佛羅倫斯史》中提到，一四二七年的資產稅是對現有稅捐的一次巨大改進，現有稅捐通常是遞減的。[115]那次資產稅至少有一個優點：它是基於付稅能力課徵。但實際情況離理想兩個字還很遙遠，因為慷慨的豁免對富人有利。這樣一來，納稅人的住宅就可以免稅，即使那棟住宅是一座宮殿，裡面有無法估價的藝術珍品，像是梅迪奇家就是一例。

根據馬基維利的說法，一四二七年的稅制改革使社會較低階層的人高興，但讓有錢人家和富豪感到不快。

然而，最嚴厲的批評來自商人。他們的反對各不相同。其中有些意見令人訝異直到今日還會聽到。當然，在商人階級眼裡，對「今天擁有、明天就失去的」動產課稅是完全錯誤的。他們指控說，這樣的稅收會阻礙新計畫，削減交易，引起資金外流。[116]它還鼓勵逃稅，因為欺騙難以察覺，動產不像不動產，可以輕易隱藏。事實上，佛羅倫斯的商人為了逃避資產稅而竄改帳簿。有個名叫安德烈·迪福朗切斯科·班基（一三七二至一四六二年）的絲綢商人為了使投資金額顯得比實際來得小而竄改帳目。[117]在一份祕密紀錄中，他的新合夥人諷刺地說，這些數字因出於對資產稅的熱愛而變戲法似地遭肆意竄改。最後，佛羅倫斯的商人和製造商反對這種帶有追根究柢性質的稅款，並反對向可能是競爭對手的稅務專員出示帳簿，供他們審核。

一四二七年的法律規定納稅人的財產總值在扣除某些允許的免稅額後課徵〇·五%的統一稅率。因此，這種資產稅將是一種財產稅。然而，應課稅價值不是由評估或估價決定，而是在每年七%收益的基礎上計算實際收入或假定收入的現值來決定的。例如，分益佃耕制（*mezzadria*），在托斯卡尼的農場土地租金常常以實物支付。出於課稅的種種目的，貨幣收入由稅務官對小麥、葡萄酒、燕麥、橄欖等各種農產品所設定的價格來決定。然後，這個假定的收入以七%的殖利率基礎上被折算成現值，因此，一筆七福羅林的收入會對應到一百福羅林的財產，十四福羅林的收入對應到兩百福羅林的財產，以此類推。市區財產的價值簡單地透過估算地主收到的貨幣租金來決定。然而，公債券的價值是由稅務官來設定，而稅務官則受當時市價的影響。至少在一四二七年時，營業稅是基於已投資的資本加上應計獲利。[118]

納稅人財產的總值按上述比例確定，被叫做資產總值。然後，納稅人允許從這個數字中扣除債務、費用以及每個家庭成員（不包括傭人和奴隸）兩百福羅林。[119]剩下的數字就是應納稅的財產。在一四二七年，統一的稅額是〇·五%。另外，每位十八到六十歲的男性還有一項人頭稅，從二至六索爾多金幣不等。[120]

那些沒有應納稅財產的人依然要按合約課徵資產稅。這樣的納稅人不在富豪之列，甚至不在經濟寬裕人家之列，很少納稅超過一福羅林。沒有財產、靠打工賺錢生活，以及因為大家庭所累者都被歸類為貧民，無須繳稅。大約三分之一的佛羅倫斯人口屬於這類人。順便提一句，貧窮的紡織工人必須報告紡織機數量，因為那是對生產設備的投資。

一四二七年公布稅率和免稅的資產稅法一直沿用到一四八〇年，並無實質改變。然而，在一四四二年和一四四六年，商業投資似乎是被單獨記錄的。

表1是科西莫・迪喬凡尼・德－梅迪奇為一四五七年第七次資產稅填寫的申報表。在那時，科西莫家包括他的配偶（馬東娜・孔泰西納）、他的兩個兒子（皮耶羅和喬凡尼）、他的侄子（皮耶爾福朗切斯科）以及他們的妻子們和子女們，全家總共有十四個人。資產稅申報中描述，把侍從、僕人、保母、家庭教師計算在內的話，他每天大約要養五十個人，但他只被允許減免直系親屬的稅額。如表格所示，他應納稅的財產達到十一萬五千一百七十福羅林，再按〇・五％的統一稅率課稅。此外，他為三個在十八至六十歲之間的男性（皮耶羅和喬凡尼・迪科西莫，以及皮耶爾福朗切斯科・迪羅倫佐）每人繳納六索爾多金幣的人頭稅。他本人則因滿七十歲而免稅。科西莫遞交一份共同申報表，因為家庭不動產仍有部分在他與弟弟羅倫佐的唯一在世兒子共有，沒有分割。[121]

在一四八一年之前，這項資產稅一直是以統一稅率計算。總之，梅迪奇家族的報告顯示，一四六九至一四七〇年間的第八次資產稅稅率仍是應納稅財產的〇・五％，因為豪奢的羅倫佐在父親剛去世時，就因為六萬六千四百五十二福羅林的財富被課稅三百三十二袋福羅林金幣五索爾多四德涅爾。[122]經過數次調整之後，他的繳稅金額最終削減到兩百五十三福羅林十五索爾多二德涅爾。羅倫佐的堂兄皮耶爾福朗切斯科，就因為四萬五千零六十五福羅林的應納稅財產繳納了兩百二十五袋福羅林金幣六索爾多六德涅爾的稅款，稅率也是〇・五％。[123]由於這是一個適中的稅率，如果每年只徵收一次的話，那應該不會成為沉重的負擔。遺憾的是，它定

表 1：科西莫・德－梅迪奇與侄子皮耶爾福朗切斯科的到期應納稅款，根據 1457 年資產稅的申報

	f.	s.	d.	f.*	*s.*	*d.*
不動產總價值，不包括在拉爾加大街的兩座宮殿，卡雷吉、卡法喬洛、特雷比奧的別墅，以及在比薩和米蘭的房子				59,741	18	8
四個奴隸				120	0	0
公共基金，也就是公共基金債券				8,569	8	0
商業投資				54,238	8	0
資產總值				122,669	14	8
	f.	*s.*	*d.*			
扣除額：						
5%的不動產價值的管理費用，即 59,700 福羅林	2,985	0	0			
120 頭公牛（120×100÷7）	1,714	5	8**			
14 個人，每人 200 福羅林	2,800	0	0	7,499	5	8
應納稅的財產				115,170	9	0
稅額計算：				f.	*s.*	*d.*
應納稅的財產的 0.5%				575	17	0
三個人頭稅稅額					18	0
				576	15	1

* f. = florin 福羅林、s. = soldo 索爾多、d. = denier 德涅爾。下同。三單位換算方式見本章第四節。

** 資產稅法允許每頭耕牛減免── 福羅林年收入，Canestrini, L'arte di stato, p. 172.

資料來源：ASF, Mediceo avanti il Principato, filza 82, fols. 559-597.

期發生，同一年裡被徵收兩次，有時碰到緊急情況會徵收更多次。[124]

在一四八一年之前，累進課稅的原則尚未應用在這項資產稅，但它並非不為人知。佛羅倫斯當局曾試用在兩次臨時特別徵稅：一四四三年那次受到歡迎；一四四七年則令人不悅。[125]在一四八〇年，決定將累進課稅原則擴大到資產稅。在幾次修改之後，表2所顯示的累進稅率最終在一四八一年十一月被採納。從豪奢的羅倫佐對一四八〇至一四八一年（表3）資產稅的個人納稅申報表來看，稅額似乎仍然是基於納稅人的假定財產總額。出於稅收的目的，年收入是以這個總額的七%來計算。後來，二二%的累進稅率被用於全部的假想收入，從此未再如今天美國的所得稅那般，按收入分級逐檔提升。[126]

十五世紀佛羅倫斯的稅率著實不低。根據歷史學家朱塞佩·卡內斯特里尼的資料，累進資產稅在一四八一年十二月至一四八二年八月間被徵收了三次。[127]由於最高稅率是二二%，在不到一年的時間內被徵收的總稅額是應納稅收入的六六%。的確，這個應納稅收入是假定的，遠低於實際收入。雖然如此，負擔還是很大，可以理解為何富裕人家對累進資產稅的仇視更甚於一四八一年之前徵收的比例稅。結果，當梅迪奇家族在一四九一年一被驅逐，資產稅就被廢除了。也許這一次累進稅的實驗操之過急。值得注意的是，十五世紀的佛羅倫斯資產稅有許多特徵與現代所得稅有相同之處。

有趣的是，資產稅紀錄有助於說明財富的分配以及不同家庭的經濟地位與社會地位，無論是與梅迪奇家有聯繫者或是他們的政治對手和生意對手。在一四二七年，梅迪奇家族尚未成為佛羅倫斯最富有的家族。喬凡尼·迪比奇在排行榜上只占第三位；潘賈提基兩兄弟（梅塞爾·巴爾托洛梅奧的繼承人）和梅塞爾·帕拉·迪諾福里·斯特羅齊（一三七二至一四六二年，銀行家和人文主義者，後來被科西莫流放）的排名在他前面。[128]三十年之後，到了一四五七年，資產稅的紀錄顯示，梅迪奇家族遠遠領先任何對手，成為佛羅倫斯城納稅最高的人。比較不同的排行榜後還發現，有些家族變得愈來愈富有，而另一些則走下坡路。跟現在一樣，有時候在同個家族的不同分支之間，甚至在近親之間也會出現巨大的財富不均現象。梅迪奇家族也不例外；它包括富裕的分支，即使富不敵喬凡尼·迪比奇的子孫後代，和只擁有中等收入、甚至被劃分為貧民的其他分支。這就是梅塞爾·維耶里·迪康比奧·德－梅迪奇子孫輩的情況，因經營不善而走向貧困，結果只得申請減免資產稅。有名的佛羅倫斯政治家尼科洛·迪喬凡尼·達烏札諾屬於佛羅倫斯最富有的市民之一，根據他的資產稅申報表顯示，不但資助貧困潦倒的寡婦，而且還資助其兄弟安傑羅的非婚生女兒，這個兄弟顯然因為將財富揮霍在美

表 2：1481 年資產稅的累進稅率

應納稅收入	稅率%
低於 50 福羅林	7.0
50 ～ 75 福羅林	8.0
76 ～ 100 福羅林	11.5
100 ～ 150 福羅林	14.0
150 ～ 200 福羅林	16.0
200 ～ 250 福羅林	18.0
250 ～ 300 福羅林	20.0
300 ～ 400 福羅林	21.0
400 福羅林以上	22.0

資料來源：Giuseppe Canestrini, La scienza e l'arte di stato (Florence, 1862), p. 235

表 3：1481 年資產稅記載豪奢的羅倫佐交納的稅金

	f.	s.	d.
財富總額	57,930	7	4
扣除：5%管理費	2,896	10	10
財富淨額	55,033	16	6
	f.	s.	d.
年收入：55,033 福羅林 16 索爾多 6 德涅爾的 7%	3,852	11	4
扣除：額外費用	1,500	0	0
應納稅收入	2,352	11	4
	f.	s.	d.
稅額：根據（表 2）的累進稅率，2,352 福羅林 11 索爾多 4 德涅爾應收 22%	517	11	8

資料來源：ASF, Catasto of 1481, No. 1,016, fol. 476v, Portata of Lorenzo de' Medici.

酒、女人和歌舞上頭而成為敗家子。[129]

對資產稅資料的統計分析顯示，財富的分布極不平衡，富人的數量只占總人口的一小部分。在一四五七年（唯一保留完整匯總表的年份），共有七千六百三十六戶家庭。這個數字自然不包括神職人員（無論是出家還是世俗的神職人員），以及那些沒有納稅的未知貧民人數。這個數字也許可以比較有把握地設定為大約三千個家庭，因為我們從一四二七年的資產稅得知，總共有一萬零一百七十一份申報書，其中兩千九百二十四份是貧民的申報。[130]若我們把那些不納稅或納稅不到一福羅林的人看作窮人，那麼這類家庭占八二％。所謂的「中產階級」（納稅一福羅林到十福羅林的人）很少（不到家庭總數的一六％）。富裕家庭（納稅金額在十福羅林以上的人）只占總人口的二．一三％。若不接受上述三千戶貧民的數字，那麼表4中調整前的比例數字就會不同，但總體情形仍相差無幾。富裕家庭仍只占佛羅倫斯市民的極小部分。

根據一四五七年的匯總表，只有兩百二十七戶家庭納稅超過十福羅林（表4）。在一四二七年，有兩百戶家庭納稅二十五福羅林以上。[131]這種差異很容易用一四二七年的評估普遍高於一四五七年的評估來解釋，很可能是因估價方法不同所造成。總之，在一四五七年，只有三戶家庭納稅超過一百福羅林（表4和表5）。梅迪奇家族遙遙領先其他家族。接著是前梅迪奇銀行總經理喬凡尼．迪阿梅里格．本奇的繼承人，第三位是銀行家喬凡尼．迪保羅．魯切拉，他僱用利奧．巴蒂斯塔．德利阿伯提（一四〇四至一四七二年）建造著名的宮殿、新葡萄園大街的迴廊和新聖瑪麗亞大教堂的門面。

在下一個納稅級距中，只有八個家庭的納稅金額在五十福羅林到一百福羅林之間。包括兩戶帕齊家族的雅各波．迪梅塞爾．安德烈及其兄弟安東尼奧的兒子。他們的財富合起來也許超過除梅迪奇家族以外的佛羅倫斯任何家庭。因此，帕齊家族就成了梅迪奇家族最強勁的對手。也許這解釋了為什麼一個家庭會設法毀滅另一個家庭。斯特羅齊家族沒有出現在排行榜上，因為他們流亡在國外。至於奎拉泰西家族，他們首先是大地主，對

表 4：納稅家庭的分布（根據 1457 年佛羅倫斯資產稅預估）

納稅金額	調整前			調整後		
	家庭數	總額的百分比	累　積百分比	家庭數	總額的百分比	累　積百分比
貧民				3,000	28.21	28.21
低於 5 索爾多	3,753	49.15	49.15	3,753	35.29	63.50
5 索爾多～ 10 索爾多	1,148	15.03	64.18	1,148	10.80	74.30
10 索爾多～ 1 福羅林	819	10.73	74.91	819	7.70	82.00
1 福羅林～ 2 福羅林	661	8.66	83.57	661	6.21	88.21
2 福羅林～ 3 福羅林	330	4.32	87.89	330	3.10	91.31
3 福羅林～ 5 福羅林	381	4.99	92.88	381	3.58	94.89
5 福羅林～ 10 福羅林	317	4.15	97.03	317	2.98	97.87
10 福羅林～ 20 福羅林	165	2.16	99.19	165	1.55	99.42
20 福羅林～ 50 福羅林	51	0.66	99.85	51	0.48	99.90
50 福羅林～ 100 福羅林	8	0.11	99.96	8	0.07	99.97
100 福羅林及以上	3	0.04	100.00	3	0.03	100.00
合計	7,636	100.00		10.636	100.00	

資料來源：ASF, Catasto Nos. 834-837, Sommario del 1457-1458.

表 5：納稅超過 50 福羅林的納稅人一覽（根據 1457 年資產稅資料）

	f.	*s.*	*d.*
1. 科西莫・迪喬凡尼和皮耶爾福朗切斯科・德－梅迪奇	576	15	1
2. 喬凡尼・迪阿梅里格・本奇的繼承人	132	10	8
3. 喬凡尼・迪保羅・魯切拉	102	17	2
4. 卡斯泰羅・迪皮耶羅・奎拉泰西	98	12	0
5. 塔奈・迪福朗切斯科・內爾利	88	18	1
6. 雅各波・迪梅塞爾・安德烈・代帕齊	84	3	7
7. 安德烈・迪拉波・瓜爾迪	70	11	9
8. 吉諾・迪內里・迪吉諾・迪內里・卡波尼	63	18	4
9. 雅各波・迪皮耶羅・貝倫賽利	60	10	9
10. 安德烈・迪福朗切斯科・班基	54	4	8
11. 安東尼奧・迪梅塞爾・安德烈・代帕齊的兒子	51	15	10
合計	1,384	17	11

資料來源：同表 4。

商業幾乎沒什麼興趣。在接近名單的末尾處，我們發現絲綢生產商安德烈．班基的名字。在一四五七年，他已是耄耋老人，在一四六二年去世時已高壽九旬，無男性繼承人，不屬於顯貴家庭。由於精明老練加上超凡的經商能力，他最終興旺騰達，發了大財。當然，他肯定瞞過稅務當局，本該繳納高得多的稅金。[132]卡波尼家族在一四五七年時還不是很活躍；只是到了一四七〇年之後，他們在里昂的銀行才成為梅迪奇分行在同個城市裡危險的競爭對手。[133]

詳盡探討資產稅無論多麼引人入勝，終究不屬於本研究的範圍。雖然不再更深入探討這個話題，但關於佛羅倫斯稅制問題有幾句話還是得說一說，因為後面會經常提到梅迪奇家族、他們的合夥人、他們的雇員或競爭者的資產稅申報資料。

四、梅迪奇銀行紀錄中使用的貨幣體系

另一個需要簡單談到的議題是貨幣。這是複雜難解的事情，但若只討論佛羅倫斯貨幣體系和在梅迪奇銀行紀錄中頻頻提到的外國通貨最主要的若干特徵，事情就簡單多了。

在十五世紀時，佛羅倫斯採用的是複本位制：一個是金本位，另一個是白銀本位。前者只用福羅林。福羅林（florin）是一種金幣，之所以叫這個名稱，是因為其中一面上鑄有鳶尾花形紋章（fleur-de-lis）標記。銀本位的通貨包括小額銀幣皮喬洛（值〇．二五福羅林）和後來的另一種小額銀幣奎特里諾（值四德涅爾）。事實上，在這兩種體系之間並無固定的關係，因為福羅林的匯率被允許根據市場行情上下波動，這就使情況變得複雜。總體趨勢是向上浮動，結果，一二五二年以一鎊小額銀幣的價值首次發行的福羅林到一五〇〇年時價值七鎊小額銀幣。[134]這種上升的主要原因在於銀幣持續耗損，而福羅林在含金量方面則保持相對穩定。

根據法律，只有布匹進口商行會的國際商人、貨幣兌換商、布匹和絲綢生產商、食品雜貨商和毛皮商人允許使用福羅林辦理業務和記帳。其他人（零售商和工匠）則被期望用小額銀本位通貨交易。[135]薪資用同樣貨幣支付：由於雇主控制政府，時常會對貨幣主管當局施壓降低銀幣的幣值，以便在名目薪資不變的情況下降低實際薪資，這種做法遭到佛羅倫斯大主教聖安東尼諾（一三八九至一四五九年）的譴責。[136]當然，兩種互相競爭貨幣的存在造就對貨幣兌換商服務的穩定需求，貨幣兌換商針對福羅林與小額銀幣皮喬洛相互兌換收取的佣金。除了威尼斯以外，在歐洲沒有類似的貨幣體系。

在一二五二年福羅林金幣首次發行時，重量是三．五三克，即七十二格令，因為九十六福羅林是用三百三十九克（即六千九百一十二格令）重的佛羅倫斯磅鑄造出來的。福羅林金幣是二十四K純金，不過因為在去除雜質上有技術性困難，在實際生產中從未達到過這樣的純度。

為防止裁剪和磨損，把福羅林金幣放在由鑄幣廠密封的皮革小袋裡流通成為習慣，由此產生「福羅林金幣袋」一詞。這個做法已經在一二九九年由貨幣兌換商行會制訂的一項條例中提到過，該行會威脅要重罰膽敢使用減量或偽造福羅林金幣袋的任何會員[137]。儘管有這些預防措施，但並無法維持一二五二年的標準設定，大概是因為當局未能阻止由外國鑄幣廠發行劣質的福羅林金幣流通。結果，福羅林金幣袋最遲在一三二一年之後停止流通，以便保持七十二格令的總重量。佛羅倫斯政府到一四三三年才再次採用舊標準發行比當時的福羅林金幣袋貴一〇％的大福羅林金幣。[138]在幾年時間內，溢價就上升到二〇％，因此，五個大福羅林金幣就等於六個福羅林金幣袋。

在一四六四年十二月十二日這天，這個兌換率合法化，並頒布法令，所有與嫁妝、不動產、匯票和銀行存款有關的款項都將用重量和純度都合格的大福羅林金幣支付。[139]一四七一年十月二十二日接著頒布全面廢除福羅林金幣袋的法令，並規定今後只用大福羅林金幣作為例行的黃金結算所有商品交易，而不用小額銀幣結算。[140]

在十四世紀的佛羅倫斯，流行的記帳貨幣是福羅林鎊。如同所有記帳貨幣，這種福羅林鎊不代表任何真實流通的硬幣，但被認可是二十九分之二十的福羅林。如同英格蘭鎊等於二十先令，這種福羅林鎊也等於二十福羅林鎊索爾多或福羅林鎊蘇，每個福羅林鎊索爾多或福羅林鎊蘇又等於十二福羅林鎊德涅爾。因此，福羅林可以兌換二十九福羅林鎊索爾多或三百四十八福羅林鎊德涅爾。這就是一三九七年至一四五〇年間在梅迪奇銀行機密帳簿中發現的貨幣體系。有時候，福羅林金幣也等於二十索爾多金幣或蘇金幣，每個索爾多金幣或蘇金幣又等於十二德涅爾金幣。這種分法在一四五〇年前後引進大福羅林金幣之後變得愈來愈流行。當然，金福羅林是真正的硬幣，但它的輔幣，即蘇和德涅爾，都是記帳貨幣，並沒有實際流通。為了讓事情更加簡潔明瞭，佛羅倫斯的貨幣體系可以簡化為下面一套等式：

金幣

1福羅林＝20索爾多金幣＝240德涅爾金幣

1福羅林＝29福羅林鎊索爾多＝348福羅林鎊德涅爾

1福羅林鎊＝20福羅林鎊索爾多＝240福羅林鎊德涅爾

20福羅林＝29福羅林鎊

銀幣

1皮喬洛鎊＝20皮喬洛索爾多＝240皮喬洛德涅爾

就像之前提過的，黃金和白銀這兩種本位是互相獨立的，結果就產生兩種不同的價格體系。總的來說，批發價格用福羅林及其輔幣報價，但薪資和零售價格則固定用皮喬洛報價。銀行家，譬如梅迪奇銀行，用福羅林算帳和記帳。除小額交易外，他們很少用皮喬洛。不同於十九世紀使用的複本位制，在中世紀和文藝復興時期的佛羅倫斯，黃金與白銀之間沒有固定不變的法定比例。一福羅林的價值沒有一定等於某個數字的皮喬洛，這個比例會上下變動，多數情況是向上變動，而且有時每月都不同，甚至天天不同。

今天仍用於大不列顛的鎊幣制在中世紀時幾乎用於西歐除了西班牙、葡萄牙和德國的每個地方。當然，在國與國之間，這個鎊的名稱和價值都不同，不可互相混淆，就跟歐元發行前必須區分比利時法郎、法國法郎和瑞士法郎的情形一樣。雖然它們都叫做法郎，但卻是三種不同的貨幣，價值大不相同。在一九一四年之前，它們曾有一段時間價值相同，但自第一次世界大戰爆發以來，它們就分道揚鑣了。

當然，英格蘭鎊就是目前仍在使用的英鎊。在佛蘭德地區，商人偏愛基於小銀幣格羅特（*groat*，義大利文：*grosso*，法文：*gros*，荷文：*groot*）的格羅特鎊（*pound groat*，義大利文：*lira di grossi*，法文：*Livre de gros*，佛蘭德－荷蘭文：*pond grooten Vlaamsch*）。這種格羅特鎊不可與威尼斯的格羅特鎊（在梅迪奇銀行帳簿中也稱 *lira di grossi*）混淆，在整個十五世紀，威尼斯的格羅特鎊價值是佛蘭德鎊的兩倍。此外，它緊盯金杜卡特，而不是某種銀幣。在米蘭，有折合兩百四十因佩里亞萊的鎊幣，它比以往任何種類的鎊幣都要小，因為它所限用的因佩里亞萊銀幣持續貶值。更複雜的情況出現在日內瓦，那裡的貨幣單位不是鎊，而是埃居。代表的標準符號是一個倒三角形，就像∇。遺憾的是，有一件容易造成混淆的事情，即同時存在兩種埃居，一個是合六十四分之一金馬克的埃居，以及一個合六十六分之一金馬克的埃居。當日內瓦市集遷址到里昂之後，這兩種埃居並駕齊驅。梅迪奇銀行的日內瓦分行在一四六六年遷到里昂，用六十四分之一金馬克的埃居記帳。亞維儂分行以小福羅林記帳，小福羅林比福羅林金幣袋輕，每個值二十四索爾多（每個索爾多合十二德涅爾），因此亞維儂的福羅林合兩百八十八德涅爾，而不是習慣的兩百四十德涅爾。梅迪奇銀行在羅馬教廷的分行使用聖庫福羅林記帳，為方便起見，聖庫福羅林可以分為二十個想像的索爾多，每個索爾多可以分為十二個德涅爾。梅迪奇銀行在熱那亞或巴塞隆納沒有分行，但在這兩個城市的商人使用鎊幣：在熱那亞使用熱那亞鎊（或稱熱那亞里拉），在巴塞隆納使用巴塞隆納鎊（或稱巴塞隆納里拉）。在熱那亞，兌換率有時會根據想像的福羅林（合二十五熱那亞索爾多，即二十五索爾多熱那亞通貨）進行報價。

出於本研究的目的，沒有必要更進一步深入通貨這個話題，沒有必要處理其他複雜的問題，或是討論貨幣政策。為避免混淆，讀者只要熟悉梅迪奇銀行和十五世紀其他商人紀錄中的記帳貨幣和貨幣體系就夠了。

注釋

1. *Corpus juris canonici, Decretum Gratiani,* Causa XIV, qu. 3, c. 1-4.
2. Gloss of Bartolomeo da Brescia to the *Decretum: Quod Autem,* Causa XIV, qu. 3.
3. San Bernardino of Siena, *Quadragesimale de Evangelio Aeterno,* sermon 36, art. 1, cap. 1 and art. 2, cap. 1 *(Opera omnia, TV,* Quaracchi-Florence, 1956, 205-207).
4. 這樣的合約在當時屬於隱瞞計息的貸款合約。
5. 在一個不牽涉歷史上有名的梅迪奇家族但牽涉該家族另一分支的案例中，只對有擔保的貸款返還高利。Florence Edler de Roover, "Restitution in Renaissance Florence," *Studi in onore di Armando Sapori* (Milan, 1957), p. 775-789. 根據神學家的觀點，信貸風險並無法證明收取利息的正當性。他們根據的標準模稜兩可，*Naviganti* (*Corpus juris canonici, in X, V,* 19, 19).
6. 根據布匹進口商行會章程（一三三二年），全部的利息須作為饋贈記入商人的帳簿。Paolo Emiliani-Giudici, *Storia politico, dei municipi italiani* (Florence, 1851), Appendix, p. 76, rubric 63 of the statute. Cf. Armando Sapori, *Mercatores* (Milan, 1941), pp. 113-121.

7. 這整個問題，參見 Raymond de Roover, *L'Évolution de la letter de change, XIVe-~XVIIIe siècles* (Paris, 1953), 240 pp. 亦應參閱 Henri Lapeyre, *Une Famille de marchands, les Ruiz* (Paris, 1955), pp. 275-335. 除幾點細節之外，這兩位作者完全同意，但 Lapeyre 作了一些頗有價值的補充說明，不應忽視。

8. 只有少數幾位教會法學者認為外匯兌換合約是消費借貸契約的另一種形式，包括特拉尼的傑佛瑞（卒於一二四五年）和恩里科．巴爾托洛梅伊，樞機主教霍斯蒂恩西斯（卒於一二七一年）。

9. San Bernardino of Siena, *De Evangelio Aeterno,* sermon 39 art. 3, cap. 2. *(Opera omnia,* IV, 291): *ubi nulla intervenit ratio mutui, nulla potest ibi esse usura.*

10. 就此而論，參見 Lapeyre 的貼切評論，*Les Ruiz,* p. 326.

11. R. de Roover, *L'Évolution,* pp. 174, 176-177, 197.

12. 福拉．桑蒂．魯切拉是貝爾納多．魯切拉的兄弟，他娶了豪奢的羅倫佐的一個姊妹南尼納．德－梅迪奇。

13. R. de Roover, "Il trattato di'fra Santi Rucellai sul cambio, il monte commune e il monte delle doti," *Archivio storico italiano,* 111:3-41 (1953).

14. Cotrugli 的論文到一五七三年才發表，題為 *Delia mercatura et del mercante perfetto* (Venice, 1573).

15. 這個觀點可見 Levin Goldschmidt, *Universal-geschichte des Handelsrechts* (Stuttgart, 1891), pp. 140-142. 高施密特以此為由抨擊恩德曼的看法，但遭到艾倫伯格的反駁，見 *Das Zeitalter der Fugger,* 3rd ed. (Jena, 1922), I, 32 n. 參照法譯本 *Le Siècle des Fugger* (Paris, 1955), p. 16 n.

16. 否認「高利貸即是罪惡」是異端邪說：*Corpus juris canonici,* c. *Ex gravi, in Clem.,* V. 5, 1. 在一三四六年時，阿奎拉的皮耶羅開始處罰那些傳言高利貸並非不可饒恕的重大罪犯的人，但佛羅倫斯政府很快就終止這位過度熱心修道士的活動。(Robert Davidsohn, *Geschichte von Florenz, IV: Die Fruhzeit der Florentiner Kultur,* Pt. I, Berlin, 1922, p. 347.)

17. Benjamin N. Nelson, "The Usurer and the Merchant Prince: Italian Businessmen and the Ecclesiastical Law of Restitution, 1100-1500," *The Journal of Economic History,* VII (1947), Supplement, 104-122.

18. Iris Origo, *The Merchant of Prato: Francesco di Marco Dating 1335-1410* (New York, 1957), pp. 157-159.

19. Vespasiano da Bisticci, *The Vespasiano Memoirs. Lives of Illustrious Men of the Fifteenth Century,* trans. William George and Emily Waters (London, 1926), pp. 218-219. 就高利貸而言，這條敕令是違反教會法的，因為教會法要求返還高利給受害

者，而不是以慈善的名義捐出款項 (*Corpus juris canonici, Decretum:* c. *Nolitevelle,* Causa XIV, qu. 5, c. i). Not even the pope himself was empowered to grant such dispensation。

20. 一五三二年的諮詢全文參見 Jan A. Goris, *Etudes sur les colonies marchandes a Anvers de 1488 a 1567* (Louvain, 1925), pp. 507-545. Cf. Lapeyre, *Les Ruiz,* p. 333.
21. Lapeyre, pp. 133-134.
22. Jacques Savary, *Le Parfait Negotiant,* 2nd ed., (Paris, 1679), Part I, Bk. 3, chap. 11, pp. 265-277. 尤其是第兩百六十五頁和第兩百七十四頁。
23. R. de Roover, "Early Accounting Problems of Foreign Exchange," *The Accounting Review,* 19:381-407 (1944).
24. Abbott Payson Usher, *The Early History of Deposit Banking in Mediterranean Europe* (Cambridge, Mass, 1943), I（出版的唯一一卷）, 73-109. 尤其是第七十四頁。
25. 這是 Wilhelm Endemann, *Studien in der romanisch-kanonistischen Wirtschafts- und Rechtslehre* (Berlin, 1874-1883), I, 80. 的論點。這個論點遭到高施密特（見上面注釋十五）的抵制，他認為匯票只是一種轉讓文書，而非信用票據。其實這是重大錯誤。
26. Nelson, "Usurer and Merchant-Prince," pp. 113, 120.
27. *Corpus juris canonici, Decretales:* c. *Quamquam usurarii manifesti, in VI,* V, 5. 2.
28. Umberto Cassuto, *Gli ebrei a Firenze nell'eta del Rinascimento* (Florence, 1918), p. 369, No. ix: "... in quibus publice fenerari possi ut vulgo et communiter dicitur *a panello* sive ad velarn rubeam."
29. Mario Ciardini, *I banchieri ebrei in Firenze nel secolo XV e il montc de pieta fondato da Girolamo Savonarola* (Borgo San Lorenzo, 1907) pp. 4, 15. 該執照於一四三七年頒發給猶太人，清楚地規定："... dum taxat ad pignus et seu vulgo dicitur *in sul pegno* et super bonis et rebus mobilibus et non aliis nee ad scrip tarn." 後來的執照逐字複製這個條款。
30. 喬凡尼·丹德烈亞·達里福雷多對 *Manifestos:* c. *Usurarum voragine, in VI,* V, 5, 1. 的注解。
31. *Corpus juris canonici, Decretales: c. Ex gravi, in Clem,* V, 5, 1.
32. "... liberi et totaliter absoluti ab omni condempnatione, pena et gravamine." 該文本可追溯到一三五四年並已公開發表，參見 Alfred Doren, *Studien aus der Florentiner Wirtschaftsgeschichte,* Vol. II, *Das Florentiner Zunftwesen vom 14.⁄bis zum 16.*

Jahrhundert (Berlin, 1908), pp. 789-790.

33. 同上，II, 597, 及 Cassuto, *Gli ebrei,* p. 14. Cf. Martin B. Becker, "Three Cases concerning the Restitution of Usury in Florence," *The Journal of Economic History,* 17:445-450 (1957). 一種不同但錯誤的解釋可見 Richard H. Tawney, *Religion and the Rise of Capitalism* (New York, 1952), pp. 37, 295. Tawney 先生甚至妄自斷定中世紀佛羅倫斯的「銀行家」因高利貸而「處處」被罰款。

34. Robert Pohlmann, *Die Wirtschaftspolitik der Florentiner Renaissance und das Prinzip der Verkehrsfreiheit* (Leipzig, 1878), pp. 52-53, 84; Alessandro Lattes, *II diritto commercials nella legislazione statutaria delle citta italiane* (Milan, 1884), p. 147.

35. 這個主教法冠從抵押品中移出時出現一些困難，教宗馬丁五世不得不威脅，如果喬凡尼・迪比奇不服，要繼續抵押法冠的話，就要把他逐出教會。Giulia Camerani Marri, *I documenti commercials del fondo diplomatico mediceo nell'Archivio di Stato di Firenze,* Preface by R. de Roover (Florence, 1951), p. 32, Nos. 48-49.

36. R. de Roover, "The Three Golden Balls of the Pawnbrokers," *Bulletin of the Business Historical Society,* 20:117-124 (1946).

37. R. de Roover, "New Interpretations of the History of Banking," *Journal of World History,* 2:38-39 (1954).

38. 這些帳簿在哈佛工商管理學院的梅迪奇－托爾納昆奇檔案館，原稿編號 520, 521, 523-524, 525 (2), 526-527, 和 529-533. 公司章程在第四百九十五號原稿裡。

39. Gino Corti, "Le accomandite fiorentine nel XV e XVI secolo," unpubl. diss. (University of Florence, 1937), p. 48.

40. Giulio Gandi, *Le corporazioni dell'antica Firenze* (Florence, 1928), pp. 8, 92.

41. 與布魯日的錢商不同，佛羅倫斯的銀行家並未截然分為貨幣兌換商和商人銀行家。然而，在這兩座城市裡，當鋪老闆是單獨的一個階級 (R. de Roover, *Money, Banking, and Credit in Mediaeval Bruges,* Cambridge, Mass., 1948, 345-346).

42. G. Villani, *Cronica,* "*Libra* XI, cap. 94.

43. Saverio La Sorsa, *L'organizzazione dei cambiatori fiorentini* (Cerignola, 1904), p. 63. 作者提出一三五〇年有七十五位貨幣兌換商的資料，但這個數字一定是把五十七給印錯了。

44. ASF, Arte del Cambio, No. 14, Libro di compagnie (1348-1399), fol. 117^{v}.

45. ASF, Arte del Cambio, No. 15, Libro di compagnie (1460-1487), fols. 2-4.

46. Gian-Francesco Pagnini, *Delia Decima e di varie altre gravezze imposte dal Comune di Firenze* (Lisbon-Lucca, 1765-1766), II,

275; Maria Pisani, *Un awenturiero del Quattrocentro, la vita e le opere di Benedetto Dei* (Genoa, 1923), p. 90.

47. Giovanni Cambi, *htorie, III,* in Delizie degli eruditi toscani, XXII (Florence, 1786), 100, 176.

48. Frederic G. Lane, "Venetian Bankers, 1496-1533: A Study in the Early Stages of Deposit Banking," *Journal of Political Economy,* 45:187-206 (1937); R. de Roover, *Banking in Bruges,* pp. 338-341.

49. R. de Roover, "New Interpretations," p. 57.

50. 同上，pp. 61-67.

51. 然而，拉索爾薩的商人銀行家並非貨幣兌換商行會成員的論點與事實不符。它源自一篇短文 Gaetano Salvemini, *Magnati e popolani in Firenze del 1280 al 1295* (Florence, 1899), pp. 38-39. 經 Salvemini 許可，它甚至被 Gino Luz-zatto, *Storia economica d'ltalia,* I: *L'antichita e il medio evo* (Rome, 1949), 257 採用。

52. G. Camerani Marri, ed. *Statuti dell'Arte del Cambio di Firenze (1299-1316),* I (Florence, 1955), p. 39 (rubric 47): "Teneantur consules facere jurare omnes campsores qui hanc artem exercerent." 另一方面，那些沒有經營銀行的人被排除在會員之外。

53. *Statuti Arte del Cambio,* p. 41 (rubric 48 of the Statute of 1299). 法規的條文再次在 Sapori, *Studi,* pp. 819-820 公布。這條法規並沒有修改，而且只適用於在「qui cum eo starent ad tabulam」的合夥人和他們的兒子，也就是那些在櫃台或櫃台後方幫銀行家管理的人。

54. ASF, Arte del Cambio, No. 15, fol. 29r.

55. La Sorsa, *Cambiatori,* pp. 17-19; *Statuti dell'Arte del Cambio,* pp. 4, 13, 34, 40, 55 (rubrics 2, 8, 40, 47, 72).

56. 根據 Franceso Balducci Pegolotti, *La pratica della mercatura,* ed. Allan Evans (Cambridge, Mass., 1936), p. 196，貨幣兌換的關稅是每一百福羅林繳交六皮喬洛德涅爾。

57. *Statuti Cambio,* pp, 28-29 and 160-161 (rubric 30 of the statute of 1299 and rubric 29 of that of 1313).

58. *Ibid.,* p; 70 (rubric 98 of the statute of 1299).

59. *Ibid.,* pp. 75~?6 (rubric 105, which is an amendment enacted in 1300). 之所以叫福羅林金幣袋是因為它們被裝在密封的袋子裡流通，防止被銼邊。

60. *Ibid.,* p. 192 (rubric 106 of the statute of 1313).

61. 例如在布魯日（R. de Roover, *Banking in Bruges,* pp. 182-185）。

62. *Statuti Arte del Gambia,*, p. 19 (rubric 15 *in fine).*
63. 關於口頭支付合約和命令的使用，參見 Usher, *Deposit Banking,* pp. 6, 18, 88, *et passim;* R. de Roover, *L'Évolution,* pp. 14, 24, 144.
64. *Statuti Cambio,* pp. 28, 43, 47, 48 (rubrics 29, 49, 58, and 60 of the statute of 1299). 這些條文從未更改過。
65. *Ibid.,* pp. 72-73 (rubric 102).
66. *Ibid.,* p. 61 (rubric 84).
67. *Ibid.,* pp. 8-9, 20 (rubrics 6 and 16).
68. *Ibid.,* pp. 23-24 (rubric 23).
69. Usher, *Deposit Banking,* pp. 287, 581.
70. 在 Malachy Postlethwayt, "Venice," *The Universal Dictionary of Trade and Commerce* (London, 1755), II, 824. Cf. Giuseppe Maria Casaregi, *Il cambista instruito per ogni caso de' fallimenti, o sia instruzione per le piazze mercantili* (Venice, 1737), pp. 384, 387: Ordini e regole in materia del Banco del Giro 有清楚描述。
71. Federigo Melis, *Note di storia della banca pisana nel Trecento* (Pisa, 1955). pp. 67-73.
72. 有其中幾張支票發表在 Enrico Bensa, *Francesco di Marco da Prato,* pp. 352-358.
73. Melis, *Banca pisana,* pp. 74-116. Cf. Usher, *Deposit Banking,* pp. 89-94.
74. 與 Professor Melis, *Banca Pisana,* p. 122. 相比，我沒有那麼肯定。
75. *Statuta populi et communis Florentiae,* II (Fribourg-Florence, 1778), p. 164: Statute of 1415, Liber IV, rubr. 10, "Quod quilibet faciens scribi in libro tabulae sit absolutis a debito." Cf. A. Lattes, *Diritto commerciale,* pp. 127-128, 135 n.26; R. de Roover, *L'Evolution,* pp. 85-86, 206-207, 208, 212-213.
76. 銀行外的轉帳是一種支付模式，在結算債務上，債權人據此接受債務人對協力廠商的權利主張。
77. ASF, Carte Strozziane, Series II, filza 86, inserto 23: Consigli e ricordi alia Signoria di Firenze di Andrea di Francesco Arnoldi. 根據資產稅，這位安德烈・阿諾爾迪誕生於一四〇〇年前後。
78. Federigo Fantozzi, *Pianta geometrica della città di Firenze* (Florence, 1843), p. 104. Cf. ASF, Archivio del Catasto No. 51 (Gonf. Leon d'Oro, 1427), fol. 1141 and Catasto No. 1016 (Leon d'Oro, 1480), fol. 402^{v}.

79. ASF, MAP, filza 161, fols. 30-31.

80. Arezzo, Archivio della Fraternita dei Laici, filza 7, registro 55: Libro reale segnato E (1415-1425), fol. 36. 該匯票為兩百福羅林，每福羅林兌換巴塞隆納通貨十四索爾多十一德涅爾，折合巴塞隆納通貨一百四十九鎊三索爾多四德涅爾。

81. ASF, MAP, filza 154, fols. 35, 36. 有一筆入帳紀錄寫道：“Maso di Zanobi di ser Gino ... ebe per me dalla tavola di Chosimo e Lorenzo de' Medici per paghamento di ...”

82. Origo, *Merchant of Prato,* pp. 75, 78, 148.

83. ASF, Arte del Cambio, No. 12, Matricole (1329-1598), fol. 50 and Arte della Lana, No. 20, Matricole (1352-1405), fol 111.

84. ASF, Arte del Cambio, No. 12, fol. 86 and Arte della Seta No. 8, Matricole (1433-1474). fol. 45. 科西莫的弟弟羅倫佐・迪喬凡尼也是這兩家行會的會員，他在一四二九年加入貨幣兌換商行會，一四三五年加入蠶絲行會。

85. ASF, Arte della Lana, No. 21, Matricole (1401-1456), fol. 124^{v}.

85. ASF, Arte del Cambio, No. 12, fols. 94, 95.

86. ASF, Arte della Seta, No. 8, fol. 179 and Arte di Calimala No. 6, Matricole (1361-1495), fol. 52.

88. ASF, Calimala No. 6, fol. 62.

89. ASF, Arte del Cambio, No. 12, fol. 112.

90. Arte della Seta, No. 8, fol. 137^{v}. 皮耶爾福朗切斯科・迪羅倫佐・德－梅迪奇只隸屬於蠶絲行會和羊毛行會。

91. Bernardino Barbadoro, *Le finanze della Repubblica fiorentina* (Florence, 1929), pp. 75-76.

92. *Ibid.,* p. 87.

93. *Ibid.,* pp. 124, 159-161.

94. *Ibid.,* p. 156: “... bene, juste et equaliter, ita quod quilibet extimum habeat secundum facultatem et possibilitatem suam” (Sapori, *Studi,* p. 677).

95. Barbadoro, *Finanze,* pp. 172-173, 187.

96. *Ibid.,* pp. 178-179.

97. 在一三七八年梳毛工起義期間，民眾鼓動永久性重啟財產估價稅的努力付之東流。Giuseppe Canestrini, *La scienza e l'arte di stato* (Florence, 1862), pp. 37-44, and Pagnini, *Della Decima,* I, 23.

98. Barbadoro, *Finanze,* pp. 623-624.
99. *Ibid.,* p. 632. 第二項法令的日期是一三四五年二月二十二日。
100. Matteo Villani, *Cronica* (Florence, 1846), Libro 3, cap. 106; R. de Roover, "Il trattato," pp. 14-19.
101. Canestrini, *L'arte di stato,* pp. 427-431.
102. M. Villani, *Cronica,* Libro 8, cap. 71.
103. Barbadoro, *Finanze,* p. 669.
104. *Ibid.,* p. 672.
105. Antonio Pucci, *Il Centiloquio,* Canto 91 in Delizie degli eruditi toscani, VI (1775), p. 185.
106. 這條法令在一三九〇年一月十九日頒布，發表於 Pagnini, *Della Decima,* I, 201-210.
107. 在一三九〇年之前，只有那些估價在二福羅林以下的人才有這種選擇。
108. Niccolò Machiavelli, *History of Florence,* ed. Charles W. Colby (rev. ed., New York, 1901), Bk. IV, chap. 3, pp. 190-192; *Istorie fiorentine,* in *Opere,* ed. A. Panella (Milan, 1938), Bk. IV, §14-15, I, 245-247, 馬基維利描述，單是與米蘭的戰爭就耗資三百五十萬杜卡特，這個數字與同時代的人估計頗為一致，似乎很可信。
109. 馬基維利斷言資產稅是因喬凡尼・迪比奇・德－梅迪奇與追隨他的大眾給政府施加了壓力而被引進，這是否正確值得懷疑。喬凡尼似乎只是新稅的冷淡擁護者，法律會通過並沒有受到政府的反對，而是得到政府的全面支持。Pietro Berti, "Nuovi documenti intorno al catasto fiorentino," *Giornale storico degli Archivi toscani,* 4:32-62 (1860). Cf. Ferdinand Schevill, *History of Florence* (New York, 1936), p. 345.
110. Enrico Fiumi, "Fioritura e decadenza deireconomia fiorentina," *Archivio storico italiano,* 117:459 (1959).
111. Canestrini, *L'arte di state,* pp. 319-320.
112. 這個法律的條文請見 Pagnini, *Delia Decima,* I, 214-231, especially p. 229. Cf. Canestrini, pp. 146, 187.
113. Pagnini, *Delia Decima,* I, 39 and Canestrini, pp. 319-320.
114. Heinrich Sieveking, *Aus Genueser Rechnungs- und Steuerbilchern: ein Beitrag zur mittelalterlichen Handels- und Vermogensstatistik* (Sitzungsberichte cler Kais. Akademie der Wissenschaften in Wien, Philosophisch-historische Klasse, Vol. 162, Pt. 2, Vienna, 1909), p. 105, n. 1: "... per non alterare gli esercitii e traffichi della nostra citta, de' quali tanto fiorito e si

grande popolo per la maggior parte si pasce e nutricha."

115. Machiavelli, *History of Florence,* pp. 190-191 (Bk. IV, chap. 3).

116. Canestrini, p. 174.

117. Florence, Archivio dello Spedale degli Innocenti, Estranei, No. 77: Libro segreto di Andrea di Francesco Banchi e compagni all'Arte della Seta in Por Santa Maria, segnato A (1454-1460), fols. 5, 20.

118. 例如，福爾科・迪阿多阿爾多・波提納利（一三八六至一四三一年）是在佛羅倫斯的梅迪奇銀行的初級合夥人，報告說他投資八百福羅林在梅迪奇銀行，並說他在應計獲利中的金額達一百二十福羅林（ASF, Catasto No. 81, Campione, Gonf. Vaio, 1427, fols. 477^{V}-47S^{V}）。

119. 十五世紀在托斯卡尼地區，家奴制非常普遍。在佛羅倫斯，很可能沒有哪個顯貴家庭沒有奴隸，主要是女奴。這包括梅迪奇家族、帕齊家族、斯特羅齊家族，甚至教令法學家梅塞爾・羅倫佐・丹東尼奧・里多爾菲。參見 Iris Origo, "The Domestic Enemy: the Eastern Slaves in Tuscany in the Fourteenth and Fifteenth Centuries," *Speculum,* 30:321-366 (1955).

120. Canestrini, *L'arte di stato,* pp. 115-116.

121. 一四五一年才進行財產分割，但留下一些財產共有（ASF, MAP, filza 161: Lodo per la divisione dei beni tra Cosimo di Giovanni e Pierfrancesco, suo nipote）。

122. ASF, Catasto No. 924 (Leon d'Oro, 1469), fol. 312^{v}-313^{v}.

123. *Ibid.,* fol. 326^{V}. 加上附加稅和人頭說，他的總稅額是兩百四十三福羅林十六索爾多九德涅爾金幣。

124. Canestrini, pp. 139-140.

125. *Ibid.,* pp. 217, 224.

126. 例如，安東尼奧・迪塔代奧・迪菲利波，梅迪奇銀行的一位合夥人的假定財產總額是三千兩百八十八福羅林七索爾多四德涅爾，扣除五%之後，淨值為三千零六十六福羅林十九索爾多。以這個數字按七%計算等於年收入兩百一十四福羅林十三索爾多九德涅爾。根據稅率累進比例（表2），安東尼奧的稅率是一八%，即三十八福羅林十二索爾多九德涅爾，這與個人納稅申報相符。既然得出同樣的結果，說明這個計算稅額的方法是正確的（ASF, Catasto No. 1015, Leon d'Oro, 1481, fol. 204^{V}）。

127. Canestrini, p. 236.

128. Florence, Biblioteca Nazionale, Codice Magi. XIII, No. 72, item 2, fols, 34^{V}-36^{V}.
129. ASF, Catasto No. 16 (Gonf. Scala, 1427), fol. 325.
130. Canestrini, p. 151.
131. 參見注釋 128.
132. 在一四三〇至一四三一年時，稅吏要班基遞交帳簿檢查，但他們未能將事情弄清楚，所以被迫接受他提出的數字：“Abiamo veduto il suo bilancio e i suoi libri e non ci pare questa ragione bene chiara. Mettiamolla chome ci a dato per non aver tenpo a poterllo chiarire.” 在一四三〇年斯卡拉區聖靈社區的樣本發現旁注 (ASF, Catasto No. 393, fol. 3)。
133. Ehrenberg, *Zeitalter, I,* 285, and *Siecle,* p. 137.
134. Carlo M. Cipolla, *Studi di storia della moneta,* I: *I movimenti del cambi in Italia dal secolo XIII al XV* (Pavia, 1948), 56-62.
135. 此點可以從一三二五年的法律彙編中清楚看到：*Statuti della Repubblica fiorentina, II: Statute del podesta, dell'anno* 1525, ed. Romolo Caggese (Florence, 1921), Bk. 3, rubric 128, pp. 279-80.
136. G. Villani, *Cronica,* Bk. 12, chap 97; Marchionne di Coppo Stefani, *I storia fiorentina,* Bk. 10, rubric 877 (Delizie, XVI, Florence, 1783); san Antonino, *Summa theologica* (Verona, 1740), Part III, titulus 5, cap. 4, §4. 幣制是一三七八年階級鬥爭中的一個問題，因為商業利益阻止民眾對改進皮喬洛和穩定福羅林的要求。Niccolò Rodolico, *La democrazia fiorentina nel suo tramonto, 1338-1382* (Bologna, 1905), pp. 256-268.
137. Camerani, *Statuti,* p. 75 (rubric 105 of the statute of 1299). Cf. Pagnini, *Delia Decima,* I, 120.
138. *Ibid.,* I, Table 4.
139. Francesco Vettori, *Il fiorino d'oro* (Florence, 1738), pp. 231-232.
140. ASF, Balia, No. 31, fols. 55^{v}-56^{v}.

第三章 喬凡尼·梅迪奇管理下的梅迪奇銀行

前情與開創時期（一三九七至一四二九）

直到不久之前，我們對梅迪奇銀行的背景還一無所知。歷史學家不知道如何解釋十五世紀初這家重要的銀行會突然出現，因為梅迪奇銀行的創始人喬凡尼·迪比奇（一三六〇至一四二九年）的直系祖先中沒有哪一位被記載為銀行家或貨幣兌換商行會成員。他們的財富並不特別巨大，主要投資是位於穆傑洛（在往博洛尼亞方向上亞平寧山脈的一個地區）的鄉村房地產，梅迪奇家族的祖籍就在那裡。

當喬凡尼的父親、外號比奇的阿維拉多在一三六三年死於瘟疫時，他留下幾筆小小的遺贈，有五十皮喬洛鎊（約一百四十美元）用於歸還不當得利。[1]在還給妻子八百福羅林的嫁妝之後，他留下的剩餘財產皮均分配給五個兒子：馬泰奧、福朗切斯科、米凱萊、喬凡尼、保羅。在一三八四年八月十三日，當他的遺孀賈科瑪·斯皮尼立下遺囑之後，她的主要繼承人也是那五個兒子。任何地方都沒有證據說明外號比奇的阿維拉多是一位卓越、甚至是相當成功的商人。

歷史學家未能把注意力集中在一位遠房堂兄弟梅塞爾·維耶里·迪康比奧（康比奧佐）·德-梅迪奇（一三二三至一三九五年）的身上，他在一三七〇年後成為佛羅倫斯主要銀行家之一。這個人很重要，因為毋庸置疑，喬凡尼．迪比奇創建的梅迪奇銀行是梅塞爾．維耶里銀行的一個分支。[2]喬凡尼及哥哥福朗切斯科都在那間公司工作，並從學徒升為雇員（factor），然後升為合夥人。[3]

不同於其他遠房的堂兄弟屬於家族的卡法喬洛分支或阿維拉多分支，梅塞爾．維耶里．迪康比奧．德－梅迪奇，而是屬於源自利波．迪基亞里西莫的另一世系。該世系的另一個代表人物是維耶里的嫡堂兄弟薩爾維斯特羅．迪梅塞爾．阿拉曼諾，他在梳毛工起義（一三七八年）*中扮演引人注目的角色。維耶里是為數不多獲得騎士身分的梅迪奇家族成員之一。[4]

在一三四八年，維耶里．迪康比奧成為貨幣兌換商行會會員。[5]他從事銀行業務逾四十年，建立一連串的合夥關係，並逐漸擴大業務範圍。[6]不僅包含銀行業，而且還包含貿易，因為在一三六九年時，「維耶里．迪康比奧．德－梅迪奇公司」就列為運輸貨物通過比薩領地的佛羅倫斯公司。[7]到了一三八五年，維耶里．德－梅迪奇和雅各波．迪福朗切斯科．文圖里公司甚至擁有一家威尼斯分行，經營外匯業務，並在達爾馬提亞沿岸的札拉擁有辦事處，代表人是保羅．迪貝爾托．格拉西尼。[8]

根據貨幣兌換商行會的紀錄，福朗切斯科．迪比奇．德－梅迪奇（約一三五〇至一四一二年）直到一三八二年才被提拔為初級合夥人。[9]在這個時期，維耶里的其他合夥人包括：尼科洛．迪李卡多．法尼，即德爾馬艾斯特羅．法尼奧、喬凡尼．迪阿里格．李納爾代斯基．達普拉托和雅各波．迪福朗切斯科．文圖里。[10]在八年時間內，福朗切斯科．迪比奇．德－梅迪奇晉升到資深合夥人的職位，因為現存的達蒂尼家族檔案中有一張一三九〇年七月四日簽署的票據，抬頭寫的是在熱那亞的「梅塞爾．維耶里和福朗切斯科．德－梅迪奇」公司，這意味著維耶里的銀行在義大利各地都有分行。[11]除了威尼斯和熱那亞分行外，在羅馬還有一家分行。從一三八五年起，那間分行的經理是福朗切斯科的弟弟喬凡尼．迪比奇（一三六〇至一四二九年），即後來創建梅迪奇銀行並成為統領梅迪奇家族的祖先，這兩個人是同一個人。[12]

毫無疑問，羅馬分行是以單獨一家合夥公司的方式設立，這是後來他的銀行所採用的模式，喬凡尼・迪比奇是以初級合夥人和分行經理參與。也許，他把妻子皮卡爾達・布艾里於一三八五年十月帶來的一千五百福羅林嫁妝也投資下去。[13]從一三八六到一三九三年，這個合夥公司的正式名稱為「羅馬維耶里和喬凡尼・德－梅迪奇公司」。證據確鑿，因為這就是一三九二年簽發給福朗切斯科・達蒂尼在佛羅倫斯、比薩和熱那亞辦事處的五封信中使用的正式名稱。[14]

喬凡尼・迪比奇與維耶里・迪康比奧的聯繫最後在一三九三年結束。此後的信件（由梅迪奇銀行羅馬分行遞送，現存於達蒂尼家族檔案）省略維耶里的名字，署名變為「羅馬喬凡尼・德－梅迪奇公司」。很可能維耶里因健康欠佳而退出生意，因為他已年過七旬，不到兩年就去世了（一三九五年九月十三日）。一三九七年開始記錄的一號機密帳簿中有一筆帳目，確認當喬凡尼・迪比奇建立自己的公司時，被迫接管「梅塞爾・維耶里公司」（他與維耶里的合夥公司）的全部資產和負債，包括一些壞帳。[15]在喬凡尼名下的新合夥人有位初級合夥人貝內代托・迪利帕喬・德－巴爾迪，後來成為梅迪奇銀行的總經理。

梅塞爾・維耶里・迪康比奧的銀行在一三九一或一三九二年解散時解體為三個獨立的單位。第一個單位是由維耶里的侄子安東尼奧・迪喬凡尼・迪康比奧・德－梅迪奇（卒於一三九七年）建立的公司，與雅各波・迪福朗切斯科・文圖里和喬凡尼・迪薩爾維斯特羅合夥。它存在的時間不長，貨幣兌換商行會的紀錄在一三九五年以後就不再提到它。[16]第二個單位是由福朗切斯科・迪比奇以兒子阿維拉多・迪福朗切斯科（約一三七二至

＊一三七八到一三八二年發生於義大利佛羅倫斯共和國。由缺乏市民權與行會組織的下層梳毛工發起，對抗上層的布商與廠主，起義最終失敗。但作為正義旗手的阿拉曼諾成為梅迪奇家族第一個被記載入歷史的人物，長遠來看也穩固了梅迪奇家族在佛羅倫斯的地位。

一四三四年）的名義成立的銀行。[17]這家公司雖不如喬凡尼．迪比奇的銀行強大，但還是維持了好多年，直到一四四三年，遠在阿維拉多去世之後才消失。第三個單位位於羅馬，由福朗切斯科的弟弟喬凡尼．迪比奇經營。在歷史記載中有名的就是這第三家銀行。

雖然當維耶里．迪康比奧．德－梅迪奇在一三九三年退休時年事已高，但他的兩個兒子尼柯拉（一三八五至一四五四年）和康比奧佐（即康比奧，一三九二至一四六三年）還是孩童，要繼承他的工作來經營公司確實過於年輕。這解釋了為什麼當維耶里感覺到健康衰退時，會被迫把公司脫手轉給遠房親戚，而不是傳給兒子。尼柯拉和康比奧後來合夥，並建立一家屬於他們的銀行，辦事處設在佛羅倫斯和羅馬。由於他們無法勝任，這家公司未能興旺發達。[18]到一四三三年，兄弟倆已經賣掉大部分不動產來償清銀行的負債。[19]他們及其後代貧窮潦倒，漸被遺忘。一四三八年，年輕的喬凡尼．迪科西莫．德－梅迪奇（一四二一至一四六三年）正在費拉拉當學徒，那年在教廷有個臨時席位，同時也是他的監護人，來自沃爾泰拉的塞爾喬凡尼．奧塔維亞諾．卡法雷奇敦促他真誠地應徵自己的職位，並提醒他尼柯拉和康比奧．迪梅塞爾．維耶里的命運，他們已因為在商業事務上缺乏經驗與愚昧無知而失去父親留下的財富。[20]

歷史學家經常把喬凡尼．迪比奇創辦的梅迪奇銀行和由其侄子阿維拉多．迪福朗切斯科．迪比奇管理的對手機構搞混，甚至連義大利人也是如此。事實上，這是兩家不同的實體，雖然它們從一三九三至一三九七年間緊密合作。在這段期間，喬凡尼．迪比奇把公司總部從羅馬遷到佛羅倫斯，使他的銀行完全獨立於侄子的銀行之外。為避免進一步的混淆，有必要講點題外話，簡要介紹阿維拉多的銀行歷史，這家銀行到一四四三年才消失，此時，從福朗切斯科．迪比奇繁衍而下已後繼無人。

這家公司相關的活動資料很容易取得，因為涵蓋公司一三九五年全年（佛羅倫斯曆法，即從一三九五年三月二十五日至一三九六年三月二十四日）總分類帳的片段資料碰巧在佛羅倫斯檔案館留存下來。[21]有人認為這個資料屬於喬凡尼的銀行，但實際上是屬於阿維拉多的銀行。[22]雖然這件事受到質疑，但帳簿全是根據複式簿記的規範記錄的，這點毋庸置疑。[23]這說明，阿維拉多·迪福朗切斯科·德－梅迪奇的公司不但經營地方銀行業務，也經營國際銀行業務，並廣泛經營匯票業務。它還從事羊毛及其他商品的貿易、承辦海上保險，但以外匯交易為主。[24]

起初，阿維拉多在羅馬是代表「喬凡尼·德－梅迪奇公司」，也就是說，是代表他叔叔的公司。在現存的總分類帳片段中，甚至有兩個帳戶是開給在羅馬的喬凡尼·迪比奇的：一個「我方」帳戶，一個「他方」帳戶。[25]因為從留存下來的帳本片段描述來看，他們顯然是最活躍的，所以可以有把握地推斷，這兩家（叔叔和侄子的）梅迪奇銀行應該是聯手經營，而不是競爭對手。當然，在喬凡尼·迪比奇在佛羅倫斯（一三九七年）建立起自己的銀行，不再需要到侄子的公司工作之後，這個關係有所改變。在一三九五年時，除羅馬以外，阿維拉多的公司在中世紀歐洲大多數主要的貿易和銀行業中心都有辦事處。當然，這些辦事處都是佛羅倫斯商行，可能的例外是在佩魯賈的保羅·迪塞爾阿馬托公司。

既然教廷是如此重要的資金來源，阿維拉多·德－梅迪奇決定在羅馬開辦一家分行並轉移一些存款到自己的銀行，藉此與自己叔叔的舉動抗衡。尚不清楚這個決定是何時做出的，但這樣一家分行確實出現在一四一一年，並由安德烈·迪利帕喬·德－巴爾迪（卒於一四三三年）負責管理，他自一四〇二年或更早就在阿維拉多·德－梅迪奇公司工作。[26]這家羅馬分行並不在阿維拉多的名下，而是取名為「安德烈·德－巴爾迪公司」。也許值得一提的是，安德烈·迪利帕喬是貝內代托和伊拉廖內·迪利帕喬·德－巴爾迪的兄弟，後面會看到，他們先後擔任過喬凡尼·迪比奇的銀行總經理。自一四二二年起，阿維拉多的羅馬分行以「福朗切斯科·迪賈基諾托·博斯科利公司」的名義做生意。在管理分行方面，博斯科利得到兩位初級合夥人的幫助，他們是：安德烈·迪古列爾米諾·德－帕齊和阿維拉多的兒子朱利亞諾·德－梅迪奇。說來奇怪，羅馬分行並沒有資本分配；也許這被當成是不必要的，因為教廷在尋求的是投資，而不是借款。根據阿維拉多一四二七年的資產稅申報，羅馬分行經營得並不怎麼好，差不多是損益兩平。也許這份報告不可全信，因為它的目的是為了逃避稅收。[27]

與喬凡尼．迪比奇的銀行不同，阿維拉多．迪福朗切斯科的銀行從未追求擴展到越過阿爾卑斯山脈，但自一四二〇年起，它在比薩有一家辦事處，在西班牙有分行，一家在巴塞隆納，另一家在瓦倫西亞。[28]後者為有限責任合夥公司的形式，在這個情況下，投資合夥人為阿維拉多．德－梅迪奇和巴爾多．迪福朗切斯科．迪梅塞爾．亞歷山德羅．德－巴爾迪，承擔的責任最多只有他們的原始投資金額。[29]在這段時期，兩家梅迪奇銀行都盡可能地從梅迪奇家族和巴爾迪家族中選擇自己的雇員和合夥人。例如，在一四二六年之後，已不再為喬凡尼．迪比奇服務的凡蒂諾．迪凡蒂諾．德－梅迪奇被阿維拉多聘為巴塞隆納辦事處主任。[30]

在政治領域，阿維拉多．迪福朗切斯科．德－梅迪奇是家族派系的堅定支持者，一四三三年與嫡堂兄弟科西莫和羅倫佐．迪喬凡尼．德－梅迪奇同時被流放。他們在一四三四年十月獲赦，之後他回到佛羅倫斯，但已經病入膏肓，十一月二十二日立下臨終遺囑和遺書，並在一四三四年十二月五日病故。他的兒子朱利亞諾死於一四三六年六月十九日，他的孫子福朗切斯科死於一四四三年二月二十日。[31]隨孫子去世，從福朗切斯科．迪比奇傳下來的分支不復存在，在穆傑洛的全部大量財產，包括卡法喬洛的要塞式別墅，全歸科西莫和侄子皮耶爾福朗切斯科．迪羅倫佐所有。[32]

這幾段敘述阿維拉多的銀行及其經歷的文字也許沒有表面上看起來那麼離題。除澄清現有的混淆以外，這些文字還顯示，儘管兩家梅迪奇銀行互為對手，但只在特定範圍裡競爭，在服務不重疊的其他領域則是互相合作。

如上所述，喬凡尼．迪比奇．德－梅迪奇（一三六〇至一四二九年）在一三九三年接管梅塞爾．維耶里的

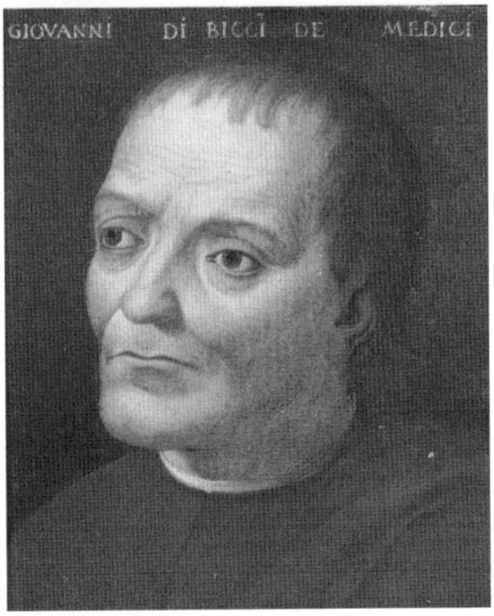

圖 1：喬凡尼．迪比奇．德－梅迪奇，梅迪奇銀行的創建者

繪畫安戈羅．布龍齊諾，梅迪奇里卡迪宮，佛羅倫斯。
經允許複製自阿里納利的照片。

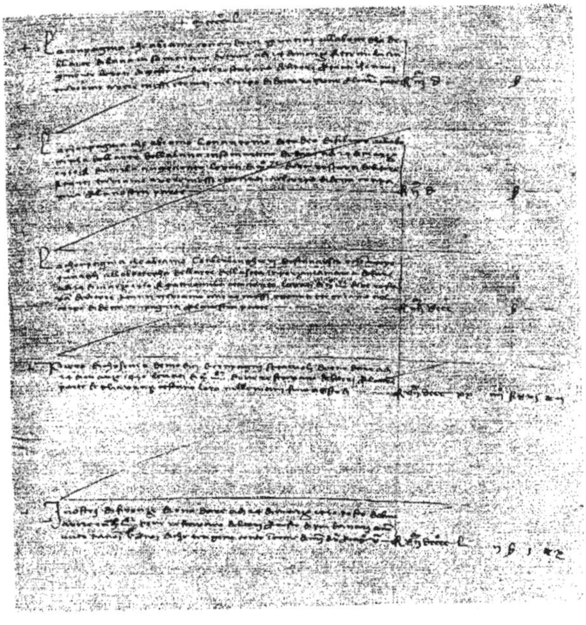

**圖 2：三號機密帳簿（1435-1450）的一頁，頁碼 97，
承蒙佛羅倫斯國家檔案館的允許從原件複製**

羅馬分行，他曾在那間分行當過幾年經理。為了這個目的，他與一個很有前途和執行力的年輕人貝內代托・迪利帕喬・德－巴爾迪（一三七三至一四二〇年）訂立合夥關係。雖然喬凡尼・迪比奇因此變得獨立，但他繼續與侄子阿維拉多・迪福朗切斯科聯手合作，並經營侄子在羅馬的辦事處。這種聯繫繼續到一三九七年十月一日喬凡尼將總部遷到祖籍地佛羅倫斯。因此，可以合理推論，著名的梅迪奇銀行創建的年份是一三九七，而非一三九三年。

行會的紀錄顯示，在從羅馬遷往佛羅倫斯之際，喬凡尼・迪比奇與貝內代托・德－巴爾迪（他仍負責在羅馬教廷的分行）及真蒂萊・迪巴爾達薩雷・博尼（一三七一至一四二七年，他放棄了一家在比薩的企業進來這間新公司工作）合組一家合夥公司。[33]根據梅迪奇銀行的機密帳簿，創辦的資本為一萬福羅林，其中超過五〇％（五千五百福羅林）是喬凡尼・迪比奇出資，其餘部分則由兩位合夥人負擔（貝內代托・德－巴爾迪出資兩千福羅林，真蒂萊・博尼出資兩千五百福羅林）。[34]這間合夥公司存在不到幾個月，原因不是因為真蒂萊無法拿出出資的費用，就是因為他和喬凡尼處不好。也許喬凡尼・德－梅迪奇做出了一個明智的決定，就是與真蒂萊斷絕關係。從真蒂萊隨後的職業生涯所見，他不具備成功商人的素質。還因為梅塞爾・帕拉・迪諾福里・斯特羅齊討債而坐牢，並在一四二七年死於貧困之中。[35]總之，行會紀錄顯示，在一三九八年和一三九九年，貝內代托・德－巴爾迪是喬凡尼・德比奇的唯一合夥人。[36]

喬凡尼・德－梅迪奇已於一三八六年成為貨幣兌換商行會的會員，但他的合夥人貝內代托未獲准入會，這一點在該行會一三九七年的《公司名錄》中清楚記載。[37]依照當時的條例，貝內代托被要求加入行會，因為他此時既是在羅馬的合夥人，也是在佛羅倫斯的合夥人。他未親自出現在行會官員面前，而是指派喬凡尼・迪比奇作為授權代表，並於一三九八年二月二十五日（佛羅倫斯新曆；以下簡稱 N.S.）宣誓。[38]

沒有紀錄能說明促使喬凡尼・迪比奇把總行從羅馬遷到佛羅倫斯的動機，但大膽地猜想並不困難。儘管羅

表 6：阿維拉多·迪福朗切斯科·德－梅迪奇公司 1395 年時的辦事處名單

地點	辦事處名稱
亞維儂	福朗切斯科·貝尼尼和尼古勞洛·迪博納科爾索公司
巴塞隆納	安東尼奧·迪古喬和法爾杜喬·迪隆巴爾多公司
博洛尼亞	菲利波·桂多蒂
布魯日	喬凡尼·迪雅各波·奧爾蘭迪尼和皮耶羅·貝尼齊公司
加埃塔	阿格斯蒂諾·巴爾托利尼 安東尼奧·迪雅各波和多福·斯皮尼公司 菲利波·迪米凱萊公司
熱那亞	魯傑羅·迪梅塞爾·喬凡尼·德－里奇和馬伊納多·邦恰尼公司
倫敦	貝爾納多·迪喬治·德－巴爾迪
蒙佩利爾	代奧·安布羅吉和喬凡尼·福蘭切斯基公司
巴黎	保羅·拉馬格拉爾蒂和雅各波·吉諾基公司
佩魯賈	保羅·迪塞爾阿馬托公司（貨幣兌換商）
比薩	羅倫佐·迪喬內·德爾博諾和真蒂萊·迪巴爾達薩雷·博尼公司
羅馬	喬凡尼·迪比奇·德－梅迪奇公司
西恩納	托馬索·迪切科公司
威尼斯	安東尼奧·迪耶費奇* 南尼和博尼法齊奧·格札迪尼公司

* 喬凡尼·達多阿爾多·波提納利自 1384 年起在這間公司。

資料來源：ASF, MAP, filza 133, no. 1.

馬是一個資金來源，作為歐洲主要銀行業中心的佛羅倫斯也許提供更好的投資機會。喬凡尼·迪比奇很有可能想透過在佛羅倫斯貨幣市場上的運作來為羅馬分行的剩餘基金找出路。他也有可能想要親自控制信貸的發放，又或許他的侄子阿維拉多沒有提供滿意的服務。

真蒂萊·博尼退出的結果是，在佛羅倫斯的銀行資本從一萬福羅林減少到八千福羅林，其中六千福羅林是由喬凡尼·迪比奇投資，兩千福羅林是由留下的合夥人貝內代托·德－巴爾迪投資。[39] 在經營的前十八個月，也就是從一三九七年十月一日到一三九九年三月二十四日，獲利令人滿意，但沒有十分可觀。獲利總計一千七百二十八福羅林鎊二十五索爾多三德涅爾。在支付一百六十福羅林的薪資，並留下三百六十八福羅林鎊二十五索爾多三德涅爾用於未付的租金和壞帳之後，剩餘的一千兩百袋福羅林金幣按合夥人投入資本的比例分配：四分之三歸喬凡尼．迪比奇，四分之一歸貝內代托。[40]這等於是每年一〇%的淨利，當銀行的定存利率有七至八%，有時甚至更多的情況下，這樣的數字並不算多。

在佛羅倫斯開設辦事處後不久，梅迪奇銀行還設法在威尼斯找到立足點。在這兩個案例中，目的很可能是相同的：為可貸資金找到合適的投資。因此在一三九八年年初，羅馬辦事處派了一名雇員內里．托爾納昆奇去考察在威尼斯投資的可能性。他不負使命，從一三九八年到一四〇一年一共待了四年，領著梅迪奇銀行的薪水，以代理人的身分在那裡做生意。為了答謝他的服務，梅迪奇銀行付給他一千六百福羅林的薪資和特別獎金。[41]

當一四〇二年三月二十五日建立分行時，內里．托爾納昆奇成為第一任經理。[42]遺憾的是，他辜負期望，犯下致命錯誤，他違反合夥協議，發放信貸給德意志人[43]。而德意志人沒履行債務，內里．托爾納昆奇為彌補損失，以八%的利率借了錢，並虛報利潤。當這些違規行為被資深合夥人發現之後，內里．托爾納昆奇遭免職，由喬凡尼．迪福朗切斯科．達加利亞諾取而代之，擔任分行經理（一四〇六年四月二十五日）。[44]

威尼斯分行的資本一開始設定在八千福羅林（佛羅倫斯通貨），即七千七百一十六杜卡特（威尼斯貨幣）。[45]幾個月之後，內里．托爾納昆奇追加一千福羅林。[46]他雖然只拿出資本的九分之一，但卻得到獲利的四分之一作為提供服務的報酬。[47]梅迪奇銀行不支付薪資給分行經理，而是祭出可以得到更高比例的獲利保證。而獲利剩餘的四分之三全歸梅迪奇銀行所有，然後按照一般出資比例分配給兩個合夥人喬凡尼．迪比奇和貝內代托。[48]

威尼斯共和國的經濟政策是持續控制與黎凡特地區的轉口貿易。只要外國人不插手該領域，那就歡迎在威尼斯做生意。威尼斯人也不反對外國銀行在威尼斯設立分行，因為這些機構帶來資本，有利於擴大貿易。

在十四世紀和十五世紀時，佛羅倫斯是重要和繁榮的羊毛工業生產地，大多數名門望族都對這個行業很感興趣。早在一四〇二年四月一日，梅迪奇銀行就決定跟進，將活動範圍擴大到製造業，提供融資給工作坊（*bottega*）用於生產羊毛布料。新公司註冊在喬凡尼的長子科西莫名下，他當時只有十三歲。他顯然太過於年輕，要去參與管理還不夠成熟。雖然這聽上去有點不可思議，但讓未成年人的名字出現在公司的正式名稱中在佛羅倫斯卻是習慣的做法。這種習俗多半是家族封建禮教的殘餘。但萬一破產，責任大概會落在公司章程中具名的真實合夥人肩上。根據佛羅倫斯的另一個慣例，梅迪奇銀行出資三千福羅林，這無疑占資本的一大部分，但作坊的管理卻委託給一位非常熟悉織布行業問題的專家。他的名字叫米凱萊・迪巴爾多・迪塞爾米凱萊。不知道他是否有追加任何額外的資本。既然他有權利獲得一半的獲利，那很可能他也有投資，或許拿出一千福羅林。[49]

另一家織布合夥公司在一四〇八年成立。公司名稱叫「羅倫佐・迪喬凡尼・德－梅迪奇公司的毛紡作坊」，以喬凡尼的次子命名，他當時年僅十三歲。資本為四千福羅林，全部由梅迪奇銀行提供，但管理的責任則委託給擁有毛紡專業知識的塔代奧・迪菲利波。[50]

時間證明，第二家作坊比第一家更賺錢，這無疑是卓越的管理使然。還有什麼比這更重要的呢？雖然紀錄只提供一些暗示，但塔代奧・迪菲利波及之後接手的兒子安東尼奧都熟諳經營之道。他們忠誠地為梅迪奇服務多年，自己也因此致富。另一家作坊未能獲利，在一四二〇年停產，十年後又重新開張，採用新的管理方式。[51]

第二家羊毛作坊在一四〇八年創辦，標誌著梅迪奇銀行第一階段的擴張結束。有好多年（直到一四二六年）現有的銀行都沒有新增分行或附屬機構。除了在佛羅倫斯的總行以外，梅迪奇銀行還有兩家在佛羅倫斯城外的分行（一家在威尼斯，一家在羅馬），以及兩家在佛羅倫斯城內的製造公司（industrial establishment）。

羅馬分行還分別在那不勒斯和加埃塔（一四〇〇年開幕）設立旗下的辦事處。遺憾的是，從紀錄中看不出這些企業的法律地位。不過，那不勒斯支行在一四一五年成為有限責任合夥公司，梅迪奇銀行是其中的匿名合夥人；他們只承擔最初投資金額的責任。[52]

在一四〇二年，由喬凡尼·迪比奇及合夥人投入銀行業的資本總額可能達到兩萬福羅林：分別在佛羅倫斯和威尼斯都投資了八千福羅林，只有四千福羅林投資在羅馬。當然，這個數字不包括內里·托爾納昆奇因為在威尼斯的資本分額所追加的一千福羅林。後來，資本結構不斷變化，因為每次更新合夥協議通常都涉及一些新的調整。因此，當一四〇六年與喬凡尼·迪福朗切斯科·達加利亞諾簽訂新合約時，威尼斯分行的資本設定在八千杜卡特，即八百格羅特鎊（威尼斯通貨）。梅迪奇銀行照例提供大部分資金，即七千杜卡特，而初級合夥人則提供其餘的一千杜卡特。然而，喬凡尼·迪福朗切斯科有權利獲得四分之一獲利，就好像他持有的股份是兩千杜卡特，而老闆的股份只有六千杜卡特，而不是七千杜卡特。在梅迪奇銀行存在的整個期間，在對地方工業的投資上扮演輔助的角色。一四〇八年的投資總額達到七千福羅林：其中三千福羅林投資在一家羊毛作坊，四千福羅林投資在其他地方。

如果誇大中世紀的銀行規模，把它們想成一個龐大機構，在有大理石裝飾的大廳裡做生意，一排排窗戶後面有一大群雇員在操作機器與處理文書，這樣就大錯特錯了。事實上，中世紀的銀行家在狹小簡陋的辦公室裡辦理業務，辦公室裡配備有一張工作台，即櫃台式長桌，幾張桌子，後面是簿記員用來算帳的算盤。在這樣的辦公空間裡，有超過六個職員工作是很罕見的事。根據機密帳簿裡的帳目紀錄，梅迪奇銀行在一四〇二年三月二十四日的發薪名單列出的名字不超過十七個。在佛羅倫斯的總行也只僱用五個人，各分行的職員人數甚至更少：在羅馬和在威尼斯各有四位雇員，在那不勒斯和加埃塔兩地合起來也是四位雇員（表7）。

如同可預期的，梅迪奇銀行支付的員工薪資不算慷慨，開出的薪資並不比競爭對手高。只有兩位雇員拿到

表 7：梅迪奇銀行 1402 年 3 月 24 日職員名單（N.S.）

地點	職員或雇員姓名	年薪（福羅林）
佛羅倫斯	1. 安東尼奧・達尼奧洛・達爾康托	60
	2. 朱利亞諾・迪喬凡尼・迪塞爾馬泰奧	48
	3. 傑雷米亞・迪福朗切斯科（收銀員）	40
	4. 安東尼奧・迪塔倫托・德－梅迪奇	25
	5. 喬凡尼即南尼・迪內托羅・貝基	20
	佛羅倫斯小計	193
羅馬	1. 伊拉廖內・迪利帕喬・德－巴爾迪	100
	2. 雅各波・迪托馬索・塔尼	40
	3. 喬凡尼即南尼・迪托馬索・巴爾托利	20
	4. 馬泰奧・丹德烈亞・巴魯奇	20
	羅馬小計	180
那不勒斯和加埃塔	1. 福朗切斯科・丹德烈亞・巴魯奇	無紀錄*
	2. 阿切利多・達多阿爾多・波提納利	60
	3. 阿多阿爾多・迪奇普里亞諾・托爾納昆奇	40
	4. 安德烈・迪皮耶羅佐・蓋蒂	40
	那不勒斯和加埃塔小計	140
威尼斯	1. 內里・迪奇普里亞諾・托爾納昆奇（分行經理）	400
	2. 安德烈・迪喬凡尼・德爾貝拉喬（收銀員）	50
	3. 克里斯托法諾・迪福朗切斯科・加利亞諾	50
	4. 札諾比・迪塞爾保羅・里科爾迪	40
	威尼斯小計	540
	薪資總額	1,053

* 福朗切斯科・丹德烈亞・巴魯奇無疑是梅迪奇公司的雇員，從 1398 年起，但我們不知道他的年收入是多少，因為好幾年的應計薪資是在 1403 年時一次性匯進他的帳戶。這筆帳目記載於一號機密帳簿的第 51 頁。

資料來源：ASF, MAP, filza 153, no. 1, fols. 12, 19, and 21.

高薪。一位是威尼斯分行經理內里·托爾納昆奇，他即將升為合夥人。資深合夥人很滿意他的表現，四年給他一千六百福羅林，這超過協議的薪資。另一位是伊拉廖內·德－巴爾迪，他獲得一百福羅林，但他是貝內代托（喬凡尼·迪比奇的合夥人與最得力的助手）的弟弟。還有四個員工賺五十福羅林以上。收銀員（像傑雷米亞·迪福朗切斯科）雖然是一個受信任的職位，但一年賺的薪資不超過四十福羅林。事實上，收銀員的薪資在一四〇三年時已經提高到五十福羅林。[53]初入行者，大概是夥計之類，每年的起薪是二十福羅林。

加薪和升遷當然主要是依據個別表現，調整速度則據情況決定。例如，梅迪奇銀行佛羅倫斯辦事處的一名職員朱利亞諾·迪喬凡尼·迪塞爾馬泰奧，薪資從一四〇一年的四十八福羅林提高到一四〇三年的六十五福羅林，再到一四〇六年的一百福羅林。[54]此時，他顯然負責新市場錢莊，因為紀錄顯示他被視為是合夥人，他的薪資在一四〇七年突然從一百福羅林增加到兩百福羅林。[55]在一四〇八年，他肯定中止了雇員的身分，且有權利得到當地銀行業務七分之一的獲利。

這份薪資表的薪資級距與福朗切斯科·達蒂尼的薪資表差不多，新入行的員工薪資也在十五或二十福羅林之間，而有能力管理分行、訓練有素的雇員薪資則上升為一百福羅林以上。[56]一百福羅林折合當今四百美元不到。這點錢也許不見得怎麼起眼，但必須考慮到，在中世紀時，貨幣的購買力要比現在強得多。當時的企業高階經理人不可能過得太差。根據當時的生活水準，一年賺一百五十或兩百福羅林的人可以生活得相當舒適，能夠買得起大房子，聘僱一兩個僕人，在馬廄裡養一匹馬或一頭騾子。

儘管業務能力很重要，但這很可能不是唯一的晉升基礎；姻親關係也起了一定的作用。一個上好的例子就是伊拉廖內·德－巴爾迪（約一三七九至一四三三年）。他雖然才二十一歲，卻已經在一四〇〇和一四〇一年擔任羅馬分行的襄理而賺到年薪一百福羅林。[57]在之後的五年中，包括一四〇二到一四〇六年，他得到的薪資和獎金總計達兩千福羅林，即每年四百福羅林。[58]自一四〇二年起，伊拉廖內·德－巴爾迪有可能負責羅馬分行，並代替他的哥哥貝內代托擔任經理，佛羅倫斯很可能需要貝內代托待在喬凡尼·迪比奇的身邊。伊拉廖內·德–巴爾迪在一四〇七年升級當羅馬的合夥人，而不是在佛羅倫斯的合夥人。他在羅馬分行的七千福羅林資本中投資了一千福羅林，其餘資本則由梅迪奇銀行提供，他的哥哥和喬凡尼·迪比奇都是梅迪奇銀行的合夥人。[59]根據公司章程，伊拉廖內有權獲得四分之一的獲利，雖然他占有的股份只有七分之一。[60]他擔任羅馬分行（更確切地說是跟隨教廷遊遍整個義大利，甚至到達瑞士諸湖的銀行）的領導人直到一四二〇年。那年貝內代托去世，之後是伊拉廖內接手他的總經理職位。當然，這樣的事業成功不僅僅是靠裙帶關係；能維持喬凡尼·迪比奇及後來科西莫的長期信任，伊拉廖內·德–巴爾迪必定是一位有超凡能力的管理人和精明的金融家。

在那個時期，梅迪奇銀行在一定程度上偏愛招收梅迪奇家族和巴爾迪家族成員為職員。有幾個被聘用者並未待多久，原因很可能是因為他們的表現未令人滿意。因此有紀錄顯示安東尼奧·迪塔倫托·德–梅迪奇曾在佛羅倫斯辦事處當過兩年夥計，後來被辭退了。[61]另一位梅迪奇族人康比奧·丹東尼奧曾當過兩年收銀員，在一四二〇年合夥契約到期時被辭退。[62]辭退他的理由是曾因躲避黑死病而離開工作崗位。同一年，一位巴爾迪家的年輕人，名叫泰里諾·迪喬凡尼，因偷竊一小筆錢而被解僱。同樣的命運也落在另一位夥計（也許是共犯）身上，原因也是輕微的偷竊罪。[63]

如前所述，屬於梅迪奇銀行的三本機密帳簿今天尚存。紀錄毫無中斷，涵蓋一三九七年十月一日到一四五一年三月二十四日的半個多世紀的時間。[64]在佛羅倫斯的公司裡，機密帳簿通常由其中一位合夥人保管，他不需要時就把它放在一個上鎖的櫃子裡。這種帳簿包含機密資訊，例如資本投資額，合夥人當中的獲利分配等資料，明智的做法是要避開辦事處裡其他人好奇的眼神。有時候，機密帳簿還包含雇員薪資，以及像樞機主教、王公貴族或高級官員等顯要顧客的存款金額資訊，他們希望守住自己投資的祕密，理由與今天的統治者和政治家在瑞士銀行裡只有編號的帳戶如出一轍。

梅迪奇銀行有一本機密總分類帳;裡面記錄投入附屬合夥公司的資本金額和定期彙報給總行的盈虧情況。除了這本機密總分類帳以外,分行也都保存一份自己的機密紀錄。這些機密總分類帳極具重要性,它們被記錄在羊皮紙上,而不是記錄在普通的紙上。

現存的三本機密帳簿幸好是保存在總行的機密帳簿:因此,它們包含梅迪奇銀行的全部商業經營情況。如此,我們便擁有母公司與子公司從一三九七到一四五一年金融結構和經營業績相關的完整資料。在三本留存的原件中,只有最早的一本有許多分行經理和職員薪資的相關帳目。然而缺少前九頁:它們包含梅迪奇控制的全部公司合夥契約的謄本。後兩本機密帳簿是完整的,除在總分類帳中發現的一般帳目以外,還有合約的文件。

一號機密帳簿列出梅迪奇眾多企業從一三九七到一四二〇年的獲利。這些資料被摘要記錄在表8和表9中。當然,列出的獲利是在預留壞帳和不可預見或有帳目的款項,並在個別情況下扣除分行經理的分紅,歸屬於兩位合夥人喬凡尼·迪比奇和貝內代托·德-巴爾迪的淨利。就如我們所看到的那樣,當地的經理通常不是雇員,而是合夥人。經理都不拿薪資,而是透過所在分行獲利的分紅獲得報酬。

如表8清楚顯示的那樣,追隨羅馬教廷的分行是獲利的主要來源,在一三九七年到一四二〇年間創造超過一半的獲利。作為教宗聖庫的受託人,梅迪奇銀行不僅為教宗操作資金,還吸引住在「羅馬宮廷」(甚至受制於博洛尼亞、費拉拉或佛羅倫斯時也是如此稱呼)的樞機主教和高級神職人員的金融業務。在中世紀時,羅馬教廷是唯一能在眾多國家收稅的權力機構,因此被迫求助於國際銀行家把資金轉移到需要的地方。而且,羅馬教廷通常是放款人或存款人,而不是借款人。在這種情況下,梅迪奇銀行的「羅馬」分行靠外匯交易發跡就不奇怪了。它不僅帶來巨額利潤,相較於投入的資本,它也是這些分行最有利可圖的地方。投資報酬超過三〇%,無論怎麼衡量都是相當高的。

表 8：梅迪奇銀行從 1397 至 1420 年的獲利

辦事處或分行	獲利金額			百分比
	f.	*s.*	*d. aff.**	%
佛羅倫斯	25,344	10	4	16.9
羅馬教廷	79,195	4	4	52.1
威尼斯	22,705	9	7	14.9
那不勒斯	15,458	25	1	10.2
加埃塔海關	485	9	9	0.3
雜項	159	22	3	0.1
銀行業和外貿小計	143,348	23	4	94.5
毛紡作坊 I（科西莫・德－梅迪奇和米凱萊・迪巴爾多）	1,634	20	9	1.1
毛紡作坊 II（羅倫佐・德－梅迪奇和塔代奧・迪菲利波）	6,837	9	3	4.4
製造業小計	8,472	1	0	5.5
合計	151,820	24	4	100.0

* aff. = affiorino 表示貨幣單位是福羅林鎊。下同。

資料來源：ASF, MAP, filza 153, no. 1: Libro segreto 1397-1420.

表 9：分配給梅迪奇銀行合夥人的獲利（1397-1420 年）

姓名	份額	金額			
		f.	*s.*	*d.*	*aff.*
喬凡尼・迪比奇・德－梅迪奇	3/4	113,865	18	5	
貝內代托・迪利帕喬・德－巴爾迪	1/4	37,955	5	11	
合計		151,820	24	4	

資料來源：同表 8。

相較於羅馬分行，紀錄顯示那不勒斯的經營節節衰退，獲利持續減少，尤其是在一四一〇年之後。[65]因此，梅迪奇銀行在幾年內（一四二五年）收掉那不勒斯分行的子公司就不足為奇了。佛羅倫斯和威尼斯撐住業績，但重要性遠比不上羅馬。雖然總行設在佛羅倫斯，但梅迪奇銀行從沒有在本國賺到大部分收入。根據表8，即使把銀行業和製造業合在一起，本國獲利也沒有總獲利的二三%。如表格所示，兩家製造公司中，其中一家的表現遠比另一家好，最有可能的原因是因為這家企業的管理更好。

不太可能獲取每家分行逐年的盈虧資料，因為無法取得相關數據。中世紀簿記員的做法不太一致：他們時而逐年分配獲利，時而將幾年的獲利合起來，只給一個總數。

其中一些獲利會投入企業進行再投資，以擴張金融服務。然後，獲利中有相當一部分會被提出來，用來購買城市與鄉村的不動產。喬凡尼．迪比奇未曾從父親那裡繼承大筆財產，但透過在佛羅倫斯附近，以及遠至祖籍地穆傑洛地區購買農場和土地，使他的資產大幅增加。總之，他直上青雲。

沒有什麼能比納稅紀錄更能說明他的迅速崛起。在一三九六年，他被評估只要繳十四福羅林的稅，而梅塞爾．維耶里．迪康比奧．德－梅迪奇的繼承者要繳兩百二十福羅林。[66]在一四〇三年另一次強制志願借款時，喬凡尼．迪比奇出資金額首次超過他的哥哥福朗切斯科．迪比奇，他們的配額分別是一百五十福羅林和一百三十二福羅林。而同一次的徵稅，福朗切斯科．達蒂尼被課三百六十福羅林，而維耶里．迪康比奧的繼承者則被課七百四十八福羅林。[67]十年後，到了一四一三年，喬凡尼．迪比奇被評估要繳稅的金額是兩百六十福羅林，真正超過維耶里的幾個兒子，他們被評估要繳稅的總額是兩百三十五福羅林。[68]到一四二七年徵收資產稅時，喬凡尼繳納三百九十七福羅林，成為佛羅倫斯第二納稅大戶。[69]只有梅塞爾．帕拉．迪諾福里．斯特羅齊超越他，在名單上列出的繳稅金額為五百零七福羅林。不過，事實上，如果繳稅金額沒有分開的話，加百利和喬凡尼這對潘賈提基兄弟要繳的稅比其他人都多。兩人的配額合起來高達六百三十六福羅林。

總經理貝內代托・德－巴爾迪在一四二〇年初去世之後，他的職位由一直經營羅馬教廷分行的弟弟伊拉廖內接任。[70]這個變動引起梅迪奇銀行全面重組。顯然，伊拉廖內在接手時要求經營由他全權處理。例如，在佛羅倫斯辦事處的所有職員均被辭退。[71]有幾個人大概被重新聘僱，很可能只是因為那些人對新管理階層還有用處。當然，貝內代托的辭世自動解除所有現有的合夥契約。由於需要簽訂新的契約，正好可以徹底清理門戶，以及重新審視現有的安排。例如，與米凱萊・迪巴爾多合夥的羊毛企業還在虧損，合夥關係立即終止。[72]或是任命新的分行經理時，詳細規範他們的權力。當然，在管理階層有變動時，同樣的事情也會發生在現代的公司裡，像是亨利・福特二世在一九四六年接任祖父福特汽車公司的總裁職位時的情形。

首先，此時已經六十歲的喬凡尼・迪比奇正式退休，雖然他也許繼續以非正式的身分擔任顧問。總之，與伊拉廖內・德－巴爾迪的新契約是以喬凡尼的兒子科西莫和羅倫佐的名義簽下的。資本額設定為兩萬四千福羅林，其中一萬六千福羅林由這兩位梅迪奇兄弟出資，八千福羅林由伊拉廖內出資。獲利則按同等比例分配。這筆錢後來按照下面的比例分配給不同的子公司：一萬零五百福羅林交給佛羅倫斯錢莊，七千五百袋福羅林金幣（七千威尼斯杜卡特）交給威尼斯分行，六千福羅林交給設於羅馬教廷的分行。

在這三家分行中，有兩家進行重大的變革。在佛羅倫斯的新任經理是福爾科・迪阿多阿爾多・波提納利（約一三八六至一四三一年），他的曾祖父是但丁筆下碧翠絲的一位兄弟。除了梅迪奇銀行提供的一萬零五百福羅林以外，他還提供一千五百福羅林的資金，因此在佛羅倫斯錢莊的投資總額是一萬兩千福羅林。他雖然只提供總投資金額的八分之一，卻有權利獲取五分之一的獲利。對巴爾托洛梅奧・丹德烈亞・迪巴爾托洛梅奧・德－巴爾迪（約一三九七至一四二九年）也有同樣的安排，他被任命為在羅馬分行的領導人。根據契約，他要出資一千福羅林，可以獲得四分之一的獲利。當他離開佛羅倫斯去承擔新的職責時，資深合夥人以詳細的書面文字提出經營方針，希望在發放信貸給樞機主教、高級神職人員、當地商人的業務中遵照執行。[73]在威尼斯則沒有大幅改變，新契約並未對現有協議作多大改動。分行經理喬凡尼・達多阿爾多・波提納利（一三六三至一四三六年）保留同樣的條款，即在總資本八千杜卡特中，由他出資一千杜卡特，資深合夥人出資七千杜卡特。為了酬謝他的服務，他有權獲得四分之一的獲利。[74]

如表10所示，資深合夥人和初級合夥人在一四二〇年投入梅迪奇銀行的資本總額約為兩萬七千六百福羅林。這個總數因為較重的威尼斯杜卡特幣與較輕的佛羅倫斯福羅林金幣袋的匯兌差價（約為七％）而調整。然而，它不包括由塔代奧・迪菲利波管理的毛紡作坊所投入的三千八百福羅林。一起納入考量之後，總資本合計約為三萬一千五百福羅林。這仍遠低於十四世紀中葉破產的巴爾迪和佩魯齊這些大公司的資本。與這兩家大公司相比，梅迪奇銀行在一四二〇年時仍很渺小。

一四二〇年管理重組的結果是讓波提納利兄弟擔任分行經理。這樣就把梅迪奇家族與波提納利家族聯繫在一起（參見書末系譜表5），這對梅迪奇銀行的命運而言十分重要。

在一四二〇至一四二九喬凡尼・迪比奇去世那年，除了收掉一家有限責任合夥公司，以及另一家有限責任合夥公司在另一個城市開張之外，梅迪奇公司並沒有重大的結構改變。在一四二六年一月一日，羅梭和凡蒂諾・德－梅迪奇合夥的那不勒斯有限責任合夥公司關閉，很可能是因為沒賺錢。[75]另一方面，一四二六年十一月，在當時著名的市集舉

表10：梅迪奇銀行在1420年時的資本

		投資金額		
		資深合夥人	分行經理	合計
地點	分行經理姓名	福羅林	福羅林	福羅林
佛羅倫斯	福爾科・波提納利	10,500	1,500	12,000
羅馬	巴爾托洛梅奧・德－巴爾迪	6,000	1,000	7,000
威尼斯	喬凡尼・波提納利	7,500	1,070	8,570
	合計	24,000	3,570	27,570

資料來源：ASF, MAP, filza 153, no. 2.

辦地日內瓦成立一家新的有限責任合夥公司。[76]後者在作為國際結算中心有其重要性，它對歐洲各地的硬幣進行調配分布。[77]這是第一家為日內瓦而設的有限責任合夥公司，由米凱萊・迪費羅和喬凡尼・迪阿梅里格・本奇合夥。喬凡尼・本奇曾在羅馬分行工作，接受訓練；他的能力出眾，注定要在科西莫・德－梅迪奇結束在威尼斯的流放歲月回來之後的一四三五年成為總經理。

喬凡尼・迪比奇・德－梅迪奇在一四二九年二月二十日去世。事情有可能是這樣的，在一四二〇年之後，隨著健康和精力的衰退，他逐漸把愈來愈多的銀行管理權交給年齡較長、能力較強的兒子科西莫。這是個明智之舉，因為喬凡尼的繼任者可以充分知道全部的商業祕密，並為執掌最高指揮權做好充分準備。編年史家喬凡尼・卡瓦爾康蒂提到，喬凡尼・迪比奇臨死前給兒子和家族成員的遺訓留下許多經商與參政的樸實忠告。[78]歷史學家質疑這個遺訓的真實性，因為臨終時是在病床並非訓誡的講壇。另一方面，喬凡尼・卡瓦爾康蒂必定消息靈通，因為他與梅迪奇有親戚關係，是羅倫佐・迪喬凡尼的妻子吉內芙拉・卡瓦爾康蒂的侄子。也許他為了增添文采對遺訓的過程做了點潤飾，但聽起來卻好像真有其事，喬凡尼・迪比奇感到大限將至，鼓足力氣對兒子做出最後告誡，並叮囑他們要和睦相處。至少這個遺囑有被執行，這點應當是可信的。我們從歷史中知道，科西莫和羅倫佐攜手合作，後者總是以兄長為榜樣。也有可能是臨死的喬凡尼敦促兒子用智慧和審慎態度來經營企業，並警告他們要避免捲入政治旋渦，要避開舊宮（即佛羅倫斯市政廳），除非被諮詢。

從我們對喬凡尼・迪比奇性格僅有的一點了解來看，他顯然是沉默寡言的人，有一張看似憂鬱的面孔，但在這謙遜的外表下卻隱藏著一顆精明和活躍的頭腦。[79]他雖然算不上能言善道，但總是給人合理可信的忠告，有種一本正經的冷酷幽默感，偶爾也會說上幾句俏皮話。[80]他原是遠離政治的商人。儘管如此，當他的名字從選舉袋裡被抽出來的時候，還是因為佛羅倫斯的憲法規定而被迫擔任公職。他曾多次擔任修道院院長，在一四二一年，他成為行政長官（正義旗手），按慣例任職兩個月。但他沒有政治野心，這些榮譽在他看來沒有什麼了不起。當然，經營銀行的成功引起執政派系的嫉妒，這裡面包括幾位競爭對手，但喬凡尼・迪比奇設法避免掉公開衝突。[81]

當教宗馬丁五世在一四二二年封他為蒙特韋爾德伯爵之時，他拒絕接受這個頭銜，寧願繼續當一名普通公民，也許是因為他對現狀感到滿足，或者也許是因為他不想招惹佛羅倫斯執政者，或給他們機會把自己烙上權貴和共和制敵人的汙名。[82]

馬基維利讚揚他的慈善和寬容。[83]這個判斷似乎是正確的。機密帳簿透露，喬凡尼出手幫助危難中的前生意夥伴。因此，在一四二四年，他一聽說內里・托爾納昆奇正貧窮潦倒地在克拉科夫生活，馬上就把三十六福羅林匯給他。這位正是對威尼斯分行業務管理不善而應對重大損失負責的那位初級合夥人。「雖然他曾表現不佳」，但喬凡尼覺得應該慷慨地對待以前的合夥人。[84]

根據「豪奢的羅倫佐」的《紀錄》，喬凡尼・迪比奇在去世時留下的財產估計有將近十八萬福羅林。[85]這個數字即使不完全準確，也很可信。《紀錄》還描述，喬凡尼拒絕立下遺囑。什麼原因呢？也許這個決定與教會的高利貸戒律有關。若在遺囑裡囑咐償還大量的款項，他就會不打自招地承認自己是高利貸業者，有可能給繼承人帶來不少麻煩。總之，還是不要冒險為妙。

家族關係在生意上的重要性逐漸減弱，但在社交上的重要性仍未衰退。在喬凡尼・迪比奇的葬禮上，送葬者包括二十六名姓梅迪奇的男性，其中一些只是已故銀行家的遠房親戚，畢竟他是整個家族中最年長的人，被視為是梅迪奇族長（*capo della casa Medici*）。[86]

注釋

1. Gene A. Brucker, "The Medici in the Fourteenth Century,' *Speculum,* 32:9 (1957). 在梅迪奇家族遺囑中還有歸還高利貸或不當得利的其他例子（*ibid.,* p. 12）。
2. Frederic E. Gaupp, "De eerste Medici, Geldwisselaars — kooplieden — bankiers," *Wegbereiders der Renaissance* (Amsterdam, n.d.), p. 27. Cf. Machiavelli, *History of Florence,* Bk. Ill, chap. 7, pp. 166-167, and *Istorie fiorentine,* Libro III, §25. 強調維耶里（維里）・迪康比奧是梅迪奇家族在商業領域獲得突出成功第一人的重要性。馬基維利指出，若維耶里・迪康比奧有政治野心，完全可以成為佛羅倫斯君主。
3. 「factor」這個詞在佛羅倫斯紀錄中的意思就是職員或雇員。
4. 他是一三七八年七月二十日被封爵的六十七位佛羅倫斯市民之一。Gaetano Salvemini, *La dignita cavalieresca nel Comune di Firenze* (Florence, 1896), p. 141, Appendix B, No. 4. Cf. Victor I. Rutenburg, *Popular Unrest in Italian Cities, Fourteenth Century and Beginning of the Fifteenth,* in Russian (Moscow, 1958), pp. 356-357.
5. ASF, Arte del Cambio, No. 12, Matricole, 1329-1598, fol. 24^{v}.
6. 此資訊見於 ASF, Arte del Cambio, No. 14. fol. 8^{V} *et passim.*
7. S. L, Peruzzi, *Storia del commercio e del banchieri di Firenze* (Florence, 1868), p. 221. Cf. Pietro Silva, "L'ultimo trattato commerciale tra Pisa e Firenze," *Studi storici,* 17:680 (1908).
8. Antonio Teja, *Aspetti della vita economica di Zara dal 128$ al 1409,* I: *La pratica bancaria* (Zara, 1936), pp. 74-75, 113.
9. ASF, Arte del Cambio, No. 14.
10. 李卡多・德爾馬艾斯特羅・法尼奧在阿伯提帳簿中被提及。*I libri degli Alberti del Giudice,* ed. Armando Sapori (Milan, 1952), pp. 161, 199, 304.
11. Bensa, *Francesco di Marco,* pp. 327-328. 該票據的英文翻譯可見 *Medieval Trade in the Mediterranean World,* eds. Robert S. Lopez and Irving Raymond (New York, 1955), p. 231, doc. 116.
12. 喬凡尼・迪比奇在一三八六年二月十四日加入貨幣兌換商行會，那時二十六歲（ASF, Arte del Cambio, No. 12, Matricole, 1328-1598, fol. 50）。

13. Brucker, "The Medici," p. 11.

14. 普拉托，達蒂尼檔案，佛羅倫斯、日內瓦和比薩的通信。

15. ASF, MAP, filza 153, Libro segreto No. 1 (1397-1420), fol. 114 *(dare)*. 喬凡尼・迪比奇聲稱在這筆交易中損失八百六十聖庫福羅林。

16. ASF, Arte del Cambio, No. 14, fol. 100^{v}-108.

17. *Ibid.,* fols. 99^{v}-101^{v}. 在一三九八年時，阿維拉多・迪福朗切斯科有合夥人福朗切斯科・迪梅塞爾・亞歷山德羅・德－巴爾迪和羅倫佐・迪喬內・德爾博諾，後者先前與親戚真蒂萊・迪巴爾達薩雷・德爾博諾在比薩做生意。這家德爾博諾的合夥公司在一三九七年真蒂萊加入喬凡尼・迪比奇創辦的銀行之前拆夥。參見 Alberto Ceccherelli, *I libri di mercatura della Banca Medici e l'applicazione della partita doppia a Firenze nel secolo decimoquarto* (Florence, 1913), pp. 28-29.

18. 康比奧・迪維耶里・德－梅迪奇在一四三〇年資產稅申報中提到他的銀行受益於商事法庭准予的延期償付（ASF, Catasto No. 373, Leon d'Oro, 1430, fol. 704^{V}）。

19. 這些銀行的資產包括不可收回的債權八千福羅林（ASF, Catasto No. 470, 1433, fol. 606）。

20. Gaetano Pieraccini, *La stirpe de' Medici di Cafaggiolo* (1st, ed., Florence, 1924) I, 77; (2nd ed., Florence 1947), I, 82. Cf. Giuseppe Zippel, "Un cliente mediceo," *Scritti varii d'erudizione e di critica in onore di R. Renter* (Turin, 1912), p. 479 and n. 2.

21. ASF, MAP, filza 133, no. 1. 只有第十七至一百一十頁尚存。該總分類帳由海因利希・西夫金在與維也納帝國學院通信中首次提及，發表在 *Anzeiger der Kais. Ahademie der Wissenschaften, Philosophisch-historische Klasse,* 39:170-177 (1902). 阿維拉多・迪福朗切斯科・德－梅迪奇公司的另外兩本總分類帳的片段資料也尚存：一本是羅馬分行一四一二至一四一三年的總分類帳，另一本是佛羅倫斯的主要銀行一四二四至一四二五年的總分類帳，（MAP, filza 133, nos. 2, 3）。

22. 切凱雷利在這個問題上搞混淆了（*Libri di mercatura,* pp. 21-22）。

23. 托馬索・澤爾比教授質疑阿維拉多的一三九五年總分類帳是否是複式記帳，因為缺乏現金交易情況的相互參照。*Le origini della partita doppia; gestioni aziendali e situazioni di mercato net secoli XIV e XV,* (Milan, 1952), pp. 125-130. 這樣的疑問難以反駁，因為尚存的片段資料並未顯示結帳的程序（R. de Roover, "The Development of Accounting prior to Luca Pacioli according to the Account-Books of Medieval Merchants," *Studies in the History of Accounting,* eds. A. C. Littleton and B. S. Yamey (London, 1956), pp, 146-147. Cf. Ceccherelli, *Libri di mercatura,* p. 51.）。

24. Camerani, *Documenti,* p. 23, No. 9; Ceccherelli, *Libri,* pp. 44-45; Zerbi, *Partita doppia,* pp. 128-129; Heinrich Sieveking, *Die Handlungsbucher der Medici* (Sitzungsberichte der Kais. Akadernle der Wissenschaften in Wien, Philosophisch-Historische Klasse, Vol. 151, Pt 5, Vienna, 1905), p. 30.
25. ASF, MAP, filza 133, no. 1, fols. 23, 24, *et passim.*
26. Camerani, *Documenti,* pp. 22, 25, 26, *et passim.*
27. ASF, Catasto No. 60, Libro di Portate, Quartiere San Giovanni, Gonf. Vaio (1427), fol. 94.
28. 一段涵蓋一四二四至一四二五年比薩分行帳簿的部分資料仍存在（ASF, MAP, filza 133, no. 3）。
29. ASF, Catasto No. 15 (Gonf. Scala, 1427), fols. 249-261 and No. 331 (Scala, 1430), fols. 145-159. 這些都是巴爾多・迪福朗切斯科・德－巴爾迪的報告。
30. ASF, Catasto No. 331 (Scala, 1430) fols. 145-159 (Portata of Bardo de' Bardi).
31. Sieveking, *Handlungsbiicher,* p. 5.
32. ASF, Catasto No. 410 (Campione, Vaio, 1430), fol. 5^{V}: "... uno abituro atto a fortezza posto in Mugello, luogho detto Cafaggiuolo..."
33. ASF, Arte del Cambio, No. 14, Libro di compagnie, fol. 113^{r}.
34. 在佛羅倫斯開辦一家辦事處的決定顯然是在一三九七年初做出的，因為在機密帳簿中的最早入帳紀錄顯示合夥公司在一三九七年三月二十六日成立。ASF, MAP, filza 153, no. 1, fols. 10, 11. 後來的入帳紀錄顯示佛羅倫斯辦事處的業務到同年十月才真正開始。
35. ASF, Catasto No. 77 (Gonf. Leon Bianco), fol. 277^{r}. 資產稅報告進一步顯示真蒂萊・博尼付不出任何 *prestanze*，也就是強制志願貸款。在頁邊空白處，仍能看到官方標注 *miserabile*（貧民）字樣和表示真蒂萊在提交報告後已經去世的十字標記。真蒂萊的兒子巴爾達薩雷的一四三〇年資產稅報告（Catasto No. 390, fol. 182）敘述他因父親欠帕拉・斯特羅齊的債務而入獄，他把一些家當典當給聖魯菲洛街（今天的佩寇里大街）附近的瓦卡當鋪。簡言之，整個家庭貧窮潦倒。
36. ASF, Arte del Cambio, No. 14, fols. 115^{r}, 117^{r}.
37. *Ibid.,* fol. 113^{r}: "... Benedictus Lippaccii de Bardis (non matricolatus)." 喬凡尼・德－梅迪奇在一三九七年四月七日向佛羅倫斯報告他新建立的合夥公司。

38. ASF, Arte del Cambio, No. 12, fol. 59^{r}.
39. ASF, MAP, filza 153, no. 1, fol. 11.
40. *Ibid.*, fol. 12.
41. *Ibid.*, fols. 21, 22.
42. *Ibid.*, fol. 14.
43. *Ibid.*, fols. 47, 48.
44. 該合夥契約尚存：ASF, MAP, filza 89, no. 190.
45. ASF, MAP, filza 153, no. 1, fol. 14.
46. *Ibid.*, fols. 22, 46. 因此總資本為九千福羅林。
47. *Ibid.*, fols. 28, 48.
48. 換言之，威尼斯分行的獲利分配為：

內里・迪奇普里亞諾・托爾納昆奇	四份
喬凡尼・迪比奇・德－梅迪奇	九份
貝內代托・迪利帕喬・德－巴爾迪	三份
合計	十六份

49. ASF, MAP, filza 153, no. 1, fols. 34, 40.
50. *I bid.*, fol. 65.
51. *Ibid.*, fol. 125.
52. ASF, MAP, filza 153, no. 1, fols. 86, 95. 佛羅倫斯在一四〇八年通過一項法律，允許設立有限責任合夥公司。
53. ASF, MAP, filza 153, no. 1, fol. 15. 他很可能在一四〇四年底離開梅迪奇的工作，並由南尼・迪內托羅・貝基接任，南尼在梅迪奇一直待到一四一四年。他在一四〇五年得到四十五福羅林的薪資，一四〇九年增加到最高五十福羅林（*ibid.*, fols. 16, 72, 94）。南尼顯然是被解僱的，因為他在黑死病期間離開崗位並以其他方式怠忽職守。
54. *Ibid.*, fol. 15.

55. *Ibid.,* fol. 74.
56. Origo, *Merchant of Prato,* pp. 107-108, 111.
57. ASF, MAP, filza 153, no. 1, fol. 18.
58. *Ibid.,* fol. 42.
59. *Ibid.,* fol. 62.
60. *Ibid.,* fol. 68.
61. *Ibid.,* fol. 16.
62. *Ibid.,* fol. 105.
63. *Ibid.,* fol. 106.
64. R. de Roover, "I libri segreti del Banco de' Medici," *Archivio storico italiano,* 107:236-240 (1949). 附上參考文獻的卷宗是 MAP, filza 153.
65. 獲利從一四〇五年的兩千福羅林下降到一四一六至一四二〇年間的平均五百福羅林。而且，下降趨勢在一四二〇年後變得更糟。
66. ASF, Prestanze, No. 1523 (Gonf. Leon d'Oro), 1396, fols. 34v and 64.
67. ASF, Prestanze, No. 1999 (Quartiere S. Giovanni, 1403), fols. 102v, 104, 133v, 242.
68. ASF, Prestanze, No. 2904 (S. Giovanni, 1413), fols. 88v, 160v.
69. 佛羅倫斯，國家圖書館，Codice Magi. XIII, No. 72, 2, fols. 34v-36v.
70. 資料記載貝內代托·迪利帕喬在一四二〇年四月十三日死亡：ASF, MAP, filza 153, no. 1, fol. no.
71. *Ibid.,* fols. 105, 106.
72. *Ibid.,* fols. no, 125. 損失總額相當大，達兩千一百八十七福羅林鎊二十八索爾多五德涅爾。
73. ASF, MAP, filza 68, No. 402.
74. 這些合夥契約被全部抄寫在二號機密帳簿的開頭（MAP, filza 153, no. 2）
75. ASF, MAP, filza 153, no. 2, fols. 8v-9v. 三年的獲利只有六百八十四福羅林，也就是以三千兩百福羅林的投資來看，獲利只有七%，梅迪奇對這樣的報酬並不滿意，因為在其他投資上獲得的收益更好。

76. *Ibid.*, fol. 40.
77. 梅迪奇銀行的機密帳簿及其他紀錄多次提及從日內瓦運送硬幣到羅馬。
78. Giovanni Cavalcanti, *Istorie Florentine* (Florence, 1838), I, 262 f. 這句話的英譯見於 Janet Ross, *Lives of the Early Medici* (Boston, 1911), p. 6.
79. Umberto Dorini, *I Medici e i low tempi* (Florence, 1947), p. 31; Francis A. Hyett, *Florence, her History and Art to the Fall of the Republic* (London, 1903), p. 236.
80. Cavalcanti, I, 267. Cf. Alfred von Reumont, *Lorenzo de' Medici the Magnificent* (London, 1876), I, 37.
81. Ferdinand Taddeo Schevill, *The Medici* (London, 1950), p. 59.
82. von Reumont, I, 35.
83. Machiavelli, *History of Florence,* Bk. IV, chap. 4, p. 194; *Istorie Florentine,* Libro IV §16.
84. ASF, MAP, filza 153, no. 1, fol. 125. 早在一四一〇年就有報告指出內里·托爾納昆奇在克拉科夫出現。他一定是在不為梅迪奇工作之後不久去到那裡。Paul Fournier, *Les Florentins en Pologne* (Lyons, 1893), p. 339.
85. Angelo Fabroni, *Laurentii Medicis Magnifici Vita* (Pisa, 1784), II, 6; William Roscoe, *The Life of Lorenzo de' Medici called the Magnificent* (9th ed., London, 1847), p. 424, Appendix X.
86. ASF, MAP, filza 154, fol. 94^v.

第四章　梅迪奇銀行全盛時期

科西莫掌舵（一四二九至一四六四年）

喬凡尼・迪比奇之死並未讓梅迪奇銀行在結構或政策上做出重大改變。由於自一四二〇年重組起始的所有契約都是由喬凡尼的兩個兒子：科西莫（一三八九至一四六四年）和羅倫佐（一三九五至一四四〇年）的名字簽署，因此不需要在法律上或其他契約上做調整。伊拉廖內・迪利帕喬・德－巴爾迪仍讓合夥人充滿信心，並繼續擔任總經理。

資深合夥人也對新市場錢莊經理福爾科・波提納利的表現感到滿意，他成功地提高獲利。在一四一〇年至一四二三年間，無論哪一年的淨利均未達到兩千福羅林，然而，自一四二三年起，獲利就開始高得多，在景氣好的時候甚至超過三千福羅林。[1]

當羅馬分行的經理巴爾托洛梅奧・德－巴爾迪在一四二九年初去世時（差不多跟喬凡尼・迪比奇同時），資深合夥人幸運地找到合適的繼任者安東尼奧・薩盧塔蒂（一三九一至一四四三年），他曾在佛羅倫斯（一四一六至一四一八年）、威尼斯（一四一八至一四一九年）和羅馬（一四二〇年起）服務。在與薩盧塔蒂簽訂的新契約中（簽署日期為一四二九年三月十日），羅馬分行沒有分配到任何資金。[2]根據二號機密帳簿（第三十五頁）裡的帳目，資金已於一四二六年撤回。沒有資金來經營銀行的做法也許顯得有些奇怪，但梅迪奇的紀錄毫無疑問是如此。此外，在佛羅倫斯的其他公司，也就是帕齊公司及阿維拉多・德－梅迪奇的銀行也是同樣的狀況。[3]既然有教廷這個資金來源，也就沒必要在羅馬擁有任何資金，無論這顯得有多怪異。在薩盧塔蒂明智的管理下，在羅馬的獲利明顯成長。一四三〇年的獲利高達一萬八千兩百三十七聖庫福羅林，這比前幾年的平均獲利高得多。[4]

在威尼斯，獲利或多或少保持穩定，這種情況一直持續到一四三〇年。經理喬凡尼・波提納利因年事漸高，一位名叫洛托・迪塔尼諾・博齊（一三八七至一四五〇年以後）的年輕人被指派來當他的副手，洛托自一四一四年起就在威尼斯分行工作，此時被提拔擔任初級合夥人。[5]隨著這次升遷帶來的是更高的獲利，從一四三〇年到一四三一年成長五〇％。[6]有可能是因為一四三〇年和一四三一年的經營條件特別有利。

一四二六年開張的日內瓦有限責任合夥公司也交出令人滿意的結果，雖然獲利波動比其他地方都還大，經營情況更不穩定。有大量準備金留下來預防應付壞帳，但後來證明並沒有這個必要。[7]

在中世紀時，死亡要付出沉重的代價。在一四二九年，它完全壓垮了毛紡作坊經理塔代奧・迪菲利波。該企業結果被清算，關門大吉，但於一四三一年重新開張，由一位織布商瓊蒂諾・迪桂多・瓊蒂尼擔任經營合夥人。[8]

一個更加慘重的損失來自總經理伊拉廖內・德－巴爾迪之死，他可能是在一四三二年十二月下旬或一四三三年一月過世。總之，一封由喬凡尼・本奇（當時住在巴塞爾）在一四三三年二月寫給魯傑里・德拉卡薩（住在日內瓦）的信裡提到他已經過世。[9]伊拉廖內・德－巴爾迪之死發生在一個關鍵時刻，當時的政治事件使梅迪奇家族及其銀行正處於危險的威脅中。

一四二九年佛羅倫斯共和國企圖征服盧卡的嘗試失敗了，這使得佛羅倫斯共和國與米蘭交惡。這場曠日持久的衝突最終以一四三三年五月十日締結的和平條約宣告結束。它並未給佛羅倫斯帶來實質性的收穫，高昂的戰爭支出毫無回報可言，但蒙羞受辱卻造成極大的不滿情緒。反對派指望梅迪奇家族來領導，而以李納多・德利阿爾比齊為首的寡頭統治集團擔心科西莫有可能受到勸說來奪權。在一四三三年春天，雙方都在積極準備競選辯論，問題是誰會先聲奪人。

總之，梅迪奇的紀錄給出這樣的印象，即箭在弦上，政局隨時可能有動盪，正採取各種預防措施來應對緊急狀況。一四三三年五月三十日，三千威尼斯杜卡特硬幣從伊拉廖內・德－巴爾迪原先的住處搬走，移交給聖米尼亞托阿爾蒙特大教堂的本篤會隱士妥善保管。另有五千八百七十七杜卡特交給道明會的聖馬可修道院保管。[10]在同一天，一萬五千福羅林由佛羅倫斯錢莊轉記到梅迪奇銀行威尼斯分行的貸方。[11]科西莫及弟弟羅倫佐把一萬福羅林公共基金債券賣給在羅馬的分行。[12]這些預防措施都意味著梅迪奇銀行在調動資源，累積流動準備金，以便抵擋萬一出現在佛羅倫斯錢莊的任何擠兌。與此同時，他們在多個地方儲藏硬幣，以免被懷有敵意的佛羅倫斯政府沒收。

已故的總經理位置由伊拉廖內・德－巴爾迪的侄子利帕喬・迪貝內代托・德－巴爾迪暫時接替，他已是佛羅倫斯錢莊的合夥人之一。因為在科西莫流放威尼斯期間（一四三三年十月三日至一四三四年九月二十九日）形勢變幻莫測，這個臨時安排從一四三四年（佛羅倫斯曆法）持續到一四三五年三月二十五日，此時，新契約生效，喬凡尼・本奇和安東尼奧・薩盧塔蒂成為科西莫主要的經營人員。這個管理階層的變動標誌著從一四二〇至一四三五年這段時期二號機密帳簿記載的結束。

在這段長達十五年的時間裡，獲利比在一號機密帳簿裡記載的前二十二年獲利都要多。以前，超過一半的獲利都出現在羅馬，但現在的占比甚至更高，將近六三％，而不是五二％，這證明在羅馬教廷的生意繼續成長，無論從絕對數字還是相對數字來看都是如此。另一方面，佛羅倫斯錢莊的獲利還在減少，這可以透過對表

8和表11的比較來確定。威尼斯分行的地位提升。至於日內瓦分行，這家新的有限責任合夥公司獲利一定讓資深合夥人滿意，所以他們獎勵創造如此良好紀錄的分行經理就毫不奇怪了。在不到十年的時間裡，這家分行成功地賺到四倍資本額。這個結果是否是因為分行經理的個人能力，還是因為經商條件有利，很難說得清楚。也許這兩個理由都是原因。雖然毛紡作坊經營得並不是很糟，但製造業相較於銀行業仍顯得微不足道。

一四三五年時，梅迪奇銀行在阿爾卑斯山以外的地區只有一家分行，就是日內瓦分行。如果還有這類企業，那麼無論獲利還是虧損，業績都會記錄在機密帳簿裡。帳目裡沒有記載，說明這個階段在布魯日或倫敦並沒有分行存在。[13]

一四三五年的重組幾乎與一四二〇年一樣徹底。首先，梅迪奇家族與巴爾迪家族的緊密聯繫就此結束，過去關係會如此緊密是因為到一四三三年為止前後有兩位總經理屬於巴爾迪家族。那是什麼原因讓關係破裂呢？也許是由於政治上的因素。巴爾迪家族中最富有的人巴爾多·迪福朗切斯科·迪梅塞爾·亞歷山德羅（一三九二至一四四三年）是在科西莫凱旋歸國後被逐出佛羅倫斯的其中一人。也許利帕喬·德－巴爾迪的忠誠有所動搖，或是在科西莫和羅倫佐被迫離開佛羅倫斯期間的失職。總之，他與弟弟吉羅拉莫（在羅馬的一位雇員）在一四三五年不再為梅迪奇銀行服務。

隨著巴爾迪家族的離開，梅迪奇銀行把在羅馬的經理安東尼奧·薩盧塔蒂和在日內瓦的經理喬凡尼·本奇（一三九四至一四五五年）召回佛羅倫斯。新訂公司章程讓他們成為整個梅迪奇銀行的完全合夥人，並將資本從兩萬四千福羅林提高到三萬兩千福羅林。[14]兩位梅迪奇兄弟出資兩萬四千福羅林，即總資本的四分之三，本奇和薩盧塔蒂每人各出資四千福羅林，即各出資八分之一。然而，獲利分配並沒有按照這個比例：三分之二歸梅迪奇，兩位合夥人各拿六分之一（表18）。在一四三九年，藉著應計獲利轉為資本，資本又增加一萬兩千福羅林，資本總額達到四萬四千福羅林。[15]結果，梅迪奇的股份變成三萬兩千福羅林，兩位合夥人的股份分別是六

表 11：梅迪奇銀行的獲利（1420-1435）

辦事處或分行	利潤額				占總額百分比
	f.	s.	d.	aff.	
佛羅倫斯	17,823	5	0		9.5
羅馬	117,037	21	8		62.8
日內瓦	20,605	3	11		11.1
威尼斯	24,453	25	7		13.1
那不勒斯	684	24	2		0.4
銀行業務的總獲利	180,604	22	4		96.9
毛紡作坊的獲利	5,777	22	6		3.1
合計	186,382	15	10		100.0

資料來源：ASF, MAP, filza 153, no. 2.

表 12：合夥人分配的獲利（1420-1435）

姓名	分紅比例	金額			
		f.	s.	d.	aff.
科西莫和羅倫佐・德－梅迪奇	2/3	124,255	1	2	
伊拉廖內・迪利帕喬・德－巴爾迪	1/3	62,127	14	8	
合計		186,382	15	10	

資料來源：ASF, MAP, filza 153, no. 2.

千福羅林。

一四三五年進行的重組也影響到很多家分行。威尼斯分行的資本設定為八百格羅特鎊（威尼斯通貨），即八千杜卡特，其中七千杜卡特由梅迪奇及合夥人本奇和薩盧塔蒂出資。[16]喬凡尼．波提納利因為年事已高，而且健康狀況欠佳，因此退休了，他在一四三六年四月去世。威尼斯分行的經營就委託給洛托．迪塔尼諾．博齊，並由安東尼奧．迪尼科洛．馬特利（一四〇四至一四七三年）協助。兩人各投資五百杜卡特，但洛托因擔任經理而有權獲得六分之一的獲利，而安東尼奧因任襄理而只能得到八分之一的獲利。如我們所知，羅馬已經沒有任何資本。薩盧塔蒂的離去留下一個職缺，由安東尼奧・迪塞爾洛多維科・德拉卡薩（一四〇五至一四六一年左右）填補，他的弟弟魯傑里接替本奇，擔任日內瓦有限責任合夥公司的經理。[17]這家有限責任合夥公司的資本從五千福羅林增加到八千福羅林。[18]在佛羅倫斯錢莊發生什麼事並不完全清楚。它肯定沒有消失，但並沒有為了這個目的成立單獨的合夥公司。流動資本顯然是由威尼斯分行提供，至少根據帳簿是如此。[19]也許竄改帳目是故意的，因為政治環境仍不穩定，況且科西莫尚未穩穩掌握實權。因為福爾科・波提納利已於一四三一年去世，且利帕喬・德－巴爾迪在一四三四年或一四三五年退出，經理的職位就空著；留存下來的紀錄暗示，這個位置交給喬凡尼・本奇。

關於薩盧塔蒂的事情，我們知道得不多，而對喬凡尼・本奇的了解多一些，他在梅迪奇銀行的歷史中扮演一個更引人注目的角色。當薩盧塔蒂於一四四三年去世時，無人接替他的位置，本奇獨自承擔起總經理的工作，並成為科西莫的首席商務顧問。

本奇的事業是從羅馬開始，他在一四〇九年十五歲時去了那裡，擔任夥計。[20]在一四二〇年之前，他是總簿記，而且毫無疑問是能幹的夥計，十分熟悉複式簿記業務。[21]當公司在一四二四年把他派到日內瓦為創立分行鋪路時，他被交辦一個責任更重的職位。[22]他領取薪資和紅利，一直到一四二六年秋天創立有限責任合夥公司為止。根據一四二七年的資產稅報告，他當時每年賺一百一十五福羅林。[23]如前所述，本奇在籌畫日內瓦分行，並讓它在獲利上做得相當成功。他一四三三年負責在巴塞爾開設一間臨時的辦事處，因為教會大公會議正在那裡召開。[24]兩年後，他被召回到佛羅倫斯擔任總經理，協助科西莫並負責處理錢莊的事務，由於一四三三至一四三四年的危機，錢莊在當時的業績並不好。

因此喬凡尼・本奇事業成功的第二階段就開始了；它延續二十多年，從一四三五年直到一四五五年去世為止。三號機密帳簿完全是他用工整、清晰易讀的草書體手寫的，涵蓋這個時期大部分的時間。本奇也許是科西莫最喜歡、最信任的總經理。這個信任肯定是值得的，梅迪奇銀行的紀錄顯然給人的印象是，本奇是一位非常能幹的商人，具有一顆有條不紊、思路清晰的頭腦。在本奇管理的這些年裡，梅迪奇銀行見證最偉大的擴張時期，達到獲利能力的頂峰。

本奇的私生活並非無可指摘。在結婚（大概在一四二八或一四二九年）之前，他就與羅倫佐・巴爾杜奇的女奴有了私生子達米亞諾。[25]本奇相當晚結婚，他一四三一年在佛羅倫斯娶巴爾托洛梅奧・迪韋拉諾・佩魯齊的女兒吉內芙拉為妻，她的年齡比丈夫要小得多，在她早逝（約一四四四年）之前至少為他生了八個孩子。[26]除了這個非婚生兒子達米亞諾之外，本奇還有一個與奴隸瑪麗亞的非婚生女兒。[27]然而，本奇是個虔誠的人：他捐獻和遺贈大筆金錢給穆拉泰社區（女修道者或修女隱居的一個社區），並被埋葬在她們教堂裡高高的祭壇前。[28]也許他把自己的遺贈看作是安全達到天堂的保險費。

喬凡尼・本奇的行為遵循一個常見的模式。在中世紀時，義大利商人雖然經常在國外一住就是好幾年，但很少娶外國女子為妻，甚至不娶來自其他城市的義大利女子為妻。當然，與女傭、奴隸或當地女孩有不正當關係司空見慣；在修道士的布道中發現間接證據，他們勸誡商人要防止因長期旅居國外及與妻子兩地分居而使自己面臨道德危機。[29]儘管有教會的嚴詞譴責，這些商人還是會縱欲過度，使個人道德鬆弛，但並未因此遭到社會強烈非議，不認為這是立業的阻礙。非婚生子女常常在家裡與婚生子女一起撫養。在這方面，科西莫本身就是這種盛行態度的一個好例子：他有一個與女奴生的兒子卡洛，並讓卡洛與自己的婚生子女同在一個屋簷下撫養。

喬凡尼・本奇毫無疑問是藉著與梅迪奇家族的聯姻而富有。根據他的資產稅報告（一四二七年），他來自一個中等收入的家庭，在城裡有一幢房子，在鄉下有一個農場。[30]資產稅報告透露，三十年之後的一四五七年，他留給繼承者可觀的財產，包括在佛羅倫斯的豪宅、城區財產、幾座農場、公共基金債券，以及存在梅迪奇銀行的七千四百福羅林的存款。估計本奇家的財產價值達兩萬六千三百三十八福羅林，課稅一百三十二福羅林，只有梅迪奇家族超過這個稅額（表5）。[31]

在簡要介紹喬凡尼．本奇的傳記之後，讓我們回到一四三五年，即他和安東尼奧．薩盧塔蒂雙雙成為總經理的那一年。責任如何在這兩個人之間分配的問題尚未有答案。有可能是薩盧塔蒂管理羅馬分行，可能也管理威尼斯分行，而本奇則繼續管理曾負責過的日內瓦和巴塞爾辦事處。本奇或許曾提議，巴塞爾（全基督教會議仍在那裡召開）辦事處應在羅伯托．馬特利的臨時管理下繼續經營，為此解除他在羅馬分行的職責。[32]全基督教會議的金融業務或許十分重要，足以證明分行的存在是正當的。不過這家分行的法律地位仍無法確定，而且它還有可能隨時間的推移而發生改變。巴塞爾辦事處的獲利照例記入涵蓋一四三五年到一四四〇年的三號機密帳簿，此後就從紀錄中消失了。然而，在一四四三年，巴塞爾辦事處還存在，也許算是日內瓦分行的一家支行。[33]它很可能一直持續到全基督教會議的出席者認為值得在巴塞爾保留一家分行為止。

在十五世紀時，安科納是運輸布匹到黎凡特地區和沿亞德里亞海海岸進口穀物的港口，對於佛羅倫斯來說非常重要。表面上，為了奪取部分過境業務，梅迪奇銀行在一四三六年決定與其他投資人及兩位積極的合夥人貝爾納多．丹德烈亞．迪梅塞爾．阿拉曼諾．德－梅迪奇和巴爾托洛梅奧．迪尼科洛．馬特利合組一家有限責任合夥公司。[34]根據福雷德里克．高普教授的說法，安科納有限責任合夥公司實際上是為福朗切斯科．斯福爾札在馬凱地區的戰役提供經費而成立的。[35]這貌似可信，因為全體合夥人投入的資金總額是兩萬杜卡特，這對於在安科納這樣的小規模貿易中心做生意的公司來說，已經是難以置信的大數字。事實上，一四三六年的合夥契約明確提到偉大的斯福爾札伯爵，並授權負責經營的合夥人貸給他三千杜卡特，這可能是超過梅迪奇銀行同意限額的數字。當然，合夥協議的條款不應該總是按字面來理解。在這重大關頭與這之後，科西莫是斯福爾札的堅定盟友，用來自佛羅倫斯政府的補貼和來自銀行的貸款在財務上支持他。政治總是支配著商業決策。

由於佛羅倫斯共和國在佛蘭德地區沒有重大利益，政治上的考量對做出在布魯日建立分行的決策上即使有影響，也不見得多大。[36]紀錄顯示，梅迪奇銀行極為小心謹慎，在未對這次投資的所有風險做出仔細評估前並未貿然採取行動。自一四一六年或更早的時候起，他們一直透過辦事處在佛蘭德地區和英格蘭做生意，而沒有自己的分行。在一四三〇年左右，他們的代理人是巴爾迪公司和博羅梅伊公司，兩者都在布魯日和倫敦。由於他們未能提供滿意的服務，梅迪奇銀行於是在一四三六年決定派貝爾納多．迪喬凡尼．達多阿爾多．波提納利（一四〇七至一四五七年之前）去布魯日，他是一四一七至一四三五年威尼斯分行經理的兒子。他的任務表面上是追討未償債權，並解決其他困難，但實際上是去考察發展的可能性和調查業務前景。[37]這次任務的結果大概得到了讚賞，因為貝爾納多．波提納利在彙報之後於一四三八年回到佛蘭德地區，擔任梅迪奇銀行的一般代理人。[38]根據機密帳簿裡的帳目，布魯日分行直到一四三九年三月二十四日（佛羅倫斯新曆）才以有限責任合夥公司的形式成立，貝爾納多．波提納利為普通合夥人，梅迪奇銀行為投資合夥人，只承擔有限的責任。[39]這家有限責任合夥公司直到安傑羅．塔尼（一四一五至一四九二年）在一四五五年成為初級合夥人和分行經理，才成為一家發展完整的合夥公司。[40]

為了提供佛羅倫斯工人就業機會，梅迪奇銀行擴大對羊毛加工業的興趣。如上所述，自一四三一年起，他們將錢投資在一家由瓊蒂諾．瓊蒂尼擔任經理和初級合夥人的毛紡作坊。瓊蒂諾在一四四〇年之前就死了，但他的繼承人把投資的錢留在公司裡，他的兄弟安德烈在福魯奧西諾．達潘札諾的協助下接過經理的擔子。[41]這家作坊掛在喬凡尼．迪科西莫．德－梅迪奇的名下。在一四三九年七月一日，梅迪奇銀行開辦另一家作坊，並為此目的與塔代奧．迪菲利波的兒子安東尼奧．迪塔代奧（一四一七至一四七三年後）合夥，塔代奧．迪菲利波曾在一四〇八年至一四二九年成功地管理其中一家毛紡作坊。[42]有其父必有其子，事實證明這位兒子也跟父親一樣是位好經理，為梅迪奇銀行、也為自己賺得大量獲利。他諸事順遂，並在一四七一年有幸被選為正義旗手，一四七三年成為比薩的行政長官。[43]這第二家作坊的正式名稱是「皮耶爾福朗切斯科・德－梅迪奇公司」。資本為四千福羅林：兩千五百福羅林由梅迪奇公司出資，一千五百福羅林由安東尼奧・迪塔代奧出資。獲利五五對分。

梅迪奇銀行也被佛羅倫斯的第二大產業蠶絲加工業吸引。一四三八年，他們出於商譽考量，以兩百三十五福羅林的價格從圖莫・馬內蒂手裡買進一家蠶絲作坊。[44]跟往常一樣，委託給一名專家福朗切斯科・迪福朗切斯科・柏林吉耶里（一三九〇至一四四六年左右）經營，他有一名助手雅各波・迪比亞喬・塔納利亞。投資金額為五千福羅林，其中柏林吉耶里出資八百福羅林，梅迪奇銀行出資其餘的四千兩百福羅林。然而，獲利卻是按照梅迪奇銀行投資三千福羅林，柏林吉耶里投資一千四百福羅林，塔納利亞投資六百福羅林的比例來分配。[45]由於柏林吉耶里的管理才能，這家蠶絲作坊成為一家獲利的企業。

在科西莫的弟弟羅倫佐・迪喬凡尼・德－梅迪奇於一四四〇年九月二十三日去世之後，所有的合夥契約都自動終止了，留下一個遺孀和一個年幼的兒子皮耶爾・福朗切斯科，他年紀太小，無法承接父親的衣缽。儘管如此，科西莫還是決定在現有協議的基礎上繼續經營到年底，依照佛羅倫斯曆法，即到一四四一年三月二十四日。在那個日子，所有的分行將結清各自的帳目和獲利。在收到全部報告之後，三號機密帳簿結清餘額，以便確定兩位梅迪奇兄弟及其合夥人喬凡尼・本奇和安東尼奧・薩盧塔蒂的獲利。這份資產負債表重現在表13中，對知道如何閱讀財務報表的人來說不需要做任何要解釋。這個表格顯示，在一四四一年十一月一日（因為收到來自各分行的財報過程中有些延遲），銀行的總投資金額達到七萬三千九百五十六福羅林鎊十五索爾多，其中四萬四千福羅林鎊為原始資本，兩萬九千九百五十六福羅林鎊十五索爾多是應計獲利。這些資源分配給不同分行的方式標注在資產負債表的資產欄。當然，這些帳目不包括由分行經理投資的金額，只包括梅迪奇銀行的資本和獲利的部分。就像這些資料顯示，在一四四一年時，梅迪奇銀行是由幾家合夥公司合併成一家類似現代控

表 13：梅迪奇銀行 1441 年 11 月 1 日的資產負債表

資產							
				f.	s.	d.	aff.
佛羅倫斯錢莊：流動資本				11,707	24	6	
羅馬分行：無資本							
準備金 5,300 聖庫福羅林				4,960	0	0	
	f.	s.	d.				
威尼斯分行：資本 700 格羅特鎊（威尼斯通貨）	7,560	0	0				
盈餘	6,587	10	5	14,147	10	5	
日內瓦分行：資本	10,000	0	0				
盈餘	4,901	23	0	14,901	23	0	
安科納有限責任合夥公司：資本	6,000	0	0				
未分配獲利	600	0	0	6,600	0	0	
布魯日有限責任合夥公司：資本				6,420	0	0	
與安德烈・瓊蒂尼合夥的毛紡作坊：資本	2,400	0	0				
盈餘	1,838	21	1	4,238	21	1	
與安東尼奧・迪塔代奧合夥的毛紡作坊：資本	2,500	0	0				
盈餘	925	0	0	3,425	0	0	
與福朗切斯科・柏林吉耶里合夥的蠶絲作坊：資本	4,200	0	0				
盈餘	3,120	0	0				
商譽的經濟價值	235	23	0	7,555	23	0	
	合計			73,956	15	0	
負債							
	f.	s.	d.	f.	s.	d.	aff.
梅迪奇銀行的總資本：							
科西莫・德－梅迪奇和弟弟羅倫佐的繼承人	32,000	0	0				
喬凡尼・迪阿梅里格・本奇	6,000	0	0				
安東尼奧・迪梅塞爾・福朗切斯科・薩盧塔蒂	6,000	0	0	44,000	0	0	
盈餘							
科西莫・德－梅迪奇和羅倫佐的繼承人	19,562	9	10				
喬凡尼・迪阿梅里格・本奇	4,890	18	5				
安東尼奧・薩盧塔蒂	4,890	18	5	29,343	17	8	
瓊蒂諾・迪桂多・瓊蒂尼的繼承人				612	26	4	
	合計			73,956	15	0	

資料來源：ASF, MAP, filza 153, no. 3: Libro segreto (1435-1450), fols. 56-63.

股公司的大型企業。這個企業包含佛羅倫斯錢莊、在日內瓦、羅馬和威尼斯的分行、安科納和布魯日的有限責任合夥公司、三家製造公司、兩家毛紡作坊和一家絲織作坊。一四四一年時，亞維儂、倫敦、比薩和米蘭的分行尚不存在。

以比薩一家分行為基礎，隔年重新進行擴張。喬凡尼・迪比奇和科西莫曾利用早些時候由侄子和堂兄阿維拉多・迪福朗切斯科・德－梅迪奇的比薩辦事處提供的設施。一四二六年，科西莫甚至透過這個管道支付小額預付款給多納泰羅，用來購買製作雕像用的卡拉拉大理石，有一次則拿去購買兩條褲子。[46]由於阿維拉多在一四三四年去世，他的孫子福朗切斯科在一四四三年去世，銀行的比薩辦事處大概在這兩個日期之間關閉，這可能促使科西莫開辦自己的分行。

一家處理比薩業務的有限責任合夥公司在一四四二年十二月二十六日宣告成立，為期五年。它的資本有六千福羅林，其中四千福羅林由匿名合夥人梅迪奇銀行提供，一千福羅林分別由兩位普通合夥人尤果利諾・迪尼科洛・馬特利和馬泰奧・迪克里斯托法諾・馬西提供。[47]獲利的一半被分配給梅迪奇銀行，其他兩位合夥人各得四分之一。尤果利諾在馬泰奧・馬西的幫助下負責經營，馬泰奧答應留在比薩，以便處理有限責任合夥公司的生意。我們不知道這家企業的結果如何，因為在一四四三年之後，在比薩賺到的獲利就不再記錄到尚存於佛羅倫斯檔案資料的機密帳簿裡；它們大概被記在未留存下來的佛羅倫斯錢莊帳簿裡。總之，契約在一四五〇年展期，資本結構有所改變：梅迪奇銀行將投資從四千福羅林減少到兩千福羅林，而缺額則由阿雷佐的著名人文主義者梅塞爾・卡洛・迪葛列格里奧・代馬蘇皮尼補足。[48]根據尤果利諾・馬特利一四五七年提交的資產稅報告顯示，這家有限責任合夥公司在當時還存在。很可能是梅迪奇銀行在不久以後就撤資，但尤果利諾・馬特利在親戚的幫助下繼續經營到一四七六年。[49]

倫敦分行直到一四四六年才建立。毫無疑問，在那之前，梅迪奇銀行在倫敦一直有一家辦事處，但是由布魯日分行提供資金和人員。[50]梅迪奇破例聘請一位外人傑羅佐・迪雅各波・德-皮利（一四〇六至一四六九年後）擔任經理，他在那個城市做生意多年。[51]分配給新分行的資本總額為兩千五百英鎊，其中梅迪奇銀行出資兩千一百六十六英鎊十三先令四便士，皮利則出資其餘的三百三十三英鎊六先令八便士。[52]雖然皮利只占十五分之二的股份，但契約提供他五分之一的獲利（即十五分之三）來當作服務酬勞，這是普遍的方針。從一開始這就是一家真正的合夥公司，而不是有限責任合夥公司。

梅迪奇銀行在倫敦建立分行的同一年，還在亞維儂開設另一家分行。雖然因教廷遷離而損失慘重，但亞維儂仍是法國南部最重要的中心城鎮，馬賽、蒙佩利爾或土魯斯都相形見絀。另外還與喬凡尼・迪貝內代托・尚皮尼（一四〇五至一四七九年左右）合組一家有限責任合夥公司，他曾在日內瓦接受訓練，並在一四四二年派去亞維儂擔任雇員。七千五百聖庫福羅林的巨額資本是由日內瓦分行出資的，但尚皮尼也被預期要投資五百福羅林的股份。獲利分配的方式為：梅迪奇銀行得到八分之七，尚皮尼得八分之一。[53]兩年內，這家有限責任合夥公司轉變成一家普通合夥公司。

有時也會聽到有人斷言，梅迪奇銀行在盧貝克*有一家分行，但這種說法是建立在一種誤解上。[54]在梅迪奇銀行的紀錄裡，找不到這樣一家分行，但他們在盧貝克有蓋拉爾多・布艾里及其合夥人的辦事處，這倒是真的。這位蓋拉爾多・迪尼科洛・迪福朗切斯科・迪雅各波・布艾里（卒於一四四九年）與梅迪奇銀行有親戚關係，因為他是喬凡尼・迪比奇的妻子皮卡爾達・布艾里（奧多阿爾多・迪雅各波的女兒）一位堂兄弟的兒子。[55]在一四〇六年，蓋拉爾多・布艾里以每年二十福羅林的薪資被梅迪奇銀行威尼斯分行聘僱，但他辭去這份工作，欠下六十一・五福羅林的債務，這筆債務最終被勾銷，計入壞帳。[56]早在一四一三年就有紀錄顯示他

---

*盧貝克是德國北部波羅的海沿岸的一個城市，中世紀晚期曾是漢薩同盟的中心。

出現在盧貝克，當時他與一個名叫洛多維科．巴廖尼（盧多維克斯．德巴廖尼布斯）的佩魯賈人做生意。[57]這家合夥公司從事貨幣兌換，並同意代表斯堪的納維亞的教會長老轉帳給羅馬教廷。[58]蓋拉爾多．布艾里成為未放棄佛羅倫斯公民身分的盧貝克市民，並繼續留下來直到一四四九年去世。[59]在當地紀錄中，他經常被描述為「格拉爾杜斯．德布爾里斯，又叫德瓦勒」，簡單說意思就是「義大利人」。[60]根據當地標準，他過得相當不錯，並娶了一個德意志女子蒂貝凱（一四三九至一四四九年盧貝克市市長約翰．貝雷的女兒）為妻。[61]布艾里是盧貝克市聖伊吉迪亞斯教堂的一名教區代表，另一個跡象表明他在社區裡享有地位。[62]

梅迪奇銀行的資產負債表顯示，在一四二七年時，巴廖尼和布艾里欠威尼斯分行八千三百三十四杜卡特，欠羅馬分行三千九百四十五聖庫福羅林。另一方面，有五百八十七福羅林記於佛羅倫斯分行的貸方，但這筆金額被指定用於歸還在羅馬的部分債務。[63]蓋拉爾多．布艾里與梅迪奇銀行的關係持續整個人生，但他似乎在解決義大利的借款上不斷遭遇困難。為此目的，他把琥珀、琥珀念珠和毛皮運到威尼斯寄售。[64]這些貨物的運送通常都委託給僕人，但一四四六年他親自去了一趟義大利，走訪威尼斯和佛羅倫斯，並取道日內瓦返回盧貝克。[65]三年後他就去世了。在他的遺囑裡，他留下幾份遺產，提供遺孀充足的生活費，並囑咐將剩餘的遺產交給科西莫，償清欠義大利銀行的債務，包括欠梅迪奇銀行的債務。為了處置不動產，科西莫依據民法派貝內代托．迪斯特凡諾．德利奧比齊．達富切基奧去盧貝克，簽訂一份契約，根據這項契約，在威尼斯和義大利的所有貨品全部移交給梅迪奇銀行。[66]一個有趣的細節是：蓋拉爾多．布艾里把帳簿保存在義大利，因此沒人能在盧貝克看到他的紀錄，除了兩個同胞尼科洛．迪貝爾納多．邦西和福朗切斯科．魯切拉，他們受盧貝克當局指派去處置不動產。[67]

就如布艾里的故事的說明，從北歐到義大利的轉帳受到銀行設施和正常貿易流量不足的妨礙，結果陷入無休止的延遲和困難之中。羅馬教廷財務局在把從波羅的海地區、斯堪的納維亞或波蘭收集來的收益轉帳上遭遇同樣的麻煩。[68]為了改善這些聯繫，義大利人嘗試在漢薩同盟的領地上找到一個立足點，在一四二〇年左右，盧貝克的確存在一個小規模的佛羅倫斯僑居地。然而，由於害怕競爭，漢薩同盟提防著進一步的滲透。[69]結果，這個僑居地不允許擴增。此外，義大利人的人數很少，他們無法帶來任何影響，也無法改進經營方法和企業組織。直到十六世紀末才取得真正的進步，而且使漢堡成為銀行業中心。

由於蓋拉爾多．布艾里在這裡只是辦事處，因此很清楚梅迪奇銀行在萊茵河以東沒有分行，也沒有證據可以說明梅迪奇銀行在西班牙或黎凡特地區有這樣的企業。一四五〇年之後，唯一加入分行的就只有成立於一四五二年的米蘭分行。整個情形在喬凡尼．本奇一四五一年三月二十四日（即佛羅倫斯曆法一四五〇年年底）編製、收在三號機密帳簿最後的資產負債表裡有很好的摘要。

顯然，一家新的合夥公司在隔天，也就是一四五一年三月二十五日開始營業。資本額為七萬兩千福羅林，其中四分之三由梅迪奇家族出資，四分之一由總經理喬凡尼．本奇出資。科西莫正式退出生意，就如他的父親在三十年前的一四二〇年所做的那樣。然而，在科西莫的例子中，這種姿態與其說是實際情況，不如說是法律上的推定。五萬四千福羅林的資本在梅迪奇家族的兩家分行之間平均分配。羅倫佐．迪喬凡尼的兒子皮耶爾福朗切斯科此時已經成年，被提拔為合夥人，並被給予梅迪奇一半的股份，因此記在他名下的資產就達到科西莫的兩個兒子皮耶羅和喬凡尼各自的兩倍。除了這七萬兩千福羅林資本以外，一筆三千零八十三福羅林鎊二十四索爾多十德涅爾仍歸給安東尼奧．薩盧塔蒂的繼承者，他們的股份仍在清算過程中。根據資產負債表，總資產合計達七萬五千零八十三福羅林鎊二十四索爾多十德涅爾（表14）。

資產負債表中的資產欄顯示這筆總額是如何在分行分配。此表一目了然，無須多作解釋，但讀者會注意到羅馬分行和比薩分行並未被列入資產中。羅馬分行的省略容易解釋，因為，如上所述，自一四二九年起那個分行就沒有分配到任何資本。一四五〇年十一月之後，梅迪奇銀行在比薩分行的資本是兩千福羅林。這項資產在

表 14：梅迪奇銀行 1451 年 3 月 24 日的資產負債表

資產

	f.	s.	d.	aff.
以威尼斯分行為名的佛羅倫斯錢莊： 經理喬凡尼・迪巴爾迪諾・因吉拉米	12,952	1	10	
由亞歷山德羅・馬特利擔任經理的威尼斯分行： 資本 700 格羅特鎊（威尼斯貨幣）	7,700	0	0	
福朗切斯科・薩塞蒂所在的日內瓦分行： 資本 ∇10,500（1/64 馬克的埃居）	11,807	6	10	
與喬凡尼・尚皮尼合夥的亞維儂分行： 14,000 福羅林（合 12 格羅特的福羅林，教宗貨幣）	8,400	0	0	
由西莫內・丹東尼奧・諾里擔任經理的倫敦有限責任合夥公司： 資本 800 英鎊	4,800	0	0	
由安傑羅・迪雅各波・塔尼擔任經理的布魯日有限責任合夥 公司：2,160 格羅特鎊（佛蘭德通貨）	10,800	0	0	
銀行業總投資額	56,459	8	8	
由安東尼奧・迪塔代奧擔任經理的毛紡作坊	2,500	0	0	
由安德烈・瓊蒂尼擔任經理的毛紡作坊	3,500	0	0	
由柏林吉耶里・迪福朗切斯科・柏林吉耶里擔任經理的絲織作坊	4,800	0	0	
絲織作坊：未分配的獲利	7,824	16	2	
合計	75,083	24	10	

負債

	f.	s.	d.	f.	s.	d.	aff.
資本							
梅迪奇家族的份額：							
皮耶羅・迪科西莫・迪喬凡尼	13,500	0	0				
喬凡尼・迪科西莫・迪喬凡尼	13,500	0	0				
皮耶爾福朗切斯科・迪羅倫佐・迪喬凡尼	27,000	0	0	54,000	0	0	
喬凡尼・迪阿梅里格・本奇的份額				18,000	0	0	
總資本				72,000	0	0	
應歸於安東尼奧・迪福朗切斯科・薩盧塔蒂 （前合夥人，死於 1433 年）繼承人的餘額				3,083	24	10	
合計				75,083	24	10	

資料來源：ASF, MAP, filza 153, no. 3, fols. 92-97.

喬凡尼·本奇的資產負債表消失了。有兩種可能性：要麼這筆錢是由梅迪奇家族裡的個人出資，而不是由銀行出資；要麼是由佛羅倫斯錢莊出資。如果是後面的情況，兩千福羅林會被記入佛羅倫斯錢莊用來作為營運資本的一萬兩千九百五十二福羅林的款項中。無論如何，由尤果利諾·馬特利經營的比薩有限責任合夥公司投資金額，包含在稅務官員因為第六次資產稅（即一四五一年課徵那次）所準備的科西莫商業投資清單中。[70]歷史學家認為這項記錄的日期是一四三一年，但內外證據都清楚地證明這是錯誤的，應該是一四五一年。[71]

本奇的資產負債表及補充資料提供一四五一年三月二十五日時銀行結構的大致輪廓。在這一天，梅迪奇銀行由佛羅倫斯錢莊、在義大利（比薩、羅馬、威尼斯）的三家分行、四家義大利以外（亞維儂、布魯日、日內瓦、倫敦）的分行和三家製造公司（兩家毛紡作坊和一家絲織作坊）組成。可能除了比薩以外，這些分公司都由梅迪奇銀行控制，並全部或部分地由梅迪奇銀行所擁有，基本上與當今的控股公司做法一樣。

佛羅倫斯錢莊是由喬凡尼·迪巴爾迪諾·因吉拉米（卒於一四五四年）管理，他雖然是沒有股份的合夥人，但他有權獲得八分之一的獲利。[72]羅馬分行的經理是羅伯托·迪尼科洛·馬特利（一四〇八至一四六四年），他在一四三九年接任安東尼奧·德拉卡薩的職務。起先他獲得八分之一的獲利，但這個分紅比例在一四四六年提高到六分之一。[73]他沒有任何股份，因為羅馬分行本來就沒有資本。在威尼斯，他的弟弟亞歷山德羅·馬特利（一四一七至一四六五年）獲得八分之一的獲利，作為提供服務的報酬（表15）。[74]如前所述，比薩分行是在尤果利諾·馬特利有效領導（與馬泰奧·馬西協助）下的有限責任合夥公司。在日內瓦分行的經理是福朗切斯科·迪托馬索·薩塞蒂（一四二一至一四九〇年），他被提拔成為豪奢的羅倫佐的首席顧問，同時，他也是提出錯誤政策，導致梅迪奇銀行災難性衰敗的始作俑者。雖然他的股份只有八分之一，但他可以得到六分之一的獲利。[75]一四四八年，亞維儂的有限責任合夥公司已經成為一家正規的合夥公司，喬凡尼·尚皮尼仍是經營合夥人。然而，他被要求由二十四歲的韋拉諾·佩魯齊（喬凡尼·本奇的內弟）擔任襄理。根據公

表 15：梅迪奇銀行各分行的資本結構（1451 年 3 月 25 日）

分行	合夥人名字	當地貨幣	佛羅倫斯貨幣	百分比
		小福羅林	福羅林	
亞維儂	梅迪奇銀行	14,000	8,400	87.5
	喬凡尼・尚皮尼	1,000	600	6.25
	韋拉諾・迪巴爾托洛梅奧・佩魯齊	1,000	600	6.25
	合計	16,000	9,600	100.00
		格羅特鎊	福羅林	
布魯日	梅迪奇銀行	2,160	10,800	72.0
	傑羅佐・德－皮利	540	2,700	18.0
	安傑羅・迪雅各波・塔尼	300	1,500	10.0
	合計	3,000	15,000	100.00
		1/64 馬克的埃居	福羅林	
日內瓦	梅迪奇銀行	10,500	11,807	87.5
	福朗切斯科・迪托馬索・薩塞蒂	1,500	1,687	12.5
	合計	12,000	13,494	100.00
		英鎊	福羅林	
倫敦	梅迪奇銀行	800	4,800	80.0
	傑羅佐・德－皮利	200	1,200	20.0
	西莫內・諾里	…	…	…
	合計	1,000	6,000	100.00
			福羅林	
比薩	梅迪奇家族個人		2,000	33.3
	卡洛・德－馬蘇皮尼		2,000	33.3
	尤果利諾・馬特利		1,000	16.7
	馬泰奧・馬西		1,000	16.7
	合計		6,000	100.00
		杜卡特	福羅林	
威尼斯	梅迪奇銀行	7,000	7,700	100.0
	亞歷山德羅・馬特利	…	…	…
	合計	7,000	7,700	100.00
			福羅林	
毛紡作坊 I	梅迪奇銀行		3,500	58.3
	安德烈・瓊蒂尼		2,500	41.7
	合計		6,000	100.00
毛紡作坊 II	梅迪奇銀行		2,500	62.5
	安東尼奧・迪塔代奧		1,500	37.5
	合計		4,000	100.00
			福羅林	
絲織作坊	梅迪奇銀行		4,800	66.7
	柏林吉耶里・柏林吉耶里		1,800	25.0
	雅各波・塔納利亞		600	8.3
	合計		7,200	100.00

資料來源：ASF, MAP, filza 153, no. 3.

司章程，尚皮尼和佩魯齊得到的獲利相同，每個人都是八分之一。[76]傑羅佐·德－皮利是倫敦和布魯日兩家公司的投資合夥人；倫敦的公司委託西莫內·諾里（一四一七至一四七八年以前）經營，布魯日的公司則委託給安傑羅·塔尼（一四一五至一四九二年）經營。雖然皮利不負責經營業務，但這個盡心盡責的人在一四五三年去了布魯日和倫敦考察，而且有可能是代替塔尼拜訪總行，當時塔尼病得很重，正請假在彼得廖羅溫泉浴場接受治療。[77]

兩家毛紡作坊的經營階層沒有改變。絲織作坊在柏林吉耶里·迪福朗切斯科·柏林吉耶里（一四二六至一四八〇年）的領導下也經營很好，他是在一四四七年繼承父業。

如表16所示，超過一萬八千福羅林的資本是由分行經理和外部投資者提供。如果這個數字加到由梅迪奇銀行的合夥人提供的七萬兩千福羅林上面，那樣資本投資總額就達到九萬福羅林。這仍不及佩魯齊公司的資本，這家公司在一三四三年破產，在當時是第二大公司。一三四六年破產的巴爾迪公司在當時仍比較

表16：外部投資者投資梅迪奇銀行的資本數字（1451年3月25日）

分行	投資金額 福羅林
亞維儂	1,200
布魯日	4,200
日內瓦	1,687
倫敦	1,200
比薩	4,000
合計	12,287
毛紡作坊 I（與安德烈·瓊蒂尼合夥）	2,500
毛紡作坊 II（與安東尼奧·塔代伊合夥）	1,500
絲織作坊	2,400
合計	18,687

資料來源：表15。

大。梅迪奇銀行是否曾達到這兩家巨頭的規模，可以打上一個大大的問號。[78]當然，九萬福羅林這個總數遠不能代表總資金。要獲得總資金數字，有必要加上應計收入、存款及其他資金來源。因為沒有可靠的資料，做不著邊際的猜測沒有意義。

對三號機密帳簿的分析，使得有機會表列出梅迪奇銀行從一四三五年到一四五〇年的收益。這些資料可見於表17和表18。因為科西莫的弟弟羅倫佐在一四四〇年九月二十三日去世，所以表17分別顯示了一四四一年三月二十四日前後賺取的獲利。表18的編排不同，有單獨的欄目顯示安東尼奧．薩盧塔蒂在一四四三年去世如何影響獲潤分配。

一個觸目驚心的事實是，羅馬分行不但自身獲利下降，而且與一四二〇年到一四三五年這段時期相比也相對降低。另一方面，日內瓦分行無論是在總獲利的絕對數字還是在占比方面都顯著提升。佛羅倫斯錢莊在一四三五年到一四四一年這段時期表現不佳，也許是因為從一四三三至一四三四年危機中恢復得比較緩慢。總之，如前所述，佛羅倫斯錢莊從來不是梅迪奇銀行主要的獲利來源，很可能是因為佛羅倫斯各家錢莊競爭激烈的緣故。威尼斯分行在重要性方面次於羅馬分行。如前所述，獲潤的主要部分（九〇%）來自貿易和銀行業務。

如表18所示，在一四四三年以前，梅迪奇銀行分得三分之二的獲利，兩位初級合夥人安東尼奧．薩盧塔蒂和喬凡尼．本奇各分得六分之一。薩盧塔蒂一四四三年去世之後，這個比例有了改變：梅迪奇銀行的分紅比例從三分之二提高到四分之三，本奇從六分之一提高到四分之一。由於未任命接替薩盧塔蒂的人選，本奇獨自成為總經理，並在這個職位上直到一四五五年去世為止。

在一四五〇年到一四五五年間，唯一的重大事件是一四五二年，或最晚在一四五三年，創立一家位於米蘭的分行。[79]這是最後一家分行，因為日內瓦分行在一四六四年遷到里昂時，並未使公司數量增加。自一四五五年起，梅迪奇銀行停止擴張，由於在動態世界裡原地踏步是不可能的事，不久，大約從科西莫去世那年（一四

表 17：梅迪奇銀行的獲利（1435 ～ 1450）

分行	整個時期的獲利			占比	1435.6.3 ≀ 1441.3.24			1441.3.25 ≀ 1451.3.24		
	f.	*s.*	*d.*	*aff.*	f.	*s.*	*d.*	f.	*s.*	*d.*
安科納	5,116	0	0	1.7	4,168	0	0	948	0	0
亞維儂	8,948	14	6	3.1	…	…	…	8,948	14	6
巴塞爾	5,065	0	6	1.6	5,065	0	6	…	…	…
布魯日和倫敦	17,788	12	8	6.1	2,350	0	0	15,438	12	8
佛羅倫斯	24,568	5	7	8.4	2,200	0	0	22,368	5	7
日內瓦	46,975	15	10	16.6	19,924	25	6	27,050	19	4
比薩	1,000	0	0	0.3	…	…	…	1,000	0	0
羅馬	88,511	14	11	30.4	35,960	21	0	52,550	22	11
威尼斯	63,319	16	11	21.8	27,740	1	10	35,579	15	1
小計	261,292	22	11	90.0	97,408	19	10	163,884	3	1
毛紡作坊 I（與安東尼奧・塔代伊合夥）	4,917	3	6	1.7	925	0	0	3,992	3	6
毛紡作坊 II（與瓊蒂尼合夥）	5,455	15	7	1.8	1,225	23	9	4,229	20	10
絲織作坊	19,125	17	10	6.5	4,810	23	0	14,314	23	10
小計	29,498	7	11	10.0	6,961	17	9	22,536	19	2
合計	290,791	1	10	100.0	104,370	8	7	196,420	22	3

資料來源：ASF, MAP, filza 153, no. 3: Libro segreto, 1435-1450.

表 18：分配給梅迪奇銀行合夥人的獲利（1435 ～ 1450）

名字	分配總額			1435 ～ 1443			1444 ～ 1450		
	f.	*s.*	*d.*	f.	*s.*	*d.*	f.	*s.*	*d.*
梅迪奇或資深合夥人	203,702	13	7	115,126	19	7	88,575	23	0
安東尼奧・薩盧塔蒂	28,781	19	4	28,781	19	4			
喬凡尼・迪阿梅里格・本奇	58,306	26	11	28,781	19	4	29,525	7	7
合計	290,791	1	10	172,690	0	3	118,101	1	7

資料來源：ASF, MAP, filza 153, no. 3：Libro segreto, 1435-1450.

六四年）開始，或更早些，就進入了衰退期。

米蘭分行的成立也許更像是在義大利政治棋盤上下一步棋，而不是經濟動機所推動的決定。毫無疑問，它是奉傭兵隊長福朗切斯科．斯福爾札（一四〇一至一四六六年）之命做出的決定，他娶了已故的維斯孔蒂的親生女兒，多虧他的精明和科西莫的經濟支持，他獲得米蘭公爵的身分（一四五〇年二月二十六日）。斯福爾札的掌權完全不合威尼斯人的胃口，他們期望米蘭因為內部紛爭而四分五裂，像一顆成熟的李子那樣落入他們的口中。為了防止權力平衡被破壞，科西莫捨棄與威尼斯的結盟，與佛羅倫斯的夙敵米蘭站在一起。感激涕零的斯福爾札在一四五五年送給梅迪奇銀行一幢大樓，科西莫把它改建後供梅迪奇銀行使用。直到一四五九年才完全準備好進駐。[80]

米蘭分行的首任經理是皮傑洛．波提納利（一四二一至一四六八年），他是佛羅倫斯錢莊前經理福爾科．波提納利的兒子。皮傑洛曾在威尼斯分行接受訓練。他是一個非常成功的經理，他藉由彈性放款討好斯福爾札宮廷，但又不影響銀行的償付效力。[81]由於他的效能和忠誠，他得到梅迪奇銀行的青睞，他們惋惜他的英年早逝，並繼續懷念他。他的經理職位由弟弟阿切利多（一四二七至一五〇三年左右）繼任，弟弟既無討人喜歡的個性，也無出色的管理才能。結果讓米蘭分行陷入嚴重的財務困境，不得不清算關閉。由於托馬索．波提納利（波提納利兄弟中的老三）的管理不善，同樣的命運也發生在布魯日分行身上。

科西莫最喜歡的總經理喬凡尼．迪阿梅里格．本奇在一四五五年七月中旬去世。要找到一位合適的繼任者並非易事，因為如此高才可遇不可求。事實上，喬凡尼．本奇無可取代，終究也沒有被替代。也許科西莫認為，總經理的責任最好是由自己的兒子喬凡尼（一四二一至一四六三年）接手，此時喬凡尼已經三十四歲，並為了經營公司受過精心訓練，而長子皮耶羅（一四一六至一四六九年）雖然受過人文主義教育，但與當銀行家相比，更適合當統治者。[82]而且，喬凡尼在商務方面的正確判斷力及執行力給父親留下深刻印象。總之，他把自己限縮於處理公司管理衍伸的普遍性問題。

至於佛羅倫斯錢莊經理的職位，最高管理層將其保留給福朗切斯科．巴爾迪諾．迪喬凡尼．因吉拉米（約一四一四至一四七〇年），他在一四五四年接任其哥哥喬凡尼．福朗切斯科的職位。他本來可以獲得更大的權力，但顯然不適合履行總經理的職能，因為他缺乏服務國外分行的經驗。因吉拉米在一四五七年資產稅納稅申報中明白無誤地陳述，他是梅迪奇銀行佛羅倫斯分行的合夥人，他直接管理這家銀行，他在銀行資本中擁有四百福羅林的股份。[83]因吉拉米有托馬索．迪喬凡尼．迪托馬索．拉皮（一四二一至一四八六年前）作為自己的助手。[84]

在貨幣兌換商的公司名錄裡可以發現到進一步的證據。從一四六二年一直到一四六九年，這本登記簿定期列出佛羅倫斯錢莊的合夥人：梅迪奇銀行、福朗切斯科．巴爾迪諾．因吉拉米和托馬索．迪喬凡尼．拉皮。[85]在一四六九年之後，拉皮這個名字從行會紀錄中消失了，並由福朗切斯科．丹東尼奧．諾里的名字替代，諾里因惹惱路易十一世，在一四六八年被逐出法國。[86]因吉拉米則自一四七〇年去世後就不再有紀錄。

也許科西莫的計畫訂得不是很好，因為喬凡尼．迪科西莫是喜歡尋歡作樂的人，其他嗜好會分散他對主要工作的注意力。為了減輕他的負擔，一四五八年從日內瓦召回福朗切斯科．迪托馬索．薩塞蒂。除了幾次出國旅行以外，他一直呆在佛羅倫斯度過餘生；在科西莫去世後，他成為痛風的皮耶羅和豪奢的羅倫佐信賴的顧問。這些變化如何影響梅迪奇銀行的結構仍不十分清楚。現有的資料嚴重不足。沒有那個時期的機密帳簿留存下來，只有幾份合夥協議。來往信函雖然比較多，但對於說明這個問題並沒有幫助。可以肯定的是，薩塞蒂繼續在日內瓦（後來在里昂）擔任合夥人，並獲得分行的紅利。他並沒有馬上被提拔為梅迪奇銀行在佛羅倫斯的合夥人。在貨幣兌換商行會的公司名錄裡，他的名字直到一四八二年才被提到，但之前的紀錄不完整，而且保存不佳。[87]

雖然無法十分肯定，但在喬凡尼・本奇於一四五五年去世之後，梅迪奇銀行的結構很可能發生巨變，它不再是一家如控股公司般的企業，也就是說，並不是一家集權的合夥公司，在幾家分公司或分行裡擁有股份。相反的，梅迪奇家族直接與每家分行的經理合夥；這樣，母公司的中間管理階層就被剔除了。[88]這個類型的組織是否在後來得以復興還很難說。紀錄有很多空缺，冒險斷言是不明智的。

在申報第七次資產稅，即一四五七年（佛羅倫斯曆法）的課稅時，科西莫發表一份關於自己的商業投資的報告。[89]它確認之前提到的內容，並列出梅迪奇銀行握有股份的十一家公司或合夥公司：一、由福朗切斯科・因吉拉米經營、位於佛羅倫斯的銀行（五千六百福羅林）；二、由安德烈・瓊蒂尼經營的一家毛紡作坊（兩千一百福羅林）；三、由安東尼奧・迪塔代奧共同經營的另一家毛紡作坊（兩千五百福羅林）；四、由柏林吉耶里・迪福朗切斯科・柏林吉耶里和雅各波・塔納利亞共同經營的絲織作坊（三千三百福羅林）；五、羅伯托・馬特利和一名助手李奧納多・韋爾納奇（之前沒提到過這個人）經營的羅馬分行；六、由羅伯托的弟弟亞歷山德羅・馬特利經營的威尼斯分行（六千福羅林）；七、由皮傑洛・波提納利經營的米蘭分行（三千福羅林）；八、以「阿梅里格・本奇和福朗切斯科・薩塞蒂公司」為正式名稱、並由阿梅里格・迪喬凡尼・本奇經營的日內瓦分行（三千五百福羅林）；九、亞維儂分行，正式名稱為「福朗切斯科・本奇和喬凡尼・尚皮尼公司」，由尚皮尼在本奇的協助下經營（兩千四百福羅林）；十、布魯日分行，合夥人為傑羅佐・德－皮利和安傑羅・塔尼，但實際上由塔尼在皮利的遠端監督下經營（三千五百福羅林）；十一、倫敦分行，皮利是合夥人之一，但由西莫內・丹東尼奧・諾里經營（四千八百福羅林）。此外，科西莫還列出一筆五千五百福羅林的投資，這筆資金投資在一家與福朗切斯科・迪內羅內・內羅尼合夥但正被清算的公司。根據福朗切斯科・內羅尼的資產稅申報資料，這是一家貿易公司，在比薩有一家分公司。它經營得不錯，因為兩份資產負債表（佛羅倫斯和比薩）均顯示，獲利總額超過一萬兩千福羅林，以未分配獲利的形式存在。[90]科西莫為何從這家企業撤資的原因仍是個謎。

科西莫在報告中再次陳述，梅迪奇銀行在羅馬分行沒有資本，但這家分行幫助其他分行經營業務。請注意，並非所有梅迪奇分行都以梅迪奇的名義經營；例如，在亞維儂和日內瓦，在合夥公司的正式名稱中就省去梅迪奇的名字。順便提一下，阿梅里格·福朗切斯科和本奇都是已故總經理喬凡尼·本奇的兒子。

根據科西莫的報告，總投資金額達到四萬兩千兩百福羅林。雖然科西莫聲稱自己準備這份報告毫無預謀或詐欺的意圖，但這個數字肯定遠遠比實際金額還低。[91]他與威尼斯分行經理亞歷山德羅·馬特利的通信透露，透過高估壞帳損失，少報獲利和把所有人股本降到最低等手段在資產負債表故意作假。[92]為納稅目的而由馬特利編製的第一份資產負債表陳述，資本是七千威尼斯杜卡特，即七千七百福羅林（佛羅倫斯通貨），但他接到命令重新製表，做出進一步的調整，以便把這個數字減少到六千三百六十杜卡特，即七千福羅林，推測其中的六千福羅林代表梅迪奇銀行的股份。[93]這是記錄在科西莫報告中的數字。根據一四五五年一月二十日的合夥協議，威尼斯分行的資本實際上是一萬四千杜卡特：一萬兩千杜卡特是梅迪奇銀行出資，兩千杜卡特是馬特利出資。[94]為使這份欺騙性的資產負債表顯得真實可信，馬特利甚至得到指示，起草一份可出示給稅務人員的虛假報告。[95]科西莫必定還建議馬特利出示一本機密帳簿，但馬特利回答說他認為沒必要那樣做。他接著指出，他親自保管著機密帳簿，他的職員都很可靠，相信不會洩露商業機密。[96]

科西莫納稅報告中其他分行的數字也不比威尼斯分行的數字更可靠。根據一四五五年七月二十五日簽定的合夥協議，梅迪奇銀行在布魯日分行的資本是一千九百格羅特鎊（佛蘭德通貨），這相當於九千多福羅林，但報告中只顯示三千五百福羅林。[97]同樣的手段也用於米蘭分行。在一四五九年，梅迪奇銀行有四萬帝國鎊的投資，約等於一萬三千五百福羅林。[98]然而，報告描述，他們投入的資本只有三千福羅林。必然可以做出的結論是，為了逃稅，科西莫提交一份嚴重短報的梅迪奇銀行商業投資規模報表。[99]

就像科西莫的例子顯示，逃稅不會是佛羅倫斯商人不願接受的一種遊戲。梅迪奇銀行本應樹立公民精神的榜樣，卻成為第一個以減輕納稅負擔為目的而隱瞞財富的人。科西莫資產稅報告的故事還提供另一個教訓：歷史學家應該對納稅紀錄中的資料持謹慎態度。這類資料對於某些統計目的而言經常毫無價值，不過對其他目的而言卻可能極具價值，甚至使人得到收入的規模和分配的概念。總之，這些資料應該小心使用。

有關梅迪奇銀行在一四五八至一四六四（科西莫去世那年）這些生意清淡年份期間的有用資料很少。有件值得一提的是，日內瓦分行遷到里昂。這是一個緩慢的過程，因為日內瓦分行早在一四六〇年以前就在里昂設有營業據點。其中一個員工福朗切斯科・丹東尼奧・諾里在一四五五年就居住在那裡。在法蘭西國王路易十一世發出專利許可證，成立四期里昂市集之後，進程無疑被加快。[100]隨著日內瓦市集的參與人數迅速下降，梅迪奇分行將活動中心移到了里昂，但轉移並非一步到位，而是到一四六六年三月二十五日才完成，此時，新的公司章程明確規定里昂從此成為這家合夥公司的安身之地。

在科西莫的管理下，梅迪奇銀行在規模和繁榮方面達到頂峰。毫無疑問，這樣的成功主要是因為他的領導能力，加上受助於商業環境方面的有利趨勢。在他去世後，形勢轉變，而他的繼任者既缺乏力量，又缺乏抵擋洪流的能力，只好隨波逐浪。

就如一位歷史學家所言，使科西莫成為這樣一位傑出的企業及政治領導者和管理者的是他那讀懂人性的能力。[101]他有一種知人善用的神奇天賦。就這樣，他在幕後統治佛羅倫斯，同時保持「自由」與合乎流程的外衣。但是，他從沒做出過違背意願或忠告的重要決定，他是那麼令人敬畏，以至於他的權力從未受到挑戰，也無人策劃要推翻他的統治。

根據教宗（庇護二世，一四五八至一四六四年在位，他就是人文主義者阿內亞斯・西爾維厄斯・皮科洛米尼）的說法，科西莫有很高的威望，他的政治影響不僅僅局限於佛羅倫斯，他的忠告被全義大利的統治者和王公貴族追捧。甚至越過阿爾卑斯山的政治局勢對他來說也無祕密可言，因為他透過在國外的業務關係，持續得知國外事件的最新動向。[102]

使他在政治上取得成功的特質，同樣也使他在商業上有所成就。在科西莫的掌控下，梅迪奇銀行成為當時最大的銀行。科西莫沒打算要掌控一切。相反的，他不對細微末節斤斤計較，他懂得下放權力，同時又牢牢掌控著團隊的韁繩。綜觀整個職業生涯，都是他在發號施令，制定政策，努力使指令被完整執行。膽敢越權或無視科西莫命令的分行經理必定要倒大楣，布魯日分行的經理安傑羅·塔尼就是一個例子，當他與倫巴底人（即義大利當鋪）做生意，並因為對他們超額放款而使分行遭受損失時，他付出了代價，自食苦果。[103]憤怒的科西莫威脅要終止合夥關係，要是他的顧問沒有代為求情，並勸阻他不要做出任何激烈行動的話，他很可能就那樣做了。

儘管科西莫參與政治，但並未放鬆對商業事務的控制，而且終生積極參與自家銀行的管理。由於通信緩慢，不可避免地要在決策方面給分行經理大量自主權。因此，挑選能幹和忠誠的人就顯得十分重要。作為公司的領導人，科西莫很清楚要如何挑選。然後，他會給經理嚴格的指導，迅速糾正任何錯誤或譴責他們的任何失敗。在長達二十年的擴張過程中，總經理喬凡尼·本奇在任職的一四三五年到一四五五年給予他有力的協助。本奇的死，證明是梅迪奇銀行無可彌補的一大損失。

雖然科西莫是一位嚴厲的雇主，但他給經理的分紅卻十分慷慨大方。那些有良好業績紀錄的人無疑可以獲得優惠的合約。有幾個家族在為科西莫的服務中發財致富，尤其是本奇家族、馬特利家族、塔代伊家族、柏林吉耶里家族。[104]科西莫也許是個嚴苛的人，但他的內心也有柔軟的地方。當佛羅倫斯錢莊經理福爾科·波提納利在一四三一年去世後留下幾個年幼孩子時，科西莫照顧他們，並將他們帶到自己家裡養育。但事與願違，梅迪奇銀行未因自己的慷慨而獲得回報，因為波提納利兩兄弟將在梅迪奇銀行的衰落中扮演主要角色。

在科西莫生命中的最後幾年裡，也許是因為健康受損並遭受痛風的折磨，使其評判人才和估計形勢的能力大為減弱。他讓兒子喬凡尼取代本奇壓根不是恰當的決定。也許是為了糾正這個錯誤，他做出另一個決定，把福朗切斯科·迪托馬索·薩塞蒂從日內瓦召到佛羅倫斯來協助喬凡尼。總之，這是梅迪奇銀行的悲劇宿命，科西莫的兒子皮耶羅因痛風而跛腿殘廢，在父親死後不久也死了，而科西莫的孫子羅倫佐雖然是一位出色的政治家，但並不具備經商才能。

當科西莫意識到死期將至時，他像自己的父親那樣拒絕立下遺囑，但他表示希望葬禮從簡，不要講排場，就像一個無官職的平民百姓。他在一四六四年八月一日在佛羅倫斯附近卡雷吉的梅迪奇別墅逝世。他的遺願得到尊重，未舉行國葬。然而，佛羅倫斯共和國給了他最高的敬意，宣告他為國父。

注釋

1. ASF, MAP, filza 153, no. 2, fols. 30, 44-47, 51, 59, 71.
2. ASF, MAP, filza 94, no. 89, fols. 238-239.
3. ASF, Catasto No. 830 (Chiave, 1457/1458), fol. 685^{v}; No. 60 (Gonf. Vaio, 1427), fol. 94.
4. ASF, MAP, filza 153, no. 2, fol. 67.
5. *Ibid.*, fol. 59. 後來洛多把自己的姓從博齊改為塔尼尼。
6. *Ibid.*, fols. 67, 77.
7. *Ibid.*, fol. 71.
8. ASF, Catasto No. 497 (Leon d'Oro, Campione, 1433), fol. 192^{r}.
9. ASF, MAP, filza 88, no. 119. 沒有確切日期，但信是在一四三三年二月五日後不久寫的。
10. ASF, MAP, filza 153, no. 2, fols. 68, 72, and 78. 這些紀錄提到伊拉廖內·德－巴爾迪已亡故。

11. *Ibid.*, fols. 60 and 79.
12. *Ibid.*, fols. 73 and 74.
13. 此斷定是由 Sieveking (*Handlungsbücher*, p. 22) 發現，後來歷史學家也用來轉述。Sieveking 舉出 MAP, filza 131 作為參考，包含梅迪奇在日內瓦的代理人（一四二一至一四二二年）安東尼奧．貝爾蒂尼的紀錄，他是由羅馬分行派去那裡的。在這些檔案中，有與梅迪奇銀行在布魯日的辦事處瓜爾泰羅托．德－巴爾迪公司溝通的信件，但未提到在那個城市有分行機構。
14. 這份契約的兩份副本尚存：一份在三號機密帳簿（MAP, filza 153），另一份在 filza 94, no. 137, fols. 220-221.
15. MAP, filza 153, no. 3, fols. 12, 13.
16. *Ibid.*, fols. 3, 14.
17. *Ibid.*, fols. 3, 14.
18. *Ibid.*, fol. 18.
19. *Ibid.*, fol. 15.
20. MAP, filza 153, no. 1, fol. 79.
21. MAP, filza 153, no. 2, fol. 3: 羅馬附近的合夥協議（一四二〇年）。
22. *Ibid.*, fol. 40.
23. ASF, Catasto No. 64 (Scala, 1427), fol. 272^v and No. 15 (Scala, 1427), fol. 799.
24. Camerani, *Documenti*, p. 44: Nos. 92, 94.
25. ASF, Catasto No. 832 (Vaio, 1457), fol. 217.
26. Catasto No. 608 (Scala, 1442), fol. 511.
27. Catasto No. 832 (Vaio, 1457), fol. 217.
28. ASF, Manoscritti, No. 624: Stefano RosselH, "Sepultuario fiorentino" (1657), I, 463.
29. San Bernardino of Siena, *De Evangelic Aeterno*, sermon 33, art. 2, cap. 9.
30. ASF, Catasto No. 15 (Scala, 1427), fol. 799.
31. Catasto No. 832 (Vaio, 1457), fols. 213-218.

32. 羅伯托・馬特利自一四二四年起成為羅馬分行的員工，後來成為羅馬分行的領導人（一四三九年）。
33. Camerani, p. 59: Nos. 149, 150.
34. 這份合夥契約的兩份副本尚存：一份在三號機密帳簿（MAP, filza 153）fol. 5，另一份在 filza 94, no. 153, fols. 282-283. 這項契約在一四四〇年展期，有些許更改（MAP, filza 94, no. 117, fols. 180-181）。
35. 我要感謝高普教授的這點資訊，並允許我使用。斯福爾扎當時是馬凱地區的教宗代理牧師，但實際上正設法瓜分一塊有損教宗的封邑。
36. 這與 Mina Martens, "Les Maisons de Medici et de Bourgogne au XVe siècle," *Le Moyen Age,* 56:115-119 (1950) 的論點相反。然而，呈現的證據不足以令人相信。此外，就如梅迪奇帳簿中的入帳紀錄所示，布魯日分行並不是在一四二〇年成立。
37. ASF, MAP, filza 68, no. 588: Ricordo per Bernardo Portinari.
38. 有關布魯日分行創立的更詳細敘述，參見 R. de Roover, "Oprichting en liquidatie van het Brugse Filiaal van het Bankiershuis der Medici," *Mededelingen van de Koninklijke Vlaamse Academie voor Wetenschappen, Letteren en Schone Kunsten van België, Klasse der Letteren,* Vol. XV (1953), No. 7.
39. ASF, MAP, filza 153, no. 3, fol. 30. 這是機密帳簿中的紀錄文件：Bernardo di Giovanni d'Adoardo Portinari a di 24 di marzo 1438 f. semila [di] camera gli fecie buoni per noi piu di fa i nostri di corte per tanti gli asegniamo, perchè tengha nel traficho della sua ragione di Brugia dove si trova, posto debino avere in questo c. 18 ...... f. 6,420.
40. ASF, MAP, filza 84, no. 26, fol. 55.
41. MAP, filza 153, no. 3 fols. 38, 45.
42. *Ibid.,* fol. 9 and filza 94, no. 138, fols. 222-223.
43. MAP, filza 23, nos. 553, 554, 557, 558 and filza 29, nos. 614, 846, 1101.
44. MAP, filza 153, no. 3, fols. 29, 38. 先前有一家與皮耶羅・科爾西合夥的公司，但存續期間不長。這位皮耶羅・科爾西是福朗切斯科・薩塞蒂的岳父。
45. MAP, filza 89, no. 71.
46. MAP, filza 133, no. 3: Ledger of Averardo de' Medici & Co. in Pisa (1424-1426), fol. 106. 該帳戶是在雕塑家多納托・迪尼科洛名下。多納泰羅的全名是多納托・迪尼科洛・迪貝托・德－巴爾迪，他屬於該家族中較為貧窮的一支。Sieveking

(Handlungsbücher, p. 31) 提到這個帳戶，但沒有認出這位著名的藝術家。

47. MAP, filza 153, no. 3, fol. 52.

48. Corti, "Le accomandite fiqrentine nel XV e XVI secolo," pp. 132-133.

49. ASF, Catasto No. 823 (Leon d'Oro, 1457), No. 181: "Bilancio della ragione d'Ugholino e Antonio Martelli e chonpangni di Pisa," February 28, 1458 (N.S.).

50. ASF, MAP, filza 94, no. 134, fols. 214-215: "Ricordo per Gierozzo de' Pigli."

51. ASF, Catasto No. 68 (Carro, 1427), fol. 100^{v}.

52. 三份副本尚存；參見 Chap. V n. 31.

53. MAP, filza 153, no. 3, fols. 78, 82.

54. Curt S. Gutkind, *Cosimo de' Medici, Pater Patriae, 1389-1464* (Oxford, 1938), pp. 191-193; *idem, Cosimo de' Medici il Vecchio* (Florence, 1940), pp. 255-257. 遺憾的是該書的細節不可信。

55. 就如 Gutkind 所述，他並非喬凡尼・迪比奇的妻舅。

56. ASF, MAP, filza 153, no. 1, fols. 49-50.

57. Karl Wilhelm Pauli, "Ueber die frühere Bedeutung Lübecks als Wechselplatz des Nordens," *Lilbeckische Zustdnde im Mittelalter,* II (Lübeck, 1872), p. 131, doc. no. 20. 巴廖尼顯然已在一四一一年（當年他曾旅行去義大利）居住在盧貝克。MAP, filza 83, no. 52, fols. 313-314.

58. 在一四二六年之後，這家「銀行」或「交易所」是由蓋拉爾多・布艾里經營。Pauli, p. 150, doc. 51; *Codex diplomatics lubecensis (Lübeckisches Urkunden-buch),* VI (Lübeck, 1881) pp. 139, 610-11, docs. nos. 95 and 634.

59. 他在一四三〇年被提及時就是盧貝克市民。*Codex lubecensis,* VI, 355, no. 379. 在一份佛羅倫斯檔中，他仍被稱為佛羅倫斯市民。*Codex lubecensis,* VIII (Lübeck, 1889), 707, no. 669.

60. 古特金特離奇地假定他與佛蘭德的一家銀行 de Wale（德瓦勒）有關聯。在低地德語中，*Wale*（瓦勒）這個名字用於說羅曼語的任何人。

61. Pauli, p. 114, No. 26.

62. *Ibid.,* p. 104.

63. ASF, Catasto No. 51 (Leon d'Oro, 1427), fols. 1167^{v}, 1187-1190, 1191-1194.

64. Sieveking, *Handlungsbücher,* pp. 25-29; ASF, MAP, filza 153, no. 2, fols. 57, 58, 80. Pauli (p. 104) 描述巴廖尼在一四二六年失蹤，但梅迪奇紀錄提到他在一四二七年至一四三三年與布艾里的合夥公司。布艾里是某企業壟斷聯盟的成員，該壟斷聯盟在一四二四年買下盧貝克玫瑰經念珠生產商的全部產出，運送到威尼斯、紐倫堡、萊茵河畔的法蘭克福以及科隆（Pauli, p. 104）。

65. *Codex lubecensis,* VIII, 432, doc. no. 396; Sieveking, *Handlungsbücher,* pp. 25-26.

66. *Codex lubecensis,* VIII, 707 ff., 745, docs. nos. 669 and 701.

67. Pauli, p. 115.

68. 教宗願意看到義大利銀行在北歐和東歐建立分行，但還是無法超越阻礙。Armando Sapori, "Gl'Italiani in Polonia nel medioevo," *Archivio storico italiano,* 83:131 (1925).

69. Karl Pagel, *Die Hanse* (Berlin, 1942), p. 287.

70. Canestrini, *L'arte di stato,* p. 157; Ehrenberg, *Zeitalter,* I, 47; Alfred Doren, *Studien aus der Florentiner Wirtschajtsgeschichte,* I: *Die Florentiner Wollentuchindustrie vom 14. bis zum 16. Jahrhundert* (Berlin, 1901), 497-500, Appendix No. 3; Otto Meltzing, *Das Bankhaus der Medici und seine Vorlaufer* (Jena, 1906), pp. 103 f. Doren 列出合夥人名單，比別人給出更多的資訊，但這些歷史學家們在日期上全弄錯了。

71. 若一四三一年這個年份是正確的，那麼一些分行經理就仍是小男孩，那是不可能的。然而，阿曼德・葛蘭茲威格還是用這份紀錄來證明布魯日和倫敦的有限責任合夥公司在一四三一年時已經存在。Cf. Armand Grunzweig, *Corresp on dance de la filiale de Bruges des Medici* (Brussels, 1931), p. viii. 因為無法找到 Canestrini 和 Doren 查閱的這份紀錄，所以我無法判斷。

72. ASF, MAP, filza 153, no. 3, fols. 80, 88.

73. *Ibid.,* fols. 7, 80, 88, 90.

74. *Ibid.,* fol. 90.

75. *Ibid.,* fol. 85.

76. *Ibid.,* fols. 90, 94.

77. R. de Roover, "Oprichting," p. 12; Grunzweig, *Correspondence,* pp. 34, 41, 52.
78. G. Villani, *Cronica,* Libro XI, cap. 88.
79. Angelo Fabroni, *Magni Cosmi Medicei Vita* (Pisa, 1789), II, 246.
80. Georges Peyronnet, "Il ducato di Milano sotto Francesco Sforza (1450-1466), politica interna, vita economica e sociale," *Archivio storico italiano,* 116:51 (1958); ASF, MAP, filza 8, no. 413.
81. Fabroni, *Magni Cosmi Medicei Vita,* II, 247.
82. 證據是在亞歷山德羅・馬特利一四五五年七月二十一日在威尼斯寫給喬凡尼・迪科西莫・德-梅迪奇的一封吊慰信中發現。寫信人告訴辦事處必須振作精神，若他要執行科西莫的遺囑並肩負起迄今為止由喬凡尼・本奇承擔的責任和職責。ASF, MAP, filza 9, no. 173.
83. ASF, Catasto No. 821 (Leon d'Oro, 1457/58), fol. 518^{v}.
84. ASF, MAP, filza 134, no. 3, fol. 42^{v}.
85. ASF, Arte del Cambio, No. 15: Libro di compagnie (1460-1487), fols. 7^{V}, 10, 14^{V}, 17, 20, 23, 26.
86. Rene Gandilhon, *La Politique économique de Louis XI* (Rennes, 1940), p. 362. 這個人就是在致命的帕齊陰謀（一四七八年）那天在朱利亞諾・德-梅迪奇身邊被殺的那個諾里。
87. ASF, Arte del Cambio, No. 15, fol. 79^{V}.
88. 這段敘述是根據對一四五五年以前及以後合夥契約措詞的比較。在一四五五年之前，這樣的契約通常不是明確提及本奇和薩盧塔蒂（至一四四三年）作為與梅迪奇的合夥人，就是以「& Co.」的字眼暗示包括他們。在一四五五年之後，契約只提梅迪奇家族成員，未提及其他合夥人加入分紅的行列。
89. ASF, MAP, filza 82, no. 182, fol. 593^{V}. Cf. Sieveking, *Handlungsbücher,* p. 9.
90. ASF, Catasto No. 821 (Leon d'Oro, 1457), fols. 159, 160-163, 167-174. 福朗切斯科・內羅尼與弟弟迪耶薩爾維和喬凡尼（佛羅倫斯大主教）一起因參與一四六六年欲推翻梅迪奇統治的陰謀而被流放。
91. ASF, MAP, filza 82, fol. 595: "Se si fosse preso errore inn alchuna chosa, o in più o in meno, nonn è per malizia ne per inghanare, ma sarebbe errore, il quale siamo contend sia richoretto sechondo die parra alia vostra dischrezione."
92. ASF, MAP, filza 12, nos. 205, 232, 241. 這些信件的簽署日期分別為一四五八年二月十八日、三月四日和三月十一日（佛

羅倫斯新曆）

93. MAP, filza 12, no. 232.

94. MAP, filza 146, fols. 176-182.

95. MAP, filza 12, no. 222. 這份造假的報告是在一四五八年二月十八日寄出的，與第二〇五號信件同時。

96. *Ibid.,* no. 232.

97. 這樣的差異並未逃過 Sieveking (*Handlungsbücher,* p. 9, n. 2) 的注意。福羅林在當時大約值五十佛蘭德格羅特。

98. 一福羅林約等於三帝國鎊。在這裡不需要更為精確。

99. 在科西莫報告裡正確的兩三個數字中，有一個似乎是與內羅尼合夥的五千五百福羅林的投資。也許科西莫不信任內羅尼，怕他背叛，所以不想讓他知道太多。

100. Marc Brésard, *Les Foires de Lyon aux XVe et XVIe siècles* (Paris, 1914), p. 19; Marcel Vigne, *La Banque à Lyon du XVe au XVIIIe siècle* (Paris, 1903), p. 59.

101. Schevill, *History of Florence,* p. 366.

102. *The Commentaries of Pius II,* trans, by Florence Alden Gragg, ed. By Leona C. Gabel, Smith College Studies in History, 25:163 (1939-1940).

103. Grunzweig, *Correspon dance,* pp. 65-66, 70-72, 75-76.

104. Francesco Guicciardini, *Storie fiorentine dal 1378 al 1509,* ed. Roberto Palmarocchi (Bari, 1931), p. 12; Machiavelli, *History of Florence,* Bk. VII, chap, 1, and *idem, Istorie,* Libro VII, §6. 馬基維利沒提到薩塞蒂家族和波提納利家族，他們每次在為梅迪奇服務中獲得財富之後，就因牽涉到梅迪奇銀行的損失而失去獲得的財富。

第五章　梅迪奇銀行的法律地位與經濟結構

一、中央管理機構

從法律和組織架構的角度，可以把佛羅倫斯的銀行和貿易公司分為兩大類：一類具有集中的組織形式；一類是由某個人控制，或由整個體系頂端的另一家合夥公司控制的自治合夥公司。第一類在十三和十四世紀較為流行，並由巴爾迪公司、佩魯齊公司、阿奇亞奧里公司採用。它們的組織形式相當嚴密，當這三家公司都在一三四五年左右破產時，凸顯出一個缺陷。結果使得這類組織在一三五〇年後受歡迎程度下降，被另一種更靈活的類型取代。一個很好的例子就是商人銀行家福朗切斯科・達蒂尼，他控制了一個分行網路，並為此目的與每一位分行經理個別成立合夥公司。梅迪奇銀行是另一種典型代表，至少到一四五五年為止，它的控制權不是掌握在某一個人手裡，而是在一家合夥公司。因此就出現兩個層級：一家占控制地位的合夥公司（即母公司）和幾家附屬的合夥公司（即子公司）。只有這個類型預示了現代控股公司。

跟今天一樣，當時的公司之間有時也存在巨大的結構差異。因此，在不知其組織典型到何種程度的情況下，僅憑對單一公司的考量就作出普遍性論述是很不可靠的。儘管如此，經阿曼多・薩波里*教授仔細研究過

*阿曼多・薩波里（一八九二至一九七六年）是義大利歷史學家，主要研究領域為義大利社會經濟史，著有《中世紀的義大利商人》書。

的巴爾迪公司和佩魯齊公司仍呈現出一些驚人的相似之處。同樣的特徵也呈現在相似程度低一些的阿伯提公司身上。巴爾迪公司和佩魯齊公司最重要的特點是，它們由佛羅倫斯的總公司和國外的分公司形成一個單一實體。它們的資本被分割成股份，淨利按每位合夥人持有的股數分配。這樣，在一三三一年，巴爾迪公司的資本由五十八股組成：六名家庭成員擁有大部分股份（三十六．七五股），而五位外人擁有其餘股份（二十一．二五股）。[1]在一三一二年，佩魯齊公司擁有資本十一萬六千福羅林鎊，即八千福羅林，分別由八名家庭成員和九名外人持有。只有在一三三一年，才完全失去控制權，因為一半以上的資本從此到了外人手裡。[2]

理論上來說，居住在佛羅倫斯的所有合夥人在管理上都有發言權。合夥的人數有時相當龐大：以佩魯齊公司為例，一三二四年有十六人，一三三一年有二十一人。既然不可能用董事會來管理公司，合夥人實際上是接受其中一個人的領導，這通常是個性強硬的人，這個人被稱為「公司領導人」。[3]他實際上是執行現代股份有限公司董事長的職務，只要他持續受到其他合夥人信任，他就穩坐第一把交椅。只有重大決定才需要其他合夥人的同意認可。通常，董事長的名字會出現在公司的正式名稱中。因此，在托馬索．達諾爾多一三〇三年到一三三三年執掌公司期間，佩魯齊公司的正式名稱為「托馬索．達諾爾多．德－佩魯齊公司」。這個正式名稱直到托馬索死後才改為「喬托．達諾爾多．德－佩魯齊公司」，此時合夥人投票把第一把交椅交給他的弟弟喬托，因他曾擔任財務主管多年。[4]順便一提，不僅是公司的領導人，財務主管兼總會計師通常也是一位合夥人。[5]這種安排有個弊端，萬一有損失或經營困難，合夥人之間因為決策和適當的補救措施所產生的爭吵很可能使事情變得更加糟糕，不但於事無補，反而會延擱誤事。這種意見不合似乎加速像奧蘭多．邦西諾里這樣的大銀行的衰落，這家位於西恩納的公司在一二九八年破產，而且也可能在緊要關頭造成存款人的恐慌，並對巴爾迪公司和佩魯齊公司的崩潰起到推波助瀾的作用。[6]

相對於這兩家公司，梅迪奇銀行不是單一實體，而是合夥公司的組合體，全由一家「母」公司控制，包括身為合夥人的梅迪奇銀行和一、兩位外人（例如，從一四三五年到一四四三年的薩盧塔蒂和本奇）。每家分行或生產企業都是獨立的法律實體，有自己的正式名稱、自己的資本、自己的帳簿和自己的管理方式。[7]這幾家分行在與其他分行往來時，就與跟外部客戶往來一樣。一家分行會向另一家分行收取佣金，好像兩家屬於完全不同的公司。[8]當兩家分行合做一筆生意時，習慣上會事先確定獲利或損失如何分擔。

然而，在公司最頂層，梅迪奇公司比佩魯齊公司或巴爾迪公司的權力更為集中。例如，科西莫不必就這事那事向董事會報告或徵求董事會的同意。他也許會諮詢總經理喬凡尼・本奇，毋庸置疑的，他在做出任何重要決定之前總是那樣做。而且，這兩個人完全信任對方，攜手合作，並且很可能在每個主要問題上看法一致。這樣的權力集中是好是壞，見仁見智。不同形式的企業組織，像不同形式的政府一樣，有優點也有缺點。追根究柢，主要還是有賴於決策者的個性與做決定的智慧。若位居高位者因為互有衝突或性格不合，因此不能或不願意合作，或是未能贏得下屬的忠誠，那麼即使是表面上看似最好的組織，也未必能在實際上順利運作。

為了避免混淆，最好在繼續下去前弄清一些術語。首先，義大利在業務紀錄中經常使用 compagno 和 fattore 這兩個詞。它們是什麼意思？兩者有什麼差別？compagno 是中世紀用來表示合夥人的詞。當時的義大利商行經常自稱為公司，雖然他們實際上是合夥公司，而不是現代意義上的股份有限公司或公司。compagno 當然是合夥協議的一方，並有權按契約取得一份公司獲利。他不領薪水，但有時會得到一筆津貼來支付生活等開銷，尤其是居住在國外的情況下。

按中世紀的說法，fattore 這個詞不是指某種收取佣金的商人或代理商，而是專指貿易公司或銀行公司的雇員，更確切地說是指服務國外機構的雇員。[9]有時候，fattore 被當作 giovane（夥計）的同義詞。在任何情況下，無論是 fattore 或是 giovane，都是指比較有經驗的雇員，年齡比garzone（夥計）或 discepolo（學徒）大些，後面這兩個詞是專門形容十二至十五歲的夥計。有時候，藉著確認雇傭條件的公證契約，雇員會受限在一家公司裡。[10]公證契約通常會在不削弱雇主拔擢和解僱等權利的前提下限制雇員的職責。雇員「因貢獻自己的時間」而獲得薪資，但他們不參與獲利的分配。然而，若他們的服務傑出，有時會得到獎金或特殊津貼。[11]

分行經理可以是雇員（fattori），也可以是合夥人（compagni）。當他們是雇員時，通常具備受託代理人的權力，可以代表和約束雇主。[12]為了更安全起見，合夥人也被要求提供公證的代理授權書。[13]根據梅迪奇銀行的紀錄，分行經理有時被叫做 governatore（總管），因為分行委託給他 governo（管理）。有時候會用 ministro（管理員），這個詞也用於總經理。因此，豪奢的羅倫佐在他的《紀錄》中稱福朗切斯科．薩塞蒂為 nostro ministro e compagno（我們的管理員和合夥人）。[14]在通信和其他紀錄中，梅迪奇銀行通常被稱為 maggiori，即大股東或資深合夥人。

以佩魯齊公司為例，分行經理不是合夥人，就是雇員。然而，比較重要的分行都是由合夥人經營（表19）。這樣的合夥人以分行經理的資格走出國門去為公司服務，因為奉獻的是時間精力所以是領取固定薪酬，無權分享利潤。一個很好的例子就是多納托．迪喬托．達諾爾多．佩魯齊，他在一三三二年十二月九日至一三三五年六月三十日負責那不勒斯分行。[15]鮮見有雇員升為合夥人。[16]

在這點上，梅迪奇銀行採用不同的策略，即在員工中挑選分行經理。這些分行經理照例是初級合夥人，他們不領薪水，而是獲取一份公司利潤，外加一筆生活費津貼。儘管梅迪奇銀行支付的薪資沒有競爭對手高，但他們在讓初級合夥人分享利潤上卻相當慷慨。這種制度有著鼓勵付出努力和提供更大的工作動機等優點，因為一名令人滿意的雇員有公平的機會成為合夥人，因而大大提高收入。這同時也讓分行經理有創造利潤和避免損失的壓力。初級合夥人當然不能被解僱，但他們可以被輕易地一腳踢開，因為梅迪奇銀行總是保留在任何時候宣告終止合夥協議的權力。他們偶爾會使用這種特權，但實際上只是作為最後手段不得已而為之。

表 19：佩魯齊公司的分行經理身分（1335 年 6 月 30 日前不久）

分行	經理姓名	身分
亞維儂（羅馬教廷）	菲利波・維拉尼	合夥人
巴列塔（阿普利亞地區）	帕薩・迪巴爾托洛・博爾吉	雇員
布魯日	帕奇諾・迪桂多・迪菲利波・佩魯齊	合夥人
卡斯楚城堡（薩丁島）	米凱萊・博塔奇尼	雇員
賽普勒斯	加諾・康比	雇員
熱那亞	托馬索・達諾爾多・德－巴涅西	雇員
倫敦	喬凡尼・迪塔諾・貝倫賽利*	合夥人的兒子
馬約卡島	托馬索・迪內里・佩里尼	雇員
那不勒斯	多納托・迪喬托・達諾爾多・佩魯齊	合夥人
巴黎	菲利波・迪帕奇諾・達諾爾多・佩魯齊	合夥人
比薩	福朗切斯科・迪賈莫・福爾基	雇員
羅德島	西莫內・斯皮利亞蒂	雇員
西西里島	福朗切斯科・福爾澤蒂	合夥人
突尼斯	達托・德爾內羅・阿伯提尼	雇員
威尼斯	喬凡尼・邦杜奇・康比	雇員

* 喬凡尼・迪塔諾・貝倫賽利在 1335 年 7 月 1 日成為合夥人。他的父親到 1337 年 4 月 17 日才去世（Libri, p. 354）。

資料來源：SApori, *I libri dei Peruzzi*, pp. 191-195.

在研究梅迪奇銀行的組織結構時，不可能不注意到它的組織結構與控股公司十分相似。[17] 這種比較有助於理解梅迪奇銀行是由一些合夥公司組合起來，而不是股份有限公司或股份公司組合起來，後者的組織形式在中世紀時還不被知曉。總之，就如之前提到的，梅迪奇銀行有兩個層級：位於佛羅倫斯的「母」公司和若干子公司。母公司透過擁有超過五〇%的資本而控制著附屬的合夥公司，即佛羅倫斯錢莊、在國外的分行，以及生產企業。此外，公司章程清楚地授予資深合夥人發號施令和決定政策的權力。

舉個例子，科西莫和羅倫佐・迪喬凡尼・德－梅迪奇、喬凡尼・本奇和安東尼奧・薩盧塔蒂在一四三五年所建立的「公司」組織章程明確規定，「佛羅倫斯錢莊、在日內瓦、威尼斯、羅馬教廷和巴塞爾會議的分行所做的一切，都是、而且將是為了本公司的利益而衍生出的實體。」（*tutto quello che ne' detti luoghi e compagnie si fosse fatto o sia fatto ... s'intenda essere e sia per questa compagnia ... e di questa sono uscite le sopradette ragioni.*）[18]這句話裡的措詞很彆扭，但意思是清楚的。唯一可能的解釋是，子公司從母公司衍生出來，它們的獲利都歸母公司，當然這是在扣除了初級合夥人應該得到的份額之後。另一項條款規定，梅迪奇、本奇、薩盧塔蒂將為公司利益努力奮鬥，並在必要時巡視公司衍生出來的其他實體。[19]換言之，資深合夥人不只有意識地控制附屬機構；他們還要求有審查和監督的權力。合夥協議的規定並不總是一紙空文。從留存下來的機密帳簿可以知道，各分行所創造的淨利首先會記入母公司的帳目，然後再分配給合夥人（表8和表9，表11和表12，表17和表18）。看來證據很明確。

雖然提出進一步的證據已屬多餘，但還是花點時間看看一、兩家子公司的契約吧。以一四二〇年十月十六日與佛羅倫斯錢莊經理福爾科・迪阿多阿爾多・波提納利簽訂的協議為例。這個契約不是梅迪奇和波提納利簽訂的，而是一方為科西莫和羅倫佐・德－梅迪奇與伊拉廖內・德－巴爾迪的公司，另一方是福爾科・波提納利，他只是在佛羅倫斯「交易往來」的「夥伴」，在其他地方則不是夥伴。[20]換言之，是控股公司與波提納利形成合夥關係，而不是任何一個人跟波提納利合夥。當涉及在國外的分行時，也照此辦理。

因此，一四三五年三月二十五日涉及威尼斯分行的合夥契約提到三個簽約方：一、梅迪奇、本奇和薩盧塔蒂的公司；二、分行經理洛托・迪塔尼諾・博齊；三、分行襄理安東尼奧・迪尼科洛・馬特利。[21]身為一個組織單位的母公司提供主要的資本，即在八千杜卡特的資本總額中出資七千杜卡特，但是獲得的公司獲利比重較小，以回報經營合夥人的努力。事實上，分配如下：

梅迪奇、本奇和薩盧塔蒂總合可以分得二十四分之十七	十七份
分行經理洛托·博齊分得六分之一	四份
分行襄理安東尼奧·馬特利分得八分之一	三份
合計	二十四份

在梅迪奇文件中有一份晚些時候的合夥契約，日期可追溯至皮耶羅·迪科西莫和豪奢的羅倫佐時期。在這些檔案中，梅迪奇以個人的身分出現，不再與總經理合夥。由此看來，如上所述，梅迪奇銀行在一四五五年喬凡尼·本奇去世之後不再類似一家控股公司。

當然，擁有每家子公司全部或主要資本，並非梅迪奇銀行用來控制分行或阻撓有事業心的經理另立門戶，創立相互競爭的公司的唯一手段（安東尼奧·德拉卡薩就在羅馬建立了一家和梅迪奇競爭的對手銀行）。為了防止這樣的背棄行為，梅迪奇銀行立了一條絕對規矩，即在所有公司章程中規定，契約終止後保留商標的所有權並保留帳簿、文件和檔案。梅迪奇這個名字擁有極高的信譽，這是一旦資深合夥人選擇撤離就會失去的一個優點，如托馬索·波提納利在脫離他們之後所發現的那樣。這在今天也是如此；股權不是保持控制的唯一手段。還有商標、專利聯盟、有限表決權、互兼董事職位等等。

如我們剛才已經看到的那樣，每家分行都是一個獨立的法律實體，A分行不對B分行的行動負責。這個問題在一次訴訟中被提了出來，時間是在一四五五年七月三十日的布魯日市法庭。米蘭人達米亞諾·魯菲尼狀告梅迪奇銀行布魯日分行，要求賠償損失，因為原告從倫敦分行經理西莫內·諾里那裡購買九大包羊毛的包裝不良。身為布魯日分行代理經理的托馬索·波提納利拒絕承擔所有責任，因為這幾包羊毛不是梅迪奇銀行布魯日

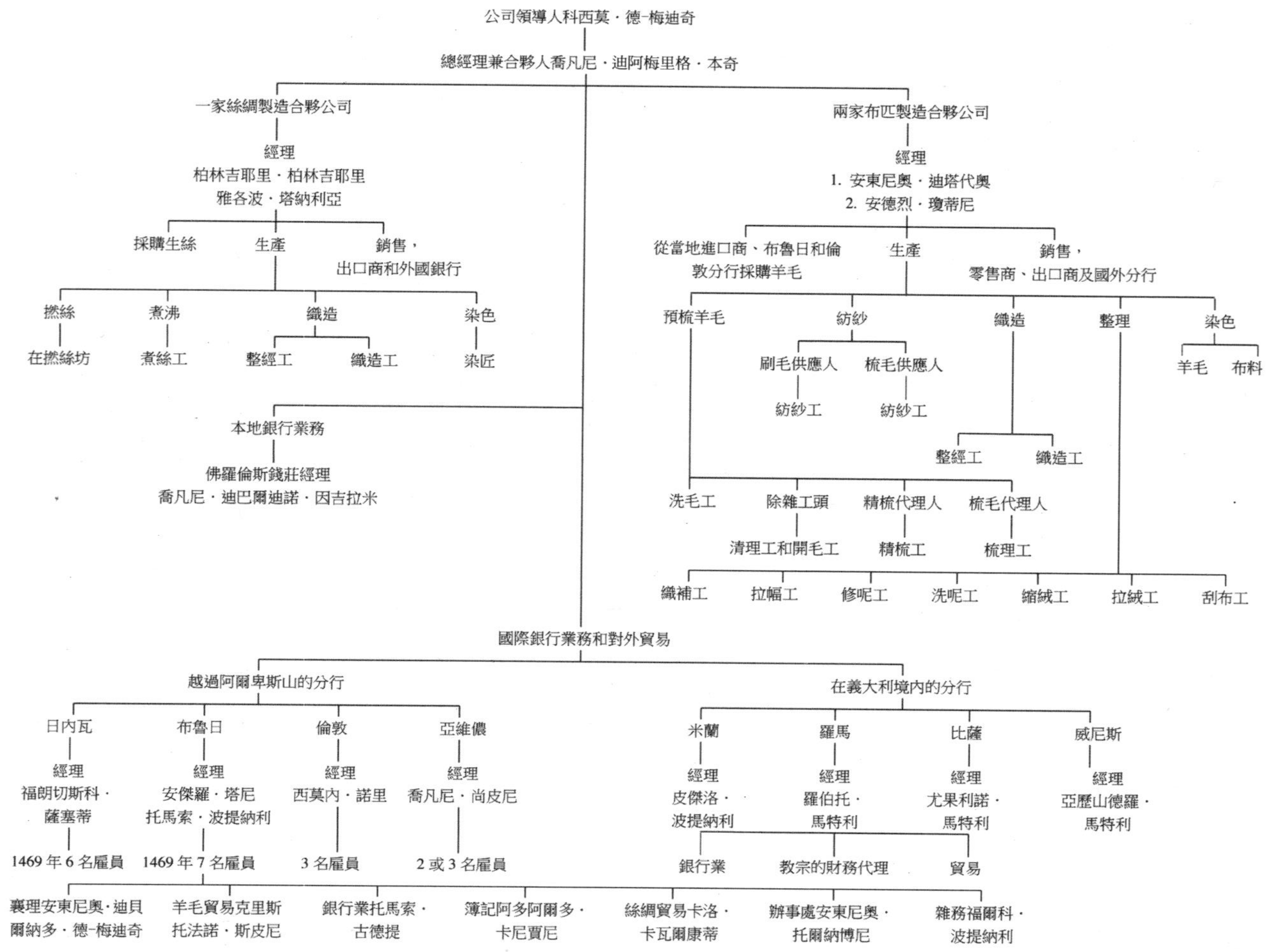

梅迪奇銀行內部組織結構（1455 年前後）

分行售出的，並且指出，如果魯菲尼有任何訴求，他應該起訴梅迪奇銀行倫敦分行。針對這個答辯，原告抗辯說，這兩家分行同屬一家公司，只有一個主人。於是，托馬索．波提納利宣誓聲稱，儘管事實上這兩家分行都有同個主人，但它們畢竟是獨立的合夥公司，任何一家都不對另一家負責，而這批羊毛是梅迪奇銀行倫敦分行而非布魯日分行賣給魯菲尼的。法庭在判決中做出有利於被告的裁決，駁回原告的訴訟請求，但保留原告起訴西莫內．諾里和梅迪奇公司倫敦分公司的權力。[22]

若有人在美國法院起訴紐澤西州的標準石油公司，要求賠償從印第安那標準石油公司那裡收到瑕疵商品的損失，並把他的案子建立在所有標準石油公司都是由洛克菲勒公司控制的論點基礎上，那麼類似的問題也會被提出來！當然，這樣的行為會是多麼荒唐，簡直不可思議。但不要忘記，魯菲尼起訴波提納利的案子是發生在十五世紀。在那時，商事法或多或少還處於萌芽時期，尤其是在北歐，在這類問題上大概還沒有早已被接受的現成先例。毫無疑問，布魯日市法庭的判決與後來公認的商業慣例是一致的。[23]

有很長一段時期，總經理的重要性在梅迪奇銀行組織中並未完全體現出來。[24]他不但是梅迪奇在所有商業事務中的首席顧問，而且還承擔著無法肩負的行政責任。例如，總經理的職責包括與所有分行經理通信，確定他們需要依照的政策，向他們發號施令，閱讀他們的報告，與梅迪奇銀行高層探討所有未經同意就無法解決的問題。

分行經理有個標準流程是一年必須結帳一次，通常是在三月二十四日，並向總部遞交一份資產負債表，說明獲利或虧損。[25]由於對梅迪奇這類的銀行來說，累積的壞帳是公司償付能力的主要威脅，所以總經理主要的一項職責就是稽核收到的資產負債表，用訓練有素的眼光逐項審查，看是否存在老化、呆帳及其他違規情況。[26]也許，梅迪奇銀行的一個缺點是與十六世紀的富格爾家族不同，他們並沒有到處巡視的會計師和逐家分行查帳和盤點的檢查員。由於太過信賴分行經理的誠實和能力，結果是無法每次都能及時發現嚴重的問題，藉此採取補救措施來防止重大損失。

當分行經理來到佛羅倫斯彙報，或與資深合夥人洽談續簽契約事宜時，總經理的職責是與他們會談，討論過去的績效和未來的計畫。通常會抓住機會要分行經理澄清在最近一次資產負債表上有疑問的帳目。[27]業務前景和政治事件也會成為討論的內容。接下去會討論新契約的條款，並在確保能得到資深合夥人同意之後最終確定下來。總經理通常會準備至少一份契約。[28]他還起草訓令，在分行經理、代理人及其他特使離開佛羅倫斯時讓他們帶走。

總經理有一項小職責是保管梅迪奇銀行即母公司的機密帳簿。現存二號機密帳簿（一四二〇至一四三五年）大部分在伊拉廖內的手裡，三號機密帳簿（一四三五至一四五〇年）則完全在喬凡尼·本奇的手裡。

喬凡尼·迪比奇從巴爾迪家族選用總經理，並先後任命過貝內代托·迪利帕喬（一四〇二至一四二〇年）和伊拉廖內·迪利帕喬（一四二〇至一四三三年）兩兄弟。就像之前解釋過的，由於導致科西莫流放的政治危機迫在眉睫，伊拉廖內去世後沒有立即找到替代人選。在此過渡時期，很可能是利帕喬·迪貝內代托·德—巴爾迪管理在佛羅倫斯的事務。日內瓦分行和羅馬分行很可能直接從在威尼斯的科西莫那裡收到指令。在科西莫返回佛羅倫斯之後，他在一四三五年與安東尼奧·薩盧塔蒂和喬凡尼·本奇簽訂一份契約，他們大概是一個團隊一起工作。這樣的聯合經營一直持續到一四四三年，當薩盧塔蒂去世之後，本奇單獨挑起這個擔子。在他的任期內（一四四三至一四五五年），梅迪奇銀行達到權力和繁榮的頂峰。

當本奇在一四五五年去世之後，科西莫把企業的一般管理工作委託給兒子喬凡尼（一四五五至一四六三年），但這個安排並不太好，因此，福朗切斯科·迪托馬索·薩塞蒂在一四五八年從日內瓦召回來幫助喬凡尼履行職責。在喬凡尼（一四六三年）和科西莫（一四六四年）去世後，薩塞蒂成為深受痛風的皮耶羅（一四六四至一四六九年）信賴的顧問，薩塞蒂的權力在豪奢的羅倫佐（一四六九至一四九二年）的治理下進一步得到提升。沒有任何事情或決定會違背薩塞蒂的意願。而這段時期（一四六三至一四九〇年）正好與梅迪奇銀行的衰落重疊，因為薩塞蒂無法使布魯日分行、倫敦分行和米蘭分行免於災難性的清算。雖然，他有成功挽救了里昂分行，使其免受同樣的厄運。儘管如此，豪奢的羅倫佐無法把無能的薩塞蒂從職位上撤下來。等到薩塞蒂在一四九〇年三月因中風去世後，最後一位總經理喬凡巴蒂斯塔・布拉奇（一四九〇至一四九四年）才竭盡全力試圖把梅迪奇銀行從即將面臨的毀滅中挽救回來。由於羅馬分行經理暨羅倫佐的舅舅喬凡尼・托爾納博尼（一四二八至一四九七年）不斷橫加干涉，使得這些努力變得更為艱難。

由梅迪奇銀行與總經理簽訂的合夥協議中有三份現今尚存。[29]它們顯示，這家銀行（即控股公司）的資本從一四二〇年的兩萬四千福羅林逐步提高到一四四一年三月二十五日的四萬四千福羅林。在所有留存下來的契約中有一項共同的條款，規定在分配獲利之前為壞帳留下足夠的準備金。另一條款則禁止放款給任何聲譽不好的商人，這似乎是指不考慮給王公貴族任何貸款。從羅倫佐・迪喬凡尼死後一四四一年簽訂的契約來看，如果科西莫決定派他們出國巡視的話，總經理（薩盧塔蒂和本奇）得承諾要為公司的利益竭盡全力。用句通俗的說法，誰才是真正的「老大」一清二楚。契約的期限通常是五年，但梅迪奇銀行保留了選擇任何時間點終止協議的權力，他們只需提前六個月通知即可。所有契約都包括一項列出由梅迪奇銀行控制附屬機構的條款。因此，一四四一年的協議中提到了佛羅倫斯錢莊，在布魯日、日內瓦和威尼斯的分行，馬凱地區的有限責任合夥公司，以及那三家「作坊」，也就是製造公司。分析留存下來的三份梅迪奇銀行與總經理間的契約，完全證實我們對梅迪奇銀行在一四五五年之前組織結構的描述，即它預示著一種現代控股公司。

二、分行管理

中央管理階層與分行之間關係的法律基礎，可見於與地方經理簽訂的合夥契約中。這些契約有不少流傳到了我們手裡。由於它們或多或少沿用同樣的格式，因此沒有必要一一詳細重複討論。所以我們還是集中討論一份典型的契約就夠了。最佳的選擇似乎是一四五五年七月二十五日，與布魯日分行有關的公司組織章程細則，因為原文及英譯文都有現成的紙本。[30]

這份契約的日期顯示，是在喬凡尼．本奇過世、終結這家控股公司幾天之後簽署。因此，在契約裡沒有提到本奇就不足為奇了。提到的簽約人有三方：一、梅迪奇家族成員皮耶羅．迪科西莫、喬凡尼．迪科西莫和皮耶爾福朗切斯科．迪羅倫佐；二、布魯日分行和倫敦分行的前經理、投資合夥人傑羅佐．迪雅各波．德－皮利；三、普通合夥人安傑羅．迪雅各波．塔尼。[31]科西莫未被列入，但省略他也沒有任何意義。作為一家之主，他仍是兩個兒子與侄子陣線背後的實權掌握者。

在提到合夥人的名字後，契約的開頭闡明公司的目的，就是「在佛蘭德地區的布魯日這座城市裡從事兌換交易和商品交易」。「行政管理」，也就是管理的責任，由初級合夥人安傑羅．塔尼承擔，為期四年，從一四五六年三月二十五日開始，到一四六〇年三月二十四日結束。

根據契約第一條，公司的正式名稱為「皮耶羅．迪科西莫．德－梅迪奇、傑羅佐．德－皮利公司」。接著，資本被設定為三千格羅特鎊（佛蘭德通貨），按以下數字分配：一千九百鎊，也就是超過一半，由資深合夥人、梅迪奇家族成員出資；六百鎊由皮利出資，五百鎊由塔尼出資。有了這筆資金，塔尼可以堂堂正正地依照商業慣例與梅迪奇和皮利的指示從事貿易。此外，他只可從事合法承包與合法兌換業務，這是在實際上排除掉所有高利貸做法的條款，至少在原則上是如此。塔尼被期望居住在布魯日，並全心投入工作，謀求公司的福祉和利益。

獲利將按以下的方式分配：每鎊中的十二先令，即六〇%歸梅迪奇銀行，每鎊中的四先令，即二〇%歸傑羅佐・德－皮利，每鎊中的四先令，即二〇%歸安傑羅・塔尼。塔尼只出資六分之一的資本，卻獲得五分之一的獲利，這是標準的做法。在契約期間，資本不可撤出，分配的獲利都須經梅迪奇和皮利同意。然而，塔尼每年可以得到二十格羅特鎊的生活費補貼。損失（「但願沒有」）將以獲利分配相同的比例分擔（契約第三條）。

契約中其他規定的目的主要是限制塔尼這位經理的權力，白紙黑字明確規定他能做什麼，不能做什麼。這是讓他明白他僅僅是個雇員，置於合夥人之下，不能與他們平起平坐，合夥人是他的主管。首先，他不被允許替自己做任何生意，無論是直接還是間接生意。如果他這樣做了，那獲利將歸給合夥公司，但損失則由他承擔。而且，他還會因為違反契約（第六條）罰款五十格羅特鎊。此外，他不可離開崗位，除非被召回佛羅倫斯彙報經營情況。然而，若有必要，他無需特別許可即可參加安特衛普和伯根奧普佐姆的市集，去米德爾堡或澤蘭的岸邊的船隻停泊處，或去加來甚至倫敦旅行（契約第八條和第十二條）。[32]類似的條文也可以在其他合夥協議中看到：例如，一四四六年有關倫敦分行的契約，經理被期望留在崗位上，但授權他出訪南安普敦（安東納）或進入科茲窩丘陵區去採購羊毛。[33]

在任何情況下，塔尼都不得放貸或透過匯兌放款給不誠實的商人或非獨立經營的織造商等生產商，而且完全只以個人信譽為考量。此外，只要世俗或神職的上議院貴族議員、牧師或官員預先支付現金，他就獲准簽發羅馬分行承付的信用狀給他們。不過，按信貸條件簽發此類信用狀仍須經梅迪奇和皮利的書面同意。對本細則的任何違反將每次罰款二十五格羅特鎊（契約第四條）。因此，不去考慮貸款給王公貴族這點，應在考察後續發展的過程中牢記在心。未經資深合夥人的明確同意，塔尼不得替朋友擔保，不得把寄售商品運送給梅迪奇公司以外的公司（契約第五條）。

合夥協議的其他條文禁止塔尼賭博或金屋藏嬌（契約第七條），接受賄賂或收受價值超出一格羅特鎊的禮物（契約第十六條），承保或下賭注（契約第十五條），為自己或親朋好友的利益讓合夥公司承擔職責（契約第十七條），或違反當地法律或法令（契約第十八條）。[34]任何經由海路運送的貨物都須投保全險，除非塔尼敢以每船六十格羅特鎊的情況下，冒險用佛羅倫斯或威尼斯槳帆船運送貨物。[35]當經陸路運送貨物時，只要他覺得合適，他有投保和不投保的自由，但每一批貨的價值不得超過三百格羅特鎊（契約第十四條）。為了限制風險，塔尼不得在一年裡購買價值超過六百鎊的羊毛或布匹，無論是佛蘭德製還是英格蘭製，除非有合夥人的書面許可（契約第十三條）。如這些條文所示，預防措施把初級合夥人的權限限制在嚴格界定的範圍內，以防止他做出不當行為。

根據契約第十條，未經資深合夥人同意，塔尼無權僱請任何雇員或夥計。其他合夥協議包含同樣的條文。事實上，梅迪奇銀行立下一條固定不變的規則，即絕不授予這樣的許可，不允許他們僱請人員，這毫無疑問是為了防止分行經理和員工串通舞弊，打開各種違規之門。曾有一次，布魯日分行強烈抱怨一名從佛羅倫斯派來的夥計實在太過愚笨，甚至連最簡單的工作也做不好。[36]他當下立即被召回，並由一名較為伶俐和有前途的小夥子替代。然而，應強調的是，這是由佛羅倫斯的總行決定，而不是布魯日的分行決定。

在每年的三月二十四日，或更常出現的情況是若有資深合夥人提出要求，會關帳並結算餘額，一份資產負債表會被送到佛羅倫斯（契約第八條）。通信顯示，這個條文被貫徹執行。

當合夥協議不再延續時，塔尼還得無償服務六個月，以便清盤歇業。然而，合約可隨時由資深合夥人隨意和酌情廢除和終止，塔尼無權提出任何反對意見（契約第十一條）。清算完成後，所有帳簿和檔案將由梅迪奇銀行保管，不過塔尼有權在任何時候使用它們（契約第九條）。

任何因合夥契約產生的糾紛將透過佛羅倫斯的高等商事法庭解決。然而，塔尼還可能因為未履行合約而在布魯日的地方法官面前，或倫敦、日內瓦或威尼斯的法庭被告，而他事先就認知他們的司法審判權。最後，合夥人承擔連帶責任和無限責任，並為了執行契約，抵押目前和未來的全部財產，包括動產和不動產。

梅迪奇銀行不是一直願意承擔無限責任，尤其是在進入新地區後的前幾年。利用一四〇八年十一月三十日通過的一項佛羅倫斯法律，他們有時設立有限責任合夥公司（*accomanda or società in accomandita*），這樣就不會對超過原始投資金額的任何債務負責。當出現這種情況時，總是會把實際情況清楚地陳述在公司章程裡。一個絕佳的例子就是一四二二年科西莫和羅倫佐．德－梅迪奇和伊拉廖內．德－巴爾迪公司，與羅梭．迪喬凡尼．德－梅迪奇和凡蒂諾．迪凡蒂諾．德－梅迪奇簽訂的契約。首先聲明，締約雙方想要建立一家有限責任合夥公司，以羅梭和凡蒂諾為普通合夥人，以便在那不勒斯和加埃塔從事貿易和經營匯兌。其次，有一條規定免除梅迪奇銀行（即科西莫、羅倫佐和伊拉廖內）超過原始投資三千兩百福羅林以外的所有責任。[37]但甚至在有限責任合夥公司契約裡，包括那些與尤果利諾．馬特利簽訂的比薩公司契約，梅迪奇銀行也不願放棄聘僱員工的權力。

誇大合夥契約的重要性是錯的。無論在今天還是在中世紀，協議中的大部分條款在正常的商業運作中都不起作用，只有在出了問題，合夥人不能履約，對某項告誡書政策意見極端不一致時才派得上用場。這種情況一旦發生，不可避免會導致合夥關係破裂。

離開佛羅倫斯走馬上任的分行經理通常會得到一些訓令，叫做告誡書，在梅迪奇檔案館有兩份這種有趣的告誡書案例。一份是巴爾托洛梅奧．德－巴爾迪在一四二〇年去羅馬接任位於這座永恆之城的梅迪奇分行管理任務時得到的細則和建議。[38]另一份告誡書包含傑羅佐．德－皮利在一四四六年離開佛羅倫斯去負責倫敦分行時收到的訓令。[39]

巴爾托洛梅奧・德－巴爾迪的命令尤其詳細，說明了不加分辨輕易發放信貸的危險。他被提醒：與商人做生意要比與羅馬教廷做生意更有利可圖。然而，明智的做法是不要相信羅馬人，因為他們表面上信誓旦旦，實際上卻光說不練。與其通融放款給沒有可靠擔保的神職人員或外國貴族還不如不放款。告誡書還強調，靠施壓債務人來收回借款的債權人有可能失去朋友及金錢。巴爾托洛梅奧的主要員工安東尼奧・迪拉札羅・貝爾蒂尼被清楚地告知顧客的經營狀況和信用等級，但他在放款上往往太過仁慈，從這個角度來看，他需要有人監督。

給皮利的訓令甚至更加有趣。[40]內部證據顯示，這是由總經理喬凡尼・本奇準備的。去倫敦的行程全在地圖上標了出來：皮利將經由米蘭和日內瓦，然後經過布根地到布魯日，再從那裡去倫敦。他會以適當的步調前行，因為一些年輕人（很可能是夥計）會與他同行。他帶著一封要給在米蘭的亞歷山德羅・達卡斯塔尼奧羅的介紹信，後者會在他有需要時提供資金給他，也會向他提供多家與英格蘭做生意的米蘭公司信譽方面的資訊。在日內瓦停留之際，由於那裡的經理不在，皮利被期望去鼓舞員工的士氣，觀察他們的行為，並報告他們的所作所為。在布魯日，他也找不到經理，但他會見到兩位主要員工西莫內・諾里和托馬索・波提納利，他們兩個已接到命令要協助他，並提供任何有用的資訊給他。皮利還被強烈要求要睜大眼睛，留心觀察並報告自己的所見所聞。一到達倫敦，皮利得盡可能詳盡地向最年長的員工安傑羅・塔尼解釋，為什麼他沒有升上經理。

訓令接著提綱挈領地闡述期望皮利去遵照執行的政策。首先，他將與布魯日分行緊密合作。在梅迪奇有分行的地方，他將優先與這些分行打交道，並將商品發送給他們寄銷。他也履行他們的羊毛或布匹訂單，金額不限，除了在比薩的馬特利公司，上限是一千五百福羅林。在梅迪奇銀行沒有設立分行的地方，他得小心地在可信賴的商人中選擇辦事處，並對那些給他生意做的人提供一些優惠。

在查看地圖時，喬凡尼・本奇想到，在那不勒斯放款給任何人都可能有風險。來到羅馬，除了梅迪奇銀行的分行，那裡還有帕齊公司，皮利可以無限制的發放信貸給他們，還有康比尼公司和安東尼奧・德拉卡薩公司，這兩家的投資金額都高達一千五百福羅林。在佛羅倫斯，本奇列出信任清單：塞里斯托里公司、魯切拉公司、康比尼公司以及菲利波・李聶里公司，他們都可投資一千福羅林，甚至一千五百福羅林。至於威尼斯，皮利被告知去徵求梅迪奇銀行的分行經理洛托・塔尼尼（博齊）的意見。在米蘭，與達卡斯塔尼奧洛公司、奧爾納蒂公司和古列爾莫・達馬利亞諾公司的交易進行得很順利。在亞維儂和蒙佩利爾，本奇點名梅迪奇銀行的代理人尚皮尼，以及帕齊的代表文圖里、內里和卡爾內塞基等有良好商譽。他還判斷福朗切斯科・內羅尼、喬凡尼・文圖里和李卡多・達萬札蒂在巴塞隆納和瓦倫西亞的公司是有償債能力的機構，但他錯估了後者，因為他們在隔年，也就是一四四七年就破產了，給梅迪奇銀行在亞維儂、布魯日和威尼斯的分行造成慘重的損失。[41]對同樣設於巴塞隆納和瓦倫西亞的雷蒙多・曼內利和皮耶羅・皮亞奇蒂公司，本奇認為這是一家管理健全良好的公司，不需在判斷任何責任義務前隱瞞皮利。[42]未經資深合夥人的同意，不許皮利從熱那亞人或威尼斯人處購買匯票，或接受他們的匯票。他與布列塔尼或加斯科尼沒有生意往來，但他可以接受委託代銷美酒，只要影響不大，而且不會牽涉到任何風險或要求預付資金。他被警告在與加泰隆尼亞人打交道時要極為小心謹慎。至於放款給英格蘭人的問題，本奇依賴皮利在加入梅迪奇公司之前於英格蘭生活多年的經驗。

皮利被期望能消除與喬凡尼・蓋拉爾迪尼和貝內代托・博羅梅伊的一些分歧。不巧的是，留存下來的告誡書並未記載細節，因為這件事在皮利的行前會議上已經以口頭充分討論。想要落實到行動上，須得到在教廷有影響力的朋友的幫助。就此而論，本奇把希望寄託在皮利繼續受到國王和王后（安茹的亨利六世和瑪格麗特）的寵信。如有必要，則搬出國王勒內（瑪格麗特的父親）的推薦信。

給皮利的告誡書與給巴爾托洛梅奧・巴爾迪的告誡書一樣清楚明白地顯示，梅迪奇銀行極為擔心不謹慎的放款，尤其擔心壞帳累積的損失。皮利因此被期望在放款、挑選代理人、採購商品方面步步為營。經營還不夠多樣化。科西莫及其發言人喬凡尼・本奇擔心小錯誤會累積成惡果，也擔心風險分散不充分而鑄成大錯。

告誡書不僅涉及信用政策方面的事項；還包含皮利應與員工建立關係方面的建議。當時在倫敦擔任員工的有：安傑羅．塔尼、蓋拉爾多．卡尼賈尼和亞歷山德羅．里努奇尼。[43]皮利將落實分工，以便人盡其才。毫無疑問，塔尼有資格擔任襄理並處理書信函件。本奇認為卡尼賈尼最適合擔任簿記員。至於里努奇尼，也許他可以擔任收銀員，由於他會說英語，所以能到倫敦各處出差。倫敦分行的員工陣容顯然不大，總計不超過四人，三個員工加上一個分行經理。說它後來急劇壯大是值得懷疑的。也許只增加一名員工或夥計而已，但肯定不會更多。

在十五世紀時，布魯日是比倫敦還重要的貿易和銀行業中心，可想而知，大家會發現梅迪奇銀行布魯日分行的員工陣容比倫敦分行還要龐大。由於這些紀錄有機會被保留下來，才得以有詳細資料來了解布魯日的帳房組織結構，以及不時產生的人事問題。一四六六年的員工包括托馬索．波提納利（分行經理）、安東尼奧．迪貝爾納多．德－梅迪奇（襄理）以及六名員工和夥計：克里斯托法諾．斯皮尼、卡洛．卡瓦爾康蒂、托馬索．古德提、阿多阿爾多．迪西莫內．卡尼賈尼、福爾科．迪阿多阿爾多．波提納利和皮耶羅．德－梅迪奇的一個親戚安東尼奧．托爾納博尼（他娶了盧克雷齊亞．托爾納博尼）。[44]

隨著一四六五年八月六日新契約的簽署，托馬索．迪福爾科．波提納利（一四二八至一五〇一年）被提拔為合夥人。在正式檔案中，他自稱是「皮耶羅．德－梅迪奇公司的總裁兼合夥人」。[45]資深合夥人是遠房親戚安東尼奧．迪貝爾納多．德－梅迪奇（生於一四四〇年），在一四六六年時仍是員工，直到一四六九年重新簽訂合夥協議後才成為合夥人。他擔任襄理，時間全用在行政事務，處理重要通信函件和監督其他員工。他肯定被授予受託代理人的權力，當波提納利不在布魯日時由他代理經理，能在契約中或法庭上代表梅迪奇銀行，並簽發或接受匯票。

在職級上僅次於安東尼奧．德－梅迪奇的是克里斯托法諾．斯皮尼。他負責採購羊毛和布匹，這需要保留特殊的帳簿紀錄。卡洛．卡瓦爾康蒂說得一口流利的法語，相貌堂堂，且溫文爾雅，因此他被委託在宮廷銷售絲織品和錦緞。[46]中世紀布魯日的布根地宮廷和上流社會用的語言是法語，而不是通行的佛蘭德語。要描繪卡洛．卡瓦爾康蒂需要一點想像力，他打扮得像個（中世紀尚未成為騎士的）貴族青年，穿著漂亮的緊身上衣（十五至十七世紀左右時男子縮腰的背心），用他那極具說服力的口才，將絲綢出售給在布根地宮廷的淑女貴婦。阿多阿爾多．卡尼賈尼可沒這種愉快的任務；他是簿記員，整天彎著腰俯伏在巨大的帳本上記帳，或撥弄著算盤*。留存下來的布魯日分行總分類帳的片段顯示，這些帳簿全都根據複式記帳的規則仔細記載。[47]沒有托馬索．古德提職位相關的專門資料；他因阿多阿爾多．卡尼賈尼的到來而被免去簿記員的工作，並委以原先由安東尼奧．德－梅迪奇履行的其他職責。夥計安東尼奧．托爾納博尼剛從義大利過來，很可能安排信件謄錄備查簿的工作給他，所有寄出的信函都要在發送之前事先謄錄。[48]關於福爾科．迪阿多阿爾多．迪喬凡尼．波提納利（一四四八至一四九〇年）的工作，沒有資料可查。他不是現任分行經理托馬索．迪福爾科的侄子，而是建立了布魯日分行，並擔任首任經理（一四三九至一四四八年）的貝爾納多．迪喬凡尼（一四〇七至一四五五年）的侄子。[49]後來，在一四七八年，福爾科．波提納利在托馬索長期不在義大利期間擔任代經理。他在托馬索從梅迪奇銀行手裡接管布魯日分行後繼續幫他的堂兄工作一段時間。

由於帳房的規模不大，專業化程度不高。很可能員工一直在輪調，因此有機會熟悉不同類型的工作，在萬一有人生病休假時可以互相頂替。

人事問題在中世紀絕非不為人知。如前所述，員工是由總部僱用並派到分行的；梅迪奇銀行無法容忍誰違反這條規則。這個政策無疑有其優點，不過當總行犯錯時，這個政策也有麻煩之處。我們已經提過一個例子，

---

*此處可能指的是歐式算盤，不一定是中國古代的算盤。

總行派去布魯日分行的一名夥計根本沒有受過訓練，以至於「當他就任時，甚至不知道怎麼拿筆」。[50]他在短暫試用後被送回佛羅倫斯。在一四六七年，波提納利再次要求要一名夥計，懇請總行派一名能派得上用場的人，而不是還需要培訓的人。[51]

裏理安東尼奧．迪貝爾納多．德－梅迪奇是另一個麻煩的來源，因為他自認與資深合夥人有親戚關係而受到庇護（無論那是多遠的親戚）。此外，他的父親是梅迪奇一派最積極的支持者之一。因為安東尼奧脾氣暴躁，待人傲慢，所以員工都十分討厭他。甚至連波提納利也不太尊重他。儘管如此，波提納利還是把安東尼奧教導成為自己的繼任者。一四六九年，當其他員工得知安東尼奧已被升為高於他們職位的初級合夥人和未來的經理時，他們大為沮喪。在安東尼奧與克里斯托法諾．斯皮尼的一次爭吵（幾乎打了起來）之後，全體員工威脅說，如果安東尼奧．德－梅迪奇繼續留在布魯日分行，他們就集體辭職。在這種情況下，波提納利別無選擇，只好請求把安東尼奧召回。[52]結果，從一四七〇年三月二十五日開始的合夥公司提前結束。[53]新的契約從一四七一年五月二十一日開始，根據這份契約，安東尼奧毫無疑問被辭退，由托馬索．古德提取而代之，擔任初級合夥人和裏理。[54]

有關布魯日分行員工規模的資料得到貝內代托．代伊的編年史證實，代伊的編年史列出一四七〇年前後居住在佛蘭德地區的佛羅倫斯人。提到有八個人與梅迪奇銀行有關係：托馬索．波提納利、安東尼奧．迪貝爾納多．德－梅迪奇、克里斯托法諾．斯皮尼、托馬索．古德提、羅倫佐．塔尼尼、福爾科．迪阿多阿爾多．波提納利、安東尼奧．科爾西和安東尼奧．托爾納博尼。[55]英俊的卡瓦爾康蒂已不再為梅迪奇服務，但他仍在布魯日，大概仍在向布根地宮廷的美女顧客銷售絲綢。梅迪奇銀行的主要競爭者帕齊銀行布魯日分行也有一支八人隊伍。[56]根據同部編年史，梅迪奇銀行里昂分行的員工人數與布魯日分行相同，也由八名員工組成。梅迪奇銀行亞維儂分行的員工包括經理在內只有五人。貝內代托．代伊的數字得到其他來源的證實，顯然是很準確的。

根據可靠的資料，米蘭分行在一四六〇年有六名員工，在之後幾年裡又陸續增加一、兩名員工。[57]在威尼斯分行，一四三六年時的員工包括兩名經理和六名員工。[58]在羅馬分行，一四三八年記錄的職員數字是五個，那年教宗實際上是在費拉拉接受朝拜。[59]如我們所知，倫敦分行的員工不多，不超過四、五人。[60]至於佛羅倫斯，現在只有十五世紀初的數字。那時的職員人數不超過五名。如果再把總經理和總行（位於梅迪奇宮）聘僱的三名祕書也加入，那麼總人數最多是九名或十名。

如表20所示，梅迪奇銀行在一四七〇年前後的員工總數是五十七人。這個總數部分是基於可靠的資料，部分是基於合理的猜測，有可能偏低，但不會偏高。總之，梅迪奇銀行（不包括生產企業在內）是否隨時都聘僱六十五名以上的辦事人員和管理人員，這一點極難確定。雖然梅迪奇銀行是那個時代最大的銀行，但從未達到一個多世紀以前的巴爾迪公司或佩魯齊公司的規模。規模較小的佩魯齊公司在一三三五年聘僱將近九十名員工或夥計，但有十五或十六家分行，相比而言，梅迪奇銀行除了在佛羅倫斯的總行以外只有七家分行（表19）。

表20：梅迪奇銀行在1470年前後的員工人數

辦事處或分行	職員人數
亞維儂	5
布魯日	8
佛羅倫斯（錢莊和總行加總）	10
倫敦	4
里昂	8
米蘭	8
羅馬（羅馬教廷）	6
威尼斯	8
合計	57

資料來源：ASF, Medici records.

三、通信和會計流程

由於運輸緩慢，資深合夥人和在佛羅倫斯的梅迪奇銀行總行與分行經理無法及時溝通，因此通信是他們保持聯繫的唯一手段。[61]大量通信中只有一小部分逃離毀滅的命運。儘管如此，還是有數百封信函留存下來；各家分行的信函都有，有的信函極少，有的則比較豐富些。這類信函中唯一呈現印刷形式的是來自布魯日分行和倫敦分行的約四十封信函。

在梅迪奇銀行的檔案中，有兩種不同信函：公司信函和私密信函。公司信函是寄給佛羅倫斯錢莊，或是由一家分行寫給另一家分行的；留存到現在的不多。它們主要涉及常規事務：匯款和匯票通知、已收到和已承兌或已付訖的票據、載貨或託運貨物安全抵達的相關資訊、借方和貸方的相關建議，以及類似的詳情。這類信函必定在末尾提供在信函寄出地最新的匯率報價。公司信函從不包含機密資訊，因為它們要在帳房內部傳遞，以便簿記員做必要的登記，而且其他行員要處理各自職權範圍內的各項事務。

私密信函則不同。它們通常由分行經理撰寫，寄給資深合夥人本人或總經理。某些私密信函屬於社交書信：祝賀生日或婚姻、弔唁，諸如此類。它們的史料價值不大。然而，大部分私密信函的情況並非如此，實際上是經理彙報分行的業務前景、信用政策、管理問題以及財務狀況。由於梅迪奇既是統治者，又是商人，這些私密信函往往包含對政治事件走向的看法，有時甚至包含國外親王謀劃的相關祕密情報。此外，不應該忽略的是，像布根地公爵的顧問托馬索·波提納利這樣的人躋身宮廷圈子，並參與重要的外交談判。他們有機會接觸內部資料，不僅身為企業經理，還身兼線人和外交使節的角色為梅迪奇提供服務。必須牢記，在與梅迪奇做生意的過程中，業務決策有時會受到政治需要的干擾。在梅迪奇涉及向君主或王公貴族放款的政策時尤其如此。

在私人信函中，資深合夥人通常被稱為我尊貴的長者（*magnifico major mio*），而且語氣是下屬寫給上級的口吻，而不是同職級間平等交流的口吻。這證實前面提到初級合夥人的地位遠低於資深合夥人的說法。隨著梅迪奇在科西莫去世後達到王侯的地位，語氣甚至變得更加諂媚，羅倫佐．迪皮耶羅被普遍以第三人稱稱為豪奢閣下（*la Magnificenza Vostra*）。這就是他如何逐漸以豪奢的羅倫佐（Lorenzo the Magnificent）這個稱謂為人所知的原委。

由於會計工作是企業組織中不可或缺的組成部分，並引領管理部門，這裡有必要就梅迪奇銀行記帳並用資產負債表等資料作為控制手段的效能問題說上幾句。其他段落在篇幅考量下，不可能再詳細說明。而且，若從會計史的觀點考察梅迪奇銀行的帳簿，或留存下來的帳簿片段，會超過本研究的範疇。

到了一四〇〇年，複式簿記在義大利已是眾所周知。梅迪奇銀行在當時是否已採用複式簿記仍是懸而未決的問題，因為缺少必要的證據。一三九五年的總分類帳大概用了複式簿記，但不屬於喬凡尼．迪比奇創建的梅迪奇銀行，而是屬於他的侄子阿維拉多．迪福朗切斯科．迪比奇的銀行。不一定總能明確斷言某套帳簿是否符合複式簿記的要求。從片段的總分類帳、甚至全部總分類帳得出全面性的結論尤其危險，除非知道它們是如何被整合為一個系統，並用於結清帳目的流程之中。

在梅迪奇銀行的案例中，附在喬凡尼．迪比奇一四二七年資產稅報告的佛羅倫斯錢莊以及羅馬分行和威尼斯分行的資產負債表似乎顯示，這些帳簿採用的是用複式簿記。[62]然而，不應憑此妄下結論說複式簿記必然應用在由總經理保存在總行的機密帳簿。有點不確定的是，一號機密帳簿（一三九七至一四二〇年）是否因剛才提到的理由採用了複式簿記，也就是說，無法確定它是如何與失傳的其他帳簿聯繫在一起的。一號機密帳簿本身並沒有結清帳目，但這證明不了什麼。由於梅迪奇銀行使用多本總分類帳，可以藉著將它們組合起來完成結帳。至於二號機密帳簿（一四二〇至一四三五年），大概符合複式簿記的標準，雖然仍有些許疑問。就三號機密帳簿而言，答案無疑是肯定的，它在一四四一年和一四五一年兩年都結清了帳目（表13和表14）。此外，喬凡尼．本奇看起來無疑是一位能力極強的會計師，他簡化並優化梅迪奇銀行的記帳系統。

這個記帳系統肯定有較高的技術水準，甚至在本奇成為總經理之前。這比盧卡．帕喬利*讓我們相信的中世紀簿記描述還複雜得多。交易量實在太大，單獨一本總分類帳已不能適用。因此，有必要把它分割成幾部分，例如，分成債權人及債務人帳簿、機密帳簿、現金出納帳簿。這些同時並存的分帳如何互相聯繫，有無對應帳戶，都關係不大，只要沒違反複式簿記的基準，而且每筆交易產生兩個科目：一個在借方，一條個貸方。只要始終遵循這個規則正確地進行簿記，那麼無論只用一本帳簿還是用多本帳簿，帳面應會持平。

表 21：教廷法律實體（即梅迪奇設在羅馬教廷的銀行）的資產負債表
1427 年 7 月 12 日

資產			
	聖庫福羅林		
	f.	*s.*	*d.*
借方餘額：			
現金帳簿	22,037	12	10
黑冊帳簿	116,639	16	10
機密帳簿	19,765	18	0
合計	158,443	7	8
負債			
	f.	*s.*	*d.*
貸方餘額：			
現金帳簿	36,309	0	3
黑名單帳簿	55,409	8	1
機密帳簿	66,219	18	6
合計	158,238	6	10
結算時的誤差	205	0	10
合計	158,443	7	8

資料來源：ASF, Catasto No. 51 (Gonf. Leon d'Oro, 1427), fols. 1191-1194.

一個很好的例子是教廷法律實體（*ragione di Corte*），即羅馬分行，一四二七年七月十二日（表21）的資產負債表。這份資產負債表顯示，總分類帳被分割成三部分，或是說三大冊：現金帳簿（*quaderno di cassa*）、黑冊帳簿（*libro nero G*）和機密帳簿。現金帳簿的貸方餘額很可能代表活期存款，而在機密帳簿裡則完全是高級神職人員和地位顯赫的世俗人員的定期存款（*depositi a discrezione*），教宗本人的存款也在其中。機密帳簿的借方餘額只有兩個項目：一萬袋福羅林金幣，即九千四百聖庫福羅林，存在梅迪奇銀行的總行，和一萬零三百六十五聖庫福羅林十八索爾多硬幣，大概鎖在金庫裡。在借方總額和貸方總額之間大約有兩百福羅林的差額。根據附於資產負債表的一條注釋，這個差額是沒時間覆核帳簿找出差異造成的。總之，為什麼這些帳目沒有平衡的原因是人為出錯，而非對會計原理的無知。

現存幾份資產負債表很容易就可提供其他例子。[63]但為什麼要不厭其煩地說明這點？因為一個例子就足以駁倒一種論點，像是認為梅迪奇銀行大概不理會複式簿記，因為現金帳戶似乎從總分類帳中消失了。[64]的確，它不在那兒，但它在另外一本帳簿裡，就是現金帳簿。順便提一句，現金帳簿不僅僅是收支紀錄而已。

有人會說，附於資產稅報告的資產負債表有疑點，不能當作證據。的確，就如同前面的解釋，科西莫為一四五七年資產稅準備虛假的陳述，並命令他的代理人改變遞交給稅吏的資產負債表中的某些數字。在某種程度上，同樣的懷疑也可以用在第一次資產稅，也就是一四二七年那次。有一份資料附在梅迪奇準備的資產負債表裡，推測是從可掌控的合夥公司「科西莫和羅倫佐．德－梅迪奇和伊拉廖內．德－巴爾迪公司」的機密帳簿裡摘錄出來的。[65]這本機密帳簿現今尚存，但無論是參照的帳簿頁碼還是在資產負債表裡給出的數字，都與尚存

＊盧卡．帕喬利（一四四五至一五一四年）是義大利教士，一四九四年出版《數學大全》，其中部分篇章介紹複式簿記，這是最早論述複式簿記發展的總結性文獻，帕喬利因此被稱為「現代會計之父」。

的總分類帳數字不同。由此可得出結論，必定有一本為納稅目的而編造的機密帳簿。

然而，附於報告中的旗下合夥公司（佛羅倫斯、羅馬、威尼斯）的資產負債表不大可能有類似的偽造紀錄。編造一本詳細帳簿資料摘要的機密帳簿完全可能，但要複製記載成千上萬筆交易原始帳目的多本帳簿是完全不切實際的。總之，附於一四二七年資產稅報告的羅馬分行資產負債表似乎不是偽造的，因為它在定期存款人中列出教宗馬丁五世。如果梅迪奇擅自竄改數字，那麼他們為什麼不隱瞞這個有損聖座名譽的證據呢？

當資產稅一四二七年首次徵收時，商人很可能仍持謹慎的態度，試圖弄清楚能在多大程度上隱瞞資產。隨著時間過去，他們在欺騙稅吏方面變得更加大膽，直到欺騙的程度導致資產稅開始抑制商業投資。

如前所述，梅迪奇銀行堅持要求分行經理每年遞交資產負債表，它們一送到總行就會被詳細審核。中世紀的財務報表不像現代資產負債表那樣條理清晰；它們按帳戶在總分類帳中出現的順序分別列出借方和貸方餘額，不再進一步分類。有些中世紀的資產負債表有兩百個條目，甚至更多，成為一本好幾頁的小冊子。查帳的方法是逐項審查資產負債表，以挑出任何可疑或過期的帳款。稽查時要求分行經理在場回答問題。這就是為什麼居住在義大利的分行經理每年會有一次被召回佛羅倫斯的原因，而居住在阿爾卑斯山另一頭的分行經理則至少每兩年要被召回一次。一些現今仍存於梅迪奇檔案資料中的資產負債表，頁邊空白處有核對符號和對討償預期的見解。

梅迪奇銀行的一項不變政策是在著手分配獲利之前為壞帳留出適當的準備金。為此目的開設的準備金帳戶跟今天的做法完全一樣。若事後發現因為債務人償付能力報告的誤導而造成準備金不足，分行經理會受到嚴懲。梅迪奇銀行還有一個標準做法是開立應計薪資帳戶。[66]

除了在一號機密帳簿開頭幾頁以外，梅迪奇銀行記帳採用左右對照的形式，借方對應貸方，分別在兩個相對的頁面上記上同樣的數字。[67]採用雙面記帳的形式未必意味著帳目就是複式簿記。然而，梅迪奇銀行在義大利以及在國外的銀行的帳目通常都是這樣。

四、定期存款

梅迪奇銀行的大部分資源不是來自資本（corpo），而是源於 sopraccorpo，這個詞用 surplus（剩餘）來翻譯是很不充分的。事實上，sopraccorpo 這個詞比今天的 surplus 這個詞的涵義更廣。它包括：一、未分配的獲利，允許累積並因此增加周轉的資金；二、合夥人自己投入的資金（*fuori del corpo della compagnia*），即高於或超越股份的資金；三、外人所存的定期存款（*depositi a discrezione*）。[68]

在這三種涵義中，三號機密帳簿第五十六頁的帳目使用的是第一種涵義，這是一筆四萬三千兩百二十五福羅林的未分配利潤。[69]通常，梅迪奇銀行合夥協議規定，除非合夥人一致同意，不然獲利不能在合約期滿前提出來。這個政策得到切實執行，三號機密帳簿和福朗切斯科・薩塞蒂的私人帳簿都可證實。

根據公司章程，每位合夥人有義務全額提供所占股份的資本額，若未能履行該承擔的金額，不足的部分要被收取利息。另一方面，始終歡迎合夥人追加資金（*fuori del corpo*），即資本以外的資金。對這樣的投資，有權獲得利息，並在合夥人分配獲利前支付。因此，除了在資本中的兩千三百埃居股份以外，福朗切斯科・薩塞蒂在一四六二年還有六千又六十四分之一馬克的埃居存在日內瓦分行。[70]根據里昂分行在一四六六年底的資產負債表，他在資本中的股份到此時已減少到一千五百埃居。他的投資還包括一筆記在日內瓦市民阿梅代・德佩姆名下的五千埃居存款，但這筆錢實際上是薩塞蒂的。[71]這樣做的目的有可能是為了逃避資產稅。梅迪奇則把錢存在佛羅倫斯的銀行和佛羅倫斯外的分行裡。根據科西莫與弟弟羅倫佐的資產稅申報表，他們在一四三〇年時有一萬杜卡特存於威尼斯分行。[72]這兩筆存款的收益只有五%，那是比較低的。甚至還有一種情況，一家分行把存款存入另一家分行賺取利息。因此，梅迪奇銀行威尼斯分行顯然有豐富的現金準備，卻缺少投資機會，在一四五九年三月二十五日有兩筆定期存款存入梅迪奇銀行米蘭分行：一筆一萬五千帝國鎊（imperiali），每次以六個月為週期續存，利息為每年一二%；另一筆兩千威尼斯杜卡特，即七千八百帝國鎊，逐年續存，利息只有一〇%。[73]為什麼利息會有差異？也許是因為一筆存款是以持續貶值的米蘭流通銀幣償還的，而另一筆則是以較為穩定的杜卡特金幣償還的緣故。

梅迪奇銀行及旗下機構也接受來自外部顧客的存款，尤其是名門望族、教會長老、傭兵隊長和政治人物，例如菲力浦・德－科米納和余姆貝爾・德－巴塔爾奈。這樣的存款通常不是隨時提領，而是明示或暗示的定期存款，但支付利息，更確切地說是支付 discrezione。

Discrezione 這個詞用在當時的佛羅倫斯紀錄中有三種意思。首先，它意味著存款是非正規的，借入方有權「自行斟酌」將這些資金用在生意上，只要他認為合適。[74]其次，discrezione 指因該特權而由銀行支付的回報。[75]就這個意義而言，這個詞可回溯到十二世紀一一九〇年的一份公證合約。根據這個合約，一位名叫魯福斯的熱那亞銀行家確認收到存於他銀行裡的二十鎊熱那亞貨幣，並承諾償還這筆資金，獲利「自行斟酌」（*in mea discretione*）。[76]其三，隨著自然的演進過程，deposito a discrezione 一詞逐漸意指銀行定期存款。

銀行家們聲稱，discrezione 是一份免費的饋贈，不是合約義務。事實上，按照法律條文，它不可收回，在它被記入銀行簿冊中存款人的貸方之前不會產生法律效力。[77]這條規則也許可用來解釋為什麼托馬索・波提納利在景氣不好的一四六四年年底採取預防措施，不再增加任何discrezione到存款人的帳戶上。[78]

實際情況是，教會禁止獲取高利貸那樣的利息，但並未禁止銀行家謀取饋贈，並對存款人表現出善意和慷慨。當然，銀行家迫不及待地給出與競爭對手相同的 discrezione，也就是回報，以免失去顧客。然而，這一點並沒有得到強調。中世紀的頭腦是尊重法律的：只要沒有正式合約或約束性合約，就沒有強迫。

然而，較為嚴謹的神學家，包括急於堵上高利貸戒律這個漏洞的佛羅倫斯大主教聖安東尼諾（一三八九至一四五九年），譴責 depositi a discrezione（定期存款）為高利貸，因為放款人期望從貸款中獲得利息，即使無明確協議要支付利息。[79] 高利貸因此逐漸取決於意向。甚至希望從貸出的錢身上獲得回報也依據路加福音中著名的「貸人錢財，別求回報」而受到譴責。[80] 聖安東尼諾遵循嚴格主義者的學說，甚至走得很遠，把只在心裡期望獲得報酬的行為指責為精神高利貸，他堅持認為這與合約獲取高利貸一樣罪孽深重。然而，對犯下如此不可饒恕罪孽的恐懼，並不能阻止樞機主教等高級神職人員公開或祕密地把錢存在梅迪奇銀行。[81] 無論毫不妥協的神學家對這件事非得說些什麼，depositi a discrezione（定期存款）在日常商業實務中都不被認為應該受到譴責。一三一二年的一項佛羅倫斯法令甚至宣稱，把利息當作饋贈對待是一種值得稱讚的商業習俗。因此，該法令不允許債務人逃避自發記入自己帳簿的債務責任。[82]

若這樣的推論不是太偏離正軌的話，那麼 depositi a discrezione（定期存款）也許可以比作現代的收益債券，只有在有收益時才支付利息。因而遭受嚴重損失的銀行不必向存款人支付 discrezione（高額利息）而使自己的情況雪上加霜。這一點可以用菲力浦・德科米納與梅迪奇銀行之間的麻煩故事來加以說明。

亞精頓領主菲力浦・德－科米納（一四四五至一五〇九年）是一名佛蘭德籍的法國外交官，著名的路易十一世傳記的作者，有將近兩萬五千（無太陽圖案的）埃居存在里昂分行。在一四八九年十一月有一次帳目結算，各方意見一致，除了一點：即福朗切斯科・薩塞蒂以梅迪奇銀行的名義拒絕把科米納聲稱是最近兩年 discrezione 的五千埃居計入科米納的貸方。[83] 雙方同意將此爭議交給豪奢的羅倫佐裁決。必須得補充一句，當時里昂分行正因廖內托・德－羅西管理不善陷入嚴重的財務困難。科米納覺得自己未得到公平對待，於是就寫信給摯友「勞倫斯君主」（豪奢的羅倫佐）。勞倫斯君主回信說他確實感到非常遺憾，但他在里昂的損失大到藏都藏不住，因此他對科米納的事情無能為力。[84] 後者接受羅倫佐的裁決，但不是沒有抱怨那樣對他來說是嚴酷和不利的。[85]他一貫地相信，如果梅迪奇銀行能如期望般挽回損失，那麼一切都會得到補償。[86]事實上，一四九一年三月四日做了新的結算，確定欠科米納的金額為兩萬四千三百六十四（無太陽圖案的）埃居，並規定分四年分期償清這筆債務。這一協議顯然得到了執行，因為一四九四年當梅迪奇家族被逐出佛羅倫斯，其資產被新政府沒收之際，還有最後一筆八千三百六十四埃居的分期付款應付給科米納。[87]

科米納試圖從佛羅倫斯共和國得到仍拖欠的餘款。為了這個目的，他一次又一次派使者去佛羅倫斯，並在之後十五年裡一次又一次地提出書面請求。[88]全然徒勞無功；他從未拿到那八千埃居，那筆錢代表他當初存款金額的三分之一。因此，科米納在梅迪奇家族及其銀行衰敗中失去全部存款這個說法是不真實的。[89]

也許，假如科米納堅持在一四八九年提取存款，他或許早已崩潰了。幸虧羅倫佐成功地安撫了他，並說服他耐下心來同意逐步償還其索賠金額的結算方案。儘管如此，從紀錄中還是可清楚看到他已對梅迪奇銀行的償付能力失去信心。當然，銀行家猶豫很久才走出不許獲取高額利息這一步，因為這會暴露他們的困難，並因誘使存款人在關鍵時刻擠兌資金而使銀行的境況雪上加霜。

把資金存入定期存款的顧客會得到一張存款收據，也就是定期存單，義大利語叫 scritta，法語叫 cédule。[90]現在還有留下幾份這樣的存單。其中一份可追溯到一四三四年三月十二日（佛羅倫斯新曆）。[91]它證明威尼斯的科西莫和羅倫佐・德－梅迪奇公司已經收到佩魯賈人馬拉泰斯塔・德－巴廖尼的妻子雅各帕女士兩千大福羅林，存款期間一年。第一年之後，合約自動延續，但雙方理解，本金和應付利息，更確切地說是 discrezione，在任何時候只要存款人提出要求即應償付。當然，並沒有約定利率。顯然，存款人相信銀行能提供合適的回報。文件完全由梅迪奇公司在威尼斯的經理洛托・迪塔尼諾・博齊手書，不僅僅是由他簽字。文件上蓋著梅迪奇公司的驗訖章，並說明這筆存款已記入雅各帕女士的貸方，在用白色皮革裝訂的公司總分類帳的第兩百三十七頁，標有字母O。

另一份存單是用法文而非義大利文寫的；目的是一樣的，雖然大意有所不同。[92]它的簽署日期是一四七八年四月二十一日，上面寫道，里昂的羅倫佐・德－梅迪奇和福朗切斯科・薩塞蒂公司承認已從布夏日的君主余姆貝爾・德－巴塔爾奈（一四三八至一五二三年）、國王的顧問兼內臣手裡收到一萬（有太陽圖案的）埃居。這筆錢將被投資在合法的商品貿易中，其產生的獲利和損失將由雙方平均分攤。這個條款不應該按照字面理解，因為巴塔爾奈不可能真的與梅迪奇銀行締結合夥關係。這就意味著，存款人不保證能獲得固定的報酬率，若這年收益好，那麼獲利就多，若這年收益差，那麼獲利就少。若虧損而非獲利，那麼存款人就可能得不到一點回報。根據附於合約的一份帳單，巴塔爾奈得到從不知何時開始至一四九一年二月十二日的報酬一千五百三十五（無太陽圖案的）埃居，以及截至一四九三年五月的兩年間一千六百四十（無太陽圖案的）埃居的報酬。第一個例子的報酬率大概是七・五％，第二個例子的報酬率為八％，但這多多少少是個猜測。[93]巴塔爾奈的cédule（存單，這是合約原件裡用的術語）包含一個罕見的條款，規定這個存款既可在里昂也可在梅迪奇的任何一家義大利分行提取，由存款人選擇。如同前面提到的那份存單一樣，這份存單也在梅迪奇銀行本地經理的手裡：「利奧內・德魯西（廖內托・德－羅西），該銀行的經理。」

在法國，教會對高利貸的禁令或許要比義大利更嚴肅的對待。在合法交易的外衣下隱瞞付息貸款必須倍加小心。表面上，與巴塔爾奈簽定的合約讀起來好像是一份涉及參與盈虧分攤的商事企業合夥協議，但真正的要旨當然是全然不同的：它是一份規定利息支付的存款存單。商人因此被迫隱瞞交易實質，所以合約被故意用費解、模稜兩可的語言來描述，結果成為代價不菲的訴訟溫床。

根據合約的措詞，甚至不清楚將錢存入銀行的人到底應該被視為債權人還是合夥人。托馬索・索代里尼是傑出的佛羅倫斯人和梅迪奇家族的支持者，一四八七年，他的繼承者為索回一筆托馬索・波提納利已收到，且四個月就提前通知應立即歸還的四千兩百零四・五杜卡特存款，對他提起訴訟，這時波提納利已斷絕與梅迪奇家族的聯繫，自己在做生意。[94]波提納利拒絕歸還這筆錢，並辯解說未交給他這筆存款，不過，雙方同意將這筆錢用於一家合夥公司的貿易，並分享由此產生的獲利。波提納利拒絕的原因很可能是他缺少現金，嚴重缺少流動資本。事實上，他正竭力避免破產，同時遭遇其他債權人的煩擾。法庭命令波提納利為這筆爭議中的款項繳納保證金，但未對訴訟中的主要問題當庭做出裁決。遺憾的是，我們不知道這個案子最後是怎麼宣判的。我們也沒有波提納利與索代里尼簽訂的合約，但合約內文的措詞很可能有誤導性，如同巴塔爾奈的存款存單上的措詞。[95]

除了神職人員以外，梅迪奇銀行的存款人常常還有地位顯赫的政治人物。我們已說過里昂分行的客戶科米納和巴塔爾奈。梅迪奇銀行在布魯日的公司，存款人中有康波巴索伯爵、無畏者查理*的義大利傭兵隊長、布根地宮廷的另一名傑出成員紀堯姆·比舍。比舍口蜜腹劍，耍兩面手法，最終背叛主人，倒向法國人那邊。

這樣的人急於把資金存放在國際銀行的祕密帳戶裡，可以有些解釋。他們想要一些無充公之慮的投資，萬一失勢，而且不得不逃亡海外時。不動產無法隱瞞，但國際銀行帳戶卻只要用筆輕輕一揮，簽個字就可攜帶出國。一份兩句話的帳面轉讓文書，加上一封通知書就夠了。根據巴塔爾奈合約的規定，他的存款可在國外償還，這就是對萬一流亡的預防措施。菲力浦·德－科米納利用他在里昂分行的存款帳戶，以賄賂手段擺脫鐵窗生涯，他因在查理八世尚未成年期間密謀推翻法蘭西攝政王安妮·德－博熱而身陷囹圄。[96]紀堯姆·比舍沒有科米納那麼幸運。在一四八〇年比舍背叛奧地利的馬克西米利安之後，托馬索·波提納利被傳喚到設在布魯塞爾的法庭。他被迫以福音書宣誓，並揭發比舍有多少錢記於自己兩個存款帳戶的貸方。[97]馬克西米利安沒收總計四千六百六十六格羅特鎊十三索爾多四德涅爾（佛蘭德通貨）的存款餘額。[98]比舍起先起訴里昂分行，但未成功，因為它否認應對波提納利的債務負責。[99]他憑藉強制手段和非法手段在十四年之後追回他的資金。他利用查理八世在義大利的戰事，從佛羅倫斯共和國（一四九四至一四九五年）勒索一萬七千五百福羅林的賠款。

薩塞蒂私人帳簿中的帳目明確顯示，不同存款的報酬率從八%到一〇%不等。[100]米蘭分行有時支付高達一二%的利息。[101]沒有線索可以解釋為什麼有這些差異；很可能是與獲利機會、貨幣市場行情，或是借款人急需信貸有關。總之，利率一二%的存款幾乎是無利可圖的，因為難以找到收益更高並留下一份獲利給銀行家的安全投資。安傑羅．塔尼在一四六八年五月九日寫信給資深合夥人說，為了以一二%或一四%的利率借到錢而老是「吆喝」乞求總不是辦法，因為利息費用會吞噬大部分獲利。[102]他接著要求把免手續費的三千英鎊分配給倫敦分行用以購買羊毛，以便賺錢獲利，抵消以往損失。

定期存款作為一個資金來源到底有多重要？在羅馬教廷的梅迪奇銀行，沒有資本，想當然耳，是從存款中生出大部分的財源。根據一四二七年的資產負債表，存款總額達到七萬一千聖庫福羅林，其中五萬八千福羅林為機密帳簿中的餘額，一萬三千福羅林在總分類帳裡。此外，羅馬分行持有將近兩萬五千福羅林的存款，屬於教宗聖庫。[103]總計將近十萬福羅林，這個數字差不多是梅迪奇銀行所有分行所有資本的四倍（表10）。同樣是在一四二七年，存在梅迪奇銀行威尼斯分行的存款不見得有多重要，但也達到八百格羅特鎊，即八千杜卡特，這個數字與分行的資本額相同。在同一天，佛羅倫斯錢莊有幾筆外人所存的定期存款，包括巴塞隆納的凡蒂諾．德–梅迪奇（四千四百福羅林）、威尼斯的潘多爾福．孔塔里尼（兩千福羅林），以及阿雷佐的梅塞爾．吉里格羅．德–馬蘇皮尼（一千一百福羅林）。[104]此外，佛羅倫斯錢莊對羅馬分行和威尼斯分行欠下大量負債。遺憾的是，資產負債表並未將存款與其他帳目清楚地區分開來。

後來的資料更不完整，因為資料來源有那麼多的缺口。不管怎麼說，外人在米蘭分行的存款金額在一四六

＊無畏者查理（一四三三至一四七七年），即一四六七至一四七七年間法國瓦盧瓦王朝最後一任布根地公爵，也被稱為魯莽者查理。

〇年時達到九萬七千六百九十帝國鎊，超過四萬三千帝國鎊資本的兩倍。此外，威尼斯分行有四萬一千六百帝國鎊的存款，這不包括在前面提到的總金額裡面。[105]根據一四六六年年底編製的資產負債表，里昂分行欠存款人約四萬兩千（六十四分之一馬克的）埃居，都在機密帳簿和總分類帳裡，而當時的資本總額不超過一萬兩千四百埃居。[106]

如這些數字所示，多虧有富有客戶的存款，使得梅迪奇銀行的財源遠比投入的資本高出數倍。遺憾的是，資料太不完整，無法給出更加精確的資訊，尤其是一四六〇年之後的時期。這些財源如何被用於金融、貿易和織造業將是後面各章的主題。

注釋

1. Armando Sapori, *La crisi delle compagnie mercantili del Bardi e del Peruzzi* (Florence, 1926), p. 249.
2. Sapori, *Studi,* pp. 666-669, 678. 一三〇三年時，帕齊家族掌控七十四股，而外人只擁有四十九股。
3. 然而，合夥人也可能起來反抗懦弱的領導人，並主張對任何重要事項的投票權，就如邦西諾里公司的情況（*ibid.,* pp. 784-788）。
4. Sapori, *Studi,* pp. 665-670.
5. *Ibid.,* p. 684. 一三一九年時，是喬托・達諾爾多向共同合夥人報告公司的財務狀況。
6. Mario Chiaudano, "I Rothschild del Duecento: la Gran Tavola di Orlando Bonsignori," reprinted from *Bullettino senese di storia patria,* VI (1935), fasc. 2, 17; Sapori, *Studi,* p. 681.
7. *ragione* 這個詞有廣泛含義，可分別或一併指稱所有這些事物。Florence Edler, *Glossary of Mediaeval Terms of Business, Italian Series, 1200-1600* (Cambridge, Mass., 1934), p. 236.
8. Clemens Bauer, *Unternehmung und Unternehmungsformen im Spätmittelalter und in der beginnenden Neuzeit* (Jena, 1936), p.

143.

9. Yves Renouard, *Les Relations des papes d'Avignon et des companies commercials et bancaires de 1316 à 1378* (Bibliothèque des écoles françaises d'Athènes et de Rome, fasc. 151, Paris, 1941), pp. 49-50; R. de Roover, «La Comrrmnauté des marchands lucquois à Bruges de 1377 à 1404,» *Handelingen van het genootschap «Société d'Emulation» te Brugge,* 86:64-69 (1949); Sapori, *Studi,* pp. 698-704.

10. Sapori (*Studi, pp.* 762 f.) 提供這類契約一個例子。這個契約陳述雇主同意支付的薪資金額。

11. Sapori (*Studi,* pp. 712 f.) 從帕齊家族紀錄中提供幾個例子。阿伯提家族和梅迪奇家族也遵循同樣的政策。

12. *Ibid.,* pp. 755-762; Camerani, *Documenti,* p. 50, No. 115. 根據布匹進口商行會規章（一三三二年）第六十六條，任何人，無論是合夥人或是雇員，凡被貿易公司派到國外者，都必須授予受託代理人一般權力或特別權力 (Emiliani-Giudici, *Storia politico.,* II, 78).

13. ASF, Archivio notarile antecosimiano, G 620, Protocolli di ser Simone Grazzini da Staggia, 1472-1494, fols. 46-51^{v}. 這是一份契約，羅倫佐和朱利亞諾・德－梅迪奇藉此委任在威尼斯的合夥人喬凡尼・多爾西諾・蘭福雷迪尼為他們的受託代理人和總代表（一四七六年五月三十日）。

14. Roscoe, *Life of Lorenzo de' Medici,* p. 425.

15. *I libri di commercio dei Peruzzi* (Milan, 1934), p. 160, ed. Armando Sapori.

16. Sapori, *Studi,* p. 704.

17. 我已在書名略有不同的本書第一版 *The Medici Bank., its Organization, Management, Operations and Decline* (New York, 1948), pp. 6-7. 指出過此點。阿曼多・薩波里教授同意關於梅迪奇家族的這些觀點，但正確地指出福朗切斯科・達蒂尼在一四〇〇年前後建立的那些公司並未形成控股公司。Sapori, *Studi,* pp. 162, 636-637, 1022-1023, and "The Medici Bank," *Banca Nazionale del Lavoro Quarterly Review,* fasc. No. 11 (October 1949), p. 9.

18. ASF, MAP, filza 94, no, 137, fols. 220-221.

19. *Ibid.:* "... vicitare gli altri traffichi i quali di questo uscissono chome paresse loro bisogno."

20. ASF, MAP, filza 153, no. 2, fols. 5^{V}-6^{V}.

21. ASF, MAP, filza 153, no. 3, fol. 3.

22. *Damiano Ruffini* v. *Tommaso Portinari,* Bruges, July 30, 1455. Louis Gilliodts-van Severen, *Cartulaire de l'ancienne estaple de Bruges,* II (Bruges, 1905), 36-37, doc. No. 958.

23. 在歐洲大陸，合夥公司，像股份制公司一樣，有不同於合夥人的法人資格，根據英格蘭法律他們沒得享受合夥人的特權。

24. 最早強調這個角色的人是佛羅倫絲・德魯福，參見她的文章"Francesco Sassetti and the Downfall of the Medici Banking House," *Bulletin of the Business Historical Society,* 18:65-80 (1943).

25. 為此目的的規定存在於所有合夥協議，而且毫無疑問得到執行。

26. R. de Roover, "Accounting prior to Luca Pacioli," pp. 151 f.

27. Grunzweig, *Correspondance,* pp. 130 f. Cf. Biblioteca Nazionale, Florence, Mss. II, V, 13 (Carte Lanfredini), fol. 167: 威尼斯分行經理喬凡尼・蘭福雷迪尼給將去佛羅倫斯並隨帶一份資產負債表的員工喬凡巴蒂斯塔・里多爾菲的 *ricordo*（訓令）。

28. 通常做法是把由總經理起草的契約給分行經理，並讓後者謄抄一份存檔於總行。

29. 這三份契約是：一、科西莫和羅倫佐・迪喬凡尼・德－梅迪奇與伊拉廖內・迪利帕喬・德－巴爾迪在一四二〇年九月一日的協議（MAP, filza 153, no. 2, fols. 4-5）；二、一四三五年六月八日簽訂的協議，一方為科西莫和羅倫佐，另一方為喬凡尼・本奇和安東尼奧・薩盧塔蒂（兩份副本尚存：MAP, filza 153, no. 3, fol. 2, and filza 94, no. 137, fols. 220-221）；三、一四四一年三月二十五日簽訂的協議，由科西莫、本奇及薩盧塔蒂簽署（兩份副本尚存：MAP, filza 153, no. 3, fol. 50, and filza 94, no. 120, fols. 185-186）

30. 原文見於 Grunzweig, *Correspondence,* pp. 53-63，有法文摘要；亦見於 Gutkind, *Cosimo de' Medici,* pp. 308-312; *idem, Cosimo de' Medici il Vecchio,* pp. 407-413. 英譯文可見 *Medieval Trade in the Mediterranean World,* ed. Lopez and Raymond, pp. 206-211.

31. 也許該文件應與較早的一四四六年與倫敦而非布魯日有關，但亦涉及皮利的契約作比較。該契約在序文中陳述，契約一方是以科西莫・德－梅迪奇和喬凡尼・本奇，另一方則是傑羅佐・德－皮利。因此，科西莫與本奇之間的合夥公司是該契約的當事人之一。三份副本尚存：MAP, filza 153, no. 3, fols. 53^v-54; filza 82, no. 178, fol. 552; filza 94, no. 132, fols. 211-212. 亦請參見 Lewis Einstein, *The Italian Renaissance in England* (New York, 1902), p. 242.

32. 由於茲汶河淤塞，變得愈來愈不安全，大帆船通常停泊在瓦爾赫倫島的阿內木伊登（義大利文：Remua）的船隻停泊處。伯根奧普佐姆是荷蘭的一個小鎮，在安特衛普以北，斯克爾特河的拐彎處。那裡的市集在十五世紀和十六世紀初很有名，在一五五〇年後衰退。加來之所以重要，是因為它是英格蘭羊毛貿易中心城鎮。

33. 對該契約的出色分析請見 Einstein, *Italian Renaissance,* pp. 242-245.
34. 禁止賭博或與女人發生性關係的條款亦可發現在員工的僱用合約（Sapori, *Studi,* p. 762）。這樣的條款是否有嚴格執行，從其他證據來看還有疑問。
35. 大帆船被認為是十分安全的運輸模式，許多商人不認為有必要投保。Frederic C. Lane, *Venetian Ships and Shipbuilders of the Renaissance* (Baltimore, 1934), p. 26.
36. Grunzweig, *Correspondance,* p. xxv.
37. 總資本為四千福羅林，其中八百福羅林由羅梭和凡蒂諾預先出資。ASF, MAP, filza 153, no. 2, fols. 8v-9v.
38. ASF, MAP, filza 68, no. 402.
39. MAP, filza 94, no. 134, fols. 214-215.
40. 對給皮利的訓令的描述見於 Einstein, *Italian Renaissance,* pp. 245-249.
41. 許多由威尼斯分行開給喬凡尼・文圖里和李卡多・達萬札蒂公司的匯票被拒付退回（Camerani, *Documenti,* pp. 64-71）。西莫內・諾里從布魯日派出一名員工阿塔維亞諾・阿爾托維蒂到巴塞隆納，努力在破產清算中獲得優惠待遇。巴塞隆納的雷蒙多・曼內利一四四八年一月三十一日致函喬凡尼・德－梅迪奇・本奇的信 (MAP, filza 82, no. 73, fol. 237)。關於亞維儂分行，亦牽涉到文圖里和喬凡巴蒂斯塔・里多爾菲的破產，有一通信檔案尚存（MAP, filza 86, nos. 10 and 29, fols. 110-111, 225-228）。
42. 在一四五一年時，雷蒙多・曼內利在佛羅倫斯的商事法庭牽涉一起與亞維儂分行的官司（MAP, filza 129, fols. 116-142）。
43. 給皮利的訓令並沒有寫出亞歷山德羅的姓氏，但無疑是里努奇尼（Camerani, *Documenti,* p. 73, No. 201）。亞歷山德羅・迪菲利波・迪奇諾・里努奇尼（一四二五至一四九三）終止為梅迪奇的服務，成為聖馬可修道院的道明會修士，他在那裡因為對宗教的虔誠和熱忱而出名，並擔任院長兩年。*Ricordi storici di Filippo di Cino Rinuccini dal 1282 at 1460,* ed. G. degli Aiazzi (Florence, 1840), p. 138.
44. Grunzweig, *Correspondance,* pp. xxv-xxvii.

45. 在一份一四六八年一月二十一日（佛羅倫斯新曆）簽署的拉丁文文件中，波提納利自稱是 *socius et gubernator societatis egregii domini Petri de Medicis ac sociorum*。這份文件發表在 Adolf Gottlob, "Zwei ,instrumenta cambii' zur Uebermittelung von Ablassgeld (1468)," *Westdeutsche Zeitschrift für Geschichte und Kunst,* 29:208 (1910)。英譯文見於 William E. Lunt, *Papal Revenues in the Middle Ages* (New York, 1934), II, 469-474。這段譯文有些並不準確。譬如 *socius et gubernator* 應該是 "partner and manager" 而非 "colleague and governor"。*Procuratore* 最好用 "proxy" 或 "attorney" 而非 "proctor" 來翻譯。

46. Gutkind (*Cosimo,* p. 183) 提到卡瓦爾康蒂是「與法蘭西人打交道的專家」，並向「法蘭西」宮廷出售絲綢織物。這段說明莫明其妙。法蘭西宮廷在巴黎，不在布魯日。善良的菲利普和無畏者查理的布根地宮廷倒是「講法語」。Cf. Gutkind, *Cosimo il Vecchio,* p. 243.

47. ASF, MAP, filza 134, no. 2: Ledger of the Bruges branch, 1441, fols. 227-251.

48. 安東尼奧・托爾納博尼是菲利波・迪菲利波的兒子，是羅馬分行經理喬凡尼堂兄的兒子。

49. Grunzweig (*Correspondance,* p. xxv) 將這位福爾科・迪阿多阿爾多・迪喬凡尼・迪阿多阿爾多與福爾科・迪皮傑洛・迪福爾科・迪阿多阿爾多混淆了。後者誕於一四六二年，那等於說他在四歲時就成為布魯日分行的雇員，不可能的事！

50. 托馬索・波提納利一四六四年十二月一日致函皮耶羅・迪科西莫的信（ASF, MAP, filza 12, no. 379）。談到這位訓練不佳的年輕人波提納利："il quale non sapeva tenere la penna in mano quando me fu dato."

51. 托馬索・波提納利一四六七年二月十三日（佛羅倫斯新曆）致函皮耶羅・迪科西莫的信（MAP, filza 12, no. 312）。內本如下："... Ma che sia di qualita da potersene aiutare e non averlo a mandare alia schuola."

52. 托馬索・波提納利一四七〇年六月九日致函皮耶羅・迪科西莫的信（ASF, MAP, filza 4, no. 501）。

53. 如前所述，梅迪奇家族始終有權提前終止協議。

54. ASF, MAP, filza 84, no. 24, fols. 51-52.

55. Pagnini, *Delia Decima,* II, 304. 在編年史中提到的羅倫佐・塔尼尼是在威尼斯的經理洛托・迪塔尼諾・博齊的兒子。這個家族把姓氏從博齊改為塔尼尼。羅倫佐早在一四六二年就在布魯日（Camerani, *Documenti* pp. 112 ff.）。

56. 貝內代托・代伊的編年史提到：一、福朗切斯科・納西，二、福朗切斯科・卡波尼，三、貝爾托・蒂耶里，四、皮耶蘭托尼奧・班迪尼－貝倫賽利，五、巴爾托洛梅奧・納西，六、尼科洛・卡波尼，七、迪奧尼吉・納西，八、菲利波・布切利服務於布魯日的帕齊公司。

57. 米蘭分行的員工名單出現在一四六〇年三月二十四日（佛羅倫斯新曆）的資產負債表：ASF, MAP, filza 83, no. 9, fols. 34-42.
58. ASF, MAP, filza 153, no. 3, fol. 17.
59. *Ibid.,* fol. 19.
60. Pagnini, *Delia Decima,* II, 305. 代伊的編年史羅列如下：一、蓋拉爾多・卡尼賈尼，二、喬凡尼・丹傑洛・德－巴爾迪，三、雅各波・德爾札凱利亞，四、羅倫佐・奧塔萬蒂。
61. Grunzweig, *Correspondance,* pp. xlv-xlix.
62. ASF, Catasto No. 51 (Leon d'Oro, 1427), fols. 1162-1190.
63. 另一個例子見於 R. de Roover, "Accounting prior to Luca Pacioli," pp 149-150.
64. Zerbi, *Origini,* pp. 125, 130.
65. ASF, Catasto No. 51 (Leon d'Oro, 1427), fol. 1200: "†1427, a di 27 di luglo. Apresso scriveremo i debitori e creditori di libro segreto di Cosimo e Lorenzo de' Medici e Ilarione de' Bardi di Firenze."
66. 梅迪奇銀行絕非第一個實行這項政策的銀行。
67. 這被清楚地記述在三號機密帳簿的序文："... e tegniallo alia viniziana nell'una faccia il dare e nell'altra Tavere e lie due faccie mettiamo per una charta."
68. Edler, *Glossary,* pp. 130, 274.
69. "E di 24 di marzo 1447 [1448] posto debi dare in questo c. 61, per resto di quella ragione che tanto ci si truova di *sopracorpo.*"
70. Edler, "Francesco Sassetti," p. 71.
71. ASF, MAP, filza 83, no. 49, fol. 304. 一四七一年時，薩塞蒂在亞維儂分行有一筆七千兩百八十五大福羅林的存款。這筆錢被存在塞萊斯廷修道院的名下，而非他的名下。在機密帳簿裡清楚記述："... tenghono *di mio* in disposito in nome del Convento de' Cilestrini." ASF, Carte Strozziane, Series II, No. 20, fol. 39.
72. ASF, Catasto No. 373 (Leon d'Oro, 1430), fol. 729. Cf. Sieveking, *Aus Genueser Rechnungsbüchern,* p. 97.
73. ASF, MAP, filza 134, no. 4, fols 9, 11. Cf. Sieveking, *Handlungsbücher,* p. 37.
74. 這個意思可見一四三三年三月十二日威尼斯的梅迪奇公司與佩魯賈的馬拉泰斯塔・德－巴廖尼的妻子雅各帕之間簽署的

合約。在這個合約中，梅迪奇承認收到一筆兩千福羅林的存款，由他們自由斟酌用於生意（*ricevuti in deposito a nostra discrezione*）。同一個檔案中使用 discretion 這個詞的另一個意思，並說明該存款將在至少一年後按要求償還，連同適當的 discretion，也就是報酬（*... e dobiano provederlo della discrezione per tutto il tempo gli avessino tenuti*）。ASF, MAP, filza 94, no. 83, fols. 230-231.

75. Edler, *Glossary,* p. 107; Grunzweig, *Correspondance,,* p. 131; Sieveking, *Aits Genueser Rechnungsbüchern,* p. 97; R. de Roover, *The Medici Bank,* 1st. ed., p. 71.

76. Raffaele Di Tucci, *Studi sull'economia genovese del secolo decimo secondo; la nave e i contratti marittimi, la banca privata* (Turin, 1933), p. 88; Mario Chiaudano and Raimondo Morozzo della Rocca, eds., *Notai liguri del secolo XII: Oberto Scriba de Mercato, 1190* (Turin, 1938), p. 223, No. 565.

77. Armand Grunzweig, «Le Fonds de la Mercanzia aux Archives d'Etat de Florence au point de vue de l'histoire de Belgique,» *Bulletin de l'Institut historique beige de Rome,* 12:92-93 (Brussels, 1932).

78. Grunzweig, *Correspondance,* p. 131; Amintore Fanfani, *Le origini dello spirito capitalistic in Italia* (Milan, 1933), p. 41.

79. *Summa theologica* (Verona, 1740), Part II, cols. 109-110: title 1, cap. vii, §34 and 35.

80. Luke 6: 35 (Douai version). Cf. John T. Noonan, Jr., *The Scholastic Analysis of Usury* (Cambridge, Mass., 1957), pp. 32-33, 104-105.

81. ASF, Catasto No. 51 (Leon d'Oro, 1427), fols. 1191-1194. 該資產負債表列出在梅迪奇銀行存款的樞機主教，包括來自諾瓦拉的阿爾蒂契諾．德拉波爾塔，皮亞琴察主教布蘭達．達卡斯蒂廖內，以及溫徹斯特主教亨利．博福特。

82. Grunzweig, "Mercanzia," p. 93. Cf. Edler, "Restitution Florence," p. 785; G. Lastig, "Beitrage zur Geschichte des Handelsrechts," *Zeitschrift für das gesamte Handelsrecht,* 23:143 ff. (1878).

83. Joseph, Baron Kervyn de Lettenhove, *Lettres et negotiations de Philippe de Commines* (Brussels, 1867), II, 69-70.

84. *Ibid.,* pp. 70-71. Cf. ASF, MAP, filza 96, no. 197.

85. «Le dit appointement est bien megre pour moi,» Commines to Lorenzo, March 5, 1490/91: ASF, MAP, filza 43, no. 45; Kervyn, *Lettres de Commines,* II, p. 72. Cf. von Reumont, *Lorenzo,* II, 336.

86. Kervyn, *Lettres,* II, 83.

87. ASF. MAP, filza 84, no. 45, fol. 95.

88. Kervyn, *Lettres,* II, 147, 248-249, 255-256, 269, 271-273. 最後一次請求的簽署日期為一五一一年八月二十五日。德－科米納在同一年去世。

89. 這是我在本書第一版（pp. 56-57）中給出的印象，但與近期發現的文件不符。

90. ASF, Carte Strozziane, Series I, filza 10, fol. 288. 這是在一四七四年三月九日（佛羅倫斯新曆）簽署的憑單。

91. ASF, MAP, filza 94, no. 83, fols. 230-231.

92. *Documenti di storia italiana,* ed., Giuseppe Molini. I (Florence, 1836), 13-16.

93. 要精確估算報酬率是不可能的，因為 *ècu sans soleil*（無太陽圖案的埃居）比 *ècu au soleil*（有太陽圖案的埃居）的價值要稍微小一點。

94. *The Heirs of Tommaso Soderini* v. *Tommaso Portinari,* September 11, 1487. Gilliodts-van Severen, *Cartulaire de l'estaple,* II, 260, No. 1240.

95. 另一個例子是梅迪奇的一位顧客，他想要以八%的利率存款六千兩百五十杜卡特。由於他強烈反對使用 deposito 或 discrezione 這兩個詞，因為那是「明顯的高利貸」，結果決定以下列的方式簽署合約，即合約支付五百杜卡特的年息（*pensione*），條件是本金只在三年後通知才可償還。一份合約是否高利貸就這樣在很大程度上取決於起草的合約。這是亞維儂的保羅．迪桑德羅一四八九年一月十九日給豪奢的羅倫佐的信（ASF, MAP, filza 40, no. 198）。

96. Kervyn, *Lettres,* II, 39, 68.

97. ASF, MAP, filza 89, no. 124.

98. 有兩筆存款記於比舍的貸方：一筆是三千格羅特鎊（佛蘭德通貨），一筆是一萬阿圖瓦（每阿圖瓦折合四十格羅特），等於一千六百六十六格羅特鎊十三索爾多四德涅爾。Grunzweig (*Corresp on dance,* p. xxxvi) 因把兩百四十格羅特的大鎊與四十格羅特的小鎊相加，錯誤得出總和一萬三千格羅特鎊。格羅特鎊等於六阿圖瓦鎊。

99. 里昂的廖內托．德－羅西在一四八四年八月十一日、一四八四年九月三十日與一四八九年十二月八日致函羅倫佐．德－梅迪奇的信（ASF, MAP, filza 39, no. 280; *ibid.,* no. 339; *ibid.,* no. 398））。以及巴黎的安東尼奧．梅利尼在一四八五年三月三十日給在里昂的廖內托．德－羅西的信 (MAP, filza 89, no. 147).

100. 利率有時候有寫，有時候沒寫。"E deono dare ∇480 vecchi per providigione d'uno anno di ∇6,000 a 8 per cento l'anno." 這

是一筆存在日內瓦分行的存款，利率為八%。薩塞蒂從梅迪奇銀行的一筆五千福羅林存款收到一〇%：“E deono dare fior. cinquecento larghi per discretione de' detti danari insino a tutto l'anno 1463 d'accordo con loro, posti in questo a c.20 fior. 500.”這些入帳紀錄摘自薩塞蒂的私人帳簿：ASF, Carte Strozziane, Series II, No. *20,* fols. 11, 12.

101. ASF, MAP, filza 134, no. 4, fol. 9. Cf. Sieveking, *Handlungsbücher,* p. 37.
102. 倫敦的塔尼在一四六八年五月九日致函羅倫佐・德－梅迪奇的信（MAP, filza 20, no. 391）。
103. ASF, Catasto No. 51 (Leon d'Oro, 1427), fols. 1191-1194.
104. *Ibid.,* fols. 1162-1168, 1187-1190.
105. MAP, filza 83, no. 9, fols. 34-42.
106. *Ibid.,* no. 49, fols. 301-306.

第六章　梅迪奇時代的銀行業與貨幣市場

在中世紀、文藝復興和重商主義時期，商人和商人銀行家並不專注在某個業務領域，而通常會經營多種行業，不錯過任何上門的獲利機會。細讀尚存的資產負債表即可發現，梅迪奇銀行也毫不例外，相較於貿易業，更深入地跨足銀行業，並以種種形式的放款吸引大部分資源。如我們所見，可以忽略織造業這個收入來源的重要性。

與佛羅倫斯錢莊和國外分行相關的公司章程必定寫明，合夥關係是借助於上帝和好運，為經營匯兌和經營商品為目的而締結的。[1]十五世紀的銀行業在很大程度上與匯兌有關，就算不是完全如此。經營銀行和從事匯兌是同義詞。像梅迪奇這樣的銀行家是主要的匯兌經營者。經營匯兌當然不是指人工的現金兌換（那是貨幣兌換商的業務範圍），而是指匯票支付的商議。自然而然，購買商業票據不是給予信貸的唯一方式，但卻是活躍於貨幣市場的商人較常採用的方式。發放給王公貴族的貸款則建立在截然不同的基礎上，因為這類貸款的條件不取決於貨幣市場行情，而主要是看借款人提供的擔保，以及對貸款到期時能償還債務的預期。

在討論中世紀的貨幣市場時，不應對教會的高利貸戒律視而不見。在貨幣市場上公開經營的商人不敢不理會教會的訓誡。幸運的是，神學家是從法學視角看待這個問題，使得銀行家可能從放款轉向匯兌的投資方式，而有利可圖。如我們在第二章所見，給匯票、債權文書或其他信用憑證貼現的做法就成為公然的有息貸款，那就成了高利貸。[2]然而，操縱匯兌不是高利貸，而是理所當然受到神學家認可的合法商業交易。由於外匯兌換合約不是直接貸款，因此神學家認為，只要是真實的交易，而非明顯用以掩蓋謀取高利的交易，如同虛假交易或虛擬交易的情況，那麼就不涉及高利貸。

這個做法的實際結果是把銀行業與匯兌綁在一起。這符合十八世紀歐洲大陸的現實狀況。英格蘭是例外，因為倫敦的金匠在一六二〇年左右發展對本地票據貼現的做法。[3]

中世紀的匯票不單單是付款通知，就如名稱所示，總是依附著外匯交易。確切地說，匯票是普遍用來履行兌換合約的工具。這種合約通常涉及在一地預付資金，在另一地以另一種通貨償還。[4]根據定義，信貸交易不可分地與兌換交易聯繫在一起。[5]由於交通不便利，甚至連即期匯票也是一種信用票據，因為在從簽發地旅行到應付地的過程中，時間在逝去。神學家極力主張遵守地域差異，但他們傾向把地點不同必然牽涉到時間不同的事實最小化。如法學家拉斐爾·德圖里，即拉斐萊·德拉托雷（約一五八七至一六六六年）優雅地說：空間的距離亦牽涉到時間的距離（distantia localis in cambio involvit temporis dilationem）。[6]雖然他不能否認匯兌交易合約是混有其他要素的貸款，但他寫了一篇引經據典的長篇大論，參考亞里斯多德（西元前三八四至三二二年）、阿奎那*和一大群學究的論述，目的就是為了證明匯兌交易未被高利貸沾染。換言之，匯兌交易被用來證明透過信貸交易獲利是正當的。這就是學究發現身陷其中的所有分析性困境和自相矛盾的來源。

為了使外匯兌換合約完整，這樣的合約需四方當事人介入，其中兩方當事人有助於訂立合約，另兩方當事人有助於執行合約。[7]前兩方當事人被稱為交款人（*deliverer*，義大利文：*datore*，西文：*dador*，法文：*bailleur a change*）和接款人（*taker*，義大利文：*prenditore* 或 *pigliatore*，西文：*tomador*，法文：*preneur*）。[8]交款人也叫寄票人（*remitter*，義大利文：*remitente* 或 *numerante*），通常透過從接款人即出票人（*drawer*）那裡以當時價格或通行匯率買進匯票來付出匯票的價值或對價。另兩方當事人是付款人（*payor*）即受票人

（*drawee*），他被期望承兌匯票，並在到期兌現，還有收款人（*payee*）即受益人（*beneficiary*），他應以交款人的名義按票收款。在多數情況下，付款人是接款人的辦事處，收款人即受益人則是交款人的辦事處。按照十五世紀的說法，mandare a ricevere 或 mandare credito 的意思是 remit，也就是寄送托收匯票給辦事處。Mandare a pagare 或 mandare debito 的意思正好相反，在於開出由國外辦事處承兌的匯票。

在中世紀時，銀行業務在兌現商業票據，而不在於貼現†。[9] 匯票既不可貼現，也不可轉讓，但可按照當時的匯率買賣。有錢投資且購買票據的交款人就獲得一筆外幣餘額的所有權；只要他未「獲得回報」（*fare i suoi ritorni*），也就是說，只要他尚未將外幣換回本土貨幣，就無法確定自己的盈虧。當然，有可能從貨品、硬幣和票據中獲得回報。然而，銀行家通常從票據中獲得回報。換句話說，完整的外匯兌換交易至少牽涉到兩份票據，而非一份票據。在三角匯兌在情況下，需要三份票據：第一份用於把資金從A轉給B，第二份用於把資金從B轉給C，第三份用於把資金從C轉給A，回到原點。

中世紀的匯票分為見票即付、見票後幾天付款、出票日後幾天付款、或偶爾為市集休市即付等幾種。然而，大部分匯票為遠期付款。[10] 匯票兌現期限是由商業習慣決定的，根據距離遠近而有所不同。因此，匯票兌現期限在佛羅倫斯與倫敦之間不論方向都為九十天，在佛羅倫斯與布魯日之間僅為六十天。從佛羅倫斯到威尼斯的匯票兌現期限是見票五天即付；因旅程通常需要五天時間，匯票從出票日算起十天到期。然而，從威尼斯到佛羅倫斯，匯票兌現期限則延長一倍，即從出票日算起二十天到期。[11] 來回往返旅程，包括匯兌與回兌

---

* 阿奎那（Thomas Aquinas，約一二二五至一二七四年）生於義大利，他是中世紀經院哲學的哲學家和神學家，著有《神學大全》。

† 匯票持有人在到期前為了取得資金，貼付利息將票據轉讓銀行的融資方式。

（*rechange*），則需要三十天時間。[12] 還存在雙遠期和半遠期匯票。除非另有規定，外匯牌價始終適用於遠期匯票。締約各方可擬訂不同期限，但很少那樣做。

雖然外匯兌換合約要求有四方當事人參與，但它可以是其中兩方當事人合而為一的情況，這種情況也的確發生過。這類非常規現象並不會使合約無效，或改變合約的性質。因此，對於打算在目的地購買信用狀的情況而言，交付人與受款人常常是同個人。這種情況經常發生。此時匯票上會寫上 pagate a voi medesimi（付款給自己）的字樣。舉例來說，這些術語被用在交款人和接款人在另一城市的用同一個辦事處的情況。同時也是付款人的收款人就會付款給自己，只要在自己的帳簿裡轉帳即可，將匯票金額記到接款人的帳上，再將它記入交款人的帳目。另一種組合情況在於接款人和交款人為同一人或同一家公司。這種情況發生在一家公司發現，透過出票給住在同個城市的債務人來償還債權比較方便的時候。此時，匯票將寫上 per la valuta ricevuta in noi medesimi（票面價款收訖）這樣一句話。接款人和付款人也可以是同一個人，就如即將去市集並售出一張簽發給自己的匯票的旅行商人，他很可能是帶著把商品在目的地出售，並打算用這筆貨款償還債務而去購買商品。這種情況在一三〇〇年之前相當常見，當時旅行到香檳市集進行貿易仍然盛

> *† YHS 1463 a di 20 lujo in Vinexia*
>
> *Ducati 500*
>
> *Pagate per questa prima a uxo a Ser Girardo Chanixani ducati zinquezento a sterlini 47 per ducato per altretanti qui da ser Pierfrancesco di Medizi e conpagni. Cristo vi guardi.*
>
> *Bartolomeo Zorzi e Ieronimo Michiel*

其背面是這樣的：

> *Dominis Francesco Giorgio e Petro Morozino*
>
> *Prima* *Londra*

行，但很少出現在十五世紀。

現在讓我們來看一張真實的匯票是怎麼符合剛才的描述。下面是一張一四六三年七月二十日在威尼斯發出的匯票，三個月後在倫敦付款。

這是典型涉及四方當事人的匯票，其中兩方在威尼斯，另外兩方在倫敦：

在威尼斯

一、寄票人即交款人是威尼斯的梅迪奇公司，提供匯票的價值（五百杜卡特）；

二、出票人即接款人是巴爾托洛梅奧．佐爾齊（即喬治）和傑羅尼莫．米基耶爾公司；

在倫敦

三、收款人即受益人是梅迪奇公司的雇員兼臨時經理，匯款人的辦事處蓋拉爾多．卡尼賈尼；

四、付款人即受票人是威尼斯的福朗切斯科．喬治和皮耶羅．莫羅西尼公司，出票人的辦事處。

任何熟悉義大利語的人都會立即明白這張匯票是用威尼斯方言寫的，這很自然，因為出票人是一家威尼斯公司。這張匯票的票面價值為五百杜卡特，要求付款九十七鎊十八先令四便士（英格蘭通貨），約定的匯率為每杜卡特四十七便士。由於這張匯票是遠期付款匯票，即在威尼斯與倫敦間期限三個月，它在一四六三年十月二十日到期，兩天後被公證人威拉姆．斯萊德拒付，因為付款人拒絕承兌。活躍於倫敦的盧卡證券經紀人福朗切斯科．拉蓬迪在拒付證書中作證，根據倫巴德街（倫敦的銀行街）最新報價，威尼斯杜卡特停留在四十四便士。

根據商業習慣，當匯票被拒絕承兌時，收款人有權開具一張應由出票人即收款人支付給第一張匯票寄票人

圖 3a：拒絕承兌證書的正面，匯票的文本顯示在下角。1463 年 10 月 22 日

的反匯票。在重開匯票時，收款人被允許加上拒付費、手續費等費用，並根據最新外匯牌價以當地匯率計算這筆匯兌。在本案中，拒付費用和手續費合計為四先令英幣，被加進本金，因此開具的反匯票是九十八英鎊二先令四便士。以每杜卡特四十四便士的匯率將金額兌換成威尼斯通貨，可獲得五百三十五杜卡特零五格羅梭。這個數字是正確的，因為它與根據拒付書後面的注釋所要求受票人還款的金額相符。[13]巴爾托洛梅奧．喬治和傑羅尼莫．米基耶爾公司向威尼斯的梅迪奇公司借了五百杜卡特，被要求在六個月後，即兩個匯票付款期限之後償還五百三十五杜卡特。因此匯兌的損失是三十五杜卡特，這相當於每年一四%的費率，這個費率在十五世紀時不算太高。

在中世紀，利息總是包含在匯價，也就是匯率中，這是神學家和法學家等學究不願承認、但又無可否認的事實，因為這是個簡單的算術問題。[14]也許他們未多察覺一些反而是件好事；不然的話，所有匯兌交易都會被譴責為貪取高利，銀行業的發展就算不會停滯，也會受到極大的阻礙。

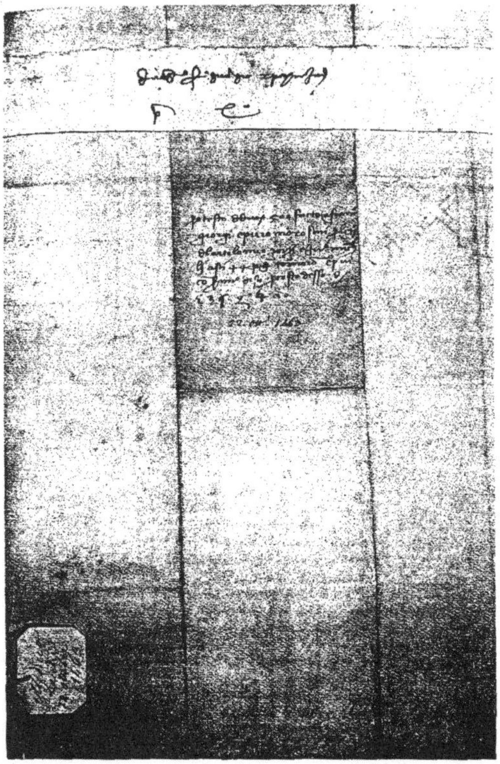

圖 3b：拒絕承兌證書（圖 3a）的反面，匯票的反面顯示在頂部

像梅迪奇這樣的商人銀行家在貨幣市場中經營，必須遵守遊戲規則。為了理解他們如何經營，有必要對主導中世紀貨幣市場的力量進行一番分析。

首先，最重要的是理解匯率如何報價。匯率可以用當地貨幣表示（固定匯率），也可用外國貨幣表示（變動匯率）。通常，在兩個地方之間，一地的貨幣拿到另一地。比如佛羅倫斯或威尼斯拿福羅林或杜卡特給倫敦和布魯日。這意味著在佛羅倫斯（或威尼斯）和在倫敦的匯率是基於福羅林（或杜卡特）和變動的英幣便士進行報價。結果，倫敦用當地貨幣報價，而佛羅倫斯（或威尼斯）用外國貨幣報價。匯率上升對倫敦不利，對佛羅倫斯或威尼斯有利，因為需拿更大數量的英幣來兌換一個福羅林或一個杜卡特。匯率下降則相反，因為福羅林或杜卡特與英格蘭貨幣相比價值貶低了。

若不牽涉到利息，那麼匯率在佛羅倫斯（威尼斯）和倫敦將會相同。這就是今天電匯匯率的情況，因為任何匯差都會立即透過套利者調整，套利者會利用說明外國市場狀況的電報來保持資訊暢通。然而，中世紀時還沒有電報。而且，匯率報價適用於遠期付款匯票。在義大利與倫敦之間，匯票兌現期限在任一方向均為三個月。當然，貨幣市場會關注這個時間間隔。結果，匯率在倫敦較低，在佛羅倫斯或威尼斯較高。當然，倫敦的銀行家因為收到威尼斯的一個杜卡特或佛羅倫斯的一個福羅林之前須等待三個月的時間，因而給出較低英幣的報價。由於同個原因，義大利的銀行家不願捨棄一個杜卡特或一個福羅林，除非他在倫敦收到較高數量的英幣。換言之，經濟平衡要求佛羅倫斯（或威尼斯）的遠期匯票匯率比倫敦的匯率高。[15]

這條規則可以視作一般規則。在兩個地方之間，匯出貨幣的地方，匯率往往比匯入貨幣的地方的匯率還高。貨幣市場的組織就是這樣有利於放款人，不利於借款人。

為了進一步說明這一點，不妨舉一個假想的案例，並使用貝爾納多．達文札蒂（一五二九至一六〇六年）為了相同目的在十六世紀製作的類似圖表。[16] 若歷史學家和經濟學家仔細研究，就會在研究銀行發展史的過程中少犯一些錯誤。

為了盡可能接近事實，這個圖表有部分基於上面討論過的匯票。然而，出於論證的目的，我們假設它已經兌換，儘管實際上是被拒付。因此，梅迪奇銀行在倫敦的代表卡尼賈尼，按理應如期收下匯票，並從付款人那裡收到兩萬三千五百便士，也就是九十七英鎊十八先令四便士。接著，假定卡尼賈尼接到委託人的指令，憑著匯票賺取報酬，並將第一筆匯款的收益投資在購買在威尼斯兌現的匯票。我們假設這些指令得到立即執行，卡尼賈尼買下一張五百三十四杜卡特零二格羅梭的匯票，按倫巴德街（倫敦的銀行街）每杜卡特四十四便士的實

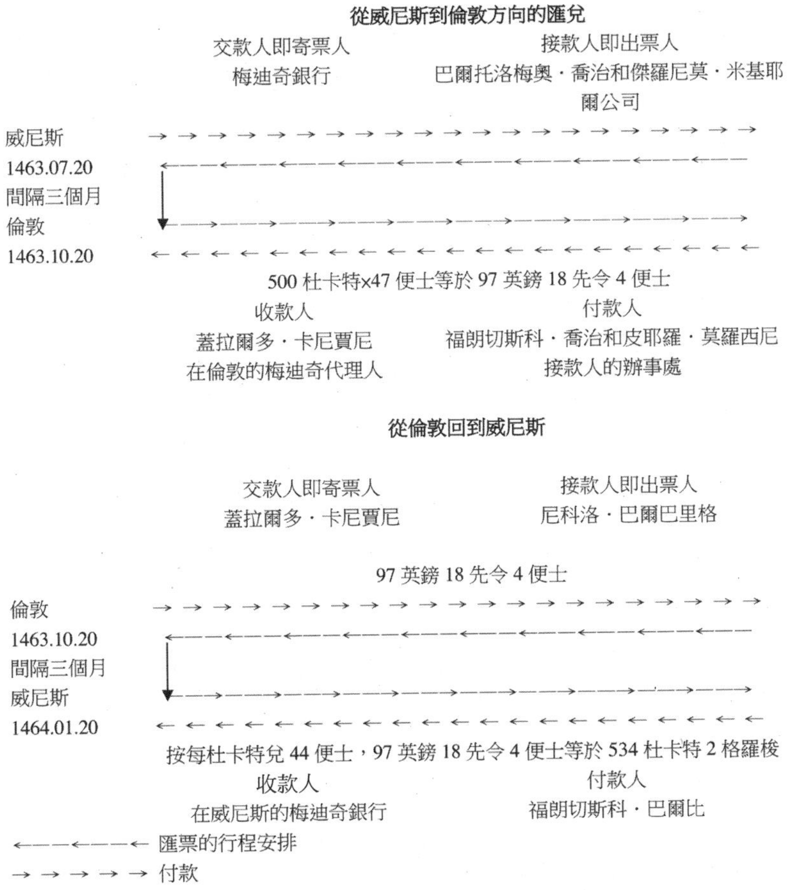

圖表 1：威尼斯與倫敦間的實際外匯交易

際匯率計算，這個數字正好等於九十七英鎊十八先令四便士。[17]第二張匯票在到達威尼斯的時候大概被接受，並在三個月到期時被代收。梅迪奇公司因此在六個月的時間裡賺了大約三十四杜卡特的毛利，為了不要太複雜，手續費先忽略不計。很清楚，這筆獲利源自兩張匯票價格之間每杜卡特三便士的差額。

若我們假設銀行家住在倫敦，結果也不會有差別。在倫巴德街的銀行家以每杜卡特四十四便士的價格買下在威尼斯兌現的匯票，並以四十七便士的價格賺取報酬，也將實現每杜卡特三便士的獲利，即五百杜卡特賺六英鎊五先令。這好比是以四十四便士的價格買進杜卡特，再以四十七便士的價格轉手賣出。

當然，若杜卡特的匯率在威尼斯降到四十六便士，而在倫敦則被提高到四十五便士，那麼銀行家的獲利將減少到只有一先令。另一方面，若匯率在威尼斯被提高到四十八便士，而在倫敦則被降低到四十三便士，那麼這兩個匯率間差價的加大，將使銀行家的獲利增加到五便士。因此，透過擴大或縮小杜卡特在威尼斯與在倫敦的匯率間的差距，利率的變化將影響匯兌。

只要利息是影響匯率的唯一因素，那麼匯率會保持在同個水準，銀行家就始終有獲利；無論獲利大小，都可以依賴可貸資金的稀少或充裕。然而，利息不是唯一的因素；相反，更強大的力量活躍在貨幣市場裡，往往會使匯率水準的波動加大，而不是平抑福羅林、杜卡特或埃居的國內匯率與同類貨幣及國外匯率間差價的作用。這些力量包括：一、票面價值因貨幣操縱而產生的變化；二、貿易差額頭寸的變化；三、因銀行家的預測所引起的投機炒作，無論預測是對是錯；四、由偶爾企圖操縱市場的莊家所使出的花招；以及五、政府為干預貨幣市場自由所作的不當政策所產生的擾動。[18]當然，銀行家們無法控制這些力量，必須遵從遊戲規則。他們能採取的上策就是密切關注市場動向，並制訂相應對策。雖然利息因素的存在有利於放款人，但匯率的不穩定性會使獲利不確定，甚至可能導致損失。確切地說，是這個「不確定性」，使得匯兌交易在神學家眼裡看來是正當的。

舉個例子，讓我們暫且假設，杜卡特三個月內在威尼斯從四十七便士升值到五十一便士，在倫敦從四十四便士升值到四十八便士。因此杜卡特在威尼斯的匯價與在倫敦的匯價差距沒有改變，但兩個匯價都上升四便士。當然，杜卡特的漲價對倫巴德街的銀行家非常有利，因為他之前只能以四十四便士的價格買進杜卡特，現在能以五十一便士的價格賺取報酬。他每一杜卡特可以賺取七便士的獲利，其中只有三便士代表利息，而四便士是因為杜卡特的漲價而帶來的投機性獲利。另一方面，杜卡特的漲價或英幣的跌價（這是一體兩面）對已匯款給倫敦的威尼斯銀行家來說將損失慘重。這會迫使威尼斯的銀行家將原來的報酬變成虧損，因為他在倫敦收到每杜卡特四十七便士，而現在被迫要因為威尼斯的匯款花四十八便士。然而，這一便士的損失是來自匯兌產生的四便士投機性損失扣除三便士利息後產生的淨虧損。

若假設杜卡特在倫敦和威尼斯均貶值，那麼結果將正好相反。這樣的匯價貶值有益於在威尼斯購買英幣的銀行家，但反過來會影響在倫巴德街，而且已在威尼斯獲得餘額的匯款人。他的獲利有可能大大減少，甚至完全喪失，這要看貶值的幅度。由於市場的變化是動態的，當平衡被暫時打破，而且匯率從一個水準變到另一個水準時，偶爾會發生放款人遭受損失的情況。然而，這樣的情況不大可能持續很久，因為不平衡狀態不可能保持不變。

放款人應該為不確定的放款特權無限期地持續支付溢價，這完全是不合理的。除非市場極為混亂，不然放款人就是犧牲借款人的利益賺取獲利。一些學究心知肚明，機會是不均等的，紙牌是做過手腳的。宗教法專家梅塞爾・羅倫佐・迪安東尼奧・里多爾菲（一三六〇至一四四二年）坦承：「雖然更常發生獲利的情況（*licet ut plrimum contingat quod lucretur*）」，但銀行家也可能有損失。[19]儘管有這個明顯的事實，後來的學究仍繼續輕易置利息存在於不顧，並繼續站在與自己完全不相符的立場替匯兌合約辯護。畢竟，梅迪奇銀行等國際銀行家眼中，教會和神職人員皆屬於最佳顧客，無法沒有銀行的服務。若拿私利作為評判標準，那麼唯一的辦法就是與明顯的事實妥協，對死板的原則做出變通，別無他途。

在達蒂尼檔案的資料中有可用的統計資料。雖然這提供了大約一三八五年到福朗切斯科・達蒂尼去世的一四一〇年這二十五年間，銀行業中心匯率變化狀況的詳細資訊，但這些珍貴的材料仍原封未動，無人問津。在梅迪奇檔案資料單獨收藏的羊皮紙文件裡發現的拒付證書中也包含匯率的資料。遺憾的是，這些材料殘缺不

表 22：威尼斯與倫敦之間的匯兌與回兌
（匯率按每威尼斯杜卡特可兌換多少便士報價）

威尼斯簽發匯票日期	匯率	倫敦拒付日期	倫巴德街回兌日期	回兌匯率	每杜卡特的獲利	年報酬率％	參考編號
	便士			便士	便士		
1444.08.22	45	1444.11.24	1444.11.24	40 ¾	4 ¼	20.8	158
1450.02.01	45 ½	1450.05.04	1450.05.04	43	2 ½	11.6	201
1458.11.06	47 ¼	1459.02.14	1459.02.07	44	3 ¼	14.8	238
1460.05.19	47	1460.09.30	無紀錄	43	4	18.6	268
1460.11.08	47	1461.02.09	1461.02.09	43 ¾	3 ¼	14.9	279
1460.11.14	46	1461.04.13	1461.02.16	42 ⅓	3 ⅔	17.3	288
1461.05.15	46 ¾	1461.08.19	1461.08.17	43 ½	3 ¼	15.0	295
1461.06.08	46 ¾	1461.09.09	1461.09.09	43 ¾	3	13.9	297
1461.11.02	46	1462.02.04	1462.02.03	44 ¼	1 ¾	7.9	306
1462.12.03	46 ⅓	1463.04.04	1463.03.04	43	3 ⅓	15.0	346
1463.07.20	47	1463.10.22	1463.10.21	44	3	13.6	361

資料來源：Giulia Camerani Marri, *I documenti commerciali del fondo diplomatic mediceo nell' Archivio di Stato di Firenze (1230-1492).*

全，不適合用於時序資料，但可做為樣本使用。

這類樣本依據不同時間在倫敦、布魯日和威尼斯做出的拒絕付款通知書呈現在表22、表23和表24中。表22和表23提到由威尼斯開始的匯兌交易，但表24提到在布魯日簽發的匯票在威尼斯被拒付。拒付通知書通常提及該匯票的簽發日期，簽發時的匯率，到期日期和當時的通行匯率，以便計算出回兌匯率（*ricambio*）。這也是這三份表格裡呈現的資訊。為了正確做出解釋，應該記住，匯票兌現期限在威尼斯與倫敦之間是三個月，而在威尼斯與布魯日之間僅為兩個月。因此，在第一種情況，匯兌和回兌要花費六個月的時間，在第二種情況只要四個月。為了避免混淆，也許應該補充一句，在威尼斯與布魯日兩地間的外匯交易中，威尼斯杜卡特是用佛蘭德格羅特（*Flemish groat*，法文：*gros*，佛蘭德－荷蘭文：*grooten*）訂

表 23：威尼斯與布魯日之間的匯兌與回兌
（兩地匯率按每威尼斯杜卡特可換得多少數量的佛蘭德格羅特報價）

威尼斯簽發匯票日期	匯率	布魯日拒付日期	交易所回兌日期	回兌匯率	每杜卡特的獲利	年報酬率%	參考編號
	格羅特			格羅特	格羅特		
1438.09.18	49 ¾	1438.11.28	1438.11.18	46 ¾	3	19.2	124
1444.03.04	52 ½	1444.07.04	1444.07.04	50	2 ½	15.0	156
1455.06.30	52	1455.08.30	1455.08.30	50 ½	1 ½	9.0	215
1455.11.17	52 ½	1455.01.21	1455.01.19	49 ½	3	18.2	218
1458.01.12	55 ½	1458.03.14	1458.03.13	52 ½	3	17.1	239
1458.01.12	55 ⅓	1458.03.14	1458.03.13	52 ½	2 5/6	16.0	240
1458.02.01	55 ½	1458.04.08	無紀錄	52	3 ½	20.2	241
1458.05.16	55 ½	1458.07.17	1458.07.16	54 ⅓	1 1/6	8.1	247
1458.06.07	55 ½	1458.08.10	1458.08.08	53 11/12	1 7/12	9.0	248
1458.07.26	56	1458.09.22	1458.09.22	54	2	11.0	250
1458.07.24	56	1458.10.04	安特衛普9月市集最後一天	54	2	11.0	251
1459.07.12	57	1459.08.31	無紀錄	…	…	…	261
1460.06.04	57 ¼	1460.08.05	1460.08.05	54 ¾	2 ½	13.7	267
1460.08.13	58 ¼	1460.10.15	1460.10.15	54	4 ¼	22.5	270
1460.08.22	58 ½	1460.10.23	1460.10.23	53 ½	5	28.8	271
1460.11.24	57 ¼	1461.01.26	1461.01.26	53 ¾	3 ½	19.5	275
1460.11.29	57 ¼	1461.01.30	1461.01.30	54 ¼	3	16.5	276
1460.12.10	57 ¼	1461.02.05	1461.02.05	54 ⅓	2 11/12	16.0	278
1460.12.23	57 ¼	1461.02.23	1461.02.23	54 7/12	2 ⅔	14.5	282
1461.02.12	57	1461.03.12	無紀錄	…	…	…	283
1461.01.16	57 ½	1461.03.17	1461.03.17	54 ⅓	3 ⅙	17.4	284
1461.01.30	57	1461.03.30	1461.03.30	54 ½	2 ½	13.8	287
1461.05.23	56 ½	1461.07.24	1461.07.24	55	1 ½	8.1	291
1461.05.29	56 ⅓	1461.07.31	1461.07.30	54 ⅔	1 ⅔	9.6	292
1462.01.28	56 ½	1462.03.30	1462.03.29	55	1 ½	8.1	320
1462.09.16	56 ¾	1462.10.19	無紀錄	…	…	…	337
1462.10.16	56 ¾	1462.12.17	1462.12.17	54	2 ¾	15.3	339
1462.11.19	56 ½	1463.01.21	1463.01.21	54 ⅙	2 ⅓	13.0	340
1463.01.11	56 ⅓	1463.03.12	1463.03.12	54	2 ⅓	12.9	344
1463.01.21	56 ¼	1463.03.22	1463.03.22	54 ½	1 ¾	9.6	345
1463.02.05	56 ¼	1463.04.05	1463.04.05	54 7/12	1 ¾	9.6	349
1463.03.18	56	1463.05.20	1463.05.18	54 ½	1 ½	8.2	351
1463.06.17	56	1463.08.19	1463.08.18	54 ⅜	1 ⅝	8.8	353
1463.08.13	57	1463.10.04	1463.10.04	54 ¼	2 ¾	15.2	356
1463.10.04	56 ¼	1463.12.05	1463.12.05	54 ⅚	1 5/12	7.7	360
1463.12.19	56 ¾	1463.02.20	1464.02.20	54	2 ¾	15.3	369

資料來源：同表 22。貨幣單位為格羅特。

表 24：布魯日與威尼斯之間的匯兌與回兌
（匯率在兩地均按每威尼斯杜卡特可兌換多少佛蘭德格羅特報價）

布魯日簽發匯票日期	匯率	威尼斯回兌日期	回兌匯率	盈虧	年報酬率%	參考編號
	格羅特		格羅特	格羅特		
1437.03.05 *	無紀錄	1437.05.16	49 ⅙	…	…	591
1437.07.26	47	1437.09.26	50 ½	3 ½	21.0	592
1438.09.15	46 ⅚	1438.11.16	49 ¼	2 5/12	14.4	628
1438.11.08	47	1439.01.08	51 ½	4 ½	26.1	627
1439.06.07	48	1439.08.07	52 ½	4 ½	25.8	593
1439.10.24	50 ¾	1439.12.24	54	3 ¼	18.0	629
1441.05.27	51 ½	1441.07.27	55	3 ½	19.0	595
1443.03.14	52	1443.05.14	54 ½	2 ½	13.8	597
1443.07.27	49	1443.09.27	53 ¼	4 ¼	24.0	598
1465.03.03	55	1465.05.04	54 ½	虧損	虧損	604

* 根據兌現期限，該匯票應在出票日算起 70 天兌現，而不是 60 天。

資料來源：ASF, MAP, Filza 93, nos. 591-629.

價，而倫敦則用便士表示匯價。

檢視表22、表23和表24即可發現，杜卡特在威尼斯始終比在布魯日或倫敦更值錢，結果是放款人幾乎總是賺錢，而收款人幾乎總是虧損。對於這種現象會持續，只有一種解釋，那就是利率的作用。在這三個表格中記錄的五十七個例子中，只有一個例子（表24）讓放款人蒙受損失。它是在布魯日簽發（以五十五格羅特的價格）並從威尼斯領回（以五十四·五格羅特的價格）的一張匯票，其中的原因可能是匯票到期前的兩個月中匯價下跌幾個格羅特造成的。結果借款人除無償使用資金四個月以外，每杜卡特還賺到〇·五格羅特的些許微利。

這三個表格還顯示，幾次交易間的獲利差異很大，買賣具有高度投機性。根據表23的資料，年獲利率從七·七%到二八·八%不等。表24的差價甚至更大，從零到二六·一%不等，但這些資料並沒有很可靠，因為有些借款人不是商人。高利貸戒律帶來的結果是使原本很大的經商和借錢風險提高更多。根據表22和表23的資料，匯兌交易的中位數報酬在一四%左右，事實上，這就是十五世紀時的商業利率。出售匯票借款（*stare sui cambi*）的成本甚至比付息借款籌錢（*stare sugli interessi*）的成本還大。銀行家拿走交易商大多數獲利。[20]許多以資金不足的方式經營的商人往往會破產就不足為奇了。高利貸戒律的實際效果恰恰事與願違：不論這些託詞是否合法，都增加風險和代價，非但沒有降低利率，反而使利率居高不下。

稍微仔細地檢視上述三個表格就會發現，杜卡特有時在威尼斯會貶值，在布魯日升值，因此縮小兩地匯率的差距。這種現象意味著可貸資金在尋找投資人。相反的情況也可能發生。根據市場的狀態，貨幣不是緊縮銀根，就是寬鬆。不管是印刷版還是手抄版的行商指南甚至都描述貨幣緊縮期（*strettezza*）和寬鬆期（*larghezza*）呈季節性交替的模式。[21]喬凡尼．達烏札諾甚至建議銀行家千萬不要在貨幣緊縮時提款，也不要在貨幣寬鬆時匯款。[22]銀行家當然對這種季節性模式很熟悉，毫無疑問會設法聽從烏札諾的忠告，在貨幣便宜的地方借入，在貨幣昂貴的地方借出。很難說他們在這樣的努力中取得多大的成功。玩這個遊戲需要有大智慧，因為預料不到的事件很可能會打亂最佳計畫。失去的機會不會再來，有一本手冊的作者甚至把匯兌比作一隻旅鳥，若不在短暫棲息時捉住牠，那麼牠就會飛走，一去不復還。[23]

梅迪奇銀行在西歐所有重要金融中心既有分行，又有辦事處，並對匯率的走向和貨幣市場的行情保持暢通的資訊。當然，別的商人銀行家也做相同的事。他們十分依賴來自其他地方的定期報告，因此 stare sugli avisi 這種說法的意思與經營匯兌的意思相同。

商業信函總是以給出最新匯率結束。梅迪奇銀行的業務信函（*lettere di compagnia*）也不例外。因此，倫敦分行在一四五三年十月四日的信函附言中向佛羅倫斯報告，在倫巴德街的匯率分別是 Per costì 36 2/3, Vinegia 40 2/3, Bruggia 19 2/3, Genoa 22 3/4。[24]這應該按照下面的方式來解讀：

佛羅倫斯：每福羅林兌換三十六又三分之二便士。

威尼斯：每杜卡特兌換四十又三分之二便士。

布魯日：每（二十四格羅特的）埃居（佛蘭德通貨）兌換十九又三分之二至十九又四分之三便士。

熱那亞：每（二十五索爾多的）福羅林（熱那亞通貨）兌換二十二又四分之三便士。

一四六八年五月十六日從里昂寄出的信函報告復活節市集休市，以下面的句子結束：**Per chistì 73, Vinegia 60, Milano 63, Vegnone 133, Bruggia 50 2/3**。[25]意思是在復活節市集上簽發的匯票匯率報價如下，並應在一個月之後支付：

佛羅倫斯：每金馬克兌換七十三袋福羅林金幣。

威尼斯：每金馬克兌換六十威尼斯杜卡特。

米蘭：每金馬克兌換六十三米蘭杜卡特。

亞維儂：每金馬克兌換一百三十三（十二格羅梭的）小福羅林。

布魯日：每（六十六分之一馬克的）埃居兌換五十又三分之二格羅特（佛蘭德通貨）。

與達蒂尼公司信函不同的是，梅迪奇銀行的通信資料不全，無法用來描述一段時期在貨幣市場裡的發展。現有資料的確證實梅迪奇銀行採取的政策與其他商人銀行家相同，並設法感受貨幣市場的脈動，使他們的資金迅速周轉。不過常常令人失望的是，有時候很難將資金從布魯日轉到威尼斯和整個義大利。讓人滿意的票據賣家（*prenditori*）在金融市場上可遇不可求。於是，在一四四一年五月，威尼斯分行抱怨布魯日分行因在布魯日和倫敦兩地均無可信賴的接款人而未匯款。[26]顯然因為貿易差額對佛蘭德不利，因此資金轉移存在實際的難度。結果，布魯日分行決定運送硬幣，在一四四一年一月經由日內瓦送了十八金馬克，並分別在一四四一年四月和五月直接運送兩批船貨，合起來代表總價值兩百二十五格羅特鎊（威尼斯通貨），即兩千兩百五十杜卡特。[27]早在一四三八年，貝爾納多．波提納利就已提議一次運送到日內瓦多達五百英格蘭諾布林金幣*，這是藏在布匹裡運送。[28]遺憾的是，資料中沒有提到這項提議後來的命運。總之，日內瓦分行，以及後來的里昂分行，無疑在調整國際資金平衡上扮演很重要的角色，尤其是在北歐與義大利之間。義大利對這個地區的出口很可能超過進口；差額大概是用德國銀礦的白銀產量填補的，儘管金錠也從日內瓦被大量運送到佛羅倫斯和威尼斯。[29]

倫敦分行在尋找與羅馬進行結算的途徑上也遭遇布魯日分行的相同麻煩。[30]然而，在威尼斯有一個羊毛和鉛、錫市場；收益被用來支付在羅馬教廷的借方餘額。[31]羅馬因此在威尼斯分行有了貸方，並用來將資金轉移到佛羅倫斯，而不是直接匯款。另一條迂回的方法就是經由巴塞隆納，布魯日分行通常在那兒有威尼斯分行急於提取的貸方餘額，因為匯率有利，而且在市場上總有一些需要在加泰隆尼亞付款的買家（*datori*）。[32]達蒂尼的公司信函揭示，此情此景在一四〇〇年前後或早半個世紀之前就已存在。[33]儘管在義大利不再有佛蘭德布匹市場，但加泰隆尼亞仍舊是毛織品的主顧。

戰爭有時不但不會刺激經濟活動，反而有一種麻痹作用。在一四六七至一四六八年佛羅倫斯與威尼斯的戰爭期間，除了幾次小規模戰爭以外，幾乎沒什麼大爭鬥，而在伊莫拉（一四六七年五月十日）附近發生的戰鬥也沒有決定性影響，而且很快就促成和談，談判持續好幾個月，直到一四六八年四月二十七日。在外交官圍著

＊諾布林是金雀花王朝時期愛德華三世（一三二七至一三七七年）在位時開始鑄造的金幣，圖案為手持劍和盾立於船上，這時的英國已經熟悉外國金幣，發行本國鑄幣。

談判桌磨嘴皮子的同時，威尼斯的生意也停滯了。梅迪奇銀行威尼斯分行的經理喬凡尼．阿爾托維蒂在一四六七年十一月六日寫信給米蘭，說生意已經「睡著」了，在匯兌或商品貿易方面幾乎無什麼活動可言。貨幣市場銀根寬鬆，但沒有替任何地方收款或借款的人（*non è preditore per nessuna parte*）。[34]威尼斯處於不景氣的低迷狀態，銀行有充足的閒置資金，隨時可供出借，但商人並未抓住這個機會，因為他們處於遊移狀態，不願開始新的冒險。

根據行商手冊，以下義大利城市設有銀行：博洛尼亞、佛羅倫斯、熱那亞、米蘭、那不勒斯、巴勒莫、比薩、羅馬（更確切地說是羅馬教廷）和威尼斯。由於教宗的銀行家會隨羅馬教廷在義大利各地遊歷，只有當教宗住在羅馬的時候，羅馬才有銀行進駐。在其他時間裡，不管教宗去哪裡，銀行家也去那裡。一四三七年和一四三八年，他們跟隨教宗去了博洛尼亞和費拉拉。翌年，尤金四世搬到佛羅倫斯主持與希臘正教會的聯合會談，那是一次不成功的嘗試。梅迪奇銀行羅馬分行也跟來，並在教宗暫住的道明會修道院附近的新聖瑪麗亞廣場租了一間房子。[35]梅迪奇銀行的兩家分行因此暫時處於同個城市，但仍有各自獨立的辦事處。教宗的銀行家經常被奇妙地任命為 mercatores Romanam Curiam sequentes，意即羅馬教廷的隨行商人。不論安頓在哪裡，據說教宗都能緊縮貨幣市場和提高日常開支。

在義大利以外，商事組織不如義大利先進。由於匯兌多半為義大利人所獨占（雖然不是完全獨占），只有存在義大利商人僑居區的城市才有銀行。商業手冊列出的地方有西班牙的巴塞隆納、馬約卡島的帕爾馬和瓦倫西亞；法國的亞維儂和蒙佩利爾；薩伏伊的日內瓦；佛蘭德的布魯日；以及英國的倫敦。在萊茵河以東沒有銀行，義大利人努力要在盧貝克設一家分行，但因為漢薩同盟而挫敗。而君士坦丁堡直到一四五三年被土耳其人占領為止，是熱那亞人和威尼斯人的銀行。巴黎在整個十四世紀一直是重要的銀行所在地，但因內亂和查理六世（一三八〇至一四二二年）進行不當統治而導致英國人占領，失去這個地位。如我們已見，當時位於法蘭西王國邊緣的里昂到一四六五年才成為銀行所在地。

銀行設立的前提是有組織的貨幣市場，能定期報價其他地方的匯率，而且容易按現行市價買賣匯票。議付通常依靠證券經紀人來進行，行商指南提到他們被允許收取的佣金。[36]除了禮拜日和節慶日以外，商人銀行家和證券經紀人每天會有一次聚集在公共廣場（威尼斯的里亞爾托廣場或布魯日的交易所廣場），在開放的大街上（*la strada*，即倫敦的倫巴德街）或在特地為此目的而建的涼廊，例如今天仍然是證券交易所所在地的巴塞隆納交易所。當然，匯票有時候會開給次級中心，例如札拉，但這樣的匯票難以兌現（*negotiate*），最佳辦法常常是把匯票寄給最近的銀行辦事處托收。[37]在主要銀行所在地之間有定期的信差服務，叫做 scarsella，這是一種由工商業界組織的服務。只在例外情況下才會用到特別信使。

並非所有地方都能互相通信聯絡。因此，倫巴德街提供布魯日、佛羅倫斯、熱那亞和威尼斯的匯率報價，但它與巴勒莫之間就無直接聯繫。有款項要在西西里托收的倫敦人可以利用在熱那亞的銀行服務來進行，因為在倫敦，與巴勒莫的交易是個例外，那裡沒有直接匯票的市場。

如在第一章提及的那樣，佛羅倫斯是十五世紀期間西歐的主要銀行業中心，會定期對幾乎所有地方的匯率進行報價。表25顯示，在一四七一年十一月一日強制使用大福羅林代替一袋福羅林金幣的法律生效實施之前，匯率是如何報價的。結果是所有匯率報價之後均以大福羅林為基礎。從表25可以看到，佛羅倫斯為大多數地方以福羅林報出可變動的匯率，並用不同數量的外國通貨來表示，但也有若干例外。與日內瓦（那裡的匯率是以金馬克報價）有關係時就用一種固定匯率，而與威尼斯（那裡的匯率是用威尼斯通貨格羅特鎊報價）有關係時，就用福羅林鎊（值二十九分之二十福羅林）報價。教宗聖庫使用的羅馬福羅林幣要比福羅林金幣袋好；隨著福羅林金幣袋的幣值惡化，風險貼水*逐漸從一四二〇年的五．五%上升到一四四〇年的六%或七%（這個

*貼水（Agio）：兌換價值不同的通貨時產生的折價差額。（季子著，《中外金融大辭典》，二〇一四）

表 25：1450 年前後佛羅倫斯的匯率報價

地點	報價方式	高價	低價	兌現期限
亞維儂	每 100 袋福羅林金幣兌換多少（合 14 ½ 格羅梭的）聖庫福羅林	134	126	出票日起 30 天
巴塞隆納	每袋福羅林金幣兌換多少索爾多多少德涅爾的巴塞隆納金幣	15s.	14s.	出票日起 60 天
博洛尼亞	每 100 袋福羅林金幣兌換多少聖庫福羅林	107	103	見票 3 天（出票日起 6 天）
布魯日	每袋福羅林金幣兌換多少格羅特的佛蘭德貨幣	54	46	出票日起 60 天
日內瓦	每金馬克（金衡制）兌換多少袋福羅林金幣	78	…	下期市集
熱那亞	每袋福羅林金幣兌換多少索爾多多少德涅爾的熱那亞金幣	44	42	見票 8 天
	亦即每 100 聖庫福羅林兌換多少袋福羅林金幣	108	104	見票 8 天
倫敦	每袋福羅林金幣兌換多少便士的英格蘭貨幣	44	40	出票日起 90 天
那不勒斯	每 300 袋福羅林金幣兌換多少盎司的那不勒斯貨幣	48	44	見票 10 天
巴勒莫	每 100 袋福羅林金幣兌換多少福羅林（合 12 卡利諾）	114	104	見票 30 天
比薩	福羅林兌換高出或降低多少比例的福羅林	…	…	見票 3 天
羅馬	用聖庫福羅林，比福羅林金幣袋高出多少比例	…	…	見票 10 天
瓦倫西亞	每袋福羅林金幣兌換多少索爾多多少德涅爾的巴塞隆納貨幣	18	16	出票日起 60 天
威尼斯	每格羅特鎊（威尼斯通貨，合 10 杜卡特）兌換多少索爾多多少德涅爾的福羅林磅	£16	…	見票 5 天（出票日起10天）

資料來源：*El libro di mercatantie*, ed. Franco Borlandi (Turin, 1936), pp. 9-11 and 169; Giovanni d'Antonio da Uzzano, *Della mercatura* in Pagnini, *Della Decima* (Lisbon-Lucca, 1766), IV, 100, 135-36.

數字是由烏札諾提供），再逐漸上升到一四六一年的二一％和二二％（根據梅迪奇銀行羅馬分行的報告）。[38]這意味著一百聖庫福羅林等於一百二十一或一百二十二袋福羅林金幣。與比薩有關係時，匯率按稍高、稍低或相同的票面價值報價，這根據貨幣市場上的供需狀況而定。有關其他銀行所在地的資訊可以從行商手冊裡蒐集到。他們提供的資料未必總是精確無誤，然而，由於中世紀的謄寫員笨手笨腳，犯了不少編輯人員未能糾正、甚至未能發現的錯誤。

中世紀的匯票照例是親筆文書。[39]簽字在那時不具有像當今所附加的重要性。匯票的有效性取決於它完全是由有權簽發匯票者親手書寫的。有這樣的例子，受票人因不認得出票人的筆跡（*la mano*），並認為是偽造的，因而拒絕接受匯票。[40]根據梅迪奇的檔案，只有頂層管理人員，如分行經理和襄理，才有權簽發匯票。他們的筆跡樣本被送到辦事處，辦事處被指示不得憑其他筆跡承兌匯票。因此，在一四五五年，羅馬分行接到通知，它將只承兌（*dare compimento*）喬凡尼·本奇、福朗切斯科·因吉拉米或托馬索·拉皮，即佛羅倫斯錢莊總經理、經理及襄理親筆簽發的匯票。同理，佛羅倫斯無法承兌由羅馬分行開具的任何匯票，除非匯票是由羅伯特·馬特利（分行經理）、李奧納多·韋爾納奇（分行襄理）或喬凡尼·托爾納博尼（雇員、皮耶羅·德－梅迪奇的妻舅）的手書。[41]

為了防止出差，梅迪奇銀行列出主要辦事處及每家公司有權簽發匯票者的姓名。現在尚存兩份名單：一份是一四四〇年，另一份是一四五五年。[42]後者比前者相對更完整，它顯示，梅迪奇銀行不是由自己分行代表，就是由在歐洲甚至黎凡特地區所有銀行所在地的辦事處代表（表26）。在德意志，唯一的梅迪奇辦事處是科隆的傑出商人阿貝爾·卡爾特霍夫。[43]

這些名單使得最早有勇氣深入研究梅迪奇銀行檔案的一位歷史學家產生極大的混淆。由於錯誤理解 *per cui mano hanno a dare compimento*（匯票被期待經其手承兌）的意思，他得出結論認為梅迪奇銀行總經理喬凡尼·

表 26：梅迪奇銀行在各地的辦事處及授權代理人名單（1455 年）

地點	辦事處	授權簽票代理人姓名
亞維儂	福朗切斯科・薩塞蒂和喬凡尼・尚皮尼公司	喬凡尼・尚皮尼
巴塞隆納	菲利波・皮耶羅齊	菲利波・皮耶羅齊
博洛尼亞	尼古拉約・達梅萊托	尼古拉約・達梅萊托
	安東尼奧・博納費公司	安東尼奧・博納費本人
布魯日	皮耶羅・德－梅迪奇、傑羅佐・德－皮利公司	傑羅佐・德－皮利 托馬索・波提納利 馬可・本奇文尼 安傑羅・塔尼
	米凱萊・阿諾爾菲尼	米凱萊・阿諾爾菲尼
科隆	阿貝爾・卡爾特霍夫	阿貝爾・卡爾特霍夫
費拉拉	班迪諾・達梅萊托	班迪諾・達梅萊托
	塔代奧・阿爾布雷賈尼，即阿爾布雷薩尼	塔代奧・阿爾布雷賈尼
	巴爾達薩雷・迪喬凡尼・馬基維利	巴爾達薩雷・馬基維利 雅各波・迪巴爾達薩雷・馬基維利
熱那亞	菲利波和費德里格・琴圖廖尼公司	菲利波・琴圖廖尼 費德里格・琴圖廖尼 喬凡尼・巴蒂斯塔・迪菲利波・琴圖廖尼
日內瓦	喬凡尼・本奇・福朗切斯科・薩塞蒂公司	福朗切斯科・薩塞蒂本人
里昂	福朗切斯科・丹東尼奧・諾里	福朗切斯科・諾里
倫敦	皮耶羅・德－梅迪奇、傑羅佐・德－皮利公司	西莫內・諾里 蓋拉爾多・卡尼賈尼
米蘭	科米薩里亞・德－卡斯塔尼奧洛	加斯帕雷・瓦利亞諾 羅倫佐・迪塞爾蘭多
	安東尼奧・達卡斯塔尼奧洛和福拉泰利公司	安東尼奧・達卡斯塔尼奧洛 李聶里・達卡斯塔尼奧洛
	皮耶羅・德－梅迪奇公司	皮傑洛・波提納利 喬凡尼・迪拉札羅・博羅梅伊

地點	辦事處	授權簽票代理人姓名
蒙佩利爾	安東尼奧・迪貝爾納多・卡尼賈尼	安東尼奧・卡尼賈尼本人
那不勒斯	巴爾托洛梅奧・布翁孔蒂	巴爾托洛梅奧・布翁孔蒂
	菲利波・斯特羅齊公司	菲利波・斯特羅齊
	貝內代托・瓜斯科尼	貝內代托・瓜斯科尼 伊波利托・迪巴爾托洛梅奧
佩魯賈	安東尼奧・達彭尼諾公司	安東尼奧・達彭尼諾
	埃雷迪・達爾法諾和塞維里公司	喬凡尼・巴蒂斯塔・達爾法諾 吉羅拉莫・迪孔索洛
	埃雷迪・丹傑洛和尤果利諾・切斯波爾迪公司	里科・彼得羅齊 尼科利諾・切斯波爾迪
比薩	尤果利諾和安東尼奧・馬特利公司	馬泰奧・馬西 洛多維科・馬西 *
	福朗切斯科・迪內羅內公司	雅各波・達科萊
羅德島	貝爾納多・薩爾維亞蒂	貝爾納多・薩爾維亞蒂
羅馬	皮耶羅和喬凡尼・德－梅迪奇公司	羅伯托・馬特利，經理 李奧納多・韋爾納奇 喬凡尼・托爾納博尼
西恩納	科西莫・迪福蘭喬・貝爾蒂	科西莫・迪福蘭喬・貝爾蒂 福蘭喬・貝爾蒂
威尼斯	皮耶爾福朗切斯科・德－梅迪奇公司	亞歷山德羅・馬特利
	菲利波・達格斯蒂諾和福拉泰利公司	菲利波・達格斯蒂諾 福朗切斯科・達格斯蒂諾
	喬凡尼・魯切拉和喬凡尼・迪福朗切斯科・斯特羅齊公司	喬凡尼・迪福朗切斯科・斯特羅齊 菲利波・達梅里格・魯切拉

* 洛多維科・馬西只被授權簽發最高額度 600 福羅林的匯票。

資料來源：ASF, MAP, filza 134, no. 3: Ricordi di cambi, Banco di Firenze (1455).

本奇與助手福朗切斯科·因吉拉米和托馬索·拉皮都是穿梭在各城市遞送匯票的卑微信差。[44]他接著對郵政服務不足的現象做出有見地的評論。這發生在半個世紀之前，令人發笑。然而，近年來，在書寫經濟史和處理商業紀錄方面已經取得長足的進步，對此橫加挑剔或置之腦後都是不公平的。五十年前，歷史學家仍在摸索如何處理這樣的材料。

因為現今利息會按資金比例計算，銀行家的獲利自然確保無慮。然而，在中世紀時，這種獲利是不確定的，因為它取決於反覆無常的匯率變動。總之，中世紀商人銀行家的帳目毋庸置疑可以說獲利源自匯兌差額，而非源自利息收費。想藉著翻閱他們的總分類帳來找出從貼現商業票據中產生的利息收入是徒勞無功的，因為根本就不存在這樣的帳目。[45]能找到的是一種叫做 *pro e danno di cambio*（匯兌損益）的帳目或類似的帳目，其中記載著從匯兌投機中產生的盈虧，也會發現一種記載外國辦事處在處理匯票中所賺的佣金帳目。

梅迪奇等銀行家以外幣在國外承兌的匯票，造成簿記的複雜化。為了解決這些難題，他們為大多數辦事處開立兩個帳戶，一個往帳（*Nostro* account）和一個來帳（*Vostro* or *Lord* account）。這個設計今天仍被進出口公司、運輸公司等用外幣做大量生意的財團所採用。因此，一家在紐約的公司可能會在倫敦的辦事處開立兩個帳戶，一個英鎊帳戶和一個美元帳戶。英鎊帳戶就相當於中世紀時的往帳帳戶，雖然這個術語今天仍在使用。

往帳的典型特徵在於同時用外國貨幣和本國貨幣記帳，但外國貨幣是調節者。若這個帳戶用外國貨幣是平衡的，但用本國貨幣是不平衡的，那麼兩者的差距就代表由匯差引起的盈餘或虧損。往帳通常在借方和貸方各有兩個擴展的欄目，一欄用來記錄外國貨幣，一欄用來記錄本國貨幣，現在也是如此。來帳與往帳不同，在每一方只有一個擴展欄，用來記錄本國貨幣，因此與普通帳目沒有不同之處。不需要為匯差做出調整。在像梅迪奇這樣的商人銀行家帳簿裡，來帳經常包括佣金、經紀費、領事簽證費等費用。

往帳和來帳如何使用？這個問題對缺少會計專業的學者而言很難全面理解。[46]首先必須明白，在一筆特定的匯兌交易中，誰是委託人，誰是代理人。「委託人」和「代理人」這兩個詞在這裡有嚴格的專業意義。委託人是啟動匯兌交易並由此產生獲利或虧損的人。代理人只是執行委託人的命令，並有可能因為提供服務獲得佣金，但無權得到別的報酬，因為他不冒任何匯率波動所產生的風險。這會發生四種可能性：一、匯票可由委託人簽發給代理人，或二、相反，由代理人簽發給委託人；三、匯票可由委託人寄送給代理人，或四、匯票由代理人寄送給委託人。因此，梅迪奇銀行的佛羅倫斯錢莊既可擔任其中一家分行的委託人，也可以擔任代理人。各分行間的關係也一樣。例如，威尼斯分行如果決定寄送或簽發匯票給布魯日分行，或命令布魯日分行寄送或簽發匯票，可以擔任委託人。另一方面，威尼斯分行也可以擔任代理人，假若它替布魯日分行寄送、簽發、代收或承兌匯票。

為使事情簡單明瞭，我們假設威尼斯分行以四十八便士的價格買進一百杜卡特的匯票，把它寄送給倫敦分行代收，並命令倫敦分行盡可能以最佳匯率賺取報酬。此時，威尼斯分行將成為委託人，並將這筆匯款金額記入倫敦分行的往帳，一欄為一百杜卡特，另一欄為二十英鎊。假定現在以四十五便士的費率賺取報酬，那麼倫敦分行就能以二十英鎊買入一百零六杜卡特十六格羅梭在威尼斯兌現的匯票。當那張匯票被付款人承兌時，威尼斯分行會把二十英鎊或一百零六杜卡特十六格羅梭記入倫敦分行的貸方。此時，往帳將在英鎊帳目中平衡，但會留下一筆六杜卡特十六格羅梭的帳款，這代表這筆匯兌交易因往返的匯差而產生的獲利。當然，這筆獲利將被轉到「匯兌損益」欄，使往帳在杜卡特和英鎊兩方均平衡。

倫敦分行會擔任威尼斯分行的代理人。在代收一百杜卡特的匯款金額後，它把與英格蘭貨幣等值的二十英鎊記入威尼斯分行的來帳。當買入在威尼斯承兌的匯票之後，把二十英鎊記入各帳戶，這個帳戶將因此被抵消，也許倫敦分行會因這點麻煩收取千分之二的佣金，即十便士。然後這筆小小的收費最終將由威尼斯分行結算。

當然在實際交易中，匯兌交易很少能與這個簡單的模型相提並論。然而，種種複雜情況總會使人更難理解這個機制，即使基本原理沒變。往帳和來帳出現在所有梅迪奇銀行留存下來的總分類帳片段中，也就是在佛羅倫斯錢莊的總分類帳（一四六〇年）、米蘭分行的總分類帳（一四五九年）和布魯日分行的總分類帳（一四四一年）。[47]同樣的制度也被佛羅倫斯其他銀行家採用。你可以在達蒂尼銀行的總分類帳本，阿維拉多．德－梅迪奇銀行的總分類帳本（一三九五年），以及由米蘭的菲利波．博羅梅伊公司保存在倫敦的總分類帳本（一四三六至一四三九年）裡找到許多例子。往帳和來帳因此被看作是從中世紀晚期以後在義大利銀行業和商業公司中普遍使用的簿記方法。只有威尼斯人在處理外匯帳目時採用稍微不同的方式。

雖然梅迪奇銀行聲稱他們的活動僅限於合法的匯兌交易，但紀錄證明，他們有時以虛假交易的形式發放信貸，因為他們聲稱這是隱藏貸款或隱藏付息貸款（*in fraudem usurarum*）合約，這是神學家譴責的一種做法。什麼是虛假交易？它是高利貸戒律的產物；因此在現代商業中找不到類似的做法。最佳的描述是涉及匯兌和回兌（*cambium et recambium*）交易，但國外未發生任何最終結算。事實上，締約各方是否費神實際簽發和快速傳遞匯票則是無關緊要。

布魯日分行與威尼斯分行之間有幾個虛假交易的例子可以在布魯日分行一四四一年的總分類帳本裡找到。其中，安東尼奧．迪尼科洛．德爾孔特的帳戶甚至提到三筆這類交易。[48]第一個例子與由梅迪奇銀行威尼斯分行在一四四一年三月十五日前後簽訂的一宗隱藏貸款有關。由於安東尼奧．德爾孔特在佛蘭德沒有辦事處，他被交款人告知開具由在布魯日的梅迪奇分行承兌的匯票，並讓這張匯票也可以付款給各分行。因此，這張匯票上很可能寫著 *pagate a voi medesimi*（付款給自己），意思是說布魯日的梅迪奇分行既是付款人又是收款人。這張匯票的價值是五百三十三威尼斯杜卡特，匯率是每杜卡特五十一．五格羅特，等於一百一十四格羅特鎊十索爾多（佛蘭德通貨），不過這張匯票並沒有留存下來（圖表2）。[49]

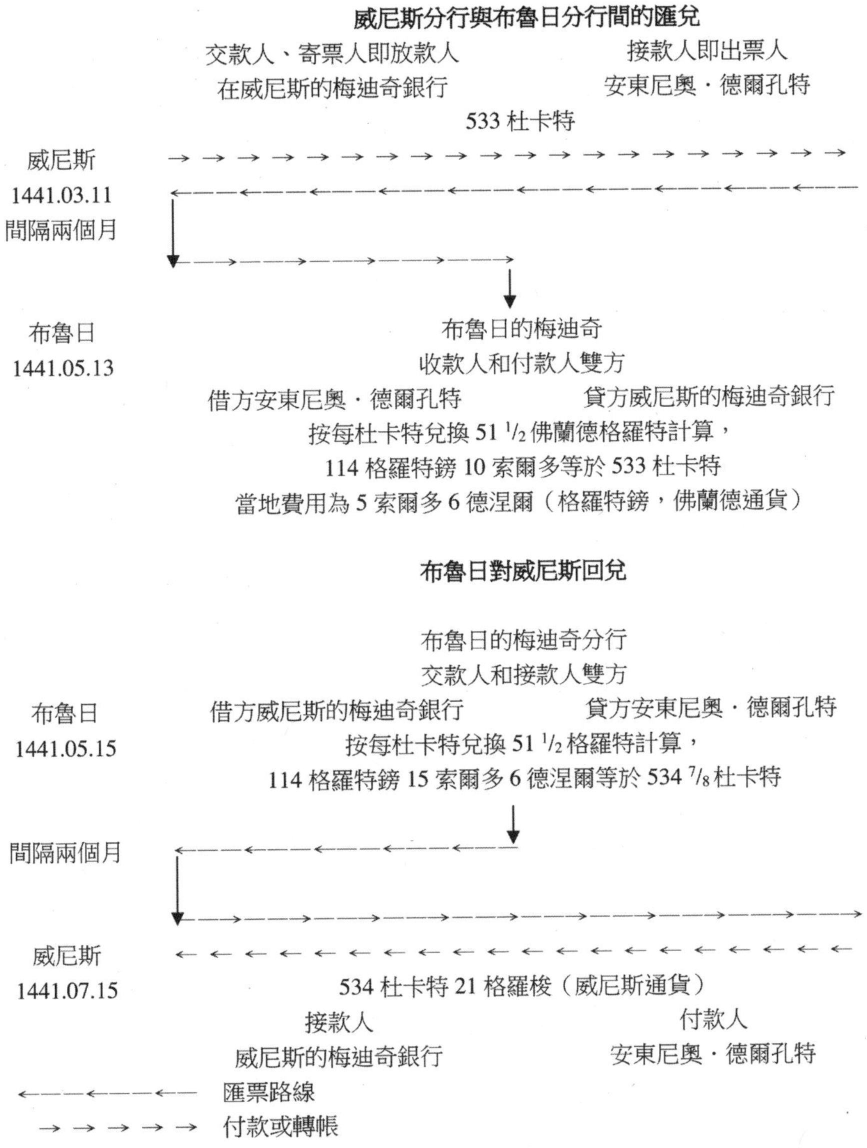

圖表 2：威尼斯分行與布魯日分行間虛假交易的例子
（摘自梅迪奇記錄的真實案例）

資料來源：ASF, MAP, filza 134, no. 2: Ledger of the Bruges branch of the Medici Bank (1441), fol. 231; R. de Roover, *The Medici Bank* (New York, 1948), pp. 82-85.

當這張匯票一四四一年五月十三日在布魯日到期時，梅迪奇銀行在該布魯日的分行把這筆一百一十四格羅特鎊十索爾多的金額記入安東尼奧・德爾孔特的帳下，並把同個金額過帳到威尼斯分行來帳的貸方，並附加說明這筆轉移是奉命行事（*sopra di loro*），即由梅迪奇銀行威尼斯分行承擔負責。[50] 因此十分清楚是梅迪奇銀行布魯日分行擔任代理人，並執行威尼斯分行的命令。安東尼奧・德爾孔特的帳戶也被收取五索爾多六德涅爾（格羅特鎊幣）的費用當作千分之二的佣金和每格羅特鎊二密特（*mites*）的領事簽證費，領事簽證費大約是三千分之一。

兩天後，也就是在五月十五日，梅迪奇銀行布魯日分行隨即沖銷五月十三日記入的帳目，並向威尼斯分行的帳戶收取一百一十四格羅特鎊十五索爾多六德涅爾，即五百三十四杜卡特二十一格羅梭，並把同個金額計入安東尼奧・德爾孔特帳戶的貸方。這個轉移被特別注明也是*sopra di loro*，即奉梅迪奇銀行威尼斯分行之命行事。很可能布魯日分行表面上填寫一張匯票，由安東尼奧・德爾孔特付給在威尼斯的梅迪奇銀行「從我們手裡收到」五百三十四杜卡特二十一格羅梭。慣用語 *pagate a voi medesimi*（付款給自己）和 *valuta da noi medesimi*（來自自己的價值）總是明顯被用在涉及虛假交易的案例裡。但有些包含此類術語的匯票則是基於真實的轉帳。因此，這些術語出現在匯票上並無法作為虛假交易的確切標誌。

義大利貨幣史專家朱利奧・曼迪奇教授相信，這種匯兌與回兌交易與十六和十七世紀使用的匯兌和回兌合約（*cambio con la ricorsa*）極為相似，差別在於，較早的形式會因為匯率並非預先確定而保留投機性。這是對的，比方說，一位威尼斯銀行家以五十佛蘭德格羅特的價格售出杜卡特，並承諾晚些時候以四十八佛蘭德格羅特的價格購回，那麼無論杜卡特的匯率在這期間是上漲還是下跌，都將從每杜卡特中賺取兩格羅特的獲利。然而，如果回購的價格沒有預先敲定，那麼就有可能獲利或虧損，這取決於不可預知的匯率波動。

以這裡討論的情況為例，梅迪奇銀行威尼斯分行既沒有獲利，也沒有虧損，因為它以五十一・五格羅特的匯價向布魯日分行簽發一份匯票，並以同樣匯率賺取報酬。實際情況是，安東尼奧・德爾孔特借入五百三十三杜卡特，然後在四個月後償還五百三十四杜卡特二十一格羅梭，但這一點點的微小差額代表的是在布魯日的當地費用，絕非源自於匯價波動，因為在匯兌和回兌的過程中是以相同的匯率計算。這是純粹的隨機事件，很少發生。

在另外兩個記錄於一四四一年帳簿的案例中，匯率是不同的；不然，它們會與第一個例子完全相同，而且涉及到相同的各方。第二個案例與一張三百七十七杜卡特十七格羅梭的匯票有關，匯率為每杜卡特兌換五十四又二分之一格羅特（佛蘭德通貨）。這張匯票以五十一又二分之一格羅特的價格從布魯日返回威尼斯，因此放款人，即梅迪奇銀行威尼斯分行，從每杜卡特賺取三格羅特的利潤，即兩個匯率之間的差額，由安東尼奧・德爾孔特承擔。[51]以威尼斯貨幣計算，總獲利達到二十一杜卡特二十格羅梭。第三個案例涉及四百四十一又四分之一杜卡特，這筆錢以五十三又四分之一格羅特的匯率折算成佛蘭德貨幣，然後再以五十一格羅特的價格從佛蘭德貨幣折算回威尼斯杜卡特，結果放款人從每杜卡特中賺取二又四分之一格羅特。[52]

梅迪奇銀行的威尼斯分行甚至在第一個案例中就有了突破；他們在第二個案例中的年報酬大約是一七・五%，第三個案例則是一三・二%。總之，虛假交易產生的獲利不確定，而且保有投機性的特點。它依然被早在十五世紀的神學家看作有著高利貸性質，雖然直到一五七一年一月二十八日庇護五世頒布敕令（*In Eam*）*才被正式禁用。[53]通常給出的理由是，在虛假交易的情況下，地點差異（*distantia loci*）不再被注意，因為實際上並無資金的轉移，交易是在交易開始的地方完成的。然而，這個說法是不正確的，因為簡單的商業計算顯

* In Eam 應是教宗敕令的標題或名稱。譯者因自身知識的局限，雖花了大量時間查考，但仍未得其義。只好以原文示人，謹向讀者致歉。

示，如果匯兌是真實而非虛假的話，那麼放款人的獲利也會完全相同。因此，不清楚為什麼說一種形式的匯兌是合法的，而另一種形式是不合法的。

還有其他多種不同的虛假交易。有時候，第一張匯票在目的地被拒付，大概是要給放款人一個毋庸置疑的權力可以從借款人那裡索回回兌（*recambium*）的全額。這是由梅迪奇銀行米蘭分行分別在一四六二、一四六三和一四六四年向日內瓦分行簽發匯票所採用的步驟，明顯與給米蘭公爵的顧問兼書記官安傑羅・西莫內塔的貸款有關。這些匯票被拒付，藉口是西莫內塔不可能在日內瓦，而且在他名下沒有可用以承兌匯票的資金。[54]當然，梅迪奇銀行日內瓦分行非常清楚西莫內塔是誰：到萊芒湖湖畔去找他簡直是胡鬧[55]。上演這齣小小鬧劇的目的大概是為了規避一四三九年一項米蘭法律，這條法律規定，不是基於實際交割、而是基於隱藏貸款的匯票為無效匯票。[56]

在神學家的眼裡看來，虛擬匯兌甚至比虛假匯兌更加有害。它包括虛假的名稱，虛構的匯率，虛假的匯票或根本沒有匯票。梅迪奇銀行的紀錄不時提到無匯票的匯兌（*cambium sine litteris*）。[57]在現實中，只要放款人的獲利仍由貨幣市場上的現行匯率決定，虛擬匯兌與虛假匯兌就幾乎沒有區別。[58]這個投機性要素可以透過預先約定回兌匯率而加以消除。藉由這樣做，虛擬匯兌變得與計息直接貸款難以區分，因此它遭到神學家詬病就不足為奇了。

與神學家相比，商人雖然傾向把保留投機性特點的任何匯兌交易都看作是合法，但在一四二九年通過的一項佛羅倫斯法律卻宣布沒有匯票的匯兌（*cambium sine litteris*，「俗稱虛假匯兌」）為非法，據傳是因為有很多人因為籌集資金訴諸這個權宜之計而身敗名裂。這條法律很可能弊大於利，因為一四三五年對這條法律舉行的投票有一百三十七票贊成和六十四票反對，因此這條法律暫停實行兩年，而這發生在梅迪奇家族開始執政後不久。[59]沒有跡象表明它曾重新生效，原因是它與主要銀行家的利益相衝突，其中與梅迪奇銀行的利益衝突最為明顯。

作為匯兌的附屬業務，梅迪奇銀行把信用狀賣給朝聖者、旅行者、學生、外交人員和神職人員，有去義大利的，也有居住在那裡的。這個活動並未引起神學家的任何反對。信用狀通常被提前付款，就像今天的旅行支票。它們與匯票的不同之處在於有時呈信函的形式，憑此信函，梅迪奇銀行的一家分行指示另一家分行憑由受益人簽署的收據支付一定的金額。下面展示的就是這樣的信函，梅迪奇銀行布魯日分行憑此信要求梅迪奇銀行米蘭分行支付兩百杜卡特給一名浸信會教友的兒子、在帕維亞大學就讀的佛蘭德學生保羅。[60]

這封信大概是布魯日分行的代表在安特衛普趕集的同時簽發的，這個代表從斯蒂芬·范德賈伊斯特（很可能是受益人的一位親戚）那裡收到信函中注明的金額。後者有權一次性代收這筆兩百杜卡特的款項，或憑著每期付款的收據分期代收。由於在信的底部有另一個人的筆跡寫上 *pagati*（付訖）字樣，而且信的正文被劃上對角線，保羅很可能一次收到全部金額。

也有簽發付款給在阿爾卑斯山以北享有聖俸但臨時或永久居住在羅馬教廷的神職人員的信用狀。安特衛普聖母教堂執事（*doctor decretorum*）兼羅馬教廷的侍詔（*abbreviator litterarum*）馬斯特·安塞爾姆·德斯米特，即法布里（卒於一四四九年）就是一個例子。[61]布魯日分行在一四四一年六月簽發付款給他的兩份信用狀，總計金額為五百教宗杜卡特，一份四百杜卡特，另一份一百杜卡特，匯率為每杜卡特五十一格羅特（佛蘭德通貨）。[62]較小的一筆金額是在羅馬付給安塞爾姆·法布里的僕人瓜爾鐵雷·達加爾達（沃特·范古達），大概是一名佛蘭德人或荷蘭人，因為他的名字聽起來不像義大利人。他拿出一份收據，明顯是從羅馬轉寄到布魯日。較大的那筆金額在一四四二年三月關帳時仍未被申領。至少，布魯日分行尚未接到付款給安塞爾姆·法布里本人或其代表的任何通知。布魯日分行總分類帳裡的帳目顯示，信用狀的處理方式與匯票不同。因此，不區分這兩種票據是個錯誤。

† *IHS, a di 8 di giungnio 1474*

Per questa solo vi diremo che richiegiendovi Paholo di Batist, studiante a Pavia, per fino alla som ma di ducati dugiento, cioè duc, 200 di camera, glie li paghiate, prendete quitanza e ponete a nnostro conto, che ssono per la valuta n'abiamo avuto da Stefano Van der Gheyst, Paghate glieli a ssuo piaciere, Idio vi guardi.

Lorenzo de' Medici e Tom maso Portinari
et com pagni di Bruggia, inn Anversa

pagati

---

† *IHS** 1474 年 6 月 8 日

茲有浸信會教友之子保羅，現就讀於帕維亞大學，前往貴行支取總額兩佰杜卡特整，即兩百聖庫杜卡特的錢款。請支付這筆款項給他。收下收據並在我行帳戶提取。我行已從斯蒂芬・范德賈伊斯特處收到這筆款項。請按持信人的意願支付這些款項。願上帝保佑你們。

布魯日羅倫佐・德－梅迪奇和
托馬索・波提納利公司，於安特衛普

付訖

背面：

Lorenzo e Giuliano de' Medici et pagni
in Milano

Prima

致
米蘭羅倫佐和迪朱利亞諾・德－梅迪奇公司

正本

＊ IHS是希臘文耶穌聖名Iesus Hagiator Soter的首字母縮寫。

信用狀常常是付款給受益人或他指定的人。[63]因此，佛羅倫斯錢莊在一四五五年十月一日簽發一份信用狀，付款給法恩札領主阿斯托雷・曼福雷迪本人或「他願意指定的人」（*o chi lui ordinassi*）。[64]然而，由此貿然得出結論說中世紀的信用票據完全可以轉讓，從而讓持票人能比原始債權人或先前持票人擁有更多的權利，會是錯的。中世紀的可轉讓條款適用範圍沒那麼大，而且可轉讓原則也要到十七世紀才獲得普遍接受。它依據背書（票據背面簽字）的做法徹底改變匯兌合約涉及四個締約方的基本特性，從而使匯票失去與這種合約的全部聯繫，最終轉變成單純的支付命令，並成為一種貨幣形式。在十七、十八世紀，遇到背面有兩個以上的人背書的匯票是不稀罕的。

雖然背書直到一六〇〇年之後才成為普遍做法，但在匯票、支票及其他票據背面或正面發現更早的轉讓命令都是有可能的。若干年前，費德里格・梅利斯*教授發現一張一五一九年簽署的匯票，背面就有受款人指定另一人為受益人的轉讓命令。根據付款人流水帳中的一條帳目，這個命令被實際執行。[65]在同個帳簿中的其他帳目顯示，在票據上或透過單獨的信函發出這類轉讓命令的做法甚至可能更古老。梅利斯教授並未期望會有多古老的匯票出現，直到他在達蒂尼檔案館親眼發現一份一四一〇年簽署的「背書」匯票和一封一三九四年的信函，匯票的受款人在信中命令將匯票承兌給第三人，而付款人履行這個要求。[66]就此而論，需要做兩點說明。第一，背書的做法還遠未普及，因為梅利斯教授在達蒂尼檔案館成千上萬份票據當中只發現一個背書的例子。第二，轉讓命令不總是寫在票據上，有時寫在另一張紙上。

迄今為止，這類做法最早為人所知的例子可追溯到一三八六年。[67]它涉及一張於一三八六年四月十一日在佛羅倫斯由雅各波・阿爾丁蓋利公司開出的匯票，受款人是在札拉的安東尼奧・迪梅塞爾・盧卡。由於交款人

---

*費德里格・梅利斯（一九一四至一九七三年）是義大利經濟史學家。

（*datore*）桂多・法尼公司在札拉沒有辦事處，付款人受命付款給威尼斯的南尼諾・佩拉卡內或付款給後者願意書面指定（*o chui vi scrivesse*）的任何人。於是，在一三八六年六月四日，南尼諾・佩拉卡內單獨寫了一個指示付款人付款給保羅・迪貝爾托・格拉西尼的一封短箋，並把它附在匯票上。在一三八六年六月二十八日，這張匯票被拒付，因為受款人堅持要用在札拉流通的匈牙利福羅林支付款項，拒絕接受付款人提議用鳶尾花形紋章的佛羅倫斯福羅林支付。有趣的是，根據拒付書的本文，保羅・格拉西尼向寫下補充轉讓命令的南尼諾・佩拉卡內追討，而不是向原匯票的出票人追討。這個案例無疑是個例外，因為札拉並非正規的銀行所在地。儘管如此，它顯示背書的根源可追溯到比一般猜測更久遠的年代：無論轉讓命令是寫在票據上，還是另外寫在附於票據的紙條上都無關緊要，在我看來幾乎沒有什麼區別；這只是個形式或習慣的問題。

早期轉讓命令的另一個例子可以在一四三〇年一張匯票的背面看到。這個例子是當時正出使羅馬的告解神父安東尼奧・達法諾開給阿拉貢國王阿方斯五世的匯票，金額是五百教宗杜卡特，後者已從福朗切斯科・博斯科利那裡收到錢，博斯科利以前是喬凡尼・迪比奇的雇員，但現在是富有競爭力的阿維拉多・迪福朗切斯科的梅迪奇銀行羅馬分行經理。這張匯票被送到巴塞隆納給安東尼奧・帕齊和福朗切斯科・托辛吉公司代收。由於阿拉貢國王已離城去了瓦倫西亞，收款人在匯票背面寫道，若這張匯票被承兌給他們的代表人巴爾托洛梅奧・本奇，他們會很滿意（*siamo contenti*）。[68]當然，這不是真實的轉讓，僅僅是一個付款給收款人的代表人的請求。

很幸運的是，另一張「已背書」的匯票最近碰巧在佛羅倫斯的檔案材料裡被發現。它的時間稍晚一點（一四三八年），但它的價值在於經過梅迪奇銀行實際背書。匯票原件沒有被保留下來，但本文卻被逐字記錄在一份拒付書裡，文字如下頁。[69]

除了被背書以外，這還是一份通常涉及四方的匯票，四個締約方分別是：一、巴塞隆納的福朗切斯科・托辛吉和萬尼．魯切拉公司（出票人）；二、也是在巴塞隆納的菲利波．博羅梅伊公司（寄票人）；三、在佛羅倫斯的梅迪奇銀行（收款人）；四、也是在佛羅倫斯的皮耶蘭托尼奧和雅各波．皮耶羅齊公司（付款人）。這份一四三八年五月五日在巴塞隆納簽發的匯票同年六月六日在佛羅倫斯得到承兌。轉讓書被寫在匯票的正面，而非背面，內容是這樣寫的：「我們，科西莫和羅倫佐．德－梅迪奇公司，命令你如期替我們付款給阿多阿爾多．賈基諾蒂公司。」這份轉讓書是否與現代背書相同仍有疑問。它肯定能讓受票人有效地付款給阿多阿爾多．賈基諾蒂公司，但它顯然未授予受讓人以他們的名義或作為持票人在適當時候就這張匯票提起訴訟的權力。轉讓本文中使用「替我們」這幾個字強烈地暗示著，梅迪奇銀行把自己視為委託人。這個解釋得到進一步確認，即受讓人未拒付這份沒有承兌的匯票，但梅迪奇銀行的雇員康比奧．迪安東尼奧．德－梅迪奇代為採取這個步驟，而且好像他也是阿多阿爾多．賈基諾蒂公司的雇員似的。因此，從拒付證書本身的文字就可清楚地看出，新的持票人阿多阿爾多．賈基諾蒂公司並未自作主張行事，只是作為代收人而已。

順帶一提，這張匯票一直未承兌，而且被拒付，因為受票人皮耶蘭托尼奧和雅各波．皮耶羅齊為躲避瘟疫而逃離佛羅倫斯，沒有出現。雖然這張匯票從出票日起六十天到期，即一四六〇年七月四日，但直到七月二十四日才被拒付。一位票據經紀人，安德烈．迪塞爾巴爾托洛梅奧（被稱為占星家）跟往常一樣作證說，在七月二十四日，對巴塞隆納的匯率達到每佛羅倫斯福羅林兌換巴塞隆納的十五索爾多三德涅爾。換言之，匯率（十四索爾多九德涅爾）與回購匯率（十五索爾多三德涅爾）的差距只有六德涅爾。這相當於在四個月裡獲得三．四%的報酬，或者說年報酬率是一〇．二%。

一份一四九四年四月十八日在羅馬簽發的匯票引起更複雜的情況，這張匯票要在那不勒斯付款給一位名叫貝爾納迪諾．德卡爾納格的米蘭商人。[70]受款人背書這張匯票，並表明態度願意在那不勒斯的托爾納博尼銀行承兌，這是在梅迪奇羅馬分行的旗下機構。[71]這張匯票導致一場錯綜複雜的訴訟，訴訟圍繞著兩點：一、銀行

Al nome di Dio a dì 5 di maggio 1438 *Pagate per questa prima a dì LX jatta, a Cosimo et Lorenzo de' Medici et compagni, fiorini trecento, cioè f. 300, per la valuta a s. 14 d. 9 da Filippo Bor romei et compagni et ponete per voi. Christo vi guardi.* *Francesco Tosinghi et Vanni Rucellai* *et compagni in Barzalona*
以上帝的名義，1438 年 5 月 5 日 在出票日起六十天內，憑此正本匯票支付給科西莫和羅倫佐・德－梅迪奇公司參佰福羅林，即三百福羅林。以此沖抵從菲利波・博羅梅伊公司收到的價值，並將此記於貴行帳戶。匯率為 14 索爾多 9 德涅爾（每福羅林）。願基督保護你。 福朗切斯科・托辛吉和萬尼 ・ 魯切拉公司 於巴塞隆納

另一個筆跡：

Acceptata a dì 6 di giugno 1438 *Noi Cosimo et Lorenzo de' Medici e compagni vogliamo che al tempo gli pagate per noi a 'Douardo Giachinotti et compagni.*
1438 年 6 月 6 日 我們，科西莫和羅倫佐・德－梅迪奇公司，命令你如期替我們付款給阿多阿爾多・賈基諾蒂公司。

背面：

Pierantonio et Jachopo Pierozi e compagni *in Firenze* *Prima*
皮耶蘭托尼奧和雅各波・皮耶羅齊公司 於佛羅倫斯 正本

轉帳是否最終付款，並完全解除債務人的債務；二、在羅馬和那不勒斯的梅迪奇分行是同個法人，還是互不負責的獨立實體。使事情更為複雜的是，托爾納博尼銀行在一四九五年三月破產，當時法國人正占領著那不勒斯。[72]在他們撤離後，訴訟重新開始，但從未判決，因為其中一位訴訟當事人，即受款人貝爾納迪諾・德卡爾納格，已選擇隨撤離的法國軍隊逃走。

至於由這次訴訟引起的問題可以觀察兩點。其一，收款人的背書清楚地允許銀行付款。根據中世紀商業習慣，若被債權人接受，那麼銀行轉讓即被視為最終結算。[73]若銀行在之後未能履約，那麼債權人就無權向債務人索賠。其二，在那不勒斯的托爾納博尼銀行差不多完全為在羅馬的托爾納博尼銀行所擁有，因此，後者要對旗下機構負全責。[74]事實上，那不勒斯法庭也作出判決，兩家托爾納博尼銀行其實是同一家公司。因此，這個案例與上面討論過的布魯日分行和倫敦分行的情況並不相同。

儘管近年來有這些發現，但若因此得出這樣結論認為，匯票的背書是十五世紀的常規做法，或是匯票都是完全可以轉讓的，仍未免顯得草率。首先，已背書票據是個例外，也許是百中選一或千中選一，而且在整個十六世紀一直是這種情況。只是在一六〇〇年後不久，背書的做法才像野火那樣勢如燎原。[75]在那個時期的匯票中，不難找到多重背書的例子，有時甚至被背書四、五次之多。[76]法學家並非輕而易舉地演繹出可轉讓的原理，只是在商業習慣的壓力下不情願地逐漸承認，當持有人為委託人時，賦予他對先前持有人的追討權，並承認其權利甚至可能優於原受益人或後續背書人的權利。[77]

十五世紀時，法理尚未達到如此複雜的階段：持票人的地位在法律上仍不確定。充其量只被看作是票據中記名受款人的代理人而已。然而，在中世紀的習慣做法中，收款人只對匯票承兌人提起訴訟，而不是對出票人提起訴訟。對拒付匯票的出票人提起訴訟的權力，屬於已透過提供構成匯兌合約基礎的價值而給出對價（*consideration*）的交款人或寄票人。[78]

關於給王公貴族或統治者的貸款，極難根據借款人所能提供的擔保狀況和類型作出任何歸納，因為合約與合約間的條款不盡相同。在借款給王公貴族時，銀行家不受制於調節匯兌交易的貨幣市場慣例和習俗。通常，貸款給王公貴族會得到皇冠珠寶等貴重物品的質押擔保，更經常的情況是轉讓稅收收入，將收到的稅款移交給放款人，除非他被授予親自收稅的權力。因此，借款給王公貴族常常涉及到一種或其他形式的包稅。利息很少公開規定，而且通常用不同的委婉說法稱之，並或多或少被若干計策成功隱藏，這經常在報帳時產生困難和不一致。一種受青睞的計策是把價格過高的商品強行賣給借款人。另一種計策是收取過多的佣金等服務費用。這樣的收費經常在事後被指派對借款人帳目進行徹查的審計員或稽核員所不允，而這種徹查其實有利於查核貪汙或用來誣指貪汙。這是許多金融家耳熟能詳的故事，從十四世紀的福雷斯科巴爾迪到梅迪奇時代的雅克．克爾都是如此。

貸款給王公貴族必然伴有嚴重的危險。首先，牽涉的金額通常非常龐大，因此使得風險無法充分分擔。若它們被允許不相稱地成長，就如經常發生的那樣，那麼它們就會汲取愈來愈多的可用財力，直到幾乎不剩可用於其他目的的財力。例如，當福朗切斯科．斯福爾札一四六六年三月八日去世時，他欠梅迪奇銀行米蘭分行超過十一萬五千杜卡特，後者為此設法獲得來自公爵繼承人的鹽稅等賦稅，但部分收入直到一四六九年才到手。此外，這位爵爺還透過抵押珠寶借入相當大一筆錢，但這些珠寶證明難以售出，除了出售給那些信用就算不太糟，也好不到哪裡去的其他有權勢者。[79]就如這個例子所示，分期償還常常很緩慢，更可怕的是，很少能按時執行，因為戰爭、內亂或其他事件很可能打亂最周密的計畫。放款人無論情願還是不情願被迫出借更多的錢，不但得不到償還，並且為了希望能挽救已借出的錢，結果是把錢丟進無底洞。放款人必然被愈來愈深地捲入旋渦之中，就會無法自拔，也就無法在招來災禍後全身而退。一旦開始討好巴結王公貴族，就如梅迪奇銀行發現已經損及利益那樣。一個被榨乾的銀行家就會像一隻被擠乾汁液的橘子那樣被無情地拋棄。他成為糾纏不休的捐客，深陷困境卻得不到同情，就如在布魯日和米蘭的波提納利兄弟倆的命運。梅迪奇家族本身在獲取政治資本方面幾乎從未成功過，他們之所以偶然得勢，原因無非只是因為意想不到的天時地利讓他們在一四九四年被驅逐出境之後重返權力寶座，成為統治者。

注釋

1. Grunzweig, *Correspondance,* p. 55; Lopez and Raymond, *Medieval Trade,* p. 206. 該控股公司在一四三五年六月八日與喬凡尼・本奇簽署的合約寫明，合夥公司的目的是用合夥人投入的資金，以及透過存款或其他誠實手段委託給他們的資金圓滿體面地運用「兌換的藝術和技巧」（ASF, MAP, filza 153, no. 3, fol. 2 and filza 94, no. 137, fols. 220-221）。應該加以注意的是，重點在匯兌。
2. R. de Roover, *L'Évolution,* p. 19.
3. 他們能夠這樣做，是因為在一五七一年之後，獲利達一〇%是得到法律允許的。
4. R. de Roover, "Le Contrat de change depuis la fin du treizième siècle jusqu'au dèbut du dix-septième," *Revue beige de philologie et d'histoire,* 25:119 (1946-1947); *idem, L'Évolution,* pp. 43, 144, 209. 卡爾代里尼在十四世紀已經給出這個定義：*contractus venditionis certae pecuniae pro alia certa pecunia redpienda alio loco.* Cf. R. de Roover, "New Interpretations,' p. 49.
5. 一八九六年時，艾倫伯格就已經看到這點，並非常清楚地加以陳述（*Das Zeitalter der Fugger,* I, 52）。然而，他的陳述還是沒給後來的歷史學家留下任何印象。
6. *De cambiis* (Frankfort-on-the-Main, 1645), Index (Distantia) and Disp. 1, qu. 11, No. 9. Cf. Lapeyre, *Les Ruiz,* pp. 325-335.
7. De Turri, *De cambiis,* Disp. 1, qu. 11, No. 6: «... eius scilicet, qui dat pecunias, eius, qui recipit, eius, cui fit tracta, et eius cui fit remissa.» Cf. *ibid.,* Disp. 1, qu. 2, No. 10.
8. 這個術語在十六世紀時仍在使用：在伊利莎白女王時代的文件和早期重商主義小冊子中，taker 和 deliverer 這兩個詞一貫被用於上面表述的意思。今天，prenditore（法文：*preneur*）指匯票的受益人，但這個意思直到十七世紀才引進，因為到此時，背書的實行徹底改變兌換合約的原先特徵。參見 Lapeyre, *Les Ruiz,* p. 276; R. de Roover, *L'Evolution,* p. 117 及其 *Money, Banking, and Credit,* pp. 53, 69-70. 在達蒂尼和梅迪奇的通信中，datore 和 prenditore 這兩個詞總是被用於上面文本中所示的意思，且 prenditore 這個詞從來不是受益人的同義詞。

9. L. F. Salzman, *English Trade in the Middle Ages* (Oxford, 1931), p. 35. 據我所知，薩爾斯曼是首位清楚地看到這點的現代歷史學家。他絕對是正確的。

10. 有關匯票承兌期限的資料，請參考 Giovanni di Antonio da Uzzano, *La pratica della mercatura* (Pagnini, *Delia Decima,* IV) pp. 100-103; and *El libro di mercatantie et usanze de' paesi,* ed. Franco Borlandi, (Turin, 1936), pp. 169-172 *et passim.*

11. 在 *El libro di mercatantie,* pp. 6-7 及 Pegolotti, *La pratica della mercatura,* p. 195 有正確的陳述。烏札諾 (*Pratica,* pp. 100, 102) 給出錯誤的資訊：其文本應該修正為："Da Firenze a Vinegia, di 5 vista la lettera, di la qui di 20 alia fatta."

12. R. de Roover, "Cambium ad Venetias: Contribution to the History of Foreign Exchange," *Studi in onore di Armando Sapori* (Milan, 1957), pp. 634-635.

13. ASF, Fondo diplomatico mediceo, October 22, 1463. 參見 Camerani, *Documenti,* p. 119, No. 361. 在拒付書背面的注釋內容如下："Protesto di ducati 500 facto a Francesco Giorgi e Piero Morosini per lettera di Bartolomio Zorzi e Jeronimo Micheli a sterlini 44 per ducato tornorono e piu con soldi 4 di sterlini per costo d'esso, ducati 535, 5 grossi a oro."

14. 有幾個例外，其中托馬索・德維奧，樞機主教卡耶坦（一四六八至一五三四年）和福拉・桑蒂（班鐸爾福），魯切拉（約一四三六至一四九七年）。R. de Roover, "Cambium ad Venetias," p. 645, 及其 "Il trattato," pp. 9, 24-28. 至於後來的學術作者，參見 Lapeyre, *Les Ruiz,* pp. 326-335。艾倫伯格非常清楚這點，因為他指出利息被偷偷地塞進匯率中（*Zeitalter der Fugger,* I, 33）。

15. 這最早由薩爾斯曼（*English Trade,* pp. 34-35）注意到，他檢查發表在威尼斯 *Calendar of State Papers* 的匯率。

16. Bernardo Davanzati, "Notizia dei Cambi," *Scrittori classici italiani di economia politica, parte antica,* II (Milan, 1804), 63.

17. 總額兩萬三千五百是從四十七乘以五百計算出來的。五百三十四杜卡特這個數字是用兩萬三千五百除以四十四得出的。

18. 一個例子是佛蘭德當局於一四〇〇年所作的不幸嘗試，為了促使黃金流通，他們頒布命令，匯票須三分之一用黃金承兌，三分之二用白銀承兌。結果導致貨幣市場緊縮並引起一場危機（R. de Roover, *Money, Banking, and Credit,* pp. 78-81）。

19. 這段話適用於虛假交易，但絲毫沒有關係，因為貨幣市場的機制不受兌換之「虛假」的影響（R. de Roover, "Cambium ad Venetias," p. 641）。
20. Gino Corti, "Consigli sulla mercatura di un anonimo trecentista," *Archivio storico italiano,* 110:119 (1952).
21. 最佳、最詳盡的描述見於仍為手稿的一本手冊：Biblioteca Nazionale, Florence, Codice Palatino, No. 601, Pt. 3: Zibaldone di notizie utile a' mercatanti (c. 1443).
22. Uzzano, *Pratica,* cap. xlvii, p. 153.
23. Bibl. Naz., Florence, Cod. Palatino, No. 601, fol. 72^v.
24. 信本身的簽署日期為一四五三年九月二十五日（ASF, MAP, filza 88, no. 111, fols. 118-119）。只有附言發表於 Grunzweig, *Correspondance,* pp. 24-26.
25. 在里昂的福朗切斯科・薩塞蒂公司一四六八年五月十六日致函在佛羅倫斯的皮耶羅・德－梅迪奇公司的信（ASF, MAP, filza 137, no. 248）
26. 在威尼斯的科西莫・德－梅迪奇公司一四四一年五月二十日致函在布魯日的貝爾納多・波提納利的信（MAP, filza 84, no. 91, fol. 182）
27. 在威尼斯的科西莫・德－梅迪奇公司致函在布魯日的貝爾納多・波提納利，日期分別是一四四一年二月二十一日（MAP, filza 98, no. 379）、一四四一年五月二十日（filza 84, no. 91），和一四四一年六月十四日（filza 88, no. 104）。
28. 在布魯日的貝爾納多・波提納利一四三八年五月二十三日致函在費拉拉的安東尼奧・薩盧塔蒂的信（MAP, filza 94, no. 146, fol. 241）。
29. MAP, filza 153, no. 2, fol. 78, and no. 3, fols. 70, 74 (1443-1445). 日內瓦的喬凡尼・本奇和福朗切斯科・薩塞蒂公司一四五五年七月二十九日致函在佛羅倫斯的喬凡尼和皮耶爾福朗切斯科・德－梅迪奇公司的信（MAP, filza 138, no. 440）。
30. 在倫敦的皮耶羅・德－梅迪奇、傑羅佐・德－皮利公司一四五五年十月二十五日致函在佛羅倫斯的梅迪奇錢莊的信（MAP, filza 84, no. 93, fol. 185）。在其他信件中也有順便提及。
31. 在羅馬的皮耶羅和喬凡尼・德－梅迪奇公司一四六一年六月六日和八日致函在佛羅倫斯的梅迪奇銀行的信（MAP, filza 138, nos. 433, 436）。參見羅馬分行一四五五年五月十六日致函威尼斯分行的信（MAP, filza 138, no. 106）。
32. R. de Roover, *The Medici Bank,* 1st ed., pp. 73-74, 76. 證據是布魯日分行一四四一年總分類帳的入帳紀錄（MAP, filza 134,

no. 2, fol. 250）。

33. R. de Roover, *Money, Banking, and Credit,* p. 65.

34. 在威尼斯的喬凡尼・阿爾托維蒂一四六七年十一月六日致函在米蘭的皮耶羅・迪科西莫・德－梅迪奇公司的信（MAP, filza 16, no. 302）。

35. MAP, filza 153, no. 3, fol. 19.

36.「證券經紀未出現在十八世紀之前」（Gutkind, *Cosimo de' Medici,* p. 281）是不符合事實的。義大利譯者大概未能翻譯billbroking一詞，甚至斷言匯票交易不早於十八世紀出現（Gutkind, *Cosimo il Vecchio,* p. 373），這完全是一派胡言。

37. 因此在一三八六年時，雅各波・迪烏巴爾迪諾・阿爾丁蓋利寄了一張開給札拉的匯票給在威尼斯的辦事處。Teja, *Aspetti della vita economica di Zara,* p. 114.

38. 根據二號機密帳簿，一四二〇年時，一千六百五十聖庫福羅林等於一千七百四十袋福羅林金幣（fol. 36）。Cf. Uzzano, Pratica, p. 136; MAP, filza 138, nos. 430, 433, 434, 435.

39. Usher, *Early History,* pp. 6-7.

40. 普拉托，達蒂尼檔案館，No. 854（布魯日－巴塞隆納通信）：在布魯日的喬凡尼・奧爾蘭迪尼和皮耶羅・貝尼齊公司一四〇〇年九月三日致函巴塞隆納的福朗切斯科・迪馬可公司的信。

41. ASF, MAP, filza 134, no. 3, fols. 42^{v}-43^{r}.

42. MAP, filza 104, fols. 7-48, and filza 134, no. 3, fols. 42-48.

43. Bruno Kuske, "Die Handelsbeziehungen zwischen Koln und Italien im spatern Mittelalter," *Westdeutsche Zeitschrift fur Geschichte und Kunst,* 27:414-415 (1908). Cf. Sieveking, *Handlungsbucher,* pp. 24-25, 41.

44. *Ibid., pp.* 23-24.

45. 一般而言，在中世紀的帳簿中，提及利息都是小心翼翼並儘量避免，很可能是因為根據教會法，商人有可能因其帳簿而被宣告犯有高利貸罪。*Corpus juris canonici,* canon *Ex gravi,* in *Clement.,* V, 5, 1.

46. 有一項對這個主題的詳細技術研究：R. de Roover, "Early Accounting Problems of Foreign Exchange," pp. 381-407.

47. Sieveking, *Handlungsbücher,* pp. 34, 41. 在本書的第一版中有往帳和來帳的文本，Appendices IV and V, pp. 73-81.

48. 有文本，*ibid.,* Appendix VI, pp. 82-85.

49. 這個圖表首次發表在一篇文章：R. de Roover, "What is Dry Exchange? A Contribution to the Study of English Mercantilism," *The Journal of Political Economy,* 52:263 (1944). 我很感謝雜誌編輯允許我在這兒複製這個圖表。

50. 這個短語的解釋以及對其重要性的強調可見 Giulio Mandich, *Le Pacte de Ricorsa et le marche italien des changes au XVII ^e^ siècle,* No. 7 (Paris, 1953), pp. 129-131.

51. 回兌的金額為四百零一杜卡特零六格羅特。

52. 回兌要求償還四百六十一杜卡特十九格羅特，因此總獲利為十九杜卡特十格羅特。

53. 虛假交易仍然得到梅塞爾・羅倫佐・里多爾菲容忍，不過後來受到大多數神學家的譴責，包括聖貝爾納迪諾、聖安東尼諾和樞機主教卡耶坦。後者指責無論是否是匯票，虛假交易實際上被簽發並寄送給外國辦事處（Mandich, *Pacte de Ricorsa,* p. 133）*In eam* 敕令的文本被發表，尤其見於 Sigismund Scaccia, *De commerciis et cambio* (1st ed., Rome, 1619), §9.

54. 拒付書的概要可參見 Camerani (*Documenti,* pp. 111-121, Nos. 334, 335, 338, 342, 350, 363, 371)。其中一張匯票的文本可參見 R. de Roover (*L'Évolution,* p. 150)。它於一四六二年二月二十五日在米蘭簽發，應在復活節市集承兌，而在一四六二年五月十四日在日內瓦被拒付。曼迪奇（*Pacte de Ricorsa,* p. 132）的評論基於同一文本。

55. 根據曼迪奇教授的資料，上述匯票被拒付以免除日內瓦的梅迪奇公司在重開匯票中的全部責任，因為米蘭分行未曾給過他們這類保證。

56. Fanfani, *Origini,* p. 101; Lattes, *Il diritto commerciale,* p. 189. 有兩項米蘭法令與此事相關：較早的是一四三九年四月二日宣告任何非基於真實兌換交易的匯票為無效匯票，並禁止商事法庭對此類票據做出補救；較晚的是一四四四年允許法庭接受債權人的行動，只要他們宣誓匯票不是虛構，而是基於真實兌換。*Antiqua ducum mediolani decreta* (Milan, 1654), pp. 282-283, 308.

57. 佛羅倫斯錢莊一四三三年的資產負債表列出幾項涉及無匯票的虛擬匯兌。ASF, Catasto No. 470 (Leon d'Oro, 1433), fols. 541-545.

58. R. de Roover, "Cambium ad Venetias," p. 634.

59. ASF, Provvisioni, No. 126, fols. 313^v-314: Law of November 19, 1435.

60. ASF, MAP, filza 138, no. 318.

61. Floris Prims, "Heer Anselmus Fabri, onze tiende deken (1415-1449)," *Antwerpiensia* 1937; *Losse Bijdragen tot de Antwerpsche*

Geschiedenis (Antwerp, 1938), pp. 19-26; Dom Ursmer Berliere, *Inventaire analytique des Diversa Cameralia* (Rome, 1906), pp. 52, 72, 90, Nos. 222, 318, 400.

62. ASF, MAP, filza 134, no. 2, fol. 245.

63. Bensa, *Francesco di Marco*, pp. 323, 326, Nos. 16, 20. 信用狀是被忽視的主題，唯一的可用研究是Rufus James Trimble, "The Law Merchant and the Letter of Credit," *Harvard Law Review*, 61:981-1008 (1948).

64. ASF, MAP, filza 134, no. 3: Ricordanze e lettere di cambio, fol. 33^{v}.

65. Federigo Melis, "Di alcune girate cambiarie dell'inizio del Cinquecento rinvenute a Firenze,' *Moneta e Credito*, fasc. No. 21 (Rome, 1953), pp. 1-27.

66. *Idem*, "Una girata cambiaria del 1410 nell'Archivio Datini di Prato," *Economia e Storia*, 5:412-421 (1958).

67. Teja, *Aspetti della vita economica di Zara*, pp. 68, 75-77, 113-115.

68. Henri Lap eyre, «Une Lettre de change endossée en 1430,» *Annales* (*Economies, Societes, Civilisations*), 13:260-264 (1958). Cf. Sieveking, *A us Genueser Steuerbichern*, pp. 99-100.

69. ASF, Notarile antecosimiano, S. 636 (ser Silvano Frosini, atti 1437-1439), fols. 87^{V}-88^{V}. 英文文本如下：

70. Giovanni Cassandro, "Vicende storiche della letera di

In the name of God, on the 5th of May, 1438.

Pay by this first of exchange, sixty days from date, to Cosimo and Lorenzo de' Medici & Co. three hundred florins, that is 300 florins, for the value at 14s. 9d. [per florin received] from Filippo Borromei & Co. and charge this to your account. May Christ protect you.

Francesco Tosinghi and Vanni Rucellai & Co.
in Barcelona

兩種不同筆跡：

Accepted on the 6th of June 1438.

We, Cosimo and Lorenzo de' Medici & Co., order you, at maturity, to pay for us to Adoardo Giachinotti & Co.

背面：

Pierantonio e Jacopo Pierozzi & Co.
in Florence.
First

canibio," *Bollettino dell'Archivio storico del Banco di Napoli,* fasc. 9-12 (Naples, 1955-1956), pp. 47-52.

71. 該轉讓證書的文本如下：我，貝爾納迪諾・德卡爾納格，對上述匯票在托爾納博尼銀行（得到支付）感到滿意。(*Io, Bernardino de Carnago, sono contento del dicto cambio per lo bancho de Tornabuoni*).

72. Alfonso Silvestri, "Sull'attività bancaria napoletana durante il periodo aragonese," *Bollettino dell' Archivio storico del Banco di Napoli,* fasc. 6 (Naples, 1953), p. 112.

73. R. de Roover, Banking in Bruges, pp. 334-335; *idem, L'Évolution,* pp. 85-86.

74. 初級合夥人兼當地經理貝爾納多・迪福朗切斯科・卡爾內塞基僅擁有一小部分資本：即九千五百杜卡特中的五百杜卡特。一四九〇年的合夥契約尚存：ASF, MAP, filza 89, no. 189.

75. 該陳述是基於作者對在安特衛普和義大利檔案中匯票收藏的熟悉了解。

76. R. de Roover, "The Origin of Endorsement," *South African Bankers' Journal,* 52:156-162, 205-212, 257-266 (1955). 有五次背書的匯票例子，參見 p. 209 對頁照片。

77. Usher, *Early Deposit Banking,* pp. 94-109; R. de Roover, *L'Evolution,* p. 83-118; J. Milnes Holden, *The History of Negotiable Instruments in English Law* (London: 1955), pp. 4-65.

78. Usher, *Early Deposit Banking,* p. 89; R. de Roover, *L'Évolution,* pp. 92-93.

79. 米蘭的皮傑洛・波提納利一四六七年六月二十九日致函佛羅倫斯的皮耶羅・迪科西莫・德—梅迪奇的信：MAP, filza 17, no. 569。根據這封信，米蘭公爵與他的母親碧安卡・瑪麗亞・維斯康蒂的債務總計為十一萬五千杜卡特，由多種稅收的轉讓作擔保。此外，還有一筆六萬四千杜卡特的貸款，由珠寶擔保，梅迪奇銀行嘗試出售這些珠寶。

第七章 明礬和鐵礦石的貿易和經銷

一、投機貿易

梅迪奇時代的國際貿易組織與今天不同，就如當時的銀行體制與今天不同一樣。中世紀貿易的兩大特質是投機冒險和多樣化經營。[1]兩者是在中世紀之後很長一段時期以及在十八世紀末以前的殖民貿易中都存在的普遍狀況。通常中世紀商人都是商業冒險家，他們將資金分散投入許多投機冒險中，藉此尋求在高風險狀態下得到保護。在莎士比亞的《威尼斯商人》（第一幕第一場）中，安東尼奧很好的表達這個策略：

> 不，相信我吧；我為此感謝我的命運，
> 我的買賣成敗並非寄託在一艘船上，
> 更非仰賴某一處地方；我的全部財產，
> 也不會因為今年的盈虧而受到影響，
> 所以說我不會因為貨物狀況感到憂傷。

梅迪奇銀行也無法排除在這一般規則之外。他們也透過經銷多種商品來分散風險，但他們的業務支柱還是在重要商業中心經營有穩定需求的某些主要產品和奢侈品。最重要的主要產品有羊毛、明礬、衣料、香料、橄欖油和柑橘類水果。由於他們的客戶都是貴族，梅迪奇銀行也廣泛從事奢侈品貿易，例如絲綢織物、錦緞織物、珠寶首飾和銀製餐具。風險因與其他商人聯合經營和臨時合夥而進一步擴大。[2]在許多情況下，梅迪奇銀行拒絕承擔任何風險，並僅限於收取佣金的寄銷。在有些情況下，梅迪奇銀行「自己付錢」為別人代購商品，自己承擔風險。分行之間的關係與外人的關係基本上相同。例如一四四一年時，梅迪奇銀行威尼斯分行為梅迪奇銀行布魯日分行購買生薑，並把這筆採購款記入後者的來帳，這筆入帳清楚地表明，在此特定交易中，威尼斯只是在執行指令，並擔任代理人的角色。布魯日分行的做法則恰好相反，把生薑的費用以威尼斯杜卡特為單位寫到威尼斯分行往帳的貸方。[3]因此，威尼斯分行毫無風險，甚至連反向匯率波動的風險也沒有。

從事多樣化經營的範圍有時令人震驚。例如，梅迪奇銀行布魯日分行參與為拉特蘭的聖約翰大教堂唱詩班招募高音唱詩男童。[4]有個男高音掃興的參觀里昂之後為了這個目的一路來到布魯日，並在托馬索．波提納利的幫助下在杜埃和康布雷地區找到他想要能唱女高音部分的唱詩男童，雖然這樣的男童在那裡顯然多如牛毛。有幾個人被錄用，布魯日的梅迪奇銀行提供他們羅馬之行所需的長途盤纏。梅迪奇銀行在歐洲各地的代理人也參與尋找失落的經典，並得到指令從修道士那裡購買有趣的手稿，由於修道士未意識到這些手稿的價值，常常會很便宜地賣掉它們。科西莫在盧貝克的代理人蓋拉爾多．布艾里接到命令去尋找一件丟失的李維作品，這個作品被認為有可能在羅斯基勒附近的西多會修道院，但他無法確定位置[5]。然而，他顯然運氣很好，在另一個場合，他設法從盧貝克的道明會會士手裡買到一件普林尼的作品。[6]米蘭的皮傑洛．波提納利一四五六年四月九日向喬凡尼．迪科西莫報告，他讓一位專家鑑定一份蘇埃托尼烏斯*的手稿，但這份手稿的保存不是很好，並不值開出的價錢。[7]

在今天的海外貿易中，通常是買家找賣家，商品沒售出就不裝運。尤其是根據外國買家的規格要求所訂製的笨重設備和工業製成品。然而，在中世紀時，寄售貿易占主要地位，因為買家想要親自檢驗商品的品質，而且通常不在外國下單訂貨。由於這個做法的盛行，就得由賣家為商品找出路。大多數中世紀商人都把商品送去寄售，完全不知道能否售出，從這個意義上來說，他們都是投機者。以可獲得的最高價格售出寄售人的商品是承銷人的工作。當然，商人並不盲目行動，因為他們可以定期從辦事處那裡收到國外市場行情的報告。即便如此，「投機買賣」仍牽涉到諸多風險：由於通信緩慢，資訊從來都不是最新的，因此決定都是憑期望做出的，可能實現，也可能實現不了。物資缺乏和價格高昂經常造成過度供給，結果市場在經歷供給不足之後變得囤貨過多，供過於求。若商人聽從辦事處的建議，運送商品到一個傳說需求旺盛的地方，那麼將頻頻發現別人已經這樣做，而且在貨物送達目的地時就已把市場給毀了。

雖然寄售貿易占主導地位，但還是有些例外。掛毯貿易便是其中之一。低地諸國†是掛毯的生產中心，著名的掛毯在十五世紀期間不僅作為壁飾，而且還當作坐墊套和靠背、坐墊、床罩和床簾而變得時尚。顯然有兩種式樣和質地都不同的掛毯。比較便宜的叫做裝飾用綠葉掛毯，因為它們全是設計簡單的樹葉裝飾圖案。由於同樣的圖案連續重複，因此這些掛毯可隨意裁切成適合房間的形狀，就如今天的壁紙。它們是重要的出口商品，通常會托運給外國經銷商代銷。比較昂貴的人物掛毯就不同，這種掛毯常常是根據義大利藝術家繪製的底圖專門設計，始終得訂製。[8] 訂貨人須將掛毯要妝點的房間大小尺寸告訴掛毯織造工。[9] 梅迪奇銀行接受這樣的特別訂單，並找低地諸國最佳的掛毯織造工製作。[10] 根據布魯日分行經理傑羅佐・德－皮利的資料，其中最

＊蘇埃托尼烏斯是羅馬帝國時期的歷史學家，大約生活在西元二世紀，代表作是《羅馬十二帝王傳》。

†指歐洲西北沿海地區的國家，包括荷蘭、比利時、盧森堡、法國北部與德國西部。

優秀的掛毯織造工是一名里爾人，他家境不錯，因此比起賺取利潤，他更在意自己的名聲。[11]他受託為喬凡尼・迪科西莫織造一套代表「佩脫拉克的勝利」的掛毯，並為他的哥哥皮耶羅織造另一套掛毯。[12]梅迪奇銀行布魯日分行為銀行的客戶下過訂單，例如米蘭的一位朝臣維梅爾卡托伯爵加斯帕雷。[13]梅迪奇銀行從這樣的訂購中賺取的或許只是一筆佣金而已。

除了掛毯，梅迪奇銀行布魯日分行還提供馬匹給喬凡尼和皮耶羅・迪科西莫及堂兄皮耶爾福朗切斯科・迪羅倫佐。[14]布魯日分行在安特衛普市集上採購彩繪鑲板，也許是為了裝飾位於拉爾加大街的宮殿。[15]有一次資深合夥人訂購的黃銅枝形吊燈被完全拆散，所有的零件都被仔細編號後包裝在木箱裡，並透過陸路運送到義大利，因此，可以很容易地重新組裝起來。[16]

有時候，特價商品在市場上不期而遇。日內瓦分行的經理福朗切斯科・薩塞蒂就在一四五〇年時遇到一套文藝復興時期、具紀念意義的漂亮臥床，用絲線刺繡的紅色嗶嘰*覆蓋，包括床罩、帷幔和床單，全都是特價五十六杜卡特。他無法抵擋誘惑，就買下這套裝備，並呈獻給喬凡尼・迪科西莫。如果迪科西莫不想要，那麼薩塞蒂敢肯定佛羅倫斯錢莊經理喬凡尼・因吉拉米可在佛羅倫斯或羅馬賣掉而賺上一筆。薩塞蒂感到有點忐忑不安，因為這些用品適用法國式臥床，對於他們的義大利式臥床來說似乎短了一點。[17]

訂製掛毯及其他奢侈品的特殊訂單屬於例外。訂量由投機貿易決定。投機冒險的一個上好例子可以從布魯日分行一四四一年總分類帳裡的一筆帳目看到。[18]這個帳目是瓦倫西亞的皮耶羅・德爾費德公司購買的一百包杏仁。那個合資企業有四個合夥人：梅迪奇銀行布魯日分行、瓦倫西亞的皮耶羅・德爾費德公司、巴塞隆納的李卡多・達萬札蒂公司，以及瓦倫西亞的博斯科・迪喬凡尼公司。前兩家各占股本的三分之一，後兩家則各占六分之一。後來，皮耶羅・德爾費德公司把自己的股份以七十九格羅特鎊七索爾多六德涅爾（佛蘭德通貨）的價格賣給梅迪奇銀行，因此，梅迪奇銀行的股份增加到三分之二。銷售總獲利達到三百一十三格羅特鎊十三索爾多五德涅爾（佛蘭德通貨）。

這筆帳目保留完好，列出梅迪奇銀行布魯日分行付出全部費用的詳細清單。最大的一個項目是一筆付給佛羅倫斯帆槳船抄寫員的五十二格羅特鎊，當作從瓦倫西亞到布魯日斯魯伊斯港的運費，以及在斯魯伊斯港的領港費，而這已經扣除十一包遭水損的貨物所減少的三格羅特鎊。單單這筆五十二格羅特鎊的帳目就占銷售總額一六．六%。這一百包杏仁在斯魯伊斯港被裝到小船上，然後透過運河從斯魯伊斯運送到布魯日。為此梅迪奇銀行支付一格羅特鎊十三索爾多四德涅爾的費用，包括達默的通行費，加上讓貨物卸下船並搬運到地窖或貨棧的八索爾多四德涅爾。這筆帳目不到銷售總額的百分之一（表27）。由於十一包貨物浸水，裡面的貨物就被攤在閣樓的地板上晾乾，花了微不足道的二索爾多十一德涅爾（格羅特鎊）的費用。十一包貨物被重新運送到伯根奧普佐姆的復活節市集上銷售，二十包貨物因同樣目的被運送到安特衛普的夏季展銷會。這樣的轉運只是稍微增加了一點費用，不到百分之一。加泰隆尼亞進口稅、貨物經達默和安特衛普轉運到布拉班特的通行費，以及佛羅倫斯的領事簽證手續費合在一起不超過六格羅特鎊六德涅爾，即銷售總額的百分之二。貿易保護主義當然尚未產生。我們雖聽到大量有關中世紀極其沉重的通行稅費負擔，但在佛蘭德和布拉班特地區的費用絕非過分，若這個案例是典型做法的話。最大一筆帳目是四格羅特鎊三索爾多四德涅爾的加泰隆尼亞進口稅，以申報價值三百一十格羅特鎊計稅，稅率是每鎊四格羅特。佛羅倫斯事簽證手續費只要每格羅特鎊一便士（佛蘭德通貨），這相當於不到千分之一．五。[19]經紀費為每包四格羅特，梅迪奇銀行布魯日分行以一．五%的費率收取佣金，即四格羅特鎊十八索爾多十一德涅爾。倉儲費和秤重費在布魯日、伯根奧普佐姆和安特衛普花費不高，只用了二格羅特鎊三索爾多三德涅爾，即不到銷售總額的百分之一。總之，布魯日分行在運送該批杏仁所支付

＊這是成本最便宜的素面織物，常用來大量製作在學生服和工作服上。

表 27：梅迪奇銀行布魯日分行銷售的一百包杏仁的帳目

摘要	金額（佛蘭德鎊）			占總額百分比
	£	s.	d.	
佛羅倫斯槳帆船從瓦倫西亞到布魯日的運費	52	0	0	16.6
在西班牙把杏仁裝船的費用	5	8	0	1.7
在斯魯伊斯和布魯日卸貨並轉運到當地的費用	2	1	8	0.6
水損		2	11	0.1
31 包貨物送到安特衛普和伯根奧普佐姆的費用	2	6	0	0.7
進口稅、通行稅和領事簽證費	6	0	6	1.9
倉儲費和秤重費	2	3	3	0.7
經紀費	1	13	0	0.5
佣金	4	18	11	1.6
總費用	76	14	3	24.4
淨收入	236	19	2	75.6
總收入	313	13	5	100.0

資料來源：ASF, MAP, filza 134, no. 2, fol. 246; R. de Roover, The Medici Bank (New York, 1948), pp. 87-90.

表 28：由梅迪奇銀行布魯日分行售出的八包小豆蔻的帳目

摘要	金額 佛蘭德格羅特			占總額百分比 %
	£	s.	d.	
付給槳帆船抄寫員的運費和在斯魯伊斯港的領航費	21	2	1	13.0
當地轉運費和通行稅		17	6	0.5
經紀費	1	1	10	0.7
領事簽證費		4	6	0.1
代銷人的佣金：1.5%	2	8	8	1.5
總費用	25	14	7	15.8
淨收入	136	17	10	84.2
總收入	162	12	5	100.0

資料來源：ASF, MAP, filza 134, no. 2, fol. 242.

的各種費用合計為七十六格羅特鎊十四索爾多三德涅爾，即銷售總額的二四・四％。扣除在西班牙的運費等占一八・三％的費用之後，在布魯日當地花掉的費用僅為銷售總額的六・一％，無論怎麼判斷，這都不算太高。

這一百包杏仁是如何售出的呢？如上所述，三十一包是在布拉班特展銷會上售出的，其餘六十九包是在布魯日售出的。在這六十九包當中，有四十四包賣給布魯日當地的食品雜貨商，十七包賣給英格蘭人湯瑪斯，七包賣給布魯塞爾商人（尼古拉斯・范德利爾），最後一包則由梅迪奇銀行留著自己消費。尼古拉斯・范德利爾還買下運送到伯根奧普佐姆復活節市集的那十一包杏仁；他是一位經常與梅迪奇銀行做生意的重要客戶，在總分類帳裡被稱為尼科洛・德德利爾。[20]售價從三格羅特鎊到三格羅特鎊十索爾多（佛蘭德通貨）不等，每包重量常衡四百磅（佛蘭德重量單位）。[21]淨收入兩百三十六格羅特鎊十九索爾多二德涅爾，合資企業的合夥人之間進行的分配如下：巴塞隆納的李卡多・達萬札蒂公司和瓦倫西亞的博斯科・迪喬凡尼公司各得六分之一，即三十九鎊九索爾多十一德涅爾；其中三分之二，即一百五十七鎊十九索爾多四德涅爾歸梅迪奇銀行。可惜的是，紀錄並不完整。由於沒有這些杏仁在西班牙的買進成本資料，無法知道梅迪奇銀行是否在這筆投機生意中獲利。

現存的布魯日總分類帳片段還包含代銷八包砂仁（即小豆蔻）的帳目，由布魯日分行替在佛羅倫斯的巴爾托洛梅奧・迪尼科洛・馬特利銷售。[22]該帳目也給出同樣的印象，即當地費用是適中的，並不太貴：它們未超過收入的二・六％，包括經紀費和佣金（表28）。八包貨物中有三包在安特衛普和伯根奧普佐姆的市集上售出，一包賣給來自科隆的一位商人。其餘五包全部賣給布魯日當地的食品雜貨商。

若這兩個案例具有代表性，那麼香料和堅果的主要銷路是布魯日當地的食品雜貨商。這與范豪特教授的論文一致，他堅持認為，布魯日是地區性貿易中心，而非國際市場或歐洲各地商人的匯聚地；它進口商品用於當地消費，並出口來自周邊地區的製成品，主要是布料。[23]可惜留存下來的梅迪奇銀行總分類帳殘片太少，要是再多一點就好了，因為再有幾個案例就可以拼湊出確鑿的證據，從而一勞永逸地解決問題的爭議點。總之，到目前為止，尚無梅迪奇銀行布魯日分行與漢薩同盟商人做大量生意的證據，但它與英格蘭人做生意。眾所周知，倫敦食品雜貨商和布商定期訪問布魯日以儲備補給。然而，這件事得到范豪特教授的完全認可，而且與他的論文沒有矛盾，因為在十五世紀時，倫敦只不過是一顆圍繞布魯日的軌道運行的衛星而已。

商人習慣給每筆投機生意（即每批商品）開立單獨的帳戶，這樣的帳戶記錄所有的支出、費用和開銷，並存入銷售的收入，包括梅迪奇銀行。投機生意結束後留下的差額就代表著利潤或虧損，而且通常被轉移到「商品損益帳」（*Avanzi e disavanzi di mercatantie*）裡。如此，來自貿易的獲利和來自匯兌的獲利就得以分開記載。給每筆投機生意單獨開立帳戶的制度一直被會計人員和學習會計史的學生們稱為「冒險事業會計」。冒險事業會計消除存貨計價的必要性。由於紀錄通常按照這種方式保存，盧卡．帕喬利等簿記方面的早期作者對存貨計價這個主題保持沉默就不足為怪了。在梅迪奇銀行的紀錄中沒有這方面的例子也同樣不足為奇。[24]

就如一百包杏仁的例子所示，每次寄售都需要好好留意：運輸必須作出安排、貨棧必須租賃、關稅和轉運費必須支付、潛在買家必須物色等等。料理這一切瑣碎事情毫無疑問是員工的工作。經理的職務很可能是批准由下屬做出的成交條件，並設法使商品儘快被售出：轉手愈快，投入資本的報酬就愈大。

風險貿易仰仗信任，因為委託人幾乎無法控制代理人，充其量不過只能檢查他們是否偷偷低於市價出售或留下部分收益。[25]由於梅迪奇銀行各公司之間更願意互相交易，比起規模較小的商家，他們之間較不會遇到不可靠或不滿意的代理人。雖然如此，這個問題還是無法完全消除，梅迪奇銀行的通信中充滿一家分行經理對另一家分行經理的指責，因為送去寄售的貨物銷售得比預期的慢，或未賣到期望的好價錢。由於寄售人不在現場，不是總能理解到銷售困難的原因來自貨幣短缺，而這在中世紀是個嚴重的問題。結果就難以找到能夠支付現金，又不要求寬鬆信貸條件的買家。

根據梅迪奇的通信資料，無論是寄售人還是承銷人都有過錯。一方面，有時發送的是難以售出的劣質商品。因此，在一四五八年時，米蘭分行因為收到威尼斯分行寄售的劣質羊毛而提起申訴。[26]另一方面，寄售人經常不滿意，因為他們認為承銷人提供很差的服務品質，不管這是對是錯。早在一四四一年時，梅迪奇銀行威尼斯分行就寫信給在布魯日的貝爾納多．波提納利，抗議他遲遲未售出寄售的薑和胡椒。[27]甚至連負責布魯日分行的托馬索．波提納利也給負責米蘭分行的哥哥阿切利多施加壓力，要他加快英格蘭羊毛的銷售。[28]佛羅倫斯總行受到的詬病也沒少過。一四五五年，倫敦分行也因總行出售英格蘭羊毛的價格之低，週期之長，以致少有獲利，甚至壓根兒沒有獲利而牢騷滿腹。因此，倫敦分行則聲稱佛羅倫斯在給予英格蘭細嗶嘰布買家賒欠方面也是過於慷慨。[29]一四六七年，威尼斯分行經理喬凡尼．阿爾托維蒂詢問在布魯日是否會有棉花銷售。在受到托馬索．波提納利敦促而發了一批貨之後，阿爾托維蒂發現它賣不動，因為熱那亞人已經用土耳其棉花占領市場，沒有買家願意以寬厚的條件給出合理的報價。[30]

由於替代品的使用有限，貨幣的短缺在中世紀是普遍的弊病。不接受其他貨物作為交換，就常常找不到買家。結果，以物易物成為普遍的做法。因此，倫敦分行在用明礬交換兩百袋羊毛之後，把這批羊毛送去只能以接受絲綢和錦緞作為交換來加以處置的佛羅倫斯。[31]接著就出現在羅馬教廷和英格蘭貴族中間為這些奢侈品找到買家的問題。整個過程花了幾個月的時間，在這段期間資金被套牢。在美元短缺的年代（一九五七年），這樣的困境又重新出現：美孚石油公司（紐澤西州）的一名主管告訴我一個令人驚訝的故事，他的公司曾經銷售用石油換得的荷蘭乳酪和希臘葡萄乾。經過一個曲折的過程，這些乳酪和葡萄乾最終得以提供資金，幫助在義大利的船塢建造一艘運油船。

前面已經提到過資金的轉移困難。當然，沒有可用的統計資料，但重要的是，羅馬分行經理喬凡尼．托爾納博尼不斷投訴，因為越過阿爾卑斯山的那幾家分行未立即寄送明礬銷售收入或為教宗財政代收的資金，使得現金儲備不斷流失。[32]後者是單方付款，不但遠不能緩解問題，而且還會增加帳目不平衡，使事情變得更加糟糕。晚至十四世紀上半葉，佛蘭德布料在義大利有廣大的市場，但這個市場在一四〇〇年之後就不復存在。英格蘭羊毛大概是佛羅倫斯在北歐購買的唯一產品，而且貿易的規模不斷在縮小，因為執照愈來愈難以取得，不斷擴大的羊毛加工業使可供出口的羊毛愈來愈少。

最好的證據也許來自佛羅倫斯槳帆船的貨物清單，其中幾份清單現在尚存。其中一份是在一四六六年，數量為兩千兩百五十三袋羊毛、八十四包布料、錫塊和鉛塊，所有商品無疑是在英格蘭裝船的。來自佛蘭德的唯一貨物是三十包絲織品和二十六包羽毛。[33]船上還有價值四萬杜卡特的金錠，但無法確定這批黃金是來自佛蘭德地區還是西班牙，因為槳帆船通常在那裡停靠一、兩個港口。翌年，貨物清單不包括任何有可能在布魯日裝載的商品。[34]在一四六八年，佛羅倫斯的槳帆船運載一千兩百七十三袋羊毛、六十七包布料、四百一十六塊鉛錠，所有貨物都來自英格蘭。[35]那麼來自佛蘭德的貨物呢？什麼都沒有，只有七包羽毛。[36]

一四七三年春天從澤蘭去英格蘭的途中在敦克爾克近海被但澤海盜船捕獲的布根地槳帆船，它的貨物清單講了一個更加有說服力的故事。托馬索．波提納利以作為槳帆船經營者的梅迪奇公司名義對損失提出索賠。船上的貨物估價不太相同，但這點對我們的目的而言無關緊要。那批貨物由運往英格蘭的明礬組成。[37]據估計大概有三萬福羅林的價值。此外，船上還有價值七千或八千福羅林的絲綢、緞布、錦緞和金線，大概是從義大利來，到英格蘭去。[38]由於貨物是從澤蘭上的船，估價中提到有兩箱無邊小圓軟帽、亞麻布和帆布，兩包來自布魯日和阿爾芒蒂耶爾的布料、羽毛、一小包毛皮、一批掛毯以及兩件祭壇裝飾物，合計總值為兩千四百七十三福羅林。[39]換言之，這批前往義大利的佛蘭德貨物是微不足道的。我們知道，這艘槳帆船是前往南安普敦去卸下這些明礬和絲織品，然後裝載一批羊毛和作為壓艙物的錫及鉛。

實際情況是，低地諸國與義大利北部之間的貿易關係並不平衡，因為一些佛蘭德布料仍通過陸路來到米蘭，威尼斯帆船除了運載一些布料以外，還運載荷蘭亞麻布和其他產品。然而似乎一切都表明，隨著十五世紀漸近尾聲，以及隨著英格蘭羊毛出口持續減少，情況變得每況愈下。因此，佛羅倫斯帆船由於缺乏回程貨，是最早停航的航線就毫不奇怪了。[40]另一個重要的事實是，把明礬從奇維塔韋基亞帶到佛蘭德的船舶只好空船返航，除非能給船裝上羊毛船貨。[41]義大利貿易的危機還決定南安普敦港的厄運，這個港口急劇衰落，因為熱那亞人的武裝商船步佛羅倫斯帆船的後塵隨之消失了。[42]當然，這些話無損范豪特教授中肯貼切的論文；相反的，還使那篇論文賦予更多的份量，因為這些帆船仰賴佛蘭德和英格蘭的出口，顯然很少運載來自波羅的海或其他地區的產品。[43]

義大利貿易的萎縮無疑對梅迪奇銀行的地位帶來不利影響。它增加羅馬分行經理托爾納博尼與布魯日分行經理波提納利之間的口角。更重要的是，它抽掉為梅迪奇銀行提供堅實基礎的支柱，增加將閒置資金應用在政府財政這個危險領域的壓力。

梅迪奇銀行在經營保險的業務上表現並不積極。布魯日分行和倫敦分行的合夥協議明確表示禁止經理承辦任何保險，卻強加為全部貨物保全險的義務，除非貨物裝載在佛羅倫斯或威尼斯的帆船上運輸。有些是在這兩座城市裡承保的，就如布魯日分行的首任經理貝爾納多．波提納利在一四四四年為一批英格蘭羊毛船貨和在一四四五年為一批日用雜貨船貨（包括掛毯、亞麻布、毛皮製品、帽子和其他紡織品，從佛蘭德的斯魯伊斯港到比薩港，裝在佛羅倫斯帆船上）申請得到的保險單所證明的那樣。[44]然而，若這些船貨價值不菲，那麼它就未必能在布魯日或倫敦找到足夠的承保人來承擔風險。大保險中心是威尼斯，即使是對那些從未到過該港口的船舶或船貨也是如此。所以，威尼斯分行替其他分行申請取得保險就毫不奇怪了。因此，在一四五五年，它議定一份一百二十格羅特鎊（威尼斯通貨），即一千兩百杜卡特的保險單，承保一批從南安普敦到威尼斯的羊毛船貨，由威尼斯國有帆船裝運。保險費只要三％，因為帆船很少發生事故。[45]

對其他船舶的保險費率要高得多，即使是在航程較短的情況下也是如此。例如，根據同年的另一份保單資料顯示，一批由阿波洛尼奧．馬薩里指揮的帆船運載從倫敦到比薩港的布料、羊毛和鉛，保險費率達到六％和七％。投保價值為一千六百威尼斯杜卡特，由十五位不同的承保人認購。跟以往一樣，這是由威尼斯分行為西莫內．諾里管理的倫敦分行作保。[46]帆船與其他類型船舶之間的保險費率出現差異是相當正常的。[47]

雖然分行經理不應該參與承保，但梅迪奇銀行在倫敦的代表蓋拉爾多．卡尼賈尼卻給從澤蘭到倫敦短程貨船上一批運送延誤的明礬投保，無論損失與否。保險費率為五〇％。[48]當貨船的損失被確認之後，卡尼賈尼拒絕支付，理由是被保險人福朗切斯科．佐爾齊和皮耶羅．莫羅西尼（兩位住在倫敦的威尼斯人）在收到船舶失事的祕密情報後才投保，他們也承認這是事實。雖然被保險人根據現代法律無任何訴訟依據，但他們在威尼斯法庭控告卡尼賈尼，並扣留在威尼斯槳帆船上屬於梅迪奇銀行的貨物。遺憾的是，紀錄未能顯示這個案子的最終結果。[49]

就如已指出過的那樣，在那個時期，奴隸制度在義大利和西班牙盛行，但在低地諸國也好，或在地中海省份普羅旺斯、朗格多克、魯西永的法國保留地也好，奴隸制度是不被容許的。[50]威尼斯是文藝復興時期歐洲主要的奴隸市場之一，而在這裡的梅迪奇分行有時也參與這臭名昭著的貿易。奇諾．迪菲利波．迪奇諾．里努奇尼在日記中記道，一四六六年他以七十四．五福羅林的價錢從這家分行購買一名約二十六歲的俄羅斯女性奴隸。[51]根據一四五七年的資產稅納稅報告，科西莫．德–梅迪奇自己就擁有四名奴隸，全是女性，年齡各不相同。[52]

二、明礬專營

在十五世紀時，主要一項貿易商品是明礬。它被廣泛應用在玻璃製造業、皮革加工業和紡織工業，作為去除羊毛油脂和雜質的清潔劑，並作為固定染料、使織物不褪色的媒染劑。今天，化學製劑被用於這些目的，但在十五世紀時，沒有令人滿意的替代品可以取代明礬。

因此不可避免出現助長獨占的情形，因為優質明礬的礦床只集中在為數不多的幾個地方。品質最細膩的鉀明礬石在小亞細亞的卡拉伊薩爾鎮附近被發現，離特拉布宗*不遠，但產量顯然很小，因此這種商品非常稀少。[53]明顯最豐富的明礬礦床在小亞細亞海岸上的福西亞被發現，緊鄰士麥那。這種明礬的品質是第二好的。從一二七五年到一四五五年，福西亞的明礬礦一直在熱那亞人的掌控之下，直到他們被土耳其人趕走為止。[54]其他各種明礬，無論是來自巴巴利海岸還是來自其他來源，品質都比較低劣，因此行會規章經常會禁止使用。[55]在信奉基督教的地區和國家，在離西西里海岸不遠的利巴里群島和那不勒斯灣的伊斯基亞小島上有少量礦藏。然而，到了一四六〇年，這些礦藏已接近枯竭，再者，它們的產出也算不上高品質。[56]

熱那亞人掌控福西亞的明礬礦，他們知道要維持明礬的價格就要保持市場供給短缺。雖然還有其他具有競爭力的明礬，使得他們的獨占情況得到些許緩和，但那些競爭產品的品質不甚理想。[57]然而，隨著土耳其人變得愈來愈有威脅性，而且還威脅熱那亞人上繳愈來愈高的納貢，情況持續變糟。[58]要是沒有明礬，西方世界就無法生存，因此，為了得到它，西方被迫間接資助土耳其戰役。

情況是這樣的，在一四六〇年，一個名叫喬凡尼・達卡斯楚（一四七〇年或之前去世）的帕多瓦人（他曾

---

*特拉布宗是指在十三至十五世紀興盛的一個王國，包括安那托利亞東北角和克里米亞南部一帶。

在黎凡特地區居住過一段時間）在奇維塔韋基亞附近的托爾法發現明礬富礦。[59]經過專家確認後在羅馬教廷引起一片歡騰，因為它將使信奉基督教的地區和國家擺脫依賴土耳其人獲得基本必需品的困境。這種托爾法明礬在檢測之後發現品質也相當好，即使算不上品質優異。教廷當即與探勘者喬凡尼．達卡斯楚與資助探勘的兩位羅馬居民（一位是熱那亞人巴爾托洛梅奧．達福拉穆拉，另一位是比薩人卡洛．加埃塔尼）達成一項開採新礦的契約（一四六二年七月六日）。這三個人組成一家合夥公司，取名為明礬合夥公司。協議條款不為人所知，但他們在一四六二年九月三日得到庇護二世的批准，並在同年十一月一日生效。[60]這個與明礬合夥公司達成的首份協議在一四六五年三月二十日續簽了九年，更新一些條款。[61]教宗聖庫（羅馬教廷的財政部）將以每坎塔爾〇．七五杜卡特的價格購買，而且每年至少採購三萬坎塔爾。這個安排留給羅馬教廷財政部找到明礬市場並調整供給的任務，以防價格發生暴跌。這項計畫大概並沒有很好的執行，因為這個協議不到一年就終止了，在新訂立的合約中，強大的梅迪奇銀行取代巴爾托洛梅奧．達福拉穆拉。

這份在一四六六年四月一日訂定的協議修改早先合約中的幾個重點。雖然簽定九年，但只要提前三十個月通知，羅馬教廷就可以廢止協議。[62]明礬合夥公司不僅負責開採，還負責把明礬送到在奇維塔韋基亞的教宗貨棧，而且還負責安排國外的明礬銷售。當然，梅迪奇銀行及其分行網路已有一個現成的銷售組織。再者，主要市場是英格蘭和佛蘭德地區，梅迪奇銀行不僅在那裡有分行，而且還與各國宮廷有聯繫。教宗不但不用為礦場送來的明礬付款，現在從奇維塔韋基亞的教宗貨棧每提貨一坎塔爾，就會收到兩杜卡特的開採權使用費。[63]從教宗的觀點來看，這個安排毫無疑問比第一次安排更令人滿意：它把調整產量需求的全部責任都放在礦場經營者的肩上，從而解除教宗聖庫兜售明礬的負擔。其任務被極大地簡化為每開採一坎塔爾的明礬，收取兩杜卡特採礦稅。

據說，明礬工廠僱用八千名工人，但這個數字很可能言過其實。[64]也許八百名工人更接近事實。[65]在托爾法與奇維塔韋基亞間的路上仍然有個叫做阿盧米耶雷的殖民地，但今天它只是一個小村莊，沒有證據可以說明它曾是一個有規模的城鎮。[66]

教宗從一開始就竭力要建立一家利於教宗明礬礦場的專賣公司。第一步是擺脫土耳其明礬的競爭。為達此目的，教宗毫不猶豫地充分利用自己的精神力量。教宗聖庫從托爾法明礬礦場獲得的收入被留下來，並專款用在針對土耳其人和波希米亞的胡斯派信徒的十字軍東征，對庇護二世（一四五八至一四六四年）與繼任者保祿二世（一四六四至一四七一年）來說是一項昂貴的計畫。[67]保祿二世任命一個由三位樞機組成的特別委員會來管理十字軍東征的資金，在他治下，這些資金毫無疑問被用來支付津貼給王公貴族，如統治權受到土耳其人威脅的匈牙利國王。[68]其必然結果是，經營土耳其明礬無疑會煽動異端者，並剝奪十字軍的財政支持。向薩拉森人*提供船艦、木材、馬匹等武器或海軍及陸軍的軍需品已經有好幾個世紀被教會宣布是非法行為。[69]保祿二世走得更遠，他頒布一道法令，重申這些禁戒，並特別禁止從穆斯林國家輸入明礬到信奉基督教地區和國家的任何港口。土耳其明礬船貨被宣布為違禁走私品，任何人都可以在港口或在公海上加以扣押，但托爾法礦場的承租人和教宗聖庫卻有權從這意外之財中分得一杯羹。[70]

但要想擺脫基督教國家生產明礬的競爭不是件容易的事，因為這項貿易不可能用教會非難這樣的簡單手段加以取締。最危險的競爭來自那不勒斯國王擁有但由那不勒斯商人安傑羅·貝洛多經營的伊斯基亞島礦場。為了擠掉這個競爭對手，梅迪奇銀行羅馬分行在一四七〇年與伊斯基亞島礦場的經營者簽訂一份為期二十五年的壟斷聯盟協議。[71]這宗交易在一四七〇年六月一日獲得那不勒斯國王的批准，並於六月十一日得到教宗的批

＊薩拉森人在西元初年是指生活於沙漠中或者靠近羅馬帝國阿拉伯省的人，中世紀早期也用來指阿拉伯族群，十二世紀又成為穆斯林的同義詞。

准，兩方分別是伊斯基亞島礦場和托爾法礦場的業主。這份契約的目的是公開抑制破壞性競爭，因為明礬的過量供給已經引起價格下跌，據稱十字軍和那不勒斯王國的收入因此大為減少。這是一個值得稱許的目標，但合約的目的並非像表面上看起來那樣無害。實際上，簽約各方傾向加強現有的壟斷或準壟斷，限制產量，維持價格不跌，並根據配額制調節明礬銷售。因為伊斯基亞島礦場產出的是低品質明礬，試圖把劣質產品騙售給消費者的協議無疑不利於消費者。

合約規定，礦場的開採應保留在兩個承租人的手裡，但合約禁止他們獨自出售而互不知情。所以銷售的收入將在壟斷聯盟的兩個成員間平均分配，除非其中一個成員不能提供全部數量（預期伊斯基亞島礦場的經營者將無力做到這點）。假使那樣，獲利將按每個成員實際提供的額度比例分配。

簽約雙方都同意只按照壟斷聯盟所訂定的價格銷售。若其中一方低於這個價格銷售，那麼他必須補償另一方遭受的收益損失。

壟斷聯盟協議立即生效，但教宗礦場承租人在佛蘭德和威尼斯已經累積的明礬庫存則被排除在外。因此這項協議直到現有庫存被售完後才用於這兩個市場。同時，伊斯基亞島礦場承租人將獲得六分之一的獲利作為補償。

違反這些約定都會被罰款五萬杜卡特。支付這個巨額罰金並不會解除違反者遵守合約條款的義務。

在一四七〇年簽訂的協議不僅是操縱市場的嘗試。協議上明明白白地寫著，簽約雙方意圖締結永久聯盟，並形成一體（*maona*），這就是用於合約文本中的措詞。[72]雖然一些經濟學家會堅持認為，壟斷聯盟是一種現代現象，在十九世紀末之前沒有發生過，但很可能可以找到更早的例子，幾乎可以肯定的是，明礬合約的目的是為了藉由限制產量和建立配額制度來消除競爭，保持價格穩定。

根據經院教義，壟斷被看作是一種邪惡的做法，它包含遏制商業或操縱價格的陰謀。[73]在教會法裡，壟斷利潤被視為不義之財（*turpe lucrum*），並像高利貸一樣應予以退賠。[74]用這些標準來衡量，明礬壟斷聯盟不符合神學家的學說。教宗十分清楚地意識到這個政策與教會在社會倫理教義之間的矛盾，但它設法透過求助於「只要目的正當，可以不擇手段」這樣一個有問題的信條為其行動辯護，因為獲利被用於正義的事業，即反對異教徒的鬥爭。

雖然壟斷聯盟協議簽定的期限為二十五年，但它的有效期並未維持很久；它於一四七一年解散，很可能是因為梅迪奇銀行發現，他們的合夥人並非他們所預期的強大競爭者，他們為與其合作付出太高的代價。[75]也有可能是，伊斯基亞島明礬的低劣品質導致用戶的普遍不滿。總之，經驗表明，締結壟斷聯盟契約是一個錯誤舉動。

不知何故與明礬壟斷聯繫在一起、甚至更加嚴重的一個錯誤是對沃爾泰拉鎮進行洗劫的可怕事件。一四七〇年，在佛羅倫斯管轄下的這個托斯卡尼小鎮附近一個採石場裡發現明礬。[76]一群得到梅迪奇銀行支持的佛羅倫斯經銷商設法獲得違背當地利益的一份租約。[77]由此產生的不滿情緒和其他事件合在一起，導致沃爾泰拉鎮的居民起義反抗佛羅倫斯的統治（一四七二年二月）。佛羅倫斯派遣一支軍隊，在「品德高尚的」傭兵隊長烏爾比諾公爵、蒙泰費爾特羅家族的費德里格的指揮下去鎮壓叛逆的城鎮，在被圍城二十五天之後，該鎮於一四七二年六月十六日投降。雖然被許諾得以保有生命和財產，但勝利者一旦進入城內還是洗劫了它（六月十八日）；蒙特費爾特羅家的不法軍隊非但未停止洗劫，反而犯下一貫的暴行（強姦、拷打和屠殺）。[78]

豪奢的羅倫佐在多大程度上該對這些暴行負責仍是個有爭議的問題。在圍城或投降時他不在現場，他未命令洗劫，但從一開始他就是強力主張要進行懲罰性討伐的人之一。更有爭議的是，他的決定在什麼程度上受到明礬利益的影響？當然，擁有在沃爾泰拉鎮附近的明礬礦場不是鎮壓起義的唯一原因。也許羅倫佐過分擔心對一個重要明礬來源失去控制。故事的悲劇部分是，雙方都對沃爾泰拉地區存在豐富明礬礦藏抱有極大的幻想，認為又一個如托爾法般取之不竭的財富被發現了。這個期望未能變成現實，結果成為一場痛苦的失望。在努力幾個月之後，礦場不再產生令人滿意的回報，因為產量太小，品質太差，一四七三年就停止生產。在帕齊陰謀之後，一四七九年又重新開採一段時間，也許是因為正與教宗開戰，佛羅倫斯與其他供應源的聯繫被切斷。總之，這個礦場因為收入無法彌補經營成本，而在一四八三年被永久廢棄。[79]

明礬的主要市場在威尼斯、英格蘭和佛蘭德。[80]要確保對教宗產品的銷售獨占權證明與淘汰競爭對手一樣困難。從一開始，教宗遭遇有組織的消費客群反對。此外，其政策與國家利益相抵觸，因此地方政府不願向教宗伸出援手，支持其壟斷。

威尼斯人已從土耳其人那裡得到福西亞老礦場的經營權，當然不願聽從教宗的懇求，直到一四六三年與鄂圖曼蘇丹的戰爭爆發，威尼斯人被驅逐。事實上，礦場承包人巴爾托洛梅奧·佐爾齊（即喬治）差點兒丟了性命。[81]戰爭持續到一四七九年。教宗利用這個天賜良機，在一四六九年與土耳其礦場的前承包人巴爾托洛梅奧·佐爾齊和傑羅尼莫·米基耶爾締結一份協議，保證在至少三年的時間裡每年接受六千坎塔爾的教宗明礬。[82]作為交換，他們被授予在威尼斯領地、倫巴底地區、羅馬涅地區、奧地利和德意志銷售教宗明礬的獨占權。另一方面，他們不被允許轉口任何明礬給佛蘭德地區或英格蘭。[83]教宗施加壓力讓這個協議得到威尼斯共和國的確認。[84]這些安排很可能並沒有比威尼斯與土耳其人恢復的和平持續更久。到了一四八一年，巴爾托洛梅奧·佐爾齊及合夥人好像已不顧教宗法令，恢復為福西亞礦場的承包者。[85]

一四六七年，保祿二世急派盧卡主教斯特凡諾·特倫塔帶著確保從國王那裡獲得對土耳其明礬的禁令和對競爭性教宗產品的獨占權的指令去英格蘭。[86]這個任務未能完成，很可能是因為御座毫不穩固的愛德華四世（一四六一至一四八三年）面對強烈反對明礬壟斷的英格蘭商人和布商顯得無能為力。隨後的嘗試也沒有獲得多大成功。

在佛蘭德地區，教宗的信使是科爾丘拉副主教路克．德托倫第斯（一四二八至一四九一年），他在一四六九年被升到達爾馬提亞地區塞貝尼科主教的高位。[87]只要善良者腓力（一四一九至一四六七年）還活著，那麼教宗特使就難以取得進展，但在無畏者查理（一四六七至一四七七年）繼承父親在低地諸國和布根地的統治之後就比較成功。由於梅迪奇銀行布魯日分行經理托馬索．波提納利是教會大公會議的成員，新公爵被說服在一四六八年五月五日締結盟約，有效期限為二十五年：它禁止所有非羅馬明礬進入其領地，並任命梅迪奇銀行或教宗的任何代理人作為這項商品的唯一經銷商。[88]作為補償，公爵可以分享利潤，並從進口到低地諸國的每批教宗明礬收取六格羅特先令（佛蘭德通貨）。[89]約定最高價格為四格羅特鎊十索爾多（佛蘭德通貨），即每卡里卡大約十八杜卡特。然而，為防止差別對待公爵的臣民，盟約規定，這個價格絕不能超過相鄰國家的明礬售價。儘管在某種程度上有保護消費者的條款存在，但這個盟約仍遭到強烈抗議，以至於生效時間被延遲兩次，拖延幾個月的時間。同時，失去耐心的教宗派出另一名特使托馬索．迪溫琴齊奧．德－札凱雷利．達法諾，會同梅迪奇銀行羅馬分行的員工卡洛．馬特利去布魯日洽談條件，並要求無畏者查理履行盟約。[90]這次任務鐵定失敗：由於反對聲並沒有減少，盟約非但未得到遵守，反而被擱置幾個月。在三級會議的壓力下，無畏者查理在一四七三年六月七日被迫頒布法令，允許進口所有基督教國家的明礬與教宗產品競爭。[91]雖然盧克．德托倫蒂斯以教宗的名義提出強烈抗議，但他未能成功撤銷這個法令，一四六八年的盟約再也沒恢復。[92]

從教宗聖庫的觀點來看，這個結果相當令人失的。這並非能力超群的外交官盧克．德托倫蒂斯的過錯，他在一份報告中聲稱：「他推銷教宗明礬所做的努力，甚至超過為拯救自己生命所需的努力。」[93]也許這並不算言過其實。儘管他盡了一切努力，還是一無所獲，因為羅馬教廷奉行一項不切實際的政策，並認為它可以欺詐消費者而不招致抵抗。此外，它在教理上的地位並不穩固，反對者毫不猶豫地指出，明礬壟斷是不合理的，因為由此產生的收入正「從對信仰的捍衛轉到私人的錢包裡。」[94]

有跡象表明，教宗從未在低地諸國裡達成壟斷，來自其他礦源的明礬，甚至是來自波羅的海海岸的明礬繼續進口，而未被海港的海關官員扣押。[95]在一四七三年之後，費拉定，也就是那不勒斯*的槳帆船還從伊斯基亞島把明礬運送到澤蘭†的停泊處，再從那裡把明礬重新裝船運到布魯日、安特衛普或伯根奧普佐姆。[96]

梅迪奇銀行在試圖控制明礬市場遭遇到的困難，可用留下的商業信函來作最佳詮釋。這些信件顯示，早在一四六三年就已為壟斷這項貿易做出艱苦的努力。從一開始，布魯日分行經理安傑羅・塔尼及襄理托馬索・波提納利引起羅馬分行注意到擋在該項事業道路上的絆腳石，但他們的建議未被欣然接受。在羅馬的經理，從羅伯托・馬特利直到一四六四年初去世，然後是繼任者喬凡尼・托爾納博尼，都從沒完全意識到這些困難。尤其是托爾納博尼，心思全都放在賺錢上，結果自欺欺人，把自己的欲望當作現實。他的態度成為兩家分行摩擦的導火線，因為每當事情沒有按照他的願望和期待進展時，他就會指責布魯日分行。

爭吵始於羅伯托・馬特利還在世時。使布魯日分行大為不滿的是，不是托爾納博尼就是教宗聖庫派了一個名叫尼科洛・斯潘諾基的西恩納人去了布魯日，這個人是在同為西恩納人的庇護二世擔任教宗期間、任職教宗財務總管的安布羅喬・斯潘諾基的侄子。[97]為什麼是尼科洛・斯潘諾基被派到布魯日去，從記錄來看並不十分清楚。不管怎樣，他一到那裡就大放厥詞說羅馬分行打算讓他負責明礬的銷售。由於所有可用的庫存都已售罄，他無所事事，只好在等待下一批船貨到達期間去進行市場情況。他很可能在庇護二世去世（一四六四年八月十五日）後不久就淡出人們的視線。由於這個事件，西恩納人失去在羅馬教廷的大部分權力。

同時，布魯日分行向總行投訴，斯潘諾基幾乎無什麼經驗，他的干涉令人討厭，他們認為他是間諜。波提納利聲稱，如果之前讓他負責明礬的銷售，那麼價格可能已經下降到布魯日分行實際獲得的三分之一。[98]波提納利進一步指出，明礬生意需要好好打理，教宗聖庫應讓梅迪奇銀行在沒有競爭者干涉的情況下處理所有銷售，以免價格下跌得太厲害，再也無法恢復。教宗不應該生產超過市場所能吸納的量，並應該遵守先前由熱那亞人做出的設定，因為他們當時控制小亞細亞的礦場，知道如何調整供給來適應需求。

布魯日分行在下一封信裡（一四六四年三月二十八日）報告兩艘運載明礬船貨的佛羅倫斯帆船安全到港，但第三艘運載約八百二十坎塔爾貨物的船失蹤了，這是船隊中最小的貨艘，人貨都消失了，「但願上帝慈悲這些船員的靈魂！」塔尼和波提納利高興地發現，全部的明礬都委託給他們，而不是委託給尼科洛．斯潘諾基，就如羅伯托．馬特利在死前不久通報的那樣。[99]他們期望將它迅速出售而不降低價格，只要沒有任何明礬從其他來源來到布魯日。布魯日分行希望科西莫．德－梅迪奇會允許它分享明礬生意的獲利，而不只是經銷而已。[100]托馬索．波提納利（安傑羅．塔尼當時在佛羅倫斯）在另一封信裡再次強調，羅馬對布魯日分行的不滿是毫無根據的，只是依據斯潘諾基所寫的蓄意中傷報告，「因為他的存在不止在一個方面是禍害」所以再次請求把他召回。[101]

在得知羅馬分行已於一四六四年春天簽訂合約購買另一批兩萬坎塔爾明礬的消息之後，[102]波提納利寫了一份報告，全面詳述那筆生意所面臨的種種陷阱。[103]他警告總行，兩個極端之間的中庸之道才是上策：一方面，迫切需要的是別讓市場供大於求，因為一旦允許價格下跌，就再也無法恢復；另一方面，利用囤貨來推動價格上漲太高，因而導致失去顧客的口碑，同樣也不是明智之舉。在波提納利看來，最佳策略是不引起任何不滿，但保持價格穩定在一個合理的水準。由於威尼斯人在以每船貨物五格羅特鎊或更低的價格出售來自特拉布宗的鉀明礬石，不可能期望托爾法明礬賣到四格羅特鎊（佛蘭德通貨）的價格。由於在奇維塔韋基亞的費用是每坎塔爾三杜卡特，因此仍有可觀的利潤空間；而且「竭澤而漁」是不可取的。[104]

---

* Neapolitan 意為那不勒斯的（或那不勒斯人），十五世紀也被稱為 Ferrandine。

† 伊斯基亞是義大利南部第勒尼安海的火山島，澤蘭為荷蘭西南沿海的一個省。

今天，感到地位不穩固的獨占者或寡占賣家經常採用所謂「管理」價格的策略，這些價格低於獨占時的水準，但長時間保持穩定，因為這是最省力的辦法。這樣的策略通常與現代商業慣例有關；因此，發現五百年以前就已經清楚成形是相當有意思的事情。

根據波提納利的說法，明礬的買家顯然是一群有組織的批發商，他們都是有實力的人，並且熟悉自己的業務。給他們賒帳沒有任何風險，但最好根據需求交貨，而不是迫使他們儲備存貨。此外，這些買家也在某種壟斷聯盟協議之列，不互相削價出售。因此，必須留意，而且不可讓市場有太多的存貨，因為買家會利用這種情況壓低價格，很難在不引起極大怨言和抗議之下，再把價格提高回來。幸好，由於威尼斯與蘇丹之間的戰爭，沒有來自黎凡特地區的明礬。波提納利期望這個形勢可以持續一段時間。因此，他說服佛蘭德的批發商盡可放心地與梅迪奇銀行簽訂合約，無需擔心價格會在近期內下跌。[105]

波提納利在一四六四年十一月三日得到消息，萬聖節前夕從奇維塔韋基亞運來明礬的船隻在布洛涅附近失事沉沒了。一些船員倖存脫險，包括船長，但貨物全部丟失，因為是散裝的，沒有用桶包裝。然而，損失得到保險賠償，市場供給仍然充足，因為熱那亞人也運了明礬到布魯日，因此梅迪奇銀行不再有掌控權。事實上，要不是船隻失事，價格有可能早就下跌。[106]波提納利在十一月二十七日從以前曾去趕集的伯根奧普佐姆寫了一份報告，說佛蘭德明礬交易商願意接受佛羅倫斯帆船運來的全部貨物。因此他要求總行用即將離開比薩的船隻儘量多發貨。[107]經過多輪討價還價，明礬交易商最終同意接受三千或四千卡里卡（合五百四十或七百二十公噸），價格大概在每卡里卡四格羅特鎊，但前提是能在連續三年的時間裡以分期付款的方式償還債務。波提納利還承諾，一整年不再由梅迪奇銀行運送更多明礬到佛蘭德地區或英格蘭。[108]

依照波提納利的請求，佛羅倫斯帆船運載一批明礬，但羅馬分行經理喬凡尼．托爾納博尼抱怨說，他在採購足夠的包裝桶上遇到困難。[109]在下一封一四六五年二月十六日的信中，他表達對波提納利經手的成功交易感到滿意，同時堅持認為，布魯日分行在匯款方面的遲緩導致極大的不便，因為教宗聖庫要求羅馬分行立即付款。[110]也許他不理解，由於貿易差額對佛蘭德地區不利，布魯日分行不斷地與轉帳困難搏鬥，甚至尋求用英格蘭羊毛來支付。在一四六五年四月時，前一年買進的兩萬坎塔爾中仍有五千兩百坎塔爾沒有售出，因此托爾納博尼很高興把它賣給盧卡商人喬凡尼・桂迪喬尼而擺脫這些存貨，尤其是因為沒有明礬能被運送到佛蘭德地區或英格蘭。[111]

在不久之後的一四六五年五月三日，波提納利傷心地寫道，明礬市場動盪不安，由於有消息說一艘熱那亞船隻也像佛羅倫斯帆船那樣運來明礬而導致價格下跌。[112]結果，他報告說，佛蘭德批發商想要群體推翻協議，因為他們有可能以每卡里卡三格羅特鎊（佛蘭德通貨）的價格買到其他明礬，而按照合約條款他們必須支付四鎊。

預計在春天到達的佛羅倫斯帆船直到一四六五年十月才抵達斯魯伊斯港。由於庫存耗盡，佛蘭德批發商高興地接受整批明礬，並以幾個月前商定的價格支付貨款。波提納利被令人不安的消息所迷惑，誤以為拉科魯尼亞有一艘裝載明礬的威尼斯帆船，並好像已得到梅迪奇銀行羅馬分行的特許。他也自問怎樣才能賣掉這批明礬。[113]然而，這艘威尼斯船隻沒有去斯魯伊斯，而是去了倫敦，但明礬在那裡的銷路不好。更糟糕的是，包括熱亞那人和威尼斯人的幾艘船隻已經帶著明礬和船貨到達佛蘭德地區和英格蘭，這些貨物足以維持三年的需求量，促使價格必然驟降。[114]為了在一定程度上遏止價格下跌，波提納利指望佛蘭德的批發商。他向他們提供一些運送到倫敦的明礬，但這樣的努力沒有效果。[115]

一四六六年四月二日，喬凡尼・托爾納博尼興高采烈地向皮耶羅・德－梅迪奇報告在前一天簽訂契約，根據這份契約，梅迪奇銀行成為教宗明礬的獨家經銷商。因為，從此以後，所有銷售都將經過在布魯日和倫敦的梅迪奇代理人之手，托爾納博尼自信地期望他有能力把布魯日的明礬價格提高到每卡里卡（合四百磅）六格羅特鎊，把倫敦的價格提高到每坎塔爾一鎊十五先令（英格蘭通貨）。[116]這有點過分樂觀了，因為如此高價會刺激土耳其明礬的進口，引起聯合抗議，英格蘭和低地諸國的統治者不可能對此無動於衷。就我們所知，派去英格蘭的教宗大使一事無成。在布魯日，波提納利與教宗特使梅塞爾．盧克．德托倫蒂斯聚在一起，並啟動談判，在克服巨大的困難後終於在一四六八年五月五日簽訂這個命運多舛的條約。

一四六九年十一月二十八日，布魯日分行與羅馬分行簽訂一項合約，目的是為了調整在低地諸國的明礬銷售，並消除進一步的摩擦源頭。[117]首先，羅馬分行承諾取得另一份教宗敕令，要求布根地公爵在領地裡全面禁止土耳其明礬，並以逐出教會和扣押違禁品來威脅無照經營者。雖然合約中沒有這樣的條文，但托馬索．波提納利顯然被期望能用這個文件來對公爵施加壓力，迫使他頒布這項一四六八年條約。作為獎勵，布魯日分行將獲得進口到佛蘭德地區的全部教宗明礬的獨家經銷代理權，然而條件是價格不會低於每卡里卡（佛蘭德重量單位，合四百磅）三格羅特鎊二索爾多（佛蘭德通貨）。獲利將由這兩家梅迪奇分行平均分享。

從一四七〇年三月一日算起，合約為期三年。且進一步規定，從一四七〇年十一月一日起，布魯日分行將每月匯款一千兩百五十杜卡特給羅馬或佛羅倫斯，連續付款三年。[118]若銷售金額高於或低於這個數字，那麼以後會做出調整。這項規定的目的毫無疑問是為了防止布魯日分行留下明礬的銷售收入。如已指出的那樣，喬凡尼．托爾納博尼經常抱怨布魯日分行在匯款上的拖延，不斷耗竭他的資源。雖然這項抱怨有正當理由，但他忽視布魯日分行很可能在購買匯票上遇到困難，因此不願運送硬幣。

出乎意料的是，一四六九年的合約未能解決這兩家梅迪奇分行之間的衝突。由於對布根地公爵未能履行一四六八年條約感到厭煩，教宗保祿二世和喬凡尼．托爾納博尼指責托馬索．波提納利的退卻，並指控他的明礬生意經營不善。為解決這些困難，決定派梅塞爾．托馬索．德－札凱雷利．達法諾擔任教宗特使去佛蘭德地區，由托爾納博尼的代表卡洛．馬特利陪同。[119]如前所提，這些使者是否有很大的收穫是值得懷疑的。他們在戰勝當地反對明礬獨占上顯然沒有成功。也許札凱雷利促使羅馬教廷節制需求。至於托爾納博尼，梅迪奇銀行的通信顯示，他繼續沉溺在自己的如意算盤，只看到自己的利益，對問題的其他方面全然視而不見。

一四七三年六月底羅馬收到消息，無畏者查理拒不履行一四六八年條約，並恢復來自基督教產地的明礬貿易自由，這個消息傳到喬凡尼．托爾納博尼的耳朵裡，給了他一記沉重的打擊。他沮喪地寫信給侄子豪奢的羅倫佐，他預期價格會暴跌，在布魯日下跌到每卡里卡三格羅特鎊以下。[120]事實上，一四七四年見到明礬市場供過於求，價格暴跌，致使梅迪奇銀行說服思道四世（一四七一至一四八四年在位）將礦場使用費從二杜卡特減少到一杜卡特。[121]在一四七五年三月十八日的信中，托爾納博尼對羅倫佐寫道，明礬生意顯示有一筆損失，並接著投訴說，托馬索．波提納利和卡洛．馬特利（他自己的人）都在欺騙羅馬分行，無論這個看法是對是錯。[122]這樣的投訴一點也不新鮮，早在一四七三年就引起羅倫佐的干預，以便平息這兩家分行之間的紛爭。顯然，卡洛．馬特利在到達布魯日之後已被波提納利的花言巧語爭取過去，早就停止推行托爾納博尼的政策。[123]

緊接著在七月時，托爾納博尼勉強同意豪奢的羅倫佐採納的決定，接受波提納利和馬特利在明礬事件中所作所為。然而，他繼續投訴（很可能是有原因的）說布魯日分行在結清帳目上的拖延使他喪失流動資金，迫使他以高利息借款。[124]因為這兩家分行之間的爭執無法止息，托爾納博尼在一四七七年十月聽到卡洛．馬特利將來羅馬調解與明礬生意有關的意見分歧是非常高興。[125]

在一四七〇年之後，留存下來的通信缺少很多，無法對之後梅迪奇銀行就明礬壟斷所採取的政策給出詳細的描述。由於思道四世與豪奢的羅倫佐之間的關係變得愈來愈緊張，教宗聖庫逐漸從梅迪奇銀行撤出帳戶。到一四七四年七月，豪奢的羅倫佐不再扮演羅馬教廷總管的角色，並被熱那亞商人梅利亞杜切．奇加拉所取代。[126]在一四七六年六月，明礬合約被給了帕齊公司，思道四世對他們眷顧有加。[127]因此，送到布魯日的明礬船貨不再委託給梅迪奇銀行銷售，而是委託給古列爾莫和喬凡尼．德－帕齊公司。[128]在帕齊陰謀（一四七八年）引起教宗與佛羅倫斯共和國之間一場戰爭之後，仍在梅迪奇銀行手中的明礬存貨被查封。[129]即使在戰爭結束以後，梅迪奇銀行也未能重新獲得明礬貿易的控制權，雖然他們向教宗聖庫提出的一些權力主張後，透過轉讓托爾法礦場的產出得到償付。[130]

這個故事說明，即使是獨占者，也並非總能隨心所欲，想做什麼就做什麼。事實上，梅迪奇銀行並未對明礬貿易享有絕對控制權，但在實務上，獨占很少可以完整到完全無視消費者的利益，更不要說其他集團的利益，例如因產量縮減而失業的生產者。在這種情況下，獨占者不會嘗試使獲利最大化，而是會把價格設定在一個不會引起普遍不滿的水準。梅迪奇銀行的例子顯示要想達到這個目標所面臨的困難，以及因公司內、外存在互相衝突的利益所造成的緊張不安。

三、厄爾巴島的鐵礦石

梅迪奇家族也對另一種壟斷感興趣，那就是鐵礦石。在義大利，唯一的鐵礦過去是位於離托斯卡尼海岸不遠的厄爾巴島上，現在也是。這種聚集有利於獨占性的開採，因為厄爾巴鐵礦石無人競爭，只要把價格保持在低於進口西班牙鐵的價格就好，這是唯一的替代貨源。在十五世紀時，厄爾巴這個島嶼屬於皮翁比諾的王公貴族，鐵礦是他們的主要收入來源。這些統治者知道如何利用自己的壟斷，為了便於徵收礦場使用費，他們出售礦場的全部產出給組織成可被稱為領土壟斷聯盟的一群商人。這個群體的每個成員都被授予在某塊領地的專營權，在那裡，他又再次出售礦石給在亞平寧山脈林區經營熔鐵爐的當地鐵器製造商，因為在厄爾巴島上沒有燃料用以熔化鐵礦石。

自一四五五年至一四七七年，冶鐵廠（鐵礦石壟斷聯盟）掌握在一群熱那亞商人的手裡。[131]直到一四七七年或一四七八年時，豪奢的羅倫佐為尋找新的獲利來源，才對有利可圖的鐵礦石交易投來渴望的目光，並努力從皮翁比諾領主那裡獲得一份合約，但他根本無法與強大的鄰邦抗衡。由皮耶羅・菲利波・潘多爾菲尼簽署的契約為期五年，在此期間，羅倫佐獲得厄爾巴礦場全部產量的控制權，總金額達一萬五千杜卡特。[132] 顯然這項合約從未生效，也從未重訂，因為在一四八九年，豪奢的羅倫佐再次不遺餘力地尋求對厄爾巴島鐵礦石的控制權。這一次，談判是以喬凡尼・迪貝爾納多・康比的名義進行的，而且最終有所收穫，結果是梅迪奇銀行比薩分行在比薩和彼得拉桑塔的冶鐵廠獲得控制性權益。[133]

這樣的冶鐵廠是受讓人藉著承諾支付礦場使用費以換取壟斷特權的一種契約。彼得拉桑塔冶鐵廠在著名的大理石開採場所在地卡拉拉附近，位於靠近大海並盛產木材的一個山區。鐵器製造商從冶鐵廠買進鐵礦石，並為此付款，但不是用現金，而是用生鐵或如馬蹄鐵和鐵釘之類的製成品。比薩冶鐵廠的顧客是來自鄰近皮斯托雅地區的鐵器製造商，甚至有來自遙遠的卡森蒂諾，這是在阿雷佐附近一個樹木繁茂的丘陵地區。他們用現金或鐵柵條付款，很少用製成品支付。根據一本留存下來的帳簿，梅迪奇銀行獲得的鐵不是在當地賣給其他公司，就是運送給在羅馬、那不勒斯或巴勒莫的代理商。這樣的寄售牽涉到眾多風險，不一定能賣到預期的價格。儘管偶爾會有些失望，但紀錄顯示，這種鐵礦石投機生意證明是成功的，並產生梅迪奇銀行為彌補別處損失所急需的可觀獲利。遺憾的是，留存下來的紀錄內容只到一四九二年三月二十四日就戛然而止，這時離梅迪奇銀行的最終崩潰還有兩年。涉及比薩冶鐵廠和彼得拉桑塔冶鐵廠的合約後來十有八九被取消了，並轉給盧卡的布翁維西公司，他們接收全部的應收款項與庫存鐵礦石。[134]

壟斷聯盟協議通常被視為現代事物，但經濟史的研究顯示，它們深深植根於過去。事實上，永久性的專賣公司，例如明礬壟斷聯盟，在十五世紀時還是罕見的。然而，這個趨勢在隨後幾個世紀裡隨富格爾家族主辦的礦業壟斷聯盟獲得契機，並在十七世紀隨著首批股份公司與壟斷性殖民地貿易組織的發展而達到頂峰。[135] 亞當・斯密說的並沒有錯：重商主義的時代也是壟斷的時代。

注釋

1. Gras, *Business and Capitalism,* p. 122.
2. 此類臨時性合夥公司通常是基於非正式的協議，而且局限於合夥人共同購買的單獨一批貨物。他們以自己的名義公開貿易，因此跟他們交易的人並不知道有分擔風險和分享獲利的協議存在。投機活動結束後，合夥人結清帳目，合夥公司解散。*Ibid.,* p. 165.
3. MAP, filza 134, no. *2,* fol. 250。五十格羅特鎊十六索爾多四德涅爾，即五百零八杜卡特四格羅特鎊（威尼斯通貨），在布魯日值一百一十格羅特鎊二索爾多（佛蘭德通貨），每杜卡特兌五十二格羅特。
4. 托馬索・波提納利一四六七年二月十三日致函皮耶羅・迪科西莫・德－梅迪奇的信（MAP, filza 12, no. 312）。Cf. Grunzweig, *Gorrespondance,* p. 11.
5. John Addington Symonds, *Renaissance in Italy* (Mod. Lib. ed.), I, 393.
6. Sieveking, *Handlungsbücher,* p. 28. 這無疑是韋斯帕夏諾・達比斯蒂奇在尼科洛・德－尼科利的生活中提到的普林尼的完整複製版本（*The Vespasiano Memoirs,* p. 397）。
7. 皮傑洛・波提納利一四五六年四月九日致喬凡尼・迪科西莫・德－梅迪奇（MAP, filza 9, no. 203）。
8. Grunzweig, *Correspondance,* pp. 28, 40, 42, 82.
9. *Ibid.,* pp. 79-80.
10. 布魯日分行亦購買掛毯成品。因此他們替法恩札領主阿斯托雷・曼福雷迪購買一套描繪參孫故事的掛毯。雖然設計不是最好的，但顧客大概不想花更多的錢。*Ibid.,* pp. 27-28.
11. *Ibid.,* pp. 40, 42, 82, 99.
12. *Ibid.,* pp. 27-28, 40, 82. 一四六〇年，一包包含替喬凡尼・迪科西莫購買的掛毯在倫敦港被人從佛羅倫斯大帆船上偷走（*ibid.,* pp. 100-101）。

13. Sieveking, *Handlungsbücher,*, p. 43.
14. *Correspondance,* pp. 11-13, 63-64, 78, 82-83. 亦參見托馬索・波提納利一四六四年十二月十七日致函皮耶爾福朗切斯科・德－梅迪奇的信（MAP, filza 12, no. 370）。
15. 托馬索・波提納利一四六六年一月十一日致函皮耶羅・迪科西莫・德－梅迪奇的信（MAP, filza 12, no. 306）。
16. 托馬索・波提納利一四六四年七月十四日致函皮耶羅的信（MAP, filza 73, no. 315）。
17. 福朗切斯科・薩塞蒂一四五〇年一月二十九日和五月十六日致函喬凡尼・迪科西莫的信（MAP, filza 3, nos. 57 and 60）。
18. MAP, filza 134, no. 2, fol. 246. 參見本書第一版，附錄 VIII, pp. 87-90.
19. 佛蘭德便士（不要與英格蘭便士相混淆）等於八密特或三分之一佛蘭德格羅特。對匯票的領事簽證費率是每格羅特鎊兩密特，即大約三千分之一佛蘭德格羅特。在一四六一年時，這些費率增加到每鎊商品價值收取〇・五格羅特，匯票費率則是每鎊三密特或八分之一格羅特。一四九八年，費率都加倍，分別提高到一格羅特和〇・二五格羅特，這是佛羅倫斯人的業務量在不斷萎縮的一個跡象。Armand Grunzweig, «Le Fonds du Consulat de la Mer aux Archives d'Etat à Florence,» *Bulletin de l'Institut historique beige de Rome,* 10: pp. 111-112, 120 (1930).
20. 尼古拉斯・德德利爾，即范德利爾還與梅迪奇在做教宗贖罪券相關的交易。F. Remy, *Les Grandes Indulgences pontificales aux Pays-Bas à la fin du Moyen Age, 1300-1531,* diss. (Louvain, 1928), p. 65.
21. Borlandi, ed., *El libro di mercatantie,* p. 126. 價格有時候以等於三分之一格羅特的佛蘭德便士設定，因此十英鎊十先令的價格相當於三格羅特鎊十索爾多。
22. MAP, filza 134, no. 2, fol. 242.
23. J. van Houtte, «Bruges et Anvers, marchés 'nationaux' ou 'internation-aux,' du XIVe au XVIe siècle,» *Revue du Nord,* 34:89-108 (1952).
24. F. C. Lane, "Venture Accounting in Medieval Business Management," *Bulletin of the Business Historical Society,* 19:164-173 (1945).
25. 威尼斯商人古列爾莫・奎里尼（約一四〇〇至一四六八年）失去大部分資本，因為他在挑選代理商方面不是考慮不周，就是運氣欠佳。他有時候出售匯票給梅迪奇銀行。G. Luzzatto, "L'attività di un patrizio veneziano del Quattrocento," *Studi di storia economica veneziana* (Padua, 1954), pp. 167-193. 另一位威尼斯人安德烈・巴爾巴里格（約一三九九至一四四九年）就比較幸運，但他也與在敘利亞的代理人多爾切托有爭吵，因為多爾切托提供的服務無法讓人滿意，而且在價格上欺騙他的委託人。F. C. Lane, *Andrea Barbarigo, Merchant of Venice, 1418-1449* (Baltimore, 1944), pp. 109-113.

26. 在米蘭的皮傑洛・波提納利一四五八年三月十八日致函科西莫・德－梅迪奇的信 (MAP, filza 12, no. 251).

27. 在威尼斯的科西莫・德－梅迪奇公司一四四一年十月十六日致函在布魯日的貝爾納多・波提納利的信（MAP, filza 88, no. 95）。

28. 在佛羅倫斯的阿切利多・波提納利一四七五年三月十一日致函在米蘭的羅倫佐和朱利亞諾・德－梅迪奇公司的信（MAP, filza 138, no. 332）。

29. 在倫敦的皮耶羅・德－梅迪奇和傑羅佐・德－皮利公司一四五五年十月八日致函在佛羅倫斯的梅迪奇公司的信（MAP, filza 84, no. 93, fols. 184-185）。此信不在 Grunzweig, *Correspondance.*

30. 布魯日的托馬索・波提納利一四六六年十月八日和一四六七年七月十日致函在威尼斯的經理喬凡尼・阿爾托維蒂的信（MAP, filza 10, nos. 582 and 583）。

31. 在倫敦的安傑羅・塔尼一四六八年一月十二日致函在佛羅倫斯的豪奢的羅倫佐的信（MAP, filza 23, no. 102）。一些羊毛顯然屬於梅迪奇，一些屬於主要羊毛商、加來的斯泰普爾斯商人公司成員約翰・克羅斯比老爺。一四六七年，他被授予經由「馬羅克海峽」運送羊毛的許可。塔尼的信函無疑是指在此特許下出口的羊毛。Eileen Power, "The Wool Trade in the Fifteenth Century," *Studies in English Trade in the Fifteenth Century,* ed. Eileen Power and M. M. Postan (New York, 1933), pp. 47, 366 n.39.

32. 羅馬分行不得不為在奇維塔韋基亞的貨棧提取明礬後立即付款，並在英格蘭和佛蘭德代收後立即記入教宗聖庫的貸方。一四七〇年之後，教宗被迫接受部分以佛蘭德和英格蘭布匹等貨物來支付費用。

33. Grunzweig, «Consulat de la Mer,» p. 95.

34. *Ibid., p.* 96.

35. *Ibid.,* pp. 99-100.

36. 有關羽毛出口的更多證據，參見 F. E. de Hoover, «Le Voyage de Girolamo Strozzi de Pise à Bruges et retour à bord de la galère bourguignonne 'San Giorgio',» *Handelingen van het Genootschap «Société d'Emulation» te Brugge,* 91:124 (1954).

37. *Hanserecesse (1431-1476),* Zweite Abteilung, ed. Goswin, Baron von der Ropp, VII (Leipzig, 1892), 115, No. 41.

38. L. Gilliodts-van Severen, *Inventaire des archives de la mile de Bruges,* VI (Bruges, 1876), 410-417, doc. No. 1262 (August 5, 1496).

39. 其中一件祭壇飾物是安傑羅．塔尼委託梅姆林所作的《最後的審判》。出現床用鵝毛也許看似莫名其妙，但肯定沒錯。這件商品來自波羅的海地區。吉羅拉莫．斯特羅齊亦在布魯日購買羽毛。

40. 幾經中斷之後，海事裁判官在一四八〇年決定放棄大帆船航行四年；它們從沒有恢復航行。Alwyn A. Ruddock, *Italian Merchants and Shipping in Southampton, 1270-1600* (Southampton, 1951), p. 211.

41. 在布魯日的托馬索．波提納利一四六四年六月八日致函在佛羅倫斯的皮耶羅．迪科西莫．德－梅迪奇的信（MAP, filza 12, no. 383）。

42. Ruddock, *Italian Shipping in Southampton,* pp. 214-215.

43. 來自普魯士的小包裘皮和鵝毛也許是唯一的例外，但這項貿易無足輕重。有關佛蘭德與義大利之間貿易差額的更完整討論，參見 R. de Roover, “La Balance commerciale entre les Pays-Bas et Tltalie au quinzième siècle,” *Revue beige de philologie et d’histoire,* 37:374-386 (1959).

44. MAP, filza 148, no. 13: 一四四四年四月二十九日和一四四五年一月二十日（佛羅倫斯新曆）開始的政策。

45. MAP, filza 84, no. 83, fol. 165. 這項合約發表於 Livio Piattoli, “Il contratto di assicurazione marittima a Venezia nel medio evo,” *Rivista di storia del diritto italiano,* 8:327-337 (1935). 皮亞托利把 lire di grossi（格羅特鎊）誤讀為 fiorini di grossi（大福羅林）。帶著同樣錯誤的合約後來再次發表於 *L’assicurazione a Venezia dalle origini alia fine della Serenissima* ed. Giuseppe Stefani (Trieste, 1956), I, 221-222.

46. MAP, filza 84, no. 72, fol. 140. 這項政策亦由皮亞托利發表，並再次發表於 Stefani, I, 222-223。在英文版 *Insurance in Venice from the Origins to the End of the Serenissima* (Trieste, 1958) 中，兩項政策的文件見於第兩百三十至兩百三十二頁。

47. 有關十五世紀海上保險費率的問題，應查閱 F. E. de Roover, “Early Examples of Marine Insurance,” *The Journal of Economic History,* 5:192-193 (1945)。公開的保險費最早的有名例子可追溯到一三五〇年，見於巴勒莫公證紀錄。Riniero Zeno, *Documents per la storia del diritto marittimo nei secoli XIII e XIV* (Turin, 1936), 229-231, 242-243, Nos. 190, 192, and 202.

48. Cameram, *Documents,* pp. 13, 122-123, 125-126, Nos. 374, 383; MAP, filza 97, no. 7, fols. 7-11.

49. 依我看，卡尼賈尼有權留下保險費，因為明顯存在欺騙。欺騙在保險領域普遍存在，直到勞埃德保險社組織終止不誠實的做法。

50. Charles Verlinden, *L'Esclavage dans l'Europe médiévale* (Bruges, 1955), I, 748-833. 第二卷尚未出現。

51. G. Aiazzi 在介紹奇諾的父親的日記時發表來自奇諾・迪菲利波・里努奇尼日記的節錄，*Ricordi storici di Filippo di Cino Rinuccini dal 1282 al 1460* (Florence, 1840), p. 252.

52. MAP, filza 82, no. 182, fol. 595 (catasto of 1457, Leon d'Oro). 佛羅倫斯奴隸都在家裡，大多是當作女僕的女奴。

53. Charles Singer, *The Earliest Chemical Industry: An Essay in the Historical Relations of Economics and Technology Illustrated from the Alum Trade* (London, 1948), p. 90 *et passim;* Wilhelm Heyd, *Histoire du commerce du Levant* (ad printing, Leipzig, 1923), II, 565-571; Pegolotti, *Pratica,* pp. 43, 293, 367-370, 411; R. S. Lopez, *Genova marinara nel Duecento: Benedetto Zaccaria, ammiraglio e mercante* (Milan, 1933), pp. 276-80.

54. 除了一三四〇年至一三四六年間礦場被希臘人重新占有而中斷以外。Heyd, *Commerce du Levant,* I, 489, 493; Maria Louise Heers, «Les Genois et le commerce de 1'alun à la fin du moyen âge,» *Revue d'histoire economique etsociale,* 32:31 (1954).

55. Heyd, *Commerce du Levant,* II, 565.

56. 來自伊斯基亞島的明礬品質太差，以至於在布魯日和巴黎被行會章程禁用。G. de Poerck, *La Draperie médiévale en Flandre et en Artois, technique et terminologie* (Bruges, 1951), I, 170.

57. 貝內代托・札卡里亞（卒於一三〇七年），福西亞明礬礦場的首位熱那亞礦主或承租人已設立一家獨占公司來防止生產過剩和維持價格。Lopez, *Zaccaria,* pp. 26-27, 33-38.

58. R. S. Lopez, *Storia delle colonie genovesi nel Mediterraneo* (Bologna, 1938), pp. 414-415.

59. Adolf Gottlob, *Aus der Camera apostolica des 15. Jahrhunderts* (Inns-bruck, 1889), pp. 279-280. 喬凡尼・達卡斯楚是庇護二世的一個教子和在帕多瓦大學教授法律的著名平民保羅・達卡斯楚（卒於一四四一年）的兒子。這位父親早在人本主義者埃尼亞斯・西爾維厄斯・皮科洛米尼被選為教宗之前就是他的朋友。在一四六〇年時，這位兒子喬凡尼・達卡斯楚受到債權人的不斷騷擾，在祖父的特別保護下居住在羅馬，並利用其閒暇沉溺於勘探礦藏的癖好上。*The Commentaries of Pius II,* trans, by Florence Alden Gragg, ed. by Leona C. Gabel, Smith College Studies in History, 35:505-507(1951).

60. Giuseppe Zippel, "L'allume di Tolfa e il suo commercio," *Archivio della R. Società Romana di Storia Patria,* 30:21, 437-438 (1907), Appendix No. 1. Zippel 發表批准該合約的敕令全文。

61. Gottlob, *Camera apostolica,* pp. 283-285. 第二份合約的全文發表於 Zippel, "L'allume di Tolfa," pp. 438-444 (Appendix No. 3).

62. Gottlob, *Camera apostolica,* pp. 285-286. 摘要見於 Zippel, "L'allume di Tolfa," p. 405.

63. 礦場使用費後來在一四七四年十二月二十七日被削減，明確顯示教宗在建立獨占方面沒有完全成功（Gottlob, *Camera apostolica,* p. 288）。

64. 此斷言可見 Niccola Della Tuccia, "Gronache di Viterbo e di altre citta" in *Cronache e statuti della Città di Viterbo,* ed. Ignazio Ciampi (Florence, 1872), p. 268. Cf. E. Fiumi, *L'lmpresa di Lorenzo de' Medici contra Volterra, 1472* (Florence, 1948), p. 27.

65. 在一四七一年時，產量大約為七萬坎塔羅（*cantaro*，約等於五十公斤），即將近三千五百公噸。採挖和處置三千五百噸明礬不可能需要八千名工人，每名工人一年不到半噸。

66. 八千這個數字受到 Zippel ("L'allume di Tolfa," p. 20) 的質疑，但被 Singer (*Chemical Industry,* p. 143) 接受。

67. Gottlob, *Camera apostolica,* p. 289.

68. 通常由在威尼斯的梅迪奇公司向國王馬蒂亞斯．柯文納斯（一四五八至一四九〇在位）的代表作出支付的決定。

69. *Corpus juris canonici: in X,* canons *Ita quorumdam* and *Ad liberandam,* V, 6, 6 and 17; *Extravag. comm.,* canon *Multa mentis,* V, 2, 1. 這些教規確認並沒有包含在教會法裡的法令，尤其是格列哥里十世於一二七二年三月某日頒布的敕令 *Adaperiat Dominus* (*Bullarium Romanum,* IV Turin, 1859, 11-13) 以及尼古拉五世於一四四九年八月二十三日頒布的敕令 *Olim tarn* (*In VII,V,* 2, 1)。

70. 該法令的頒布日期為一四六五年四月十一日。Gottlob, *Camera apostolica,* p. 295.

71. Jakob Strieder, *Studien zur Geschichte kapitalistischer Organisationsformen* (Munich, 1925), pp. 168-183; Roman Piotrowski *Cartels and Trusts* (London, 1933), pp.153-164. Piotrowski 不相信 Strieder 對這個明礬壟斷聯盟是財政壟斷聯盟而非私人壟斷聯盟的看法 (pp. 69-70)。這個壟斷聯盟契約的全文發表在 Augustin Theiner, *Codex diplomaticus domini temporalis S. Sedis,* III (Rome, 1862), 463-467, No. 398.

72. Strieder, *Studien,* p. 173.

73. Fanfani, *Le origini,* pp. 109-10, 123. 這是西恩納的聖貝爾納迪諾、佛羅倫斯的聖安東尼諾以及托馬索．德維奧（更為人所知的名號是樞機主教卡耶坦）的教義。Cf. R. de Roover, "Monopoly Theory prior to Adam Smith," *Quarterly Journal of Economics,* 65:498-499.

74. *Corpus juris canonici, Deere turn Gratiani: c. Quicumque tempore messis,* Causa XIV, qu. 4, can. 9.

75. Zippel, "L'allume di Tolfa," pp. 36-38. 這位作者認為，在思道四世即位後，教宗與那不勒斯王國之間的關係改善，這個合約在一個比較公平的基礎上得到修改。

76. Fiumi, *L'impresa contro Volterra,* pp. 33-37.

77. *Ibid.,* pp. 37-43.

78. 這個故事在 Fiumi 的書裡講得極為詳細。不同的解釋可見 Roberto Palmarocchi, *Lorenzo de' Medici* (Turin, 1941), pp. 58-63. 作者試圖為羅倫佐開脫劫掠沃爾泰拉鎮的所有責任。根據當時盛行的戰爭規則，雇傭軍有權洗劫圍困後被攻占的任何城鎮。沃爾泰拉鎮的情況並非完全如此，但蒙泰費爾特羅未能成功控制住因長期圍城而遭罪並被投降條件剝奪掠奪權的軍隊。關於戰爭規則調節事件的有關內容，參見 Fritz Redlich, "De praeda militari, Looting and Booty, 1500-1815," *Vierteljahrschrift für Sozial- und Wirtschaftsgeschichte,* Beiheft No. 39 (Wiesbaden, 1956), p. 23.

79. Fiumi, *L'impresa di Volterra,* pp. 162-67; Zippel, L'allume di Tolfa," p. 409; Doren, *Wollentuchindustrie,* p. 375.

80. 明礬被用於威尼斯玻璃的製造。

81. Heyd, *Commerce du Levant,* II, 328.

82. 六千坎塔羅相當於三百公噸左右。

83. Zippel, "L'allume di Tolfa," pp. 46-47.

84. Gottlob, *Camera apostolica,* p. 297.

85. *Ibid.,* p. 300.

86. *Ibid.,* pp. 297-298; Zippel, "L'allume di Tolfa," pp. 396-397.

87. Jacques Paquet, «Une Ébauche de la nonciature de Flandre au XVe siècle: les missions dans les Pays-Bas de Luc de Tolentis, évêque de Sebenico (1462-1484),» *Bulletin de l'Institut historique beige de Rome,* 25:27-144 (1949).

88. Zippel, «L'allume di Tolfa,» p, 390. 該條約的全文可見 Theiner, *Codex diplomaticus,* III, 451-455, No. 391 和 Berlière, *Diversa Cameralia,* pp. 235-243, annex No. 40. 無畏者查理的後續法令（一四六八年六月二十四日）不但禁止進口任何除教宗明礬外的明礬，而且甚至禁止使用任何替代品（Berlière, pp. 243-246, No. 41）。

89. 卡里卡為四百磅（佛蘭德衡制），相當於一百八十公斤左右，因此是坎塔羅（合一百五十羅馬磅，即大約五十公斤）的三倍半重。

90. Zippel, "L'allume di Tolfa," pp. 393-394.
91. Léone Liagre, «Le commerce de 1'alun en Flandre au Moyen Age,» *Le Moyen Age,* 61:202-203 (1955).
92. 參見教宗使者盧克．德托倫蒂斯一四七三年七月三日的報告。Paquet, «Les Missions de Luc de Tolentis,» p. 107, No. 13.
93. *Ibid., pp.* 43, 113.
94. 教宗使者德托倫蒂斯一四七二年六月二十九日的報告（*ibid.,* p. 87, No. 8）。
95. Gilliodts, *Cartulaire de l'estaple,* II, 164, No. 1108.
96. W. S. Unger, "Rekening van den Invoer van Aluin in de Schelde Delta, 1473-1475," *Economisch-Historisch Jaarboek,* 19:75-88 (1935).
97. Gottlob, *Camera apostolica.,* p. 111.
98. 托馬索．波提納利一四六四年二月十五日致函科西莫．德－梅迪奇的信（Grunzweig, *Correspondancejpp.* 106-107）。
99. 托馬索．波提納利和安傑羅．塔尼一四六四年三月二十八日致函科西莫的信（*ibid.,* pp. 107-108, 111-112）。Cf. Singer, *Chemical Industry,* p. 149.
100. 托馬索．波提納利一四六四年四月二十九日致函科西莫的信：Grunzweig, *Correspondance,pp.* 109, 118-119.
101. 一四六四年五月十四日的信（*ibid.,* pp. 129, 132）。
102. Gottlob, *Camera apostolica,* p. 287.
103. 這個報告始於一四六四年六月八日安特衛普，結束於六月十七日布魯日（MAP, filza 12, no. 383）。
104. 義大利的每坎塔羅三杜卡特相當於布魯日的每卡里卡十．五杜卡特，因為一卡里卡約等於三．五坎塔羅。售價為四格羅特鎊，即十六杜卡特，毛利為五〇%，足以支付從義大利到佛蘭德的運輸費用，並留下豐厚的淨利。
105. 托馬索．波提納利一四六四年七月一日和十四日致函皮耶羅．德－梅迪奇的信（MAP, filza 73, no. 315, and filza 21, fol. 137-39）。
106. 波提納利一四六四年十一月三日、九日和十日致函皮耶羅的信（MAP, filza 12, no. 375）。
107. 波提納利一四六四年十一月二十七日致函皮耶羅的信（MAP, filza 12, nos. 374, 379）。
108. 波提納利一四六四年十二月十八日和二十六日致函皮耶羅的信（Map, filza 12, nos. 378, 381,395）。

109. 喬凡尼・托爾納博尼一四六五年一月三十一日致函皮耶羅・德－梅迪奇的信（MAP, filza 14, no. 78）。
110. 托爾納博尼一四六五年二月十六日致函皮耶羅的信（MAP, filza 17, no. 400）。
111. 托爾納博尼一四六五年四月二十三日和五月十日致函皮耶羅的信（MAP, filza 17, no. 444 and filza 16, no. 180）。Cf. Gottlob, *Camera apostolica,* p. 287.
112. 托馬索・波提納利一四六五年五月三日致函皮耶羅・德－梅迪奇的信（MAP, filza 12, no. 321）。
113. 同一人一四六五年十一月十一日的信（MAP, filza 12, no. 371）。
114. 一四六六年一月十一日的信（MAP, filza 12, no. 306）。
115. 一四六六年三月四日的信（MAP, filza 12, no. 314）。
116. 喬凡尼・托爾納博尼一四六六年四月二日致函皮耶羅・德－梅迪奇的信（MAP, filza 16, no. 355）。Cf. Gottlob, *Camera apostolica,* p. 285; Zippel, "L'allume di Tolfa,' pp. 404-405. 這個合約是在年輕的羅倫佐在場的情況下簽署的：“Lorenzo fu in Camera Apostolica e accept6 in vostro nome."
117. ASF, MAP, filza 84, no. 27, fol. 56.
118. 因此一年付款一萬五千杜卡特。
119. 喬凡尼・托爾納博尼一四七一年二月二十三日致函豪奢的羅倫佐的信（MAP, filza 22, no. 234）。札凱雷利是希臘樞機主教、尼西亞大主教約翰・貝薩里翁家的男教師。
120. 喬凡尼・托爾納博尼一四七三年六月二十六日致函豪奢的羅倫佐的信（MAP, filza 61, no. 156）。
121. Gottlob, *Camera apostolica,* p. 288.
122. 托爾納博尼一四七五年三月十八日致函豪奢的羅倫佐的信（MAP, filza 21, no. 535）。
123. 豪奢的羅倫佐一四六七年七月二十一日致函托馬索・波提納利的信（Map, filza 84, no. 32, fol. 66）。
124. 托爾納博尼一四七五年七月一日致函豪奢的羅倫佐的信（MAP, filza 32, no. 381）。
125. 托爾納博尼一四七七年十月二十三日致函羅倫佐的信（MAP, filza 26, no. 192）。
126. Gottlob, *Camera apostolica,* p. 111.
127. Gino Barbieri, *Industrie, e politica mineraria nello Stato pontifico dal '400 al '6oo* (Rome, 1940), p. 24.
128. Berliere, *Diversa Gameralia,* pp. 260-261, Annex No. 46.

129. 根據 Goswin, Baron von der Ropp, "Zur Geschichte des Alaunhandels im 15. Jahrhundert,» *Hansische Geschichtsblatter,* 1900, p. 129 的資料，梅迪奇銀行擁有的明礬存貨在一四七九年一月二十五日被思道四世查封。

130. Zippel, «L'allume di Tolfa,» p. 415.

131. Jacques Heers, *Gênes au XVe ciècle, activité économique et problemes sociaux* (Paris, 1961), p. 220.

132. Camerani, *Documenti,* p. 133, No. 411.

133. 一項有關此主題的研究是 Prince Piero Ginori Conti, *Le magone della vena del ferro di Pisa e di Pietrasanta sotto la gestione di Piero de' Medici e Comp.j 1489-1492* (Florence, 1939), 110 pp. 遺憾的是這個作者不知道任何從帳簿中提取有用的資訊。

134. *Ibid.,* p. 94.

135. Gras, *Business and Capitalism,* p. 123 評論說，這個發展應該成為進一步目標。

第八章 作為產業型企業家的梅迪奇銀行

多年來，梅迪奇銀行掌控著三家製造公司：兩家毛紡作坊和一家絲織作坊。在十五世紀時，毛呢的紡製以及塔夫綢、天鵝絨和織錦等真絲織物的生產是佛羅倫斯的兩大主要產業。管理一家毛紡作坊或絲織作坊以便提供「窮人」就業機會是佛羅倫斯家庭當中的古老傳統，即使在他們擁有大量地產的情況下。喬凡尼・迪比奇繼承傳統，早在一四〇二年就把部分累積的收益投資在毛紡業上，並與米凱萊・迪巴爾多・迪塞爾米凱萊合夥，後者因經驗豐富而被委託管理這家新企業。[1]就如在第三章裡提到的，另一家毛紡作坊在一四〇八年開張，由塔代奧・迪菲利波為經營合夥人。[2]事實表明，第二家作坊比第一家還要賺錢，第一家作坊顯然管理不善。由於不斷虧錢，它在一四二〇年關門。

有那麼幾年的時間，梅迪奇銀行只擁有一家毛紡作坊，由塔代奧・迪菲利波管理。他在一四二九年去世，但作坊的工作在中斷幾個月之後又恢復了，由瓊蒂諾・迪桂多・迪瓊蒂諾為經營合夥人。但他太早去世，很可能是在一四三三年，之後這個位置就被其兄弟安德烈替代。[3]另一家作坊在一四三九年開張；梅迪奇銀行選擇塔代奧・迪菲利波的兒子安東尼奧・塔代伊（生於一四一七年）擔任經理，儘管他只有二十二歲。[4]這證明是一個明智的選擇。兩家毛紡作坊並駕齊驅地繼續經營好多年。以安德烈・瓊蒂尼為首的作坊在一四五八年與一四六九年間的某個時間點不再存在，很可能是因為經理去世。[5]根據安東尼奧・塔代伊的資產稅申報，另一家作坊在一四八〇年時仍在，但它並不順利，正在被清算。[6]在那個時候，佛羅倫斯的毛紡業正走下坡；然而，有些公司卻仍在獲利，例如朱利亞諾．迪喬文科．德－梅迪奇擁有的作坊，這是梅迪奇家族中較年長的一支。也許健康欠佳和精力不濟可以解釋為什麼安東尼奧．塔代伊在成功的道路上停下腳步。若果真如此，那麼仍有一個問題，那就是為什麼梅迪奇銀行不說服他退休，並由年紀更輕、效率更高的經理人來取代他？

在一四九一年時，豪奢的羅倫佐顯然仍對佛羅倫斯毛紡業的前景持樂觀態度，因為他被勸誘投資兩千兩百一十六福羅林十三索爾多四德涅爾在保羅．本奇經營的公司裡。[7]另外的投資合夥人為菲利波．達傑利亞諾和蘭福雷迪諾．蘭福雷迪尼。總資本達五千福羅林。這個企業是賺錢的，因為梅迪奇銀行在資本中占有份額，應計獲利在一四九五年被管理遭放逐的梅迪奇家族財產的地方行政長官侵占。

我們不知道梅迪奇銀行對絲織業產生興趣的確切時間。他們在一四三三年的資產稅申報中提到與瓊蒂諾．迪桂多合夥的毛紡作坊，但未提及另一家工場。然而，機密帳簿顯示，在隨後的幾個月時間裡，梅迪奇銀行加入存在於兩家絲綢織造商（皮耶羅．迪多梅尼科．科爾西和福朗切斯科．迪福朗切斯科．柏林吉耶里）之間的一家合夥公司。該協議的條款不得而知，但合夥關係持續不長。[8]皮耶羅．科爾西在一四三八年退出，因此梅迪奇銀行簽訂一份新的合約，由福朗切斯科．柏林吉耶里擔任絲織作坊的經理，雅各波．迪比亞喬．塔納利亞任襄理。就如在第四章提到的那樣，資本設定在五千福羅林，其實梅迪奇銀行出資四千兩百福羅林，福朗切斯科．柏林吉耶里裡拿出其餘部分。塔納利亞未作任何投資；然而，他卻被賞予獲利的一部分作為服務報酬。[9]這個合夥協議定期續簽，直到福朗切斯科在一四四六年或一四四七年去世。然而，條款在一四四四年作了些許更改，當時的資本提高到七千兩百福羅林：其中四千八百福羅林由梅迪奇銀行出資，一千九百福羅林由福朗切斯科．柏林吉耶里出資，五百福羅林由雅各波．塔納利亞出資（表15＊）。獲利按照以下比例分配：一半歸梅迪奇銀行（科西莫和喬凡尼．本奇），三分之一歸福朗切斯科．柏林吉耶里，六分之一歸雅各波．塔納利亞。[10]

福朗切斯科・柏林吉耶里的股份由兒子柏林吉耶里・迪福朗切斯科・柏林吉耶里（一四二六至一四八〇年）繼承。一份新的合夥協議在一四四七年三月二十五日擬訂，協議條款的略微改動，對雅各波・塔納利亞較為有利，他在資本中的份額提高到六百福羅林，獲利分配份額提高到四分之一。以犧牲新合夥人的利益為代價，很可能是因為新合夥人年紀較輕和缺乏經驗。[11]合乎邏輯的假定是，塔納利亞被提升為經理並賦予新任務，負責帶領年輕的柏林吉耶里。根據皮耶羅・迪科西莫・德－梅迪奇在去世前不久遞交的資產稅申報表，這個合夥公司在一四六九年時還在。[12]顯然，它在一四六九年之後繼續存在，並不斷擴展，未擬定新的條款，也未改變獲利分配比例，直到柏林吉耶里在一四八〇年去世。在這些年中，雅各波・塔納利亞繼續在管理上積極表現，因為他在一四七七年仍稱自己為羅倫佐和朱利亞諾・德－梅迪奇公司絲織作坊（*setaiuoli*）的合作夥伴（*socius*）。[13]在翌年年初，柏林吉耶里擔任正義旗手（*gonfaloniere di giustizia*，佛羅倫斯城邦國家的掛名元首）。[14]在一四八〇年一月十一日時，他仍健在，那天，他寄了一封信給豪奢的羅倫佐，羅倫佐當時正去那不勒斯慫恿阿拉貢的斐迪南與教宗脫離關係。[15]

柏林吉耶里必定是在之後幾個月之內意外殞命。對合夥公司的清算出現多種困難，因為在一四八六年時，豪奢的羅倫佐起訴柏林吉耶里的兒子，要求他們支付七百六十九大福羅林，據說這筆錢是他們的父親欠下的，大概是因為他在累積損失中的份額超過他的權益。[16]羅倫佐獲得了一份把幾件財產判給他的判決，儘管柏林吉耶里的繼承人提出上訴，否認任何責任，並控訴受到不合法的蠻橫剝奪。

當梅迪奇家族一四九四年被驅逐出佛羅倫斯的時候，他們仍擁有一筆七千五百福羅林的資本投資在被新政

＊表格為一四五一年資料，數字略有不同。

府扣押並被羅倫佐・迪喬凡尼・托爾納博尼（一四六六至一四九七年）接管的絲織作坊裡。[17]他們還在金箔匠（這是受聖瑪麗亞之門行會管轄的行業）的合夥公司裡擁有股份。[18]

幾份梅迪奇銀行控制的毛紡作坊和絲織作坊合夥協議現在仍留存著。它們遵循其他分公司的慣用模式。最後控制權屬於資深合夥人，他們通常提供一半或一半以上的資本，並保留隨時終止合夥關係的權力，只要不滿意初級合夥人的業績。一般而言，初級合夥人是從非常熟悉絲織業和毛紡業技術與管理問題的專家當中挑選出來的。初級合夥人承擔全部的管理任務，並被期望無私奉獻自己的時間和服務。他們不領薪水，但被授予比持有股份比例還高的保證獲利當作報酬。另一方面，損失也按分得獲利的同樣比例分攤，因此低效率的經理會受到懲罰，萬一損失超過資本投入的那一點點錢，就有失去所有財產的風險。

只要初級合夥人得到資深合夥人的信任，他們通常不會丟掉飯碗。據我所知，沒有哪家梅迪奇銀行曾與提供滿意服務的經理拒絕續簽契約的例子。

不過紡織業的合夥協議與外貿和銀行業的合夥協議間有較大的區別。在外貿與銀行業，就如我們所見，梅迪奇銀行遵循固定不變的政策，即所有的人員聘僱都由他們來做，不允許分行經理在這件事上自作主張。這樣的規矩嚴重干擾這些製造公司的高效運行。因此，這裡的公司章程或隱蔽含蓄或直截了當地讓每家作坊的經理全權聘僱和解僱所有工作人員，並聘請雇員或分包商、染色工、紡織工等工匠參與服務。首先，紡織工人的更替速度很快，每個決定都得向總行請示是不切實際的：資深合夥人將無暇處理更重要的事務。其次，作坊經理掌握必要的技術知識，最有能力判斷誰能勝任某項工作，該把材料給誰去加工。事實上，這是經理的主要職能，組織生產並確保原料經過加工過程的各道工序時不出錯。

當然，在銀行業中，招聘員工引起的問題完全不同。讓分行經理選擇自己的員工將打開串通舞弊的大門。中央管理機構設法避免的是使雇員只對本地經理忠誠，而不是忠於公司或資深合夥人。

在工業也如同在銀行業，經營合夥人占據關鍵的位置，成敗與否很大程度上取決於他的誠信和效率。梅迪奇銀行有時選錯了人，例如米凱萊·迪巴爾多就是一個例子。有幾年的時間，他擔任經理很成功，他的作坊創造獲利。後來他一定是犯了錯，使作坊的流動資金減少。為掩蓋損失，他大概瞞著資深合夥人向外人借了高利貸。根據拉札羅·迪喬凡尼·布拉奇的總分類帳，米凱萊·迪巴爾多從他那裡借了三百福羅林，年息八%。[19]這筆貸款最早是在一四一五年借的，到一四二〇年時仍未償還。[20]由於這些資金仍不夠用，米凱萊·迪巴爾多在一四一七年五月開始向與威尼斯換匯的相同來源繼續借款，這是一種昂貴得多的短期借款形式。這筆貸款也被多次展期。

當資深合夥人發現這些交易之後，他們很可能對米凱萊失去信任，因此不是拒絕續簽合夥契約，就是提前廢除契約。總之，契約在一四二〇年被解除。帳簿在結清之後顯示，在最後幾個月的經營期間，損失達一千七百三十六福羅林鎊十五索爾多五德涅爾。[21]獲利和損失被平均分攤，每位合夥人承擔八百六十八福羅林鎊七索爾多九德涅爾的損失。由於梅迪奇銀行有三千福羅林的投資，該個數字代表將近三〇%的損失。然而對於米凱萊而言，他的投資也許不超過一千福羅林，損失要嚴重得多，相當於投資金額的八七%。因此，他自食惡果。在清算開始進行後證實，損失比預計的要大得多，另有一千八百八十七福羅林鎊二十八索爾多五德涅爾被記入梅迪奇銀行的帳目，大概是因為許多被認為不成問題的賠償金後來證明無法收回的緣故。[22]

米凱萊·迪巴爾多管理的毛紡作坊會被災難性的清算，一定是由於管理不善，因為由塔代奧·迪菲利波管理的第二家作坊生意興隆，在一四〇八年至一四二〇年間一直獲利豐厚。

在紡織業的合夥協議中有一個共同條款，要求經理在契約不續約時繼續留任六個月，以便有時間結業清算，並讓所有仍在加工過程中的產品製為成品。在償清債務之後，合夥人將分配資產，每位合夥人各取自己的份額，先是流動資金，然後是還沒決定的賠款和存貨。[23]從分配中產生的分歧則透過仲裁人解決。絲織作坊的契約中還包含一條稀奇古怪的規定：若這座城市出現瘟疫，那經營合夥人在解決所有待辦事項之後可以逃離，並在鄉間避災，直至危險消除。[24]

梅迪奇銀行的毛紡作坊和絲織作坊當然不是現代字面意義上的工廠。佛羅倫斯的毛紡業和絲織業都是在家庭代工制（又稱散作制度）（法文：*Manufacture a domicile*，德文：*Verlagssystem*）的基礎上組織的。大部分待加工的原料被送出作坊，加工過程主要在工匠家裡完成。在毛紡業中，只有開毛、粗梳、精梳很可能是在毛紡作坊的工廠裡完成的。[25]所有其他工序，包括洗毛、紡紗、整經、織造、縮絨、整理以及染色等都是外包加工完成的。在絲織業，沒有哪道工序是在絲織作坊的工廠裡完成的。這種作坊不是大規模的設施，通常由一、兩個房間組成，這些房間用來在發送給搖紗工之前存放生絲，擱置生產過程中前後兩道工序之間的半成品，以及儲存等待銷售或裝運的成品。毛紡作坊和絲織作坊的主要任務之一是記錄發放給家庭工人或工匠的原料，以及在他們完成指定工序後送回的原料。

德國歷史學家阿爾福雷德·多倫（一八六九至一九三四年）已經研究過佛羅倫斯毛紡業的組織，他的著作是一項開創性的工作，在許多方面令人欽佩，至今無人超越。[26]然而還是有兩點小小的不足使畫面失真：其一，多倫主要參考行會章程，而忽視其他資料來源，如業務紀錄和帳簿；其二，在馬克思主義思想的影響下，他極度誇大典型工業設施的規模，以及紡織工人是剝削和壓迫的受害者。[27]另一方面，由於他對階級對立的關切，所以始終未對管理問題給予應有的重視，並傾向把問題歸因於主要措施的貪婪占有欲，其實這些措施的設計僅僅是用來保持工藝的高品質，或是為了預防「偷工減料」，也就是工人偷走加工的材料。[28]當然，這是大部分在家庭裡工作、而非在集中的作坊裡由顧主或監工監督下完成工作的任何行業都持續存在的問題。

根據阿爾福雷德·多倫的說法，佛羅倫斯毛紡作坊是「巨型工廠」，「類似現代工廠的設施」，或「大型企業」。毛紡作坊被描述成「工業巨頭」或「超級資本家」，導致「巨額資本累積在少數幾個人手裡」。[29]這些稱號也許適用於安德魯．卡內基或亨利．福特，但在中世紀或文藝復興時期存在這樣的工業大亨值得懷疑。儘管佛羅倫斯的紡織業在諸多方面看來有資本主義的性質，但不應該言過其實。[30]佛羅倫斯的巨大財富是在銀行業和對外貿易中累積起來的，而非在製造業。梅迪奇銀行也不例外，他們的工業投資遠不及在銀行業中的投資，或者說遠非主要的獲利來源。[31]表8、表11、表15和表17中呈現的統計資料呈現這方面的實際數據。這點也很重要，即梅迪奇銀行在很長一段時間裡投資在兩家毛紡作坊的資金並沒有很多。若有大規模的生產組織，就很難解釋這種策略。

根據多倫的資料，一家佛羅倫斯毛紡作坊在一三八一至一三八二年度的平均產出是每年七十卷布料，而任何生產者獲得的最高產量並未超過兩百二十件。[32]這些是全部四個地區的數字。最重要的作坊所在地聖馬蒂諾區的平均數字比總平均值稍高一點，達到九十一卷布料。這些數字是如何與多倫認為毛紡作坊是「大型」設施的觀點掛鉤，不得而知。

雖然梅迪奇銀行的紀錄未必提供想要的資訊，畢竟中世紀簿記員沒想過要滿足現代歷史學家或統計學家的好奇心，不過產量的資料還是可從一號和二號機密帳簿的入帳紀錄中蒐集到。在一四〇五年一月一日至一四〇七年九月六日這三十二個月中，米凱萊．迪巴爾多管理的作坊生產出兩百四十件（卷）布料，這相當於每年九十一件的產量（表29）。由塔代奧．迪菲利波管理的第二家作坊在一四〇八年至一四一四年的六年中生產出五百五十四卷布料（表30）。這個數字所算出的年平均產量為九十二卷。在隨後的十七個月裡維持相同的生產率，但在一四一五年九月一日到一四二〇年五月二十九日這段期間裡下降到七十卷布料。大概這幾年是歉收年，因為年獲利也從大約九百福羅林縮減到大約五百五十福羅林。在隨後的幾個月時間裡，生意明顯恢復。產量再次爬升到以前的水準，並在一四二四年三月九日到一四二九年九月十五日的六十六個月時間裡達到平均每年九十件的生產率。同時，獲利也得以恢復，並提升到每年一千一百六十福羅林。可從這些數字中得出結論，

表 29：「科西莫·德－梅迪奇和米凱萊·迪巴爾多公司」的毛紡作坊產量與盈虧數據（1402 ～ 1420）

會計期間	開始日期	結束日期	期間 單位：月	布料產量 單位：卷	盈虧額 f.	 *s.*	 *d.*
A	1402.04.01	1404.12.31	33	無紀錄	1,150	11	0
B	1405.01.01	1407.09.06	32	242	1,854	6	0
C	1407.09.06	1408(?).05	9(?)	162	1,111	9	6
D	1408(?).05.	無紀錄	無紀錄	無紀錄	864	0	8
E	無紀錄	1415.03.25	無紀錄	無紀錄	1,939	26	8
F	1415.03.25	無紀錄	無紀錄	無紀錄	1,862	2	0
			總獲利		8,781	26	10
			調整（虧損）		-1,736	15	6
			期間淨利		7,045	11	4*

* 梅迪奇銀行的股份占一半，即 3,522 福羅林鎊 20 索爾多 2 德涅爾，在扣除附加損失 1,887 福羅林鎊 28 索爾多 5 德涅爾之後，剩下 1,634 福羅林鎊 20 索爾多 9 德涅爾，即表 8 所給的總額。

資料來源：ASF，MAP，filza 153, no. 1.

在景氣好時，毛紡作坊的年產量約為九十卷布料。這正好與多倫給出的聖馬蒂諾區平均值相當，梅迪奇銀行的作坊就坐落在那裡。因此可以有把握地得出結論，這些作坊規模適中，但它們相對小的產量並不支持佛羅倫斯毛紡業是早期大規模生產的例子。

在一四二〇年時，梅迪奇銀行與塔代奧·迪菲利波合夥的毛紡作坊有四千福羅林的資本，在隨後的幾年時間裡增加到四千五百福羅林。[33]由米凱萊·迪巴爾多擔任經理的毛紡作坊很可能在一四〇二年時就有四千福羅林的初期資本。這筆資金大概是聖馬蒂諾區的一般水準，那裡只使用品質優良的英格蘭細羊毛，因為在提到由貝爾納多和喬凡尼·丹東尼奧·德－梅迪奇在一四三四年創辦的毛紡作坊時，同個數字再次出現[34]（這二個人屬於梅迪奇家族較老的分支，紀錄現存於哈佛大學）。這個合夥關係續簽了幾次，但沒有改變資本總額。一四四一年，貝爾納多·丹東尼奧在阿爾諾河

表 30：「羅倫佐・德－梅迪奇和塔代奧・迪菲利波公司」的毛紡作坊產量和獲利資料（1408～1429）

會計期間	開始日期	結束日期	期間（月）	布產量（卷）	總獲利 f.	s.	d.	梅迪奇分得的獲利 f.	s.	d.	aff.
A 和 B	1408.03.25	無紀錄	72	432	4,100	0	0	2,581	14	0	
C	無紀錄	1414.03.24		122	1,500	0	0	1,000	0	0	
D	1414.03.25	1415.08.31	17	130	1,354	0	0	903	3	2	
E	1415.09.01	無紀錄	57	212	1,740	18	4	967	0	9	
F	無紀錄	1420.05.29		129	1,350	0	0	750	8	3	
					10,044	18	4	6,201	26	2	
								635	12	1[a]	
								6,837	9	3[b]	
G	1420.05.30	1424.03.09	45	無紀錄	4,000	0	0	2,222	6	5	
H 和 I	1424.03.10	1429.09.15	66	494	6,400	0	0	3,555	16	1	
					20,444	18	4	12,615	2	9[c]	

a 這個帳目代表後來的調整。

b 這個數字與表 8 中所給的總額一致。

c 獲利分配如下：會計期間 A 和 B，7/24 歸塔代奧，其餘部分 1/9 歸皮耶羅・迪米凱萊・迪巴爾多，8/9 歸梅迪奇銀行。會計期間 G 和 D，1/3 歸塔代奧・迪菲利波，2/3 歸梅迪奇銀行。會計期間 E 和 F，1/6 歸李奧納多・達尼奧洛・德－巴廖尼，其餘部分有 1/3 歸塔代奧，2/3 歸梅迪奇銀行。

資料來源：ASF, MAP, filza 153, nos. 1 and 2.

左岸區創辦一家子公司生產布料，但總資本只有一千五百五十福羅林。[35]那個地區的作坊只使用較廉價的粗劣西班牙羊毛或當地羊毛。一四五一年，梅迪奇銀行控制兩家毛紡作坊，這兩家作坊都在聖馬蒂諾區：一家擁有四千福羅林的資本，另一家擁有六千福羅林的資本（表15）。後者的規模很可能在平均值以上，但很可惜沒有看到產量的相關資料。不管怎麼說，六千福羅林相當於不到兩千四百美元。即使考慮到當時的貨幣購買力要比今天強得多，這樣一筆金額也不足以給一定規模的製造公司提供資金。

除了產量與投入資本的適

度比例以外，管理人員之少也是另外一個跡象，說明典型的佛羅倫斯作坊並不是大規模經營。根據在哈佛的梅迪奇銀行紀錄，一家典型毛紡作坊的工作人員只有一名經理、一名襄理，有時還有一名簿記員以及一、兩名跑腿和打雜的夥計。由於毛紡業的生產過程工序繁多，因此要求周密計畫和監督，結果就是，如此少量人員所能有效處理的業務量就受到一定的限制。管理人員肩負多重的責任，包括採購和銷售、給產品定價、聘僱和解僱人員、記帳和管控、確保品質與檢驗持續不斷發給家庭工人，而且過一會兒又收回來的原料。這足以讓經理及其幫手們忙得團團轉，儘管用現代標準來衡量的話，經營規模並不大。

當然，阿爾福雷德．多倫堅持認為，佛羅倫斯毛紡業具有資本主義特徵的觀點是完全正確的。它有嚴密的組織，在很大程度上依賴穩定的現金流。然而，它是流動資本，並非固定資本。投入到設備或生產原料上的金額可以忽略不計，用馬克思的話來說，折舊根本就沒有當作成本要素加以考慮。依照也可在亞當．斯密（一七二三至一七九〇年）的《國富論》中找到的描述，作坊的股本，也就是資本，其實是周轉資金，被用來「讓勤勞之人開始工作」，並向他們提供原料，這些材料在完工後也會被出售來補充資金。[36]通常，只使用屬於工人的簡單工具。雖然他們以這種方式擁有「生產原料」，但他們還是依靠提供原料並承擔風險為製成品找到市場的雇主所預付的薪資。由於勞動分工很細，生產需要精心組織。這個職責由經理承擔，如梅迪奇銀行紀錄所示，經理不必是作坊的所有權人或共有人：他可能壓根沒有任何資金投入。因此，管理已成為一種專門的職責，有時與所有權完全分離。

在佛羅倫斯，布匹織造包括至少二十六道不同的工序；因此，它是引起眾多技術問題和管理問題的複雜過程。[37]這些工序可大致歸納為五大類：梳毛、紡紗、整經與織造、染色、整理。

準備工序本身可進一步分為幾個步驟：開鬆除去雜質、揀選分級、洗毛、清洗、開鬆、精梳或粗梳，要看羊毛的種類而定。除了洗毛這個步驟之外，這些步驟是唯一在這些產業型企業家的作坊裡完成的操作。[38]揀毛工是術有專攻的羊毛分級工，經常擔任中間人，並在採購時向毛紡作坊提供建議。[39]由於他們有技術專長，因此受到器重，報酬也相對較高。再者，他們的服務並非全年都需要，因此不依賴單獨一個雇主；通常他們與幾家毛紡作坊合作，一家做完換另一家。

在經過開鬆去除雜質和揀選分級之後，羊毛被送去洗滌。這道工序是在作坊外由洗毛坊完成的，在佛羅倫斯，這些洗毛坊都是建立在格拉運河沿岸的小作坊，因為他們使用大量的水。根據在哈佛大學塞爾福里奇收藏的梅迪奇銀行紀錄，洗毛坊是按返還給毛紡作坊的每一百磅洗羊毛水統一價格付費的，外加用以除去羊毛上油脂的每磅明礬費用。[40]在洗毛的過程中，會損失相當多的重量，可以多到二〇％以上，而且這批羊毛與那批羊毛的差異也很大，這取決於羊毛的品質、產地以及含濕量。當然，毛紡作坊主憑經驗就知道雜質的含量。然而，這裡暴露出散作制度的主要弱點：由於大部分工作是在作坊以外完成的，作坊主缺乏控制損耗和浪費的有效手段，這種狀況會導致偷竊和缺乏責任心。[41]

羊毛在洗滌之後被送回作坊用剪刀清理、開鬆除去雜質，然後粗梳（若纖維短）或精梳（若纖維長）。在佛羅倫斯，這些工序都是在作坊裡面，在稱為 capodieci 的工頭監視下完成為數不多的幾項操作。[42]開鬆除去雜質、精梳和粗梳是非技術性、單調乏味的工作，需要更多的是體力，而非真正的技巧。在毛紡業的工人中，開毛工、粗梳工和精梳工最辛苦，最無須負責任，最被人瞧不起，薪資最低。[43]甚至連佛羅倫斯大主教聖安東尼諾也把他們描述為一群吵吵嚷嚷的流氓地痞，用言卑劣，毫無教養，即使不是沉溺於骯髒的罪惡。[44]他對這些小作坊主的部分指責是公正的，因為這些小作坊主從不約束工人，他們除了事先約定薪資的工作之外，其餘責任都推掉，有些甚至矇騙工人，用實物或用銼邊硬幣支付薪資。事實上，毛紡作坊只與工頭打交道，讓工頭自己去聘僱幫手。[45]因這些社會狀況，在一三七八年的起義，以及在佛羅倫斯因饑荒或普遍長期失業而被逼上絕路的所有暴動中，開毛工和梳毛工都帶頭起事就毫不奇怪了。[46]

工頭是最初的產業代理人或承包人，他們被稱為 *fattori sopra i lavoranti*，其重要性尚未被研究佛羅倫斯毛紡業的學者完全理解。[47]這些代理人處在織布商與工人的中間，完成向雇主許諾履行的工作。他們的報酬是根據產量按件計酬。僱用需要的幫手或工人，分派給他們工作任務，監督管理生產，從自己的報酬中支付工人的薪資等等均由這些代理人自行酌定。主要的生產商只與作坊代理人或承包人打交道，與普通工人無關，工人的名字甚至不出現在薪資單或現金出納帳簿裡。入帳只記錄員工收受的金額。

布匹織造的第二道主要工序是紡紗，在十八世紀發明詹妮紡紗機（多錠紡紗機）之前是一道耗時的工序。雖然要求相當程度的技能，但紡紗工作比較不那麼累人，必要時可同時照看小孩。在佛羅倫斯，這是周邊地區農村婦女的一項重要副業。要毛紡作坊去支付每位紡紗女工的薪資是完全不切實際的，因此這項任務也委託給代理人或承包人，他們騎著騾子或驢到農村去送羊毛，並收回紡好的紗線。[48]有兩種不同的代理人：一種叫梳毛供應人，負責照料已精梳的羊毛，用手工紡紗桿紡成紗；一種叫刷毛供應人，負責粗梳的羊毛，在手紡車的幫助下製成線。[49]這些代理人得從毛紡作坊那裡獲得的報酬中拿出錢來支付紡紗工的薪資，並承擔原料的任何損失。[50]

雖然這些女工的薪資很低，但由於產量也很低，因此紡紗仍是一道昂貴的工序。根據從帳簿提取的可靠資料，它超過整經和織造的費用。[51]

紡紗之後的工序是織造，這是織布過程中最重要的工序。[52]在能開始織布之前，經紗須先準備好，這項操作通常委託給按件計酬的女工。[53]在中世紀，布匹包含粗梳紗緯紗和精梳紗經紗，來提供強韌度。緯紗通常要求的原料是經紗的兩倍。[54]

在佛羅倫斯，很可能是織布工自己定經紗的尺寸，把它置於經軸上，並把線在穿過綜片的綜眼之後固定在捲布輥上。織布工在家裡工作，她們當中有些本身是小作坊主，擁有兩、三台織機，並讓徒弟來織造較粗糙的織物。由於當時飛梭尚未發明，需要兩個人才能操作幅度較寬的織機：織布工升、降綜框，助手投梭。[55]

織布工的工作，照字面上說就是「上織機」。[56]顯然，雇主有權進入織布工的家裡，以便確認確實有在工作，而且是按部就班地進行。這個做法並非由壓榨可憐的織布工的想法所推動，而是由確保品質的合理關注所引發。織布機雖是相對較昂貴的設備，但通常是織布工所有。在哈佛大學的梅迪奇銀行紀錄並未證實阿爾福雷德．多倫的陳述，即小作坊主經常以織布機抵押預付薪資，既把織布工與其服務綁在一起，又便於更容易對她們剝削。[57]這些紀錄顯示的是，織造商透過為織布工購買織布機，並允許她們每週分期支付購買織機的款項，從她們的薪資裡扣除，來幫助她們。根據在哈佛大學的梅迪奇銀行紀錄，在一五三四年時，一台織機的價格在四十二皮喬洛鎊，即六福羅林，大約相當於六個星期的薪資。[58]若這些紀錄是可信的，那麼織布工當中就存在大量的流動性，她們會變換雇主以尋求工作機會，而非只為一個雇主打工。[59]不是所有的織布工都同樣優秀或同樣可靠。較優秀的織布工在找工作中大概會遇到最少的麻煩；而當生意清淡且織造商因存貨沒動、資金被套牢而緊縮支出時，那些效率最低者大概就是最早因失業受害的人。

織布工是按件計酬的，價錢根據布匹的長度和類型（如平紋組織或斜紋織物）有很大的差距。敲定合理的價錢絕非簡單的問題，它常常成為雇主與工人之間摩擦的導火線。[60]

一家典型的公司保有多少台織布機很難說，因為產量是不定的，很大程度上要看存貨的周轉率。即使在最有利的情況下，這樣的周轉率也是很緩慢的，每年不到兩輪，因為生產過程正常情況下要延續大約六個月的時間。[61]一家擁有四千福羅林資本的典型公司很可能保有四台到八台織布機在運轉，這要看經營狀況和生產安排。在佛羅倫斯毛紡業中，是否有許多公司在任何時間都擁有超過十台織布機，這是很值得懷疑的。

與絲綢不同，粗紡毛織物從織布機上下來時尚未完工。它還須經縮絨、展幅，並經過另外幾道工序才能供出售。在佛羅倫斯，由於這個行業的精細分工，不同的工匠專門處理加工的某道工序。

例如，縮絨就是由小作坊主在鄉下的溪流旁邊操作縮絨機來完成的，這些溪水提供水和操縱錘式縮絨機的動力。在十五世紀時，它們是大地主的財產，地主把它們出租給縮絨工。[62]羊毛行會也擁有縮絨機。

展幅，也叫拉幅，是一項在稱為 *tiratoi*（羊毛加工廠）的大型建築物裡進行的操作，在十五世紀時，這些加工廠為羊毛行會所擁有，它們結構龐大，上面蓋著尖屋頂，在佛羅倫斯，只有這些建築物看上去像現代工廠。如同教堂和其他主要高大建築物，這些加工廠在古老的城市平面圖上鶴立雞群，引人注目，可見於由多姆．斯特凡諾．邦西諾里在一五八四年設計的城市平面圖。[63]一四九八年，由羊毛行會擁有的這類加工廠總共有七八座，其中最大的四座是：烏切洛羊毛加工廠，位於聖福雷迪亞諾之門附近的阿爾諾河左岸區；格拉齊耶羊毛加工廠，緊挨著同名橋樑；安傑利羊毛加工廠，坐落在現今育嬰堂後面的阿爾法尼大街；佩爾格拉羊毛加工廠，聳立於現今同名劇院所在的位置[64]。其中兩座巨型建築物在十九世紀初時依然存在：烏切洛羊毛加工廠毀於火災，格拉齊耶羊毛加工廠（四座中最大的一座）因為要騰出空間給現今的金融大廈作為證券交易所和商會之用而被拆除。這些加工廠配備有由拉幅工從行會那裡租來的拉幅機等設備。

除了縮絨工和拉幅工以外，其他整理工，包括修呢工、拉絨工或拉毛工、剪毛工和織補工，顯然是在家裡工作，或在自己的作坊裡工作。跟大多數其他被佛羅倫斯毛紡作坊僱用的工人一樣，布匹整理工也是按件計酬的，通常是每件標準長度布匹統一價錢。沒有哪位布匹整理工只為一個雇主幹活，而總是為好幾個雇主工作。其原因是技術性的：由於整理工序中的步驟都是短時間的，沒有哪個生產商的產量大到足以讓縮絨工、拉幅工或其他整理工穩定就業。[65]這也是在佛羅倫斯沒有完全一體化毛紡廠的進一步證據。

染色在生產過程中無固定地點，因染色可在羊毛、紗線或布匹上進行。與此相對應，染色在下面三道工序中的任何一道之後進行：洗滌、紡紗或展幅。在佛羅倫斯，染色是由個體戶或合夥公司等小公司負責，這些企業擁有一定的資本，並僱用一些工人。[66]他們的地位要高於任何其他類型的毛紡工人。[67]梅迪奇銀行並非不屑於與染色匠簽訂合夥關係。當然，這類公司的資本甚至比投入典型毛紡作坊的資本還少。[68]染色工不只為一個雇主工作，而是通常擁有幾個織造商客戶。[69]

在佛羅倫斯有兩大印染工匠群體：菘藍染匠和高級染匠。前者使用菘藍和靛藍作為鹼性染料，而後者則用胭脂紅、茜草、巴西木或其他物質給布匹染上紅色、紫色、褐色或黃色等色澤。[70]第三個印染工匠群體叫做普通染匠，只印染不預定供出口貿易的廉價布匹。如同毛紡業中其他工匠，印染匠也是按件計酬的。費率根據加工過程中所用的不同染料而有所不同。染料通常是由毛紡作坊提供，顯然是為了確保染料的品質優良。梅迪奇銀行的簿記未證實多倫的假設，也就是行會或生產商透過銷售染料給印染匠而獲得額外的利潤。[71]事實上，並未發生買賣行為，因為入帳紀錄顯示，染料的價值直接記入成本。與賺工錢的人不同，印染匠不按週預收薪資，而是一次支付相當大筆的錢，或有時以實物支付，這是一種引發諸多抗議的做法。

留存至今的帳簿不屬於占統治地位的梅迪奇家族所控制的製造公司，但哈佛大學收藏有關於梅迪奇家族另一分支的這類紀錄。[72]我們可以有把握地假定，簿記的方法在家族分支之間差異不大，即使有些差異。事實上，它們在整個行業中有可能或多或少是一致的，因為所有的公司都會面臨同樣的問題。[73]

由於毛紡業的組織複雜，有必要保留一整套相當詳盡的紀錄。除了在佛羅倫斯所有商行中都有的總分類帳以外，毛紡作坊必須有一系列輔助的明細帳本，以便跟蹤在生產過程不同階段發放出去的原料。這些記載明細的帳本是紡紗工帳本（包含產業員工或在紡紗工中分配羊毛的分包人的帳目），織布工帳本（其中記錄與整經工、織布工的交易），印染匠帳本（包含與印染匠和整理工的帳目），以及契約工帳本（其中記錄收回的材料和其他分包人或與織造商訂有合約的工人所賺的薪資）。公司與公司之間的記帳方式可能稍有不同。紡紗工帳本和織布工帳本常被訂成一冊，而印染匠帳本和契約工帳本則被訂成另一冊。然後還有現金出納帳本，在有些公司裡，這是薪資總分類帳，包含過帳，在借方記入按週預付給每位工人的薪資，在貸方記入公司的收益。大多數公司還有記載進帳和支出（包括薪資）的現金帳簿，薪資只定期以總額的形式記帳。

織造商用兩種貨幣交易的情況使記帳嚴重複雜化。他跟分包人以及賺工錢的人用皮喬洛鎊（銀製通貨）進行計算，但與印染匠、顧客以及羊毛交易商則用金福羅林記帳。這兩種貨幣之間缺乏固定的比價，嚴重影響井然有序的記帳，使得複式簿記無法使用。獲利透過不定期從總資產中扣除債務和期初投資來加以確定。

有些公司更進一步，他們保留能精確計算出每件布匹成本的紀錄。[74]成本會計就這樣開始了，雖然當時的首要目的仍是追蹤在製品，並防止浪費和「偷竊」。無論如何，這般蒐集的資料已被用於確定成本，達蒂尼的紀錄甚至顯示，一系列的費率被用來將間接費用分攤到每件布匹上，這是個透露出高水準技術熟練程度和管理技能的合理程序。到目前為止，沒有證據說明這一系列的費率被其他公司採用，但也尚未對所有現存紀錄進行過研究，甚至連粗淺的研究也談不上。

梅迪奇一四二七年資產稅申報中附有一份與其銀行控制的毛紡作坊有關的資產和債務報表（表31）。這份報表實際上並非資產負債表，因為資產超過債務加資本淨值，這是非複式簿記的確鑿證據。另外，這份報表並不完整，因為它未給出加工中貨物或原物料與庫存製成品的價值。儘管缺少這些資料，這份報表仍在許多方面頗有啟發性。

這間毛紡作坊的資本有四千五百福羅林，其中梅迪奇銀行提供三千八百福羅林，經理塔代奧．迪菲利波出資七百福羅林。此外，還有合夥人留給企業一千五百福羅林的累積獲利，因此總股本達到六千福羅林，加上未具體說明、仍未分配的當期獲利。襄理是李奧納多．達尼奧洛．巴廖尼，他沒有出資，但仍被當作第三合夥人對待，有權利分享六分之一的獲利。剩下的六分之五中，三分之二歸梅迪奇銀行，三分之一歸塔代奧．迪菲利波。

大部分的布料顯然賣給當地的出口商，有個人商販，也有商人銀行家的公司，其中大部分去到佛羅倫斯的

表 31：塔代奧・迪菲利波管理的毛紡作坊資產和債務表 根據 1427 年申報的資產稅

				f.	s.	d.	aff.
資產							
應收帳款，根據黑冊帳簿（*Libro Nero*）							
在佛羅倫斯的科西莫和羅倫佐・德－梅迪奇（6 項）				2,411	22	8	
在羅馬的梅迪奇分行				1,529	5	4	
各種債務人（11 項）				443	5	9	
佛羅倫斯商業公司和銀行公司（6 項）				635	1	6	
布商和其他零售商（5 項）				376	26	11	
在比薩和佩魯賈的客戶（2 項）				151	0	6	
私人客戶（5 項）				203	14	3	
分包人菲利波・迪李奧納多・達比斯蒂奇				86	17	0	
合計				5,837	6	11	
根據現金出納帳的應收帳款							
給工人的預付款				8	4	0	
在佛羅倫斯的梅迪奇銀行（3 項）				680	22	7	
在羅馬的梅迪奇銀行（3 項）				632	20	4	
佛羅倫斯的銀行業公司（9 項）				1,388	27	4	
各種債務人（18 項）				935	17	9	
布商（1 項）				92	0	0	
在普拉托、科爾托納、維泰爾博的客戶				392	10	6	
合計				9,967	22	5	
給賺工資者的預付款				£68	17s.	6d.	*picc.*
原料和庫存物料、在製品以及庫存製成品				無紀錄			
債務							
				f.	s.	d.	aff.
應收帳款（13 項）				477	17	7	
佛羅倫斯的科西莫和羅倫佐・德－梅迪奇				1,707	26	0	
在佛羅倫斯的銀行業公司（2 項）				509	4	0	
應付薪資（4 項）				70	0	0	
穀物投機				94	17	6	
總負債				2,859	7	1	
資本	f.	s.	d.				
梅迪奇銀行	3,800	0	0				
塔代奧・迪菲利波・迪塔代奧	700	0	0	4,500	0	0	
盈餘							
李奧納多・達尼奧洛・巴廖尼	640	6	7				
塔代奧・迪菲利波	62	24	9				
梅迪奇銀行	830	25	4	1,533	27	8	
總負債和淨值				8,893	5	9	
超過負債和資本淨值的資產金額				1,074	16	8	
合計				9,967	22	5	

資料來源：ASF, Catasto No. 51 (Gonf. Leon d'Oro, 1427), fols. 1170-1171.

梅迪奇銀行手裡。教廷必定是個重要的通路，因為羅馬分行欠這個毛紡作坊大筆的錢，大概是送去寄售的布匹貨款。佛羅倫斯以及相鄰城鎮的布莊都非舉足輕重的顧客。一些布料直接賣給了消費者，全都屬於梅迪奇家族的圈子。其中一位就是羅倫佐·迪喬凡尼·德–梅迪奇的妻子吉內芙拉夫人，但這樣的消費者很少。總之，財務報表並沒有證實佛羅倫斯的毛紡作坊擁有嚴密的銷售組織，以及遍布全歐洲的代理人。他的注意力集中在生產上，出口貿易主要掌握在大型貿易公司的手裡。[75]他們把佛羅倫斯布料銷售到義大利各地，這是他們的主要市場。他們的最佳顧客有威尼斯人，威尼斯人買下它，再轉口輸出到巴爾幹諸國和黎凡特地區。[76]在西班牙，情況不那麼有利，由於佛蘭德布匹的激烈競爭，尤其是來自韋爾菲克（韋爾維）鎮的細嗶嘰，它們牢牢地占領著這個市場。北歐有義大利絲綢的需求，但顯然並不需要佛羅倫斯的布料。

盛行於佛羅倫斯毛紡業的剝削程度長期以來一直是個頗有爭議的話題。不管怎樣，應該強調一下，低生產力才是工人悲慘狀況的根本原因，而非剝削。即使根本沒有剝削，他們的生活水準也不會高很多，因為不言而喻，一個社會無論組織形式如何，無論是有計畫還是無計畫，都不可能消費尚未生產出來的東西。剝削產生的情況來自織造商處於比毛紡工人有利得多的議價地位，並利用行會的力量阻止工人組建任何團體，即使是在宗教聯誼會的掩飾之下。依照經院教義，這樣的社團被標記為抑制自由的壟斷和陰謀集團。

羊毛行會的章程明確規定所有由違抗行會權威的工匠或工人組成的「祕密集會」或「定期聚會」均為非法活動，並要求他們宣誓絕不參加這樣的組織。[77]工人們被要求簽訂某種「黃狗契約」*作為僱用的先決條件。這可不是一種時代錯誤的說法，當時試圖違反這個規則就有可能遭到嚴厲的懲罰。在一三四五年時，一個名叫丘托·布蘭迪尼的梳毛工實際上被判處並執行死刑，就因他試圖組建一個「同業公會」，其實就是工會。[78]現仍存在的起訴書控告他是「被惡魔煽動」來引入有害的「創新」，危害財產，擾亂和平與秩序的人。另有幾個記錄在案的案子顯示，行會毫不猶豫地採取果斷行動去對付任何威脅要在工人中挑起動盪的煽動者。[79]

雖然聖安東尼諾相當了解存在於佛羅倫斯毛紡業的社會狀況，但他並不比其他中世紀的道德家更贊同煽動性的勞工運動。儘管如此，他譴責雇主利用工人的需求和貧困，支付比共同估算還低的薪資，這個共同估算的薪資意思是勞務市場上供需關係所決定的目前價格薪資。[80]他甚至更強烈地譴責雇主受貪婪而非需求的驅使，不按時支付薪資，或強迫工人接受實物支付，或接受銼邊硬幣。[81]從聖安東尼諾的文章中看不出是指個別雇主，還是指雇主的集體行為，因為以匠戶為主的羊毛行會和蠶絲行會有時會對佛羅倫斯政府施加壓力，讓小額銀製通貨貶值，讓名目上薪資不變而實質上已降低了實際薪資。[82]毛紡業和絲織業實物薪資制在蕭條時期可能比在繁榮時期更流行，因為用實物支付薪資的雇主有破壞自己產品市場的風險。

工人面臨的最大危險很可能是長時間失業，因為毛紡業對外國市場的依賴，以及對戰爭、饑荒和瘟疫等動亂較為敏感，容易受劇烈起伏波動的影響。在一三七八年梳毛工起義時，大眾的一項主要訴求，是要求織造商每月生產總計兩千件布匹，以確保勞動力能維持較穩定的就業情形。[83]充分就業計畫因織造商未能通力合作而流產。即使各雇主未提出反對意見，它是否可行仍值得懷疑：在嚴重衰退的情況下，銷售收入減少之後，還能讓人領多久的薪資單？理應明白，產量依賴需求，而生產者，無論是雇主還是員工，都無法控制消費者。

即使在平時，佛羅倫斯的匠戶和勞工都不會過度工作：扣除禮拜天和行會章程規定休息的眾多假日，一年裡面只有兩百七十五個工作日。[84]工作時間是從日出到日落，在冬天，中間有一次用午餐的休息，夏天，則有兩次休息時間。[85]當然，這些規則只用於少數工人，例如開毛工或梳毛工，他們是按日僱用的。按件計酬和在家裡工作的人可以自行安排時間，只要他們覺得合適就行，但夜間工作當然是被行會章程禁止的。自然，如果

＊黃狗契約（yellow-dog contract）指雇主為了怕員工不聽話，而禁止員工加入工會而簽訂的契約。據說雛型源自於一八三三年的利物浦，在二十世紀初開始遭各國政府禁止。

工人想要維持最低生活水準，讓自己能養家餬口的話，其實並沒有多少機會在正常的工作日偷懶。絲織業的狀況也許比毛紡業稍微好那麼一點點，尤其是對錦緞和花絲絨織工而言，因為她們都有高度熟練的技能。

絲織業的組織形式在與毛紡業一樣建立在同樣的原理基礎之上，但兩者之間存在明顯差別。首先，生絲與羊毛不同，它們從蠶繭上被繅下來時已是由幾股長絲撚在一起的線。其次，絲綢織物在離開織機後無需後處理。因此，真絲織物生產牽涉到的步驟比羊毛織物少。[86]此外，十四世紀時的生產過程已高度機械化，因此在動力驅動機械被引進的十九世紀之前少有或沒有進步。

絲綢生產中的主要工序過去跟現在一樣，都是：一、從蠶繭上繅絲，二、撚絲，三、煮沸，四、染色，五、整經和織造。這些工序中的第一道不必細說，因為繅絲很少在佛羅倫斯完成，幾乎總是在養蠶地區完成。在十五世紀時，最高檔的生絲來自法恩札附近的莫迪利亞納。[87]義大利其他養蠶業中心分別位於皮斯托雅附近、安科納的馬凱地區、阿布魯齊地區、卡拉布利亞地區和西西里島。[88]雖然義大利生絲在佛羅倫斯絲綢生產商中間找到現成的市場，但仍供不應求，因此不得不從國外進口來補充，主要從西班牙，但也從小亞細亞、喬治亞，甚至從中國進口。中國蠶絲經由黑海邊上的熱那亞殖民地卡法和塔納到達歐洲。然而，由於戰爭和無政府狀態反覆阻斷橫跨亞洲大草原的絲綢之路，該貨源最終枯竭。

甚至在十五世紀之前，撚絲已成為一道機械化的工序，在一種叫做撚絲機的精細機械上進行。[89]這種機器由兩個圓筒形機架構成，外機架是固定的，內機架繞著一個垂直軸旋轉，就像旋轉門那樣。內外機架被餵絲導條架分割成數量相等的隔室，通常為十或十二個。外機架通常被供以幾排或幾層卷絲筒。在各排的每個隔室中都有一個卷絲筒，每個卷絲筒對應數個錠子。內機架在運轉時引起卷絲筒慢慢旋轉，錠子則在它們的玻璃軸套中高速旋轉。生絲被撚成牢固的線，絲線穿過S形鋼絲的圈眼，從快速旋轉的錠子上被抽繞到緩慢運動的卷絲筒上。由於撚絲已自動化，撚絲機的操作只要一、兩個人看管即可，他們的主要任務是把斷絲重新接上。因此，撚絲機是一種節省勞力的裝置，它代替數百名用手工操作的撚絲工。一三八五年時，一種盧卡撚絲機被描述為有五排各九十六個錠子，即總共有四百八十個錠子。[90]就如在狄德羅的《百科全書》中詳細描述的那樣，這種機器繼續使用到十八世紀，沒有明顯改變或改進。

顯然，佛羅倫斯撚絲機上使用的錠子數量要比盧卡撚絲機少一些，也許是因為阿爾諾河的不規則流量不允許利用水力，而在盧卡則使用水力。在佛羅倫斯，有些撚絲機坐落於城鎮周邊聖加洛之門附近的同名街道上，遠離河川和溪流。[91]撚絲工很有可能屬於小作坊主，有一、兩個幫手一起工作，同時享受一定程度的獨立性，因為他們不完全只接一位雇主的訂單，而是接受來自數個生產商的訂單。總之，撚絲機雖然是一種複雜的機器，但未導致現代意義上的工廠產生。[92]

絲綢生產過程中的第三道主要工序是煮沸，目的是去除這個階段之前一直有利但會阻礙絲綢染色的天然膠質。在盧卡，煮沸的工序是由煮絲工完成的，而在佛羅倫斯，它是與染色合在一起的。[93]煮沸使絲綢變得有光澤和柔軟，呈現珍珠般的白色。[94]為了獲得純白色，生絲用硫磺蒸熏加以漂白。[95]當然，其他顏色是透過絞紗染色而獲得的。

染色是精細的操作過程，在一份有關佛羅倫斯絲織業的十五世紀文本中，詳盡描述當時所用的方法：使用不同的染料，方法或多或少有所不同。[96]如同在毛紡業裡一樣，染色匠屬於小作坊主，他們並非只仰賴一個雇主，他們也是按件計酬拿工資。一般而言，染料由生產商提供，大概是為了防止浪費或損耗。[97]

織造之前，需要準備經紗，這份工作在佛羅倫斯是被同時委託給男人和女人去做的。最重要的工序是織造，尤其是圖像織造要求精緻的手工提花織布機和高超的技能。[98]這種織布機是相當昂貴的設備，經常發生的情況是，織造工從絲綢生產商那裡借來所需的資金，並藉著每週或每月從自己的薪資中扣除而逐步償還貸款。這種方式必然會造成嚴重的不便，迫使工人附屬於同個雇主直到完全償清債務為止，這很容易導致虐待和剝削的情形。[99]

織造工是按件計酬的，依據產品所需的時間和技能有很大的差異。根據前面提到過的十五世紀文本，薪資費率從每噚平紋塔夫綢支付六皮喬洛先令到每噚金絲重錦支付十八皮喬洛鎊不等。[100]事實上，一個月可以織造五十噚的塔夫綢，而織造同樣數量的織錦則需要超過六個月的時間。儘管如此，薪資的差異還是非常巨大。大約在一四六〇年前後，一名織錦織造工每年可賺到超過七百皮喬洛鎊，即大約一百三十福羅林，這是相當於梅迪奇銀行收銀員薪資兩倍多。另一方面，一名織造塔夫綢的婦女一整年僅能賺到一百四十五皮喬洛鎊，即大約二十七福羅林。儘管有高薪資的吸引，但高度熟練的織錦織造工明顯稀少，因此不必為工作而競爭，因為絲綢生產商會尋求他們提供的服務。[101]

通常，織造工在家裡工作，而不是在雇主的作坊裡工作。一四二九年頒布的行會章程修正案明確指出絲綢生產商要把織造工當作匠戶而非兼職人員對待，即使他們擁有織機。這個規定的目的顯然是要遏制雇主在自己的生產經營場所設置織機；相反，他們被要求按慣常的方式分派工作，並且支付不少於行會核定的最低計件薪資。[102]這個條例與其說是由關注工人的福利推動的，不如說是害怕不滿失去獨立的織造工和其他有技能的工匠有可能移居國外，並定居於渴望建立具競爭性絲綢的生產商所在的城鎮。絲綢行會完全是由技師級絲綢生產商把持；雖然手工業者不被准許加入行會，也無資格在行會裡擔任任何職務，但他們卻被置於行會的管轄權和約束之下，並被要求作為就業的必要條件，宣誓遵守行會章程。[103]

不僅因為蠶絲比羊毛更昂貴，而且因為絲織業大量使用諸如金線和銀線之類的貴重原料；結果，「偷工減料」成為長年存在的問題，這遠比毛紡業來得嚴重，行會採取嚴厲措施來杜絕這種犯罪現象就不足為奇了。[104]不允許任何人從可疑來源，即從非正規經銷商那裡購買真絲，不論是貿易商或生產商。接受贓物的人必須把贓物返還給合法所有人，此外，還可能被課以重罰。[105]未經行會官員明示同意，持有執照的當鋪和沒有執照的放款人都被禁止發放用在絲織業有關的任何原料抵押擔保貸款。[106]匠戶、兼職人員或雇員被判定有偷竊行為就會上黑名單，從此以後再也沒有行會成員會僱用他們。[107]由於許多違反規定的人都十分貧窮，對他們罰款是徒勞的，所以行會官員施以其他形式的懲罰來維護自己的權威，例如鞭撻、手腳枷或頸手枷。他們甚至被允許對懷疑偷竊或怠工者施以酷刑。[108]

當然，生產商採取預防措施，分別在分發原料和工人將原料交回時給所有原料稱重。困難在於，生產過程中各道工序會產生不可避免的損耗，為此有必要給予一定的允許誤差。為了防止欺詐，允許的誤差是根據行會章程降低到最低限度：如織的是平紋組織，織造工對每磅超過六分之一盎司的短缺承擔責任；若織的是花絲絨、織錦、錦緞，則要對每磅三分之一盎司以上的短缺承擔責任。[109]工人也有責任說明因工藝缺陷造成的損失，無論是不小心還是故意損壞。根據行會章程，若工人未能履行職責，那麼雇主有權從其直系親屬甚至從其「女友」處收回債務。同理，受僱於絲織業的女工的丈夫或兒子應對其妻子或母親負連帶責任。[110]

通常，行會不贊同實物薪資制，章程條款反覆要求薪資用硬幣而非實物支付。[111]這項政策背後的理由很可能有兩個：其一，對大家而言，實物薪資往往會破壞市場，因為工人為了籌錢，很可能以低很多的價格出售貨物；其二，容忍這個做法會無法預防「偷工減料」，而且實際上與絲織品貿易獨家保留給附屬於行會的生產商、貿易商和零售商的指導原則相矛盾。一四二〇年，對章程的一項修正案對這項規則做出兩種例外，允許絲綢生產商出售染料給染色工，並以穀物、葡萄酒、食用油或肉類等食物支付最多四分之一的薪資。[112]

安德烈．班基絲織作坊的帳簿顯示，他大量購買諸如葡萄酒和食用油之類的商品，並且很可能以低於零售價的價格小量轉賣給工人。[113]沒有工人受到剝削或脅迫的證據。安德烈．班基是個精明的生意人，他一定已經意識到，製造不滿並不能帶來收穫。他的目的幾乎可以肯定是透過讓自己的織造工能以極低的價格買到葡萄酒和食用油，從而在他們當中培養良好的商譽。

依照梅迪奇銀行遵循的經營方針，組織生產和監督生產的負擔全部落在初級合夥人或經營合夥人肩上。不可拿技術性細節問題去打擾資深合夥人。例如，無論是織造平紋織物還是織造有圖案的絲織物，無論是挑選這樣或那樣的花樣，無論是選擇一種色彩設計而非另一種，都不是他們親自過問的事情，而是交給經理去決定。經理被期望生產出能賣得掉，而且可以快速周轉的製品，不然的話資金將被套牢，從而使利潤受損。

由於絲織品是奢侈品，它們的市場局限於上流社會，主要是教會、宮廷及貴族階級。因此，佛羅倫斯的絲織業與本地的毛紡業相比在更大程度上更依賴外國市場。大部分絲織品無疑就地賣給國際商人，由他們再轉賣到國外，但較重要的絲織作坊，如班基，不但是生產商，有時也是出口商，並將產品送給遠方的代理人販售。[114]當然，這種銷售方式涉及更大的風險，因為投入的資金周轉較慢。梅迪奇銀行的綢緞莊因為擁有遍布義大利和西歐各地分行和辦事處的企業，因而享有一部分的特權。他們被期望在外國市場上推銷梅迪奇作坊的產品，雖然他們未必總能做得到，因為消費者的品味各異，眾口難調，常常青睞競爭對手，如盧卡或威尼斯的絲綢生產中心的產品。

主要的一個銷售管道是羅馬分行，它與教廷有密切聯繫，教廷是禮拜法衣的穩定買家，法衣上繡有花絲絨和錦緞。梅迪奇銀行米蘭分行利用與斯福爾札宮廷的財務往來關係獲取其絲織品訂單，這是歐洲最富麗堂皇的宮廷之一。然而，大部分絲織品是從威尼斯進口的，因為米蘭人比較喜歡威尼斯絲綢，而不是佛羅倫斯絲綢。[115]布魯日的情形就算沒有更糟，在很長一段時間裡也如此，因為盧卡絲綢的穩固地位是由迪諾．拉蓬迪、喬凡尼．阿諾爾菲尼及其他來自盧卡的商人大力促成的，這些人運用自己在布根地宮廷的影響來保護家鄉城市的利益。[116]直到一四六四年，在喬凡尼．阿諾爾菲尼開始為路易十一世提供服務之後，布魯日分行經理托馬索．波提納利才成功地從羅馬教廷獲得佛羅倫斯絲織品的一筆訂單。[117]首筆真正的大買賣直到一四六八年在大膽查理和愛德華四世的姊妹，即約克的瑪格麗特舉行婚禮之際才發生。[118]順便一提，這場婚姻後來證明也是對倫敦分行的恩惠，因為愛德華四世從那裡購買他姊妹的嫁衣，以及隨從人員服飾用的全部絲綢。[119]事實上，在整個十五世紀，與布魯日相比，倫敦是佛羅倫斯絲織品更好的通路。[120]日內瓦與後來的里昂是另一個重要市場，是鄰近薩伏伊宮廷和來趕集購買香料和絲織品的德意志商人的聚集地。

梅迪奇銀行也向那不勒斯的阿拉貢宮廷供貨。有關由梅迪奇銀行在一四七七年從佛羅倫斯運到那不勒斯的兩箱天鵝絨的 *leggaggio*（費用清單）透露，整批貨物都是從其他幾家絲織作坊採購來的，沒有一件出自他們的作坊。[121]因此梅迪奇銀行本身經營由分行競爭對手生產的絲織品。這樣一種策略毫不奇怪：為留住顧客，梅迪奇銀行必須提供由中等規模企業所生產的更多花色品項。

由於絲織品的織造涉及的工序比把羊毛變成布料的工序少，絲織作坊的簿記也不及毛紡作坊的簿記詳盡複雜，但這些記載都出於同樣的目的，即記錄生產過程中每個階段應收或應付的金額，以及發出和收回的原料。除了總分類帳和日記帳，絲綢生產商還記錄織布工帳本以及其他輔助的明細帳本，其中記載著委託給家庭工人的原料以及他們的收入。事實上，絲織作坊在與顧客的交往中使用一種貨幣標準，即福羅林，而在與賺工錢的人交往則使用另一種貨幣標準，即小面值銀幣，這阻礙複式簿記的採用。若干屬於絲織作坊的帳簿留存下來到我們手裡，但來自占統治地位的梅迪奇銀行帳簿連一本也沒有。[122]

唯一尚存的會計帳簿是一四九七年皮耶羅．迪羅倫佐．德－梅迪奇公司資產與債務表，這裡我有意避免使用「資產負債表」這個詞，這份報表的紀錄始於一四九三年會計期間D（*ragione D*）[123]（表32）。梅迪奇家族一四九九年被從佛羅倫斯驅逐時，公司顯然被羅倫佐．迪喬凡尼．托爾納博尼以一萬一千五百大福羅林的代價接收。雖然這份財務報表寫著一四九七年，但它很可能指的是一四九四年，當年梅迪奇家族被流放，全部財產被查封。[124]若是這樣，那麼這個絲織作坊就是他們為數不多仍然興隆的企業：根據這份報表，資本淨值達到一萬八千六百一十六大福羅林，其中只有七千五百福羅林是資本，其餘全部是未分配的獲利。此外，資產超過債

表 32：梅迪奇絲織作坊的資產和債務表
1497（？）年

	f.	*s.*	*d.* 金幣
資產			
羅倫佐・德－梅迪奇公司在羅馬的繼承人	3,425	0	10
羅倫佐・德－梅迪奇的繼承人，私人帳戶	3,067	12	8
佛羅倫斯的梅迪奇銀行，在教宗聖庫即教宗財政帳戶帳上	2,743	16	2
里昂的皮耶羅・德－梅迪奇和羅倫佐・托爾納博尼公司	997	11	3
樞機主教喬凡尼・德－梅迪奇	844	6	0
金箔匠皮耶羅・德－梅迪奇公司	535	9	8
壞帳和過期帳款	258	4	6
給織工的預付薪資	187	11	2
小計	12,059	12	3
其他應收帳款（99 項）	7,078	16	9*
合計	19,138	9	0
債務	f.	*s.*	*d.* 金幣
應付帳款（7 項）	2,468	8	3
資本帳戶	7,500	0	0
Avanzi（未分配獲利）	8,647	19	1
小計	18,616	7	4
超過負債的資產	522	1	8
合計	19,138	9	0

* 因無任何庫存貨物或正在製造的產品紀錄，這個數目只包括個人帳戶。

資料來源：ASF, MAP, filza 136a, fols. 19ᵛ-81ʳ.

務，淨值達到五百二十二福羅林，大概是又加上一筆未分配獲利。然而，在資產欄裡，有一筆三千零六十七福羅林的抵消帳目，最有可能是指豪奢的羅倫佐的繼承人從公司提取的資金。記在樞機主教喬凡尼・德－梅迪奇（一四七五至一五二一年，也就是後來的教宗利奧十世）借方的八百四十四福羅林也可能是同樣的性質，涉及一筆貸款，而非因購買絲綢而產生的欠款。若這樣的解釋是正確的，那麼淨值將從一萬六千六百七十福羅林減少到一萬兩千七百五十八福羅林，這就更加接近羅倫佐·托爾納博尼支付的一萬一千一百五十福羅林的金額。這解釋的可信度，可從梅迪奇銀行在一四九四年崩潰之前就已陷入財務困境，且正在為應對危機而利用一切可利用的資源的事實得到增強。

詳細閱讀這份報表，會發現羅馬分行與教廷仍是梅迪奇絲織作坊絲織品的最重要買家。其他雜項應收帳款包括九十九筆帳目，其中大多數是小額帳款，最大的一筆是記在曼托瓦的朱利亞諾·丹東尼奧·博爾吉帳下的六百六十二福羅林，他很可能是貢札加宮廷的一位供應商。有提到里昂這個國外銷路，但沒有提到布魯日、倫敦或米蘭，因為在一四九四年時梅迪奇銀行已不在那兒保留分行。給織布工的預付款達到一百八十七福羅林十一索爾多二德涅爾金幣，這顯示這類貸款相當普遍，但未證明被廣泛用於壓榨工人。在貸方，只有七筆應付債務；兩筆最高的金額是欠佛羅倫斯銀行家的債務：一千三百八十六福羅林欠梅迪奇錢莊，四百五十七福羅林欠巴爾托洛梅奧·巴爾托利尼公司。

如紀錄所示，梅迪奇銀行並未將其活動集中在紡織業，紡織業只占資本的一小部分（表14、表15和表16）。而且，這三家製造公司給商業投機總獲利的貢獻頂多只有一點點（表8、表11和表17）。[125]在梅迪奇銀行的整個歷史中，製造業始終是副業，遠不及銀行業與國際貿易的結合來得重要。就此而言，本研究呈現的統計數字等資料沒有什麼值得懷疑的地方。

注釋

1. ASF, MAP, filza 153, no. 1, fols. 11, 34, 40. 這間合夥公司一四〇二年四月一日創立。梅迪奇的銀行出資三千福羅林，其中兩千兩百五十屬於喬凡尼·迪比奇，七百五十屬於利帕喬·德-巴爾迪。米凱萊·迪巴爾多是否投入資金在紀錄中不清楚，但他很可能預先提供一千福羅林，因為獲利分配比例是相同的。

2. *Ibid.,* fol, 65. 這間合夥公司是塔代奧在一四〇八年三月二十五日創立的，資本額四千福羅林全由梅迪奇銀行提供，如第三章所解釋。

3. ASF, Catasto No. 497 (Gonf. Leon d'Oro, 1433), Campione, fol. 192，其中描述資產稅官員與安德烈打交道，不再與瓊蒂諾打交道。

4. 一四三九年合約的兩份副本仍在：MAP, filza 153, no. 3, fol. 9 和 filza 94, no. 138, fols. 222 f. 參見 Chap. IV, n. 42.

5. 這間羊毛作坊在一四五八年的資產稅報告中仍被提及（Chap. IV, n. 89），但在一四六九年由皮耶羅所作的報告中不再提及（Catasto No. 924, fol. 310^{v}）。

6. ASF, Catasto No. 1015 (Leon d'Oro, 1481), fol. 204.

7. ASF, Carte Strozziane, Series I, No. 10, fols. 186^{v} -187^{r}.

8. ASF, MAP, filza 153, no. 3, fols. 24, 27. 梅迪奇銀行有權分享三分之二的利潤，但無有關資本金額的資訊可用。

9. 獲利將按以下方式分配：五分之三歸梅迪奇銀行，二十五分之七歸福朗切斯科・柏林吉耶里，二十五分之三歸雅各波・塔納利亞。

10. 一四四四年合約的兩份副本仍尚存：MAP (1) filza 153, no. 3, fol. 52^{V} 和 (2) filza 94, no. 122, fols. 188-189.

11. 因此，柏林吉耶里・柏林吉耶里在資本中的股份從一千九百福羅林削減為一千八百福羅林，分享獲利比例從三分之一削減為五分之一。梅迪奇銀行在資本和獲利中的份額保持不變。這份在一四四七年三月二十五日簽署的合約還有一份副本留下來：MAP, filza 94, no. 135, fols. 216-217.

12. ASF, Catasto No. 924 (Leon d'Oro), fol. 310^{v}.

13. Camerani, *Documents,* p. 134.

14. Giuseppe Mecatti, *Storia cronologica della città di Firenze* (Naples, 1755), P. II, p. 417, No. 920.

15. 一四八〇年一月十一日（MAP, filza 37, no. 12）。

16. MAP. filza 129, fols. 80-97.

17. 有關這個絲織作坊更詳細的資訊見本章最後幾頁。

18. ASF, Carte Strozziane, Series I, No. 10, fol. 186^{r}.

19. Libro reale segnato E (1415-1425). Arezzo, Archivio della Fraternità dei Laid, filza 7, reg. 55, fols. 27, 67, 114.
20. *Ibid.*, fols 91, 118. Cf. R. de Roover, "Cambium ad Venetias," p. 648.
21. MAP, filza 153, no. 1. fols. 109, 110. 根據這些帳簿，損失為兩千五百一十七福羅林鎊十九索爾多五德涅爾。這個數字是指兩年還是四年還有疑問，因為在第一百零九頁和一百一十頁上的入帳紀錄給出一四一八年和一四一六年這兩個不同的日期。
22. MAP, filza 153, no. 1, fols. 124, 125.
23. MAP, filza 153, no. 3, fols. 9, 52^{V} and filza 94, nos. 122, 131, 135, and 138.
24. MAP, filza 89, no. 71 and filza 94, nos. 122, 135.
25. Edler, *Glossary,* p. 411 和 Doren, *Wollentuchindustrie,* pp. 220-221. 後者當說到揀毛工、精梳工和粗梳工像奴隸一樣在大作坊裡服苦役時是誇大其詞，言過其實。
26. Doren 的 *Wollentuchindustrie* 得到 F. Edler's *Glossary,* pp. 335-426 的附錄：F. Melis, "La formazione dei costi nell'mdustria laniera alia fine del Trecento," *Economia e Storia,* 1:31-60, 150-190; (1954)； 和 R. de Roover, "A Florentine Firm of Cloth Manufacturers,' *Speculum,* 16:1-33(1941) 的補充。
27. Georg von Below, rev. of Doren's *Wollentuchindustrie* in *Jahrbücher für Nationalökonomie und Statistik,* 79:703 (1902). Von Below 抱怨 Doren 未能給出有關典型公司規模的確切資訊。也許他的資訊來源未能讓他回答這個問題。
28. *Wollentuchindustrie,* pp. 249-254, 262-263, 290. 當然，行會把偷竊者逐出教會可能太超過了；但也許這是防止這種習慣的唯一辦法。
29. *Ibid.*, pp. 25, 34, 202, 249, 327, 400, 447, *et passim,* and *Zunftwesen,* pp. 505, 560, and 721.
30. Gertrud Hermes, "Der Kapitalismus in der Florentine! Wollenindustrie," *Zeitschrift für die gesamte Staatswissenschaft,* 72:367-400. (1917). 這篇文章包含中肯的批評，未得到應有的注意。Dr. Hermes 呈現的論證被 R. Davidsohn 相當草率地摒棄，見於 "Blüte und Niedergang der Florentiner Tuchindustrie," *Zeitschrift für die gesamte Staatswissenschajt,* 85:225-255 (1928)。然而，他嘗試的反駁既軟弱無力又缺乏說服力，在很大程度上不得要領。
31. Doren (*Wolientuchindustrie,* p. 216) 給出相反的斷言："Die Medici — deren Reichtum ursprünglich aus ihren Bankgeschaf ten erwachsen war? haben spater ein fast gleich grosses Kapital im Tuchgeschäft"（梅迪奇銀行，其財富源自銀行業務，後來在

織布業投資幾乎相同的規模）。然而，紀錄未證實這個論斷。在一四五一年時，在工業中的投資（一萬零八百福羅林）略微超過銀行業和外貿投資額（五萬八千四百五十九福羅林，包括在佛羅倫斯錢莊的一萬兩千九百五十二福羅林）的六分之一。

32. Doren, *Wollentuchindustrie,* pp. 526-527.
33. ASF, Catasto No. 51 (Leon d'Oro, 1427), fols. 1170-071.
34. Edler, *Glossary,* p. 338. 這個協議在一四三四年六月三十日生效。
35. *Ibid.,* pp. 339-340. 這樣一家作坊不可能很大，即使假定因使用較廉價的羊毛而要求投入較少的資本。
36. Bk. I, chap. 6 (Mod. Lib. ed., p. 48).
37. 英文和義大利文術語表見於 Edler, *Glossary,* pp. 324-329.
38. Doren, *Wollentuchindustrie,* p. 220; Edler, *Glossary,* p. 411; San Antonino, *Summa theologica,* Pt. Ill, title 6, chap. 4, §4.
39. R. de Roover, "A Florentine Firm," p. 11. 一名波士頓羊毛商人告訴我這很像是真的，羊毛分級工完全有資格擔任顧問。
40. Edler, *Glossary,* pp. 409-410.
41. 這就是為什麼行會通過嚴厲的條例來防止偷竊，以及懲罰疏忽失職或怠工破壞的原因。*Statuto dell'Arte della Lana di Firenze (1317-1319),* ed. Anna Maria E. Agnoletti (Florence, 1940), pp. 24, 27, 94-95, 122, 169-170, 173-174, 179-180, 182-185 (Lib. I, arts. 7, 8, 9, 10; Lib. II, arts. 2, 30; Lib. Ill, arts. 32, 37, 43, 44, 45; Lib. IV, arts, 1, 2).
42. Edler, *Glossary,* pp. 411-412. 米凱萊・迪蘭多是一三七八年梳毛工起義其中一位領導者，是一名 capodieci or fattore sopra i lavoranti，也就是工頭。
43. Doren, *Wollentuchindustrie,* p. 221. 薄伽丘在《十日談》中就是這樣描繪他們。
44. *Summa iheologica,* Pt. III, title 8, chap. 4, §4.
45. 十四世紀的行會條例給人的印象是，在建築物內工作的分毛工、開毛工、粗梳工和精梳工等人是臨時工，拿日薪資，但較晚時期的梅迪奇帳簿明確顯示，這些工人按件付酬，即按羊毛的磅數來付薪資，而非按日給薪。
46. Doren, *Wollentuchindustrie,* pp. 221, 235.
47. R. de Roover, "Florentine Firm," p. 13.
48. Doren, *Wollentuchindustrief* p. 249.

49. Edler, *Glossary,* p. 413.
50. R. de Roover, "Florentine Firm," p. 15.
51. R. de Roover, "New Perspectives on the History of Accounting,' *The:. Accounting Review,* 30:417 (1955), and "Florentine Firm," p. 33. 利用 Melis ("La formazione," pp. 56-57, 152) 給出的數字，我得出紡紗占工業成本一〇・一%，織造占工業成本八・一%。
52. Doren, *Wollentuchindustrie,* p. 259.
53. Doren (*ibid,* p. 220) 斷言，整經是在作坊裡完成的，但這個陳述與 *Trattato dell'Arte della Lana* 的文章矛盾，而這是他自己發表的（*ibid.j* p. 490）。
54. Edler, *Glossary,* pp. 413, 422.
55. Doren, *Wollentuchindustrie,* p. 280.
56. 以義大利語表達 *an dare alle telerie* 可從一四三四年和一四三七年的合夥條款看到。較早的這些條款發表於 Gertrude Randolph Bramlette Richards, *Florentine Merchants in the Age of the Medici* (Cambridge, Mass., 1932), p. 237.
57. Doren, *Wollentuchindustrie,* pp. 264-277. Doren 在無充分證據的情況下假定，只有一小部分織工保住自己的織機，從而保護自己的獨立性。
58. Harvard Graduate School of Business Administration, Self ridge Collection, Ms. 558/5, fol. 4.
59. Edler, *Glossary,* p. 421. 證據確實適用於十六世紀，貸款給織工在當時是被法規禁止的。
60. R. de Roover, "Florentine Firm,' pp. 16, 32.
61. Melis, "La formazione," p. 162 and R. de Roover, "Florentine Firm," p. 27.
62. Davidsohn, *Geschichte von Florenz,* IV, Pt. II, 53.
63. Giuseppe Boffito and Attilio Mori, *Piante e Vedute di Firenze* (Florence, 1926), pp. xxiv-xxv, 40-43.
64. 在十四世紀時，羊毛加工廠仍為私人擁有，但在一四〇〇年之後，行會成功獲得所有尚存的羊毛加工廠：Doren, *Wollentuchindustrie,* pp. 390-393; Davidsohn, *Geschichte,* IV, pt. II, 52; Gandi, *Corporazioni,pp.* 136-137.
65. R. de Roover, "Florentine Firm," p. 17.
66. *Ibid., pp.* 17-18.

67. Doren, *Wollentuchindustrie,* pp. 286-313. Doren 自相矛盾，在第兩百九十頁斷言染色工是工人，而在第三百一十頁顯示染色工是雇用多名臨時工的小匠戶。只有後來的敘述才與事實相符。

68. Edler, *Glossary,* pp. 335, 345.

69. R. de Roover, "Florentine Firm," p. 18.

70. Edler, *Glossary,* p. 298.

71. Doren, *Wollentuchindustrie,* p. 290.

72. 描述可見 Edler, *Glossary,* Appendices II-IX, pp. 348-426, 以及 "Florentine Firm," pp. 3-32. 這篇文章涉及十六世紀的帳簿，當時簿記方法已達到完美的頂峰。

73. 證據可從十四世紀德爾貝內公司帳簿和接近一四〇〇年的達蒂尼公司紀錄中發現。Cf. S. Paul Garner, *Evolution of Cost Accounting to 1925* (University, Alabama, 1954), pp. 15-21 and F. Melis, *Storia della ragioneria* (Bologna, 1950), pp. 553-574.

74. Melis, *Ragioneria, pp.* 558-560. Cf. R. de Roover, "New Interpretations," pp. 416-417.

75. R. de Roover, "Florentine Firm,' p. 29. Doren (*Wollentuchindustrie,* p. 218) 表現出對業務的完全不理解，認為組織生產是件無需持續關注管理的任務。而且，布商的店鋪不是銀行業和貿易公司員工的培訓學校：他們是在國外的分行裡得到培訓的。梅迪奇銀行紀錄給出了與 Doren 的論文相反的確證。

76. Davidsohn, "Blüte und Niedergang," p. 230.

77. *Statute dell'Arte della Lana,* Lib. II, art. 19, pp. 114-115 and Lib. IV, art. 32, p. 203. Cf. Doren, *Wollentuchindustrie,* pp. 460, 525. 佛羅倫斯不是把類似規定併入行會章程的唯一城市。例如在西恩納，布商行會的規章（Dist. VIII, cap. 1）禁止羊毛工人加入任何從事顛覆活動的社團，即 "conjuration"。參見 *Statuti senesi scritti in volgare nei secoli XIII e XIV,* ed. Filippo-Luigi Polidori, I (Bologna, 1863), 260.

78. N. Rodolico, *Il popolo minuto* (Bologna, 1899), pp. 58-62 and 157-160, doc. No. 14.

79. *Idem,* "The Struggle for the Right of Association in Fourteenth-Century Florence," *History,* new Ser., 7:183-184 (1922).

80. San Antonino, *Summa theologica,* Pt. II, tit. 1 *(De avaritia),* cap. 17, §8; Manuel Rocha, *Les Origines de «Quadragesima Anno»: travail et salaire à travers la scolastique* (Paris, 1933), p, 58. Rocha 的解釋尚可商榷。

81. San Antonino, *Summa,* Pt. II, tit. 1, cap. 17, §7 and 8; Pt. Ill, tit. 8, cap. 4, §4 and 5. Cf. Doren, *Wollentuchindustrie,* pp. 458-459.

82. G. Villani, *Cronica,* Lib, XII, cap. 97. Cf. Rodolico, *Democrazia fiorentina,* pp. 262-263.
83. Giuseppe Odoardo Corazzini, *I Giompi, cronache e documents* (Florence, 1887), p. 137; Doren, *Wollentuchindustrie,* pp. 466-468; Hermes, "Der Kapitalismus," p. 371; Davidsohn, "Bliite und Niedergang," p. 247.
84. *Statuto dell'Arte della Lana,* Lib. Ill, art. 10, pp. 154-155. Cf. Doren, *Zunjtwesen,* pp. 659-660.
85. *Statuto dell'Arte della Lana,* Lib. Ill, art 40, pp. 176-177.
86. 這些絲綢織造步驟的英文和義大利文術語表見於 Edler, *Glossary,* pp. 330-331.
87. *L'arte della seta in Firenze: trattato delsecolo XV*, ed. Girolamo Gargiolli (Florence, 1868), pp. 108-109.
88. *Ibid.,* pp. 102-108.
89. F. E. de Roover, "Lucchese Silks," *Ciba Review,* 80:2917-2919 (1950); Charles Singer et al., *History of Technology,* II (Oxford, 1956), 206-207.
90. 每排有十六個卷絲筒，每個卷絲筒有六個錠子。F. de Roover, «Lucchese Silks,» p. 2918.
91. 就這點而言，我從妻子的發現受惠：這是基於保存在育嬰堂檔案室的絲綢織造商安德烈・迪福朗切斯科・班基的業務紀錄。
92. F. de Roover, "Lucchese Silks," p. 2918.
93. Gargiolli, *Trattato,* p. 117: "Piero di Giovanni Ciriagi e compagni tintori ànno da noi a cuocere. ....." Cf. *Statuti dell'Arte di For Santa Maria al tempo della Repubblica,* ed. U. Dorini (Florence, 1934), p. 407.
94. F. de Roover, «Lucchese Silks,» p. 2919.
95. Gargiolli, *Trattato,* pp. 63-64.
96. *Ibid.,* pp. 30-63.
97. *Statuti delfArte di For S. Maria,* p. 459. 進一步證據可在安德烈・班基的紀錄中發現（參見上面第 91 條）。
98. F. de Roover, "Lucchese Silks," p. 2920.
99. 在安德烈・班基的紀錄中有幾個例子。
100. Gargiolli, *Trattato,* p. 98. 編輯時出錯，用符號 F. 代表福羅林，而不是英鎊符號 £：薪資總是用小額銀製通貨支付的。嗨長約六十釐米，即兩英尺。

101. 此資訊是來自安德烈・班基的業務紀錄。
102. *Statuti dell'Arte di For S. Maria,* pp. 487-488.
103. *Ibid.,* p. 83 (art. 56 of the Statute of 1335), p. 256 (art. 18 of the amendments of 1352), and p. 407 (art. 3 of the amendments of 1411).
104. 一四六〇年時，據稱這種做法造成無法忍受的傷害（*ibid.,* p. 598）。
105. Rubric 53 of the Statute of 1335 *(ibid.,* p. 80).
106. Rubrics 25 and 136 of the same statute (*ibid.,* pp. 49, 155). 這些規定在一三五二年得到確認（*ibid.,* p. 253）。
107. Rubric 56 of the Statute of 1335 *(ibid.,* p. 83).
108. Umberto Dorini, *L'arte della seta in Toscana* (Florence, 1928), p. 28 and *Statuti,* pp. 590-591.
109. Amendment of 1411 *(Statuti,* p. 408).
110. Amendments of 1353 and 1411 *(ibid.,* pp. 255, 407).
111. 實物薪資制最早在一四一一年被禁止（*Statuti,* pp. 408-409），這項規定在一四二〇、一四二九、一四三八、一四五八和一四六〇年被更新（*ibid.,* pp. 459-460, 496-497, 540-541, 590-591, and 613）。
112. 一四二九年時，規定不超過四分之一的薪資可用實物支付（*ibid.,* pp. 459-460, 497）。
113. Archivio dello Spedale degli Innocenti, Estranei, No. 85 (Libro tessitori B, 1459-1462, di Andrea Banchi), fols. 61, 87, 96, 179, 239, *et passim.* 班基基甚至支付各種東西給織工，從褲子到醫療服務，進而擔任員工的銀行家（*ibid.,* fols. 87, 96）。
114. 這段敘述是基於尚存於育嬰堂的班基業務紀錄，尤其是其機密帳簿及其記載（*ricordanze*）。
115. 在米蘭分行一本總分類帳的片段可以發現這個資訊（MAP, filza 134, no. 4, fol. 96）。Cf. Sieveking, *Handlungsbucher* p. 39. 米蘭分行不只擔任梅迪奇絲織作坊的代理人，而且也擔任佛羅倫斯其他織造商的代理人。
116. R. de Roover, "La Communauté des marchands lucquois à Bruges," p. 37, 給出拉蓬迪一些詳細情況。根據在里爾和布魯塞爾國家檔案館的佛蘭德收入總帳，資料顯示，自一四四五年至一四六四年，阿諾爾菲尼是布根地宮廷的主要供應商。
117. 托馬索・波提納利一四六四年七月一日致函皮耶羅・迪科西莫・德－梅迪奇的信（MAP, filza 73, no. 315）。
118. Brussels, Archives générales du Royaurne, Chambre des comptes, No. 1923, fol. 352 ff.
119. 國王購買大約一千英鎊的絲綢：安傑羅・塔尼一四六八年九月一日致函皮耶羅・德－梅迪奇的信（MAP, filza 22, no.

174）。

120. Ruddock, *Italian Merchants,* pp. 73,82.

121. Florence, Biblioteca Nazionale, Mss. II, V, 11 (Carte Lanfredini), fol. 143.

122. 幾本絲織作坊的帳簿，尤其是安德烈・班基的，現存於佛羅倫斯育嬰堂（即棄嬰養育院）檔案室。

123. ASF, MAP, filza 136a, fols. 79^{v}-$8i^{r}$. 它被以摘要形式發表，有日期和名字等方面的錯誤，見於 A. Ceccherelli, *Libri di mercatura* pp. 64-67，並由同一作者再次發表在後來的著作 *Il linguaggio dei bilanci* (Florence, 1939), pp. 50-53.

124. 這個檔案很可能是一四九七年留下的副本，當時羅倫佐・托爾納博尼的活動正被調查。他因圖謀推翻政府並復辟梅迪奇家族的權力而被斷頭。

125. 亦參見本章注釋第三十一條。

第九章　梅迪奇與教宗的金融業務：梅迪奇銀行羅馬分行

梅迪奇銀行的「羅馬」分行只是一個簡稱，確切說這樣的稱呼是不正確的。在梅迪奇銀行紀錄中，羅馬分行經常被稱為「跟隨羅馬教廷的我行」（*i nostri che seguono la Corte di Roma*）或「跟隨羅馬教廷的分行」（*la ragione che segue la Corte*）。在現實中，羅馬分行只在教宗進駐在羅馬時才會在羅馬。在其他時間裡，它跟隨教廷在義大利各地奔波，甚至越過阿爾卑斯山。因此，在馬丁五世自一四一九年二月至一四二〇年九月居住在新聖瑪麗亞修道院期間，羅馬分行在佛羅倫斯城內有辦事處。他的繼任者尤金四世遠離羅馬九年，每當他到各處舉行受覲禮，並從佛羅倫斯（一四三四至一四三七）到博洛尼亞（一四三七年）、費拉拉（一四三八年），以及再次到佛羅倫斯（一四三九至一四四三）一個城市接著一個城市主持大公會議時，教廷的梅迪奇銀行始終跟隨著他。在尤金四世寄宿在著名的道明會新聖瑪麗亞修道院期間，梅迪奇銀行租下新聖瑪麗亞廣場邊上的一所房子，供「羅馬」分行使用。[1]有一段時間，梅迪奇銀行在佛羅倫斯有三家辦事處：分別在拉爾加大街的總行、新市場的錢莊，以及新聖瑪麗亞廣場做生意的「羅馬的我行」。甚至當後者在佛羅倫斯期間，他們仍用羅馬教廷財政部（也就是教宗聖庫）使用的聖庫福羅林（*fiorini di camera*）記帳，而不用福羅林金幣袋（也就是佛羅倫斯通貨）記帳。

教宗所到之處會引起貨幣短缺，造成住房緊缺，致使價格上漲以及生活成本增加，會有這樣令人既羨慕又憎恨的名聲很顯然是因為那一望即知的龐大隨從隊伍，包括為數眾多的樞機主教、書記官、使者以及各級官員，他們的需求使得當地資源、支付手段以及食物供給變得緊俏不已。[2]中世紀的所有行商指南都堅稱有這個事實，還有什麼理由要懷疑呢？

在中世紀的統治者當中，教宗是唯一有收入源源不斷從歐洲各個角落流進金庫的人，這些錢甚至來自斯堪的納維亞、冰島和格陵蘭。[3]居住在羅馬教廷等地的樞機主教、高級教士和教會聖職人員有來自阿爾卑斯山以外教會封地的收入到達他們的手上，並想要在羅馬和義大利的其他地方處置這些收入。除此之外，有穿梭往返的形形色色朝聖者、追隨者和使者，他們在教廷有事情要做，他們更喜歡拿到信用狀，而不想用腰帶或馬鞍袋攜帶現金。結果，就產生國際轉帳的問題。在那種情況下，不論歷任教宗是否希望如此，他們都會依賴銀行家的服務，例如梅迪奇銀行，他們在西歐各地都有銀行辦事處，能快捷地把資金從一個地方轉移到教宗最需要資金的另一個地方。在偏遠地區，例如斯堪的納維亞或波蘭，或甚至在相對落後的國家，例如沒有便利銀行的德意志，教宗的轉帳會受到長期拖延，處理起來有巨大的風險和困難。教宗的代理人經常不得不依賴臨時手段，例如願意對攜帶現金或貨物到最鄰近金融中心的客商、朝聖者或學生許下承諾。[4]從波蘭轉帳有時需要六個月，甚至更長的時間。而在布魯日或倫敦收到的資金在一個月或更短的時間內就可以在羅馬使用，只要一張匯款通知單就行。[5]銀行家提供快捷、高效率的服務。這套系統的平穩運行當然依靠有秩序的貨幣市場，而貨幣市場中只有少數幾個貿易中心交易量大到足以讓義大利銀行在那裡設置分公司。

大公會議吸引教會顯要和來自歐洲各地的代表。這樣的集會帶來頻繁且極為重要的財務往來，因此梅迪奇等義大利銀行家被誘使在舉辦大公會議的城鎮開設臨時辦事處。包括梅迪奇家族在康斯坦茲（一四一四至一四一八年）和巴塞爾（一四三一至一四四三年）經營銀行，因為當時那裡召開大公會議。在會議之後，這兩個城市都不再是金融中心。巴塞爾在一四五六年時仍只有一家佛羅倫斯貨幣兌換商，出售在羅馬兌現的匯票或信用狀。6

教宗的匯款是單邊支付，使得北歐要結清義大利債務變得更加困難，也擾亂了國際貿易關係的平衡，因為英格蘭羊毛幾乎是義大利人在交換明礬、香料、絲綢等奢侈品過程中唯一願意接受的商品，以及能用來向羅馬納貢的最後一招。隨著十五世紀的流逝，愈來愈少的羊毛可用來出口，等到北歐與南歐間的貿易平衡被打破後，才出現了一場真正的危機。簡而言之，就是義大利人渴望賣東西，但不願買東西，而教宗的貢品則使這種情況加重。值得懷疑的是，德意志和波希米亞礦場的白銀產量是否大到足以填補這個空缺，並提供恢復平衡所需的硬幣。而且，在發現托爾法礦場之前，還有個小難題，即羅馬並非貿易中心，而是宮廷所在地，而宮廷是各種奢侈品的消費者，從用重錦的法衣到樞機主教和高級教士餐桌上用的銀製餐具，確實沒什麼東西可用來交換，這使得要利用貨幣來讓貿易平衡有些困難。不管怎麼說，羅馬沒有值得一提的紡織業。然而，托斯卡尼的銀行家了解自己的生意，通過三角匯兌的方式和利用巴塞隆納、佛羅倫斯或威尼斯作為中間銀行的所在地，輕而易舉的解決這個問題。事實上，國際貿易差額的結算引起更難解的問題：早在十五世紀時，西歐的所有銀行所在地都是互相依存的，任何失衡都會立即在匯率上反映出來，並透過套匯*這種義大利銀行家很清楚理解的交易，迅速得到調整，因為它在行商手冊和有關商業計算的論文裡都有描述。

雖然萊茵河以東銀行的缺乏，阻礙了國際債務的快速清償，但這種不便透過借道區域外圍銀行的迂回轉帳得到部分緩解，這種做法被德意志商人持續頻繁使用。那些來自德意志南部的商人到威尼斯或日內瓦（後來還有里昂）趕集。漢薩同盟的商人與布魯日廣泛貿易，他們的貿易關係延伸到整個斯堪的納維亞半島和波羅的海地區，從挪威的卑爾根到俄羅斯的諾夫哥羅德。下面的案例說明轉帳是如何進行的：在一四一六年，一位居住

*在外匯交易中利用不同市場、不同貨幣種類、不同交割期限等在匯率上的差異進行低買高賣。

在布魯日的著名盧卡商業銀行家菲利波・拉蓬迪以喬凡尼・德－梅迪奇公司的名義承認已收到兩千三百五十萊茵版福羅林的錢，這筆錢是後者在康斯坦茲的員工放款給出席大公會議的盧貝克和漢薩同盟使節。[7]收據載明，款項是透過魯道夫・康黑爾的仲介和暫住在布魯日的其他盧貝克商人從盧貝克城取得的。雖然安全可靠，但辦理的手續顯得有些笨拙，因為證明還款的收據形式要求布魯日市長和市府官員介入。然而，與義大利商業銀行家的經營方法相比，德意志北部的經營方法比較落後；這也許是為什麼義大利商業銀行家未能把盧貝克發展成銀行業中心的主要原因。

要理解梅迪奇銀行與教宗聖庫之間的關係，有必要說明一下這個行政機關的組織、職能和傳統。大體而論，教宗聖庫管理教宗的收入和財產，因此它的權力既大又廣。然而，它行使兩大主要職能：它是負責管理教宗國的部門，同時，也管理既是精神統治者又是世俗統治者的教宗的財政。[8]教宗聖庫的領導人是財務總管，始終由主教擔任，即使不是樞機主教，也常常是大主教，他是羅馬教廷裡兩、三位舉足輕重和權傾一時的人物之中的一位。[9]在他之下是聖庫司庫，他的職責是接收和支付教廷的錢並管理財務。[10]司庫不必是主教，但通常至少是修道院院長或擁有高級教職者。[11]

到了十五世紀時，聖庫司庫不再將教宗的錢保管在由他親自監管的櫃子裡。資金被存放在一名叫做教宗聖庫總管的官員那裡，這個官員照例是教宗銀行家的代表之一。[12]在實務上，可以這麼說，這意味著與保管人聯繫的銀行，會擔任教宗的財務代理人。在梅迪奇銀行的帳簿中，教宗聖庫的帳戶是在保管人的名下，這實在很讓人好奇。但毫無疑問的是，這相當於今天美國財政部在某一家聯邦準備銀行的帳戶。

保管人替教宗財政部接收的全部資金都被記入這個帳戶的貸方。另一方面，這個帳戶記錄所有由保管人憑教宗本人、財務總管、司庫或任何其他經授權的教宗聖庫官員簽發支付令所支出的金額。當然，這是銀行帳簿裡遵循的公式。為了遵守教宗聖庫的規定，保管人保留一本特別帳簿，記錄所有收款和付款，按照時間順序分別單獨列出。這個紀錄的兩冊認證副本由一位公證人製作，並從義大利文翻譯成拉丁文：一冊給教宗聖庫，一冊給司庫。[13]這些帳簿叫做 *Introitus et Exitus*（收支帳簿）；一些義大利文原件和一系列幾乎完整的拉丁文副本現在仍存於梵蒂岡的檔案資料中。[14]收支帳簿每個月由教宗聖庫的一名書記官進行核對和審定。出於審計目的，餘額在每月月底被結清，並轉至下一個月。若某月付出的款項加上或減去上月的餘額超過得到的款項，就意味著教宗聖庫的帳戶已經透支，並欠保管人這筆差額，沒有存款結餘。

在十五世紀期間，教宗照例青睞梅迪奇銀行，通常指定羅馬分行的經理為總保管人。在若望二十三世（巴爾達薩雷・科薩）任職期間，這個職位由馬泰奧・巴魯奇擔任。[15]後來由巴爾托洛梅奧・德－巴爾迪（一四二〇至一四二九年）、安東尼奧・迪梅塞爾・福朗切斯科・薩盧塔蒂・達佩夏（一四二九至一四三五年）、安東尼奧・德拉卡薩（一四三五至一四三八年）及羅伯托・馬特利（一四三八至一四四三年）相繼繼任。[16]從一四二〇年至一四四三年這段期間歷經馬丁五世和尤金四世的部分任期。在最後幾年時間裡，教宗尤金四世因梅迪奇銀行支援馬凱地區的福朗切斯科・斯福爾札而惱怒，憤而指定佛羅倫斯另一銀行家托馬索・斯皮內利為保管人。尼古拉五世（一四四七至一四五五年）在登上教宗寶座的時候恢復羅伯特・馬特利的職位，並一直保留至一四五八年，歷經嘉禮三世（一四五五至一四五八年）的整個任期。庇護二世（一四五八至一四六四年）由於是西恩納人，所以把保管人一職授予自己的一位同胞，即銀行家安布羅喬・斯潘諾基。在保祿二世（一四六四至一四七一年，威尼斯人）當選之後，斯潘諾基被梅迪奇銀行在羅馬的代表喬凡尼・托爾納博尼取代，他擔任保管人直至一四六五年八月，這個職位才給了教宗的親戚喬凡尼・孔多爾梅。[17]在一四七一年時，思道四世（一四七一至一四八四年）把這個職位還給梅迪奇家族。

喬凡尼・托爾納博尼對重新執掌總保管人的權柄毫無熱情。他在教宗批准這項任命之後寫信給羅倫佐，說這個職位涉及的麻煩和風險比得到的獲利大，因為教宗思道四世入不敷出，捉襟見肘，期望能向保管人預支填

補 *introitus*（收入）與 *exitus*（支出）間的虧空所需的金錢。[18] 因此，思道四世與梅迪奇之間的嫌隙快速發展，使得喬凡尼．托爾納博尼的保管人職務被剝奪的那四、五年，他大概感覺如釋重負。[19] 這個職位轉到一連串熱那亞銀行家的手裡，包括梅利亞杜切．奇加拉、傑拉爾多．烏蘇馬里，梅迪奇沒有做任何奪回職位的努力，大概是因為這會消耗他們資源；此時他們的資金短缺，不在擴大放款的狀態。

很有可能，保管人的職務在早些年算不上是一種負擔，那時不是有盈餘，就是虧損有限。在馬丁五世和尤金四世的任期內，教宗聖庫設法使帳目與總保管人達成平衡。不管怎麼說，某些月份裡的小額虧空由其他月份裡的盈餘彌補。下一任教宗尼古拉五世不如前兩任教宗那樣小心謹慎。到他去世時，即一四五五年三月，虧空總額已達七萬零四百三十二聖庫福羅林，嘉禮三世發現數字如此之大，就下令對保管人的帳戶進行特別審計，並專心致力於減少教宗的負債金額。[20] 如我們所見，庇護二世和保祿二世從梅迪奇銀行撤走教宗帳戶，但揮金如土的思道四世在任期的初期又把帳戶交還給梅迪奇銀行。不久，虧空就猛增到十萬七千聖庫福羅林，這是一四七二年七月時的虧空數字。[21] 在隨後幾個月的時間裡，托爾納博尼成功地獲得關稅（*dogane*）和馬凱地區鹽井的轉讓，因此，根據教宗在一四七三年三月批准的一次結算，債務減少到六萬兩千九百一十八聖庫福羅林。[22] 在思道四世與梅迪奇產生嫌隙及後來和解之後，教宗聖庫債務的償還證明是既緩慢又艱難，得以明礬庫存替代現金交付給梅迪奇銀行才得以完成。

由於高利貸戒律，保管人不得對教宗聖庫的透支或借方餘額收取利息。為補償這項損失，梅迪奇銀行以自己提供的絲綢錦緞、珠寶首飾等商品向教宗索取高價。然而，這個做法有困難，因為審計人員提出反對意見，並拒絕認可保管人提交的帳目，除非將價格按比例降低。[23] 保管人的職位具有聲望價值，並透過產生的信任感來吸引樞機主教和朝臣有利可圖的豐厚存款，這些人有錢投資，不希望購置不動產；就像經常發生的情況，萬一新教宗迫使前任教宗的親信吐出透過轉讓教會財產而獲得的財富，這類的不動產有可能被沒收。甚至連教宗也無權放棄教會土地。就如之前已經指出，梅迪奇銀行向顧客承諾會將他們名下存款數字保密。

除了總保管人以外，教宗還僱用其他教宗銀行家擔任特別保管人，或轉移在國外收取的資金。例如，教宗從不利用梅迪奇銀行在西班牙的服務，因為他們在西班牙沒有設立分行。梅迪奇銀行雖然是英格蘭的教宗代理人，但他們沒有專營權，因為教宗聖庫的政策是也會提供生意給他們的競爭者，如帕齊公司、貝倫賽利公司、斯皮內利公司、安東尼奧・達拉巴塔和貝爾納多・康比公司等。[24]

也許這裡應該強調一下，教宗銀行家實際上不替教會收帳，尤其不代收來自贖罪券或慶典的收益。這項任務被委託給教宗徵收員，通常由高級神職人員擔任。他們與地方教會聯手組織每次活動，用與今天慈善募捐活動大致相同的方式來徵收專項資金。募集起來之後，這些免罪罰金或慶典資金就由徵收員移交給教宗銀行家，教宗銀行家會出具一份收據，一式兩份，承諾將這筆款項的錢轉送到羅馬。這樣的收據被叫做 *instrumentum cambii*（兌換票據）：一份作為憑單由徵收者保存，另一份副本則被送到教宗聖庫，因為它負責接收來自教宗銀行家的應收帳款。然後，教宗聖庫會寄送一份通知帳款收訖的解約通知書（*discharge*）給教宗徵收員，教宗徵收員通常會交還憑單，因為這張憑單對他來說已經不再有什麼用處。[25]

可以引用一四六八年一月二十一日的文件為例，說明教宗銀行家遞送收據給教宗徵收員。梅迪奇銀行布魯日分行經理托馬索・波提納利的代表克里斯多夫・斯皮尼*根據這份文件，承認已從布根地公爵領地的使者兼教宗徵收員科爾丘拉的副主教盧克・德托倫蒂斯那裡收到一筆一千七百七十三格羅特鎊十索爾多三德涅爾（佛蘭德通貨）的錢。[26]我們在討論明礬貿易時已經提過這個人，他負責教宗透過這次活動向信眾頒布大赦令的一項慶典活動，這些信眾在根特的教堂裡頂禮膜拜，懺悔自己的罪行後參加領聖餐儀式，並對與土耳其人的宗教

* 此處的克里斯多夫・斯皮尼（Christopher Spini）應該就是第五章的克里斯托法諾・斯皮尼（Cristofano Spini）。

戰爭作出捐獻。[27]上述一千七百七十三格羅特鎊絕非一筆微不足道的錢，代表著在盧克・德托倫蒂斯和其他見證人面前倒空的箱子裡找到的硬幣總數。由斯皮尼提供的收據中詳盡列出實際收到的各種硬幣，每種硬幣的數量，以及折合格羅特鎊（佛蘭德的記帳貨幣）的相應價值。它包含把等值貨幣匯寄給教廷的具體承諾。收據的形式為契據，即公共法律文件，由教宗和帝國的公證人擬寫。採取各種預防措施來防止濫用教宗的資金，因此，遵循的流程顯得很繁瑣，但從教宗聖庫的角度來看，這是以最大的限度確保安全性。

在教宗國裡徵收的稅款和其他收入則是按照另外一套流程。在每個地區或主要城市都有一位地方財務主管，他按照教區長（省長）或教宗聖庫的指示處理地方收支。[28]若有盈餘，則常會被要求移交給在羅馬的總保管人，或用來向雇傭軍支付教宗聖庫攤派的報酬。[29]

教宗的重要收入來源是神職人員任職第一年的所得收入（*annates*）以及共同服務和零星服務收入（*common and petty services*）。到了十五世紀中葉時，annates 這個詞被籠統地用來指稱上述兩類來源，雖然嚴格地說它只指聖俸，如牧師或僧侶的俸祿，其徵收只按教宗的規定執行。術語 common and petty services 得體地應用於教宗在樞機主教全體會議上授予的地位較高，如大主教管區、主教管區、大修道院的有俸聖職。[30]從財務的角度來看，區別在於，教宗必須與樞機團分享共同服務的收入，但不與任何人分享神職人員任職第一年的所得收入。然而，這樣的區別對我們的目的而言並不是很重要。擔任教職第一年的所得和共同服務所得應該等於第一年聖俸收入，雖然在實務上比第一年的聖俸收入少很多。它們必須由被提名者在擁有職位之前繳納。這些應繳款項的徵收並不經常被委託給教宗徵收員，而是由教宗銀行家來處理，任命詔書通常被送到這些銀行家的手裡，銀行家應繳款項或有真誠保證支持的誓約，才發放這些詔書。[31]在十五世紀時，盛行的做法是在教宗銀行家一拿到教宗詔書後就馬上向他們索款，但給予他們「退詔書」的選擇權，也就是在約定時間內返還密封詔書、取消債務的特權。[32]此外，未履行擔任教職第一年的所得或共同服務義務的神職人員，則會受到被逐出教會的嚴厲懲罰，無論何時，只要教宗銀行家投訴說無法徵收，這樣的處罰就會自動生效。[33]跟所有教宗銀行家一樣，梅迪奇銀行在徵收擔任第一年教職的所得或共同服務收入方面也非常積極，他們利用自己在教廷的影響力來推動自己客戶的訴訟案。他們毫不遲疑地行賄：這已經習以為常。根據可靠的研究，蘇格蘭聖俸的徵收大多由他們經手。[34]對於像蘇格蘭這樣的窮國而言，這些應繳款項的支付必定是相當重的負擔。除了少量且品質並非最佳的羊毛之外，蘇格蘭沒什麼東西可供出口。當然，轉帳須經由倫敦，因為蘇格蘭沒有銀行。

梅迪奇銀行處理這件事的方法在布魯日分行一四四八年十二月寫給樞機主教兼約克大主教約翰．肯普的信中有最佳的例證。他們通知他說，他們在羅馬的合夥人透過「努力」已事先確認任命他的侄子湯瑪斯．肯普為倫敦主教而非亨利四世和薩福克第一公爵威廉．德拉波萊贊助的競爭對手候選人。[35]他們同時告訴樞機主教得在一個月時間內將他侄子的應繳款項交付給倫敦分行經理傑羅佐．德－皮利；不然的話，他們將會非常遺憾地不得不將密封詔書交還給羅馬。如有必要，梅迪奇銀行會毫不猶豫地對怠忽履約的神職人員採取斷然行動；在一四四一年時，他們警告教宗徵收員說，若納韋爾主教再拖延履行自己的義務，那麼他們就會把他逐出教會。[36]

梅迪奇銀行不僅在國外徵收教宗收入方面發揮作用，而且也協助支付津貼給與那些和土耳其人或與波希米亞的胡斯派信徒等異教徒有過節的外國王公貴族。教宗給領土受到土耳其人威脅的匈牙利國王（一四五八至一四九〇年）馬蒂亞斯．柯文納斯的補貼，是用由梅迪奇銀行威尼斯分行承兌的匯票支付的。[37]由於在匈牙利沒有金融中心，這些匯票大概是直接支付給在威尼斯的國王代理人，或是直接支付給在匈牙利做買賣的商人。

由於教宗業務的國際性質，教宗的利益由或多或少控制義大利和阿爾卑斯以外地區廣泛分行網絡的公司，提供最佳服務。只有托斯卡尼人的公司才提供這種服務。威尼斯人和熱那亞人均未建立這樣的組織，很可能是因為在與黎凡特地區進行貿易中形塑的傳統和習俗，不利於建置像佛羅倫斯銀行這樣的大機構。

由於喬凡尼・迪比奇著手搶奪教宗的業務，難怪他不久就被迫擴充業務範圍，並在佛羅倫斯、那不勒斯和威尼斯開辦辦事處。雖然總行遷至佛羅倫斯，但羅馬分行仍至關重要。到一四三五年時，羅馬分行的獲利占梅迪奇銀行的獲利的五〇%以上。在一三九七年十月一日至一四二〇年十二月二十日的二十三年時間裡，屬於喬凡尼・德－梅迪奇及合夥人貝內代托・德－巴爾迪的股份總計達到七萬九千一百九十五福羅林鎊四索爾多四德涅爾，即平均每年三千五百福羅林（見表8）。當然，這個數字是在減去經營合夥人伊拉廖內・德－巴爾迪和馬泰奧・丹德烈亞・巴魯奇的報酬之後獲得的。

伊拉廖內很有可能是一位能力極強的商人，因為他被內定在哥哥死後成為總經理。雖然馬泰奧・巴魯奇直到一四一六年才被當作合夥人對待，但他自一四〇〇年起就在為梅迪奇銀行服務（表7）。根據現今尚存的一四一六年三月二十五日合夥協議，他是否投入資金是值得懷疑的。[38]顯然，他只貢獻「自己」，而且可以獲得八分之一的利潤。契約要求巴魯奇跟隨教廷，並待在教廷有可能去的任何地方。他被允許每年提取一百福羅林來支付開支。若超過這個數字，就要支付每年一二%的利息。

巴魯奇在這個節骨眼上被選為合夥人，某種程度上無疑和康斯坦茲大公會議*的召開有關。看起來，以伊拉廖內・德－巴爾迪為首的部分辦事人員，跟隨教宗若望二十三世（巴爾達薩雷・科薩）去迎接退位與監禁的命運。其他人則大概與巴魯奇一起被留在義大利處理尚未處理完的事務。總之，一份一四一五年三月二十三日的公證合約證實伊拉廖內出現在康斯坦茲。[39]在教會大分裂結束和馬丁五世（一四一七年十一月十一日）當選之後，「羅馬」分行很可能跟著起程返回永恆之城（即羅馬）的新教宗，他在佛羅倫斯逗留一年多，時間是一四一九年二月至一四二〇年九月，到一四二〇年九月二十八日才到達羅馬。

羅馬分行隨從人員跟隨教宗的證據是在一號機密帳簿的一條入帳紀錄中發現的，它與「羅馬」分行在四年（一四一六、一四一七、一四一八和一四一九）期間得到的獲利有關，當時羅馬分行留駐在康斯坦茲，並在佛羅倫斯的新聖瑪麗亞大教堂（教宗的臨時宮邸）「保留著銀行」。[40]在同一頁上，另有一條入帳紀錄也涵蓋同個時期，即自一四一七年三月二十五日至一四二〇年十二月二十日，而且還涉及到「羅馬教廷在佛羅倫斯的我行」（*nostri di Corte di Firenze*）得到的獲利。這兩筆入帳紀錄明顯有重複。對這個謎團最合理的解釋是「羅馬」分行被分成兩家支行：一家設在大公會議，另一家繼續照料若望二十三世的業務，他雖於一四一五年五月二十九日被康斯坦茲大會罷黜，但他到一四一九年六月二十三日才正式讓位給馬丁五世。眾所周知，教宗是梅迪奇銀行可靠的朋友和忠實客戶，作為教宗的遺囑執行人，梅迪奇銀行找多納泰羅†和米凱洛佐‡為教宗在聖喬凡尼洗禮堂建造美麗的陵墓。[41]

根據《韋斯帕夏諾·達比斯蒂奇回憶錄》，科西莫·德－梅迪奇去了康斯坦茲，透過在梅迪奇銀行的分行辦事處工作，獲得從商經驗，同時借機遊歷法蘭西和德意志，搜尋珍稀手稿。[42]這次旅行是否真的發生過尚存疑問，因為在梅迪奇銀行的紀錄中沒有提及。

如第三章所述，伊拉廖內在一四二〇年在成為總經理之際著手重組梅迪奇銀行。在羅馬，新經理是巴爾托洛梅奧·丹德烈亞·德－巴爾迪。仍保存在梅迪奇的檔案中的公司章程並未包含任何偏離一般模式的內容，而且把所有負擔和責任置於經營合夥人肩上，同時一切行動都要資深合夥人的最終批准。[43]然而，這個契約闡明

＊西元一三七八至一四一七年，教會中有數位教宗同時要求承認其合法性，從而導致教會大分裂。本文中提到的若望二十三世，由比薩大公會議選出，與樞機主教團選出的額我略十二世對立。此次分裂直到康斯坦茲大公會議後選出馬丁五世後才結束。

†米凱洛佐（一三九六至一四七二年）是義大利文藝復興時期的建築師和雕塑家。

‡多納泰羅（一三八六至一四六六年）是文藝復興早期佛羅倫斯的雕塑家，年輕時與米凱洛佐都曾師從雕塑家吉爾貝蒂（一三八一至一四五五年）。

一點，這次合夥的目的是「在羅馬教廷做買賣和從事匯兌交易，因為它可能取悅上帝，就如在這種銀行業務中常見的情況，最重要的是保持在公平、合法的合約範圍之內」。因此重點在於銀行業務和外匯兌換須留心教會的高利貸戒律，只簽訂被許可、無明顯高利貸款的合約。[44]

比公司章程更有趣的是，巴爾托洛梅奧・德－巴爾迪離開佛羅倫斯去上任時得到的告誡書。[45]第五章已經提到過，但在這裡更詳細地討論似乎是有益的，即使冒著些許重複的風險。原因是這份告誡書詳細說明了巴爾托洛梅奧應當遵循奉行的政策。他主要得要知道自己能放心把錢借給誰，以及可以出借的數額有多少。首先，他被指示去諮詢第一助手安東尼奧・迪拉札羅・貝爾蒂尼，因為貝爾蒂尼在與船長（*marinai*）打交道方面頗有經驗。[46]其次，他應當提防葡萄酒經銷商，因為他們有可能引起更多得不償失的麻煩。他還應避免貸款給羅馬的貿易商或小商人，因為他們不可靠，也沒有什麼東西可供擔保。在與朝臣打交道方面，巴爾托洛梅奧・德－巴爾迪應當警惕：他被允許出借最多三百福羅林給每位樞機主教，依據其「冠冕（職責）」所對應的配額，大概就是樞機主教從樞機院獲得的收入配額。至於樞機主教以外的朝臣，其最高限額被減少到兩百福羅林，而且還要有可靠的擔保。教宗馬丁五世也一樣，希望不會要求更多，因為他已經借夠多了。相反的，如果沒有和那不勒斯王國爆發戰爭的話，期望他能還一些錢。不管怎樣，巴爾托洛梅奧也許可以借給教宗最多兩千福羅林，但如果他不借，那麼資深合夥人會更高興。至於羅馬的男爵，即使有擔保也絕不要借錢給他們，因為他們目無法紀，而且不遵守合約，借錢不僅會失去債務人和擔保人的友誼，還會失去自己的錢。

在必要時，巴爾托洛梅奧・德－巴爾迪都可以期望樞機主教李納多・布蘭卡喬（卒於一四二七年）、比薩樞機主教阿拉曼諾・阿迪馬里（卒於一四二二年）、皮亞琴察樞機主教布蘭達・達卡斯蒂廖內（卒於一四四三年）、西恩納主教兼教宗財務主管安東尼奧・凱西尼以及教宗聖庫的書記官兼辦事員梅塞爾・保羅・達喬維納佐的保護和指點。他們都是馬丁五世宮廷裡非常有影響力的人物，而且是梅迪奇銀行最忠實的顧客。巴爾托洛梅奧被允許按一般的方式給予他們信貸：最多給比薩樞機主教一千福羅林，樞機主教李納多．布蘭卡喬則最多給三千福羅林。資深合夥人考慮到皮亞琴察樞機主教已積欠大筆債務，故敦促巴爾托洛梅奧．德－巴爾迪設法阻止他繼續借錢。如果其他人要借錢，他被允許借錢給朗格多克（地區）的馬格洛納主教、法國人梅塞爾．路易．艾爾曼（卒於一四五〇年），他在一四二〇年時是教宗聖庫的財務副總管，並在一四二六年成為樞機主教。[47]雖然尼柯拉和康比奧．迪梅塞爾．維耶里．德－梅迪奇在羅馬的代表有時在與喬凡尼．迪比奇的銀行打交道時出錯，但巴爾托洛梅奧．德－巴爾迪卻被指示善待他們，並儘量滿足他們的要求。總之，給他留下深刻印象的是，謹慎小心地發放信貸總比隨意發放要好，以免呆帳連本帶利吞噬一切。

巴爾托洛梅奧有一批能幹的辦事人員，這使他的任務變得較為容易。他的助手安東尼奧．迪拉札羅．貝爾蒂尼不久之後被派去日內瓦市集為羅馬分行開拓業務，並考察多設立一家分公司是否划算。他在羅馬的職位被安東尼奧．迪福朗切斯科．薩盧塔蒂（也叫安東尼奧．達佩夏）接替。這位新來的人是從威尼斯分行調任過來的。一到羅馬，他就迅速得到擢升，到一四二八年時，他已被當成合夥人對待，以十分之一的獲利作為對其服務的報酬。[48]帳目是由喬凡尼．德阿梅里格．本奇記錄的，他對這項工作十分在行，他在巴爾托洛梅奧．迪托馬索．斯皮內利的幫助下履行這項工作。[49]夥計的名字是安東尼奧．德拉卡薩，這個人注定要在一四三五年成為羅馬分行的經理。[50]

在十五世紀時，梅迪奇在停留羅馬期間，把自己的銀行設在當時叫做蓬特運河路，現在的聖靈銀行大道的大街上。它位於台伯河的左岸，聖安傑羅城堡的對面，現在的聖喬凡尼．代伊菲奧倫蒂尼教堂的附近。這片區域叫做蓬泰區，是中世紀和文藝復興時期羅馬的商業貿易和銀行中心。[51]

附在一四二七年資產稅申報的資產負債表是在巴爾托洛梅奧．德－巴爾迪任羅馬分行經理時期（表21、表33）。這份文件在許多方面都揭露一些情況，它的分析完全確認之前描述羅馬分行從事的業務性質。根據這份

表 33：梅迪奇銀行羅馬分行的資產負債表
1427 年 7 月 12 日

資產	f.	s.	d.	di cam.*
現金帳簿（*quaderno di cassa*）中的借方餘額：				
去年的過期帳款（75 項）	9,683	8	2	
今年的雜項應收帳款（73 項）	10,480	2	2	
給薩萊諾王子安東尼奧・科隆納的禮品	87	0	0	
商品推銷費用	136	7	0	
三項零星服務	173	0	0	
家庭開支（*spese di casa*）	149	6	6	
樞機主教布蘭卡喬的遺囑執行人	1,328	9	0	
小計	*22,037*	*12*	*10*	
分類帳簿 G（*libro nero segnato* G）中的借方餘額：				
餘額低於 1,000 福羅林的雜項應收帳款（80 項）	16,381	10	6	
餘額超過 1,000 福羅林的六個帳戶（表 35）	13,929	12	3	
商品帳戶	6,003	15	5	
銀製餐具	4,934	14	1	
國外辦事處（表 38）	33,233	15	11	
梅迪奇其他公司（表 34）	42,156	8	8	
小計	*116,639*	*16*	*10*	
羅馬分行機密帳簿中的借方餘額：				
交給科西莫和羅倫佐・德－梅迪奇和伊拉廖內・德－巴爾迪公司保管的 10,000 袋福羅林金幣	9,400	0	0	
庫存現金	10,356	18	0	
小計	19,763	18	0	
合計	158,443	7	8	

* f. di cam. = florin di camera 聖庫福羅林。下同。

資料來源：ASF, Catasto No. 51 (Gonf. Leon d'oro, 1427), fols, 1191^{v}-1200^{r}.

表 33：梅迪奇銀行羅馬分行的資產負債表
1427 年 7 月 12 日　**（續）**

債務	f.	*s.*	*d.*	*di cam.*
現金帳簿（quaderno di cassa）中的債權人：				
餘額低於 1,000 福羅林的雜項應付帳款（239 項）	26,792	0	0	
餘額高於 1,000 福羅林的三個債權人	5,434	0	0	
三項零星服務	1,488	7	3	
商品帳戶	2,894	13	0	
小計	*36,609*	*0*	*3*	
分類帳簿 G（libro nero segnato G）中的貸方餘額：				
餘額低於 1,000 福羅林的雜項應付帳款（56 項）	11,822	19	5	
餘額高於 1,000 福羅林的七個債權人（見表 37）	18,240	6	10	
作為教宗聖庫保管人的巴爾托洛梅奧・德－巴爾迪的帳戶	24,497	0	8	
未分配的獲利	658	0	6	
為教宗聖庫支付的保留款項	191	0	8	
小計	*55,409*	*8*	*1*	
羅馬分行機密帳簿中的貸方餘額：				
表 36 中列出的 12 筆存款（depositi a discrezione）	55,480	0	0	
教宗馬丁五世，特別帳戶（conto a parte）	1,185	1	3	
未分配獲利	7,471	8	2	
應計薪資	100	0	0	
準備金	1,500	0	0	
巴爾托洛梅奧・德－巴爾迪，個人帳戶	483	9	1	
小計	*66,219*	*18*	*6*	
負債合計	158,238	6	10	
計算餘額時的誤差	205	0	10	
合計	158,443	7	8	

表 34：羅馬分行在梅迪奇銀行其他公司裡的投資

	f.	s.	d.	*di cam.*
佛羅倫斯錢莊	29,436	10	4	
威尼斯分行	12,719	18	4	
合計	42,156	8	8	

資料來源：同表 33。

表 35：根據羅馬分行資產負債表超過 1,000 聖庫福羅林的借方餘額

	f.	s.	d.	*di cam.*
羅馬的馬泰奧．德－巴爾迪公司	4,601	3	11	
佛羅倫斯的阿維拉多．迪福朗切斯科．德－梅迪奇公司	3,291	10	0	
樞機主教阿方索．德卡里洛	2,805	6	8	
巴爾托洛梅奧．德－巴爾迪，私人帳戶	1,201	1	10	
教宗軍隊指揮官洛多維科．德韋爾梅	1,030	9	10	
大主教梅塞爾．菲利波	1,000	0	0	
合計	13,929	12	3	

資料來源：同表 33。

資產負債表，商品交易處於次要地位，只吸收小部分流動資本。當然，商品帳戶是否代表存貨價值，尚無法肯定。其中一些項目有可能指的是收到寄售貨物產生的費用。資產當中出現價值超過四千福羅林的銀製餐具顯示，不管怎樣，羅馬分行或多或少在這類奢侈品上有廣泛的交易，這些奢侈品在教廷的高層神職人員中有需求，他們縱情娛樂，喜歡炫耀自己的尊貴。留存現金達一萬福羅林以上，如此大量的錢無疑並非留在庫存現金，必定還有存放在錢櫃的備用金，在巴爾托洛梅奧．德－巴爾迪的紀錄裡提過這點。無論是收銀員還是來訪者，都不被允許在放置錢櫃的房間裡過夜。[52]

前面已經說過，羅馬分行向梅迪奇銀行的其他公司提供流動資本。一

表 36：列於羅馬分行資產負債表的定期付息存款

存款人	聖庫福羅林
1. 薩萊諾王子安東尼奧・科隆納及其兄弟奧多阿爾多和普羅斯佩羅	15,000
2. 安東尼奧・科隆納（王子）	5,000
3. 諾瓦拉樞機主教阿爾蒂契諾・德拉波爾塔	4,000
4. 德意志的書記官赫爾曼・德衛克（杜韋爾赫）	4,000
5. 書記官喬凡尼・德利安尼巴爾迪	4,000
6. 德意志人阿爾巴托・希恩赫（?）	4,000
7. 喬凡尼・多蘭多・達傑納札諾	3,580
8. 皮亞琴察樞機主教布蘭達・達卡斯蒂廖內	3,500
9. 教宗聖庫財務主管奧多・波恰・德瓦里斯・達傑納札諾	3,400
10. 保羅・達蘇爾莫納	3,400
11. 安傑羅・馬西・達傑納札諾	3,000
12. 馬斯特・約翰內斯・特羅納爾	2,600
合計	55,480

資料來源：同表 33。

表 37：羅馬分行 1427 年 7 月 12 日總分類帳中超過 1,000 福羅林的貸方餘額

	f.	*s.*	*d.*	*di cam.*
1. 擔任樞機院財務總管的樞機主教福朗切斯科・蘭多	4,795	8	6	
2. 溫徹斯特樞機主教亨利・博福特（梅塞爾・阿里格）	4,000	0	0	
3. 皮亞琴察樞機主教布蘭達・達卡斯蒂廖內	3,074	19	0	
4. 那不勒斯的亞歷山德羅・塔里亞米羅	2,199	14	0	
5. 英格蘭人梅塞爾・托馬索・喬彭（?）	1,986	0	0	
6. 樞機主教布蘭卡喬的遺囑執行人	1,116	0	0	
7. 諾瓦拉的樞機主教阿爾蒂契諾・德拉波爾塔	1,068	5	4	
合計	18,240	6	10	

資料來源；同表 33。

表 38：羅馬分行資產負債表顯示的辦事處應收帳款

地點	辦事處	金額 f.	s.	d.	*di cam.*
倫敦	烏貝爾蒂諾・德－巴爾迪，替我們（*per noi*）	5,700	0	0	
	烏貝爾蒂諾・德－巴爾迪，替他（*per lui*）	4,223	14	4	
	托托・馬基維利和烏貝爾蒂諾・德－巴爾迪，替他們（*per loro*）	4,031	17	3	
	托托・馬基維利和烏貝爾蒂諾・德－巴爾迪，替我們（*per noi*）	1,452	0	0	
	倫敦小計	*15,407*	*11*	*7*	
布魯日	瓜爾泰羅托・德－巴爾迪	5,400	0	0	
	加萊亞佐・博羅梅伊公司	1,143	0	0	
	布魯日小計	*6,543*	*0*	*0*	
日內瓦	米凱萊・迪費羅	4,085	0	0	
盧貝克	洛多維科・巴廖尼和傑拉爾多・布艾里公司	3,945	0	0	
亞維儂	尼古拉和康比奧・迪維耶里・德－梅迪奇公司	2,279	3	0	
紐倫堡	古列爾莫和阿里格・魯莫利（羅梅爾）	704	0	0	
瓦倫西亞	維耶里・德－巴爾迪公司	251	13	4	
科隆	西莫內・科林	18	8	0	
	合計	33,233	15	11	

資料來源；同表 33。

四二七年的資產負債表證實這點，並顯示佛羅倫斯和威尼斯欠羅馬分行四萬福羅林以上（表34）。此外，科西莫和羅倫佐・德－梅迪奇和伊拉廖內・德－巴爾迪的母公司，曾收到一筆一萬袋福羅林金幣（佛羅倫斯通貨）的預付款。事實上，這筆帳目以負債再次出現在母公司的二號機密帳簿裡：因此毫無疑問是正確的。[53]透過分析這個資產負債表帶出的另一個重要事實是，超過三萬三千福羅林是國外辦事處的應收帳款（表38）。單在倫敦的國外辦事處就欠了將近一萬五千五百福羅林，尚未匯款到羅馬。由於烏貝爾蒂諾・德－巴爾迪是巴爾托洛梅奧的兄弟，有可能是巴爾托洛梅奧偏袒他，讓他保留屬於羅馬分行的資金，未堅持讓他馬上匯款。雖然這種做法可能說明烏貝爾蒂諾・德－巴爾迪與合夥人出現借方差額的原因，但無法解釋為什麼阿爾卑斯山脈以北的所有辦事處在羅馬分行都有欠款。因此，確實好像有轉帳困難的情況。由於教宗的匯款無法以購買北歐的商品來抵消，羅馬自然處於債權人的位置，因此就產生如何解決日內瓦、倫敦或盧貝克主張債權的問題。其結果是，阿爾卑斯以北辦事處的借方差額愈來愈大，就像一四二七年資產負債表看到的情況。

在這個資產負債表中，資產中唯一有趣的其他項目是涉及六個金額高於一千福羅林的帳目。這裡的每一筆借方餘額中真正代表什麼很難說清楚。記在巴爾托洛梅奧・德－巴爾迪借方的那筆一千兩百福羅林大概意味著，他因為預估到自己可以在下次獲利分配中分到錢而提取資金。另外還可以很有趣地看到，梅迪奇銀行預先付款給為教宗服務的傭兵隊長洛多維科（即阿盧瓦西）・德韋爾梅。在那時，傭兵隊長不僅是軍隊指揮官，更是商業企業家。[54]

在一四二七年資產負債表的負債中，資本帳目的缺失也許是令人吃驚的特點，但不應該引起任何大驚小怪，因為我們知道，在一四二六年之後就沒有把資金投資在羅馬分行。一筆將近兩萬四千五百福羅林的重要帳目是巴爾托洛梅奧・德－巴爾迪作為教宗聖庫保管人的帳戶。這實際上是教宗金庫的往來帳戶。既然它有貸方餘額存在，說明教宗此時並未以借錢來滿足經常性支出。在總分類帳中，只有七個應付帳款的餘額超過一千福羅林（表37＊）。債權人中有三位是樞機主教。其中一位是英格蘭國王亨利四世的親弟弟亨利・博福特（卒於一四四七年）。

有份定期付息存款名單更具重要意義（表36）。資產負債表顯示，所有存款人都擁有存款憑證

＊原文寫表35，但應指表37。

（*hascritta*），這些憑證一方面讓存款人在銀行家獲利的情況下得到利息，但另一方面又約束他們必須將錢存滿一定的時間。這份名單以教宗的侄子（著名的科隆納家族的馬丁五世）開始。既然定期付息存款被許多著名神學家譴責為高利貸，在這份名單中出現兩位樞機主教著實意味深長。其他存款人毫無例外都是在教廷占據重要職位的高級神職人員，或是教宗聖庫的書記官。最有影響力的應該是德國人赫爾曼．德衛克，據說他深受教宗馬丁五世的信任，並總是有機會見到教宗，甚至在教宗臥病在床期間也是如此。當德衛克在一四三〇年十二月十四日去世之後，他被譽為羅馬最富有的人之一。「不過」，根據路德維希．馮帕斯特的說法，「他富可敵國，但精神極度貧困。」大概就是因為把錢存在梅迪奇銀行獲取利息的緣故！[55]另一個能在馬丁五世身邊說上話的顯要人物是一四二六年之後的教宗聖庫財務主管奧多．波喬．德瓦里斯，通常這是主教才能擁有的職位。在教宗一四三一年去世之後，他被尤金四世關進監獄，尤金四世想要找到前任教宗的祕密資金，當然也要取得他所能找到任何隱藏的財寶。[56]

其中一些祕密資金被委託給梅迪奇銀行，因為一四二七年的資產負債表透露，馬丁五世有將近一千兩百福羅林記在自己的特別帳戶（*conto a parte*）貸方。這筆錢來自自己的私房錢；但開立特別帳戶的目的不得而知。既然教宗沒有定存單，因此無法證明他收過利息，即所謂的利潤分享。讀者將注意到，其中幾位存款人來自傑納札諾；這是帕勒斯特里納附近的一個村莊，科隆納家族祖先的要塞就在那裡。顯然馬丁五世盡可能利用家族的僕人，這些人他可以信任：封建制度離完全死亡還很遙遠。

巴爾托洛梅奧．德－巴爾迪在一四二九年一月或二月意外死亡，他的職位由來自佩夏（皮斯托雅附近）的安東尼奧．迪梅塞爾．福朗切斯科．薩盧塔蒂接任。在梵蒂岡的紀錄中，他經常被叫做安東尼烏斯．皮夏，並沒有提及他與梅迪奇銀行的關係，因此歷史學家沒有認出他來。[57]在一四二九年三月十日簽訂的契約中，他分得的獲利從十分之一提高到八分之一。[58]資深合夥人（科西莫和羅倫佐．德－梅迪奇和伊拉廖內．德－巴爾迪）和安東尼奧．薩盧塔蒂均不必投入任何資本。根據公司章程，資深合夥人只提供存款人和債權人的商譽，而薩盧塔蒂則被期望努力經營業務。[59]這段話重複出現在後來的契約中，又一次證實從其他來源所知的情況，即羅馬分行是無資本經營的。

安東尼奧．薩盧塔蒂在羅馬分行的第一把交椅上沒坐很多年。他在科西莫流亡回來之後的一四三五年被召回到佛羅倫斯擔任總經理。羅馬分行的管理移交給安東尼奧．迪塞爾洛多維科．德拉卡薩（一四〇五至一四五九年），條件差不多相同，除了他可以分得的獲利是六分之一，而資深合夥人可以分得六分之五以外。[60]這個合夥關係持續了三年，自一四三五年三月二十五日至一四三八年三月二十五日。期滿之後，合約並沒有延續，因為安東尼奧．德拉卡薩離開梅迪奇銀行，設立自己的公司，有雅各波．多納蒂當作合夥人。這個企業相當成功，這家由安東尼奧．德拉卡薩創辦的公司帳簿現在仍保存在育嬰堂檔案室裡。

「羅馬」分行的下一任經理是羅伯托．馬特利（一四〇八至一四六四年）。在一四三九年三月二十五日簽訂的合夥協議中，經理得到的獲利比例又被減少到八分之一。[61]其餘條款保持不變。跟往常一樣，他被期望全心投入合夥公司的事務當中，只放款給有良好聲譽的商人和朝臣。羅伯托．馬特利繼續負責羅馬分行，直到一四六四年去世為止，這個位置後來由皮耶羅．德－梅迪奇的妻舅喬凡尼．迪福朗切斯科．托爾納博尼繼任。

在進入羅馬分行一四六四年之後的歷史之前，也許最好暫時停下來考慮一下一四二九年巴爾托洛梅奧．德－巴爾迪過世至一四六四年羅伯托．馬特利過世之間的一些重大發展。這段期間也是科西莫．德－梅迪奇執掌梅迪奇銀行的時光。這段時期的前十五年對教宗來說是一段極為艱難的時間。因為教廷是羅馬分行存在的理由，羅馬分行必然受到那些動搖教宗世俗力量與精神力量基礎的事物演變趨勢的影響。尤金四世不是因為受環境影響，就是因為缺乏個性，結果把前人的工作拖入危險的境地。[62]他被共和黨人起義從羅馬驅趕出來，在義大利漂泊了九年（一四三四年六月四日至一四四三年九月二十八日）。在世俗力量被摧毀的同時，議會運動對教宗在精神方面的至高權威提出挑戰。它以巴塞爾會議（一四三九年六月二十五日）對尤金四世的罷黜未果和一四三九年十一月五日反對教宗的菲力克斯五世（薩伏伊的阿馬德烏斯）當選達到運動的高潮。當然，羅馬分行跟著尤金四世出行。

一四三三年，應樞機主教朱利亞諾・切薩里尼（卒於一四四四年）的要求，梅迪奇銀行在巴塞爾開設一家辦事處，並把喬凡尼・本奇從日內瓦派去管理這個新組織。[63]一等新組織有了好的開始，自一四二四年就在羅馬分行工作的員工羅伯托・馬特利即被委以重任。依據文件記載，他在一四三三年十二月至一四三八年到了巴塞爾，一四三八年他去了教宗尤金四世召集大公會議的費拉拉。[64]由於並非全體會議成員都服從教宗的召喚從巴塞爾到費拉拉參加會議，因此巴塞爾辦事處改由同時也是羅馬分行員工的喬文科・迪羅倫佐・德拉斯圖法（一四一三至一四六九年後）繼續經營。[65]後來，他在一四四一年離開費拉拉並出海，最終成為佛羅倫斯帆船隊的指揮官[66]。由於會議此時已近尾聲，一位名叫羅倫佐・迪喬凡尼・德拉斯圖法的親戚被委以停業清算並關閉從一四三三年到一四四三年的臨時辦事處。[67]

這個辦事處的法律地位似乎還有點問題；甚至無法確定它是梅迪奇銀行的下屬機構，或是日內瓦分行或羅馬分行的下屬機構。只要羅伯托・馬特利在負責巴塞爾辦事處，他總是被叫做科西莫和羅倫佐・德－梅迪奇公司的員工，從未被稱為合夥人。[68]喬文科・德拉斯圖法的情況也是如此，在一份公證合約中，他被形容為 *eorum factor*（他們的員工）。[69]因此，巴塞爾辦事處只是一家被授予法定代理人權力，但等級並未達到合夥人的員工所管理的代理機構。

巴塞爾辦事處的業務類似羅馬分行，主要在於處理巴塞爾會議的金融業務，或是為出席會議的神職人員移轉資金。這樣的資金移轉經常涉及貸款。舉個例子，一四三五年六月十日，梅迪奇銀行巴塞爾分行「僅憑友誼的」鼓動，借出一千一百聖庫福羅林給賽普勒斯樞機主教、耶路撒冷名義國王的兄弟余格斯・呂西尼昂，並從他那裡收到一份在那不勒斯王國阿韋黎儺附近的蒙特埃瓦津大修道院有奉聖職（任所）的收入轉讓證書。[70]債務結清的形式是寫在羊皮紙上、而非普通紙張上的嚴肅公證契約。並非所有貸款都涉及大額資金。例如一四三五年一月三十日，民法和教會法博士福朗切斯科·博索不久就成為科莫的主教，他承認從科西莫和羅倫佐·德-梅迪奇公司在巴塞爾的員工羅伯托·馬特利那裡收過一筆四十聖庫福羅林的貸款，並承諾在八個月的時間內償還債務。[71]這份公證契約由一位樞機主教和兩位主教見證，因此，進一步的保證被視為是不必要的。

顯然，與世俗人相比，神職人員是更可以信賴的債務人，因為始終有逐出教會這樣的武器，而且梅迪奇銀行毫不猶豫地會用來對付違約者。[72]無論這個武器有多可怕，有時也無法奏效，尤其是那些對懲罰的可怕後果無動於衷、又不必害怕失去聖俸的世俗人。根據巴塞爾（一四四二年）的資產負債表上一條發人深思的評注，一筆十九福羅林的債權被認為是無法收回的，因為主要債務人已去世多年，而他的擔保人是一名世俗人，雖然被逐出教會，但他不為所動。一位憂鬱的評論員補充說：「假若他是一名牧師，也許會有一線希望。」[73]

現存的三號機密帳簿顯示，巴塞爾的代理機構從一四三三年至一四三七年產生五千四百九十九福羅林鎊十五索爾多的獲利，但自那之後卻持續虧損四百三十四福羅林鎊十四索爾多六德涅爾，大概是因為前幾年未注銷的呆帳累積，以及因巴塞爾會議出席率逐漸降低而導致業務量持續下滑的緣故。[74]總獲利達五千零六十五福羅林鎊六德涅爾（表17），若考慮到梅迪奇銀行未分配資本給巴塞爾辦事處，而是憑聲譽「照開銀行」，那麼這是個不算壞的結果。

在佛羅倫斯檔案資料裡有一份在巴塞爾的喬凡尼·本奇公司一四四二年三月二十四日（佛羅倫斯新曆）的資產負債表。[75]這是梅迪奇銀行日內瓦分行在此時用來經營的正式公司名稱，這意味著巴塞爾分行已經變得依賴日內瓦分行。這份資產負債表特別有趣，因為它極有助於說明審計和核查財務報表的程序。每筆帳目都附有一條注解，若是應收帳款則會注解預期會獲得的付款，若是存款，則會注解需要償還的可能性。例如有一條典型的注解是這樣寫的：「這位顧客的生活極為拮据，他無力支付錢給我們，而賣掉他店鋪的東西會牽涉到許多麻煩，而且抵免債務也不夠。」而要沃爾泰拉前主教梅塞爾·羅伯托·德利阿迪馬里還錢也幾乎是沒有希望的，因為「他勉強還能夠維生」。在其他情況下，有些注解寫得筆調比較雀躍，說明欠款肯定會被收回。許多出席巴塞爾會議的神職人員有自己用以取款來滿足生活費用的存款帳戶。一條頻繁使用的注解是：「他一點一點地提取資金。」根據這份資產負債表上所做的種種注解，可以得出這樣的結論，至少二十二筆帳目是以資產呈現，總額五百七十五福羅林代表著早該註銷的逾期帳款。

巴塞爾分行在一四四二年三月二十四日的餘額匯總呈現在表39中。雖然梅迪奇銀行是商業銀行，但這個餘額再次顯示，銀行業才是業務的核心，而非貿易業。儘管如此，他們還是經營對巴塞爾的神職人員有需求的三大商品，即粗紡毛織物、真絲織物和銀製餐具。

原來屬於希臘正教教會的五百七十四聖庫福羅林債務被記在貸方相同數字的帳目所抵消。顯然，他們收到的資金是由科西莫·德-梅迪奇提供的，這可能代表教宗出面干預。那筆兩百聖庫福羅林的費用在今天是不會出現在資產當中的，而應該出現在損益表中。梅迪奇銀行其他公司欠巴塞爾分行將近三千一百聖庫福羅林：這筆錢的一大部分（兩千兩百四十八聖庫福羅林十七索爾多二德涅爾）是日內瓦分行的應付帳款，另外七百七十七福羅林十索爾多是威尼斯分行的應付帳款。「羅馬」分行的借方金額只有六十四福羅林五索爾多，與一千六百六十福羅林七索爾多三德涅爾的貸方金額相比明顯是小巫見大巫。通常，「羅馬」分行總是處於債權人的位置，無疑是由於匯給教廷的款項。錢櫃裡存放各類不同錢幣的詳細紀錄顯示，將近一半是萊茵版福羅林和少量海爾德蘭的克林卡特，但沒有佛羅倫斯的福羅林金幣或威尼斯的杜卡特金幣。除了黃金之外，現金準備還包括價值三百零八萊茵版福羅林的當地銀幣，以及未贖回的抵押品，全是各色珠寶，價值達一百三十二萊茵版福羅林。因此，梅迪奇銀行似乎也承做抵押貸款，這通常是留給有執照或沒有執照的當鋪經營的業務。請注意，辦

表 39：梅迪奇銀行巴塞爾分行資產負債表
1442 年 3 月 24 日

資產

摘要	帳目數	聖庫福羅林 f.	s.	d.
庫存現金：1,170 萊茵版福羅林 5 索爾多 10 德涅爾	8	936	4	0
現金出納帳中的借方餘額：				
雜項應收帳款	29	779	14	8
總分類帳中的借方餘額：				
希臘代表	1	574	8	0
銀行費用	1	200	12	0
梅迪奇其他分行	3	3,090	12	2
喬文科・德拉斯圖法私人帳戶	1	141	14	1
羅倫佐・迪喬凡尼・德拉斯圖法私人帳戶	1	47	18	0
庫存貨物（毛織品、絲織品）	1	478	14	0
銀製餐具	1	285	2	6
辦公家具	1	11	10	0
雜項應收帳款	6	74	12	4
合計	53	6,621	1	9
計算餘額時的誤差	…	10	11	10
合計	53	6,631	13	7

負債

摘要	帳目數	f.	s.	d.
現金出納帳中的貸方餘額：				
雜項應付帳款	26	1,339	14	0
總分類帳中的貸方餘額：				
雜項應付帳款	7	127	16	8
羅馬教廷的梅迪奇銀行	1	1,660	7	3
科西莫・德－梅迪奇，特別帳戶	1	574	8	0
1440 年和 1441 年的未分配獲利	2	889	1	8
達克斯主教、阿昆西斯樞機主教貝爾納德・德拉普萊涅	1	2,040	6	0
合計	38	6,631	13	7

資料來源：ASF, MAP, filza 104, No. 60, fols. 598-603.

公家具出現在可忽略不計的十一聖庫福羅林十一索爾多這筆餘額中。

這份資產負債表在負債欄中未提及資本帳戶，因為根本就沒有。主要債權人顯然是貝爾納德．德拉普萊涅，他是達克斯的主教，議會運動的領導人之一，菲力克斯五世封他為樞機主教。他每月提取三十或四十杜卡特的資金。因為他有兩千聖庫福羅林的餘額，他將花五、六年的時間結清他的帳戶。如果所有呆帳被註銷，那麼一四四〇年和一四四一年的獲利八百八十九福羅林幾乎都會被抵消。

讀者一定不會忘記，這份資產負債表出現的時刻，正是巴塞爾會議正要廢除菲力克斯五世的分裂派追隨者的時期。在會議開得熱火朝天時，營業額肯定要大得多。

由於紀錄中存在許多空缺，關於羅馬分行自一四三五年至一四三九年期間的營業狀況所知不多，在這段期間，分行隨教宗尤金四世而行，從一個臨時住所到另一個臨時住所。[76]駐地的不斷改變不會妨礙羅馬分行表現出令人滿意的業績，因為獲利從一四三五年的五千五百一十聖庫福羅林和一四三六年的五千八百一十六聖庫福羅林，增加到一四三七年的八千零六十六聖庫福羅林和一四三八年的八千五百八十五聖庫福羅林。然而，並非全部獲利都分配給合夥人，因為大量準備金被留下來用來應對壞帳，以及支付應計薪資。總而言之，一四三五年初到一四三七年末（佛羅倫斯曆法）這三年的報酬，合夥人只得到八千三百零四聖庫福羅林。依照公司章程，梅迪奇銀行的股本達到六千九百二十聖庫福羅林，而經理安東尼奧．德拉卡薩的股本為一千三百八十四聖庫福羅林。當德拉卡薩在一四三七年底（佛羅倫斯曆法）也就是一四三八年三月二十四日脫離與梅迪奇銀行的關係之後，在最終結算時收到額外的一千三百七十福羅林；他的合夥人承擔所有因壞帳造成的損失，以及為意外事故償付的責任。

通信中暗示安東尼奧．德拉卡薩對這次的結算並不很滿意，他抱怨自己遇到一場不公平的交易，因為各種規定而被扣除太多錢。[77]由於他把責任推得一乾二淨，這件事情很可能沒有送交法庭，但根據公平原則，這些指控好像並非完全沒有道理。既然安東尼奧・德拉卡薩是個聰明的商人，他很可能設法要獲得更多，但他謹慎地避免傷和氣。雖然他成立一家競爭公司，但還是繼續與梅迪奇銀行培養良好關係，最終因為維持他們的信任而得到回報。在後來幾年裡，他們指示代理人把德拉卡薩的銀行看作是值得信賴的公司，允許和他交易。[78]

羅馬分行的一些未分配獲利被用於金融擴張。總額五千五百（六十四分之一馬克的）埃居，即五千六百九十聖庫福羅林被投入日內瓦分行，另外一筆六千聖庫福羅林被用來提供必要的資本，在一四三九年三月二十五日創立布魯日分行。[79]如機密帳簿的帳目所示，業務的擴張主要是透過把收益轉化為資本來提供經費，而非透過合夥人追加新的投資。他們從商業中提取的資金不是用於廣置地產或以藝術珍品、書籍收藏、寺院贈品的形式來展示慷慨，就是用於重建教堂，例如聖羅倫佐教堂。

一四三九年三月二十四日，羅馬分行有一份三百杜卡特或聖庫福羅林的年度發薪名單，包括五名員工：將要成為經營合夥人的羅伯托・馬特利、安德烈・巴爾托利尼、不久將成為佛羅倫斯錢莊經理的喬凡尼・迪巴爾迪諾・因吉拉米、李奧納多・韋爾納奇、以及巴爾托洛梅奧・迪南尼・迪內托羅・貝基[80]。雖然羅馬分行在費拉拉（一四三八年），但科西莫的兒子喬凡尼當時還是個十七歲的少年，曾一度在這個辦事處工作，進行業務培訓。喬凡尼的母親在一四三八年六月六日寫信給他，囑咐他應該高高興興地「留在銀行裡，並做到學有所成」。[81]前家庭教師塞爾喬凡尼・卡法雷奇也在差不多的時間寫信，補充指出，什麼都無法比擁有一個熟知會計實務的兒子讓科西莫更加高興的了。[82]此外，喬凡尼還被告誡不要嫉妒哥哥皮耶羅，因為皮耶羅不會被指派去做文案工作。眾所周知，科西莫調教小兒子從事商業，而培養大兒子成為政治領導人。然而，喬凡尼太早去世（一四六三年）干擾了這個計畫的實現；在喬凡尼死後（一四六四年），皮耶羅被迫承擔家族利益的重任，包括商業和政治方面的重任。

由於留存的紀錄有缺漏，羅馬分行在一四三九年至一四六四年可呈現內容不多，在這段期間，羅伯托・馬

表 40：羅馬分行的淨利（1439 ～ 1450）
（金額單位均為聖庫福羅林）

年份	年數	合計			羅伯托・馬特利的份額			資深合夥人的份額		
		f.	*s.*	*d.*	f.	*s.*	*d.*	f.	*s.*	*d.*
1439	1	9,098	16	6	1,137	7	0	7,961	9	6
		5,300	0	0a	662	10	0	4,637	10	0
1440	1	3,700	0	10	462	10	1	3,237	10	9
1441	1	3,471	4	6	433	19	0	3,037	5	6
		4,000	0	0a	500	0	0	3,500	0	0
1442	1	7,230	15	10	903	17	0	6,326	18	10
1443	1	3,021	8	5	377	13	5	2,643	15	0
1444-1445	2	14,297	13	0	1,787	3	5	12,510	9	7
		50,119	19	1	6,264	19	11	43,854	19	2
1446-1448	3	12,000	0	0	2,000	0	0b	10,000	0	0
1449-1450	2	12,447	12	3	2,074	12	0	10,373	0	3
		24,447	12	3	4,074	12	0	20,373	0	3
	12	74,567	11	4	10,339	11	11	64,227	19	5

a 這些數字是確定留下充足準備金之後的調整金額。

b 在 1446 年之後，馬特利的獲利分配比例從八分之一提高到六分之一。

資料來源：ASF, MAP, filza 153, no. 3: Libro segreto, fols. 35, 42, 44, 60, 66, 73, 81, 88, and 92.

特利和喬凡尼・德－梅迪奇相繼離世。羅馬分行有可能繼續繁榮，因為都沒有顯示財務捉襟見肘的徵兆。至少在一四三九年至一四五〇年這前十二年間，獲利是令人滿意的，平均一年獲利達到六千兩百聖庫福羅林左右（表40）。一四三九年達到獲利高峰，獲利猛增到將近一萬四千四百聖庫福羅林。這個驚人的結果與其說是由於羅伯特・馬特利的才幹，不如說是由於在教廷裡的生意比平常更加興隆。這一年是促成羅馬天主教和希臘東正教短暫聯合的大公會議在佛羅倫斯召開的年份。在尊貴的與會者當中，有君士坦丁堡總主教和拜占廷皇帝約翰八世（帕里奧洛加斯）。約翰八世的目的主要是為了尋求西方的軍事支持，以便與威脅要吞併羅馬（希臘）帝國最後的土地並圍攻君士坦丁堡的土耳其人抗衡。蜂擁而至的到訪者，包括高級神職人員和達官顯貴，當然會來關照靠匯兌業務興旺發達起來的羅馬分行。在預留壞帳和其他偶發事件的準備金之後，淨利在隨後的幾年裡下降到比較正常的水準，但從未下降到低於三千福羅林。資深合夥人對這些結果非常滿意，因此從一四四六年起，馬特利的獲利分配比例就已從八分之一被提升到六分之一。

根據表26，羅馬分行在一四四五年時的職員有三人，他們獲准開具匯票，而且他們的筆跡將被經理羅伯托·馬特利、首席助理李奧納多·韋爾納奇和簿記員喬凡尼·托爾納博尼等外國代理人認可。然而，直到一四五八年，托爾納博尼才被召來負責管理今天所謂的銀行營業部。

一四五〇年代晚期，羅伯托·馬特利大部分的時間不在羅馬，他因公務被叫走了。一四五七年和一四五八年，他是托斯卡尼區普拉托市的行政長官。[83]在他離開期間，羅馬分行由主要助手李奧納多·丹傑洛·韋爾納奇（一四一八至約一四七六年）管理，他是佛羅倫斯一家毛紡作坊主的兒子，從一四三五年前後起就一直在羅馬分行。依照一般的政策，韋爾納奇因成為代理經理而被看作合夥人，並給予十分之一獲利的份額。[84]

此時，在羅馬的員工有：喬凡尼·托爾納博尼，他負責記總分類帳；菲利波·馬西，他負責現金帳本（一種補充分類帳）並看管往來信件；菲利波·杜格利諾·馬特利，他記錄現金出納帳（*entrata e uscita*）；以及札諾比·馬欽吉，他與卡洛·杜格利諾·馬特利積極在貨棧（*fondaco*）行動，意思很可能是指商品部門。在一四五八年三月初，羅伯托·馬特利認為，隨著新年開始（三月二十五日），應該改變分派給各員工的任務：菲利波·馬特利被任命為收銀員，菲利波·馬西將負責記總分類帳，而喬凡尼·托爾納博尼責處理匯票和日常通信，而非由經理親自來完成。[85]

韋爾納奇要不是不喜歡托爾納博尼，不然就是不信任他，所以沒有批准他的升職。這兩人的摩擦並非什麼新鮮事。托爾納博尼直到一四四三年才進入梅迪奇銀行服務，那年他的姊妹盧克雷齊婭嫁給皮耶羅·迪科西莫·德－梅迪奇，而他十五歲。[86]在年齡和資歷方面，韋爾納奇是他的前輩。早在一四四九年時，托爾納博尼就抱怨自己遭到韋爾納奇喋喋不休地責罵和虐待，甚至韋爾納奇還向喬凡尼·本奇告狀，說他難以管教，以及怠忽收銀員的職守。本奇寫了信責備托爾納博尼，托爾納博尼則把這封信立刻送給自己的姊夫皮耶羅·迪科西莫，否認信中的指控，並強調自己在工作中鞠躬盡瘁。托爾納博尼確信自己的忠於職守將會得到羅伯托·馬特利的體恤，而馬特利當時碰巧在佛羅倫斯。[87]

韋爾納奇在一四五三年六月二十一日的信中再次發洩對托爾納博尼的憎惡，並把這封信寄給喬凡尼·迪科西莫。韋爾納奇在信中抱怨，其中一名員工亞歷山德羅·迪貝爾納多·德－巴爾迪辭職，他是個非常能幹和品行端正的小夥子，已在羅馬分行服務八年，辭職原因是他被拒絕晉升職務，他的服務也沒有得到應有的認可。韋爾納奇閃爍其詞地提到托爾納博尼，指出這種不公平對待與梅迪奇公司的一貫政策背道而馳，梅迪奇銀行應該是無論家庭背景，都會提拔做得好的人。[88]韋爾納奇接著寫道：「如果按功論賞，則人人服氣，皆大歡喜。」

一四五八年春天馬特利不在羅馬期間，韋爾納奇負責管理羅馬分行。托爾納博尼因嫉恨韋爾納奇的晉升向皮耶羅投訴韋爾納奇，干涉並阻止他履行新職責。皮耶羅明確地寫信給韋爾納奇，韋爾納奇答覆說他會以最大的善意對待托爾納博尼。[89]在一封致科西莫的信中，韋爾納奇甚至誇大斷言他和托爾納博尼就像兩兄弟。當然，托爾納博尼否認這一點，並寫道兩人的關係很緊張，而不是誠懇融洽，並說韋爾納奇比以前更有敵意了。[90]真正的危機狀態出現在最後由誰接手羅伯托·馬特利的職務。這種人與人間的衝突經常存在於現代法人團體中，往往干擾事業經營，因為本來應該合作的人對謀劃別人的衰敗更感興趣。韋爾納奇與托爾納博尼之間的衝突表明，問題不是新的，而人性卻幾乎相同，多少世紀以來一直沒變。

圖4：皮耶羅・迪科西莫・德－梅迪奇

當馬特利一四六四年初去世時，資深合夥人並沒有馬上提供接替的人選，因此事情被擱置好幾個月。[91]科西莫在一四六四年八月一日去世，導致這個決定再次延遲。同時，韋爾納奇再次成為代理經理，與托爾納博尼之間的衝突變得比以往更加激烈。一四六五年三月二十三日，托爾納博尼直言不諱地寫信給皮耶羅・德－梅迪奇，說情況令人無法忍受，韋爾納奇想辦法閱讀他的全部郵件，韋爾納奇的性格與他格格不入，並說他寧願辭職，也不願在韋爾納奇手下工作。[92]結果很明確：皮耶羅不可能完全背棄自己的妻舅，因此韋爾納奇成為犧牲品。

根據韋爾納奇一四七〇年的資產稅申報紀錄，他加入在佛羅倫斯和羅馬的銀行李納多・德拉盧納和福拉泰利公司。[93]當這間公司倒閉時，韋爾納奇失去大部分的錢，財務狀況變得相當不穩定。由於他在教宗的朝臣中有朋友，因此得以在一四六九年五月開辦銀行。韋爾納奇沒有資本，但他廣泛依靠朋友的信任，他們願意把錢存入銀行。他在一四七四年時仍在經營，並有貝內代托・薩盧塔蒂作為合夥人。[94]

皮耶羅・迪科西莫與喬凡尼・托爾納博尼之間的新契

約實際上到一四六五年十月才簽署，雖然這個契約具有追溯效力，並提前至三月二十五日生效。[95]契約期限為五年。跟往常一樣，契約把管理的全部責任壓在托爾納博尼肩上，他被賦予貿易、從事匯兌、快遞教宗詔書等方面為教宗聖庫提供服務的權力。因為沒有投入資本，托爾納博尼被期望只用梅迪奇銀行的信用做生意（*godendosi il credito nostro*），並有權利獲得六分之一獲利。他的職責被仔細定義：他可以僱用或解僱員工、他需要貫徹執行皮耶羅的意願和指示，即皮耶羅的政策。簡而言之，雖然措詞可能與其他合夥協議不同，但主旨一樣。很可能這個合約被一而再、再而三地延續下去，因為喬凡尼·托爾納博尼繼續穩坐羅馬分行領導人的位置三十年，直到一四九四年梅迪奇家族被驅逐出佛羅倫斯。在這段漫長的時期裡，他保住了姊夫皮耶羅以及後來自己外甥羅倫佐的信任。

一四六五年起的會計紀錄沒有留存下來，因此我們不得不依靠現存托爾納博尼寄給資深合夥人的信件。遺憾的是，這些資料也不完整。此外，中世紀的商務信函囉嗦冗長，而且總是有點含糊不清，晦澀費解，因此要解釋絕非易事。有個小細節也許完全無關緊要：在寫信給羅倫佐·德–梅迪奇時，羅倫佐的舅舅喬凡尼·托爾納博尼直到一四八一年都使用比較親暱的 *tu*（你），之後才轉用較正式的 *voi*（您）。當然，羅倫佐總是被稱呼為偉大的閣下（*La Magnivicenza Vostra*），但這種稱呼形式在皮耶羅時代和科西莫最後幾年期間就已經在使用。這些變化反映出梅迪奇家族從普通市民和商人的地位往至高無上的王公貴族的地位逐漸崛起嗎？甚至連喬凡尼·托爾納博尼也覺得承認他們的顯赫身分並遵守新的禮儀規範是合適的嗎？

與早先羅馬分行是支持梅迪奇銀行的主要力量的時期不同，一四六四年至一四九四年困難日益增多，尤其是帕齊陰謀發生的一四七八年，帕齊陰謀威脅要推翻梅迪奇銀行。憤怒的教宗（思道四世）不僅查封梅迪奇銀行在羅馬的全部財產，而且還利用這場危機將教宗聖庫欠梅迪奇銀行的債務一筆勾銷，並取消明礬合約。當梅迪奇家族一四八一年十二月回到羅馬之後，喬凡尼·托爾納博尼的首要任務就是與教宗聖庫達成一份與過去債務有關的契約。[96]他的債權得到承認，但這些債務的償還既緩慢又痛苦，因為教宗財政的窘迫使得教宗聖庫無法準時按期付款或履行承諾。[97]由於沒錢，改以明礬存貨供給喬凡尼．托爾納博尼，但這些明礬難以出售，因為明礬貿易又重新掌握在熱那亞人手裡，而梅迪奇銀行布魯日分行和倫敦分行已被清算。[98]

向教宗訴願幾乎起不了作用，因為他不願駁回自己顧問的意見。喬凡尼．托爾納博尼抱著希望破滅的心情寫信給豪奢的羅倫佐：「教宗陛下傾向於向我們請求幫助，而非履行義務。」[99]在另一封信中，他做出相當驚人的陳述，說教宗（英諾森八世）「非但不慷慨大方，寬宏大量，反而像殭屍一樣死板僵硬，頑固不化」。[100]

並非英諾森八世對梅迪奇家族不懷好感，畢竟羅倫佐的女兒馬達萊娜嫁給教宗的兒子福朗切斯科．奇博，而且教宗讓喬凡尼．德–梅迪奇（後來的利奧十世）在十四歲就成為樞機主教。而是因為文藝復興時期的教宗（馬丁五世據說是中世紀最後一位教宗）都是揮金如土、任人唯親的傢伙，他們發現自己居心叵測的外交政策，反而因此捲入頻繁、耗費資源的戰爭之中。然而，在一四八七年春天，英諾森八世試圖透過遣散傭兵和縮減奢侈消費來厲行節約。喬凡尼．托爾納博尼摩拳擦掌並帶著盲目的樂觀寫信給羅倫佐：「若教宗日子好過，我們的日子也很好過。」[101]但實際情況恰恰相反，因為教宗過著入不敷出的生活，錦衣玉食的日子猶如明日黃花。梅迪奇銀行的情況也是如此。財源滾滾的日子已一去不復返。

當喬凡尼．托爾納博尼遞交一四七六年（佛羅倫斯曆法）的資產負債表給資深合夥人時，他在報告中說，獲利因利息費用和壞帳損失所剩無幾。[102]隔年他建議註銷所有出問題的債權，並保留充足的準備金，以免對獲利產生不切實際的想像。[103]在帕齊陰謀（一四七八年）之後，形勢每況愈下。不可思議的是，梅迪奇銀行竟然得以逃過此劫，並保住存款人和債權人的信任。[104]危機過後，托爾納博尼滿意地注意到，警報已經解除，有驚無險，但他極力主張採取措施來清理可疑資產的餘額，並減少利息費用的負擔。[105]一四八三年時，他很慶幸，因為（謝天謝地）前一年沒有虧損；他表達這樣的期望：羅馬分行會從此獲利，並與教宗聖庫結清帳目，但至此他只得到鼓勵，而不見行動。[106]要是明礬問題能解決好了，那麼一切將會好轉，羅馬分行將再次繁榮昌盛。[107]

唉！喬凡尼．托爾納博尼真是異想天開，他的期望很快成為泡影。一四八八年四月，他不得不承認，因為馬凱地區教宗財政相關的過度費用和利息付款以及給福朗切斯科．奇博的預付款，使得上一年度的業績不盡理想。[108]隔年，托爾納博尼表達樂觀的想法，他建議針對卡洛．馬特利和斯潘諾基公司的瀕臨破產採取預防措施，以便梅迪奇銀行「在避開那麼多暗礁旋渦之後不至於在淺灘裡溺死」。[109]

豪奢的羅倫佐與喬凡尼．托爾納博尼在那個時期簽訂的合夥協議暗示，托爾納博尼仍對羅馬辦事處可以避免破產抱有希望，但對於里昂分行的前景不太樂觀。合約顯示，他急於放棄那艘岌岌可危的破船。雖然契約在一四八七年七月二十二日簽署，但實際上早在三月二十五日就生效了，根據佛羅倫斯曆法，這是那年的首份契約。[110]

跟往常一樣，沒有提供資本，但一般認為，剛剛期滿的老合夥公司欠新合夥公司一萬八千七百八十三教宗杜卡特。我們能根據這個數字得出結論，認為債務已超過資產嗎？如果是這樣，那麼連羅馬分行也幾乎是破產的了。總之，希望對老合夥公司的清算不會留下赤字，因為它的資產被低估。在償清這筆一萬八千七百八十三杜卡特的欠款之後，盈餘會按照下面的比例分配：四分之三歸羅倫佐．德–梅迪奇，四分之一歸喬凡尼．托爾納博尼。然而盈餘不會付給合夥人，而是繼續投資在新合夥公司裡，以便使新合夥公司更加富足（*per tenerla più grassa*），也就是去增加它的流動資本。新合夥公司的獲利分配將按照同樣的比例。如果有獲利的話，羅馬分行會收到那不勒斯有限責任合夥公司的全部獲利。當然，喬凡尼．托爾納博尼將按一般的條件承擔管理的責任。

一四八七年契約的重要之處不在於有關羅馬分行的協議，而在兩條關於佛羅倫斯錢莊和里昂分行的不尋常條款。顯然，喬凡尼早在幾年前就已經成為佛羅倫斯錢莊和里昂分行的合夥人。他現在急於抽身（如果有可能抽身而又無損於己的話），以至於在一四八七年的合夥協議中加進一個特別條款。根據這項條款，豪奢的羅倫佐允許舅舅撤出佛羅倫斯錢莊和里昂分行的合夥人，解除進一步的責任，並答應在不扣除損失下，償還他在佛羅倫斯錢莊投入的資本以及投資在里昂分行的三千埃居。值得一提的是，里昂分行此時因廖內托·德－羅西的管理不善已是焦頭爛額。喬凡尼·托爾納博尼已不信任他，而且從未認可薩塞蒂對里昂分行的相關政策；他很可能成為一個難以讓羅倫佐滿意的合夥人。現在，托爾納博尼不願承擔他反對的政策所產生的後果。他與羅倫佐的協議是否合法，是商法史專家必須決斷的一個問題。在今天，一個合夥人不可能如此輕易地避開責任。

一四八七年之後，喬凡尼·托爾納博尼把大部分時間花在佛羅倫斯錢莊，把羅馬分行的管理工作留給侄子奧諾福里奧（即諾福里）·迪尼科洛·托爾納博尼。一四九二年，辦事處被期望承兌由他們兩個、以及由李奧納多·貝爾托利尼和多納托·托爾納博尼開出的匯票。[111]

羅馬分行在一四九四年仍在經營，但已是苟延殘喘。讓事態發展到這個狀態，喬凡尼·托爾納博尼又該負多少責任呢？這是個難以回答的問題。可以肯定的是，他在某種程度上是大環境的受害者，資深合夥人老是不採納他的建議，或出於政治因素或家庭因素把他捲入不可靠的信貸交易中。例如，給奧爾西尼和福朗切斯科·奇博的貸款就是這種情況。[112]還可以肯定的是，喬凡尼·托爾納博尼並非擁有突出能力或遠大志向的人。他的眼界受到帳房狹窄的空間限制，他不可能看到更多層面的經濟問題。而且，他容易衝動，對困難視而不見，就如在明礬獨占案中的那樣，他未預見到自己的政策影響與後果。例如，他抱怨布魯日分行或倫敦分行未能匯款，但完全忽視轉帳的困難。他未能明白，明礬合約使他愈來愈依賴教宗聖庫和教宗的財政狀況。

喬凡尼·托爾納博尼未必總是合作。然而，他動不動就投訴別人，例如投訴托馬索·波提納利，因為他發現跟波提納利難以相處。[113]他的爭吵和爆怒毫無疑問降低他在資深合夥人那裡的名望。另一方面，他的誠實毫

圖 5：羅馬分行經理喬凡尼·托爾納博尼（1465-1494，左一）
和托爾納博尼家族的其他成員

無問題。一四七八年之後，他設法緊縮開支，但無論他是否願意，他都被拖進新的冒險事業之中。他對梅迪奇銀行的忠誠毋庸置疑。在一四八七年十一月二十九日寫給羅倫佐關於續簽合夥協議的信中，他說：「在天堂我有上帝，在人間我有閣下您。」[114]這可能並非阿諛奉承。

一四九四年，當梅迪奇家族失去權力時，喬凡尼·托爾納博尼開始與他的兒子羅倫佐合作，接管羅馬分行，並就流亡的梅迪奇家庭的企業權益問題與新政府簽訂一份契約。事實證明，梅迪奇是債務人，而非債權人，而新政權很高興讓托爾納博尼家族來處理這件事情。[115]一四九七年時，羅倫佐·托爾納博尼因參與圖謀恢復梅迪奇家族的統治而受審，並被斷頭處死，但幸好父親喬凡尼先他而去，並未目睹這場悲劇，否則將是白髮人送黑髮人。

沒有跡象表明喬凡尼·托爾納博尼有參與文藝復興的思想文創運動，沒有跡象表明他是書籍或古董收藏家，也沒有跡象表明他是繪畫或雕塑鑑賞家。儘管如此，他還是追隨由梅迪奇家族、福朗切斯科·薩塞蒂以及梅迪奇銀行其他經理所樹立的榜樣，委託吉蘭達繪製濕壁畫：首先是在羅馬上智之座聖瑪麗亞教堂的小禮拜堂牆壁上（喬凡尼的妻子福朗切斯科・迪盧卡・皮蒂在一四七七年安葬在這裡），後來在佛羅倫斯的新聖瑪麗亞教堂主祭壇後面的托爾納博尼家族小禮拜堂的牆壁上。後者被認為是這位藝術家的傑作。在其中兩塊鑲板上，捐助人喬凡尼・托爾納博尼及其亡妻在畫裡跪著禮拜，在那個時期這是慣例。[116] 喬凡尼的肖像並未傳達出強勢人格的印象，而是符合常規的平常人，是跟隨者，而非引領者。這是喬凡尼・托爾納博尼作為商人的一大缺陷。

注釋

1. ASF, MAP, filza 153, no. 3, fol. 19. 他們租的房子屬於羅伯托・迪喬凡尼・阿爾多布蘭迪尼。
2. Uzzano, *Pratica,* p. 157.
3. 格陵蘭用鯨鬚製品匯款，為了教宗聖庫的利益在布魯日出售。Henry S. Lucas, "Mediaeval Economic Relations between Flanders and Greenland/' *Speculum,* 12:167-181 (1937). 一四九二年，格陵蘭主教因轄區的貧窮而免交納教職的第一年俸祿等年貢。Lunt, *Papal Revenues,* II, 296-298, No. 398.
4. Renouard, *Relations des papes d'Avignon,* p. 470.
5. 十四世紀時，從波蘭匯款到羅馬通常是透過發送裘皮等商品到布魯日，然後這些商品在那裡被售出，收到的款項被送到教宗銀行家手裡。Renouard, *Relations,* pp 210-213, 310-311.
6. Aloys Schulte, *Geschichte des mittelalterlichen Handels und Verkehrs zwischen Westdeutschland und Italien mit Ausschluss von Venedig* (Leipzig, 1900), I, 342.
7. *Codex diplomaticus lubecensis,* V (1877), pp. 633-634. 菲利波・拉蓬迪是重要的商人銀行家，在布根地宮廷很受禮遇。
8. Peter D. Partner, *The Papal State under Martin V: The Administration and Government of the Temporal Power in the Early Fifteenth Century* (London, 1958), pp. 131-136. Cf. Lunt, *Papal Revenues,* I, 65.

9. Lunt, *Papal Revenues,* I, 16.
10. Partner, *Papal State,* p. 136.
11. 在十四世紀時始終如此。Renouard, *Relations,* p. 6.
12. Partner, *Papal State,* p. 137; Lunt, *Papal Revenues,* I, 19.
13. Gottlob, *Camera apostolica,* p. 132. Cf. Partner, *Papal State,* p. 187 and *The Apostolic Camera and Scottish Benefices, 1418-1488,* ed. Annie I. Cameron (London, 1934), pp. lxxxix-xc.
14. 梵蒂岡檔案館裡十五世紀的教宗聖庫收支帳簿，Nos. 376-540。Cf. Gottlob, *Camera apostolica,* pp. 31-57, 111-112.
15. Lunt, *Papal Relations,* II, 508, No. 550; ASF, Conventi soppressi, Archivio 79, vol. 119: Libro segreto di Ilarione de' Bardi, fol. 11.
16. 在這裡給出整頁的參考資料有困難，因為這些資料是透過在梵蒂岡檔案館考察的帳簿和來自 Adolf Gottlob、A. I. Cameron 和 William E. Lunt 作品的零星資訊拼湊得出的。Gottlob (pp. 111-112) 給出的保管人名單完全不準確。
17. 保祿二世（彼得羅・巴爾博）是尤金四世（加百利・孔多爾梅）的侄子。
18. 喬凡尼・托爾納博尼一四七二年一月二日（佛羅倫斯新曆）致函豪奢的羅倫佐的信，ASF, MAP, filza 31, no. 1.
19. 一四七六年六月八日，卡斯泰洛城主教巴爾托洛梅奧・馬拉斯基和梅利亞杜切・奇加拉被任命為保管人。Cameron, *Apostolic Camera,* p. 249.
20. 梵蒂岡檔案館，收支帳簿，No. 428：羅伯托・馬特利的帳簿，一四五四年四月一日至一四五五年四月三日，fols. 42v, 114v, 115r-v。財務副主管嘉禮三世命令他對馬特利作為保管人的帳目進行特別審計，檢查一四四八年九月一日至一四五〇年三月十四日（佛羅倫斯新曆）的帳目，一四五七年三月三十日，他在帳簿中寫下一條聲明，說他已經檢查過七本馬特利的帳簿，並滿意地發現內容都是正確的。（Introitus et Exitus, No. 416, fol. 86V）。Cf. Gottlob, *Camera,* p. 165.
21. 梵蒂岡檔案館，收支帳簿，No. 487，喬凡尼・托爾納博尼的帳目，一四七一年八月十六日至一四七二年七月十五日。Cf. Gottlob, *Camera,* p. 262.
22. 喬凡尼・托爾納博尼一四七三年二月六日（佛羅倫斯新曆）和一四七三年六月二十六日致羅倫佐・德－梅迪奇的信，（ASF, MAP, filza 61, nos. 151, 156）。教宗在一四七三年三月十二日批准該結算的拉丁文本（Vatican Archives, Diversa Cameralia, 1472-1476, fol. 80） 發 表 在 Eugene Müntz, *Les Arts à la cour des papes,* III (Paris, 1882), pp. 63-64. Gottlob

(*Camera,* p. 172, n. 3) 給出大部分文本。英譯文見於 Lunt, *Papal Revenues, I,* 322-323, No. 169.

23. 教宗為何干涉並批准一四七三年三月的結算，原因在第二十二條提及過，教宗聖庫的員工不同意梅迪奇為一四七一年七月保祿二世的葬禮和八月思道四世的加冕典禮所提供的絲織品和毛織品等商品的要價。

24. 許多例子可見 Cameron, *Apostolic Camera,* pp. 26, 52, 54, 55, 58, 59, 60, *et passim.*

25. 根據 Renouard (*Relations,* pp. 464-469) 的資料，這已經是十四世紀時遵循的程式。在一四〇〇年之後似乎沒有任何改變。在中歐和東歐，當時沒有銀行，結果是轉帳有困難，而且有危險。*Camera apostolica,* pp. 210-214.

26. Gottlob, "Instrumenta cambii," pp. 204-212. 英譯文見 Lunt, *Papal Revenues,* II, 469-474, No. 521. 這份譯文並不準確，譯者並不熟悉商務術語。那時，克里斯多夫・斯皮尼是襄理。參照上述第五章第四十五條注釋。

27. Remy, *Indulgences pontificales,* pp. 94-95.

28. Partner, *Papal State,* pp. 104, 141. 一四二九年時，給教區財務主管發過幾道付款給教宗財務總管安東尼烏斯・皮夏（安東尼奧・薩盧塔蒂）的支付令，大概是為了還清透支的款項。*Ibid.,* p. 141, n. 2.

29. Lunt, *Papal Revenues,* I, 33-34, II, 26. 一四二九年時，安科納邊區的財務主管接到命令，要把蒐集到的全部錢幣移交給喬凡尼・卡瓦爾康蒂，卡瓦爾康蒂將代表科西莫和羅倫佐・德－梅迪奇接收它們。每次都開收據（Partner, *Papal State,* p. 112, n. 1）。有關付款給傭軍隊長路易吉・德韋爾梅，參見 *ibid.,* p. 213.

30. Cameron, *Apostolic Camera,* pp. xiii and Ix-lxi; Francois Baix, *La Chambre apostolique et les «Libri Annatarum» de Martin V* (1417-1431) Analecta Vaticano-Belgica, XIV, (Brussels, 1947), pp. xxxiv-xxxv; Lunt, *Papal Revenues,*1, 95-96.

31. *Ibid.,* I, 98-99.

32. Cameron, *Apostolic Camera,* pp. xxviii-xxxvii. 當然，這個程序涉及銀行家給教宗聖庫的一筆預付款。

33. 這是一條通用規則，適用於應付給教會的所有收入。Lunt, Papal Revenues, I, 50, 284, 289, 291-292.

34. Cameron, Apostolic Camera, see Index.

35. Grunzweig, Correspondance, pp. 13-15, No. 8.

36. Ibid., pp. 2-4, No. 2. 該主教名叫尚・衛維恩。

37. Gottlob, "Instrumenta cambii," p. 205.

38. ASF, MAP, filza 94, no. 166, fols. 305-306.

39. Camerani, Documenti, p. 29, No. 36.

40. ASF, MAP, filza 153, no. 1, fol. 107：“... posto i nostri di Corte di Firenze debino dare ... che sono per li avanzi di quatro anni, fatti a Ghostanza e qui in Firenze al bancho si tenea a Santa Maria Novella.”

41. 墓誌銘上寫著：Joannes quodam papa XXIII（若望二十三世，曾任教宗）。

42. Vespasiano, Memoirs, p. 214.

43. MAP, filza 153, no. 2, fol. 2V~3T. 巴爾托洛梅奧・德－巴爾迪提供一千福羅林，將得到四分之一的獲利。

44. 這是進一步的證據，高利貸戒律有實際的影響。義大利文本如下：“... deba il detto Bartolomeo trafichare in detto traficho o chanbio di Corte di Roma secondo che Messer Domineclio ne presterà la grazia e come si richiede a simile mestiere di bancho e *sopratutto deba fare buoni e liciti contratti*”（斜體字是我加上的）。

45. MAP, filza 68, no. 402：“Ricordo dato a Bartolomeo de’ Bardi di mano di Ilarione.” 現存的副本為巴爾托洛梅奧的手書。

46. 這句話有點困惑，很可能是指既是船長，也經營把補給運到羅馬的沿海船舶的商人。

47. 馬格洛納曾經是高盧－羅馬的城鎮，今天是個小村落，但它在一五三六年主教教座（或教區）搬遷到蒙佩利爾之前曾有過一座大教堂。後來，路易・阿萊芒成為阿里斯的大主教；他參與與尤金四世的衝突，並被剝奪由尼古拉五世恢復的樞機主教職位。

48. ASF, MAP, filza 153, no. 2, fols. 52, 59; MAP, filza 94, no, 89, fols. 238-239.

49. MAP, filza 153, no. 2, fol. 3r.

50. Guido Solivetti, Il banco del Medici in Roma all’inizio del XV secolo (Rome, 1950), p. 14. 安東尼奧在一份一四二〇年八月十四日的契約中被提及，受僱於梅迪奇銀行。

51. *Ibid.*, pp. 11, 24. 在一份一四〇五年七月十日的檔案中記載，喬凡尼・迪比奇的錢莊位於蓬蒂斯區。聖喬凡尼教堂直到梅迪奇教宗利奧十世的任期才建造起來。

52. ASF, MAP, filza 68, no. 402.

53. MAP, filza 153, no. 2, fols. 35, 47.

54. 戰時財政這方面只有 Fritz Redlich 博士研究過，但他只論述十六和十七世紀。傭兵隊長的融資可追溯到十五世紀。參見 Fritz Redlich, «Military Entrepreneurship and the Credit System in the Sixteenth and Seventeenth Centuries,» Kyklos’, 9:186-193

(1957).

55. Ludwig von Pastor, The History of the Popes from the Close of the Middle Ages, I (3rd ed., St. Louis, 1906), 243-244.

56. P. D. Partner, “Camera Papae: Problems of Papal Finance in the Later Middle Ages,” The Journal of Ecclesiastical History, 4:67 (19-53).

57. Cameron, Apostolic Camera, pp. 227, 231; Partner, Papal State, pp. 141, 167; Gottlob, Camera apostolica, p. 111; Baix, Chambre apostolique, p. cccxliv; Camerani, Documenti, pp. 43, 48. Salutati is called “Antonius de Piscia, mercator Florentines Romanam Curiam sequens，”意即跟隨羅馬教廷的佛羅倫斯商人。

58. ASF, MAP, filza 94, no. 89.

59. 條款三的文本如下：“E sono d’achordo che ’1 detto Cosimo, Lorenzo e Ilarione per ragione di più creditori asegniono al detto trafficho e compagnia non debino mettere in detta compagnia ne tenere alchuno chorpo...”

60. MAP, filza 153, no. 3, fol. 4.

61. Ibid., fol. 7.

62. 馬丁五世已結束教會大分裂，並奪回和安撫教宗國。

63. Camerani *Documenti,* p. 44, No. 92. 這是一份在一四三三年三月二十二日簽發的定居許可證。一四三三年九月九日的時候，喬凡尼・本奇仍在巴塞爾（*ibid.,* pp. 44-45, No. 94）。

64. 自一四三三年十二月起他在巴塞爾（MAP, filza 131, item e）。他就一四三八年八月二十六日與教宗會晤的事從費拉拉寫信給科西莫（MAP, filza 13, no. 15）。

65. 喬文科・德拉斯圖法被提到一四三九年三月二十六日在巴塞爾待了一些時間（Camerani, *Documenti,* p. 54, No. 131）。他在一四四〇年十二月仍在那裡（*ibid.,* p. 56, No. 138）。

66. R. de Roover, “La Balance commerciale entre les Pays-Bas et 1’Italie,” p. 378. 在一四四四年，他從斯魯伊斯寫信給科西莫，報告大帆船到達的情況。

67. Camerani, *Documenti,* p. 59, Nos. 148-150. 這三個檔案中，有一個涉及在瑞典王國裡轉移贖罪券收入。

68. Camerani, *Documenti,* p. 46, No. 102 and p. 55, No. 136.

69. *Ibid.,* p. 55, No. 134. Heyd *(Commerce du Levant,* II, 487) 提及喬文科・德拉斯圖法作為佛羅倫斯大使被派去埃及。

70. Camerani, *Documenti,* p. 47, No. 105. 在另一份一四三五年十一月七日的契約中，同一位樞機主教收到兩千杜卡特，並將可在威尼斯支付的匯票轉讓給他們（*ibid.,* p. 49, No. in）。
71. *Ibid.,* p. 46, No. 102.
72. *Ibid.,* p. 48, No. 108 and p. 55, No. 134.
73. ASF, MAP, filza 104, fol. 599r.
74. MAP, filza 153, no. 3, fol. 21.
75. MAP, filza 104, fols. 599-603.
76. MAP, filza 153, no. 3, fol. 18.
77. 費拉拉的羅伯托・馬特利一四三八年十一月二十八日致函喬凡尼・本奇的信（Map, filza 94, no. 121, fol. 187）。
78. 給傑羅佐・德－皮利的訓令, MAP, filza 94, no. 134, fols. 214-215.
79. MAP, filza 153, no. 3, fols. 18, 30.
80. *Ibid.,* fols. 18, 19.
81. 此信的英譯文見於 Ross, *The Early Medici,* pp. 14-15. 然而作者將日期搞錯了，把一四三八年誤植為一四三〇年。正確的日期見於印刷的詳細目錄，*Archivio Mediceo avanti il Principato,* I, 74。
82. Pieraccini, *Stirpe de' Medici,* I (ist ed.), 77; (2 ed.), 82. 塞爾喬凡尼・卡法雷奇經常被叫做約翰內斯・德武爾泰里（MAP, *Inventario,* I, 74, *et passim*）。這封信的參考文獻是 MAP, filza 5, no. 327。
83. 羅馬的喬凡尼・托爾納博尼一四五八年五月十三日致函皮耶羅・迪科西莫・德－梅迪奇的信（MAP, filza 17, no. 172）。
84. ASF, Catasto No. 818 (Leon Bianco, 1457), fols. 178-179.
85. 羅馬的李奧納多・韋爾納奇一四五八年三月四日致函科西莫・德－梅迪奇的信（MAP, filza 12, no. 233）。
86. 喬凡尼的第一份工作是記現金帳。羅馬的喬凡尼・托爾納博尼一四四三年十月五日致函皮耶羅・德－梅迪奇的信（MAP, filza 17, no. 31）。
87. 托爾納博尼聲稱照料公司的業務比照料自己的事來得好。西恩納的喬凡尼・托爾納博尼一四四九年八月二十四日致函皮耶羅・德－梅迪奇的信（MAP, filza 16, no. 44）。
88. 文本如下："Questa chompagnia soleva tirare innanzi ciaschuno che bene faceva, e non avere avertenza a parentado nè altro." 羅

馬的李奧納多·韋爾納奇一四五三年六月二十一日致函喬凡尼·迪科西莫·德－梅迪奇的信，（MAP, filza 138, no. 383）。

89. “Al facto tocchatq a Giovanni Tornabuoni ... io gl'ò sempre prestato afezione, si per amore di voi e per le sue virtù.” 羅馬的李奧納多·韋爾納奇一四五八年三月十八日致函皮耶羅·迪科西莫的信（MAP, filza 17, no. 150）。

90. “Apreso mi vuol dare a intendere io sia in diferenza con Giovanni Tornabuoni, e noi siamo come fratelli e secho conferisco delle facende del bancho, sechondo achade.” 羅馬的韋爾納奇一四五八年五月二十一日致函科西莫的信（MAP, filza 17, no. 179）。托爾納博尼抱怨韋爾納奇的妨礙策略可見一四五八年五月十三日寄給皮耶羅的信（MAP, filza 17, no. 172）。

91. 羅伯托·馬特利在一四六四年三月二十八日布魯日的信中被提到不久前已去世。Grunzweig, *Correspondance,* p. 111.

92. 羅馬的喬凡尼·托爾納博尼一四六五年三月二十三日致函皮耶羅·德－梅迪奇的信（MAP, filza 16, no. 141）。

93. ASF, Catasto No. 922 (Leon Bianco, 1470), fol. 73. 韋爾納奇與馬達萊納·迪梅塞爾·馬切洛·斯特羅齊結婚。

94. Cameron, *Apostolic Camera,* pp. 69, 174, 248, 249.

95. 這份契約是先填日期的，因為它到一四六五年十月三十一日才獲得皮耶羅·德－梅迪奇和喬凡尼·托爾納博尼的批准。MAP, filza 16, no. 149.

96. 羅馬的喬凡尼·托爾納博尼一四八一年十二月十日致函羅倫佐·德－梅迪奇的信（MAP, filza 38, no. 171）。

97. 羅馬的托爾納博尼一四八二年一月五日致函羅倫佐的信（MAP, filza 38, no. 69）；一四八二年三月五日的信（*ibid.,* no. 166）；一四八三年三月二十三日的信（ibid., no. 448）。

98. 參見一四八三年三月二十三日的信（上面已引用），一四八三年四月四日的信（MAP, filza 51, no. 227），一四八三年四月二十日的信（*ibid.,* no. 231），一四八三年六月十五日的信（*ibid.,* no. 244），一四八七年八月十一日（MAP, filza 40, no. 114）的信。

99. 一四八七年九月三日的信（MAP, filza 40, no. 133）。

100. 一四八七年八月十一日的信（*ibid.,* no. 114）。

101. 一四八七年六月十五日的信（MAP, filza 51, no. 434）。

102. 一四七七年五月十七日的信（MAP, filza 34, no. 147）。

103. 一四七八年二月二十八日的信（*ibid.,* no. 58）。

104. “... E benchè gli amici nostri siano fermi nella usata fede.”一四八一年十二月十日的信（MAP, filza 38, no. 171）。

105. 一四八二年一月五日和三月五日的信（*ibid.*, nos. 69 and 166）。

106. 一四八三年四月四日的信（MAP, filza 51, no. 227）。

107. “... et tireremo questa ragione in lugho che sare’ d’aspetarne chol tempo grand’ onore e hutile.”一四八三年六月十五日的信（*ibid.*, no. 244）。

108. 一四八八年四月一日的信（MAP, filza 40, no. 237）。

109. “... e che sendo usciti di tanta sfortuna, non anneghiamo in un bicchiero d’acqua.”一四八九年四月十二日的信（MAP, filza 41, no. 103）。

110. MAP, filza 94, no. 152, fols. 280-281.

111. MAP, filza 135, no. 2: Ricordanze di cambi, segnato D, del filiale di Pisa, 3491-1492.

112. 在一封一四八七年八月十一日的信中，托爾納博尼懇求羅倫佐親自出面干預，並要求奧爾西尼減少過度借貸。MAP, filza 40, no. 114.

113. “... E perche tu sai quanto in ogni chosa Tommaxo e dificile.”一四七一年二月二十一日致羅倫佐・德—梅迪奇的信（MAP, filza 32, no. 234）。

114. MAP, filza 40, no. 180. 印刷的詳細目錄提供附言的日期作為信函本身的日期。*Inventario*, II, 410.

115. 該協議的日期為一四九五年六月四日。兩份副本尚存：一、Harvard University, Baker Library, Selfridge Collection, Ms. 495, Sec. C, pp. 17-37，二、MAP, filza 82, no. 145, fols. 446-462.

116. 托爾納博尼的妻子是皮蒂宮的建造者梅塞爾・盧卡・皮蒂（一三九五至一四七二年）的女兒，皮蒂參與一四六六年反對梅迪奇家族的圖謀，並在之後得到寬恕。

第十章　梅迪奇銀行在義大利的機構

——佛羅倫斯錢莊及威尼斯分行

一、佛羅倫斯錢莊

如第二章所見，應該區別梅迪奇銀行的總行與在佛羅倫斯的佛羅倫斯錢莊。前者位於梅迪奇宮的 *scrittoio*（即帳房）裡，工作人員包括總經理及少數助手和書記員；後者位於朱門大街，在商業區的中心，離新市場廣場（今天仍叫新市場廣場）只有一箭之遙。就是因為這家錢莊，所以在同時代的紀錄中，梅迪奇家族被稱為新市場的錢莊莊主。[1] 也是因為這個錢莊是一家地方銀行，所以梅迪奇家族被要求登記為貨幣兌換商行會的成員。

換言之，佛羅倫斯錢莊就是梅迪奇銀行在佛羅倫斯旗下的機構。因此，它是一個獨立的法律、經濟實體，機密帳簿的帳目把它的地位表達得十分清楚。有一個例子可以說明這點：它在一四〇八年（佛羅倫斯曆法）獲利達到一千七百七十九福羅林鎊十三索爾多十一德涅爾。在留下兩百七十九福羅林鎊十三索爾多十一德涅爾作為壞帳準備金之後，剩下的一千四百福羅林被分配如下：七分之一（即兩百福羅林）歸錢莊經理朱利亞諾・迪喬凡尼・迪塞爾馬泰奧；七分之六（即一千兩百福羅林）歸喬凡尼・德－梅迪奇和貝內代托・德－巴爾迪兩個人，也就是歸管理著整個經濟體，包括全部分行及分公司的兩位合夥人。機密帳簿寫明，朱利亞諾是「我行的合夥人」，但他也只在佛羅倫斯錢莊擔任合夥人，與喬凡尼・德比奇或貝內代托・德－巴爾迪不同，他不分享梅迪奇其他企業的獲利。[2]

由於佛羅倫斯錢莊是一家地方銀行，它從事貨幣兌換，接受活期存款，承諾替顧客撥款。因此，一位名叫羅梭・迪喬凡尼・迪尼科洛・德－梅迪奇的遠房親戚在佛羅倫斯錢莊開有帳戶，並從帳戶提款還錢給債權人。[3]然而，佛羅倫斯錢莊的活動並非局限在當地銀行業務；它也從事進出口生意，並廣泛處理匯票業務。因此，在一四一五年十一月八日那天，佛羅倫斯錢莊賣出一份兩百福羅林的匯票，在巴塞隆納付款給西班牙羊毛進口商拉札羅・布拉奇。由於他在佛羅倫斯錢莊沒有帳戶，所以透過自己的馬薩約佐・迪吉利奧和福拉泰利銀行兌現匯票。[4]遺憾的是，現存的紀錄無法讓人看到兩家不同銀行客戶的債務人與債權人間結清債務時遵循的程序，也沒有檔案顯示 polizze（支票）在何種程度上取代口頭給出的轉讓指令。[5]最有可能的是，這個新事物遇到了阻力，**polizze** 只被用在存款人因各種原因無法親自去銀行時的替代品。

佛羅倫斯錢莊的紀錄只有零星的片段在歷經歲月的磨難中留存下來：一四六〇年總分類帳的其中幾頁已經被火烤焦；三份 *ricordanze di cambi*（兌換紀錄），記錄一四四〇年、一四五五年和一四七七年的應收票據和應付票據；兩份完整的資產負債表附在梅迪奇家族首次（一四二七年）和第三次（一四三三年）資產稅申報文件後面。也許這兩份資產負債表對給出佛羅倫斯錢莊經營狀況的完整圖像而言是最令人滿意的。然而，它們有不足之處。主要的絆腳石是中世紀的簿記員在編製資產負債表時不分類，也不縮減資料。因此，這樣的報表未能給出現代會計所期望的資訊。

每份資產負債表都是冗長的檔案，有好幾張對開的頁面裝訂在一起，形成一本小冊子。較早（一四二七年）的報表在借方（即資產欄）列出兩百一十四筆帳目，在貸方（即負債欄）列出一百五十五筆帳目。[6]由於將這資料原封不動地拿來呈現不切實際，因此資料以濃縮摘要的形式呈現在表41中。

請注意，這份所謂的資產負債表實際上並沒有收支平衡，資產比負債多出兩千五百福羅林以上，原因不是簿記員出錯，就是很有可能未嚴格堅持複式簿記原則。總之，這個超額數字很可能代表未分配獲利。

對表41中呈現的數字初步分析，可以透露出三個主要事實。第一個事實，佛羅倫斯錢莊側重銀行業，而非貿易業，因為庫存貨物只占總資一小部分。正如預期的那樣，它把羊毛和真絲進口到佛羅倫斯，並出口從當地毛紡作坊和絲織作坊購得的粗紡呢絨和絲織品。第二個事實是，佛羅倫斯錢莊利用梅迪奇其他公司的資源，主要是羅馬分行和威尼斯分行，兩者合起來欠了將近三萬五千福羅林（表42）。若這種情況是有代表性的案例，而且很可能是真的，那麼結論就是佛羅倫斯銀行業嚴重依賴外部資本，而這些資本又重新投資到當地的貿易和產業中。第三個事實是，留存的現金勉強超過四千福羅林，相對而言，負債總計約為八萬福羅林，主要是短期負債。現金占負債不到五％。雖然大家不禁會認為這點現金準備是不夠的，但不應該忘記，在緊急情況下，佛羅倫斯錢莊有梅迪奇家族的龐大私人資源支持，包括流動資金。令人費解的是，在佛羅倫斯銀行家和商業銀行家中，以微薄的現金準備經營是相當普遍的做法。[7]這個做法使得這些公司很脆弱，也許可以解釋在嚴重商業蕭條期間，佛羅倫斯銀行業的崩潰，導致在十五世紀最後二、三十年間損害義大利經濟。

想要對中世紀資產負債表作全面深入分析會遭受阻礙，因為它們只是一列列的數字和名字，通常沒有對列出的資產或負債帳目作任何有意義的說明。佛羅倫斯錢莊的報表也不例外，沒有超出這個常規。儘管如此，還是可以做些討論。首先，一萬兩千福羅林這個數字代表佛羅倫斯錢莊的資本，明顯是正確的。[8]此外，淨值包含未分配的獲利。這份資產負債表還顯示，留下的準備金被用於應付薪資和預期壞帳損失。至於，這些準備金是否充足，就難以斷定了。

表 41：梅迪奇銀行的佛羅倫斯錢莊資產和負債報表*
1427 年 7 月 12 日

資產				
摘要	帳目數	金額（福羅林鎊）		
現金帳簿借方餘額：		f.	*s.*	*d.*
庫存現金	1	4,223	0	0
梅迪奇其他公司	3	11,087	21	4
合夥人提款和私人帳戶	3	2,891	0	1
庫存貨物	2	12	16	7
雜項應收帳款	60	4,055	19	7
現金帳簿小計	*69*	*22,269*	*28*	*7*
總分類帳借方餘額：				
庫存貨物	4	3,509	18	4
梅迪奇其他公司	7	6,102	25	3
在其他地方的辦事處，不包括梅迪奇的旗下機構	13	4,913	10	4
給政府機構的貸款	2	3,689	1	10
合夥人的提款和私人帳戶	8	8,424	8	8
雜項應收帳款	90	35,804	8	7
總分類帳小計	*124*	*62,443*	*15*	*0*
兌換記錄本 F 和應付款帳簿 G 的借方餘額：				
蠶絲和羊毛銷售中產生的債務	19	4,910	6	2
機密帳簿中的借方餘額：				
福爾科・迪阿多阿爾多・波提納利	1	423	17	11
羅馬分行	1	10,000	0	0
合計	214	100,047	9	8

* 作者在第八章特別提到：這裡我有意避免使用「資產負債表」這個詞。因此這裡就譯作「資產與負債報表」，以示區別。

表 41：梅迪奇銀行的佛羅倫斯錢莊資產和負債報表
1427 年 7 月 12 日

（續）

資產

摘要	帳目數	金額（福羅林鎊）		
		f.	*s.*	*d.*
現金帳簿貸方餘額：				
雜項應付帳款	47	3,880	26	0
總分類帳中的貸方餘額：				
合夥人的私人帳戶	7	3,790	1	5
梅迪奇其他公司	12	47,411	17	2
在其他地方的辦事處，不包括梅迪奇的旗下機構	6	6,717	23	1
雜項應付帳款	57	13,489	3	2
總分類帳小計	*82*	*71,408*	*15*	*10*
兌換記錄本 F 和應付款帳簿 G 中的貸方餘額：				
購買毛織物和絲織物產生的賒帳	20	2,355	25	7
機密帳簿中的貸方餘額：				
資本：				
喬凡尼・德－梅迪奇和伊拉廖內・德－巴爾迪	1	10,500	0	0
福爾科・迪阿多阿爾多・波提納利	1	1,500	0	0
Sopraccorpo（未分配獲利）	1	2,938	4	7
應計薪資	1	280	0	0
壞帳準備金	1	630	4	9
威尼斯分行	1	4,000	0	0
機密帳簿小計	*6*	*19,848*	*9*	*4*
總負債和淨值	…	97,493	18	9
資產超過負債的數值	…	2,553	19	11
合計	155	100,047	9	8

資料來源：ASF, Catasto No. 51 (Leon d'Oro, 1427), fols. 1162-1168^{v}.

表 42：梅迪奇其他公司在佛羅倫斯錢莊的餘額
1427 年 7 月 12 日

	f.	s.	d.	f.	s.	d.	*aff.*
貸方餘額：							
威尼斯分行				9,313	22	7	
羅馬分行				24,735	9	8	
塔代奧・迪菲利波合夥的毛紡作坊				698	2	5	
佛羅倫斯，*ragione vecchia*（以前的合夥公司）				1,544	8	11	
合計				36,291	14	7	
	f.	*s.*	*d.*				
扣除借方餘額：							
日內瓦分行：米凱萊・迪費羅和喬凡尼・迪阿梅里格・本奇公司	484	13	9				
科西莫和羅倫佐・德－梅迪奇和伊拉廖內・德－巴爾迪	1,586	1	3				
在羅馬分行帳上的硬幣船貨	10,000	0	0	12,070	15	0	
合計				24,220	28	7	

資料來源：同表 41。

庫存貨物主要包括西班牙生絲和義大利生絲，只有一個例外帳目是「獨角獸的角」，價格預估是可觀的八十四福羅林。毫無疑問，它要不是獨角鯨的獠牙，就是犀牛角。梅迪奇銀行大概希望將這件博物館珍品出售給一個蒐集稀世珍品或辟邪物以防被下毒的專制君主。蠶絲不是梅迪奇銀行經營的唯一商品。由佛羅倫斯錢莊進口的羊毛，大部分多是受外國辦事處委託。當然，這樣的帳目要等收到的寄售商品被售出後才會出現在資產負債表裡，此時收益將被記入寄售人個人帳戶的貸方。這很有可能就是為什麼記在外國辦事處貸方的最大帳目是一筆超過三千六百福羅林的應付帳款，要給倫敦的托托・馬基維利和烏貝爾蒂諾・德－巴爾迪公司的原因，因為它運送了大量羊毛在佛羅倫斯寄售。

如標題所暗示，「合夥人提款和私人帳戶」涵蓋由梅迪奇家族成員及其他合夥人提取的自用款。科西莫和羅倫佐兄弟在個人名下擁有多個帳戶。只有一次顯示使用目的：*per il muramento di San Lorenzo*（用於聖羅倫佐教堂的建造），這顯然是一個與重建梅迪奇家族的教區禮拜堂和墓地相關費用的帳戶。

為什麼有些帳戶出現在總分類帳裡，其他帳戶則出現在所謂的現金帳簿裡，原因不很清楚。顯然只有臨時的帳戶可以在現金帳簿裡看到。一個很好的例子就是開給雕塑家米凱洛佐和多納泰羅的帳戶，用於建造樞機主教李納多．布蘭卡喬的墳墓。[9]有一點是肯定的，這個帳戶的借方差額不代表這兩位著名雕塑家欠佛羅倫斯錢莊的錢，而是付給他們的預付款，用來完成樞機主教的墓碑，最終可用遺產支付，因為梅迪奇銀行是布蘭卡喬的遺囑執行人。

第二份資產負債表上標示的日期是一四三三年五月三十一日，那是梅迪奇兩兄弟科西莫和羅倫佐被執政的寡頭政治集團放逐之前幾個月。[10]這是一個危機和動盪的年代。雖然損害慘重、曠日持久的盧卡戰爭已經停止，和平已然到來＊（一四三三年五月十日），但並未帶來喜悅：沉重的債務負擔正使公共財政命懸一線，生意不景氣，各政治派系都在準備攤牌，一決雌雄。科西莫在他的第三次資產稅（一四三三年五月）申報報告中為佛羅倫斯錢莊的財務狀況描繪一幅暗淡的圖景，他聲稱，佛羅倫斯錢莊在一四三一年和一四三二年因提供援助給處於困境的自治公社，以及總經理伊拉廖內．德－巴爾迪之死所引起的調整而損失了一萬福羅林，德－巴爾迪已與梅迪奇合作將近四十年（一三九七至一四三三年）。[11]結果，科西莫指出，佛羅倫斯錢莊一直陷於虧損，並「出售匯票」借錢多達四萬福羅林。這個可憐人結束他的陳述時懇請稅務官員考慮他的困境，給予他同

＊盧卡戰爭是佛羅倫斯對盧卡發動的戰爭（一四二九至一四三三年），盧卡是十五世紀前期義大利北部倫巴底一系列衝突的其中一次。

等損失和虧本金額的救濟。

當然，為了使評估的價值降低，科西莫往往誇大佛羅倫斯錢莊的不利狀況及損失的嚴重程度。然而，由此認為他的敘述中沒有真實情況也是錯的。附在資產稅報告的資產負債表證實了他的說法，並顯示確實「因憑藉匯票所吸納的款項」，也就是透過銷售由威尼斯分行和羅馬分行承兌的匯票所籌集的資金，存在三萬兩千七百二十福羅林鎊十七索爾多十德涅爾的債務，大概是這個意思。此外，佛羅倫斯錢莊因無匯票的虛擬匯兌（一種昂貴的借款形式）欠科斯坦蒂諾和安東尼奧・迪布蘭卡公司一千兩百八十一福羅林、欠安德烈・德－帕齊公司一千六百一十六福羅林。[12]可能有人會提出異議，認為在一四三三年資產負債表中的數字也許被做過手腳。但這個說法缺乏說服力，因為在二號機密帳簿（一四二〇至一四三四年）中的帳目證明，佛羅倫斯錢莊在一四三二年和一四三三年遭受嚴重的損失，這是無可置疑的資料來源。[13]而且，在下一本機密帳簿（一四三五至一四五〇年）中，直到一四四〇年才有合夥人分配獲利的紀錄，這意味著，佛羅倫斯錢莊用了好幾年的時間才東山再起，從打擊中恢復過來。[14]

一四三三年的資產負債表證實，佛羅倫斯錢莊依賴羅馬分行和威尼斯分行來提供部分資本。經理福爾科・達多阿爾多・波提納利在一四三一年五月去世，由喬凡尼・迪比奇的第一位合夥人的兒子利帕喬・迪貝內代托・德－巴爾迪接任。巴爾迪拿出兩千福羅林作為投入的資本，因此，公司資本從一萬兩千福羅林增加到一萬兩千五百福羅林。另一方面，福爾科・波提納利的繼承人並沒有收到他的資本一千五百福羅林，而是被保留下來應對身為無限責任合夥人應負責的可能損失。

與一四二七年的財務報表不同的是，一四三三年的資產負債表中，資產與負債幾乎相同：相較於超過十五萬福羅林的總額而言，五十二福羅林三索爾多一德涅爾的差額是非常小的，但這肯定是由於計算餘額的誤差，而非因為缺乏對複式簿記基本原則的理解造成的。[15]有筆小帳目是十五福羅林，記在雕塑家米凱洛佐・米凱洛齊（約一三九六至一四七二年）的帳上，並附有注解 *sono perduti*，意思是這筆債務無法收回。不過並沒有說明原因。

迄今為止，在佛羅倫斯檔案資料中並沒有找到佛羅倫斯錢莊一四三三年之後的財務報表。因此，無法給出錢莊在其他六十年間財務狀況的精確資料。

佛羅倫斯錢莊，也就是翡冷翠銀行（*banco di Firenze*）的首任經理是朱利亞諾·迪喬凡尼，他在一四〇〇年十二月二十日開始在梅迪奇銀行擔任一般職員，每年薪資為四十八福羅林。由於能力突出，他被迅速提升，薪資逐漸提高，一四〇六年達到一百福羅林。[16]機密帳簿中有提到，隔年朱利亞諾雖然還是員工，但已得到如合夥人般的對待，他拿的薪資，或應該稱之為薪水，是兩百福羅林。[17]一四〇八年，他被接納為成熟的合夥人，有資格享受錢莊七分之一的獲利。[18]不過一四〇九年不知發生什麼事，他的名字突然從紀錄中消失了，他必定不是死了，就是離開梅迪奇銀行。

一時難以找到合適的繼任者，但經理的一些職責顯然被委託給真蒂萊的弟弟尼科洛·迪巴爾達薩雷·博尼，真蒂萊在很短的一段時間曾是梅迪奇銀行的資深合夥人。不管怎麼說，尼科洛·博尼的薪資比其他員工都高，他領取一百福羅林的薪水。[19]也許是他的能力不夠強，或是不善於議價，直到一四一七年他才被提拔到合夥人的位置，並可以獲得錢莊七分之一的獲利。[20]不過不到三年，他就斷絕與喬凡尼·迪比奇的公司的關係，加入競爭對手尼科洛和康比奧·德–梅迪奇（梅塞爾·維耶里的兒子）的公司，後來他可能很後悔這次的跳槽。[21]

現存一號機密帳簿涵蓋的一三九八至一四二〇年這段時間裡，佛羅倫斯錢莊的獲利從未高到令人深刻印象的程度，資深合夥人平均分配到一千一百五十福羅林左右（表8）。在一四一〇年至一四一六年由尼科洛·博尼負責管理錢莊的期間，某些年份的獲利減少到遠低平均水準。例如，在一四一〇年時，獲利降到六百七十一

圖6：米蘭聖歐斯托希奧教堂波提納利小禮拜堂

福羅林，一四一五年時，獲利降到五百八十八福羅林。[22]當然，經理未必會受到責備，獲利的下降有可能是因生意蕭條或無法控制的狀況所造成。

一四一四年時，佛羅倫斯錢莊有八名員工（表43）。在朱門大街的狹窄經營場所裡，也沒有空間可以容納更多人。

尼科洛·迪巴爾達薩雷·博尼的位置被福爾科·迪阿多阿爾多·波提納利（約一三八六至一四三一年）取代，這在之前已經提過，福爾科·迪阿多阿爾多·波提納利是威尼斯分行經理喬凡尼·波提納利的一個兄弟。一四二〇年十月十六日簽定的合夥協議還留存到現在。[23]也許應強調，這份契約與在資深合夥人（一方是科西莫和羅倫佐·德－梅迪奇，另一方是科西莫和伊拉廖內·德－巴爾迪）之間簽訂的契約不同。後一份契約也保存至今，但上面的日期不同：是一四二〇年九月一日。[24]此外，這份契約寫明合夥公司的目的是既在佛羅倫斯之內也在佛羅倫斯之外（*in Firenze e fuori di Firenze*）從事銀行業和貿易，而與福爾科・波提納利的協議則嚴格限制在佛羅倫斯市內的銀行活動（*alla ragione e traffico di Firenze*）。這進一步證明，這兩份契約涉及兩家各別的實體，但其中一家實體依賴另一家實體。身為初級合夥人，福爾科・波提納利處於一個相對於資深合夥人而言還次要的位置，受到一般習慣的限制。他被期望要全身心投入在公司的管理之中，並執行資深合夥人做出的決定。而他也有權得到五分之一的獲利做為提供服務的報酬，雖然他只提供一千五百福羅林，占公司總資本一萬兩千福羅林的八分之一。其餘的一萬零五百福羅林當然是由兩位梅迪奇兄弟與合夥人兼總經理伊拉廖內・德－巴爾迪所組成的母公司出錢。

與福爾科・波提納利的合夥契約到一四二七年時仍然有效，沒有重大更動。自一四二八年起加入一名新的合夥人：利帕喬・迪貝內代托・德－巴爾迪，他大概是裏理。可以分得六分之一的獲利，而在同時，福爾科的得到的獲

表 43：佛羅倫斯錢莊 1414 年的員工名單

職員姓名	年薪（福羅林鎊）		
	f.	*s.*	*d.*
1. 尼科洛・迪巴爾達薩雷・博尼	100	0	0
2. 收銀員安傑羅・迪札諾比・德－巴爾迪，	50	0	0
3. 維耶里・迪巴爾托洛・德－巴爾迪	40	0	0
4. 喬凡尼・迪內托・貝基	40	0	0
5. 邦西諾雷・迪尼科洛・斯皮內利	24	0	0
6. 卡洛・迪馬可・德里斯特羅齊	20	0	0
7. 蓋拉爾迪諾・丹東尼奧・蓋拉爾迪尼	20	0	0
8. 夥計喬凡尼・丹東尼奧・德－梅迪奇	15	0	0
薪資總額	309	0	0

資料來源：ASF, MAP, filza 153, no. 1, fols. 76 and 93.

利比例則從五分之一減少到六分之一。[25]這對福爾科來說幾乎是不公平的，但利帕喬·德－巴爾迪由於是總經理伊拉廖內的侄子，很可能也是資深合夥人的寵兒。

在福爾科·波提納利的領導下，佛羅倫斯錢莊的生意興隆，獲利顯著增長。從一四二〇年十月二十一日到一四二五年三月二十四日，在這段四年五個月的時間裡，毛利達到八千五百九十福羅林鎊四索爾多四德涅爾，這相當於每年平均賺到將近兩千福羅林。[26]留下應付薪資、尚未付出的存款利息和壞帳資金後，剩下六千八百福羅林的金額可由合夥人分配。根據公司章程，五分之一（即一千三百六十福羅林）歸福爾科·波提納利，其餘五千四百四十福羅林歸梅迪奇和伊拉廖內·德－巴爾迪。在此後的兩年中，毛利增加到每年平均三千兩百福羅林，即總獲利達到六千三百九十三福羅林鎊十二索爾多五德涅爾。在準備九百福羅林用於應付薪資和壞帳之後，剩下五千四百九十三福羅林十二索爾多五德涅爾可以分給合夥人。[27]福爾科分得一千零九十八福羅林十九索爾多十德涅爾，因此他每年賺超過五百福羅林。一四二八年可以分到的獲利最多，總共有三千六百五十二福羅林鎊七索爾多三德涅爾，福爾科·波提納利和利帕喬·德－巴爾迪各得六百零八福羅林鎊二十索爾多六德涅爾，資深合夥人得兩千四百三十四福羅林鎊二十四索爾多三德涅爾。[28]在此後三年裡，獲利大幅下滑。[29]到了一四三二年出現虧損，但福爾科·波提納利已去世，留下利帕喬·德－巴爾迪獨自駕船穿越匯聚的風暴。[30]

根據資產稅紀錄，福爾科·波提納利屬於碧翠絲的父親傳下來的古老望族中已絕後的一支，碧翠絲因為但丁而名垂千古，她是但丁在十歲時初遇後心目中理想女人。福爾科擔任佛羅倫斯錢莊經理沒幾年，因此沒有機會累積財富。他在一四三一年五月二十八日去世時留下幾個年幼的孩子，其中有三個兒子：皮傑洛十歲，阿切利多四歲，托馬索三歲。[31]由於福爾科深得梅迪奇家的喜愛，據說科西莫照顧這些孤兒，並把這幾個兒子留在自己家裡撫養。三個兒子都追隨父親的足跡，最終也為梅迪奇銀行服務。三人都注定成為分行經理：皮傑洛和阿切利多在米蘭，托馬索在布魯日。這種與波提納利兄弟的關聯必將給梅迪奇銀行帶來災難性的後果，因為阿切利多對分行的管理漫不經心，使得梅迪奇銀行陷入驚人的虧空之中，這是梅迪奇銀行衰敗的一個主要因素。

一四三三年和一四三四年科西莫的流放、召回和僭權，對佛羅倫斯錢莊的管理產生一些重大改變。資深合夥人的寵兒利帕喬・德－巴爾迪被解僱，或許是因為他們認為他該對佛羅倫斯錢莊的虧損負責，但更有可能是因為他在科西莫和羅倫佐被迫離開期間扮演的角色引人竇疑。這是梅迪奇家族與巴爾迪家族之間長久親密關係的終結，不僅於兩個家族在生意上的聯繫，因為科西莫的妻子孔泰西納原本也屬於這個佛羅倫斯望族的一支。不過，事實上，她父親原本只是丈夫生意夥伴的一個很遠的表親，他並非商人，而是擁有韋爾尼奧伯爵頭銜的地主，來自亞平寧山區普拉托與博洛尼亞之間的一個村莊。

誰取代利帕喬的位置？佛羅倫斯錢莊發生什麼事？這很難想像，因為紀錄模稜兩可，資料也嚴重缺漏。總之，有段時間沒有設立新的合夥公司。佛羅倫斯錢莊的狀況有可能很糟，沒人願意在分紅制度的基礎上冒險承擔管理責任。因此，梅迪奇銀行被迫提供必要的經營資本來使佛羅倫斯錢莊繼續維持經營。基於某種無法釐清的因素，資金是經由威尼斯分行透過神祕的管道提供的。在之後幾年裡，佛羅倫斯錢莊因此成為威尼斯分行的附屬機構。一四五一年時也是如此（表14）。為什麼做出這些安排又是一個謎。也許是為了在梅迪奇家族再次被驅逐而被查封之前採取的一個預防措施，這種情況並非遙不可及，許多要推翻他們的陰謀證明這種情況有可能發生。

佛羅倫斯錢莊的管理暫時被委託給喬凡尼・迪阿梅里格・本奇，這是由科西莫選中繼任伊拉廖內的兩人之一。無論如何，在一本記錄匯款和匯票的帳簿（*ricordanze di rimesse e tratte*）中有一筆入帳，說明了至一四四○年，只有喬凡尼・本奇有權委託佛羅倫斯錢莊，並以其名義開具匯票。[32]辦事處被指示不得承兌非他親手書寫的匯票。在一四四○年十月十五日以後，而非更早，同樣的權力也提供給喬凡尼・迪巴爾迪諾・因吉拉米（約一四一二至一四五四年），他成為本奇管理佛羅倫斯錢莊的助手。這位喬凡尼・因吉拉米至少從一四三五年起是羅馬辦事處的一名員工。他曾在一四三七年和一四三八年跟隨教廷到過博洛尼亞和費拉拉。[33]在被召去佛羅倫斯前的一四三九年，他每年的薪資是八十杜卡特。[34]喬凡尼·因吉拉米在調任之後，薪資在一四四五年之前保持不變，直至他被給予佛羅倫斯錢莊獲利八分之一的份額。[35]他繼續為梅迪奇銀行提供服務，一直到一四五四年春天去世。[36]

我們沒有佛羅倫斯錢莊一四三四年至一四四〇年間獲利的紀錄。根據機密帳簿的入帳紀錄，一四四〇年是第一年獲利，當年有一筆兩千兩百福羅林記在資深合夥人的貸方。[37]在之後兩年中，取得更大的進步，但佛羅倫斯錢莊為了把錢轉借給佛羅倫斯政府而付息借款，導致一四四三年再次出現虧損，且借出去的利息可能更低。[38]一四四四年的情況有所好轉，佛羅倫斯錢莊繼續獲利，一直到一四四八年。不過沒有一四四九年與一四五〇年間獲利分配的任何紀錄，因為此時機密帳簿中止了，大家必定會認為，在為壞帳及其他未預料到的偶發事件留下適量準備金之後，沒有淨收益。[39]這些資料以摘要的形式呈現在表44中，表格顯示，在一四四〇年到一四五〇年這十一年裡，包括已分配獲利總計達到兩萬六千二百七十七福羅林鎊十九索爾多九德涅爾，即平均每年接近兩千四百福羅林鎊。這不算太差的紀錄，因為十一年中只有三年無法分紅。

喬凡尼·迪巴爾迪諾·因吉拉米在一四五四年去世後，由弟弟福朗切斯科（一四一四至一四七〇年）繼任經理，福朗切斯科的背景一無所知，除了在一四四七年前後被佛羅倫斯錢莊聘為簿記員之外。[40]福朗切斯科很可能同時成為合夥人。總之，兌換記錄簿（*quaderno di ricordanze di cambi*）在一四五五年列出有權力讓佛羅倫斯錢莊負起義務，並有權簽發匯票的人，包括喬凡尼·迪阿梅里格·本奇、福朗切斯科·迪巴爾迪諾·因吉拉米和托馬索·喬凡尼·迪托馬索·拉皮（一四二一至約一四八六年）。[41]拉皮在一四六〇年仍是員工，但到一四六二年時，貨幣兌換商行會的紀錄中提到他是合夥人。[42]

在一四五七至一四五八年的資產稅報告中，福朗切斯科·因吉拉米清楚地說自己是梅迪奇銀行的合夥人，但只在梅迪奇銀行的佛羅倫斯合夥公司（即佛羅倫斯錢莊）是合夥人。[43]他聲稱自己投入的資本是四百福羅林。由於科西莫在報告中宣稱自己的投資是五千六百福羅林，必定可以推斷，在一四五八年二月時，佛羅倫斯錢莊的總資本不超過六千福羅林。[44]這個數字看起來較小；很可能是科西莫按比例縮小商業投資的金額。如果是這樣，那麼合夥人同樣必須這樣做，並報告相對應的數字；不然的話，騙局會立即被稅務人員揭穿。

現存佛羅倫斯錢莊一四六〇年（佛羅倫斯曆法）的總分類帳有九十七個對開頁的片段。[45]它證實我們從其他資料所得到的資訊。正式而言，科西莫不再是合夥人，佛羅倫斯錢莊想必由他的兒子皮耶羅和喬凡尼與侄子皮耶爾福朗切斯科接任合夥人，在福朗切斯科・因吉拉米的幫助下進行管理。總分類帳的入帳紀錄顯示佛羅

表 44：佛羅倫斯錢莊 1440 年至 1450 年的淨利

年份	合計			梅迪奇的分紅			喬凡尼・因吉拉米的分紅			備註
	f.	*s.*	*d.*	f.	*s.*	*d.*	f.	*s.*	*d.*	
1440	2,200	0	0	2,200	0	0	…	…	…	因吉拉米到 1445 年才能夠得到分紅
1441	3,449	22	3	3,449	22	3	…	…	…	
1442	3,957	12	7	3,957	12	7	…	…	…	
1443	…	…	…	…	…	…	…	…	…	虧損
1444	2,994	16	6	2,994	16	6	…	…	…	
1445	3,275	26	5	2,866	12	3	409	14	2	因吉拉米的分紅是獲利的八分之一
1446-47	8,000	0	0	7,000	0	0	1,000	0	0	
1448	2,400	0	0	2,100	0	0	300	0	0	
1449-50	…	…	…	…	…	…	…	…	…	無紀錄
合計	26,277	19	9	24,568	5	7*	1,709	14	2	

* 該合計數字可以對照表 17 的數字。

資料來源：ASF, MAP, filza 153, no. 3.

倫斯錢莊的興趣非常廣泛，這毫不奇怪。佛羅倫斯錢莊並非局限於貨幣兌換和當地銀行業務；它還經營匯票，並從事多種商品貿易，既獨自經營，也替委託買賣商品的辦事處代銷。這些辦事處都是外人，與梅迪奇在其他地方的分行一樣。正如所料，梅迪奇絲織作坊和毛紡作坊在佛羅倫斯錢莊有活期存款帳戶，佛羅倫斯錢莊處理從國外收到的所有匯款，以及因進口羊毛和生絲所產生的全部支出。因此，佛羅倫斯錢莊向在米蘭的梅迪奇銀行收取兩千四百四十五福羅林的費用，這筆帳被記入皮耶羅・德－梅迪奇公司（絲織作坊）的帳目，毫無疑問是支付寄售絲織品的款項。[46]除了商業公司以外，佛羅倫斯錢莊的客戶還有社會各階層的人，從樞機主教、王公貴族到不一定屬於富裕階層的佛羅倫斯普通市民。[47]在中世紀時，擁有銀行帳戶要比經濟史學家認為的還要普遍。

還有一系列活動或許也值得特別一提：佛羅倫斯錢莊廣泛從事公共基金的債券買賣。在一四六〇年三月二十五日，它持有票面價格十萬五千九百五十福羅林和市場價值僅為一萬八千三百五十八福羅林的債券。這些債券的利息支付既不定時，又取決於戰爭與和平等偶然事件而嚴重貶值，只值票面價值的二一％。由於自治公社決定在一四六〇年五月支付應付的利息，公共基金債券因此增值，價格在此後幾個月上漲，從面值的二一％上漲到二四％甚至更高。這個漲勢顯然誘使佛羅倫斯錢莊抓住機會，將所持有的一半債券以稍有獲利的價格賣出。[48]

佛羅倫斯錢莊對定期存款支付六％或七％的利息。其中一些資金以一二％的利率再被投資於米蘭分行。[49]另一個獲利來源是日內瓦市集上的外匯交易。這些交易採取虛假交易的形式，預示著後來逐漸被稱為匯兌和回兌的合約（*cambio con la ricorsa*）。它們是在其中一個市集上買進可在日內瓦支付的金馬克，並在休市時把這些馬克兌換成福羅林。因為再兌換時的價格通常高於買價，獲利就此產生。因此，佛羅倫斯錢莊在一四六〇年三月以每馬克六十九福羅林的價格買進八月市集可支付的匯票，並以每馬克七十三・七五福羅林的價格回兌，這樣就在六個月時間裡產生每馬克四・七五福羅林的利潤。隨著開市日期的接近，匯價通常會上升：到了一四六〇年七月，八月市集的匯價已從每馬克六十九福羅林，上升到每馬克七十・五福羅林。[50]還需要什麼來證明利率的存在呢？一四六〇年的萬聖節市集也證明這樣的操作是有獲利的，因為兌換與回兌之間存在較大的差價。[51]

總分類帳的帳目證實，布魯日分行在處理義大利境內的債務上遇到麻煩。梅迪奇銀行布魯日分行很少會直接匯款到佛羅倫斯，而是經由倫敦或經由日內瓦轉匯。[52]盧卡似乎不再有銀行，原因是佛羅倫斯錢莊透過特別信使送交硬幣的方式，把盧卡在布魯日的米凱萊・阿諾爾菲尼公司送交的匯款收益轉送給在盧卡的吉羅拉莫・桂尼吉。[53]

不應該認為在十二、十三世紀時盛行的康孟達契約和海幫合作契約*到了一四六〇年時已廢棄不用。以單次航程為期簽訂的這類合約在更持久關係的框架內繼續存在，例如終點合夥契約。佛羅倫斯錢莊的總分類帳提供被委託給邦詹尼・詹菲利亞齊的一家 *incetta di Barberia*（與巴巴利合夥的企業）的例子，他用槳帆船運載貨物，包括白銀（銀錠和銀幣）、乳酪和油品，並帶回黃金和西班牙生絲。[54]部分貨物以康孟達契約的形式被委託給詹菲利亞齊，這個契約只授予他分享四分之一淨收益的權利。至於其餘部分，他享有一半的份額，這是典型的海幫合作契約。單是投入這個康孟達契約的資本就達到約六千零五十三袋福羅林金幣。而且，詹菲利亞齊把合夥人的一半資本（即三千福羅林）用金錠交付給他們，外加價值一千五百福羅林的生絲。

＊康孟達契約（commenda）指海商不出資，資本由不願冒險的投資人負擔，獲利則由海運商人得四分之一，投資人四分之三。海幫合作契約（societa maris）則是海商出三分之一，投資人三分之二，事成後利益均分。此為歐洲海外貿易經營模式，據說由義大利人發明。

這類投機絕非例外。在一四七七年這個鬧饑荒的年份，羅倫佐和朱利亞諾・德－梅迪奇為了盡自己的社會責任（*per fare il debito nostro verso il pubrico*），派遣斯基亞塔・迪福朗切斯科・巴涅西去突尼斯，目的是購買穀物，如果可能的話，用佛羅倫斯和英格蘭的布料進行以物易物貿易。[55]遺憾的是，我們不知道這次投機行動的結果如何，甚至不知道巴涅西是否能確保從突尼斯的哈夫西德統治者那裡順利獲得出口許可證。

一四六〇年的總分類帳顯示，除了福朗切斯科・因吉拉米以外，佛羅倫斯錢莊至少還有四位員工：福朗切斯科・迪巴爾托洛梅奧・巴爾多維尼和托馬索・迪喬凡尼・拉皮，他們兩個每年的薪資均為六十六又三分之二福羅林，古德多・迪福朗切斯科・古德提的薪資是五十五福羅林，朱利亞諾・迪塞爾西莫內的薪資不得而知，但他顯然是收銀員。[56]

由於貨幣兌換是佛羅倫斯錢莊一項主要業務，約每兩個月計算一次的現金，會定期顯示盈餘。貨幣兌換產生的利潤在一四六〇年度（佛羅倫斯曆法）總計達九百一十六福羅林十二索爾多八德涅爾金幣，但不及佣金和匯兌收益重要，後者總計達一千九百八十二福羅林一索爾多三德涅爾金幣。[57]在同個時期收到的費用總計達一百五十六福羅林十二索爾多十德涅爾金幣。在考慮因失誤而作出若干微調等因素之後，銀行業務在一四六〇年度產生兩千七百四十六福羅林九索爾多一德涅爾金幣的獲利。雖然現存的資料片段並未透露交易收益的總額，但讓人覺得佛羅倫斯錢莊仍處於景氣不錯的狀態。

梅迪奇銀行的現存紀錄自一四六〇年起出現較大的空缺；沒有佛羅倫斯錢莊相關的帳目和商業通信可供利用。因此，不得不依靠行會的紀錄，它們給出事實性資訊，但無助於說明商業問題。歷史學家與小說家不同，歷史學家需要文獻證據作為依據。若缺乏證據，就沒有發言權。

根據貨幣兌換商行會的公司名錄，佛羅倫斯錢莊直到一四六九年仍繼續由經理福朗切斯科・因吉拉米和襄理托馬索・拉皮經營。[58]因吉拉米是否曾承擔總經理的部分責任似乎很值得懷疑。由於沒有到過國外，他對外國分行的問題不甚熟悉。然而，有可能他幫忙做一些審計和或多或少常規性質的工作。一四七〇年有一個重大改變，當時托馬索·拉皮退出合夥，並由福朗切斯科·丹東尼奧·諾里和洛多維科·丹東尼奧·迪塞爾托馬索·馬西取而代之。因吉拉米在之後不久去世；他的職位毫無懸念地由福朗切斯科·諾里（一四三〇至一四七八年）填補，諾里是一位訓練有素的管理者，在被驅逐出法蘭西之前曾擔任里昂分行經理。[59]馬西在為尤果利諾和安東尼奧·馬特利公司（梅迪奇在比薩的代表）服務幾年之後來到了梅迪奇銀行（表26）。

眾所周知，福朗切斯科·諾里是帕齊陰謀*的受害者。一四七八年四月二十六日，他在掩護豪奢的羅倫佐逃脫刺客追殺時，在花之聖母瑪麗亞大教堂被刺身亡。連行會在這段時期的紀錄也不完整，但馬西無疑填補諾里早亡所留下的空缺。在一四八二年時，馬西向行會當局宣稱，梅迪奇的佛羅倫斯錢莊有以下的合夥人：豪奢的羅倫佐、福朗切斯科·迪托馬索·薩塞蒂、馬西本人，以及喬凡尼·多爾西諾·蘭福雷迪尼。隔年的合夥人成員沒有改變，但一四八四年出現大幅改組。根據行會紀錄，新的合夥人是：他（馬西）的叔叔豪奢的羅倫佐、羅馬分行經理喬凡尼·迪福朗切斯科·托爾納博尼，以及阿格斯蒂諾·迪桑德羅·比廖蒂。[60]比廖蒂曾是梅迪奇銀行在那不勒斯的員工，很可能是替代洛多維科·馬西擔任經營合夥人的工作，馬西不是死了，就是選擇退休。薩塞蒂為何退出的原因很難猜測。當然並不是因為他被降級，因為他仍是總經理。事實上，羅倫佐·德–梅迪奇在一四八四年七月三日寫信給在里昂的廖內托·德–羅西時說，福朗切斯科·薩塞蒂依舊保持著以往同樣的「好名聲」和權威，儘管他不再是佛羅倫斯銀行合夥人。[61]

＊帕齊陰謀是指法蘭西斯科·德·帕齊串通佛羅倫斯的其他幾位貴族、大主教等，在一四七八年四月二十六日教學做禮拜時刺殺羅倫佐和朱利亞諾兄弟的事件。朱利亞諾被刺死，羅倫佐僥倖逃過一劫，後來對帕齊及其同夥展開血腥清洗，參見附錄二〈梅迪奇銀行歷史上重要日期和事件一覽表〉。此處提到的諾里也死於這場事件中。

到了一四八七年時，狀況變得更糟了：佛羅倫斯錢莊的合夥人只剩下豪奢的羅倫佐和喬凡巴蒂斯塔．布拉奇。布拉奇並沒有投入資本，但可以分得十分之一的獲利「作為薪資，以補償他盡心盡力的付出」。[62]但不管怎麼說，佛羅倫斯錢莊大限將至。布拉奇是佛羅倫斯錢莊最後一位經理。當一四九四年梅迪奇失去權力並開始流亡時，仍是由布拉奇負責經營。他們的全部財產，包括佛羅倫斯錢莊，都被查封。

梅迪奇銀行的終結，也是著名的貨幣兌換商行會的終結。銀行一家接一家地消失。到了一四九五年，成員減少到不再能充實行會組織的程度。紀錄到此停止。這個危機不只在佛羅倫斯，還延伸到歐洲各地的銀行業。在布魯日，貨幣兌換商的櫃台已經發展成存款銀行，現在被懷有敵意的貨幣政策扼殺，被迫出局。[63]歷史在威尼斯重演，一四九九年，所有轉帳銀行（*giro banks*）都被捲入一波破產倒閉浪潮之中，只有一家活下來。[64]中世紀的轉帳銀行和存款銀行，只有在西班牙才能承受住這場風暴的考驗。[65]是什麼導致這場普遍危機仍然是個謎。它很可能是十五世紀末歐洲貿易崩潰的一個側面。佛羅倫斯的銀行業在一五〇〇年之後重新繁榮起來，但那是在一個新的基礎之上，以一種新的形式、新的名字出現在世人面前。

二、威尼斯分行

在佛羅倫斯設立總行之後不久，一三九八年，喬凡尼．迪比奇．德－梅迪奇及合夥人貝內代托．迪利帕喬．德－巴爾迪就決定在威尼斯開設一家辦事處。如前所述，這只是一個嘗試，起初並未形成單獨的合夥公司，這家新的辦事處是羅馬分行的一家支行，由員工內里．迪奇普里亞諾．托爾納昆奇管理。[66]威尼斯前三年（一三九八年、一三九九年和一四〇〇年）的獲利被算進羅馬分行的獲利中，沒有用單獨的帳目出現在梅迪奇銀行的機密帳簿裡。[67]

一四〇二年三月二十五日，終於成立真正的分行，並撥入五千杜卡特（威尼斯通貨），也就是五千兩百二十五福羅林（佛羅倫斯通貨）的資本。在幾個月的時間內，資本就增加到九千福羅林，因為梅迪奇另外投入兩千七百七十五福羅林，內里．托爾納昆奇也增加一千福羅林。[68]根據托爾納昆奇的報告，一四〇一年的淨利達到一千七百二十福羅林，被記入喬凡尼．迪比奇和貝內代托．德－巴爾迪公司的貸方，這年是合夥前的最後一年。[69]隔年（一四〇二年），按慣例扣除應付薪資和壞帳之後，估計淨利達到整整三千福羅林，其中內里按股份可以分得四分之一，即七百五十福羅林。剩下的兩千兩百五十福羅林平均分給喬凡尼．迪比奇和貝內代托．德－巴爾迪。[70]在發現內里虛報獲利、實際上是虧損之後，最後幾筆入帳後來被撤銷。[71]之後三年（一四〇三至一四〇五年）他也提出獲利的報告，但這些獲利從未記入合夥人的帳戶。[72]

因為內里的所作所為引起懷疑，為此做了一番調查，結果種種詐欺舞弊行為被揭露出來。如第三章提及，托爾納昆奇未經資深合夥人的同意就擴大信貸給南方德意志人和波蘭人，而且無法收回到期的應收帳款。為了填補耗竭的營運資本，他以八％的利率借錢，最終，他以報告子虛烏有的獲利和隱瞞壞帳損失的手段欺騙合夥人。[73]不言而喻，內里的契約被立即終止。審計帳簿後顯示，壞帳金額高達一萬三千四百零三福羅林。此外，拖欠的薪資高達六百八十三福羅林，因此，總共損失超過一萬四千福羅林。扣除一四〇三年、一四〇四年和一四〇五年的獲利之後，仍有五千三百五十六福羅林的虧損。[74]梅迪奇將托爾納昆奇告上 *Sei di Mercanzia*（商事法庭），並得到托爾納昆奇敗訴的判決。[75]拍賣他在城裡的一棟房子和在卡雷吉一家農場的股份只得到大約一千福羅林的錢，這筆錢遠遠不足以補償資深合夥人蒙受的損失。內里．托爾納昆奇去了克拉科夫，並收回一些未償還的欠款，但他並未將這些收到的款項匯給以前的合夥人。[76]他的不誠實並沒有給他帶來好運：他沒能在波蘭安身立命，結果窮困潦倒，當喬凡尼．迪比奇聽說他的困境之後，還寬容地寄幾個福羅林給他。[77]

儘管有這次令人沮喪的經歷，梅迪奇銀行仍未從威尼斯撤出，而是在一四〇六年四月二十五日組建新的合夥公司，由喬凡尼・迪福朗切斯科・達加利亞諾擔任經理。資本額設定為八千杜卡特，其中達加利亞諾提供一千杜卡特。公司名稱依舊是「喬凡尼・德-梅迪奇公司」，經理可以分得四分之一的獲利。[78]威尼斯分行在新的管理下欣欣向榮：獲利在一四〇六年達到一千六百七十福羅林、一四〇七年是兩千一百福羅林、一四〇八年是兩千兩百福羅林、一四〇九年是兩千五百九十四福羅林鎊十九索爾多十德涅爾，因此資深合夥人獲得六千四百二十三福羅林鎊二十一索爾多九德涅爾的分紅，喬凡尼・達加利亞諾獲得兩千一百四十福羅林鎊二十七索爾多一德涅爾（表45）。[79]

當三年的契約在一四一〇年期滿時，續簽了四年，對其中三點做了些許更改：一、達加利亞諾被允許每年來佛羅倫斯一次，不必徵求資深合夥人的允許；二、他被授權自行決定在貿易與銀行業中的投資金額；三、他在獲利分配前給予每年一百威尼斯杜卡特的津貼。[80]威尼斯分行當時只有五名員工：安德烈・迪蘭切洛托、切喬（福朗

表45：威尼斯分行自1406年初至1415年底（佛羅倫斯曆法）的淨利
（金額均為合29福羅林鎊幣索爾多的福羅林金幣袋）

年份	年數	合計			喬凡尼・達加利亞諾的分紅			資深合夥人的分紅		
		f.	*s.*	*d.*	f.	*s.*	*d.*	f.	*s.*	*d.*
1406	1	1,670	0	0	417	14	6	1,252	14	6
1407	1	2,100	0	0	525	0	0	1,575	0	0
1408	1	2,200	0	0	550	0	0	1,650	0	0
1409	1	2,594	19	10	648	12	7	1,946	7	3
1410-13	4	3,400	0	0	1,150	0	0*	2,250	0	0
1414	1	2,500	0	0	700	0	0	1,800	0	0
1415	1	2,633	6	8	733	6	8	1,900	0	0
合計	10	17,097	26	6	4,724	4	9	12,373	21	9

* 自1410年起，喬凡尼・達加利亞諾在得到四分之一的分紅前可以先得到100福羅林的津貼。

資料來源：MAP, filza 153, no. 1, fols. 55, 56, 57, 67, 68, 88, and 91.

切斯科）‧丹東尼奧‧德－梅迪奇、福朗切斯科‧布艾里（定居在盧貝克蓋拉爾多的一個兄弟）、安東尼奧‧迪拉札羅‧貝爾蒂尼、喬凡尼‧布魯斯科利尼。[81]接下來幾年得到的獲利或多或少都是令人滿意的：從一四一○年三月二十五日到一四一六年三月二十四日的六年時間裡，可分配的淨利總計達八千五百三十三福羅林，即每年平均約一千四百福羅林（表45）。當然有些年份好些，有些年份差些：獲利時高時低，一四一○年和一四一三年間的某一、兩年甚至出現過虧損，這也許可以解釋為何四年的獲利被合在一起。平均而言，後期（一四一○年至一四一六年）的獲利比喬凡尼‧達加利亞諾一開始管理的前幾年（一四○六年至一四一○年）獲利來得少。

一四一六年五月三十日，威尼斯分行透過將未分配的獲利轉移到資本帳戶的貸方，使資本增加三百格羅特鎊，即三千杜卡特（威尼斯通貨）。[82]喬凡尼‧達加利亞諾必定在這之後不久就去世了，而且是頗為意外地去世，因為在那年結束之前，梅迪奇銀行任命喬凡尼‧達多阿爾多‧迪喬凡尼‧迪馬內托‧波提納利（一三六三至一四三六年）擔任威尼斯分行的經理，年薪一百五十福羅林。[83]這是未逐級提拔而選用外人擔任資深合夥人的罕見例子。也許沒有哪位在威尼斯分行服務的員工具有擔任經理職務的足夠經驗或必要資質。喬凡尼‧波提納利不是年輕人，因為他已五十三歲了。他在威尼斯居住很多年，自一三八四年起就在那裡做生意，起先是與尼科洛‧迪奧蒂費奇合夥，後來，也就是一四○六年之後，他是與馬泰奧‧迪巴爾托洛‧塔納利亞合夥。[84]喬凡尼擔任代理經理直到一四一九年三月二十五日，此時，資深合夥人決定調整他的職位，讓他成為合夥人。[85]同時，獲利持續令人滿意。在留下部分資金用於未付薪資和壞帳之後，記入資深合夥人帳戶的獲利分別為：一四一六年一千四百福羅林、一四一七年和一四一八年合計兩千福羅林、一四一九年一千兩百福羅林。[86]

由於貝內代托‧德－巴爾迪的去世，以及喬凡尼‧迪比奇從積極領導中退出，與喬凡尼‧達多阿爾多‧波提納利在一四一九年簽訂的協議有一年多的時間並未生效。它被一份在一四二○年十月二十三日簽訂的新契約取代，契約效力追溯到一四二〇年三月二十五日。這個協議很可能沒有改變已經生效的條款：資本被保持在縮減的八百格羅特鎊，即八千杜卡特（威尼斯通貨），其中七千杜卡特由資深合夥人提供，其餘款額，即一千杜卡特，則由喬凡尼·波提納利提供。他可以得到四分之一的獲利來當作服務的報酬。唯一的大更動是，這家合夥公司從此更名為「科西莫和羅倫佐·德－梅迪奇公司」，取代原來的名稱「喬凡尼·德－梅迪奇公司」。[87]

在一四二〇年至一四三四年底這段時間裡，威尼斯分行繼續產生豐厚的獲利，資深合夥人沒有理由不對其財務成果感到心滿意足。如表46所示，在十五年的時間裡，在扣除準備金和初級合夥人的分紅之後，他們總計獲得兩萬四千四百五十三福羅林的利潤。這相當於平均每年獲得一千六百三十福羅林。由於資深合夥人投資七千杜卡特，也就是比八千福羅林（佛羅倫斯通貨）稍微少一些，這代表有超過二〇%的報酬，對商業利率在一二%至一五%間波動的時期來說，這樣的表現算還不錯，但並不出色。

到一四二八年為止，喬凡尼·波提納利是唯一的初級合夥人。由於他已近六十五歲，很可能將愈來愈多東西授權給自己的助理，並把自己局限在監督活動上，也就是今天所說的決策：規劃在業務經營方面須遵循的通則。在這些情況下，資深合夥人很可能認為，承認喬凡尼的助理為合夥人，並在扣除常規的壞帳準備金和應計費用之後，讓助理得到八分之一的獲利，以便給他更多的激勵是適宜的做法。剩下的餘額則按照三比一的比例分配給資深合夥人與喬凡尼·波提納利。[88]

新的合夥人是來自拉斯卡爾佩里亞的洛托·迪塔尼諾·博齊（一三八七至大約一四五七年），後來他把姓名中的博齊改為塔尼尼。他自一四一四或一四一五年起就在威尼斯分行工作，而且顯現出執行能力。洛托必須原地踏步，等待時機成為分行經理，直到一四三五年，喬凡尼·波提納利因為生病而在七十二歲強迫退休，這才讓他如願以償。[89]當寧靜共和國（即威尼斯共和國）向科西莫·德－梅迪奇提供庇護時，他仍穩坐威尼斯分行的領導人位置。

表 46：威尼斯分行 1420 年至 1434 年（佛羅倫斯曆法）的獲利
（除了最後一欄的單位是合 29 索爾多的福羅林金幣袋外，其餘均為威尼斯格羅特鎊）

年份	合計			準備金			淨利			洛托・塔尼尼的分紅			喬凡尼・波提納利的分紅			資深合夥人的分紅 威尼斯貨幣			資深合夥人的分紅 佛羅倫斯貨幣		
	£	*s.*	*d.*	£	*s.*	*d.*	£	*s.*	*d.*	£	*s.*	*d.*	£	*s.*	*d.*	£	*s.*	*d.*	£	*s.*	*d.*
1420	172	3	8	…	…	…	…	…	…	…	…	…	…	…	…	…	…	…	…	…	…
1421	154	2	3	…	…	…	…	…	…	…	…	…	…	…	…	…	…	…	…	…	…
1422	154	14	3	…	…	…	…	…	…	…	…	…	…	…	…	…	…	…	…	…	…
1423	129	18	0	…	…	…	…	…	…	…	…	…	…	…	…	…	…	…	…	…	…
1424	189	10	11	…	…	…	…	…	…	…	…	…	…	…	…	…	…	…	…	…	…
	800	9	1	210	9	1	590	0	0	…	…	…	147	10	0	442	10	0	4,678	14	6
1425	191	3	10	43	0	0	227	11	4	…	…	…	56	17	10	170	13	6	1,825	0	0
1426	79	7	6	…	…	…	…	…	…	…	…	…	…	…	…	…	…	…	…	…	…
1427	195	18	7	20	0	0	175	18	7	…	…	…	43	19	8	131	18	11	1,432	13	0
1428	210	9	4	64	14	11	155	14	5	…	…	…	38	18	2	116	16	3	1,254	21	0
1429	215	14	0	40	0	0	175	14	0	21	19	3	38	8	8	115	6	1	1,244	13	10
1430	259	0	0	29	0	0	230	0	0	28	15	0	50	6	3	150	18	9	1,624	21	8
1431-32	775	15	11	94	13	9	681	2	2	85	2	9	148	19	10	446	19	7	4,850	0	0
1433-34	無紀錄			無紀錄			無紀錄			無紀錄			無紀錄			無紀錄			7,870	0	0
	2,727	18	3	501	17	9	2,236	0	6	135	17	0	525	0	5	1,575	3	1	24,779	26	0
													扣除：後來調整						326	0	5
													合計						24,453	25	7*

* 該合計對應表 11 中給出的數字。

資料來源：ASF, MAP, filza 153, no. 2, fols. 38, 43, 46, 52, 59, 67, 77, and 83.

根據一份為一四二七年資產稅而準備的資產負債表，威尼斯分行比梅迪奇的其他機構更加注重貿易（表47）。為記錄其商品交易，威尼斯分行單獨設立帳本，叫做商品交易帳簿。跟往常一樣，寄售貿易非常重要：威尼斯分行替在阿奎拉（阿布魯齊）的一個辦事處出售番紅花；替在盧貝克的蓋拉爾多．布艾里出售毛皮製品、琥珀、亞麻布和錫器；替居住在布魯日的一個義大利人出售來自韋爾菲克的細嗶嘰；替倫敦的托爾納博尼公司出售英格蘭布料。[90]他們經營來自瓦倫西亞的西班牙羊毛，以及來自克里特島的烈性甜白葡萄酒。由於外國人被拒絕參與跟黎凡特地區的貿易，因此梅迪奇銀行威尼斯分行購買香料（最主要的是胡椒）和來自威尼斯進口商的棉花。

如前所述，自內里．托爾納昆奇那令人沮喪的經歷之後，就避免與德意志人交易；梅迪奇銀行變得小心謹慎，比較願意與他們了解商業信譽的佛羅倫斯商人交易，或與擁有可信賴聲譽的威尼斯人交易。借款給非威尼斯永久居民，或是居住在德意志房子裡的德意志人是一場非常危險的遊戲，因為永遠無法知道他們是否會回來付帳。在德意志追蹤債務人牽涉到極大的麻煩和費用，還不一定有結果，因為甭想指望能從當地法院快速討回公道。[91]

由於梅迪奇銀行廣泛經營匯票，因此，在國外辦事處開設的帳戶在資產負債表的資產與負債欄中均為主要項目毫不奇怪。倫敦的烏貝爾蒂諾．德－巴爾迪公司欠梅迪奇銀行威尼斯分行的債務高達五百格羅特鎊（即五千杜卡特）。另一個大項目是對布魯日的加萊亞佐．博羅梅伊公司的一筆兩百二十九格羅特鎊（即兩千兩百九十杜卡特）的應收帳款。這些餘額的規模似乎再次顯示，因為轉帳困難，使得帳款很容易在布魯日和倫敦累積，因為未必總能安排羊毛船貨到義大利。一四二七年時，梅迪奇銀行在布魯日和倫敦尚未設分行，而是由那裡的辦事處代理。

威尼斯分行與當地的 *banchi di scritta*（轉帳和存款銀行）有業務往來，但他們不在這些機構保有大筆存款

表 47：梅迪奇銀行威尼斯分行 1427 年的資產負債表
（金額均為威尼斯格羅特鎊）

資產				
	£	*s.*	*d.*	p.
總分類帳借方餘額：				
國外辦事處（19 項）	2,246	12	9	4
梅迪奇的其他公司	599	7	6	6
給員工的預付款（6 項）	218	10	8	23
在梅迪奇其他分行的存款	184	5	9	10
壞帳（8 項）	127	6	0	4
雜項應收帳款	92	11	8	29
商品帳戶	45	5	0	24
家用及辦公用家具	42	13	6	16
1426 年期間的家庭開銷（*spese di casa*）	31	6	5	20
前面總分類帳的誤差	2	5	2	9
轉帳銀行（*banchi di scritta*）	40	13	6	1
小計	*3,630*	*18*	*3*	*18*
商品帳簿借方餘額：				
雜項應收帳款（12 項）	476	15	3	3
現金帳簿借方餘額：				
雜項應收帳款	93	18	6	6
零星費用	2	19	3	0
銀行用馬一匹	1	8	6	0
庫存現金	0	16	0	0
小計	*99*	*2*	*3*	*6*
合計	4,206	15	9	27
計算餘額的誤差	7	17	1	26
合計	4,214	12	11	21

資料來源：ASF, MAP, Catasto No. 51 (Leon d'Oro, 1427), fols. 1187-1190.

表 47：梅迪奇銀行威尼斯分行 1427 年的資產負債表（金額均為威尼斯格羅特鎊）

（續）

負債	£	*s.*	*d.*	p.
總分類帳貸方餘額：				
國外辦事處（15 項）	1,062	3	1	23
定期存款（4 項）	722	7	11	8
羅倫佐・德利阿滕多里（定期存款？）	109	6	11	0
送交寄售商品的債權人	61	4	1	24
雜項應付帳款（7 項）	30	11	11	0
銀行利潤	28	14	11	13
一個羊毛帳戶的貸方餘額	8	1	6	20
保險（收取的保費？）	7	7	6	0
在轉讓銀行的透支（3 項）	6	9	5	11
匯兌和保險佣金	1	7	5	0
佛羅倫斯領事館領事簽證費		5	11	6
小計	*2,038*	*0*	*10*	*9*
商品帳簿貸方餘額：				
雜項應付帳款（13 項）	556	15	1	25
現金帳簿貸方餘額：				
雜項應付帳款（27 項）	172	9	6	8
機密帳簿貸方餘額：				
科西莫和羅倫佐・德－梅迪奇，資本帳戶	700	0	0	0
托馬索・迪福爾科和喬凡尼・迪阿多阿爾多・波提納利，資本帳戶	100	0	0	0
德意志人喬凡尼・比安基，定期存款	105	0	0	0
1425 年和 1426 年未分配獲利	320	7	15	25
壞帳準備金	221	19	1	18
機密帳簿小計	*1,447*	*7*	*5*	*11*
合計	4,214	12	11	21

資料來源：ASF, MAP, Catasto No. 51 (Leon d'Oro, 1427), fols. 1187-1190.

餘額。威尼斯分行也不會過分透支。

外人在威尼斯的存款不及在羅馬的存款重要，但仍具可觀的規模，即使這些存款並沒有比合夥人投入的資本還多，也等於在經營上投入資本。記在偉大豪奢的領主羅倫佐・德利阿滕多里帳戶貸方的一百零九格羅特鎊（即一千零九十杜卡特）可能應該被看作是定期存款。其中一位存款人是來自博洛尼亞的蒙納・巴爾托洛梅亞・德蓋拉爾多：他有四千杜卡特的定期存款，這是一筆小財富。另一位存款人是喬凡尼・比安基・德拉馬尼亞（來自德意志），他只有一千零五十杜卡特的存款要計息。總之，支付高利息的存款總額或許超過九百三十格羅特鎊，即九千三百杜卡特。這些存款所有者的權益、資本加上未分配的獲利以及準備金，總額約一萬三千五百杜卡特。固定資源、資產淨值和長期債務合在一起的總額達到將近兩萬三千杜卡特，或者說遠遠超過登記資產的五〇%。若這些資產確實很容易變現的話，那麼這個比例可以顯示財務狀況相當穩健，但這一點我們無從知曉。

除了價值四十四格羅特鎊（四百四十杜卡特）的家具和一匹馬以外，無固定資產。當然，不知道為什麼威尼斯分行在威尼斯需要一匹馬；大家會認為貢多拉平底船會更有用處。很可能這匹馬養在帕多瓦的馬廄裡，用於陸路旅行。

通常，梅迪奇銀行禁止分行經理承辦保險，但這個政策並未施行於威尼斯分行，很可能是因為里亞爾托島是保險業中心，另一個保險業中心是熱那亞。事實上，威尼斯分行會承做一些保險業務，但沒有十分積極，因為這項業務仍與賭博混淆，並引起許多欺詐事件。無論如何，如一四二七年資產負債表所透露的那樣，保險業是個不起眼的獲利來源。

威尼斯分行的員工非常少。根據這個資產負債表，包括分行經理在內只有四名員工：洛托・迪塔尼諾・博齊（他雖然已經四十歲，但仍被叫做年輕人）、安東尼奧・迪尼科洛・馬特利、福朗切斯科・丹東尼奧・德－

梅迪奇（一個遠房親戚）以及保羅·迪多梅尼科·瓜斯科尼。梅迪奇銀行威尼斯分行也有一個女奴瑪麗亞·羅薩在服務。如前一章所述，奴隸制度在地中海沿岸所有的海港相當盛行。尤其是威尼斯這個老牌奴隸市場。

在科西莫從流放返回之後（一四三四年九月），對所有現存契約進行完整審視。在威尼斯，喬凡尼·波提納利退休，簽訂一份新的協議，分別由洛托·塔尼尼（博齊）和安東尼奧·迪尼科洛·馬特利擔任經理和襄理。資深合夥人出資七千杜卡特，兩位經營合夥人各出資五百杜卡特，總共是八千杜卡特。[92]雖然這兩個人的出資金額相同，但由於洛托·塔尼尼的職位責任更大，他可以得到六分之一的獲利，而安東尼奧·馬特利只獲得八分之一。其餘的二十四分之十七歸資深合夥人。這項契約自一四三五年三月二十五日至一四四〇年三月二十四日，為期五年。其他條款都是在梅迪奇契約中常使用的條款。洛托·塔尼尼和安東尼奧·馬特利兩個人均被限制居住在威尼斯，照料 *al governo di detto traffico*，即「上述經營活動的管理」。

在一四三五年至一四四〇年這段時間裡，威尼斯分行是分行經理的搖籃。[93]首先，有喬凡尼的兒子貝爾納多·波提納利（一四〇七至一四五五年），一四三六年他從威尼斯被召回，並派到布魯日去籌建梅迪奇銀行的分行。接下去是福朗切斯科·達維齊，一四四〇年他以三十格羅特鎊作為服務五年的報酬，這意味他的年薪是六十杜卡特。他在一四四八年時仍在威尼斯分行工作，但似乎不久之後就離開銀行去經商了。也許他不滿意當時的職位，因為他沒有被升到更高的職位。第三位是亞歷山德羅·馬特利（一四一七至一四六五年），儘管他在一四四〇年時才二十三歲，但他每年已經有五十杜卡特的薪資。他命中注定將在後半生成為威尼斯分行的經理。第四位是皮傑洛·波提納利（一四二一至一四六八年），他在威尼斯服務到一四五二年，那時科西莫把在米蘭籌建新分行的任務交給他。第五位是安傑羅·塔尼（一四一五至一四九二年），他在一四四〇年時的薪資是四十杜卡特，並在後來兩到三年內離開威尼斯，加入布魯日的貝爾納多·波提納利公司。在倫敦擔任一段時間的員工之後，他最終成為布魯日分行的經理。紀錄中還提到一名僕人，我們只知道他的名字叫克里斯托法諾，其餘一無所知。

在一四三八年前後，梅迪奇銀行威尼斯分行出售由織布商貝爾納多・丹東尼奧・德–梅迪奇公司送來寄售的布料。這個貝爾納多・丹東尼奧只是科西莫的一個遠房親戚，但卻是一個親密朋友，是梅迪奇黨的一名堅強支持者。在一封一四三八年八月九日的信中，威尼斯分行表達了遺憾，雖然不遺餘力尋找買家，但送去寄售的布料還是賣得太慢。[94]後來一封在一四四二年六月二十七日的信提到銷售五卷布匹的事情，賣了二十二格羅特鎊九索爾多十德涅爾（威尼斯通貨）。扣除費用（運費、經紀費、進口稅及佣金）之後，淨收益為二十一格羅特鎊十三索爾多九德涅爾，即每卷布大約四十二杜卡特，這是相當好的價錢。

在之後六年時間裡，即一四三五年三月二十五日至一四四一年三月二十四日，威尼斯分行繼續得到可觀的利潤，在一四三九年達到頂峰，獲利超過八千杜卡特，等於公司資本的金額，相當出色的結果。甚至照例做出扣除和支付初級合夥人的分紅之後，資深合夥人的分紅總額達到兩萬七千七百四十福羅林鎊一索爾多十德涅爾，這對於七千杜卡特（威尼斯通貨），即七千五百六十福羅林（佛羅倫斯通貨）的投資而言，代表每年的報酬率約六〇％（表17和表48）。在之後十年中，這樣的獲利水準或多或少保持到一四四五年，但這段期間的高收益在隔年突然結束（表49）。一四四六年和一四四七年非但沒有獲利，反而出現嚴重的虧損，機密帳簿中有一條備註解釋說，因累積的壞帳沖銷現有的準備金，吐回全部的獲利，甚至侵蝕了資本。[95]這樣的倒退現象其中一個原因是在巴塞隆納的喬凡尼・文圖里和李卡多・達萬札蒂公司的倒閉。一四四七年七月的後半月，喬凡尼・文圖里和李卡多・達萬札蒂公司拒絕承兌兩千九百七十三杜卡特的匯票，並遭到受款人的抗議，以便寄票人能向出票人追索，在本案中，出票人是梅迪奇銀行威尼斯分行。未承兌匯票的數量在八、九月份繼續源源不斷地湧入。總的來說，拒絕承兌的匯票總金額達到八千一百杜卡特。[96]向巴塞隆納開出匯票是相當正常的，因為梅迪奇銀行在那裡有貸方餘額，並能出售匯票給威尼斯番紅花和西班牙羊毛進口商。在那時，威尼斯大概與

表 48：威尼斯分行 1435 年至 1440 年的獲利（佛羅倫斯曆法）

年份	威尼斯通貨（格羅特鎊）			佛羅倫斯通貨（福羅林金幣袋）		
	£	*s.*	*d.*	£	*s.*	*d.*
1435	398	8	9	4,304	0	0
1436	601	12	0	6,497	0	0
1437	685	15	4	7,406	0	0
1438	590	1	1	6,370	0	0
1439	801	0	3	8,650	0	0
1440	767	14	6	8,320	0	0
合計	3,844	11	11	41,547	0	0
扣除：後來調整	-225	5	0	-2,394	0	0
	3,619	6	11	39,153	0	0
扣除：洛托・迪塔尼諾的六分之一獲利分紅	-603	14	4	-6,521	23	8
扣除：安東尼奧・馬特利八分之一獲利分紅	-452	9	11	-4,891	3	6
資深合夥人的分紅	2,563	2	8	27,740	1	10*

* 這個金額對應表 17 給出的數字。

資料來源：ASF, MAP, filza 153, no. 3, fols. 17, 22, 23, and 44.

阿拉貢王國有貿易逆差，但借助威尼斯－布魯日－巴塞隆納的三角關係達到平衡，因為布魯日有款項需要在威尼斯支付，並為此目的向巴塞隆納索賠。

洛托・迪塔尼諾・博齊顯然因為健康欠佳而不在威尼斯，資深合夥人把所有事情全都推到安東尼奧・馬特利身上，因為他是代理經理。[97]結果，他被「體面地解僱」並被「說服」去加入自己兄弟尤果利諾・馬特利在比薩的公司。簽訂一份讓亞歷山德羅・馬特利（一四一七至一四六五年）擔任威尼斯分行經理的新契約。[98]他是安東尼奧、尤果利諾（兩人此時是比薩有限責任合夥公司的合夥人）和羅伯托・馬特利（羅馬分行經理）的小弟。資深合夥人提供這家新合夥公司的全部資本（七千杜卡特）；雖然馬特利沒有投資一分錢，但他的服務估計相當於一筆一千杜

表 49：威尼斯分行 1441 年至 1450 年的獲利（佛羅倫斯曆法）
（除最後一欄為福羅林金幣袋以外，其餘金額均為威尼斯格羅特鎊）

年份	合計			洛托・迪塔尼諾的分紅			安東尼奧・馬特利的分紅			威尼斯貨幣			佛羅倫斯貨幣		
	£	*s.*	*d.*	£	*s.*	*d.*	£	*s.*	*d.*	£	*s.*	*d.*	£	*s.*	*d.*
1441	728	1	9	121	6	11	91	0	3	515	14	7	5,633	0	0
1442	840	17	5	140	2	10	105	2	1	595	12	6	6,500	0	0
1443	781	7	9	130	4	7	97	13	6	553	9	8	6,100	0	0
1444-1445	1,281	18	10	213	13	2	160	4	10	908	0	10	10,004	6	0
1446-1447[a]	…	…	…	…	…	…	…	…	…	…	…	…	…	…	…
1448	229	17	8	…	…	…	28	14	8[b]	201	3	0	2,212	0	0
1449-1450	527	11	9	…	…	…	65	19	0[b]	461	12	9	5,130	9	1
	4,389	15	2	605	7	6	548	14	4	3,235	13	4	35,579	15	1[c]

a 1446 年和 1447 年出現虧損，因此沒有獲利分配。
b 自 1448 年起，這是亞歷山德羅・馬特利的獲利分配金額，而非他的兄弟安東尼奧的獲利分配金額。
c 這個金額對應表 17 給出的數字。
資料來源：ASF, MAP, filza 153, no. 3, fols. 63, 65, 73, 79, 88, and 90.

卡特的投資，並給他八分之一獲利的分紅權利。

亞歷山德羅・馬特利不負眾望，讓威尼斯分行重新站了起來。一四四八年的獲利為兩千三百杜卡特，不多不少，之後兩年的獲利稍微多了一點（表49）。

雖然在梅迪奇紀錄裡缺乏證據，但可以理所當然地認為，隨後幾年的獲利要少得多。最有可能是威尼斯分行無法經營下去，並非亞歷山德羅出現過失，而是因為佛羅倫斯、米蘭與威尼斯、那不勒斯相互的戰爭（一四五一至一四五四年）。其實之前實際上已經有敵意，威尼斯共和國命令所有佛羅倫斯商人撤離其領土，並霸占他們的貨物（一四五一年五月）。[99]可以有把握地假設，科西莫一點也不驚訝。書籍、紀錄和貨物可能在威尼斯人有機會占有它們之前就被轉運到安全的地方。

在洛迪和約（一四五四年四月）之後，活動重新開始，由亞歷山德羅・馬特利擔任經理。資深合夥人一定很滿意他的服務，因為他們在一四五五年（喬凡尼．本奇去世前幾個月）願意跟他續約。[100]資本被增加到一萬四千杜卡特，其中兩千杜卡特是由亞歷山德羅出資。他得到的獲利分紅比例也從八分之一提高到五分之一。有個小小的變更是公司的正式名稱改變，這時改為「皮耶爾福朗切斯科．迪羅倫佐．德－梅迪奇公司」。無論是在黎凡特地區還是在彭內的貿易，馬特利被允許用較大的槳帆船一次裝載價值兩千杜卡特的貨物，以及用較小的槳帆船一次裝載價值一千杜卡特的貨物，且無須投保。槳帆船被認為夠安全，因此貨物很少保足全價。當然，中世紀的商人都是投機家，他們對風險習以為常，而且會透過多種經營來尋求安全性，這點已經在前面提過。

五年之後，一四五五年的契約續約，除了資本增加到一萬五千杜卡特，其中亞歷山德羅承諾出資三千杜卡特，實際上並沒有更改。[101]未來他分得的獲利設定為四分之一。公司的經營繼續看好。根據馬特利給科西莫的一份報告，在科西莫去世前幾個星期，最後三年的獲利總計達一萬七千八百七十八杜卡特：[102]

一四六一年：七千零八十二杜卡特

一四六二年：五千七百六十一杜卡特

一四六三年：五千零三十三杜卡特

亞歷山德羅．馬特利並沒有比科西莫多活很久，他在一四六五年夏天就去世了。現存的契約是與其繼承人續的約，自當年所剩的幾個月至一四六六年三月二十四日，反正這時契約到期。[103]此時的威尼斯有能力幫助其他分行：它有四千八百六十一．五杜卡特的存款在米蘭，應資深合夥人的要求，這筆錢被轉移到佛羅倫斯錢莊。馬特利在一封寄給總行的信中也聲稱，當日內瓦分行的還款能力因客戶紛紛倒閉的浪潮而受到威脅之時，是他拯救了日內瓦分行。[104]

一四六六年三月二十五日生效的契約是與喬凡尼．多多．阿爾托維蒂（一四二二年出生）簽訂的，條款與前任經理簽訂的契約相同。[105]阿爾托維蒂接下的是一個爛攤子，因為有幾個債務人拖欠巨大的債務。他們大部分是屬於威尼斯顯貴家族的商人，例如科納家族和丹多洛家族。[106]然而，他們的貸款規模使皮耶羅·德-梅迪奇極為擔憂，因此他命令喬凡尼·阿爾托維蒂緊縮開支。[107]遵照這些指示，阿爾托維蒂也尋求減少支付給存款人的利息，若亞歷山德羅·馬特利的繼承者希望留一些自己的錢在存款帳戶中，他也不願支付超過五%的利息。[108]在這個骨節眼上，這樣一個政策是否為明智之舉，要是沒有現存資料以外更多的資訊，著實是一件難以斷定的事。總之，喬凡尼·阿爾托維蒂缺少亞歷山德羅·馬特利的經商能力，這點似乎毋庸置疑。然而，不應忘記的是，威尼斯與佛羅倫斯之間短暫且未決的戰爭（一四六七至一四六八年）導致貿易不景氣，貨幣市場毫無生氣，因此就沒有獲利的機會（見第六章）。即使如此，阿爾托維蒂必定缺乏進取心，未能讓自己的足智多謀給資深合夥人留下深刻的印象。一四六八年一月十六日，喬凡尼·托爾納博尼建議皮耶羅為威尼斯分行提供「更好的管理」（*buon governo*），並高度贊同薩塞蒂去那裡巡視一番，看看到底是出了什麼問題，該採取什麼措施。[109]由於當時的總經理薩塞蒂並非一個不畏艱難的人，所以他選擇最簡便的出路，說服皮耶羅·德-梅迪奇清算債務，而不是解僱阿爾托維蒂，並換成更能幹的分行經理。到了一四六九年，威尼斯分行進入清算過程。皮耶羅·迪科西莫在一四七〇年遞交的資產稅報告中陳述，他在威尼斯不再有任何業務。[110]

由於意外的索賠和執拗的債務人，清算拖延了一段時間。其中與皮耶羅·桂迪喬尼的明礬買賣帳目結算格外引起各種複雜情況和拖延。丹多洛家族也引起麻煩，在償還貸款的過程中極其拖遝。[111]接下來還有與亞歷山德羅·馬特利的繼承人（以他們的叔叔、威尼斯分行的前經理安東尼奧代表）之間的難題。[112]他們要求支付亞歷山德羅投入的資本，加上一四六四年和一四六五年未分配獲利的四分之一，而且不得扣除任何價值低於帳面價值的資產，例如壞帳。[113]梅迪奇銀行提出付給繼承人七千杜卡特，甚至超過索賠的金額，但要扣除自亞歷山德羅管理、無法收回的四分之一具體債權後。馬特利家族認為這個建議並不公平，大發牢騷說被受騙上當，因為他們得到的比預期少一千六百五十杜卡特。在一四九四年之後，馬特利家族向梅迪奇家族查封財產的監管人請求，在違背所有公平規則下獲得一些扣押品，成功取回一些錢。

對威尼斯分行的清算顯然是個錯誤，因為這間分行在一四七一年重新設立，由喬凡尼・多爾西諾・蘭福雷迪尼（一四三七至一四九〇年）出任經理。[114]由於殘存的紀錄嚴重缺失，關於這家新企業的命運如何，知之甚少。[115]它是在一個貿易衰退的不順遂時機建立起來的。總之，它只存續幾年的時間，在一四七九與一四八一年間又進行一場新的清算。[116]一四八〇年九月，喬凡尼・蘭福雷迪尼被召回佛羅倫斯，並一度被喬凡巴蒂斯塔・里多爾菲取代。里多爾菲曾是蘭福雷迪尼的助理，並被告知威尼斯的經營狀況。[117]他很可能被皮耶羅・丹東尼奧・迪塔代奧免職，羅倫佐在一四八一年四月派迪塔代奧去威尼斯「了結我們的未竟事務」（*per finire qulle nostre cose*），可能是要他透過盡量減少損失並設法解決所有仍未解決的問題。[118]但歷史沒有記錄這項任務的目標達到多少。

注釋

1. 參見第二章第八十條注釋。
2. ASF, MAP, filza 153, no. 1, fol. 73: “Avanzi ... E deono dare a di ditto f. dugiento d’oro i quali diamo a Giuliano di Giovanni di ser Matteo, nostro conpagno, l’anno 1408 per lo settimo li toccha di f. 1400 d’oro... E deono dare a di detto f. mille dugiento d’oro, i quali tochano a Giovanni de’ Medici e Benedetto de’ Bardi per resto degli avanzi fatti 1’anno 1408, posto avanzi che s’apartenghono a loro propri, debino avere a c. 74 f.1200.”
3. MAP, filza 154（羅棱・德－梅迪奇的帳簿）, fols. 35, 36.
4. Arezzo, Archivio della Fraternita dei Laid, filza 7, reg. 55: Libro reale segnato E di Lazzaro Bracci, 1415-1425, fol. 36.
5. 已知最早的支票是從一三七四年開始：它們是開給比薩的一家銀行。許多早期支票也可以在達蒂尼公司的檔案中發現。

Cf. Melis, *Banca pisana*, pp. 69-128. 梅利斯教授相信，到一四〇〇年時，支票已在佛羅倫斯廣泛使用。這在佛羅倫斯或比薩也許符合實際情況，但在威尼斯，支票的使用在十八世紀時仍被嚴格禁止。

6. ASF, Catasto No. 51 (Leon d'Oro, 1427), fols. 1162^v-1168^v.
7. 參見巴塞隆納的達蒂尼公司的資產負債表，發表於 R. de Roover, "Accounting prior to Luca Pacioli," pp. 142-143.
8. ASF, MAP, filza 153, no. 2, fols. 5^v-6. 這是一份一四二〇年十月十六日簽署的合夥契約。
9. 資產負債表的文本如下："Michelozzo e Donatello, intagliatori, per una sepultura del Cardinale Branchacci, carta 7, 188 fiorini 1*s*. 11*d*. aff." 這個墳墓今天仍在那不勒斯的尼羅河天神堂的布蘭卡喬小禮拜堂裡。這項工作自一四二六年至一四二八年在比薩完成。
10. ASF, Catasto No. 470 (Leon d'Oro, 1433), fols. 541^r-546^v.
11. *Ibid., fol.* 539^r.
12. 一筆入帳紀錄的文本如下："Ghostantino e Antonio di Brancha per £ 120 di grossi sanza lettera ... f. 1281 4*s*, 4*d*. affiorino."
13. ASF, MAP, filza 153, no. 2, fols. 73, 76.
14. MAP, filza 153, no. 3, fol. 24.
15. 一四三三年資產負債表的摘要發表在 R. de Roover, "Accounting prior to Luca Pacioli," pp. 149-150.
16. ASF, MAP, filza 153, no. 1, fol. 15.
17. *Ibid.*, fols. 59 and 74: "... i quali gli diano per sua provedigione, cioe di suo salaro, tratandolo come compagno."
18. *Ibid.*, fols. 73, 74.
19. *Ibid.*, fol. 75. 在一四一二年瘟疫期間，尼科洛·博尼擅離職守，使他的主管極不滿意。在承擔經理職務之前，他一直在做記帳和處理通信的工作。
20. *Ibid., iols.* 108, 112.
21. ASF, CatastoNo. 77 (Leon Bianco, 1427), fols. 157-158.
22. ASF, MAP, filza 153, no. 1, fols. 84, 96, 98.
23. MAP, filza 153, no. 2, fols. 5^V-6^V.
24. *Ibid.*, fols. 4-5^r.

25. *Ibid., tola.* 47, 51.
26. MAP, filza 153, no. 2, fols. 30, 31.
27. *Ibid.,* fols. 44, 45.
28. *Ibid.,* fols. 47, 51.
29. *Ibid.,* fols. 53, 59, 62, 71, 73, 76. 此時，佛羅倫斯錢莊與日內瓦分行共享利潤。因此，在一四二九年時，在扣除代表日內瓦分行在獲利一千兩百福羅林之後，佛羅倫斯錢莊的獲利是一千兩百八十七福羅林鎊十一索爾多四德涅爾。
30. MAP, filza 153, no. 2, fols. 73, 76.
31. ASF, Catasto No. 410 (Vaio, 1431), fols. 233^{v}-235^{r}.
32. ASF, MAP, filza 104, fol. 37^{v}.
33. MAP, filza 81, no. 3, fol. 7.
34. MAP, filza 153, no. 3, fol. 36.
35. *Ibid.,tol.* 81.
36. Grunzweig, *Correspondance,* p. 44. 此處參考一封一四五四年七月八日從布魯日寄出的信函。
37. ASF, MAP, filza 153, no. 3, fols. 24, 25, 26, 41.
38. *Ibid.,* fol. 73.
39. *Ibid., fols.* 81,85,88.
40. Sieveking, *Handlungsbucher,* p. 27.
41. ASF, MAP, filza 134, no. 3, fol. 42^{v}.
42. ASF, Arte del Cambio, No. 15, fol. 7^{V}.
43. ASF, Catasto No. 821 (Leon d'Oro, 1458), fol. 518^{v}: "Trovomi essere chompagno di Giovanni e Pierfrancesco de' Medici solo a la chompagnia di Firenze nel bancho e ghoverno cho' la mia persona e trovomi, di corpo nella mia propriety fiorini quatrociento."
44. Sieveking, *Handlungsbücher,* p. 9.
45. ASF, MAP, filza 135, no. 1, 97 fols. Cf. Sieveking, *Handlungsbücher,* pp. 33-35.
46. 這筆匯款經由日內瓦市集（MAP, filza 135, no. 1, fol. 26）。

47. Sieveking, *Handlungsbücher,* p. 35. 阿拉貢國王的大管家皮耶羅・迪佩拉爾托的欠款已是呆帳，明顯逾期（MAP, filza 135, no. 1, fol. 31）。
48. *Ibid.,* fols. 24, 73, 79.
49. 參見安東尼奧・迪塔代奧的帳戶（fol. 18）和巴爾多・達尼奧洛・韋爾納奇的帳戶（fol. 25），他們分別收六％和七％的利率。另一方面，米蘭分行在六個月後支付一百八十福羅林的利息，即三千福羅林存款的一二％（fol. 17）。
50. 復活節市集產生兩百五十四福羅林的獲利（fol. 37），八月市集產生五百零八福羅林的獲利（fol. 48）。
51. 梅迪奇銀行有時候會替客戶的帳戶做些投機性投資，並在這樣的交易中賺取少量佣金。如替卡斯泰羅・奎拉泰西操作的外匯交易帳目，奎拉泰西獲利七十五福羅林。
52. MAP, filza 135, no. 1, fols. 33, 36.
53. *Ibid.,* fol. 23.
54. *Ibid.*, fols. 5, 50, 63.
55. Ricordo di Schiatta Bagnesi, September 12, 1477 (MAP, filza 94, no. 213).
56. MAP, filza 135, no. 1, fols. 10, 12, 13, 82.
57. *Ibid.,* fol. 82. Cf. Sieveking, *Handlungsbücher,* p. 35.
58. ASF, Arte del Cambio, No. 15, fols. 7-26.
59. *Ibid.,* fols. 29^r, 32^v.
60. *Ibid.,* fols. 79^v, 85^r.
61. *Protocolli del carteggio di Lorenzo il Magnifico per gli anni 1473-74, 1477-92,* ed. Marcello del Piazzo (Florence, 1956), p. 300.
62. ASF, MAP, filza 89, no. 121.
63. R. de Roover, *Money, Banking, and Credit,* pp. 338-341.
64. Lane, "Venetian Bankers," p. 189.
65. Lapeyre, *Les Ruiz,* p. 251. Cf. R. de Roover, "History of Banking," p. 57.
66. ASF, MAP, filza 153, no. 1, fols. 21, 22.
67. *Ibid.,* fol. 25: "Nela sopradetta somma sono li avanzi fatti a Vinegia ne' detti anni tre, che per conto de' detti di Roma faceano."

See also fol. 20: "... e per lo tenpo i nostri di Vinegia tenono il conto pe' nostri di Rorna."

68. *Ibid.*, fols. 14 and 22: "Neri di Cipriano Tornaquinci dè dare ... E di 27 di maggio (1402) f. mille d'oro ... che deba tenere nel corpo di Vinegia, secondo i patti che abiamo co' lui."
69. *Ibid.,* fol. 21: 喬凡尼・德－梅迪奇獲得一千兩百九十福羅林，合夥人則獲得四百三十福羅林。
70. ASF, MAP, filza 153, no. 1, fols. 22, 28, 30.
71. *Ibid.,* fols 22, 29, 30, 44.
72. *Ibid.,* fols. 46, 47. 報告的獲利金額達到八千七百三十福羅林。
73. *Ibid.,* fols. 47, 48, 50.
74. *Ibid.,* fol. 47.
75. ASF, MAP, filze 153, no. 1, fols. 103, 112.
76. *Ibid.,* fol. 103: "... fu per danari avea rischoso per noi di ser Piero Bichierano in Carcovia, nostro debitore, i quali ci avea tenuti oculti più tenpo."
77. *Ibid.,* fols. 66, 67.
78. ASF, MAP, filza 89, no. 190.
79. MAP, filza 153, no. 1, fols. 55-57, 67-68.
80. MAP, filza 89, no. 190.
81. MAP, filza 153, no. 1, fol. 88.
82. *Ibid.* fols. 61, 91.
83. *Ibid.,* fol. 103: "Giovanni d'Adoardo Portinari d& avere a dl 15 di luglio f. trecento d'oro, i quali li diano per suo salario per 1'anno 1417-1418 stato per noi a Vinegia ... f. 300."
84. Biblioteca Riccardiana, Ms, 2009: Genealogia degli Huomini e delle Donne della Famiglia de' Portinari di Firenze, fols. 328, 331.
85. ASF, MAP, filza 153, no.1, fols. 104, 107. 資深合夥人的投資金額為七百格羅特鎊，也就是七千杜卡特（威尼斯通貨）。
86. *Ibid.,* fols. 98, 102, 107. 保留準備金和調整之前的獲利在一四一七年為一千一百福羅林，在一四一八年為一千五百六十福羅林。

87. MAP, filza 153, no. 2, fols. 7^r-8^r.
88. *Ibid.,* fols. 59, 67, 77.
89. 喬凡尼・波提納利於一四三六年四月十一日去世。
90. 佛蘭德的韋爾維，也就是韋爾菲克是一個很重要的布料生產中心，位於利斯河畔，這條河今天是比利時與法國的分界線。韋爾維（*Vervi*）常常被誤為韋爾維耶（*Verviers*），後者是比利時現代毛紡業中心。
91. 關於內里・托爾納昆奇一事，梅迪奇銀行付了一百八十福羅林給洛多維科・巴廖尼，用作經由德意志去收取逾期賠款的盤纏。ASF, MAP, filza 153, no. 1, fol. 102.
92. MAP, filza 153, no. 3, fols. 2, 3.
93. *Ibid.,* fol. 17.
94. Harvard University, Baker Library, Selfridge Collection of Medici Manuscripts, Ms. 495, Sec. C, pp, 13, 15.
95. ASF, MAP, filza 153, no. 3, fol. 85: "... vi si truovino tanti debitori non buoni che montano più che gli avanzi."
96. Camerani, *Documenti,* pp. 64-71, Nos, 167-192.
97. 三號機密帳簿第八十五頁備註的措詞暗示，資深合夥人對他的表現不滿意。
98. 沒有契約保存下來，但這個推論可以從三號機密帳簿第八十七頁的一筆入帳紀錄得出，紀錄寫明亞歷山德羅在一四四八年初（佛羅倫斯曆法）成為合夥人。有關一四四九至一四五〇年的獲利可見第九十一頁。
99. F. T. Perrens, *The History of Florence under the Domination of Cosimo, Piero, Lorenzo de' Medicis, 1434-1492* (London, 1892), p. 103.
100. ASF, MAP, filza 146, fols. 176-182. 這個契約的日期為一四五五年一月二十日。它在隨後的三月二十五日生效。
101. *Ibid.,* fols. 183-184.
102. 亞歷山德羅・馬特利一四六四年六月二十三日致函科西莫・德－梅迪奇的信（MAP, filza 12, no. 310）。
103. MAP, filza 82, no. 22, fols. 119^v-$i20^r$.
104. 威尼斯的亞歷山德羅・馬特利一四六五年一月二十二日致函皮耶羅・迪科西莫・德－梅迪奇的信：MAP, fijza 17, no. 655.
105. MAP, filza 82, no. 22, fol. 119^V.

106. 主債務人是皮耶羅．桂迪喬尼、塞爾馬爾科．科納和馬里諾和福朗切斯科．丹多利。桂迪喬尼是一個明礬買家。

107. 威尼斯的喬凡尼．阿爾托維蒂一四六六年十月二十六日致函皮耶羅．德－梅迪奇的信（MAP, filza 17, no. 463）。印刷的詳細目錄寫的是第六百四十三號檔案，很可能是排版出錯。（*Inventario,* I, 304）。

108. 阿爾托維蒂一四六六年八月九日致函皮耶羅的信（MAP, filza 17, no. 498）。

109. 喬凡尼．托爾納博尼一四六八年一月十六日致函皮耶羅．德－梅迪奇的信（MAP, filza 16, no. 217）。

110. 納稅申報表在一四六九年十一月或十二月提交給當局，當時皮耶羅．迪科西莫仍在世。Sieveking, *Aus Genueser Rechnungsbüchern,* p. 101. 陳述中寫道：“La mia ragione di Vinegia ch'è finita e più non vi tegniamo trafficho.”

111. 在一四七〇年時，對丹多利賠款的收取掌握在一個名叫福朗切斯科．迪巴爾托洛梅奧．德爾維尼亞的代表人，也就是事務律師手中。參見他一四七〇年四月十四日致函豪奢的羅倫佐的信：MAP, filza 21, no. 181. 這封信在印刷的詳細目錄中未提及（*Inventario,* II, 5）。

112. ASF, MAP, filza 82, no. 22, fols. 118-120. 馬特利提出六百八十格羅特鎊的索賠，包括三百鎊資本、三百三十五鎊未分配獲利，四十五鎊代表往來帳戶的存款。

113. 列出的索賠包括一百五十格羅特鎊福朗切斯科．迪內羅內公司的應收帳款和五十四鎊安東尼奧．帕爾蒂尼的應收帳款。

114. 這個合夥公司在給托馬索．古德提的告誡書中被附帶提及（MAP, filza 94, no. 198, fols. 357-358）。它在皮耶爾福朗切斯科和朱利亞諾．德－梅迪奇公司的名下做生意。

115. 與商人銀行家的身分相較，蘭福雷迪尼的外交官身分更為人所知。在一部有關其家庭的書中，除了他曾在父親的公司裡接受培訓之外，幾乎未提及他的商業生涯。Mildred Mansfield, *A Family of Decent Folk, 12.00-1741: The Lanfredini, Merchant-Bankers and Art-Patrons* (London, 1922), pp. 62-64.

116. Del Piazzo, *Protocolli,* pp. 83, 96.

117. *Ibid.,* p. 112. 然而，在一四八〇年十二月四日，喬凡尼．蘭福雷迪尼仍被叫做“socius et gubernator societatis cantantis sub nomine Laurentii de Medicis et sociorum de Venetiis.” ASF, Archivio notarile antecosimiano, G 620, ser Simone Grazzini, fol. 164[r].

118. 羅倫佐在一四八〇年四月七日的兩封信裡宣告皮耶羅．丹東尼奧．迪塔代奧的到達，一封是給莫羅．阿里蓋蒂的，另一封是給安傑羅．巴爾代西的。Del Piazzo, *Protocolli,* p. 141.

第十一章 梅迪奇銀行在義大利的機構
——那不勒斯分行、米蘭分行和比薩分行

一、那不勒斯分行

那不勒斯分行是梅迪奇銀行最早設立的分行之一。它的創建幾乎與設於威尼斯的辦事處一樣早。早在一四〇〇年，喬凡尼·迪比奇·德－梅迪奇和貝內代托·迪利帕喬·德－巴爾迪在那不勒斯已經由卡斯泰拉諾·迪托馬索·福雷斯科巴爾迪當代表人，福雷斯科巴爾迪是在同一年死於黑死病的「我行雇員」。[1]他很可能讓阿多阿爾多·迪奇普里亞諾·托爾納昆奇擔任襄理，後者是威尼斯分行一四〇二年至一四〇六年期間首位經營合夥人內里·托爾納昆奇的一個弟弟。[2]我們並不確切知道在福雷斯科巴爾迪早亡之後，誰來負責那不勒斯辦事處。也許是阿切利多·迪阿多阿爾多·波提納利（約在一三六二年出生），因為他那六十福羅林的薪資超過其他員工的薪資。[3]顯然，福朗切斯科·丹德烈亞·巴魯奇被派到加埃塔，梅迪奇銀行當時正在那兒包收關稅，因此需要一個常任代表來看管他們的利益。[4]總之，在一四〇二年三月二十四日（佛羅倫斯新曆），梅迪奇銀行在那不勒斯和加埃塔有四名員工：已提到過的三位，加上安德烈·迪皮耶羅佐·蓋蒂（表7）。

根據一號機密帳簿的一筆入帳紀錄，喬凡尼・迪比奇正在那不勒斯做生意，不是以自己的名義，而是以他的合夥人名義；那個分行的正式名稱是貝內代托・德－巴爾迪公司。[5]在一四〇二年間，有兩個兄弟從羅馬被派了過去：雅各波・迪托馬索・巴爾托利到那不勒斯分行工作，並在一四〇二年得到六十福羅林的年薪，一四〇三年和一四〇四年得到八十福羅林的年薪，而他的弟弟喬凡尼，又叫南尼，則被指派去加埃塔，一四〇二年得到三十福羅林的薪資，一四〇三年和一四〇四年各得到四十福羅林。[6]雅各波「為我們待在王國裡」（*che sta per noi nel Regno*），很快就爬升到分行經理的位置，並在一四〇五年得到六分之一獲利的分紅；[7]這間合夥公司是否正式成立尚存疑問。

員工人數迅速增加；在一四〇四年底，發薪名單包括下面的名字，附帶年薪金額：

1. 雅各波・迪托馬索・巴爾托利（那不勒斯）	八十福羅林
2. 福朗切斯科・丹德烈亞・巴魯奇（加埃塔）	無紀錄
3. 阿多阿爾多・迪奇普里亞諾・托爾納昆奇（那不勒斯的收銀員）	六十福羅林
4. 羅梭・迪喬凡尼・迪尼科洛・德－梅迪奇（加埃塔）	五十福羅林
5. 喬凡尼・迪托馬索・巴爾托利（加埃塔）	四十福羅林
6. 福朗切斯科・迪賈基諾托・博斯科利（那不勒斯）	三十五福羅林
7. 尼科洛・迪福朗切斯科・康比尼（那不勒斯）	二十五福羅林[8]

博斯科利在那不勒斯沒有待很久就返回羅馬，他可能在那裡一直到一四一一年參與為教宗若望二十三世（巴爾達薩雷・科薩）提供資金支援的企業聯合組織，這是一個包括兩家梅迪奇銀行（喬凡尼・迪比奇和阿維拉多・迪福朗切斯科・迪比奇）、菲利波和巴爾托洛梅奧・迪喬凡尼・卡爾杜奇公司，以及雅各波・德爾貝內

的聯盟。後來博斯科利成為阿維拉多銀行在羅馬的經理。[9]

在一號機密帳簿涵蓋的一三九七年至一四二〇年期間，那不勒斯和加埃塔分行是梅迪奇分行機構中最不起眼的，重要性遠不及羅馬分行，甚至排在佛羅倫斯錢莊和威尼斯分行的後面。那不勒斯和加埃塔的總獲利合計為一萬五千九百四十四福羅林鎊五索爾多十德涅爾，即只有梅迪奇銀行全部獲利的一〇．五%（表8）。實際上，那不勒斯總是在為生存而努力奮鬥，在一四〇〇年與一四二〇年間大概出現幾年的虧損，確切地說是一四〇七、一四〇八、一四一〇和一四二〇這幾年出現虧損。原因很可能是交易量不是很大，因為那不勒斯這個貿易中心與熱那亞的頻繁接觸高過與佛羅倫斯的接觸。另一個因素也許不應該忽略，那就是營業狀況因互相敵對的那不勒斯王位覬覦者挑起的內訌而動盪不休。

景氣最好的年份是一四〇五年，那不勒斯報告當年的獲利為兩千八百四十五福羅林。[10]在留下四百四十五福羅林作為準備金和給了雅各波．巴爾托利四百福羅林的分紅之後，仍有整整兩千福羅林可以提供資深合夥人分紅（表50）。隔年，淨收益稍微少一點點：照例扣除必要項目之後，由總共一千八百三十三福羅林鎊九索爾多八德涅爾可供他們分紅。[11]一四〇七年和一四〇八年的獲利突然消失：一筆應記入資深合夥人貸方的三千五百二十八福羅林假定收益後來被註銷，因為核對帳簿後發現不存在這筆收益。[12]平均而言，從一四〇〇年延續到一四二〇年九月一日這段大約二十一年的時間裡，獲利每年勉強超過七百六十福羅林。在那不勒斯的分行景氣相對比較好，但在加埃塔的分行在多數年份裡是虧損的：它沒有被更早關閉簡直是個奇跡。

獲利中有一筆帳目也許需要簡單說明一下。它與直到一四一〇年四月擔任那不勒斯分行收銀員的尼科洛．康比尼有關，他把竊走的一百四十二福羅林資金還了回來。他假裝從那不勒斯的顧客馬蒂諾．伊斯卡托諾那裡收到這筆錢，但調查顯示這個人根本不知道有一筆一百四十二福羅林的債務。[13]梅迪奇銀行並未採取進一步的行動，因為這筆錢主動還了回來，很可能是為了減輕罪惡感，或是為了得到赦免。

表 50：梅迪奇銀行在那不勒斯和加埃塔的獲利
1400 年前後至 1420 年 9 月
（金額均為合 29 索爾多的福羅林金幣袋）

	f.	s.	d.	aff.
1400 至 1403 年 1 月 1 日	1,600	0	0	
1403-1404，佛羅倫斯曆法	2,519	0	0	
1405	2,000	0	0	
1406	1,833	9	8	
1407-1408		虧損		
1409	833	9	8	
1410		無紀錄		
1411-1414	2,467	14	2	
1415-1416	1,300	0	0	
1417-1419	2,400	0	0	
1420		無紀錄		
被竊金錢的歸還	142	0	0	
被竊貨物的賠償	226	20	7	
後來的調整	137	0	0	
小計	15,458	25	1*	
加埃塔關稅的包收	485	9	9*	
合計	15,944	5	10*	

* 這些總額與表 8 中的數字相對應。

資料來源：ASF, MAP, filza 153, no. 1, fols. 32, 33, 43, 54, 64, 77, 79, 80, 84, 95, 96, and 112.

一四〇七年時，資深合夥人在那不勒斯分行投入的資本是一千盎司（那不勒斯通貨），等於六千四百二十六袋福羅林金幣。[14]當這家合夥公司在一四一五年被解散時，這筆錢透過佛羅倫斯錢莊被退還。同時，資深合夥人將三千福羅林投入一家有限責任合夥公司；負有全責的普通合夥人是雅各波．巴爾托利和羅梭．迪喬凡尼．德－梅迪奇（一三七七至一四二九年）。[15]後者自一四〇三年起曾是那不勒斯分行的員工；他的起薪是每年五十福羅林，一四〇八年時增加到六十福羅林。[16]與雅各波和羅梭．迪喬凡尼簽訂的這份契約，我們並不知道詳細的條款，但這個契約延續到一四二三年一月一日就中止了，要不是契約到期，就是雅各波．巴爾托利去世了。

於是重新簽署一份新的有限責任合夥契約，由兩位遠房親戚羅梭．迪喬凡尼．德－梅迪奇和凡蒂諾．迪凡蒂諾．德－梅迪奇擔任普通合夥人。這份契約現今尚存。[17]根據這項契約的約定，梅迪奇兄弟科西莫和羅倫佐及其合夥人伊拉廖內．德－巴爾迪在有限責任合夥公司投資三千兩百福羅林，超過這個數字的部分他們不負責，依照佛羅倫斯商會的規則。普通合夥人總共投資八百福羅林，其中羅梭投資三百福羅林、凡蒂諾五百福羅林。投資合夥人與普通合夥人的獲利分配是各一半。兩位普通合夥人再對分，因此羅梭和凡蒂諾各獲得四分之一的分紅。其他條款都與習慣的規則相去不遠。

這份契約的有效期間是三年，自一四二三年一月一日起至一四二六年一月一日止。當契約期滿時，資深合夥人決定不續約，並清算那不勒斯分行。[18]清算完全沒有出現災難性的後果。資深合夥人拿回期初投資，而且還另外獲得三年獲利分紅六百八十四福羅林鎊二十四索爾多二德涅爾（表11）。報酬率是投入資本的七%，比商業投資的正常報酬率還低。鑑於那不勒斯王國瀰漫著動亂的狀況，資深合夥人很可能決定中止那不勒斯分行，因為報酬未能補償他們承受的巨大風險。

羅梭和凡蒂諾．德－梅迪奇遭遇什麼結局呢？根據他的岳父博納科爾索．皮蒂的編年史，羅梭四年不到就死了（一四二九年七月三十一日）。[19]至於凡蒂諾．德－梅迪奇則成為阿維拉多的銀行代理人，定居巴塞隆納。[20]

一四二六年至一四七一年，梅迪奇銀行在那不勒斯沒有分行。然而，它以收取佣金經營業務的辦事處當作代表。一四五五年，在那不勒斯的梅迪奇辦事處有菲利波．斯特羅齊公司、貝內代托．瓜斯科尼公司，以及巴爾托洛梅奧．布翁孔蒂公司（表26）。

是什麼促使豪奢的羅倫佐一四七一年在那不勒斯重新開辦一家辦事處？這個答案只能猜測。也許政治上的原因與這項決定並不相悖。羅倫佐的經理是阿格斯蒂諾・迪桑德羅・比廖蒂。[21]現今並沒有合夥協議留存下來，但那不勒斯分行很可能是由羅馬分行控制的分公司。總之，從托爾納博尼的通信中可以清楚地看到，那不勒斯分行經理要向羅馬分行報告，而非直接向在佛羅倫斯的總行報告。

比廖蒂證明是個蹩腳的選擇。他不是個好管理人，因為他在放款方面過於寬鬆，門檻太低，允許顧客的借款超過安全限度。[22]他在一四七五年四月離開那不勒斯之後，分行被呆帳套牢，騎虎難下，這些呆帳貸款吸走可用的資源，進而削弱獲利能力。而且，收回其中許多欠款的可能性很小，同時一些債權的主張又可能涉及費用浩大的訴訟（那不勒斯律師的貪得無厭和法官的貪贓枉法是出了名的）。[23]

比廖蒂的繼任者是福朗切斯科・納西（或納齊），他因為在日內瓦和布魯日擔任員工而與帕齊公司有關聯。[24]他絕非能力平庸之輩，他盡最大努力重組那不勒斯分行。資金困境使他的任務雪上加霜，並且殃及梅迪奇銀行的另一家企業，也就是阿普利亞的有限責任合夥公司，經理是安傑羅・迪皮耶羅・塞拉利，總部設在巴列塔附近的特拉尼。[25]

在十五世紀，阿普利亞這個地區是義大利的產糧區之一；它也出口各種水果和食物到半島的北方和中部地區，尤其是到威尼斯。這裡大部分的沿岸貿易大概是掌控在占盡地理優勢的威尼斯人和當地小商販手裡。梅迪奇銀行想要攆走他們當然不會成功，甚至連有效地與他們競爭都不可能。[26]到了一四七七年，這個有限責任合夥公司處於困境。也許是因為規模過於龐大，因為它在不同地區中心都有員工：安東尼奧・斯卡拉齊在巴里附近的比坦托，貝爾納迪諾・斯皮諾在濱鄰塔蘭托灣的加利波利，皮耶羅・韋盧蒂在莫諾波利，貝爾托・貝爾福拉代利在奧斯圖尼，以及尼科洛・杜瓦特拉在巴里附近的泰爾利齊。要協調這些人的活動必定是一項艱巨的挑戰，安傑羅・塞拉利很可能無法勝任這項任務。根據一四七八年二月二十八日的資產負債表（佛羅倫斯新曆），這個有限責任合夥公司的資源耗盡，問題是如何避免崩潰。[27]通常認為，需要打一針強心劑才能挽救局面，因此合夥公司向佛羅倫斯和羅馬發出請求。但這些請求未得到理睬，被充耳不聞。羅馬分行已竭盡全力解救里昂分行和那不勒斯分行。在一封一四七七年四月十九日的信中，喬凡尼．托爾納博尼已提醒侄子，從此以後他將不願意、也無力衝鋒陷陣去拯救其他分行於水火之中。[28]

在這個骨節眼上，帕齊陰謀又給了在那不勒斯王國裡瀕臨崩潰的梅迪奇分行一記沉重的打擊。國王費迪南一世（一四五八至一四九四年）聯合教宗向佛羅倫斯開戰。他馬不停蹄在一四七八年六月十四日頒布一項法令，命令查封在他統治範圍內全部的梅迪奇財產和權益。[29]朝廷命官們扣留存放在特拉尼和奧斯圖尼（阿普利亞）的貨物，占領在那不勒斯的銀行大樓，搜走現金帳簿；然而，他們並沒有得到別的紀錄，因此，他們在蒐集應收款項方面未能取得重大進展。在締結和約（一四七九年三月十七日）之後，所有被查封的財產物歸原主；然而這起不了什麼作用：遭受打擊的那不勒斯分行已經陷入困境，病入膏肓，無力回天。

救援行動再次被委託給福朗切斯科．納西，他奇跡般地拯救這艘即將沉沒的船。其中一個難題是讓羅馬教廷結清應付給梅迪奇銀行的欠款。就此而論，納西得到佛羅倫斯使者安東尼奧．迪貝爾納多．德－梅迪奇的支持，後者得到來自豪奢的羅倫佐的指示，要擺平這件事，並達成償債金額的協議，儘管因費拉拉戰爭（一四八一至一四八四年）*仍在慘烈進行，因而毫無償還的可能。[30]

沒收到還款的債權人引起的麻煩不亞於違約的債務人。威尼斯分行派遣一名員工詹巴蒂斯塔．里多爾菲去南方，以便拿回那不勒斯分行五千六百杜卡特的應收帳款，以及安傑羅．塞拉利和阿普利亞有限責任合夥公司

---

*費拉拉戰爭是指一四八二至一四八四年發生在費拉拉公爵埃爾科萊一世．代斯特（一四三一至一五〇五年）與教宗思道四世及威尼斯共和國聯軍之間的征戰。

三千七百杜卡特的應收帳款。[31]遇到困境的分行就這樣透過耗損仍處健康狀態分行的資源，把所有分行拖入財務困境中。詹巴蒂斯塔．里多爾菲的任務有可能以失敗告終，因為那不勒斯分行和阿普利亞有限責任合夥公司都無力償還債務。

那不勒斯分行拖欠羅馬分行的債務甚至比拖欠威尼斯分行的債務還多。把錢還給羅馬分行的希望十分渺茫，以至於喬凡尼．托爾納博尼在一四八一年十二月時幾近絕望，因為他有羅馬分行的一萬杜卡特和自己的七千杜卡特投在那不勒斯這家企業裡。[32]

一四八三年春天，福朗切斯科．納西被召回羅馬開會；在他到達之後，也就是三月二十九日，托爾納博尼令人沮喪地向羅倫佐．德－梅迪奇宣布，儘管做了種種努力，但那不勒斯仍有巨大的損失。[33]幾天之後，也就是在四月二日，他報告說，納西和他已經十分仔細地審查過資產負債表，損失有可能超過令人驚愕的三萬杜卡特。[34]他建議先償還外國債權人的欠款。對於合夥人來說，注定要進行一場災難性的清算，尤其是對比廖蒂而言，他將欠下一屁股債，但他應該承擔自己管理不善的後果，只有這樣才公平。[35]衝動的托爾納博尼沒有考慮比廖蒂是否能履行自己的義務，是否不會設法將主要責任推卸到梅迪奇銀行身上。

最終，清算那不勒斯分行的災難性程度比原先預期的要小得多。梅迪奇銀行對福朗切斯科．納西非常滿意，自一四八六年（佛羅倫斯曆法）起，他們決定建立一家新公司，正式名稱為福朗切斯科．納西公司。[36]這家公司經營得很好，毫無疑問是由於經理的才幹所致。對一四八七年三月二十五日第一份資產負債表的審計顯示，重要債務人都能夠償還貸款，而且沒有需要付息的借款。根據托爾納博尼的說法，福朗切斯科．納西一心想要更上一層樓。他被寄予希望，也就是梅迪奇可能最終允許他在合夥公司的正式名稱中使用他們家族的名字，但始終沒有給出這樣的許可。[37]

納西在一四八九年去了一趟佛羅倫斯後不久去世。有幾個月的時間，他的公司在「福朗切斯科．納西繼承者公司」的名稱下繼續經營，由貝爾納多·迪福朗切斯科·卡爾內塞基擔任臨時經理，他顯然是納西的女婿。[38]

這樣的暫時安排在一四九〇年三月二十五日制定一份正式合夥契約時被調整。[39]貝爾納多·卡爾內塞基被留任經理，但公司名稱被改為羅倫佐·迪喬凡尼·托爾納博尼公司。新公司的契約期限是三年，資本為九千五百杜卡特（那不勒斯通貨），在羅馬的羅倫佐·德－梅迪奇公司預期會出資九千杜卡特，三千杜卡特則是代表那不勒斯城的銀行建築物的價值，六千杜卡特則是現金和「福朗切斯科·納西繼承者公司」可收回的權益。貝爾納多·卡爾內塞基須提供其餘的五百杜卡特。這項規定清楚顯示那不勒斯分行是羅馬分行的分公司，置於喬凡尼·托爾納博尼的直接控制和監督之下。在出於對上帝之愛而扣除三％的善款之後，獲利的分配比例如下：每鎊中十七先令歸羅馬的羅倫佐·德－梅迪奇公司，每鎊中三先令歸貝爾納多·卡爾內塞基。通常卡爾內塞基會約束自己住在那不勒斯城內，依照羅倫佐·德－梅迪奇或喬凡尼·托爾納博尼所給的指示，專心致志地「管理」公司。

貝爾納多被明確授權在先前合夥公司拖欠新合夥公司的餘額範圍內，以計息或「兌換和回兌」的方式籌款。這句話的意思追根究柢應被解釋為先前的合夥公司未曾處於這樣一種欣欣向榮的局面嗎？另一條非同尋常的規定是，未經資深合夥人的特許，禁止貝爾納多借出超過六千杜卡特的款項給王室，或超過兩千杜卡特的款項給任何貴族。結果，在那不勒斯的梅迪奇銀行，愈來愈廣泛地與羅馬教廷和特權階層打交道；在科西莫的時代，這樣的貸款須加以避免，信貸只給予聲譽良好的商人和「匠戶」（實業家），這已成為一條規矩。難道與這項政策背道而馳不是一條險途？儘管有這些危險，想必豪奢的羅倫佐非常清楚這些危險，但這項新政策有可能還是被他想要與那不勒斯國王阿拉貢的斐迪南和睦相處的願望所推動。

當梅迪奇的統治在一四九四年轟然崩塌時，「羅倫佐·托爾納博尼公司」仍在營業。[40]作為羅馬分行的分公司，它遭受同樣的命運，並被喬凡尼．托爾納博尼接管。總之，梅迪奇損失慘重，遠非虧欠公平而已，他們使羅馬分行債台高築。在梅迪奇從舞台上消失之後，「羅倫佐．托爾納博尼公司」到底發生什麼事？這是個相當晦澀的故事。法國人對那不勒斯的入侵（一四九五年）導致這家公司倒閉，但它顯然並非保持在破產的狀態，因為喬凡尼．托爾納博尼公司被迫出手相助，以避免自己被宣布破產。[41]在聽取多位佛羅倫斯商人的證言之後，那不勒斯法庭裁定，在羅馬和在那不勒斯這兩家托爾納博尼銀行其實只是一個實體（*fuerant et erant unum corpus*），一家對另一家負有義務（*et unum obligavit alterum*）。[42]毫無疑問，羅馬的托爾納博尼公司幾乎完全擁有那不勒斯的分公司，並對其債務負完全的責任。羅倫佐．托爾納博尼公司大概恢復經營幾個月，由朱利亞諾．迪喬治．里多爾菲擔任經理。接下來就發生最後的滅頂之災：喬凡尼．托爾納博尼在一四九七年去世，他的兒子羅倫佐幾個月之後被處死。他們的公司當然被清算，因為它已失去過去享有的一切信譽。然而，大家也許會提出這樣的問題，羅倫佐．托爾納博尼參與讓梅迪奇復辟的陰謀是否完全由忠誠所鼓動？或是否為避免迫在眉睫的破產而鋌而走險？

二、米蘭分行

在三號機密帳簿裡未提及在米蘭有一家一四五〇年底（佛羅倫斯曆法），也就是一四五一年三月二十四日（佛羅倫斯新曆）關閉的分行。因此，可推斷在那時還沒有這樣一家分行。顯然，它是受自封為米蘭公爵（一四五〇至一四六六稱爵）的傭兵隊長福朗切斯科．德利阿滕多里（謂斯福爾札）的請求在一四五二年成立的。直到他的生命終結，他始終是梅迪奇家族的牢固盟友，因為他們積極支持他對米蘭公爵爵位的訴求，當然也因為與佛羅倫斯的結盟可以繼續謀取他的利益。

因此，新分行的建立不僅是由生意上的考慮促成的；政治動機很可能起了決定性的作用。在十五世紀時，米蘭只不過是一個次要的銀行業和貿易中心。根據行商指南，米蘭援引亞維儂、熱那亞、威尼斯以及日內瓦市集的匯價，這是個明確的跡象，表明它與其他地方的關係尚未活躍到足以產生正規的匯兌市場。[43]與佛羅倫斯之間很可能不存在稱得上有規模的交易量，因為跨越亞平寧山區的路線牽涉到高昂的運輸成本，而且兩個城市的經濟是互相競爭，而非互補的。與熱那亞和威尼斯的聯繫無疑更緊密些，因為這兩個城市離米蘭較近，而且是米蘭的天然口岸，一個在第勒尼安海濱，一個在亞德里亞海濱。另一個偏愛威尼斯和熱那亞的因素是米蘭的地理位置，既位於波河河谷的中心地段，又位於翻越阿爾卑斯山山口幾條重要道路的源頭位置。

因此，從一開始，梅迪奇銀行米蘭分行就設法迎合斯福爾札宮廷的需要，向它提供珠寶和奢侈品，並發放以轉讓未來收入為擔保的信用貸款。[44]這是一條科西莫迄今都設法避開的經營方向，但此時政治指令壓倒健全的商業判斷力。

科西莫・德－梅迪奇任命皮傑洛・迪福爾科・波提納利擔任新分行的經理，因為他的服務得到資深合夥人的讚賞，他保有這個職位直到一四六八年十月去世，終年四十七歲。他從一四三四年就從普通夥計「幫忙撫養兄弟姐妹」開始為梅迪奇銀行服務。[45]在羅馬分行待了一小段時間之後，他被調任到威尼斯辦事處，在那兒任職好多年，直到被召去承擔在米蘭新成立的分行管理工作。[46]由於他熟悉義大利北部的商業情勢，因此非常適合做這份新工作。

挑選皮傑洛・波提納利擔任經理證明是一個極佳的選擇，至少在一開始是如此。他的個性討人喜歡，行政管理效率又比較高，因此他巴結福朗切斯科・斯福爾札，最終成為他的財務顧問。[47]在獲得公爵垂愛的過程中，皮傑洛・波提納利還獲得科西莫的垂愛，科西莫的外交政策適合與米蘭聯盟，以防止威尼斯打亂在義大利的權力平衡。此外，皮傑洛成功地經營獲利，這是資深合夥人用來評判分行經理業績的試金石。因斯福爾札在統治初期追求的財務政策，使得達到這個目標變得比較容易。一登上公爵寶座，他就表達自己想當親王、而非暴君的統治意向，這是他盡力信守的承諾。相應於此，他不讓自己的臣民負擔過高的稅賦，或是過度使用資源。雖然他是個軍人，但他竭力維護和平，並抑制侵略戰爭。有好幾年時間，米蘭分行一切順利，在此期間，給斯福爾扎宮廷的貸款被維持在某個限度之內。然而，皮傑洛・波提納利採納經科西莫批准的政策卻滑向一條位於深淵邊緣的泥濘小道，這個深淵就是誘使許多銀行家抵擋不住透過借款給王公貴族而輕易獲取利潤的誘惑。此外，這個新政策樹立一個供其他分行仿效的不良先例。

為了把梅迪奇銀行緊緊捆綁為自己服務，福朗切斯科・斯福爾札贈予科西莫一個在科莫門附近、位於聖湯瑪斯教區的博西大街、有建築物及附屬設施的場所。在一四五五年八月二十日的契據中，福朗切斯科・斯福爾札恭維科西莫，稱讚他是「不同凡響」的人，始終是自己的忠誠摯友，理應得到像自己父親那樣的尊敬和愛戴。[48]科西莫以適當方式回應他的慷慨大方，徹底整修現有的建築結構，把它們變成一個宮殿，供自己的銀行使用。[49]為了這個目的，他徵募建築師米凱洛佐・米凱洛齊設計正面外觀，並為總體布局做準備，替辦公室和儲藏間，以及經理、經理家人與全體員工的住所提供充足的空間。[50]這幢宏偉的建築是十五世紀米蘭的地標之一，除了正門（現存於米蘭的考古博物館）以外，什麼都沒有留下。它有精雕細刻的淺浮雕：兩個（有肖像等的）圓形浮雕飾，一邊一個，代表福朗切斯科・斯福爾札及妻子碧安卡・瑪麗亞・維斯康蒂，在屋樑的中央有他們的盾徽，斯福爾札之鷹占盾面的四分之一，蛇在吞食維斯康蒂公爵的一個幼子。[51]

庭院和一些房間以溫琴佐・福帕的濕壁畫裝飾，在他的那個時代，福帕是有相當名氣的畫家。在書房裡，牆壁上覆著科西莫的徽章，一隻獵鷹抓著一顆鑽石，卷飾上寫著銘詞「*Semper*」（永遠）。根據建築師菲拉雷特所述，內部裝飾是由皮傑洛・波提納利監督實施的，菲拉雷特把皮傑洛描述為一位有價值的俊傑，因為他管理和指導梅迪奇銀行米蘭分行的所有業務。[52]

改造這棟建築物花費的時間比預期要長得多。這座宮殿到一四五九年才準備好可供使用，到一四六一年才完全竣工。根據一四五九年的總分類帳，梅迪奇銀行為其中一個廳堂購買掛毯、為客房購買床鋪、為廚房購買設備，以及購買一個有好幾把鎖的胡桃木箱櫃，用來保存機密帳簿和其他重要紀錄，例如契據、合約、報告和資產負債表。[53]一四六一年，皮傑洛．波提納利敦促喬凡尼．迪科西莫來到米蘭，以便一睹這座光彩奪目的銀行大樓。[54]雖然費用很龐大，但皮傑洛認為，考量從中帶來的聲望和商譽，這筆錢花得很值得。另一方面，這個大手筆的炫耀可能給米蘭公爵和米蘭人民一個假象，即梅迪奇銀行控制著用之不竭的財富，他們的獲利高得驚人。[55]

也許應該指出，這幢建築物始終是科西莫的私人財產，而米蘭分行為這個經營場所支付租金。梅迪奇銀行有一項堅定不移的政策是，不放棄控制任何在分行或企業下的不動產。一四五九年，根據一份損益表，米蘭分行那富麗堂皇、宮殿般的經營場所，租金為每年兩百帝國鎊，即大約每年五十杜卡特，這筆費用相當於當時不到一％的獲利（表52）。

就像前面解釋過的，梅迪奇銀行的合夥協議要求分行經理每年結清帳目，並快遞一份資產負債表及其他相關文件給在佛羅倫斯的總行。依照這項規則，皮傑洛．波提納利在一四六〇年四月十二日遞送了報告，並附上以下一些文件：一、一份資產負債表，叫做 *conti saldi*，日期為一四六〇年三月二十四日；二、一份涵蓋一四五九年度的損益表（佛羅倫斯曆法，即自一四五九年三月二十五日至一四六〇年三月二十四日）；三、一份在出納處的所有硬幣的明細紀錄（*rivedimento della cassa*）；四、一份在米蘭分行機密帳簿中所記錄的全部債務人和債權人名單。[56]這是唯一現存的整套檔案。因此，它極為重要。那麼有關米蘭分行的活動和財務狀況的分析又顯示出什麼現象呢？

首先應該注意，附於波提納利報告的所有報表都是精心準備的，在記帳技藝方面表現出高度的專業技巧。

表 51：米蘭分行 1460 年 3 月 24 日的資產負債表
（金額單位均為米蘭鎊即帝國鎊）

資產						
				£	*s.*	*d.*
總分類帳借方餘額：						
庫存現金				25,776	5	7
銀行現金（錢莊帳款）				8,516	18	4
庫存貨物（*merci di nostra ragwne*）				42,114	4	1
家具和裝備（*masserizie*）				2,000	0	0
雜項應收帳款				76,033	6	3
壞帳				351	16	9
斯福爾札宮廷的官員				19,013	5	4
國外辦事處				21,000	10	6
有待替辦事處代收的權益				106,396	5	5
給統治者的貸款：						
	£	*s.*	*d.*			
米蘭公爵和公爵夫人	218,072	8	10			
曼托瓦的洛多維科・貢薩加	14,664	0	0			
摩德納主教賈科莫・安東尼奧・德拉托雷	157	10	0	232,893	18	10
皮傑洛・波提納利（提款帳戶）				7,603	13	7
已付薪資				2,438	0	6
生活費用（*spese di casa*）				1,760	7	9
機密帳簿借方餘額：						
皮耶羅、喬凡尼和皮耶爾福朗切斯科・德－梅迪奇				42,485	3	1
合計				588,383	16	0
加總時的誤差					1	3
計算餘額時的誤差				914	16	5
				589,298	13	8

資料來源：ASF, MAP, filza 83, no. 9.

表 51：米蘭分行 1460 年 3 月 24 日的資產負債表（金額單位均為米蘭鎊即帝國鎊）（續）

負債

				£	s.	d.
總分類帳貸方餘額：						
錢莊莊主保羅．達拉普尼亞諾的透支				200	0	0
雜項應付帳款				45,563	17	8
米蘭公爵某個舊帳的餘額				311	4	6
國外辦事處				69,291	17	4
斯福爾札宮廷的官員				2,380	8	4
為布魯日的安傑羅．塔尼代銷的布匹和帽子的收益				997	19	6
其他債權人，長期帳戶（*a conto di tempo*）				99,917	9	6
定期計息存款				66,183	17	1
小計				*284,846*	*13*	*11*
機密帳簿貸方餘額：						
資本（*corpo*）	£	s.	d.			
資深合夥人（*maggiori*）	40,000	0	0			
皮傑洛．波提納利	3,000	0	0	43,000	0	0
未分配獲利	£	s.	d.			
1457 年	30,206	2	10			
1458 年	28,410	3	8			
1459 年	27,785	3	3	86,401	9	9
定期計息存款				174,810	10	0
真蒂萊．丹傑洛．西莫內塔				240	0	0
小計				*304,451*	*19*	*9*
				589,298	13	8

表 52：米蘭分行 1459 年度（佛羅倫斯曆法）的損益表
（金額單位均為米蘭鎊即帝國鎊）

摘要				金額			占總額比例
				£	*s.*	*d.*	
商品獲利：							
絲綢和錦緞銷售				7,104	17	3	23.3
英格蘭羊毛銷售				1,527	0	0	5.0
珠寶和皮帶銷售				3,025	18	3	9.8
商品費用（*spese di mercatantie*）的貸方餘額				1,207	11	9	3.9
小計				*12,865*	*7*	*3*	*42.0*
匯兌和商品佣金				1,482	18	9	5.0
銀行獲利：							
現金盈餘				1,648	10	10	5.5
與羅馬的匯兌				160	0	0	0.5
與日內瓦市集的匯兌				3,043	13	4	10.0
帕維亞國庫獲利的 50%				603	8	0	2.0
給米蘭公爵的貸款利息（*discrezione*）				10,711	19	11	35.0
小計				*16,167*	*12*	*1*	*53.0*
毛利總計				30,515	18	1	100.0
扣除費用：	£	*s.*	*d.*				
家具折舊	169	3	6				-0.5
銀行大樓租金	200	0	0				-0.7
生活費用（*spese di casa*）	1,200	10	1				-3.9
一般營業費用（*spese di banco*）	1,161	1	3				-3.8
				2,730	14	10	
淨利				27,785	3	3*	91.1

* 總額可以對應到表 51 給出的數字。

資料來源：同表 51。

毫無疑問，複式簿記已被應用*。但真實情況是，在借方與貸方之間存在九百一十四帝國鎊十六索爾多五德涅爾的差額（表51），這是誤差造成的，而非由於不懂會計學基本原理的知識。事實上，有條備註清楚地說明，這些帳簿將被覆核以查出錯誤，並表示虔誠地希望「上帝將在未來保佑我們不出更大的錯誤」。[57]

當然，中世紀的簿記員有時會做出莫明其妙的事情。因此，米蘭分行一四六〇年三月二十四日的資產負債表（表51）在資產當中包含了一筆一千七百六十帝國鎊七索爾多九德涅爾的生活費用（*spese di casa*）帳目。大家也許會以為這是個錯誤，但其實不是。在總分類帳中的入帳顯示，這筆帳目恰當地出現在該出現的地方，因為它代表在一四五九年（佛羅倫斯曆法）時尚未消費但結轉到下一年度的食物及其他供應品儲存。[58]換言之，這筆帳目在今天會用的專業術語是「遞延費用或預付費用」。

米蘭分行在一四六〇年的資本是四萬三千帝國鎊，按通行匯率每杜卡特兌換八十二帝國鎊索爾多折算，約等於一萬零五百威尼斯杜卡特。其中有四萬鎊是由梅迪奇銀行提供的，只有三千鎊是由皮傑洛．波提納利提供的（表51）。如資產負債表所示，資產總值將近十四倍，總計達五十八萬九千帝國鎊，即十四萬四千杜卡特，這在十五世紀是一筆驚人的鉅款。因此，米蘭分行在很大程度上是借錢經營，主要是支付利率相當高的定期存款。根據附於波提納利報告的報表，接近二十四萬一千帝國鎊，即五萬九千杜卡特，以這種方式募集資金（表53）。

就如皮傑洛．波提納利在寫給資深合夥人的一封信中承認的那樣，高利息費用正在削減收入。[59]一四六〇年的獲利在下降，而非上升，但仍令人滿意，達到六五％的投資報酬率。[60]這樣的高報酬率透過舉債經營得以

＊雖然義大利教士盧卡．帕喬利（一四四五至一五一四年）在一四九四年出版的《數學大全》中有論述複式簿記的章節，是關於複式簿記法最早的總結性文獻，但在之前阿拉伯人和義大利商人已經使用複式簿記法。

表 53：米蘭分行 1460 年 3 月 24 日的付息借款金額
（除注明者外，金額單位均為米蘭鎊）

存款人名稱	金額 £	s.	d.
記錄在米蘭分行機密帳簿中的存款：			
威尼斯的科西莫・德－梅迪奇公司（12,600 福羅林）	41,600	0	0
日內瓦的喬凡尼・本奇公司（記於老帳戶）	27,210	0	0
安傑羅・西莫內塔，公爵的顧問	23,500	0	0
卡斯泰羅・迪皮耶羅・奎拉泰西（5,000 袋福羅林金幣）	17,414	0	0
福朗切斯科・迪托馬索・薩塞蒂	16,895	0	0
加斯帕雷・達維梅爾卡托伯爵（4,000 福羅林）	16,400	0	0
匿名（公司的一位友人）	6,700	0	0
朱利亞諾・達維梅爾卡托	6,000	0	0
匿名（1,500 福羅林）	5,000	0	0
匿名（1,400 福羅林）	4,690	0	0
佛羅倫斯的安東尼奧・迪保羅（920 福羅林）	3,082	0	0
喬凡尼・迪李聶里・博納費（900 福羅林）	3,015	0	0
博洛尼亞的喬凡尼・德利安喬萊利（600 杜卡特）	2,310	0	0
貝爾納多・迪雅各波・迪恰科（300 福羅林）	994	10	0
小計	*174,810*	*10*	*0**
記錄在總分類帳中的存款：			
威尼斯的皮耶爾福朗切斯科・德－梅迪奇公司（3,000 杜卡特）	12,000	0	0
威尼斯的潘多爾福・孔塔里尼	11,600	0	0
佛羅倫斯的喬凡尼和皮耶爾福朗切斯科・德－梅迪奇公司（3,000 袋福羅林金幣）	10,050	0	0
李奧納多・韋爾納奇（1,610 ¼ 福羅林）	5,394	17	0
喬凡尼・達多阿爾多・迪喬凡尼・波提納利（1,448 福羅林 12 索爾多 6 德涅爾金幣）	5,230	12	0
帕維亞的喬凡尼・丹東尼奧，記在一位朋友的帳上	5,099	6	4
梅塞爾・佩里諾・達康波福雷格索的大臣李奧納多・達彼得拉桑塔	4,000	0	0
阿梅里格・迪喬凡尼・本奇（1,080 福羅林）	3,593	6	6
托爾涅洛・迪薩爾維斯特羅・迪貝蒂諾	2,761	12	0
梅塞爾・蒂貝托・布蘭多利尼的大臣兼傭兵隊長喬凡尼・瓦雷西諾	2,608	14	6
法齊諾・德－坦齊	2,079	10	0
匿名（*la Crociata di Lombardia* 倫巴底大區的十字軍東征）	1,765	18	9
小計	*66,183*	*17*	*1**
合計	240,994	7	1

* 這兩個小計可對應表 51 給出的數字。

資料來源：ASF, MAP, filza 83, no. 9.

成為可能：換言之，透過從朋友那裡用一〇%或一二%的利率借錢進來，再以一五%甚至更高的利率借錢出去，梅迪奇公司米蘭分公司憑藉比資本大得多的資金賺取利差。結果獲利大增，但萬一壞帳徹底抵消合夥人那點微薄的權益，那麼崩潰的機率也會隨之大增。

而且會因為風險分擔不充分而危機大增。如資產負債表所示，單是放款給米蘭公爵和公爵夫人的貸款就占總資產的三六%。因此，米蘭分行的壽命很大程度上取決於斯福爾札履行還款義務的能力。[61]附在一四六〇年三月二十四日資產負債表的報告中，皮傑洛就已經指出，羅馬教廷已經耗盡信用，並正在逼近科西莫設定的安全界限。他建議進一步縮減放款。[62]這樣很好，但大家可能會問，既關掉閘門又不招致災難到底能否行得通。

跟梅迪奇銀行的其他分行一樣，米蘭分行也結合貿易和銀行業。根據一四五九年的損益表（佛羅倫斯曆法），四二%的收益源自商業活動，主要是銷售絲織品、錦緞與珠寶給斯福爾札宮廷，而且很有可能是以暴漲的價格銷售（表52）。其中一項獲利來源是「商品費用」這個帳戶的貸方餘額。「商品費用」這個帳戶有貸方餘額而無借方餘額，看起來多少有點奇怪，不過，也很容易用真實的情況加以解釋，即向客戶收取的費用，包括經紀費、倉儲費、搬運費及其他這類項目超過了實際支出。[63]米蘭分行還擔任辦事處在出售商品或處理匯票過程中的抽佣代理人。以這種方式賺取的佣金是一個較小的獲利來源，只占總獲利的五%。

銀行業的獲利是從匯兌或向借款人收取的利息產生出來。一筆令人費解的帳目是一千六百四十八帝國鎊十索爾多十德涅爾的現金結餘（表52）。從出納處的硬幣紀錄可以清楚看出，這筆盈餘來自貨幣兌換所產生的獲利。根據一四六〇年三月二十四日的核對結果，收銀員手中的不同硬幣按當時匯率價值是兩萬五千七百七十六帝國鎊五索爾多七德涅爾，但現金帳戶的餘額只有兩萬五千零八十三帝國鎊九索爾多十德涅爾，因此，透過增記帳面價值到相當於市場價值，就有獲利六百九十二鎊十五索爾多九德涅爾。這類對現金帳戶的核對每三、四個月進行一次。[64]接著在表52中所列的兩個帳目指的是透過匯票兌換交易所賺取的獲利。請注意與米蘭分行有非常密切關係的日內瓦市集的重要性。並非所有的外匯交易都是真實的，有些獲利毫無疑問是來自虛擬、虛假匯兌交易，因為米蘭分行有時採用這種信用方式。[65]顯然，獲利的主要來源在於給統治者貸款的利息，這占總獲利三五%。出現在損益表的總額一萬零七百一十一帝國鎊十九索爾多十一德涅爾，代表這些貸款在向存款人支付利息後所產生的淨利。[66]米蘭分行支付給存款人的利率與收取借款人的利率利差很可能為五%左右。除了委婉地使用 *discrezione* 這個詞以外，顯然未刻意隱瞞利息。這似乎已成為米蘭分行的一條常規，也許是因為世俗法庭對商人慈悲為懷，未嚴格執行教會法，儘管他們聲稱會特別審理高利貸案件。[67]

營業費用不高，不到毛利的九%。折舊費和租金都微不足道。辦事員（即員工）除了薪資以外，還獲得食宿，這是一種習慣做法，可用來解釋為何會在資產負債表裡出現生活費用（*spese di casa*）的帳目。

我們不清楚為何有些計息存款被記錄在機密帳簿裡，另外有些則被記錄在總分類帳裡（表53）。這樣的存款數目不是很多：總共二十六筆，其中十四筆在機密帳簿裡，十二筆在總分類帳裡。總的來說都是大額存款，從三百福羅林到一萬兩千六百福羅林不等，即大約一萬帝國鎊到四萬一千六百帝國鎊。而有些存款人更喜歡隱匿姓名。梅迪奇公司威尼斯分公司明顯有剩餘資金可以投資，並以超過一萬三千杜卡特記在貸方的存款人名單遙遙領先。

幸運的是，在佛羅倫斯檔案資料中仍存有米蘭分行一四五九年（佛羅倫斯曆法）總分類帳的不少片段（一百一十三個對開頁）。因此它涵蓋的時段與留存下來的資產負債表與損益表相同。[68]這些斷簡殘篇所給出的資料完全證實上述的分析，並給出一些額外資訊。對定期存款支付的利率從八%到一二%不等。[69]因此，梅迪奇公司威尼斯分公司從一筆一萬五千帝國鎊的存款中獲得一二%的報酬，而從另一筆兩千杜卡特（即七千八百帝國鎊）的存款中只獲得一〇%的報酬。[70]根據合同，喬凡尼·波提納利有權獲得一〇%的利率。[71]至於威尼斯的潘多爾福·孔塔里尼則沒有約定預定利率，但因為那時把錢投資在米蘭分行而得到一份公平合理的獲利分配金額。[72]也許這個存款人對於接受利息稍微有點過於拘謹，因此這些利息被說成是一筆投入資本的獲利：換個名字，魔鬼就變成天使。

留存下來的總分類帳斷章殘篇顯示，米蘭分行與在義大利地方城鎮帕維亞、諾瓦拉、科莫及帕爾馬的公爵的財務主管有頻繁的業務關係。這不奇怪，因為地方通行費收益及其他稅收被轉讓給梅迪奇銀行，並由徵收人匯款給他們，而非直接流進公爵的金庫。[73]這些收稅人員並非公務員，通常是貨幣兌換商，即地方銀行家，他們包收稅款作為副業。米蘭分行甚至還與帕維亞（公爵特別喜愛的駐地）的財務主管阿馬雷托·迪雷蒙多·曼內利合夥，並獲得包收稅款五〇%的獲利（表52）。

大部分匯票交易與日內瓦市集有關。在市集上支付商業票據的買家或賣家當中，有相當一部分來自康斯坦茲、聖加洛、拉芬斯堡等城鎮的德意志南方商人和瑞士商人，這些城鎮經由聖哥達山以及跨越阿爾卑斯山脈的中央山口與義大利來往。[74]這些商人中，有一些人在科莫透過梅迪奇銀行的米蘭分行交付應付的通行費，其中包括約斯・胡姆皮斯的員工林哈特・福賴（李奧納多・福蘭科）和拉文斯堡大公司。[75]

顯然，米蘭分行最重要的商品是推銷絲織品，而它的最佳客戶就是斯福爾札宮廷。[76]他們購買各種絲織品：淺色塔夫綢和緞子、絲絨、花緞、重錦。雖然米蘭分行試圖推銷由梅迪奇絲織作坊或其他生產商委託寄售的佛羅倫斯產品，但這些織物大多數是從威尼斯進口的。[77]次於真絲的是珠寶和腰帶。這類奢侈品的主要買家還是羅馬教廷。米蘭分行為梅迪奇銀行威尼斯分行代銷，出售給公爵一只飾以珠寶的大肩扣和一條鑲嵌紅寶石、珍珠和鑽石的項鍊，只收了區區八千六百六十四帝國鎊，以每杜卡特四帝國鎊計，僅為兩千一百六十六杜卡特。[78]掛毯也是由公爵或他的隨從獨家購買的。因此，斯福爾札的寵臣加斯帕雷・達維梅爾卡托伯爵購買了十件佛蘭德掛毯，其中六件是以真絲交織的，在布魯日定製。整套掛毯的費用總計為兩千兩百三十四帝國鎊十索爾多，以每杜卡特兌換八十二索爾多計算，即為五百四十五杜卡特。[79]梅迪奇銀行米蘭分行並不把活動局限在奢侈品貿易上，它同時也經銷由倫敦分行和布魯日分行送來寄售的羊毛、布料和帽子。[80]這些商品通常經由陸路而來，用騾子馱運跨越阿爾卑斯山。最優質的羊毛是科茲窩綿羊毛，賣到每先特納*八十帝國鎊（即二十杜卡特），而品質較次等的則賣到七十鎊甚至六十鎊（中級羊毛）。買家絕大多數是當地的製帽匠和織布匠，即米蘭所謂的 *lanari*。英格蘭布料和佛蘭德布料的市場相當有限，因為要與價格較低廉的佛羅倫斯織物和當地織物競爭。[81]

米蘭雖然只是個二級貨幣市場，但它仍是遍布西歐銀行業中心網路中的重要一環。它是解決阿爾卑斯山脈以北國家的貿易逆差問題、錢幣源源不斷地流入義大利的主要管道。米蘭分行的通信老是提到運到威尼斯和佛羅倫斯的金幣，有時一批三百杜卡特或四百杜卡特。[82]這些金幣通常由信差遞送或隱藏在布包中運送。無可否認，我們對中世紀的硬幣流量、流向和頻率的了解非常缺乏，但這並非回避這個難題的理由。任何將一線光亮投進黑暗之中的資訊都有助於解開十五世紀歐洲經濟明顯不均衡這個謎團。

一份現存的一四五九年前後的資產負債表顯示，米蘭分行除經理以外還有四名員工：喬凡尼．迪拉札羅．博羅梅伊、雅各波．詹諾蒂（收銀員）、安東尼奧．迪迪諾．達爾康托、安德烈．迪塞爾喬凡尼。[83]這些紀錄也提到一個名叫瑪麗亞的女僕。在一四五九年時，喬凡尼．博羅梅伊得到的薪資最高，約一年八十杜卡特，大概是皮傑洛最得力的助手；然而，他不具成為合夥人的必要資格。[84]他在一四六一年時仍在梅迪奇公司，但紀錄未提到在這之後發生什麼事。[85]收銀員雅各波．詹諾蒂顯然也沒有多大的能力。到一四六四年一月十五日，他的收銀員工作被移交給安德烈．迪皮耶羅．彼得里尼。[86]詹諾蒂被派到帕維亞幫助與梅迪奇合夥的財務主管阿馬雷托．曼內利（表52）。詹諾蒂在一四七〇年因「耿直」而言行失檢被辭退。[87]雖然他犯下的大錯損及梅迪奇公司，但一四七三年他們決定給他三百福羅林，很可能是作為對過去服務的補償。[88]新收銀員安德烈．彼得里尼來自一個絲織作坊家庭。[89]經過多年的努力，他一路攀升到襄理的位置，他待在這個位置上直到一四七七年病倒為止，之後由安東尼奧・迪貝爾納多・德－梅迪奇取而代之。這個安東尼奧就是因遭全體職員討厭而從布魯日被召回的那個安東尼奧。[90]他沒有在米蘭待很久：一四七九年，他被豪奢的羅倫佐以大使身分派去君士坦丁堡，向蘇丹・穆罕默德二世要求引渡謀殺朱利亞諾・德－梅迪奇的其中一個兇手貝爾納多・班迪尼。[91]至於安東尼奧・迪迪諾・達爾康托，他在一四七三年時仍在米蘭分行，此時他被建議另謀高就，因為業務量縮小很多，不再需要他繼續服務。[92]這是表明米蘭分行經營狀況不是很好的另一個跡象，為了減少開支，梅迪奇銀行正設法辭退多餘的員工。

從一開始，米蘭分行所有的麻煩就是太過於信任單一客戶：公爵。半個多世紀之前，德國歷史學家海因利希・西夫金正確地診斷出這種情形，指出梅迪奇銀行米蘭分公司主要是 *Hoflieferant* 和 *Hofbankier*，即宮廷承辦商和宮廷銀行家。[93]皮傑洛・波提納利很清楚缺乏替代品造成他的行動自由受到限制：他必須竭盡全力，就如他寫給資深合夥人的信中所說的那樣，因為「這裡僅有的一點點生意也完全仰仗公爵大人」。[94]他接著還說：「並且，若不會有利潤，那也可能沒有開支，至少我們希望如此。」[95]但這個希望只不過是如意算盤，一廂情願而已。

在宮廷和宮廷圈子以外，對米蘭分行經營的許多奢侈品就算有需求，需求也很少。例如，當資深合夥人詢問出售富浮花錦緞絲綢的可能性時，皮傑洛・波提納利答覆說，這類商品在米蘭是找不到買家的，除了Madama（公爵夫人）以外，然而，她非常挑剔，只買合她胃口的東西。[96]再者，此處提到的錦緞不是她喜歡的樣式，因此會是乏人問津的滯銷貨。

在金融領域，由於在貨幣市場或透過其他管道的生產性投資機會有限，情況甚至更糟。結果，米蘭分行退

＊先特納是德國的重量單位，合五十公斤。

而求其次，放款給宮廷。跟提供商業企業資金的做法相反，這樣的貸款助長鋪張浪費，或為供養傭兵提供資金。從銀行家的觀點來看，這牽涉到可能變成呆帳的風險，因為統治者傾向透過簽訂新的貸款合約來付清到期的債務，甚至不去償清債務。相反，它通常允許貸款增加：為了保住已借出的貸款，放款人被誘使繼續放款，直到耗盡可貸出的款項，陷入山窮水盡的境地。

我們已經看到，皮傑洛．波提納利使出渾身解數來勸阻福朗切斯科．斯福爾札超越科西莫設定的最大借款限額。然而，他的嘗試並沒有成功。到了一四六七年，斯福爾札的債務已從大約五萬三千杜卡特（一四六〇年三月二十四日的資產負債表中的數字），增加到難以置信的十七萬九千杜卡特，其中九萬四千杜卡特由轉讓一四六七年和一四六八年可收到的收入當擔保，六萬四千杜卡特由威尼斯分行收下作為抵押的珠寶擔保，兩萬一千杜卡特則尚無任何具體收入的轉讓當作擔保。[97]皮傑洛在報告中解釋說，如果梅迪奇銀行深陷泥淖，不是因為任何新的貸款而出現普遍的延遲還款，就是因為隨福朗切斯科．斯福爾札之死（一四六六年三月八日）而出現普遍的延期還款。皮傑洛認為，如果沒有這個不湊巧的事件，事情就會圓滿解決，讓他完全滿意。然而，在之後幾個月時間裡，並未取得任何進展。一四六八年四月十一日，皮傑洛在給總行的年度報告中不得不承認，米蘭分行業績「平平」，也就是說，沒有賺錢，反而虧錢。[98]儘管如此，參照公司領導人皮耶羅．德－梅迪奇當時正在推行的經濟收縮政策，他還是期望在「按照我們的目標削減訂購的東西」之後有大把的獲利。

皮傑洛並沒有活著看到自己的期望不過是一場癡心妄想；他在一四六八年十月十一日去世，由弟弟阿切利多．波提納利繼任經理。直到合夥契約期滿，梅迪奇銀行始終與皮傑洛的繼承人，也就是皮傑洛的未成年孩子及監護人阿切利多保持著合夥關係。[99]

阿切利多．波提納利（一四二七至一五〇三年左右）自一四五四年起就在威尼斯當員工，直到一四六三年或一四六四年才加入米蘭分行。[100]但不管怎麼說，在皮傑洛生病（一四六四年七月發病，並引起不合理的不安）期間，他在米蘭。[101]鑑於後來的事件，大家可能會質疑，梅迪奇銀行允許米蘭分行發展成一塊波提納利家族的采邑到底是否明智。當皮傑洛在一四六八年去世時，事實證明要阻止阿切利多繼承哥哥的職位是不可能的，雖然他在性格和人格兩方面都有缺陷。實際上，米蘭分行已陷入泥淖，難以自拔，但阿切利多並非有能力或有權力把馬車從泥沼中拉出來的人。在皮傑洛有可能成功的地方，阿切利多因為能力不及，注定失敗。此外，他知道資深合夥人不如看好他哥哥那樣看好自己，這使他感覺到疑慮重重，惶恐不安。

圍繞皮傑洛繼任問題的爭鬥立即發展起來。顯然，皮耶羅・德－梅迪奇命令福朗切斯科・諾里去檢查米蘭分行的帳簿並報告其財務狀況，諾里碰巧在從里昂去佛羅倫斯的路上，途經米蘭。[102]這個行動引起阿切利多的懷疑，他害怕資深合夥人有可能選擇諾里，而不是他作為皮傑洛的繼任者。結果，他拒絕合作，拒絕讓諾里檢查帳簿。諾里向資深合夥人投訴說阿切利多・波提納利每天都變得愈來愈驕傲自大，不讓他看帳簿紀錄，並毫無根據地捏造出種種杜撰的故事。諾里請求資深合夥人發出嚴厲的指令，以便讓他能順利完成任務。[103]同時，托馬索・波提納利急忙前去支持自己的兄弟，並從遙遠的布魯日憤憤不平地寫信說，深愛的皮傑洛的服務不應這麼快就被遺忘，在阿切利多打算去佛羅倫斯，並親自向資深合夥人彙報時，要他拿出帳簿簡直是一種懲罰。[104]很有可能，皮耶羅・德－梅迪奇不情願任命阿切利多；雖然他最終被說服這樣做了，但很勉強。至於諾里，他在被路易十一世從法蘭西驅逐出之後就沒有工作，他被任命為佛羅倫斯錢莊的襄理，這點我們已看過。這個故事說明了一點：與下個世紀的富格爾家族不同，梅迪奇銀行不使用逐家分行審查帳簿的巡迴審計師。

在由阿切利多・波提納利負責之後，米蘭分行的財務狀況非但未改善，反而每況愈下。由於資產凍結的緣故，當存款人想要提取資金時，在償還本金方面很快就出現困難。阿切利多不得不承認，早在一四七〇年三月二十四日，若佩魯賈的布拉喬・巴廖尼堅持要取回存款，將不得不透過出售匯票籌得資金，因為已經沒有流動資金可用。[105]甚至連支付利息也都變得很困難，米蘭分行已不願再把利息記入存款人帳戶的貸方。一四七一年時，已有必要通知安東尼奧・賈科莫・韋尼耶（一四二〇至一四七九年，他是貪婪和富有的昆卡主教，注定要在一四七三年領受樞機主教的頭銜），他的存款利息被減少到四千杜卡特，因為米蘭公爵未能償還借出的大筆資金，而使獲利大為減少。由於往昔的投資機會在減少，米蘭分行提議如果主教不希望續簽比原來條件還不好的合約（*scritta*），將退還存款的本金。[106]

到了一四七八年，虧損和無用資產已經累積到一定的程度，以至於豪奢的羅倫佐在帕齊陰謀之後，決定甩掉包袱，清算米蘭分行。他寫信給佛羅倫斯大使吉羅拉莫・莫雷利說，自己因波提納利兩兄弟（米蘭分行的阿切利多和布魯日分行的托馬索）的管理不善而損失成千上萬福羅林，因此決心斷絕與他們的關聯。[107]從留存下來的紀錄來看，發生什麼樣的清算不得而知。總之，阿切利多無奈地抱怨說，這樣對他不公平，而托馬索指責羅倫佐從未喜歡過他的兄弟，這很可能完全是真的。[108]然而，羅倫佐並未解僱阿切利多，而是讓他繼續當米蘭分行的領導人，儘管日益出現令人失望的結果。若是在科西莫時代，對那些業績未能滿足預期的分行經理可沒那麼有耐心。

阿切利多很可能感到不滿，因為他被迫接收一些靠不住的權益作為收益資產。總之，在斬斷與梅迪奇銀行的關聯後，他繼續在米蘭做生意，並找到願意跟他合夥的資金支持者，他們是馬泰奧・吉尼、喬凡尼・迪阿多阿爾多・波提納利，以及定居在羅馬的佛羅倫斯人米凱萊・博西。[109]也許是注入新資本和徹底重組，給了這間公司一個新的開端，讓它能夠繼續生存下去。不管有什麼樣的證據，都不意味著這家公司生意興隆。

在緊接著帕齊陰謀之後的幾年時間裡，豪奢的羅倫佐迫切需要現金，因此在一四八一年一月一日，他從阿切利多・波提納利那裡借來兩千杜卡特，免息，但條件是阿切利多要使用銀行大樓，直到貸款還清。[110]在一四八六年，即五年期滿時，羅倫佐委託福爾科・迪皮傑洛・波提納利把他父親贈予梅迪奇銀行的宮殿出售給福朗切斯科・斯福爾札的兒子洛多維科・伊爾莫羅。[111]經過一番討價還價之後，洛多維科滿足羅倫佐的要價：四千杜卡特，不包括家具陳設和掛毯。[112]後來，在羅倫佐死後不久的一四九二年五月二十二日，洛多維科・伊爾莫羅把宮殿交還給梅迪奇銀行，梅迪奇家族保留它好些年。[113]說來話長，經過反覆的榮枯變遷，十六世紀梅迪奇大公爵們重新獲得這棟建築；然而，他們的洛林王室繼承者卻讓它破敗倒塌，直至從前的輝煌消失殆盡。[114]

三、比薩分行

佛羅倫斯在一四〇六年征服比薩，同時拿下托斯卡尼入海的門戶比薩港。它的方便之處在於地理位置，位於比薩西南方向幾公里處，在一個有掩蔽的峽灣裡，靠近但不在阿爾諾河河口（河口的淺灘使航行變得不安全）。阿爾諾河雖然是一條多變的河流，一年中大部分的時間都不能通航，但寬闊的河谷提供從佛羅倫斯到海岸的一條平緩路徑。緊鄰比薩港的利佛諾是個要塞，一四二一年以前為熱那亞人所擁有，卻不是任何船隻都能航行的海港。利佛諾港口在好長一段時間後，由梅迪奇大公爵費迪南一世（一五八七至一六〇九年）建造，完全是為了取代已被淤塞的比薩港，因比薩港最晚在一五四〇年以後已經無法使用。[115]

儘管比薩及比薩港在經濟上有其重要性，但在一四四二年之前，梅迪奇銀行還是沒在那兒設分行。在那之前，它利用由阿維拉多・迪福朗切斯科・迪比奇・德－梅迪奇創建、並由他的兒子朱利亞諾和孫子福朗切斯科（一四一五至一四四三）持續經營的公司提供的服務。這家企業在比薩有一座貨棧，在西班牙設有機構。[116]它從西班牙進口大量羊毛和其他商品，例如水銀。[117]因為這樣的船貨通常要經過比薩港，所以這家企業的比薩貨棧要辦理港口卸貨並用馱畜或河船（遠至西尼亞）運送到佛羅倫斯的所有業務。當然，在比薩的阿維拉多的辦事處並沒有限制自己只做這個業務，它還擔任轉運代理人，替佛羅倫斯的其他公司調度過境貨物，包括由喬凡尼・迪比奇、後來由科西莫管理的銀行。雖然梅迪奇的這兩家銀行（分別由阿維拉多和科西莫管理）在某種程度上是競爭對手，但他們在各自分支網路不重疊的地區還是攜手合作，互相關照。

如前面所述，科西莫．德－梅迪奇一直等到一四四二年才在比薩建立起屬於自己的銀行。由於唯恐完全牽涉其中，他透過佛羅倫斯錢莊（而非整個梅迪奇銀行）成立一家有限責任合夥公司，出資四千福羅林，而且責任只限於這個數字。全部責任由普通合夥人尤果利諾．迪尼科洛．馬特利（一四〇〇至一四七六年左右）和馬泰奧．迪克里斯托法諾．馬西（一四二五年出生）承擔，他們兩個人各出資一千福羅林。雖然他們總共才出資四分之一的資本，卻能夠得到一半的獲利，以補償他們承受的管理負擔和大部分的風險。管理的重擔主要落在馬泰奧．馬西的肩上，他受公司章程規定居住在比薩，並全身心投入有限責任合夥公司。這個合夥公司被稱為「尤果利諾．馬特利和馬泰奧．馬西公司」。它的經營包羅萬象，包括貿易以及匯兌（銀行業），這樣的組合很熟悉。雖然科西莫的名字沒有出現在合夥公司的正式名稱中，但他未必是僅滿足於收取獲利的匿名合夥人；相反，他保留干預和否絕不贊同任何政策的權力。這個有限責任合夥公司為期五年，自一四四二年十一月十八日至一四四七年十一月十八日，並可憑默許的條文再延三年。[118]

梅迪奇銀行在第一年得到的獲利分紅是一千福羅林，結果不算差（表17）。沒有見到後來幾年的資料，因為收入大概被記錄在遺失的佛羅倫斯錢莊帳簿裡。總之，結果必定是令人滿意的，因為這個有限責任合夥公司在一四五〇年十一月二十八日續約而延期五年。[119]然而，在獲利分配上做了一些變動。梅迪奇銀行拿出的資金從四千福羅林減少到兩千福羅林。減少的兩千福羅林由著名的人文主義者、佛羅倫斯共和國總理梅塞爾．卡洛．迪葛列格里奧．德－馬蘇皮尼（一三九八至一四五三年）提供，他被接納為投資合夥人。同時，尤果利諾的兄弟安東尼奧．馬特利（他已經被解除威尼斯分行經理的職務）被接納為普通合夥人。這個有限責任合夥公司的正式名稱改為「尤果利諾和安東尼奧．馬特利公司」。[120]根據由尤果利諾和巴爾托洛梅奧．馬特利遞交的一四五七年資產稅登記報告，比薩有限責任合夥公司的資本到此時已從六千福羅林增加到八千福羅林：其中四千福羅林由梅迪奇銀行和卡洛·馬蘇皮尼的繼承者出資，四千福羅林由四位馬特利兄弟（各七百五十福羅林）和馬泰奧·馬西（一千福羅林）提供。[121]雖然馬特利四個兄弟都負有全部的債務清償責任，但只有尤果利諾和安東尼奧這兩個人在比薩分行裡任職。曾在安科納有限責任合夥公司為梅迪奇銀行服務過的巴爾托洛梅奧此時是佛羅倫斯槳帆船隊的指揮官，既往來北海，也往來黎凡特地區，而羅伯托則是梅迪奇銀行羅馬分行的經理。

很可能在一四六〇年代初期，梅迪奇銀行就決定退出這個有限責任合夥公司，但在現存的檔案中無法得知理由為何。尤果利諾·馬特利在自家親戚的支持下繼續經營，並擔任梅迪奇銀行的代理人。

有二十多年的時間，梅迪奇銀行在比薩沒有分行。然後突然在一四八六年一份資產負債表顯示，豪奢的羅倫佐將與伊拉廖內·迪巴爾托洛梅奧（馬特利兄弟之一的兒子）合夥。[122]這項事業顯然不如梅迪奇在那個時期的其他公司那樣生意興隆。這分資產負債表顯示，公司有過期帳款以及其他問題資產，卻沒有充足的準備金可以用來抵消這些帳目（表54）。很有可能這家合夥公司在兩年內就收掉了，似乎到了一四八九年時，為了從皮翁比諾的領主（厄爾巴島鐵礦的業主）手裡爭奪鐵礦場的獨占權，如第七章結尾所解釋的那樣，羅倫佐已與喬凡尼·迪貝爾納多·康比聯手。[123]

雖然這個企業有獲利，但它的資金不久就耗竭了，因為梅迪奇銀行不但沒有多注入資金，反而把資金抽走。一四九四年三月二十四日，年輕的樞機主教喬凡尼·德–梅迪奇一個人就欠了超過一千兩百六十大福羅林。[124]喬凡尼·康比與羅倫佐·托爾納博尼及其他一些參與推翻政府和恢復梅迪奇家族權力的人一起在一四九七年被處死。

持平而論，促使康比參與這起陰謀的動機跟托爾納博尼是一樣的，因為只有梅迪奇復辟才有可能使梅迪奇履行承諾，並拯救他們的前合夥人免於遭遇破產的運命。[125]

表 54：比薩分行 1486 年的結餘
（金額單位均為大福羅林）

	f.	s.	d.	金幣
借方				
家具和設備	300	0	0	
雜項應收帳款（*debitori diver si*）	2,592	14	4	
逾期還款和呆帳（*debitori lunghi e dubbiosi*）	2,192	16	2	
壞帳（*debitori cattivi*）	116	8	0	
匯兌損失、生活費用及薪資	627	12	6	
家具折舊	102	13	5	
商品推銷費用	211	12	10	
合計	6,143	17	3	
結算餘額時的誤差	10	18	8	
	6,154	15	11	
貸方				
雜項應付帳款	1,188	9	8	
羅倫佐・德－梅迪奇	1,171	2	9	
伊拉廖內・迪巴爾托洛梅奧・馬特利	972	5	5	
毛利（*avanzi*）	2,822	18	1	
	6,154	15	11	

資料來源：ASF, MAP, filza 83, no. 7, fols. 26-31.

注釋

1. ASF, MAP, filza 153, no. 1, fol. 14: "Il detto mori a Napoli nel tempo dela mortalità 1400." 福雷斯科巴爾迪的薪資每年只有六十福羅林。
2. *Ibid.,* fol. 15. 阿多阿爾多・托爾納昆奇自一三九六年起就在羅馬為喬凡尼・迪比奇服務。
3. *Ibid.,* fol. 16. 阿切利多・波提納利是他家第一個被梅迪奇銀行僱用的人。在被派去那不勒斯之前，一三九八年至一四〇一年在佛羅倫斯錢莊工作。
4. *Ibid.,* fol. 23: "Francesco Barucci, nostro giovane a Ghaeta... ." 在一四〇五年時，巴魯奇被海盜抓走，後來用一百七十一福羅林贖回（*ibid.,* fol. 35）。
5. *Ibid,,* fols. 16, 17.
6. *Ibid.,* fols. 17, 35.
7. ASF, MAP, filza 153, no. 1, fol. 35: "Jacopo di Tommaso Bartoli che sta ne' Rengno per noi."
8. *Ibid.,* fols. 38, 39, 51.
9. ASF, MAP, filza 148, fol. 44; Catasto No. 60 (Vaio, 1427), fol. 94r.
10. MAP, filza 153, no. 1, fol. 43. 獲利為四百五十一盎司，十七塔里，十七格令（那不勒斯通貨），包括給加埃塔的八十盎司。
11. *Ibid.;* fols. 43, 54. 總營收為三百九十六盎司，七塔里，十六格令（那不勒斯通貨），折合佛羅倫斯通貨兩千五百零七福羅林。這個金額包括加埃塔的獲利的九十一盎司。
12. *Ibid.,* fol. 69: "... aveano ragionato fosse d'avanzo in dette due anni che poi quando vennono a saldare el con to, no' vi furono."
13. MAP, filza 153, no. 1, fol. 80.
14. *Ibid.,* fol. 62.
15. *Ibid.,* fols. 86, 95.
16. *Ibid.,* fol. 37.
17. MAP, filza 153, no. 2, fols. 8v-gv.

18. *Ibid.,* fols. 28, 32.

19. *Cronica* (Florence, 1720), pp. 131, 138. 羅梭・德－梅迪奇在一四二三年五月三十日與博納科爾索・皮蒂的女兒馬達萊娜成婚。他的第一個妻子是西班牙人瑪格麗塔・羅德里格斯。

20. 巴塞隆納的凡蒂諾・德－梅迪奇以債權人的身分出現在佛羅倫斯錢莊的資產負債表裡，欠債一千五百福羅林，很可能是寄售的羊毛（ASF, Catasto No. 51, Gonf. Leon d'Oro, 1427, fol. 1167[V]）。亦參見 MAP, filza 153, no. 2, fols. 52 and 94 在巴塞隆納的凡蒂諾・德－梅迪奇的一筆帳目。

21. Ricordo for Tommaso Guidetti, May 23, 1471, MAP, filza 94, no. 198, fol. 358: "A Napoli, come sapete, s'è posto Agustino Billiotti a chui avete a commettere accadendovi avere a far nulla in quelle parti."

22. 比廖蒂曾在佛羅倫斯大帆船上當過幾年船長，但在銀行管理方面顯然未受過訓練。

23. 比廖蒂在一四七五年四月四日仍從那不勒斯寫信過來。MAP, filza 26, no. 157.

24. Camerani, *Documenti,* p. 95, No. 273; Pagnini, *Delia Decima,* II, 304.

25. Francesco Carabellese, "Bilancio di un'accomandita di casa Medici in Puglia del 1477 e relazioni commerciali fra la Puglia e Firenze," *Archivio storico pugliese,* 2:77-104 (1896).

26. 威尼斯共和國在阿普利亞駐有領事，居住在特拉尼。A. Zambler and F. Carabellese, *Le relazioni commerciali fra la Puglia e la Republica di Venezia dal secolo X al XV* (Trani, 1898), pp. 110-122.

27. ASF, MAP, filza 99, no. 4, fols. 6-13.

28. MAP, filza 26, no. 169.

29. Silvestri, "Sull'attività bancaria," pp. 102-103.

30. 這些指令的日期是一四八一年七月八日（MAP, filza 89, no. 154）。

31. Ricordo of Giambattista Ridolfi, March 29, 1480, Biblioteca Nazionale, Florence, Mss. II, V, 13 (Carte Lanfredini), fols. 167-168.

32. 托爾納博尼一四八一年十二月十日致函豪奢的羅倫佐的信（MAP, filza 38, no. 171）。

33. MAP, filza 51, no. 222.

34. *Ibid.,* no. 226.

35. 托爾納博尼一四八三年四月四日致函豪奢的羅倫佐的信（MAP, filza 51, no. 227）。

36. Silvestri, "Sull'attività bancaria," pp. 104, 109.
37. 喬凡尼・托爾納博尼一四八七年六月十五日致函羅倫佐的信（MAP, filza 51, no. 434）。
38. Silvestri, "Sull'attività bancaria," p. 110.
39. MAP, filza 89, no. 189.
40. Silvestri, "Sull'attività bancaria," pp. 111-113.
41. Cassandro, "Lettera di cambio, pp. 50-51.
42. 作證的人當中有些是在那不勒斯的托爾納博尼銀行的員工：主要員工朱利亞諾・迪喬治・里多爾菲、收銀員羅倫佐・阿奇亞奧里、員工維托里奧・卡亞諾，也就是卡賈諾。另一個證人是皮耶爾・安東尼奧・班迪尼，以前與帕齊銀行有關聯。*Ibid.*, p. 50.
43. *El libra di mercatantie,* ed. Borlandi, pp. 7, 12, 14. 然而，在第一百六十九頁上顯示在米蘭與佛羅倫斯之間的匯票兌現期限是見票後十天，不是開票之日起十天。Cf. Uzzano, *Pratica,* p. 100.
44. Fabroni, *Magni Cosmi Medicei Vita,* II, 246.
45. 佛羅倫斯的皮傑洛・波提納利寫給特拉維索的喬凡尼・迪科西莫的信，時間分別是一四三四年七月二十四日（MAP, filza 5, no. 297）；一四三四年八月七日（Carte Strozziane, I serie, filza 3, fol. 51）；一四三四年九月二十五日（MAP, filza 5, no. 298）。這兩位夥計的年齡完全相同，顯然是好友。這些信寫的時候是梅迪奇家族被放逐的期間。
46. MAP, filza 153, no. 3, fol. 17.
47. 他還在不失去佛羅倫斯公民身分的情況下被授予米蘭公民身分（Fabroni, *Cosmi Vita,* II, 246.）。然而，吉諾・巴爾別里說皮傑洛・波提納利實際上是公爵的財政部長，這種說法卻是誇大其詞的。*Economia e politica nel ducato di Milano, 1386-1535* (Milan, 1938), p. 212. 由安傑羅・法布羅尼複製的檔案見於梅迪奇家族外交基金羊皮紙紀錄，ASF (Camerani, *Documenti,* p. 113, no. 343)。
48. Dott. Casati, "Document! sul palazzo chiamato 'il Banco Mediceo'," *Archivio storico lombardo,* 12:582-588 (1885).
49. Antonio Averlino Filarete, *Tractat über die Baukunst,* Wolfgang von Oettingen, ed. (Vienna, 1890), pp. 679-686.
50. Giorgio Vasari, *The Lives of the Painters, Sculptors, and Architects* (Everyman's Library, New York, n. d.), I, 323. 米凱洛齊進行整體的規劃，但內部裝飾大多數的細節則是由執行這項設計的當地藝術家完成的。Alfred G. Meyer, *Oberitalienische*

Frührenaissance: Bauten und Bildwerke der Lombardei, I (Berlin, 1897), 99-110.

51. 斯福爾札的妻子碧安卡・瑪麗亞是最後一位維斯岡蒂家族公爵菲利波・瑪麗亞的親生獨生女（婚生的）。

52. Filarete, *Tractat,* p. 686: "... Pigello Portinari, huomo degnio e da bene. El quale lui regge e guida tutto el traffico che [i Medici] ànno a Milano.»

53. "... uno chassone di nocie chon serrature e suoi fornimenti, compramo da maestro Piero Stremeto, legnamaro per nostro uso e per tenervi dientre libri e schriture sechrete del nostro bancho." Curzo Mazzi, "La compagnia mercantile di Piero e Giovanni di Cosimo dei Medici in Milano nel 1459," *Rivista delle Biblioteche e degli Archivi,* 18:22 (1907). Sieveking, *Handlungsbücher,* pp. 36-37.

54. 皮傑洛・波提納利一四六一年三月九日致函喬凡尼・迪科西莫的信（MAP, filza 8, no. 413）。

55. 早在一四五八年時，波提納利就在一封給科西莫的信中提到，民眾對梅迪奇銀行米蘭分行所取得的獲利有一個誇大的想法，一四五八年三月十八日（MAP, filza 12, no. 251）。

56. MAP, filza 83, no. 9, fols. 34-42.

57. *Ibid.,* fol. 42: "Venghano a montare più i chreditori ch' i debitori come si vede di sopra £ 914 16s. 5*d.* d'imperiali che chon destro rischonteremo il libro e trovassi Ferrore, che Idio per Tavenire ci ghuardi da magiori."

58. MAP, No. 134, no. 4, fol. 97.

59. 一四五八年二月十一日的信（MAP, filza 12, no. 176）：“Come sapete il fatto nostro di qui consiste sul chredito; e con fare con quello d'altri, dà in modo che gl'utill non possono esser troppi, rispetto alle condizioni di qua."

60. 皮傑洛・波提納利一四六〇年四月十二日致函科西莫的信（MAP, filza 83, no. 8, fol 33）。"Mandovi con questa e' conti saldi di questa ragione: prima non si sono potuti mandare. Vedrete per essi come rabiamo fatto questo anno passato, che batte circha II segnio di quelli dinanzi. Iddio non ci concede pegio per l'avenire."

61. 皮傑洛・波提納利一四五八年二月二十二日致函科西莫的信（MAP, filza 12, no. 176）："... Signore, donde dipende tutto quello pocho si fa qui."

62. 一四六〇年四月十二日的信（MAP, filza 83, no. 8, fol 33）。

63. 同樣的情況可以從達蒂尼公司的帳簿發現。R. de Roover, "Accounting prior to Luca Pacioli," p. 144.

64. 在梅迪奇的檔案中存在另一份各種硬幣的明細紀錄（*rivedimento della cassa*）：它始於安德烈・彼得里尼擔任收銀員的一四六四年。MAP, filza 83, no. 15, fols. 61-62. 由於米蘭的通貨持續貶值，杜卡特在一四六〇年至一四六四年之間從八十二索爾多升值到八十四索爾多（帝國鎊）。
65. Camerani *Documenti,* pp. 115, 119, 121. 全部匯票都涉及與公爵書記官安傑羅・西莫內塔達成的虛假匯兌交易。
66. 支付的利息被記在 Discrezione（利息）帳戶，收到的利息被記入同個帳戶。
67. 這樣的慈悲為懷也被記載在 Tommaso Zerbi, *Studi e problemi di storia economica.* I. *Credito ed interesse in Lombardia nei secoli XIV e XV* (Milan, 1955), p. 70.
68. 該片段的參考資料為 MAP, filza 134, no. 4.
69. 幾筆利率為八%的存款在佛羅倫斯錢莊一四六二年十一月十九日致米蘭分行的信裡被提及，（MAP, filza 138, no. 300）。
70. MAP, filza 134, no. 4, fols. 9, 11.
71. *Ibid.,* fol. 34.
72. *Ibid.,* fol. 30: "... overo che li ragioniamo li tochi d'utilità nel tempo si sono esercitati."
73. Mazzi, "Medici in Milano," p. 18. 這些地方財務主管包括在帕維亞的阿馬雷托・曼內利、在諾瓦拉的迪芬登特・巴廖蒂、科莫的喬凡尼・達埃爾巴和帕爾馬的曼福雷多托・達科爾納札諾。Sieveking 將 *tessitore*（織工）一詞誤讀為 *tesoriere*（司庫），錯誤地把這些人認作織工，從而得出織工往往是收稅員的駭人結論（*Handlungsbücher,* pp. 39, 40, 42）。
74. *Ibid.,* pp. 40-41.
75. *Ibid.*
76. MAP, filza 134, no. 4, fols. 96, 100.
77. Mazzi, "Medici in Milano," p. 26; Sieveking, *Handlungsbücher,* pp. 39, 43.
78. *Ibid.,* p. 41; MAP, filza 134, no. 4, fol. 12.
79. Sieveking, *Handlungsbücher,* p. 43; MAP, filza 134, no. 4, fol. 82.
80. Mazzi, "La compagnia dei Medici in Milano," p. 18; Sieveking, *Handlungsbücher,* pp. 38-39.
81. Mazzi, "Medici in Milano," pp. 24-25. 作者將 *grossi*（格羅斯）誤讀為 *guadagni*（收益）。原來的文字應該是這樣的："... Ib. 80. 13. 10 di grossi di Brugia che li faciamo valere a grossi 54 per ducato, due. 360." 佛羅倫斯的布料被賣給奇科・西莫內

塔或奇科・達卡拉布利亞（這是同一個人）。Cf. Sieveking, *Handlungsbücher,*, p. 43.

82. 在一四五五年五月四日的信中，皮傑洛・波提納利通知米蘭分行，他正用密封的包裹送三百杜卡特給他們，另外有四百福羅林替在倫敦的梅迪奇經理送去佛羅倫斯。還報告更多的貨幣運送情況（MAP, filza 5, no. 740）。一封在一四六二年十一月十九日的信提到運送貨幣兩次，一次為四百杜卡特，另一次為六百杜卡特，從米蘭運送到佛羅倫斯（MAP, filza 138, no. 300）。

83. Mazzi, "Medici in Milano," p. 20.

84. 博羅梅伊收到九百五十五帝國鎊十索爾多五德涅爾作為三年的薪資。與對手公司所付的薪資相比，這是優厚的待遇。亞歷山德羅・達卡斯塔尼奧羅是博羅梅伊銀行的主要員工，他每年只收到兩百帝國鎊。Zerbi, *Le origini,* p. 313.

85. Camerani, *Documenti,p.* 98, No. 286.

86. MAP, filza 83, no. 15. 這個檔案號碼就是上面第六十四條注釋提到的硬幣明細紀錄。

87. 阿切利多・波提納利一四七〇年三月二十四日致函羅倫佐・德－梅迪奇的信（MAP, filza 21, no. 138）。

88. 通信者同上，一四七三年五月十五日（MAP, filza 26, no. 127）。

89. 他的父親皮耶羅・彼得里尼曾是安德烈・班基的合夥人。

90. Del Piazzo, *Protocolli,* p. 9.

91. 穆罕默德二世答應請求，導致班迪尼被捕，並被戒護回佛羅倫斯處死。

92. 阿切利多・波提納利一四七三年五月十五日致函羅倫佐的信（MAP, filza 26, no. 127）。也許安東尼奧・達爾康托未聽從忠告，因為貝內代托・代伊於一四七七年從布魯日寫信給一個在梅迪奇銀行工作的「安東尼奧・迪迪諾」。Pisani, *Un awenturiero,* p. 117.

93. *Handlungsbücher,* p. 41.

94. 一四五八年二月二十二日的信（MAP, filza 12, no. 176）。

95. "... manchando i guadagni, manchino anche le spese, se si potrà."

96. 一四五六年二月十一日的信（MAP, filza 9, no. 130）。

97. 一四六七年六月二十九日的信（MAP, filza 17, no. 569）。

98. "Noi qui faciamo al modo passato e questo e perdere." (MAP, filza 23, no. 188).

99. Sieveking, *Aus Genueser Rechnungsbüchern,* p. 101.
100. 威尼斯的阿切利多·波提納利一四五四年三月致函佛羅倫斯的梅塞爾·巴爾托洛梅奧的信（MAP, filza 84, no. 20, fol. 45）。
101. 阿切利多·波提納利一四六四年七月二、三、五、六、十四日致函皮耶羅·迪科西莫·德－梅迪奇的信（MAP, filza 12, nos. 357, 359, 360, 362; filza 17, nos. 423, 426）。
102. 福朗切斯科·諾里於一四六八年八月被逐出法蘭西，而且很可能因為皮傑洛染上致命疾病而滯留米蘭。Benjamin Buser, *Die Beziehungen der Mediceer zu Frankreich während der Jahre 1434-1494 in ihrem Zusammenhang mit den allgemeinen Verhältnissen Italiens* (Leipzig, 1879), p. 141; Gandilhon, *Politique économique,* p. 362.
103. 在米蘭的福朗切斯科·諾里一四六八年十一月十三日致函皮耶羅·德－梅迪奇的信（MAP, filza 137, no. 254）。這封信的內容與兩天前寄出的另一封信相矛盾，在第一封信裡，諾里只是稱讚阿切利多，並報告說一切順利。這第一封信很可能是為了給阿切利多看，並安撫他而寫的。
104. 布魯日的托馬索·波提納利一四六八年十一月十二日至十二月六日致函皮耶羅·迪科西莫的信（MAP, filza 12, no. 380）。印刷的詳細目錄（*Archivio Mediceo,* I, 236）中年份有誤。
105. 阿切利多·波提納利一四七〇年三月二十四日致函豪奢的羅倫佐的信（MAP, filza 21, no. 138）。
106. 米蘭的羅倫佐和朱利亞諾·德－梅迪奇公司一四七一年四月二十七日致函孔卡（昆卡）的主教的信（MAP) filza 88, no. 90）。印刷的詳細目錄（III, 345）誤述此信是寄給拉斐萊·里亞里奧的，而他在一四七一年時年僅九歲，不可能當上主教。
107. 羅倫佐一四七八年十月十六日和十一月十四日致莫雷利的信（MAP, filza 96, nos. 91, 92, 93）。
108. 羅倫佐一四七八年十月二十三日致函莫雷利的信（MAP, filza 124, fol. 293）；米蘭的托馬索·波提納利一四七八年十月二十一日致函在佛羅倫斯的羅倫佐的信（MAP, filza 137, no. 425）。
109. 馬泰奧·吉尼一四八六年十一月二十二日給福爾科·迪阿多阿爾多·波提納利的訓令，ASF, Spedale di Santa Maria Nuova, no. 130.
110. 該合約即租約見於 MAP, filza 148, no. 59.
111. 米蘭的佛羅倫斯大使雅各波·桂奇迪尼一四八六年三月三日致羅倫佐的信函（MAP, filza 26, no. 33）。此信發表在 Gino

Franceschini, "Il palazzo dei Duchi d'Urbino a Milano," *Archivio storico lombardo,* Serie 8, II (1950), 190, n. 17.

112. Del Piazzo, *Protocolli,* pp. 343, 345.

113. Franceschini, "Il palazzo ...,"p. 191.

114. Casati, "Banco Mediceo," p. 587.

115. Fernand Braudel and R. Romano, *Navires et marchandises à l'entrée du Port de Livourne, 1547-1611* (Paris, 1951), pp. 16-17.

116. 由阿維拉多・德－梅迪奇公司保有的比薩總分類帳的片段現存於佛羅倫斯檔案（MAP, filza 133, no. 3）。在第一百零六和一百一十三頁上有雕刻家多納托・迪尼科洛（即著名的多納泰羅）的帳目。根據這個帳目，一百一十福羅林被佛羅倫斯的梅迪奇記在他的帳目貸方，並以小額花費支付當下的生活費用、購買大理石及其他帳目。多納泰羅當時正與米凱洛齊合作建造樞機主教布蘭卡喬的墳墓。H. W. Janson, *The Sculpture of Donatello,* (Princeton, 1957), II, 89.

117. Sieveking, *Handlungsbücher,* pp. 30-31.

118. ASF, MAP, filza 153, no. 3, fol. 52.

119. Corti, "Le accomandite," pp. 132-133.

120. 根據出自該公司的大量信件（Map, filza 138, nos. 385-423）。

121. 這份資產稅報告可見 Archivio del Catasto, No. 823, (Catasto of 1457, Leon d'Oro), portata No. 181.

122. MAP, filza 83, no. 7, fols. 26-31.

123. Ginori-Conti, *Le magone della vena del jerro,* pp. 24-30.

124. *Idem, Carte Cambi da Querceto (secoli XV-XVI), Inventario e descrizione* (Florence, 1939), tav. II facing p. 48. 125. *Ibid.,* pp. 43-44.

第十二章　梅迪奇銀行在義大利境外的機構
——日內瓦分行、里昂分行和亞維儂分行

一、日內瓦分行

根據福朗切斯科．達蒂尼的業務紀錄，在十五世紀的頭幾年裡，巴黎仍是一個重要的銀行業中心，但不久後開始衰落，無疑是因為那些標誌著查理六世的不幸統治（一三八〇至一四二二年）以及使法蘭西王國淪為屠宰場的災禍（外敵入侵、內亂、饑荒和瘟疫）。隨著散兵游勇損毀鄉村，終止所有的商品交易，貿易路線被迫東移，超出國王的領地，移到洛林和（上、下）兩個布根地，那裡的執政親王因為沒有與英格蘭交戰，仍然保持著和平和秩序。

在義大利銀行拋棄巴黎的同時，一個新的貿易和金融中心在日內瓦成長壯大起來，這座由薩伏伊公爵宗主權下主教管轄的城市。它有一個極為有利的地理位置，因為它處於從義大利經由布根地和洛林到達佛蘭德地區，以及從德意志南部和瑞士各州經由里昂、蒙佩利爾和佩皮尼昂到達西班牙的重要道路交集之處。由於崛起的斯瓦比亞和瑞士粗斜紋布產業，這個東西軸的重要性穩步成長。[1]

日內瓦的特點是商業集中於四個市集：主顯節市集（一月六日）、復活節市集（即復活節後的第一個星期日）、聖彼得市集（八月一日）和萬聖節市集（十一月一日）。[2]這些市集不僅吸引歐洲各地的商人，而且很快發展成一個國際結算的票據交換中心。它是里昂的市集也是後來的貝桑松市集，此市集從日內瓦市集繼承下來而且到十七世紀仍繼續發揮功能。[3]國際收支差額盡可能透過匯票結算；由於硬幣運送起來笨重、風險大、費用昂貴，銀行家只有在無法以更便利的條件使用匯票時才會採用這種解決辦法。因此，金銀市場應運而生，與票據市場並駕齊驅。雖然歷史學家仍在黑暗中摸索中世紀硬幣的流向和密度，但毫無疑問，日內瓦市集是一個金銀再分配中心，並起到極為重要的作用。[4]梅迪奇紀錄有黃金從佛蘭德運到日內瓦，並從日內瓦運到義大利的證據。[5]其他來源顯示，日內瓦的市集，以及後來的里昂市集，是接收德意志銀礦龐大產出的市場。[6]

為了簡化交易，經常出入日內瓦市集的商人想出一個不變的價值標準：金衡制金馬克。為方便起見，金馬克被分割為六十四埃居或六十六埃居。[7]梅迪奇銀行使用六十四分之一馬克的埃居進行結算。因此，除非特別指明，本章裡提到的埃居均為六十四分之一馬克的埃居。如前面的解釋，埃居的通用符號是一個倒三角，像這樣：∇。本書也採用這個符號。

喬凡尼．達烏札諾的行商指南很可能是在一四二五年前後編撰的，尚未提及作為國際票據交換中心的日內瓦市集；然而，*Libro di mercatantie*（貨棧總帳）被錯誤地歸功於喬治．基亞里尼的功勞，而且認為是在一四八一年出版，但實際上這是基於一位不知名編纂者在一四五〇年前後蒐集的資料。[8]這個手冊顯示，日內瓦市集與歐洲大多數銀行業中心有直接接觸。開給日內瓦的匯票通常在即將來臨的市集休市時承兌，雖然有時發生跳過下一次市集，匯票在出票日之後的第二個市集到期的情況。[9]然而，這種做法引起神學家的懷疑。通常，在市集地簽發並在其他地方承兌的匯票為出票日起三十日到期，但締約各方始終可提出自己的條件，並另外選擇到期日（表55）。市集地與其他銀行所在地之間的匯率，無論匯票是從市集地被送出，還是被送至市集地，總是有金馬克或一定比例的金馬克當作衡量標準，要不是用舊的六十四分之一馬克的埃居，就是用新的六十六分之一馬克的埃居。通常，在日內瓦市集承兌，而在另一個銀行業中心所簽發匯票的匯率，會隨著市集日的接近而上升。對於在日內瓦簽發而在別處承兌的匯票，情況則正好相反：離到期日愈遠，匯率會變得愈高。僅憑這個事實就足以顯示出利息的存在。

所有主要的義大利銀行都在日內瓦有常駐人員或臨時代表。[10] 當然，梅迪奇銀行不可能在生意到了競爭對手手裡時仍無動於衷。在一

表 55：1450 年前後日內瓦市集期間的匯率報價

地點	報價方式	高價	低價	匯票兌現期限
亞維儂	按金馬克兌換多少 12 格羅特（格羅斯）的福羅林	122	118	按雙方協議
巴塞隆納	每 1/64 馬克的埃居兌換多少索爾多和德涅爾（巴塞隆納通貨）	18s.	15s.	按雙方協議
布魯日	每 1/66 馬克的埃居兌換多少格羅特（格羅斯）（佛蘭德通貨）	50	47	出票之日起 30 天
佛羅倫斯	每金馬克兌換多少袋福羅林金幣	78 ½*	…	出票之日起 30 天
熱那亞	每金馬克兌換多少 25 索爾多（熱那亞通貨）的福羅林	128	120	按雙方協議
倫敦	每 1/66 馬克的埃居兌換便士（英格蘭通貨）	48	44	出票日起 30 天
米蘭	每金馬克兌換多少帝國鎊	£216	£208	出票日起 15 天
	以及每 1/64 馬克的埃居兌換多少索爾多和德涅爾（帝國鎊）	67s.	63s.	同上
威尼斯	每金馬克兌換多少 24 格羅特（格羅斯）的杜卡特	67	66	出票日起 30 天

* 這個數字是在一封 1455 年 9 月 3 日梅迪奇銀行的通信中發現的實際報價 (MAP, filza 138, no. 441)。

資料來源：*El libro di mercatantie*, ed. Franco Borlandi (Turin, 1936), pp. 8-17.

四二〇年代初期，也許更早的時候，他們利用米凱萊．迪費羅的服務，他這個代理人顯然是抽取佣金，而非領取固定薪資的員工。[11]在一四二〇年之後，羅馬分行派安東尼奧．迪拉札羅．貝爾蒂尼去日內瓦，他曾是威尼斯分行的員工，最近則是羅馬分行的員工。[12]為何是他被派去日內瓦，在現存的紀錄中並未提及。也許他的任務是在繁忙的市集期間幫助米凱萊．迪費羅，或是研究最終在萊芒湖畔建立一家分公司的前景。無論如何，在日內瓦期間，貝爾蒂尼暫住在米凱萊家裡，當他外出旅行時，就把自己的財物（錢和衣物）寄存在那裡。[13]他做的紀錄透露，他經常旅行。[14]他在一四二二年五月一日離開日內瓦，去了佛羅倫斯，直到六月十四日才返回。當黑死病在日內瓦爆發時，貝爾蒂尼逃到弗萊堡，他在那裡從八月八日一直待到九月十五日。在十月三日，他又騎著馬去了米蘭，並在十月二十三日從那裡回到日內瓦。在十一月時，他作了一次短暫的旅行，去了尚貝里，並在十二月去了布雷斯地區的布爾格。隔年，他離開日內瓦兩次：在二月短暫地訪問米蘭，從四月底到六月中旬長時間旅行到佛羅倫斯。這些來來往往的旅行似乎暗示著有事情正在醞釀，但到底是什麼事情呢？看來最可信的猜測是，貝爾蒂尼被派去日內瓦建立一家分行，正在對其未來的營業領域做一次仔細的考察。

米凱萊．迪費羅的活動不限於銀行業，也包括各種紡織品的熱絡貿易，包括威尼斯絲絨、米蘭粗斜紋布，以及佛羅倫斯布匹，既有真絲製品，也有羊毛製品。設於布魯日的瓜爾泰羅托．瓜爾泰羅蒂公司，運給米凱萊一批跟往常運送到加泰隆尼亞和比薩的品質一樣的寄售的韋爾菲克細嗶嘰（*panni di Vervi*），以及來自庫特賴、梅赫倫、利爾和海倫塔爾斯的布料（*panni rintalzi*）。[15]除了在布魯日的瓜爾泰羅蒂公司，米凱萊還有代理商設在亞維儂的帕齊公司、米蘭的維塔利公司，以及紐倫堡的羅梅爾斯公司。他也與薩伏伊的公爵阿梅代八世，即後來的教宗菲力克斯五世做生意，菲力克斯五世向米凱萊購買絲織品、布料和服飾縫紉用品，最後還任命他為財務總管。[16]顯然，米凱萊以拿佣金的方式讓自己為梅迪奇銀行付出的服務獲得酬勞。[17]

安東尼奧．貝爾蒂尼在一四二四年突然從紀錄中消失了；不知道他是去世了還是離開梅迪奇銀行。無論如何，他的任務取得成功，他為新分行打下基礎。「安東尼奧·迪拉札羅·貝爾蒂尼傣在日內瓦那段時間」的獲利達到可觀的兩千一百二十福羅林鎊，即兩千聖庫福羅林，並被記入羅馬分行的貸方，這是說明這家新機構起初是從羅馬分行分出來的進一步證據。[18]

羅馬分行把另一位員工喬凡尼·本奇派去日內瓦頂替貝爾蒂尼的位置，如我們已經知道的，他後來成為科西莫的得力助手。其確切地位如何，全然不知。二號機密帳簿的一項入帳紀錄記載，他「以米凱萊·迪費羅和自己的名義」經營生意。[19]兩人在梅迪奇銀行的支持下形成合夥公司嗎？很可能如此。可以肯定的是，梅迪奇不願意負完全責任，寧願避而遠之。如預期那般，在本奇的稱職管理下，這家日內瓦企業依舊生意興隆。到了一四二六年十一月，總獲利達到八千七百六十聖庫福羅林，即九千兩百福羅林鎊，算在羅馬分行上（表56）。

顯然，有家有限責任合夥公司在一四二六年十月或十一月開始形成。而關於協議的要旨或梅迪奇銀行參與的程度則一無所知。[20]很可能是佛羅倫斯錢莊和羅馬分行各提供一些資本。獲利的分配相當複雜：照例留出準備金和支付給米凱萊·迪費羅固定薪資之後，喬凡尼·本奇被分配了四分之一的獲利，剩下的獲利在羅馬分行和佛羅倫斯錢莊（而非母公司）間平均分配。[21]

這樣的安排維持兩年幾個月。自一四二九年三月二十五日開始，設立一家新的有限責任合夥公司，其中資深合夥人投資五千福羅林，清償責任只限於這個金額。[22]佛羅倫斯錢莊很可能以類似條件提供一筆相等的金額。至於喬凡尼·本奇，從他的資產稅申報中可看出，他只提供服務，並未出資。[23]隨著資本結構的改變，獲利的分配比例也改變，羅馬分行退出，資深合夥人，也就是梅迪奇銀行和伊拉廖內·德–巴爾迪取而代之。因此，在一四二九年時，∇兩千八百八十的獲利被分配如下：在扣除四分之一（即給喬凡尼·本奇的份額∇七百二十）之後，剩下的∇兩千一百六十（即兩千四百福羅林）在資深合夥人與佛羅倫斯錢莊之間平均分配。由於資深合夥人被授權獲得三分之二的錢莊獲利，他們得到另外八百福羅林，這使他們拿到的分紅達到兩千福羅林

表56：日內瓦分行1424年至1432年的獲利分配
（金額單位均為福羅林金幣袋、索爾多和德涅爾）

摘要	總淨利潤			羅馬分行的分紅			初級合夥人的分紅			資深合夥人的分紅		
	f.	*s.*	*d.*	f.	*s.*	*d.*	f.	*s.*	*d.*	f.	*s.*	*d.*
1424-1426年	9,200	0	0	…	…	…	2,300	0	0[a]	6,900	0	0
1427年	4,812	0	0	2,406	0	0	481	5	9[b]	1,924	23	3
1428年	2,800	0	0	1,400	0	0	466	19	4[c]	933	9	8
1429年	2,400	0	0	…	…		400	0	0[c]	2,000	0	0
1430年	1,500	0	0	…	…		250	0	0[c]	1,250	0	0
1431-1432年	4,357	0	0	…	…		…	…	…	4,357	0	0
超額準備金	3,240	0	0	…	…		540	0	0[c]	2,700	0	0
後來的調整	1,080	0	0	…	…		540	0	0[d]	540	0	0
合計	29,389	0	0	3,806	0	0	4,977	25	1	20,605	3	11[e]

a 四分之一歸羅馬分行經理巴爾托洛梅奧．德－巴爾迪。

b 十分之一歸佛羅倫斯錢莊經理福爾科．波提納利。

c 六分之一歸佛羅倫斯錢莊經理福爾科．波提納利和利帕喬．迪貝內代托．德－巴爾迪。

d 二分之一歸福爾科．波提納利的繼承人和貝內代托．德－巴爾迪的繼承人。

e 這個總數可以對應表11的數字。

資料來源：ASF, MAP, filza 153, Libro segreto No. 2, fols. 40, 41, 51, 52, 67, 71, and 76.

（一千兩百福羅林加上八百福羅林）。另外三分之一（即四百福羅林）歸錢莊的初級合夥人，在當時是福爾科．波提納利和利帕喬．迪貝內代托．德－巴爾迪（表56）。[24]

就如預期的那樣，日內瓦分行在一四二四年至一四三二年間的獲利在各年之間有巨大的差異，但整體來說獲利是高度令人滿意的，每年平均達到三千兩百六十五福羅林，這不包括初級合夥人喬凡尼．本奇的分紅（表56）。以大概一萬福羅林的投資來說，這是超過三〇％的報酬率。保管二號機密帳簿的伊拉廖內．德－巴爾迪，其營運的方式沒有一致的做法，故引起一些混亂。結果，一筆應該列入日內瓦分行的三千八百零六福羅林獲利，出現在羅馬分行的獲利中。表56是二號機密帳簿中記載的資料。它顯示梅迪奇銀行執行一項過分謹慎的政策，即累積了超過足額的準備金後，才會拿來當作獲利進行分配。[25]一四三三年和一四三四年的盈餘總計達三千福羅林；沒有分配給合夥人，而是拿去再投資，用來增加資深合夥人的資本投資。[26]伊拉廖內・德－巴爾迪在一四三三年三月二十四日之前已去世，他的繼承人無權享受這些獲利分紅，梅迪奇銀行可以隨意處置。

在這些年間，至少是自一四二四年起，日內瓦分行是在「喬凡尼・本奇公司」的正式名稱下做生意。梅迪奇這個名字被省去：不然的話資深合夥人將要負完全的清償責任。然而，他們不是單純的投資者，因為他們把經營方針和管理人員的控制牢牢掌握在手裡。

在一四三五年科西莫結束流放，凱旋之後幾個月，梅迪奇銀行進行一場涉及所有部門的徹底重組。喬凡尼・本奇因十分成功地經營日內瓦分行而被召回到佛羅倫斯承擔新的職責，成為資深合夥人中的一員。梅迪奇銀行指定魯傑里・迪塞爾洛多維科・德拉卡薩（一四〇八至一四五六年左右）頂替他在日內瓦分行的職位。新任經理是安東尼奧・德拉卡薩的一個兄弟，他剛被派去擔任羅馬分行的領導人。魯傑里曾在喬凡尼・本奇一四三三年離開日內瓦期間擔任代經理，去籌劃巴塞爾辦事處。顯然，正式名稱未作改變，仍是「喬凡尼・本奇公司」，分行的法律地位也沒有改變，仍是有限責任合夥公司。然而，資深合夥人將投資額從五萬福羅林提高到一萬福羅林。[27]從留存下來的紀錄中看不出魯傑里・德拉卡薩是否拿出自己的錢；如果有拿，也不會超過一千福羅林。儘管如此，他還是可以得到六分之一的獲利。

直到一四三九年六月二十三日，日內瓦有限責任合夥公司才成長為羽翼豐厚的合夥公司，資本達一萬一千福羅林，其中一萬福羅林是由資深合夥人共同出資，一千福羅林是由魯傑里・德拉卡薩出資。[28]正式名稱和獲利分配維持不變。契約預定為期五年，至一四四四年六月二十二日，除非資深合夥人選擇提前終止，不過如果真要提前終止，需要提前三個月通知魯傑里。除了通常被認定為初級合夥人的職責和限定其權力的條款以外，這項協議還包含一項特別條款：在從日內瓦運送硬幣到威尼斯時，魯傑里．德拉卡薩被期望要以最佳的判斷，並選擇最安全的方式，但他需要注意一次性送出太大一筆錢所冒的風險。顯然，這種情形時常發生，說明了硬幣在經由日內瓦市集流入義大利，也許是為了支付北歐的貿易逆差。

這項契約在一四四四年期滿時被續約兩年。魯傑里．德拉卡薩繼續留任分行經理，但副手喬凡尼．尚皮尼被提拔為初級合夥人，並給予在分配給其他合夥人之前分享十分之一淨利的權利。[29]在兩年期滿時，他離開日內瓦轉任亞維儂新分行的管理職，他的工作由福朗切斯科．薩塞蒂（一四二一至一四九〇年）接替，薩塞蒂當時才二十五歲，在日內瓦分行只工作了五、六年。[30]

魯傑里．德拉卡薩在快到一四四七年年底時因未知原因，未等到合約期滿突然退出，爾後他回到佛羅倫斯，在那裡成為絲綢生產商。[31]他的副手福朗切斯科．薩塞蒂則接任他的位置，薩塞蒂迅速晉升，當時還不到三十歲，必定是因為出色的能力，加上透過卑鄙的奉承，來博取資深合夥人偏愛。這種例子充斥在他的職業生涯早期與之後的階段。例如，在成為分行經理之前不久，薩塞蒂寫信給喬凡尼．迪科西莫，親匿地以「你」稱呼（他們年齡相同）：「請讓我知道你的意向如何，以便我們能帶著對主人應有的純潔虔誠和摯愛執行。」[32]

一四三七年和一四三八年，日內瓦分行只有三名員工：喬凡尼．尚皮尼、多梅尼科．薩爾韋斯特里和彼得羅．馬齊。隨著業務的拓展，隔年增至四名，員工名單中增加阿塔維亞諾．阿爾托維蒂。薪資總額在一四三九年達到▽一百七十七，薪資從▽二十五（阿爾托維蒂的收入）到▽七十五（高級雇員喬凡尼．尚皮尼的薪資）不等。[33]如前所述，梅迪奇銀行在給員工酬勞時不算特別慷慨，但仍會支付一定水準的薪資。在一四四〇年前後，當時仍是一名十九歲青年的福朗切斯科．薩塞蒂，被從佛羅倫斯派去日內瓦獲取經營經驗，他欣然前往，實際體驗，幾年之內就升到高層。[34]另一位員工是總經理的兒子阿梅里格．迪喬凡尼．迪阿梅里格．本奇（一四三二至一四六八年），他在一四四〇年代後期浮上檯面，他顯然沒有繼承父親的管理才能。當薩塞蒂在一四

圖7：梅迪奇銀行1463-1490的總經理
福朗切斯科・薩塞蒂與長子泰奧多羅

五九年離開日內瓦，成為朋友喬凡尼・迪科西莫的助理時，他憑藉自己的人際關係依然接下薩塞蒂的位置。[35]

如表57所示，在三號機密帳簿涵蓋的整個時期（自一四三五年至一四五〇年）梅迪奇銀行繼續從日內瓦分行獲得可觀的獲利。平均而言，在經過應付薪資和壞帳做出習慣性的調整之後，每年的總營收可達∇三千一百四十七。這甚至比之前一四二六年至一四三二年那段時期的平均數還稍微高一些（表56）。當然，某些年份的經營表現比另一些年份來得好；生意波動並非什麼新鮮事，中世紀有繁榮時期，也有蕭條時期，盛衰浮沉，高低起伏。商人認為這是理所當然的事。較不尋常的是根據機密帳簿的入帳紀錄，資深合夥人的獲利分配透過轉讓在威尼斯可得到的餘額，或是透過直接送硬幣的方式被匯到佛羅倫斯。[36]這再次確認一個重要事實，即北歐對義大利有貿易逆差，最終用硬幣結算。其次，日內瓦正積極與威尼斯和米蘭開拓貿易，但沒有通貨將它與佛

表 57：日內瓦分行 1435 年至 1450 年的獲利分配

年份	淨利			襄理的分紅			分行經理的分紅			資深合夥人的分紅					
（佛羅倫斯曆法）	1/64 馬克的埃居			1/64 馬克的埃居			1/64 馬克的埃居			1/64 馬克的埃居			福羅林金幣袋		
	∇	*s.*	*d.*	∇	*s.*	*d.*	∇	*s.*	*d.*	∇	*s.*	*d.*	∇	*s.*	*d.*
1435	3,657	13	3	…	…	…	…	…	…	3,657	13	3	4,023	0	0
1436-1437.06.23	3,139	13	9	…	…	…	…	…	…	3,139	13	9	3,453	20	0
1437.06.24-1439	11,194	12	5	…	…	…	1,865	15	4[a]	9,328	17	1	10,355	5	6
1440	2,260	13	0	…	…	…	376	15	4	1,883	17	8	2,093	0	0
1441	4,088	5	1	…	…	…	681	7	6	3,406	17	7	3,780	0	0
1442	4,895	0	10	…	…	…	815	16	10	4,079	4	0	4,532	0	0
1443	3,636	17	10	…	…	…	606	2	9	3,030	15	1	3,383	0	0
1444-1445	4,903	3	10	490	6	5[b]	735	9	7	3,677	7	10	4,118	19	4
1446-1447	2,820	0	0	282	0	0[c]	423	0	0	2,115	0	0	2,327	0	0
1447（補充）	1,274	3	11	127	8	0[c]	191	15	11	955	0	0	1,060	0	0
1448	2,400	0	0	…	…	…	400	0	0[d]	2,000	0	0	2,200	0	0
1449-1450	6,088	15	3	…	…	…	1,014	15	10	5,073	19	5	5,650	0	0
	50,358	19	2	899	14	5	7,110	19	1	42,348	5	8	46,975	15	10[e]

a 1435 年至 1447 年（含），分行經理是魯傑里・德拉卡薩。他可以得到六分之一的獲利，即淨利潤減去襄理的分紅。

b 在這兩年間，襄理是喬凡尼・尚皮尼。他獲得十分之一的淨利。

c 在這兩年間，襄理是福朗切斯科・薩塞蒂。與尚皮尼一樣，他獲得十分之一的淨利。

d 自 1448 年起，分行經理是福朗切斯科・薩塞蒂。他被授予分享六分之一淨利潤的權利。

e 這個總數可對應表 17 給出的數字。

資料來源：ASF, MAP, filza 153, Libro segreto No. 3.

羅倫斯聯繫起來，因此，也就沒有票據市場。事實上，行商指南未給出佛羅倫斯與日內瓦之間的外匯牌價，說明這兩個銀行業中心之間的外匯交易並不頻繁。

由於現存的梅迪奇紀錄有缺漏，關於薩塞蒂在一四四八年至一四五九年這十一年間對日內瓦分行的管理，沒有什麼資訊可用。我們只知道日內瓦分行的資本在一四五一年三月二十四日被設定在∇一萬兩千（表15）。薩塞蒂出資是八分之一，即∇一千五百，但他可以獲得六分之一的獲利，以回報他的努力。分散在其他來源的參考資料顯示，日內瓦分行致力於多項業務，包括商品經銷和金融財務。一四五〇年有資料提到薩塞蒂是「貨幣兌換商」（*changeurs*）聯盟的一個成員，因為他借一萬福羅林給弗萊堡鎮。通常，償還貸款總是會拖拖拉拉，困難重重，以至於薩塞蒂威脅要停止弗萊堡的宗教活動，這個威脅顯然有被執行，因為教宗尼古拉五世在一四五三年三月十日頒布一份詔書，授權洛桑的主教解除禁令。[37]薩塞蒂屬於貨幣兌換商集團，這些貨幣兌換商在日內瓦市的紀錄中被不加區別地叫做 *bancherii*（銀行家）和 *campsores*（兌換商）。[38]在市議員的急切要求下，日內瓦分行出借五百福羅林為薩伏伊公爵兒子的加冕禮購買一件禮物，他已經成為賽普勒斯國王。[39]為了與地方當局保持友好關係，梅迪奇銀行無法避免被捲入地方財政中。

在薩塞蒂成為分行經理之後，生意以「喬凡尼．本奇．福朗切斯科．薩塞蒂公司」之名經營。[40]這個名稱一直用到一四五五年七月中旬喬凡尼．本奇去世。在這個事件發生後的兩個月之內，阿梅里格．本奇被接納為合夥人，頂替他的父親，公司的名稱改為「阿梅里格．本奇、福朗切斯科．薩塞蒂公司」。[41]由於他很年輕，所以阿梅里格一直擔任襄理；直到薩塞蒂於一四五九年離開後，分行才委託給他管理。他的任期相當短暫：到一四六一年時，他不是辭職，就是被迫離開了。[42]他的兄弟福朗切斯科（與亞維儂分行有關）也大約在同個時間放棄自己的工作，這強烈暗示，科西莫與這兄弟倆之間存在的意見分歧，也許是在對喬凡尼．本奇的企業清算問題上。總之，這樣的裂痕使阿梅里格非常怨恨，以至於在一四六六年他參與一場推翻梅迪奇統治的陰謀，並因此一度坐牢。[43]

由於薩塞蒂被留在佛羅倫斯，擔任喬凡尼·迪科西莫的管家，阿梅里格的分行經理位置給了朱利亞諾·迪喬凡尼·德爾札凱利亞（一四三一至一四七〇年），福朗切斯科·丹東尼奧·諾里（一四三〇至一四七八年）擔任襄理。[44]諾里就是後來在帕齊陰謀中不幸被殺害的人，他的兄弟西莫內在梅迪奇銀行布魯日分行和倫敦分行工作過。跟朱利亞諾·德爾札凱利亞一樣，他也曾當過一段時間的員工。[45]梅迪奇銀行就是這樣遵循著逐級升職的一貫政策。新的公司章程中，阿梅里格·本奇的名字從合夥公司的正式名稱中刪去，成為「福朗切斯科·薩塞蒂公司」，並未提到梅迪奇或其他合夥人。[46]獲利潤分配如下：二分之一歸梅迪奇，四分之一歸薩塞蒂，其餘四分之一歸朱利亞諾·德爾札凱利亞和福朗切斯科·諾里。福朗切斯科·薩塞蒂在自己的私人帳簿中記載，他出資▽兩千三百，但他沒有說共同合夥人投資多少。很可能總資本是▽一萬兩千，其中▽八千兩百由梅迪奇銀行出資，▽一千五百由初級合夥人（札凱利亞和諾里）出資。然而這只是看似可信的猜測，沒有任何書面證據。除了投入的資本以外，福朗切斯科·薩塞蒂還有▽六千記在一筆計息存款的貸方，他可以獲得八%的利息，即每年▽四百八十。[47]

在一四六一年至一四六五年這段時間裡，日內瓦分行比以往任何時候獲利更多。在這五年中的營收總計達▽四萬四千八百三十一又十索爾多，也就是每年平均▽八千九百六十六，超過之前一四三五年至一四五〇年期間的平均數字兩倍多（表58）。遺憾的是，沒有介於這段期間那些年份的數字可用。如表58所示，並非全部獲利都被分配給合夥人，而是留下可觀的▽四千八百三十一．五準備金，以應付任何不可預見的損失或應急費用。至少有一次，在一四六四年三月，薩塞蒂有一筆▽一千五百的獲利分紅，是分幾次船運從日內瓦運送到佛羅倫斯的硬幣支付給他的。這個罕見的做法證明兩地之間難以透過別的方法匯寄資金。[48]

然而，日內瓦市集的好日子漸漸結束。從表58可知，一四六五年的獲利已經大大低於前幾年的獲利，這是一個跡象，表明交易金額在減少。事實上是在急速減少，梅迪奇銀行把日內瓦分行搬到里昂，一家新的實體（合夥公司）在一四六六年三月二十五日在那裡成立。有一段時間，他們在日內瓦仍保有一名員工處理業務。[49]當趕集的人數減少到已經沒有必要駐點在那裡時，他被撤了回來。

二、里昂分行

里昂市集迅速得到日內瓦市集失去的商人。這個發展是里昂在國王路易十一世（一四六一至一四八三年在位）的全力支持下，針對競爭對手進行一場「冷戰」的結果。[50]里昂有位於邊界又在法蘭西王國境內的優勢。早在查理七世統治期間（一四二二至一四六一年），里昂這座城市就已嘗試勸誘商人離開日內瓦，但沒有成功，儘管事實上里昂在一四四四年獲得王室特許，創辦三屆市集，並禁止法蘭西商人出入位於外國領土上的市集。[51]這條法令並未產生實質性的效果，因

表 58：日內瓦分行 1461 年至 1465 年的淨利（佛羅倫斯曆法）
金額單位均為 1/64 馬克的埃居

年份	金額		
	∇	*s.*	*d.*
1461 年	8,423	4	6
1462 年	9,435	13	2
1463 年	9,876	18	9
1464 年	9,703	14	0
1465 年	6,565	3	8
準備金轉為獲利	826	15	11
合計	44,831	10	0
合夥人的分紅	40,000	0	0
應急準備金	4,831	10	0

資料來源：ASF, Carte Strozziane, Series II, No. 20, Francesco Sassetti, Libro segreto fol. 17. Cf. F. E. de Roover, "Francesco Sassetti and the Downfall of the Medici Banking House," *Bulletin of the Business Historical Society*, 17: 74 (1943).

為授予的特許不夠慷慨。

當路易十一世在一四六三年三月八日頒布著名的法令時，鬥爭達到高潮，為了吸引商人，這條法令設計了最大的特權，並設立與日內瓦市集同期的四個市集。[52]除了「吾國宿敵」英格蘭人以外，趕集的商人免除所有通行費和關稅，而且不會受到報復和拘捕。[53]國王宣布中止「外僑遺產沒收法」（*droit d'aubaine*），根據這個法令，已故外國人的有形動產歸國王所有。更重要的是，來里昂市集的商人一度享有與時常參與香檳地區市集的商人同樣的特權。實際上，那樣的特權已經廢止一個多世紀，但對這些大規模國際聚會的記憶仍持續存在。誠然，香檳地區市集的古老習俗已與時下的商業慣例格格不入；然而，對這個規則卻有個重要的例外：他們允許商人間的任何交易有高達一五％的利息。[54]在法蘭西大革命之前，更確切地說是在一七八九年十月十二日之前，收取利息在法蘭西是違法的，至少在理論上是如此，鑑於這個事實，這可是一個重大的讓步。[55]

至於財務部分，路易十一世的特許是驚人地慷慨，甚至比「商品流轉」的故事還要慷慨，並沒有對貨幣兌換或票據匯兌和回兌施加限制。人人可以自由匯寄資金到國外，或「逐個市集」計息放款。[56]各種硬幣，無論是外國硬幣還是法蘭西硬幣，均被允許以公平價值，也就是「市值」流通，硬幣可以自由進口或出口。[57]這等於在市集期間暫停貨幣條例，讓商人確定不同種類的硬幣可流通的匯率。事實上，銀行家從日內瓦帶來六十四分之一馬克的埃居和六十六分之一馬克的埃居，這樣就等於引進一種獨立於政府的條例，緊繫於固定重量黃金的貨幣本位。這個貨幣本位制一直沿用至一五七五年。

當日內瓦愚蠢地支持一場反對薩伏伊公爵（他碰巧是路易十一世的岳父）的叛亂（一四六二年十月）時，國王利用這個形勢對反叛的城鎮採取經濟制裁措施。一四六二年十月二十一日頒布的一項法令禁止任何法蘭西人參與日內瓦市集，並能用法令去沒收因往返日內瓦而穿越法蘭西領土的任何外國人的物品。[58]與之前一四四四年法令不同的是，這項法令被強制執行，衛兵駐紮在通向日內瓦主要貿易路線沿途的戰略要地。路易十一世的法令是個嚴厲的打擊。日內瓦尋求透過談判達成妥協，來緩和這個法令的影響，但這個嘗試雖然得到薩伏伊公爵敷衍的支持，但還是以慘敗告終。[59]

梅迪奇的紀錄證實，日內瓦市集在一四六四以後急劇衰落。如前已知（第四章），從里昂到日內瓦的轉移是逐漸完成的，梅迪奇銀行一度在每個城鎮都有一間辦事處。因此，與倉促行事相反，它的政策會審時度勢，跟著趨勢走，而非引領潮流。

里昂分行在當初籌備時的資本是▽一萬兩千四百，被取名為「福朗切斯科．薩塞蒂公司」。資本和獲利的分配如表59所示。雖然梅迪奇銀行的投資超過總資本的六〇％，但他們在獲利中的分紅只達到四〇％，以便補償兩位經營合夥人，以及被皮耶羅．迪科西莫僱用擔任首席顧問或總經理，而沒有取得固定薪資的福朗切斯科．薩塞蒂。看來福朗切斯科．諾里負責里昂的辦事處，而朱利亞諾．德爾札凱利亞被派駐在日內瓦，至少有部分時間在那裡。

在現存的梅迪奇檔案中有一份里昂分行一四六七年四月二日的資產負債表，以及一份涵蓋一四六六年度（佛羅倫斯曆法）的損益表，就像前面解釋的，財務期間是一四六六年三月二十五日至一四六七年三月二十四日。[60]由於後來沒有類似文件留下來，詳盡地研究這些資料應該是值得的。

表 59：里昂分行 1466 年 3 月 25 日的資本和獲利分配

合夥人名稱	投入資金	占總資本比例	獲得的獲利分紅 *	獲利分紅的比例
梅迪奇	▽8,200	66.1	8*s*. 0*d*.	40.0
福朗切斯科．薩塞蒂	1,500	12.1	4*s*. 4*d*.	21.7
福朗切斯科．諾里	1,500	12.1	4*s*. 4*d*.	21.7
朱利亞諾．札凱利亞	1,200	19.7	3*s*. 4*d*.	16.6
合計	▽12,400	100.0	£1 0*s*. 0*d*.	100.0

* 每埃居獲利中多少先令和便士。

資料來源：ASF, MAP, filza 83, no. 49, fol. 304v; ASF, Carte Strozziane, Series II, No. 20, Francesco Sassetti, Libro segreto, fol. 24.

表 60：里昂分行 1467 年 4 月 2 日的資產負債表（金額單位均為 1/64 馬克的埃居）

資產				
摘要	∇	*s.*	*d.*	占比
固定資產				
家具	572	12	10	0.5
馬匹	418	4	8	0.4
小計	*990*	*17*	*6*	*0.9*
流動資產				
現金（現金帳簿）	2,248	1	0	2.1
庫存貨物（白銀、布匹等）	8,134	7	1	7.5
雜項應收帳款	36,827	13	9	34.0
壞帳	683	13	6	0.6
世俗和神職貴族	18,580	12	6	17.2
國外辦事處	8,161	3	11	7.5
在梅迪奇其他公司的存款	14,575	0	0	13.5
官員	2,011	9	9	1.9
小計	*91,222*	*1*	*6*	*84.3*
特別帳戶				
福朗切斯科・德爾托瓦利亞	9,991	13	6	9.3
厚窗簾（絲織品）有限責任合夥公司	4,428	9	0	4.1
預付薪資	307	4	0	0.3
雜項帳戶	1,049	19	9	1.0
小計	*15,777*	*6*	*3*	*14.7*
合計	107,990	5	3	99.9
計算餘額時的誤差	60	8	6	0.1
	108,050	13	9	100.0

資料來源：MAP, Filza 83, no. 49, fol. 301-306.

表 60：里昂分行 1467 年 4 月 2 日的資產負債表
（金額單位均為 1/64 馬克的埃居） （續）

負債				
摘要	∇	*s.*	*d.*	占比
應付款項				
雜項債權人	6,235	8	7	5.8
預付的信用狀	2,143	14	0	2.0
替顧客與威尼斯匯兌	2,544	16	1	2.4
匯票承兌	2,762	8	8	2.6
國外辦事處	20,453	1	4	19.0
替寄售人銷售香料的收入	63	7	6	0.0
小計	*34,202*	*16*	*2*	*31.8*
存款				
如表 62 所列	41,931	7	9	38.7
增加金額、準備金及雜項帳戶				
福朗切斯科・薩塞蒂，個人帳戶	3,068	7	4	2.8
應計薪資	1,602	17	9	1.5
壞帳準備金及未付薪資	719	8	6	0.7
「貧民」（*Annosi a distribuire per Dio*）	7	13	3	0.0
小計	*5,398*	*6*	*10*	*5.0*
里昂分行舊帳	49	10	6	0.0
股東權益				
資本	12,400	0	0	11.5
以前留下的未分配獲利	5,575	5	0	5.2
當年獲利	8,493	7	6	7.8
小計	*26,468*	*12*	*6*	*24.5*
	108,050	13	9	100.0

資料來源：MAP, Filza 83, no. 49, fol. 301-306.

如同梅迪奇銀行的其他資產負債表，這個資產負債表也是由幾頁組成的小冊子，其中在資產欄列出一百七十二個項目，在負債欄列出九十六個項目（七十二項取自總分類帳帳簿，二十四項取自機密帳簿）。為方便審計起見，涉及應收款項的帳目附有關於收回每筆債權前景的簡短說明：例如 *debbe pagare ora*（他很快就會償還），*pagherà di qui a san Giovanni*（他會在現在與聖約翰節之間償還），或 *siamo sichuri e di già si è ne avuto la più partte*（我們肯定會收回，而且已經收到大部分欠款）。有時候對立即還款可能性的說明不是那麼樂觀，例如 *pagherà con tempo*（他總有一天會還款）。然而，這樣的項目不是很多，從中得到的印象是，里昂分行在一四六七年是一家健全的企業，並沒有因為呆帳或可疑帳戶而顯得負荷過重。

雖然梅迪奇自稱是貿易商和銀行家，但細讀資產欄可以發現，經商重點在銀行業，而非貿易，因為庫存貨物是個小項目，總額不到一〇%。固定資產只包括家具陳設和騎乘的馬匹，更是微不足道，加起來不到一%。現代人的頭腦很容易迷惑，里昂分行靠一筆約為兩千埃居的微薄現金準備經營，僅占總資產的二%。不管它有多麼令人莫明其妙，這種情形卻相當普遍，其他例子也可以在同時代的商業公司當中找到，例如米蘭的博羅梅伊公司。[61]

資產負債表的資產欄中最大的數字是雜項應收帳戶，共有一百一十三個項目，總計金額將近∇三萬七千。很少有項目超過∇一千，只有兩項大大高於∇兩千。大多數債務人是當地客戶，但有些來自遙遠的地方，例如利摩日、巴黎、普瓦捷、蘭斯或雷恩。梅迪奇銀行也與世俗和神職的領主貴族交易，包括法蘭西國王、薩伏伊公爵、波旁公爵，以及幾位高級教士（表61）。這群人的負債總額約為∇一萬八千六百，分布在十四個帳目上，其中最大的一筆債務是由薩伏伊公爵拖欠的，保持在∇五千以下。應該由法蘭西國王償還的債務金額很小，僅僅∇三百五十而已，根據說明，這筆欠款可以在朗格多克收取，而且相當保險。至少在一、二個案例中，借款給高級教士源自他們沒有錢在授封敕書送達時立即支付相應的費用。這樣的貸款並沒有風險，因為如

表 61：對世俗和神職君主貴族的放款，
根據里昂分行 1467 年 4 月 2 日的資產負債表

	▽	*s.*	*d.*
1. 阿馬德烏斯九世，薩伏伊公爵	4,824	17	4
2. 波旁公爵約翰二世	2,473	12	0
3. 安古蘭主教格德福魯瓦・蓬帕杜爾	2,320	7	0
4. 皮德蒙特的皮內羅洛修道院院長烏爾班・博尼瓦爾	1,648	2	0
5. 蒙費拉侯爵威廉三世	1,360	5	2
6. 里昂的當選大主教波旁的查理	1,247	0	0
7. 克萊蒙 - 費朗主教雅克・德孔博爾納	1,238	2	0
8. 米蘭公爵加萊亞佐・瑪麗亞	1,201	9	0
9. 奧福涅的拉謝斯迪約修道院第 34 任院長雷諾・德紹維尼・德布洛	701	14	0
10. 卡瓦永主教圖桑・德維爾納夫	465	8	0
11. 波旁公爵夫人	443	2	0
12. 法蘭西國王（將在朗格多克支付）	352	8	0
13. 路易吉，薩盧佐侯爵的長子	197	12	0
14. 內莫爾公爵雅克・達馬尼亞克	106	14	0
合計	18,580	12	6*

* 合計可對應表 60 給出的數字。

資料來源：同表 60。

前所述，違約的債務人有可能被逐出教會，這對各級神職人員來說是一個有效的震懾。就如本研究所顯示，梅迪奇銀行里昂分行在此時借錢給王公貴族或大領主的額度並未大到使其償付能力受到威脅的程度。

鑑於里昂分行廣泛經營匯兌的事實，國外辦事處欠著大量的錢款就不足為奇了，主要欠錢的辦事處是在倫敦的西莫內・諾里和在威尼斯的喬凡尼・阿爾托維蒂。我們知道，兩個人都是梅迪奇銀行的代理人。存在梅迪奇其他公司的大量資金掌握在米蘭分行（▽一萬三千四百四十）手中，其餘部分（▽一千一百三十五）則掌握在布魯日的安傑羅・塔尼手中。合理的猜測是，這些存款附帶利息。就如前一章解釋的那樣，為了照顧斯福爾札宮廷的需求，米蘭分行到處借錢，並向存款人提供比梅迪奇銀行任何分行更高的報酬來壓倒競爭對手。

這份資產負債表顯示，超過∇一萬四千掌握在福朗切斯科．德爾托瓦利亞手中，這是相當可觀的一筆錢。他負責絲織品的銷售，顯然是以獨立的部門經營這檔生意；究竟是如何經營的，現存的紀錄並沒有資訊透露。可以肯定的是，里昂市集是義大利各產區絲織品的重要市場。[62]

在一四六七年四月二日資產負債表的負債欄裡，最引人注目的特徵是，股東權益只是次要的資金來源，里昂分行的大部分流動資本源自付息的定期存款。這個帳目總計達∇四萬兩千，相當於總資產的三八．七％（表60）。總共只有十九個存款人，因此梅迪奇銀行無需擔心擠兌，但一、兩個「朋友」的背信有可能引起嚴重的麻煩，因為資產無法很容易變現（表62）。解決辦法就只能透過出售匯票來籌措資金，但這種信用方式要昂貴得多，也更不確定，因為它使得借款人受制於貨幣市場的變幻莫測，以及國外辦事處承兌匯票的意願。

如表62所示，最大的一筆存款是來自福朗切斯科．迪貝爾托（羅伯托）．佩魯齊，這個人被貝內代托．代伊列為佛羅倫斯最富有市民之一。[63]如前所述，存款未必存在存款人的真名之下。由於各種原因，顧客有可能希望在匿名的掩護下或以另一個人的名字隱藏自己的身分。因此，里昂分行的帳簿提到一筆∇五千的存款，據信是屬於日內瓦的傑出市民阿梅代．德佩姆的，一筆相同的金額應屬於*La ragione vecchia di Ginevra*，即老日內瓦合夥公司。[64]然而，薩塞蒂在機密帳簿裡記錄，這筆錢實際上是他的，無論是阿梅代．德佩姆還是老合夥公司，在里昂分行裡連一個埃居的存款也沒有。[65]這絕非單獨的個案。薩塞蒂在亞維儂分行有將近一萬六千兩百五十小福羅林存款；這些資金並非存在他的名下，而是記在塞萊斯廷當地修道院的貸方。[66]根據表62，有兩位存款人被列為「來自佛羅倫斯的朋友」。無法確定他們是否真的不是法蘭西人，為了安全並保有一筆逃脫路易十一世魔掌的應急基金。路易十一世毫不在乎沒收失寵朝臣的財產，並命令軍官繼續嚴厲地追查這些落難者隱藏的資產。在樞機主教尚．德拉巴盧埃（一四六九年）被捕之後，路易十一世要人查閱梅迪奇和帕齊的帳

表 62：1467 年 4 月 2 日資產負債表中的定期存款（*depositi a discrezione*）

	∇	*s.*	*d.*
在總分類帳裡：			
1. 福朗切斯科・迪貝爾托（羅伯托）・佩魯齊	12,428	0	0
2.（多菲內地區）歐特里沃領主喬治	1,177	3	0
3. 于澤主教尚・德馬勒伊	946	13	0
4. 薩伏伊紳士沙朗的博尼法切（?）	871	7	3
5. 佛羅倫斯的經紀人加萊奧托・科比內利	800	0	0
6. 布日大主教紀堯姆・德康布雷的兄弟尚・德康布雷	467	15	0
7. 日內瓦領主的公證人和辦事員克勞德・維耶努瓦	108	1	2
8. 聖維克托小修道院的僕人安東萬・雅凱	101	1	3
小計	*16,900*	*0*	*8*
在機密帳簿（私密總帳）裡：			
9. *La ragione vecchia di Ginevra*（實際上是福朗切斯科・薩塞蒂）	5,000	0	0
10. 日內瓦市民阿梅代・德佩姆（實際上是福朗切斯科・薩塞蒂）	5,000	0	0
11. 朱利亞諾・德爾札凱利亞	3,300	0	0
12. 福藍索瓦・德羅西永，托朗的貴婦	2,285	4	1
13. 西莫內・迪喬凡尼・福爾基	2,050	0	0
14. 洛安的內科醫生紀堯姆・馬尤爾（?）	2,040	4	5
15. 一位來自佛羅倫斯的朋友（*un amico da Firenze*）	1,857	15	0
16. 烏爾班・博尼瓦爾，比內洛羅的聖瑪利修道院院長	1,502	13	7
17. 一位來自佛羅倫斯的朋友（*un amico da Firenze*）	1,198	0	0
18. 尚・安德列，洛桑的牧師	416	10	0
19. 里昂的理髮師兼外科醫生克勞德・貝熱羅勒（?）	381	0	0
小計	*25,031*	*7*	*1*
合計	41,931	7	9

資料來源：同表 60。

簿，以便發現樞機主教是否有存款，或有違抗皇家的資金轉移禁令，把資金轉移到羅馬。[67]一段類似的插曲最終導致福朗切斯科・諾里被驅逐出法蘭西，他被指控提供資金給拉烏男爵安東萬・德沙托納，幫助他逃離被關押的（福雷山）余松城堡。[68]處於同樣困境的科米納的故事已經講過。

除了有息存款之外，里昂分行的主要債務是對其他地方辦事處的欠款。大約有∇七千是為梅迪奇銀行布魯日分行預留的，另有∇三千是為羅馬分行預留的。此外，在這個帳目下的負債包括應付給附近其他分行的金額：∇三千應付給在日內瓦的支行，∇五千應付給亞維儂分行，∇一千四百應付給羅梭・達索馬亞，他顯然負責設於蒙佩利爾的梅迪奇代理機構。

總的說來，對一四六七年四月二日資產負債表的分析顯示，里昂分行在那時仍是一家生意興隆的企業。為其他分行預留的周轉餘額並未大到足以證明里昂分行因未能匯款而耗盡資源的說法。相反的，這個帳目有一部分因為對倫敦分行和威尼斯分行的權益而得以彌補。此外，里昂分行還提供資金給在米蘭的分行。總之，它是債權人，而非債務人。里昂分行的財務狀況毫無疑問要比米蘭分行更穩健，因為它並沒有過分地依賴單一客戶，即羅馬教廷，而是相當合理地分散風險，把放款給王公貴族或顯貴的貸款減少到最低限度。

這個有償付能力和有獲利能力的印象，在細讀附於一四六七年四月二日資產負債表的損益表過程中獲得進一步的支持。這份有啟發意義的報表證實（若需要證實的話），七〇%的獲利來自金融業，匯兌交易非同小可，占總收入的三六%（表63）。其次的重要收入來源是教宗任命詔書或赦罪令的遞送業務。

里昂分行顯然按照與米蘭分行同樣的做法，每年對收銀員手裡的硬幣進行四次估價。通常，毫無疑問會在貨幣兌換中產生盈餘。如報表所示，在一四六六年產生的收益達到超過總收益的五%，絕不可視為是無足輕重的業務而加以忽略。

貿易並未帶來很多收入，除了在法蘭西朝臣和神職人員中持續有需求的絲織物以外。福朗切斯科・德爾托

表 63：里昂分行 1466 年（佛羅倫斯曆法）損益表
（金額單位均為 1/64 馬克的埃居）

摘要				金額			占比
				▽	*s.*	*d.*	
現金盈餘				728	10	6	5.6
匯兌交易獲利（*Pro di cambio*）							
	▽	*s.*	*d.*				
與佛羅倫斯	2,682	8	0				
羅馬	1,300	0	0				
亞維儂	365	12	5				
蒙佩利爾	250	0	0				
米蘭	63	3	4	4,661	3	9	36.0
利息（*discrezione*）和教宗詔書遞送費用				3,630	13	0	28.0
貿易獲利（*Pro di mercanzid*）				111	18	0	0.9
與福朗切斯科·托瓦利亞合夥的絲綢有限責任合夥公司賺到的 ▽3,900 的三分之二				2,600	0	0	20.0
日內瓦支行（*ragioniamo si sia avanzcito a, Gineura*）的收入				700	0	0	5.5
佣金和經紀費				523	10	10	4.0
毛利				12,955	16	1	100.0
扣除經營費用：							
	▽	*s.*	*d.*				
辦公用品	17	13	0				
運送硬幣	21	0	0				
急件遞送	46	12	0				
生活費用	1,096	16	6				
租金	188	18	0				
傭人薪資	49	11	0				
禮品	77	0	8				
家具折舊	40	0	0				
利息	352	0	3				
施捨	15	0	0				
盜劫損失	25	10	0	-1,930	1	5	-14.9
				11,025	14	8	85.1
扣除存款利息				-2,532	7	2	-19.5
淨利				8,493	7	6*	65.5

* 此總額可對應表 60 給出的數字。

資料來源：ASF, MAP, filza 83, no. 49, fol. 305.

瓦利亞的有限責任合夥公司顯然經營得相當不錯。佣金和經紀費是一個收入來源，而非費用，儘管只是較小的收入來源。至於在日內瓦的支行，它獲得∇七百的獲利，證明那裡的市集將消亡，但尚未完全死亡。在營業費用中，主要項目是生活費用，包括員工的食宿費用。顯然，經理和員工同吃同住，費用由雇主支付，就如在其他城市的梅迪奇分行做的那樣。讀者可能會注意到，家具的折舊雖然微不足道，但不會被忽略。「盜劫損失」指的是經由陸路從倫敦運送，並被「列日反抗者」所洗劫的錫製品，他們當時正在反抗親王主教路易・德波旁（里昂大主教、查理的兄弟）和波旁公爵約翰二世的德政，這兩個人均為里昂分行的客戶。[69]在營業費用中出現了一個∇一百八十八又十八索爾多的租金項目。梅迪奇銀行從未在里昂擁有過不動產，而是在一幢租來的房子，或者說是在一家旅館裡做生意，這家旅館坐落在索恩河右岸德拉佩里廣場（後來叫做外匯交易廣場）附近的猶太路上，是外匯經紀人特別喜歡的聚會地點。[70]

根據一四六六年的損益表，里昂分行的員工由兩位經理（福朗切斯科・諾里和朱利亞諾・德爾札凱利亞）、四名員工（廖內托・德－羅西、泰里諾・馬諾韋洛齊、福朗切斯科・薩塞蒂的侄子托馬索・迪費德里格・薩塞蒂和賈內托・巴萊里尼）以及兩名傭人（奧爾曼諾・克拉韋洛和喬凡尼・卡雷利，很可能兩個人均為瑞士人）組成。[71]也許還應包括福朗切斯科・德爾托瓦利亞，他很難歸類，因為他負責出售絲織物，不是收取佣金，就是獲得分紅。這份列表與貝內代托・代伊在《編年史》提到的稍有不同。然而，代伊提到的資料日期起始於一四六九年，而非一四六六年，因此，省去福朗切斯科・諾里的名字，因為他在這段時間被逐出法蘭西。列表也未提及賈內托・巴萊里尼，他在一四六六年擔任收銀員，十年後仍待在梅迪奇銀行，並被派去法蘭西宮廷洽談業務。[72]另一方面，通常消息靈通，值得信賴的貝內代托・代伊則提到阿拉曼諾・朱尼、皮耶羅・迪尼科洛・博納科爾西和拉波・德托瓦利亞，在梅迪奇銀行里昂分行一四六六年損益表的員工名單中並沒有出現他們的名字。[73]當然，極有可能在一四六六年至一四六九年間額外僱用職員來照料成長的業務量。如果是這樣，那麼分行等於在一四六九年僱用多達八名員工和兩名傭人，這是梅迪奇銀行其他分行都沒有超越的數字。

根據薩塞蒂的機密帳簿，一四六七年（佛羅倫斯曆法）仍是個獲利年，雖然獲利比前一年還少，但一四六八年遭受災難性的結果，損失總計達到將近▽三千四百五十（表64）。部分原因可能是由於營業不振，但主要原因是政治上的。路易十一世因梅迪奇銀行向敵人提供經濟支援而極為不滿。對於布魯日的經理托馬索·波提納利是頭號敵人布根地公爵無畏者查理的經濟支持者和有影響力的顧問，他憎恨不已。[74] 國王對里昂分行甚至更加惱怒，他稱里昂分行濫用他的招待費來援助安東萬·德沙托納，甚至

表 64：里昂分行 1466 年至 1472 年的獲利
（佛羅倫斯曆法）

	▽	*s.*	*d.*
與福朗切斯科·丹東尼奧·諾里的合夥公司：			
1466 年 3 月 25 日至 1467 年 3 月 24 日	8,493	17	6
1467 年 3 月 25 日至 1468 年 3 月 24 日	4,855	17	5
應急準備金剩餘（表 58）	719	8	6
合計	14,069	3	5
扣除：截至 1468 年 12 月 1 日的損失	-3,442	9	1
可分紅金額	10,626	14	4
合夥人實際的分紅	-8,493	17	6
作為應急準備金轉到新的合夥公司	2,132	16	10
	▽	*s.*	*d.*
與廖內托·德－羅西的新合夥公司：			
1470 年 3 月 25 日至 1471 年 3 月 24 日	7,200	0	0
1471 年 3 月 25 日至 1472 年 3 月 24 日	5,400	0	0
合計	12,600	0	0
合夥人的分紅	-1,200	0	0
未分配獲利	11,400	0	0

資料來源：Francesco Sassetti, Libro segreto, fols. 24 and 33.

援助薩伏伊的菲力浦（布雷斯伯爵），而菲力浦儘管與國王有緊密的血緣關係，卻還是反對國王想要占有薩伏伊。[75]最終，憤怒的路易十一世把「福朗切斯科．諾里」逐出法蘭西（一四六八年八月），並寫了一封措詞嚴厲的信給米蘭公爵，要公爵警告同盟的皮耶羅．迪科西莫，並要求梅迪奇銀行改變政策，停止幫助他的反對者。[76]為了平息國王的憤怒，梅迪奇銀行別無選擇，只好順從。解除與福朗切斯科．諾里的合夥關係，與朱利亞諾．德爾札凱利亞簽訂一份新合夥契約。

因為管理階層的改變，使得里昂分行名為「朱利亞諾．德爾札凱利亞公司」。新的體制僅僅維持幾個月，因為朱利亞諾（他在里昂被叫做朱利安．德拉雅克利）在一四七〇年五月十二日去世了，並被埋葬在道明會的孔福爾聖母院教堂，佛羅倫斯僑民在那裡有個小禮拜堂。[77]在朱利亞諾獨自負責里昂分行的短暫時間裡，他很可能努力改善經營狀況，彌補損失。根據在梅迪奇與他的繼承人（他是個單身漢）之間進行的一次結算，在十五個半月間（一四六八年十二月一日至一四七〇年三月二十四日）的獲利不超過∇兩千八百九十二又十一索爾多九德涅爾。[78]然而，在薩塞蒂的私人總分類帳裡未提及任何獲利，這導致大家懷疑，在支付札凱利亞的繼承人的分紅之後，全部的獲利餘額被留作準備金，並未拿來分配。

自一四七〇年三月二十五日起，一家新合夥公司成立，由帶來致命災難的廖內托．迪貝內代托．丹東尼奧．德－羅西（一四三三至一四九五年後）掌舵。他不屬於佛羅倫斯的顯赫家族。至此可以看出，他至少是從一四五三年起就為梅迪奇銀行服務，先是在日內瓦，一四五七年之後是在里昂。[79]很有可能，他在一四七〇年到佛羅倫斯去洽談新合夥契約的條件時娶了皮耶羅．迪科西莫的親生女兒瑪麗亞．德－梅迪奇。這樁婚姻是一著妙棋，因為它使得廖內托成為豪奢的羅倫佐的姊夫。不幸的是，瑪麗亞的壽命不長，在一四七九年三月份去世了，跟朱利亞諾．德爾札凱利亞埋葬在同個禮拜堂裡。[80]

當廖內托．德－羅西接管後，公司被改名為「羅倫佐．德－梅迪奇、福朗切斯科．薩塞蒂公司」。顯然，合夥人被要求以現金形式提供資本。薩塞蒂出資∇一千八百（即大約兩千佛羅倫斯福羅林）。[81]沒有其他合夥人出資的資料，也沒有資本總額的資料。起先，經營情況相對較好，在一四七〇年和一四七一年均有豐厚的獲利（表64）。遺憾的是，薩塞蒂帳簿裡的入帳紀錄在一四七二年中止了。此後就沒有資料，因此這段期間的情況不得不完全基於留存下來、不算完整的零碎通信來拼湊。也許這是件好事，因為信件比會計紀錄提供更多對管理問題和政策事務的洞見。

最早察覺到有點不對勁是在一四七六年的信件裡。很明顯地，福朗切斯科．諾里和在佛羅倫斯的總行對廖內托．德－羅西遞交的最新資產負債表不滿意，因為「它充斥著太多遲遲未還款的債務人和商品庫存」。[82]廖內托竟然違抗指令，不願削減經營，不願拒絕會出現呆帳的業務。他甚至指責梅迪奇銀行總經理薩塞蒂詆毀里昂分行的「名聲」。[83]必須由豪奢的羅倫佐出手干預，才能迫使廖內托承諾將糾正自己的行為，不偏離期望遵循的路線。[84]他或許履行一段時間的承諾，但並不持久，因為一四八〇年的資產負債表顯示為虧損。[85]資深合夥人駁回他的反對，決定派梅迪奇銀行在蒙佩利爾的代理人羅倫佐．斯皮內利去里昂展開調查。他報告說，廖內托經過一些抗爭之後，宣稱至少在一定程度上樂意合作和緊縮開支。然而，廖內托並不希望斯皮內利待在里昂，敦促他返回蒙佩利爾，據傳那裡需要他。事情很清楚，廖內托．德－羅西不想身邊有人監視他，並把他的所作所為報告給薩塞蒂。對於可能的繼任者，他看好菲利波．丹東尼奧．洛里尼，而非羅倫佐．斯皮內利，廖內托聲稱，羅倫佐．斯皮內利更為自己的利益著想，而不是為梅迪奇銀行的利益著想。[86]

一四八二年春天，廖內托．德－羅西出於自身的原因做了一些非常奇怪的事情，他遞交兩份資產負債表：一份用慣常的格式交給福朗切斯科．薩塞蒂，充滿令人費解的詳細內容，另一份給羅倫佐，一切都用最似是而非的方式解釋。[87]廖內托到底預期達到什麼目的本身是個謎，因為在總行，這兩份檔案肯定會進行比對。遺憾的是，我們只有單向寄送的信件，卻無回覆的信件，因此不弄清楚總行是如何對他的花招做出反應。不過，毫無疑問，肯定不會表示贊許。

一四八二年（佛羅倫斯曆法）的收入似乎有所增加，如果廖內托是可信的話。在一四八三年六月二十三日寄送資產負債表時，他為里昂分行狀況及其未來前景描繪出一幅光明的樣貌。[88]除了別的事情以外，他還宣稱自己已在兩年時間裡攤還▽兩萬兩千的壞帳，並設置▽一萬兩千的準備金。由於收入在成長，他期望把一切都順利進行，讓里昂分行成為梅迪奇銀行擁有過最興旺的企業。除了有一筆▽一萬兩千的準備金以外，廖內托還自誇擁有幾乎一樣多的珠寶和商品，這些珠寶和商品「既不在佩拉，也不在布魯薩，就在這裡（里昂）」。他沒有說的是，高價珠寶很難售出，只能賣給並非最佳付款人的大領主。此外，大家可能會質疑當還在以借入的資金經營時，卻購買無法變現的滯銷品的做法。隨資產負債表的信件結尾怒罵福朗切斯科・薩塞蒂，根據廖內托的說法，因為薩塞蒂絮聒不休地對羅倫佐說里昂分行是一座「地獄」。這種憤懣的日積月累更易導致猜疑，而非增進信任。大家想知道為何資深合夥人不採取果斷措施，立即將廖內托・德－羅西免職，儘管他與梅迪奇有親屬關係。要是在科西莫的時代，科西莫必定會當機立斷那樣做。

呆帳只是困擾里昂分行的麻煩之一，還有職員因嫉妒而相互猜忌。令廖內托為難的是，資深合夥人已經派薩塞蒂的親生兒子科西莫・迪福朗切斯科（一四六三至一五二七年）去里昂。[89]當然，他被懷疑是當線人安插在那裡，隨時向父親報告任何違規的事情。這完全有可能就是福朗切斯科・薩塞蒂的想法。廖內托為了表明他沒什麼可隱瞞的，就安排科西莫擔任簿記員，但機密事務仍由安東尼奧・梅利尼處理。[90]當然，這兩位年輕人不合，相處並不融洽。[91]此外，科西莫還剛愎自用，並且占同事的便宜。他也遭到菲利波・洛里尼的嫌惡，菲利波・洛里尼輕蔑地稱科西莫為「自命不凡的小人」：這個渾名並非完全不恰當，接下去馬上就會看到。[92]

遠比員工之間的紛爭要嚴重得多的，是因廖內托實行的政策導致發生在羅馬分行與里昂分行之間的激烈衝突。其中一個麻煩根源是里昂分行未能即時把來自速遞教宗敕令和徵收教士俸祿的收入款項匯寄到羅馬。[93]另一個困難是，里昂分行養成動用羅馬分行的錢來支付在四個市集上日益增加的借方差額的習慣。[94]雖然托爾納博尼已經同意讓里昂分行動用五千或六千杜卡特，但他向羅倫佐強烈抗議，因為借方餘額在逐漸增加，在一四八三年時達到八千杜卡特以上。[95]廖內托．德－羅西仍在繼續耗竭羅馬的資金，同時又抱怨托爾納博尼不願給他任何幫助。最終，廖內托為結清其部分借方餘額，把自己的一些珠寶和掛毯送去羅馬，但這些商品難以出售，因為教宗正在削減開支，不再購買這類奢侈品。[96]廖內托一頭霧水，十分困惑，以至於喬凡尼．托爾納博尼對他很頭痛，想辦法盡最大的努力要讓他理解羅馬分行並無用之不竭的資源。[97]

事情來到這樣一個關頭，一四八五年五月，羅馬分行冒著永久讓法蘭西人對梅迪奇銀行償付能力失去信任的風險，拒絕承兌雷恩的朱爾．蒂埃里的一張匯票。[98]廖內托在獲悉這個情況的時候勃然大怒，幾乎火冒三丈，並且指控羅馬分行的經理（托爾納博尼的侄子）只考慮自己的狹隘利益，全然不顧梅迪奇銀行的整體利益。也許在這個特定的事件中他是對的，但他忘記自己在提供用以承兌匯票的資金方面實在怠忽職守。

里昂分行的危機迅速達到緊要關頭，羅倫佐對廖內托．德－羅西的信任被撼動。[99]一四八四年七月，為了留下較好的印象，科西莫．薩塞蒂被派去佛羅倫斯，帶著如同三月二十五日之前一樣的資產負債表。[100]廖內托聲稱，它完全沒有壞帳，獲利總計達▽八千，他已用其中▽四千沖銷無法收回的福朗切斯科．德爾托瓦利亞及其他破產債務人的債權。然而，讓廖內托極為遺憾的是，他未能減少負債，因為資本主要是在壞帳中被提供的，並且難以置信地的是，還因為他支援資深合夥人及梅迪奇其他公司的開銷達一萬五千或兩萬埃居！廖內托厚著臉皮補充說，科西莫完全了解事情的真相，能夠回答任何問題。大家都在猜測這個年輕人是否是冤大頭。事實上，廖內托的資產負債表是個騙局，為了隱瞞巨額損失而竄改數字。資深合夥人可不是那麼容易被騙的，因此，到了八月四日，廖內托不得不承認分行的財務狀況不完全像描繪的那樣有利，他今後的目標是要維持經營，償還損失，並且如果可能的話要爭取獲利。[101]

里昂分行經營困難的謠言被到處流傳，這很可能是競爭對手散布的。最終，豪奢的羅倫佐被說服派遣羅倫佐・斯皮內利立即去現場查明事情的原委，他以前曾有過一次類似的任務。斯皮內利在一四八五年二月初到達里昂。在與廖內托・德－羅西的首次面談中，廖內托表現出失去理性的模樣。[102]跟往常一樣，他指控福朗切斯科・薩塞蒂是所有罪惡的根源。廖內托叫嚷道，要不是羅倫佐喜愛他，他會把薩塞蒂揍一頓，讓他終生殘廢。在做出這些威脅的同時，廖內托變得情緒激昂，以至於斯皮內利不得不讓他平靜下來。這也透露了廖內托在主顯節市集短少大約三十五馬克（約合∇兩千兩百四十），而且不知道如何彌補這筆虧損。

儘管羅倫佐勉強做出決定，但福朗切斯科・薩塞蒂變得相當堅持，要緊急召回廖內托，而且認為如果有必要，還要派遣某位權威人士去里昂把廖內托抓起來，而且有可能的話，要把他囚押到佛羅倫斯來。但證明這是不必要也欠缺考慮的。[103]相反的，透過友好的信件，羅倫佐用好言好語哄騙廖內托來到佛羅倫斯。[104]然而，廖內托不急著出發，磨蹭著直到一四八五年六月中旬才離開里昂。[105]他一到佛羅倫斯就遭到逮捕，並監禁在斯廷凱債務人監獄，毫無疑問是應資深合夥人羅倫佐・德－梅迪奇和福朗切斯科・薩塞蒂的請求。[106]他在監獄裡至少待了四個月，並在十一月初獲得保釋。[107]兩年之後，在一四八七年六月二十七日，他再次被逮捕，又是應前合夥人的要求，他們聲稱他拖欠他們三萬福羅林，他肯定拿不出這筆錢，因此他直到一四八七年十月二日才被釋放，很可能是因為這時繼續讓他待在監獄已經不再有什麼用處。[108]

廖內托的第一次被捕引起比預期更多的騷動，因為它帶來的訊息是出事了，梅迪奇銀行陷入嚴重的麻煩之中。[109]在里昂，這個消息造成普遍的驚慌。里昂市政委員會和幾位傑出市民向豪奢的羅倫佐請願要求釋放廖內托。[110]在法蘭西宮廷的驚慌不亞於里昂。事實上，警報是這樣的，阿格斯蒂諾・比廖蒂被當「救火隊」派去里昂，而擔心恐慌的存款人到銀行擠兌。[111]不確定性擾亂八月的市集：透過票據交換結算的時間比平時更長了，但梅迪奇銀行設法做到承兌所有受理的票據，以保全自己的「聲譽」，按照我們今天的說法，也就是維護信譽。[112]

比廖蒂在到達里昂後不久，緊接著對帳簿進行審計；沒花多少時間他就發現，帳目已經被竄改過，簿記雜亂無章，一塌糊塗。在梳理之後，他在一四八五年十月一日警告羅倫佐，資產負債表會與廖內托·德－羅西在幾個月之前遞交的完全不同。幾天之後，他報告說，他差不多完成這項工作，他被損失的規模之大感到心緒不寧，驚愕不已。[113]由於類似的管理不善和欺騙性做法，如果說沒有比布魯日分行的災難性清算更糟糕，程度也差不多。[114]在現存的紀錄中並沒有引用確切或近似的數字，但可以合理地估計，虧空超過∇五萬，即七百八十金馬克，以每盎司兌三十五美元的匯率（一九六二年）計算，大概相當於二十二萬兩千美元。[115]然而，當時黃金的購買力是今天的好幾倍。

起先，豪奢的羅倫佐想要清算，但他被自己的顧問說服維持營運，並透過注入新資本來幫助里昂分行復甦。於是一家新的合夥公司因為這個目的成立。[116]它被命名為「福朗切斯科·薩塞蒂和喬凡尼·托爾納博尼公司」，這個名稱一直使用到薩塞蒂在一四九〇年三月去世為止。

在比廖蒂的建議下，經理的職位給了羅倫佐·斯皮內利，因為福朗切斯科·薩塞蒂的兒子（加萊亞佐和科西莫）仍太年輕，缺乏經驗，不足以承受如此沉重的負擔。[117]然而，斯皮內利有自己的打算，他根本不急著承擔一艘有可能沉沒船舶的指揮權。[118]在再三敦促之下，他最終被說服接受。只有福朗切斯科·薩塞蒂對這個派令感到不高興，因為他不太喜歡斯皮內利。他的嫌惡成為新的摩擦根源。

雖然斯皮內利也許缺乏活力和進取精神，但他卻是可用的最佳人選。在一四八六年五月，當他去佛羅倫斯（大概是去決定新合夥公司的條款）後返回到里昂時，他發現生意處於相當令人滿意的狀態，信譽恢復，但等著他的仍是艱巨的任務。資深合夥人在向新合夥公司提供新資本上慢慢吞吞，而在提供資金用來付清老合夥公司的債務上甚至更慢，老合夥公司的清算因此繼續成為財務一大負擔。結果，新合夥公司被迫付息借款，或是透過出售匯票來籌錢，而這些費用吃光全部的獲利。[119]而且，資深合夥人想要斯皮內利緊縮開支，並集中心思收回舊帳，償清過去的債務，但未準備好承擔新的風險是不可能獲利的。[120]如何擺脫兩難境地是佛羅倫斯與里昂之間持續衝突的根源。在其他方面也缺乏協調：里昂分行向資深合夥人提出強烈抗議，因為佛羅倫斯錢莊向競爭對手運送絲織品寄售，而不幫自己人。這樣的做法產生不利的印象，因為梅迪奇銀行的分行不再互相信任。[121]

更糟糕的是，員工間存在常見的困擾。例如，勢利的科西莫．薩塞蒂假裝與斯皮內利平等相待，但必須留意，斯皮內利是科西莫的主管，而且他想要的是尊重以待。[122]科西莫有可能為了報復，背著斯皮內利暗地裡向父親打小報告，詆毀斯皮內利。合理地猜測，這些報告火上加油，導致福朗切斯科．薩塞蒂愈來愈嚴苛地對待斯皮內利的經營管理。

無論是對是錯，福朗切斯科．薩塞蒂總是責備斯皮內利未把清算老合夥公司的事做到更好，未用更多的精力去催收未完成的索賠，對自己的員工不具備權威。薩塞蒂甚至暗示，斯皮內利的管理不比廖內托．德－羅西好多少。這些吹毛求疵煩擾著斯皮內利，他期望受到讚揚，而非指責他的管理。[123]

由於薩塞蒂不想重複羅西的醜聞，因此他做出果斷的決定，儘管他年事已高，還有風濕病，但還是去里昂親眼看一看。他在一四八八年五月抵達並寫道，他感覺年輕了二十歲，因為讓他感到驚訝的是，他發現那麼多老朋友仍健在，而且高興地歡迎他的到來。在拜訪朋友之後，他才靜下心來問生意上的事情，不看不知道，一看嚇一跳，起初他被事情的狀況嚇出一身冷汗。後來他發現，斯皮內利已從企業拿走▽三千當作自己的分紅，全然不顧合夥公司需要長胖而非減肥的事實。他還從帳房拿走珠寶，存放在其他安全之處。薩塞蒂進一步反對斯皮內利以自己的名義出借公司的資金。看起來斯皮內利似乎對自己銀行的穩健缺乏信心。他也許未能總是做出正確的事情；但是，雖然薩塞蒂找到無效率和懶散的證據，卻沒有不誠實的證據。當涉及員工的行為時，有一件事情薩塞蒂並不贊同：古列爾莫・迪尼科洛和佩萊格里諾・洛里尼被安插在法蘭西宮廷，但他們揮霍無度，遊手好閒，比大使們的花費還多。[124]

總之，有許多事情要撥亂反正，薩塞蒂因此通知豪奢的羅倫佐，他計畫待到一切事情都好轉到讓他滿意為止。在薩塞蒂消除羅倫佐・斯皮內利的疑慮，確保他將作為合夥人和經理繼續留任之後，兩者的關係才明顯得到改善。[125]無論斯皮內利的過錯是什麼，他是難以取代的，而且他也願意合作。薩塞蒂祝賀自己取得此行的成功。也許他應早點完成這個使命。他的出現大大地恢復大家的信心，他的威望推動未清帳款的結算，並有助為逐漸消除逾期帳款做準備的契約。這些帳款主要是與貴族階層成員或較高級別的神職人員有關，這些人絕非輕易能對付的，甚至更難用上法庭來要脅。[126]有些人相當執拗，認為償還債務有失他們的尊嚴。[127]薩塞蒂懂得處世之道，成功地使他們誠服於理智和公平。[128]無法肯定經驗和威望均較少的斯皮內利能否做到他一半那麼好。[129]

薩塞蒂抓住在里昂的機會，起草新的公司章程，其中規定他、羅倫佐和喬凡尼・托爾納博尼同為資深合夥人，而羅倫佐・斯皮內利則為初級合夥人。經過討論之後，他確保所有相關條款都獲得批准。[130]一四八九年二月，他通知豪奢的羅倫佐，既然一切事情都已處理妥當，他即將離開。[131]然而，他被一件又一件的事情阻礙，直到一四八九年十月才回程。一個麻煩的事件是菲力浦・德科米納出獄後需要資金支付巨額罰金，因此要提取他存在梅迪奇銀行部分的錢。這個要求來得不是時候。[132]但該怎麼辦呢？不可能不幫老朋友，尤其是具有亞精頓大人身分的人。

當薩塞蒂離開十七個月之後最後到達佛羅倫斯時，他對自己使命的結果感到非常滿意，因為他完成原先打算要做的事情：他成功地加快收回屬於老合夥公司（現正處於清算過程中）的應收款項，並盡可能地減少損失；而且，他讓新合夥公司站穩腳跟，並確保按照資深合夥人的願望得到良好的管理。梅迪奇銀行里昂分行雖然遭受暴風驟雨般的打擊，但又一次揚帆起航。然而，這艘衰弱的廢舊船能禁受得住已在地平線上聚集的又一波驚濤駭浪呢？

梅迪奇銀行通信中在管理問題方面的資訊非常詳實，但對於綜合營業狀況的資訊要少得多，很少提及。而碰巧未提到里昂市集在一四八四年至一四九四年這段時期經歷的危機。事實上，一四八四年三月八日頒布法令正式取消市集，據稱是因為義大利銀行家把錢幣攜帶出境，把絲織品和其他過量的奢侈品帶入境，或更糟糕的是，用成色低劣的錢幣充斥這個國家。[133]為了防止這些弊端，市集從里昂轉移到布魯日，即從法蘭西周邊轉移到法蘭西中心。背後是朗格多克地區城市（蒙佩利爾和艾格莫爾特）的計謀，它們與黎凡特地區的轉口貿易處於完全頹廢狀態，因為義大利人採用更好的技術和優越的經營方法，藉著把香料從威尼斯越過阿爾卑斯山口帶到里昂，從而以低於法蘭西商人的價格拋售。[134]為了獲得政府的支持，里昂市集的仇敵利用明顯是重商主義的言論，如果那時說重商主義不算早的話，後面會特別提到這點。

由於布魯日遠離任何貿易航路，它的市集未能吸引商人，證明這麼做是徹底的慘敗。[135]梅迪奇銀行的信件給人一個印象，里昂市集繼續照常舉辦，因為地方當局對規避禁令現象睜一隻眼閉一隻眼。只有薩伏伊公爵利用這個形勢企圖攔截里昂的貨物，使日內瓦市集復甦。

一四八四年時，廖內托．德－羅西向總行報告，復活節市集異常地好，絲織品被大批售出，但沒有賣出錦緞。[136]一四八六年四月，同個市集盛況空前，若來自義大利的貨物未被薩伏伊公爵攔截扣留且被送去日內瓦，那麼必然會成功。[137]有一封信顯示，在一四八七年的八月市集期間，貨幣異常緊缺。[138]一四八九年的主顯節市集除了幾個義大利人之外，冷冷清清，門可羅雀，因此梅迪奇銀行不得不在最後結算中支付一百三十馬克的借方差額。[139]相反，復活節市集吸引人頭攢動，熙熙攘攘，而且貨幣市場寬鬆。[140]一四九一年，營業狀況受到布列塔尼戰爭的負面影響。主顯節市集因幾起倒閉以及擔心其他公司重蹈覆轍而陷於一片混亂。[141]生意處於停頓狀態，在貨幣市場上銀根緊縮，但梅迪奇銀行的信用仍然相當好，比當時匯率少支付每馬克半個杜卡特，甚至少付一個杜卡特。

一四八三年之後，里昂分行主要關注的是尋求有利於羅倫佐的兒子喬凡尼・德－梅迪奇（一四七五至一五二一年）的有俸聖職，他在八歲時削髮受戒，十三歲時成為樞機主教，三十七歲時成為教宗。由於梅迪奇家族在商業冒險中損失慘重，他們決心挽回自己的財富和名望，如有必要，不惜以教會為代價。因此，全體動員，以確保梅塞爾・喬凡尼獲得有俸聖職，教會的靈性價值被欣然犧牲給厚顏無恥的和最駭人聽聞的貪婪無厭。法蘭西有俸聖職似乎是一個唾手可得的獵物，里昂分行得到指示留意「空缺」。

梅塞爾・喬凡尼剛受戒，里昂分行就為他找到聖通日的方杜斯修道院（一四八三年）。[142]令他們驚慌的是，梅迪奇發現存在競爭者，教宗已授予同樣的聖俸給昂熱的樞機主教兼路易十一世的內閣總理大臣尚・巴盧埃（一四二一至一四九一年）的兄弟，聖蓬斯－德托米耶雷斯的主教安東萬・巴盧埃。[143]雖然採取大量外交手腕才排擠掉這個非同小可的爭奪者，但梅塞爾・喬凡尼最終牢牢地擁有男修道院院長的職務。接著，路易十一世宣布有意要封這個年輕人為普羅旺斯地區愛克斯大主教。喬凡尼・托爾納博尼立即開始行動，並取得良好進展，卻突然從廖內托・德－羅西那裡得到令人不安的消息：已故的現任者有可能還活得好好的。當他在幾個月之後（一四八四年一月二十八日）真的去世時，路易十一世任期已滿，攝政者安妮・德博熱偏愛另一位候選人。[144]在失去這個機會之後，梅迪奇將渴望的目光投向奧福涅地區的本篤會拉謝斯迪約修道院，但始終未到手。然而，因為一個小小的賄賂，梅塞爾・喬凡尼得到夏特爾附近的聖傑梅小修道院。[145]但梅迪奇沒那麼好運拿到普瓦捷附近的西多會松樹修道院。當科西莫・薩塞蒂來接收它時，修士堅守不退讓，他們推選出自己的修道院長，修築柵欄防衛教堂。[146]爭奪以梅迪奇敗北而告終。

豪奢的羅倫佐在義大利取得的成功比在法蘭西多，他為兒子謀得多數有俸聖職，在梅迪奇銀行倒閉之後，這些聖職提供資金基礎，梅迪奇銀行就是靠這些資金東山再起。

有時候，梅迪奇銀行的員工被委派不尋常的差使。因此，廖內托・德－羅西在一四八二年十二月四日堅決主張豪奢的羅倫佐答應正處彌留的路易十一世的請求，他曾要求得到聖齊諾比厄斯的戒指，據說這是產生過不少奇蹟的一件遺物。信中還說：「相信國王會很快完璧歸趙。」[147]在另一場合，科西莫・薩塞蒂因送給波旁公爵夫人的一頭長頸鹿在運送途中斃命而局促不安。[148]

在福朗切斯科・薩塞蒂在一四八九年離開之後，里昂分行的事務有一段時間進展得相當順利。對老合夥公司的清算繼續進行，然而，進展緩慢拖遝，因為豪奢的羅倫佐未能提供資金來還清利息不斷累積的貸款。[149]結果，虧空仍在增加。由於不可能消除過去的錯誤，不可能否定赤字的存在，斯皮內利認為，問題應得到正視，應做出必要的犧牲來甩掉包袱。[150]就這點而言，他毫無疑問是正確的，但羅倫佐很可能不願因將一些宅邸或地產交付拍賣而削弱自己的威望。

在福朗切斯科・薩塞蒂去世（發生在一四九〇年三月的最後幾天裡）之後，里昂分行的正式名稱改為「福朗切斯科・薩塞蒂和喬凡尼・托爾納博尼繼承者公司」。[151]但斯皮內利的看法是，包含羅倫佐・德－梅迪奇的名字會更好，因為法蘭西人對別人都不信任。福朗切斯科的兒子科西莫・薩塞蒂沒有他父親的素質。他是一個倨傲不遜且言行不得體的年輕人。[152]當被派去法蘭西宮廷時，他因僭越的舉止冒犯了貴族。但在另一方面，他對貴族階級的既定印象，讓他覺得提醒他們帳戶已逾期有傷他們的尊嚴。科西莫與主管羅倫佐・斯皮內利不和，這在前面已經提過，而與一名更年輕的員工福朗切斯科（福蘭切斯基諾）・迪福朗切斯科・諾里的相處也沒有很好，科西莫試圖控制他，並拒絕用有責的職位訓練他。[153]另一位員工古列爾莫・迪尼科洛最終因缺乏效率被送回到佛羅倫斯，而斯皮內利則要求要換能力較強的人來。除了斯皮內利和福朗切斯科・薩塞蒂的兩個兒子（科西莫和加萊亞佐）以外，里昂分行的員工這時還包括朱利亞諾・達格斯蒂諾・比廖蒂、馬泰奧・迪塞爾喬凡尼・達加利亞諾的兩個孫子，以及法蘭西人皮埃爾・福西耶，他在日內瓦或薩伏伊的其他地方度過大部分的時光；總共有八人，這個數字與之前給出的數字相符。[154]

在一四七八年之前，梅迪奇銀行在里昂的主要競爭對手一直是帕齊銀行。帕齊銀行的經理是福朗切斯科·卡波尼，據說他有六名員工提供服務。[155]在帕齊銀行被擠垮之後，梅迪奇銀行比較有力的競爭對手是曼內利公司和卡波尼公司。在一四七〇年，曼內利公司有巴爾托洛梅奧·布翁代爾蒙蒂任經理，只聘僱三名員工。在一四八〇年之後，頗有才幹的內里·迪吉諾·卡波尼把銀行發展成為一家處於領先地位的企業。羅倫佐·斯皮內利懷疑他口是心非，對梅迪奇銀行遭受的任何挫折幸災樂禍，並散布虛假的警報。[156]

對里昂分行來說，豪奢的羅倫佐一四九二年四月八日去世是一個嚴重的打擊，因為他的兒子皮耶羅只對自由摔角等競技運動感興趣，既缺乏政治與經商才能。在不到兩年的時間裡，地平線上烏雲密布，風起雲湧，因為查理八世準備帶軍入侵義大利，並恢復安茹王朝的那不勒斯王位。由於皮耶羅·迪羅倫佐不同意法蘭西軍隊穿越佛羅倫斯領土，國王於是在一四九四年六月命令將皮耶羅的大使和梅迪奇銀行里昂分行的全體職員逐出法蘭西。[157]他們搬遷到薩伏伊的尚貝里，但銀行的信譽幾乎喪失殆盡。當皮耶羅被趕出佛羅倫斯，而且財產被全部查封時，里昂分行再次受到打擊。透過與梅迪奇地產的保管人達成協議，里昂分行被一家由羅倫佐·迪喬凡尼·托爾納博尼、科西莫·薩塞蒂和羅倫佐·斯皮內利組成的合夥公司接管。它從一開始就是有缺陷，因缺乏流動資本，而且夾在叫嚷著要求償還資金的債權人與利用一切法律漏洞逃避責任的債務人之間。根據一份臨時清單，壞帳總計超過▽一萬九千五百，不包括皮耶羅·迪羅倫佐及其兄弟樞機主教拖欠的雜項帳戶，他們的借方差額合起來遠遠超過他們的股東權益。斯皮內利寫信給羅倫佐·托爾納博尼：「以如往常，大家將會落井下石。」情況很糟糕，而且每況愈下。[158]

查理八世的遠征失敗後，斯皮內利和薩塞蒂回到里昂，並設法繼續經營，但他們的公司由於沒有營運資本，無法經營有利可圖的生意。羅倫佐·托爾納博尼在一四九七年八月的去世打出決定性的最後一擊。唯一要做的事情就是清算，而許多債權人，包括菲力浦·德科米納，根本未得到償付。因此，里昂分行的命運與梅迪奇銀行其他分行的命運一樣，落得不光彩的結局。

三、亞維儂分行

雖然亞維儂在十五世紀時已不再是教宗或敵對教宗的居住地，但至少有半個世紀仍是普羅旺斯、並在一定程度上是朗格多克的商業大都市和銀行業中心。[159]蒙佩利爾充其量只是一個衛星城市，依靠鄰近的佩茲納斯和蒙塔尼亞克市集才繁榮起來。與馬賽的關係也沒想像中那麼密切。[160]連接海洋的布克港今天是一個位於福斯灣不起眼的村莊，與馬賽相比，定居在亞維儂的義大利商人更喜歡布克港。[161]之所以出現這種狀況，其中一個原因很可能是，馬賽未能採納進步的經營方法，例如，只有限地使用匯票。另一個原因是，馬賽在一四二三年遭到加泰隆尼亞人的洗劫，這是安茹家族與阿拉貢家族爭奪那不勒斯王位中的一項插曲，使得馬賽在好多年來都未能從這次重大災難中恢復過來。[162]馬賽商人在自己有匯票要兌現的範圍內利用義大利銀行家在亞維儂的服務。馬賽與黎凡特地區之間的貿易因缺乏資本、進取精神及有效的組織而受到抑制。

直到一四四六年六月一日，梅迪奇銀行才與喬凡尼·迪貝內代托·尚皮尼（一四〇五至大約一四七九年）成立有限責任合夥公司，在亞維儂設立分行。尚皮尼從一四三七年（若非更早的話）起就是日內瓦分行的一名員工。[163]根據安東尼奧·德拉卡薩所記錄的銀行帳簿，尚皮尼在一四四二年時就已經在亞維儂，而且有可能是從日內瓦派到那裡去經營一家支行，並為建立新分行打下基礎。[164]起先並不知道他是領取薪資還是拿佣金。至少，如我們在本章開頭所見，在一四四四年和一四四五年，尚皮尼可以拿到日內瓦分行總獲利一〇%的分紅，無論獲利來自那裡（表57）。

一四四六年六月一日成立的有限責任合夥公司資本是八千聖庫福羅林，其中七千五百福羅林由梅迪奇銀行（控股公司）提供，其餘部分由喬凡尼．尚皮尼出資。[165]結果令人非常滿意，在經營的頭二十二個月（一四四六年六月一日至一四四八年三月二十四日），獲利總計達到將近七千亞維儂小福羅林。這些獲利的八分之七，即三千五百五十六福羅林鎊十四索爾多六德涅爾到了梅迪奇銀行手裡，就八千一百七十五袋福羅林金幣的投資而言，年報酬率約為二三．七％。[166]

這個有限責任合夥公司在一四四八年三月二十四日停止營業，並被一家普通合夥公司取代，這家合夥公司的合夥人包括梅迪奇銀行（控股公司）、喬凡尼．尚皮尼和一位新加入的韋拉諾．迪巴爾托洛梅奧．佩魯齊。[167]後者是總經理喬凡尼．本奇的妻舅。資本被設定為一萬六千小福羅林，即九千六百袋福羅林金幣，如表15所示。每位初級合夥人可以得到八分之一獲利的分紅，因此母公司可以得到四分之三的獲利。一四四八年母公司拿到一千九百七十二佛羅倫斯福羅林，一四四九年和一四五〇年合在一起拿到三千四百二十福羅林。[168]這些數字說明，在三年的時間，八千四百福羅林的投資獲得二一．四％的年平均報酬率。一四四六年六月一日成立開始，至一四五〇年年底（佛羅倫斯曆法），亞維儂分行帶給梅迪奇銀行的獲利總計達八千九百四十八福羅林鎊十四索爾多六德涅爾（表17）。[169]

韋拉諾．佩魯齊很可能在一四五六年去世或從合夥公司退出，因為到一四五七年，他先被侄子，也就是喬凡尼的次子福朗切斯科．本奇取代，後來福朗切斯科．巴爾多維尼又取代這個位置。[170]同時，喬凡尼．尚皮尼增加出資金額，從六百福羅林增至八百福羅林，而福朗切斯科．本奇也相應再投資八百福羅林，福朗切斯科．巴爾多維尼則再投資四百福羅林。[171]這樣，非梅迪奇合夥人的總投資金額為兩千福羅林。科西莫．德－梅迪奇在一四五七年資產稅納稅申報中，聲稱梅迪奇銀行在亞維儂分行投入的資本總計為兩千四百福羅林，但這個數字當然與實際情況低很多，也許出資金額是這個數字的三倍。[172]

表 65：亞維儂分行自 1461 年至 1471 年的獲利
（佛羅倫斯曆法）

日期	亞維儂通貨			佛羅倫斯通貨		
	f.	*s.*	*d.*	f.	*s.*	*d.*
會計期間從 1461 年 3 月 25 日開始						
1461.03.25 ～ 1462.03.24	3,082	19	8	1,600	0	0
1462.03.25 ～ 1463.03.24	7,045	13	7	3,676	0	0
1463.03.25 ～ 1464.03.24	5,680	9	4	3,044	0	0
1464.03.25 ～ 1465.03.24	5,365	14	0	2,912	0	0
1465.03.25 ～ 1466.03.24	6,680	11	11	3,644	0	0
1466.03.25 ～ 1467.03.24	6,088	15	9	3,070	0	0
1467.03.25 ～ 1468.03.24	7,500	20	6	4,045	0	0
1468.03.25 ～ 1468.12.10	5,133	12	8	2,749	0	0
準備金轉為獲利	1,977	22	4	1,080	0	0
小計	*48,555*	*19*	*9*	*25,820*	*0*	*0*
新會計期間，從 1468 年 12 月開始						
1468.12.10 ～ 1469.03.24	1,012	0	0	552	0	0
1469.03.25 ～ 1470.03.24	1,332	10	3	702	0	0
1470.03.25 ～ 1471.03.24	3,184	4	1	1,612	0	0
1471.03.25 ～ 1472.03.24	4,118	20	3	2,149	0	0
小計	*9,647*	*10*	*7*	*5,015*	*0*	*0*
調整或誤差	233	6	8	130	0	0
合計	58,436	13	0	30,965	0	0
扣除：合夥人在不同日期分配的獲利	51,133	12	8	27,478	0	0
留下的應急準備金	7,303	0	4	3,487	0	0

資料來源：ASF, Carte Strozziane, Series II, No. 20, Libro segreto of Francesco Sassetti, fols. 15, 16, 25, 26, and 35.

表 66：亞維儂分行 1461 年 -1471 年分配給合夥人的獲利

日期	總獲利 佛羅倫斯通貨			總獲利 亞維儂通貨			梅迪奇 亞維儂通貨			薩塞蒂 亞維儂通貨			尚皮尼 亞維儂通貨		
	f.	*s.*	*d.*	f.	*s.*	*d.*	f.	*s.*	*d.*	f.	*s.*	*d.*	f.	*s.*	*d.*
1465.03.25	10,608	0	0	20,000	0	0	10,000	0	0	5,000	0	0	5,000	0	0
1467.03.26	8,488	0	0	16,000	0	0	8,000	0	0	4,000	0	0	4,000	0	0
1468.12.24	3,184	0	0	6,000	0	0	3,000	0	0	1,500	0	0	1,500	0	0
1470.11.28	3,106	0	0	5,133	12	8	2,566	18	4	1,283	9	2	1,283	9	2
1471.03.26	2,092	0	0	4,000	0	0	2,000	0	0	1,000	0	0	1,000	0	0
合計	27,478	0	0	51,133	12	8	25,566	18	4	12,783	9	2	12,783	9	2

資料來源：同表 65。

一四五七年之後，亞維儂分行被叫做「福朗切斯科・本奇、喬凡尼・尚皮尼公司」。當福朗切斯科・本奇在一四六一年三月二十四日辭職之後，分行名稱被縮短為「喬凡尼・尚皮尼公司」，原因不詳。[173]福朗切斯科・薩塞蒂代替他加入合夥公司。根據機密帳簿的資料，他出資五千亞維儂小福羅林，即兩千六百二十九袋福羅林金幣，作為公司中的股份，但沒有帳目提供其他合夥人投資金額的線索。不管怎麼說，獲利分配如下：梅迪奇銀行得到二分之一；尚皮尼和薩塞蒂各得四分之一（表66）。

一四六八年十二月十日發生一件奇怪的事情：根據薩塞蒂的祕密帳簿，梅迪奇銀行提走全部資本和應得到的獲利，留下薩塞蒂和尚皮尼作為僅有的合夥人。[174]為何會這樣，我們對此一無所知。也許是一種逃避資產稅的方法，因為皮耶羅・迪科西莫在一四六九年向稅務人員提交納稅申報時在商業投資列表中未提及亞維儂分行。[175]總之，一四七〇年六月梅迪奇銀行重新加入這個合夥公司，一切照舊。[176]

在薩塞蒂的機密總分類帳涵蓋的十一年時間裡，亞維儂分行獲利很多。獲利總計達五萬八千四百三十六亞維儂小福羅林，即大約平均每年獲利五千三百一十二小福羅林（表65、表66）。這個平均數字在一四六八年之後從沒有達到過，由此看來生意在萎縮。原因無需到遠處找，因為在十五世紀最後四分之一的時間裡，亞維儂很快失去銀行業中心的地位。亞維儂分行與安茹的勒內宮廷有關係，勒內是有名無實的那不勒斯國王，他是普羅旺斯的伯爵，但在一四八〇年去世，緊接著又發生普羅旺斯併入法蘭西的事件，可能對交易量產生不良的影響，因為宮廷是梅迪奇銀行經營奢侈品的重要消費者。[177]

喬凡尼．尚皮尼在一四七六年退出，不再是經營合夥人，大概是因為健康欠佳；在一四八一年的資產稅申報中提到他已過世。[178]他的位置給了米凱萊．迪尼，迪尼在梅迪奇銀行服務十七年。自此以後，亞維儂分行以「米凱萊．迪尼公司」的正式名稱經營。迪尼未保住這份新工作很久，因為福朗切斯科．薩塞蒂在一四八一年資產稅申報中聲明，亞維儂合夥公司已不存在。[179]有關貿易衰退的唯一跡象是在米凱萊．迪尼一四七六年十月二十三日的一封信裡發現的，他在信中抱怨正道難行，因此，許多人都轉向不合法的合約，這毫無疑問意味著高利貸。[180]如前所述，梅迪奇銀行不允許代理人參與公然的高利貸交易。雖然亞維儂分行在一四八〇年就已不再存在，但與迪尼的通信在之後還是繼續，也許是因為需要一些時間來清算合夥公司，或因為梅迪奇銀行與此時已獨自經營的迪尼繼續保持關係。[181]一四九一年他遇到了麻煩，羅倫佐．斯皮內利主動提出幫助他度過難關，但被拒絕，或因為不需要，或是因為行不通。[182]看起來迪尼是個率直的人，他不像許多蹩腳的游泳者那樣，他不為了浮在水面上而見到稻草就抓。

根據貝內代托．代伊的編年史，亞維儂分行在一四七〇年時員工不超過五人，包括喬凡尼．尚皮尼、福朗切斯科．福爾基、古列爾莫．達索馬亞、福朗切斯科．迪喬凡尼．德爾札凱利亞和米凱萊．迪尼。[183]佛羅倫斯其他有名的商行有曼內利銀行、帕齊銀行以及佩魯齊銀行。[184]帕齊銀行也有一家分行在迎頭趕上的馬賽，僱有四名員工。

有關亞維儂分行的活動知道並不多，但商業信函透露，它照例經營貿易和銀行業。例如，有一封信提到來自凡爾登和波爾多的亞麻布製品，是用威尼斯槳帆船從艾格－莫爾特運到馬霍卡和巴塞隆納的。[185]亞維儂顯然仍是神職人員去羅馬中間經過和停留的地點，而梅迪奇分行向他們提供可在沿途多地承兌的信用狀。亞維儂分行還接受存款：其中一個重要存款人是當地的有錢人多明尼克·帕尼斯，他為了要讓廖內托·德－羅西獲得釋放，在一四八五年七月二十一日寫信給豪奢的羅倫佐。[186]

在整個一四六〇年代和一四七〇年代，梅迪奇銀行始終在蒙佩利爾保有一家支行，這個支行在「喬凡尼·尚皮尼公司」這個與亞維儂合夥公司的同個名稱下經營。從一四六六年之前起，這家在蒙佩利爾的辦事處就由喬凡尼·尚皮尼的一個侄子羅梭·迪真蒂萊·達索馬亞管理。[187]一四七一年，他有了一位助理，名叫西莫內·迪喬凡尼·福爾基。[188]後來的里昂分行經理羅倫佐·斯皮內利也在蒙佩利爾受訓。一四八一年，他的兄弟在資產稅申報中聲明，羅倫佐正在處理尚皮尼去世後蒙佩利爾辦事處的善後工作。[189]

亞維儂分行很可能並非以災難性的赤字告終的，但它也算不上生意興隆。根據米凱萊·迪尼一四八三年一月十二日寫的一封信，亞維儂分行的主要債務人是居住在亞維儂和馬賽的佛羅倫斯人李納多·阿爾托維蒂，他要不是賴帳，就是無力償債。其次是一筆可向已故國王勒內主張權利的七千福羅林，他的繼承人法蘭西國王百般刁難。那不勒斯國王，也就是阿拉貢的費爾迪南，也拖欠著難以收回的巨額債務。[190]

喬凡尼·尚皮尼把全部財產留給侄子羅梭·達索馬亞。[191]達索馬亞在準備一四八一年資產稅申報時，聲稱叔叔的遺產負債累累，什麼也未留下。只要梅迪奇銀行繁榮興旺，分行經理通常都能賺到大錢。尚皮尼死於貧窮這個事實是進一步的證據，說明他的生涯中最後幾年，損失吞噬早先賺取的獲利，亞維儂分行已變成一家虧損的企業。

注釋

1. V. Chomel and J. Ebersolt, *Cinq Siecles de circulation Internationale vue de Jougne* (Paris, 1951), pp. 94-95.
2. Frédéric Borel, *Les Foires de Genève au quinzième siècle* (Geneva, 1892), pp. 54-61. Cf. Paul Huvelin, *Essai historique sur le droit des marchés et des foires* (Paris, 1897), p. 290. 作者相信，聖彼得和聖保羅市集（六月二十九日）比在謝安斯的聖彼得市集（八月一日）更重要，但可能有錯，因為第三個市集後來被叫做八月市集。
3. Huvelin, pp. 291-292. 十七世紀時，貝桑松市集實際上在皮亞琴察和諾維舉辦。這些市集不再是貿易中心，而是成為專門的國際清算中心。Cf. Ehrenberg, *Zeitalter der Fugger,* II, 226.
4. Marc Bloch, «Le Probleme de l'or au moyen âge,» *Annales d'histoire économique et sociale,* 5:28 (1933).
5. 例如，在一四三八年五月，貝爾納多．波提納利從布魯日寫信給安東尼奧．薩盧塔蒂，提議運送大量英格蘭諾布林金幣到日內瓦。這樣的貨物通常隱藏在布包裡運送。運送硬幣比匯款更有利可圖，因為匯率較高，也就是說，大概超過黃金輸出點。(MAP, filza 94, no. 146, fols. 241-242.) 硬幣在一四四三、一四四四和一四四五年從日內瓦運送到佛羅倫斯的例子可以在三號機密帳簿第六十九、七十、七十四頁發現。它們被委託給梅迪奇的員工喬凡尼．迪貝托（尚皮尼）、羅倫佐．奈托利、阿塔維亞諾．阿爾托維蒂和佩里諾．迪朱斯托 (MAP, filza 153, no. 3)。一四四三年三月二十四日與一四四五年十二月三十日間，日內瓦總共運送到佛羅倫斯至少三萬五千袋福羅林金幣，其中大部分被送到佛羅倫斯鑄幣廠重鑄硬幣。
6. Léon Schick, *Un Grand Homme d'affaires an début du XVIe siècle: Jacob Fugger* (Paris, 1957), p. 271; *Welthandelsbräuche, 1480-1540,* ed. Karl Otto Müller (Berlin, 1934), pp. 268-271.
7. *El libro di mercatantie,* pp. 6, 8. 這個馬克約等於兩百四十五克。
8. 達烏札諾的手冊在新近事件裡提到埃及蘇丹在伊斯蘭教紀元八二五年，也就是西元一四二二年授予在亞歷山大城從事貿易的佛羅倫斯商人貿易特權。根據 Camerani, *Documenti* 給出的資料，貨棧總分類帳列出的是一四五〇年時普遍通用的匯率，或差不多如此。
9. *El libro di mercatantie,* p. 8: "... chanbiasi da Vinegia a Ginevra per la prima fiera che v'è."
10. 除了梅迪奇銀行之外，在日內瓦還有下列佛羅倫斯銀行的分公司：阿伯提、貝倫賽利、瓜達尼和帕齊。Borel, *Foires de*

Genève pp. 134-137, 237.

11. 也許他的真名叫法布里。不管怎麼說，他不是佛羅倫斯人。在一四三六年二月五日（佛羅倫斯新曆），在佛羅倫斯，他註冊為大絲織作坊：登記上寫著他來自薩伏伊的日內瓦。
12. 根據一號機密帳簿的入帳紀錄，他在一四一四年收到八十五杜卡特作為服務十七個月的薪資，這等於每年六十杜卡特，而在一四二〇年時，未明確規定期限的薪資為六十三杜卡特九格羅梭（格羅特）（MAP, filza 153, no. 1, fols. 88, 105-111）。
13. 這個資訊是基於一本貝爾蒂尼保存的備查簿（ricordi）（MAP, filza 131, item e）。這份手稿保存得很不好，其中一些頁面已破碎，而且有部分已經燒燬。
14. *Ib id.,* fol. 5^{v}.
15. *Ibid.,* fol. 19^{v}. 海倫塔爾斯是個小鎮，位於利爾的東邊，在安特衛普省。*Panni di Rintalzo*，即來自海倫塔爾斯的布料，亦在烏札諾的手冊裡被提及（p. 3）。
16. Henri, Marquis Costa de Beauregard, *Souvenirs du règne d'Amédée VIII, premier due de Savoie* (Chambéry, 1859), p. 169.
17. 根據貝爾蒂尼的紀錄，米凱萊．迪費羅被付以四百五十福羅林作為佣金（provigione）並供給食宿（MAP, filza 131 item e, fol. 5^{v}）。
18. MAP. filza 153, no. 2, fols. 35, 36.
19. *Ibid.,* fols. 40, 41.
20. 該有限責任合夥公司在一四二七年五月十日的入帳紀錄中有提及（*ibid.,* fol. 40）。
21. *Ibid.,* fols. 47, 51. 換言之，羅馬分行和佛羅倫斯錢莊各收到八分之三的獲利。
22. *Ibid.,* fol. 57: "... sono per lo corpo per la nostra parte abiano a tenere a Ginevra."
23. ASF, Catasto No. 487 (Scala, 1433), fol. 234^{r}: "Truovasi conpangno a Cinevra di Cosimo e Lorenzo de' Medici, dove e conpangno con-la persona sanza danari."
24. MAP, filza 153, no. 2, fols. 52, 53.
25. *Ibid.,* fol. 72.
26. MAP, filza 153, Libro segreto, No. 3, fol. 14.

27. *Ibid.,* fols. 12, 14. 資本起初設定為八千福羅林，但在不到一年時間裡，也就是在一四三六年三月二十日，就增加到一萬福羅林。

28. MAP, filza 149, fol. 94. 另一份在 MAP, filza 153, Libro segreto No. 3, fol. 8.

29. MAP, filza 153, no. 3, fol. 79.

30. *Ibid.,iol.* 85.

31. 他成為絲綢生產商的日期是一四四七年十二月十八日，但他的合約期到一四四八年三月二十四日。

32. 一四五〇年五月十六日的信（ASF, Carte Strozziane, Series I, filza 3, fol. 60）。

33. MAP, filza 153, no. 3, fols. 32, 33. 多梅尼科．薩爾韋斯特里的薪資是每年四十五埃居，彼得羅．馬齊是三十二埃居。

34. ASF, Catasto No. 621 (Leon Bianco, 1442), fol. 348: "Francesco ditto d'età 21 e truovasi di cinquina f. 14 d.3 a oro. II detto Francesco è a Ginevra nella conpagnia di Cosimo de' Medici overo di Giovanni Benci e conpagni, e però io, Bartolomeo, suo fratello, ò data per lui questa scritta."

35. Sieveking, *Handlungsbücher,* p. 9.

36. 最早的例子出現在一四三二年，涉及一筆三千兩百四十袋福羅林金幣的準備金，後來轉為 *avanzi*（獲利）並在合夥人當中分配（MAP, filza 153, no. 2, fol. 72）。第二個案例始於一四四五年，涉及幾批送到佛羅倫斯的硬幣，總金額是▽八千六百八十七，即九千六百五十三福羅林（MAP, filza 153, no. 3, fol. 60）。

37. Paul Aebischer, "Banquiers, commerçants, diplomates et voyageurs italiens à Fribourg (Suisse) avant 1500," *Zeitschrift für Schweizergeschichtc,* 7:29?30.

38. Borel, p. 135.

39. Bruno Caizzi, "Ginevra e Lione: un episodio di guerra fredda economica nel XV secolo," *Cenobio II* (1953), no. 6, 39-46.

40. Camerani, *Documenti* p. 76, Nos. 208, 209. Cf. Letter of Giovanni Benci e Francesco Sassetti e conpagni in Geneva to Giovanni e Pierfrancesco de' Medici e conpagni in Florence, July 20, 1455 (MAP, filza 138, no. 439).

41. Sieveking, *Handlungsbücher,* p, 9; Camerani, *Documenti* pp. 79-112.

42. 一家無阿梅里格．本奇作為合夥人的新合夥公司在一四六二年三月二十六日開張。這資訊來自薩塞蒂的私密總分類帳：ASF, Carte Strozziane, Series II, No. 20, Libro segreto di Francesco Sassetti, 1462-1472, fol. 13. 違約發生在一四六一年八月十四日與十一月十七日間，省去阿梅里格．本奇名字的新名號此時已在使用（Camerani, *Documenti* pp. 100-102, Nos. 294-301）。

43. Jacopo Pitti, ,Istoria fiorentina," *Archivio storico italiano,* 1:24 (1842). 兄弟倆互相合夥，並在佛羅倫斯建立自己的絲織作坊。

44. 福朗切斯科的機密帳簿（Carte Strozziane, Series II, No. 20）第十三頁：此後為薩塞蒂的機密帳簿。

45. 福朗切斯科．諾里至少從一四五二年起受僱於梅迪奇銀行（Aebischer, p. 29）。在喬凡尼．本奇去世時，即在一四五五年七月，他碰巧在佛羅倫斯，因為他被日內瓦分行派去遞送一批一千四百杜卡特的硬幣（日內瓦分行一四五五年七月二十九日致函資深合夥人的信，MAP, filza 138, no. 440）。朱利亞諾．德爾札凱利亞自一四五六年起一直是日內瓦的員工，時間也有可能更早（Camerani, *Documenti,* p. 81, No. 225）。

46. *Ibid.,* p. 102, No. 301. Cf. Sassetti's libro segreto, fol. 13.

47. *Ibid.,* fol. 12.

48. *Ibid.,* fols. 17 and 19: "E a di 10 di marzo 1463 s15oo vecchi i quali ci mandorono contanti in oro di più raxoni per Pippo della Veduto vetturale, de' quali ritraemo f. 1455 ¼ larghi ebbi io Francesco Sassetti, posto debbi dare a c. 19 .... ▽1500, f. 1680."

49. 里昂分行一四六六年（佛羅倫斯曆法）的資產負債表裡提到日內瓦支行的存在（MAP, filza 83, no. 49, fols. 301-306）。

50. Caizzi, «Ginevra e Lione,» pp. 39-46.

51. Vigne, *Banque à Lyon,* pp. 66-67; Brésard, *Foires de Lyon,* pp. 9-12.

52. Vigne, *Banque,* pp. 58-63; Brésard, *Foires,* pp. 19-21.

53. Vigne, *Banque,* pp. 67-70.

54. Bresard, *Foires,* p. 111; Vigne, *Banque,* p. 71.

55. R. de Roover, *L'Evolution,* p. 126.

56. Vigne, *Banque,* pp. 68, 70.

57. *Ibid.,* pp. 71-72. 這個特權招致眾多抱怨，因為據說它允許義大利銀行家在掠奪法蘭西金銀方面不受懲罰。抱怨聲是如此之高，影響是如此之大，結果在一四八四年導致里昂市集暫時取消。有關這個問題，可參見 Richard Gascon, «Nationalisme e»conomique et géographic des foires: la querelle des foires de Lyon (1484-1494),» *Cahiers d'histoire,* 1:253-287

(1956).

58. Brésard, *Foires,* pp. 24-28.

59. 認為試圖設計出既給自己兩個市集，也給里昂兩個市集的折中方案。這個解決辦法遭到商人的反對，理由是那會增加費用，尤其是貨車運費。Brésard, *Foires,* pp. 29-36; Vigne, *Banque,* p. 59.

60. MAP, filza 83, no. 49, fols. 301-306.

61. 例如參見倫敦和布魯日的博羅梅伊公司的資產負債表，發表於 Zerbi, *Origini,* pp. 420-421, 440-441.

62. Richard Gascon, «Un Siècle du commerce des épices à Lyon, fin XVe-fin XVIe siècles,» *Annales (Economies, Sociétés, Civilisations),* 15:638 (1960). 然而，梅迪奇在里昂的分行似乎沒有參與任何香料的貿易。也許這項業務完全掌握在米蘭人和威尼斯人手裡。

63. ASF, Manoscritti, No. 119, Cronica di Benedetto Dei, fol. 34^{r}. 根據同個來源，他的三個兒子在亞維儂做生意。Pagnini, *Della Decima,* II, 305. 提到一四四四年時他在亞維儂。Aebischer, "Banquiers à Fribourg," p. 28.

64. Borel, *Foires de Genève,* pp. 36-38. 阿梅代・德佩姆也是為薩伏伊公爵服務的一名官員。

65. 薩塞蒂的機密帳簿第三十三頁："Annomene creditore a llor libro segreto a c. 8 in nome della raxone vecchia di Ginevra" and "... in nome di Ami di Pemes."

66. *Ibid.,iol.* 39: "... tenghono di *mio* in deposito in nome del convento de' Gelestrini."

67. Gandilhon, *Louis XI,* p. 359. 樞機主教巴盧埃在被捕之前就是教宗聖戰的總收款人，而且與他的其中一位收款員尚・德康布雷有接觸，後者有資金存在梅迪奇銀行。Henri Forgeot, *Jean Balue, cardinal d'Angers, 1421?-1491* (Paris, 1895)，pp. 26-27, 213.

68. 有關安東萬・德沙托納的生平傳略可見 Père Gabriel Daniel, *Histoire de France,* VII (new ed., Paris, 1755), pp. 692-694.

69. ASF, MAP, filza 83, no. 49, fol. 305; "E per più stangni lavorati ci mandarano i nostri di Londra più fa die ffurono rubati da quelli di Lièggio." 一個姊妹，波旁的伊莎貝拉，是無畏者查理的第二任妻子和布根地的瑪麗的母親。

70. Vigne, *Banque,* p. 85; Brésard, *Foires,* p. 282.

71. 雖然在一四六七年的資產負債表裡提到克拉韋爾，即克拉韋利是僕人，但他後來成為員工。在一四七六年時，他被派去皮德蒙特收取薩伏伊公爵轉讓給梅迪奇的所得（Letter of Lionetto de' Rossi, July 28, 1476, MAP, filza 34, no. 355）。一四九六年，在梅迪奇家族被逐出佛羅倫斯之後，作為弗萊堡的市民，他在對梅迪奇銀行的清算索賠方面獲得地方當局的支持（Aebischer, "Banquiers à Fribourg," p. 31）。

72. 廖內托・德－羅西一四七六年十月二十日致函豪奢的羅倫佐的信（MAP, filza 34, no. 386）。泰里諾・馬諾韋洛齊在一四八一年七月十五日時仍在梅迪奇銀行，這可從他在那天寫給豪奢的羅倫佐的信中可看出來（MAP, filza 38, no. 263）。在之前（一四八一年六月四日）的信中，他聲稱已在梅迪奇銀行服務二十六年（MAP, filza 38, no. 203）。

73. Pagnini, *Delia Decima,* II, 304.

74. Buser, *Beziehungen,* pp. 141-142. Cf. Gandilhon, *Louis XI,* pp. 362-363.

75. *Lettres de Louis XI, rot de France,* eds. Joseph Vaesen and Etienne Charavay, III (Paris, 1887), 251-252, No. 375. 國王在一四六八年八月十日的信中明確表達忿怒的種種原因。諾里被下令在十天之內離開法蘭西。

76. *Ibid.,* pp. 260-261, No. 378. 一四六八年八月十二日致米蘭公爵的信是用義大利文寫的。要是沒有斯福爾札與皮耶羅的友誼，諾里的處境很可能更糟。

77. Hippolyte de Charpin-Feugerolles, marquis de la Rivière, *Les Florentins à Lyon* (Lyons, 1893), p. 132. Cf. Camerani, *Documenti,* p. 109, No. 327.

78. ASF, Archivio notarile antecosimiano, G 620, fols. 44-45. 這個合約是在一四七六年五月三十一日簽署，後來在六月十八日追加一條附注。

79. Camerani, *Documenti,* pp. 76, 83, 130, Nos. 207, 233, 397.

80. Charpin-Feugerolles, *Les Florentins à Lyon,* p. 174.

81. 薩塞蒂的機密帳簿，第二十八頁。

82. 廖內托・德－羅西一四七六年十月二十日致函豪奢的羅倫佐的信（MAP, filza 34, no. 386）。

83. 同個人在一四七六年五月二十二日致函羅倫佐的信（MAP, filza 34, no. 338）。在另一封信裡解釋說，「Reputation」的意思是已準備好做生意和從事投機（*la riputazione è dimostrazione d'essere disposti a fare faciende*）。這個定義是由羅倫佐・斯皮內利在一四八七年十月三十日一封致豪奢的羅倫佐的信中提到的（MAP, filza 40, no. 153）。

84. 廖內托・德－羅西一四八一年七月十一日致函豪奢的羅倫佐的信（MAP, filza 38, no. 257）："… vis to che chosi è la intenzione vostra che io facci, della quale per nulla non voglio uscire."

85. 羅倫佐・斯皮內利一四八一年八月三十日的報告（MAP, filza 38, no. 312）。相對而言，廖內托對斯皮內利有好感。
86. 廖內托・德–羅西一四八一年五月二十八日致函豪奢的羅倫佐的信（MAP, filza 38, no. 240）。
87. 同樣的人在一四八二年六月二十八日的通信（MAP, filza 34, no. 341）。
88. MAP, filza 39, no. 30.
89. 廖內托・德–羅西一四八二年十二月四日致函豪奢的羅倫佐的信（MAP, filza 10, no. 610）。
90. 一四八三年六月二十三日的信（MAP, filza 39, no. 30）。
91. 廖內托一四八四年三月三十日致函羅倫佐的信（Carte Strozziane, Series I, filza 3, fol. 106）。
92. 克萊里的洛里尼一四八二年七月三日致在里昂的廖內托・德–羅西的信（MAP, filza 137, fol. 460）。洛里尼在法蘭西宮廷度過大部分的時光。所用字眼是 *cazzatello*，意思是庸俗和淫穢。
93. 廖內托・德–羅西一四八四年十二月八日致豪奢的羅倫佐的信（MAP, filza 39, no. 499）。關於托爾納博尼說的故事，請參見一四八五年一月四日給羅倫佐的報告（MAP, filza 39, nos. 57-58）。廖內托亦抱怨，因為據傳羅馬對他送去寄售的商品根本不努力行銷。
94. 福朗切斯科・薩塞蒂一四八五年四月四日致羅倫佐的信（MAP, filza 39, no. 422）。廖內托・德–羅西亦向那不勒斯和威尼斯開出匯票，並期望在這些城市的梅迪奇分行承兌他的匯票。
95. 喬凡尼・托爾納博尼一四八三年六月十五日致羅倫佐的信（MAP, filza 51, no. 244）。
96. 參見上面第九十三條注釋。
97. 托爾納博尼在一四八五年一月四日寫道：“Ho letto quanto vi scrive Lionetto de' Rossi, che à gran torto e parmi si governi al buio. ...”
98. 朱爾・蒂埃里的父親與祖父有很多年是梅迪奇在布列塔尼的代理人。參見廖內托一四八五年五月二十七日致羅倫佐的信（MAP, filza 26, no. 385）。在一封一四八五年六月五日的信中，廖內托抱怨另一次拒兌，並指控在羅馬的經理因為掩飾自己的錯誤而說謊（*dichono molte frasche per choprire gl' errofi che fanno*）（MAP, filza 26, no. 395）。
99. 廖內托・德–羅西一四八四年六月十九日致羅倫佐的信（MAP, filza 51, no. 282）：“E mi doluto e duole solo una chosa: el non mostrare voi avere in me quella fede che debitamente doverresti, ma mi chonforto che l'arete chom tempo.”
100. 廖內托・德–羅西一四八四年七月十一日的報告（MAP, filza 39, no. 253）。

101. 廖內托·德－羅西一四八四年八月四日致豪奢的羅倫佐的信（MAP, filza 39, no. 276）。
102. 羅倫佐·斯皮內利一四八五年二月十一日致豪奢的羅倫佐的信（MAP, filza 39, no. 83）。
103. 福朗切斯科·薩塞蒂一四八五年三月二十六日致豪奢的羅倫佐的信（MAP, filza 26, no. 342）。
104. DelPiazzo, ed., *Protocolli,* pp. 326, 328.
105. 在六月五日那天，他仍在里昂（MAP, filza 26, no. 395）。
106. 他的被捕發生在羅倫佐命令廖內托的侄子洛多維科·德－羅西將叔叔的文件送交科西莫·薩塞蒂的七月五日之前（Del Piazzo, *Protocolli,* p. 330）。在九月十七日，廖內托從斯廷凱債務人監獄寫信說他已在監獄裡待了八天（MAP, filza 26, no. 443）。
107. 里昂的羅倫佐·斯皮內利一四八五年十二月四日致豪奢的羅倫佐的信（MAP, filza 26, no. 491）。由於這是對羅倫佐十一月十日來信的回覆，廖內托·德－羅西在這之前不久已獲釋。
108. ASF, Stinche, No. 111; fol 42. 這是斯廷凱債務人監獄看守人的紀錄。參照里昂的羅倫佐·斯皮內利一四八七年十月三十日致佛羅倫斯的羅倫佐·德－梅迪奇的信（MAP, filza 40, no. 153）。廖內托·德－羅西被釋放的唯一條件是他不能離開佛羅倫斯。
109. 關於這一點，斯皮內利寫道：“... detta ritenzione aveva dato più alterazipne alle chose vostre non ne istimavi.” 參見上面第一百零七條注釋。
110. 「里昂市政委員會」一四八五年七月二十三日致羅倫佐·德－梅迪奇和福朗切斯科·薩塞蒂的信（MAP, filza 137, fol. 479）。一封來自亞維儂的多明尼克·帕尼斯的類似信件（MAP, filza 73, no. 355）。
111. 里昂的阿格斯蒂諾·比廖蒂一四八五年八月一日致豪奢的羅倫佐的信（MAP, filza 26, no. 409）。
112. 同樣的人在一四八五年九月五日的通信（MAP, filza 26, fol. 425）。
113. 一四八五年十月十二日和二十二日的信（MAP, filza 26, fols. 460 and 466）。
114. 在一四八五年九月二十五日喬凡尼·托爾納博尼的信中說著同樣的話（MAP, filza 26, no. 449）。托爾納博尼陳述損失很可能達幾百馬克。
115. 一馬克等於八盎司或兩百八十美元。我沒有考慮金馬克要比目前英語的同名馬克輕幾克的事實。
116. 比廖蒂一四八五年九月五日致羅倫佐的信（MAP, filza 26, no. 425）。

117. 加萊亞佐和科西莫・薩塞蒂一四八五年十二月十一日致豪奢的羅倫佐的信（MAP, filza 26, no. 498）。
118. 里昂的羅倫佐・斯皮內利一四八五年十二月四日和十一日致豪奢的羅倫佐的信（MAP, filza 26, nos. 491 and 496）。
119. "Questa ragione si truova sui chanbi, et il bisongnio per acquistare credito sarebbe l'opposto." 羅倫佐・斯皮內利一四八六年九月六日致豪奢的羅倫佐的信（MAP, filza 39, no. 558）和一四八七年九月二日（MAP, filza 40, no. 136）。
120. "E anchora che a voi parrà fussi molto meglio pensare a stralciare, e nonne cierchare altre faciende." 同樣的人在一四八七年十月三十日的通信（MAP, filza 40, no. 153）。
121. 同樣的人在一四八六年四月二十八日的通信（MAP, filza 39, no. 472）。同樣的抱怨可見一四九〇年一月二十九日的信（MAP, filza 41, no. 45）。
122. 斯皮內利一四八七年八月十三日致豪奢的羅倫佐的信（MAP, filza 40, no. 120）。
123. 同樣的人在一四八八年四月九日的通信（MAP, filza 40, no. 257）。此信到四月十四日才送出。
124. 里昂的福朗切斯科・薩塞蒂一四八八年五月二十日致豪奢的羅倫佐的信（MAP, filza 40, no. 327）。例如，佩萊格里諾・洛里尼需要▽五百而可以靠▽五十應付。一四八八年六月六日的信（MAP, filza 40, no. 340）。
125. 同樣的人在一四八八年五月二十九日的通信（MAP, filza 40, no. 348）。
126. 同樣的人在一四八八年十二月通信（MAP, filza 40, no; 217）。
127. 所有人中最難對付的是奧福涅王子、波旁－蒙龐西耶的路易，在梅迪奇紀錄中被叫做「科梅－多爾菲諾」。
128. "Fate conte che ànno bixongno di gran ghoverno."（參考號同第一百二十六條）。
129. 薩塞蒂在與斯皮內利工作幾個月後，坦率地承認斯皮內利是梅迪奇銀行的忠實僕人。
130. 薩塞蒂一四八九年二月十二日致羅倫佐的信，一四八九年二月十二日（MAP, filza 40, no. 204）。
131. 一四八九年二月二十日的信（MAP, filza 40, no. 209）。
132. *Ibid.*
133. Vigne, *Banque*, p. 64; Brésard, *Foires*, pp. 49-50; Gascon, «Nationalisme économique,» p. 259.
134. Gascon, «Epices à Lyon,» pp. 640-642.
135. Brésard, *Foires*, p. 61.
136. 一四八四年五月二十日的信（MAP, filza 39, no. 182）。

137. 羅倫佐・斯皮內利一四八六年四月二十八日致函豪奢的羅倫佐的信（MAP, filza 39, no. 472）。

138. 同樣的人在一四八七年九月二日的通信（MAP, filza 40, no. 136）。

139. 同樣的人在一四八九年二月八日的通信（MAP, filza 7, no. 363）。

140. 福朗切斯科・薩塞蒂一四八九年五月十三和二十四日致函豪奢的羅倫佐的信（MAP, filza 138, no. 182 and filza 88, no. 199）。

141. 遇到麻煩的其中一個商人是梅迪奇銀行亞維儂分行前經理米凱萊・迪尼。斯皮內利一四九一年二月十五日致函羅倫佐的信（MAP, filza 42, no. 18）。

142. G. B. Picotti, *La giovinezza di Leone X* (Milan, 1927), pp. 70-72. 這本書對追求有俸聖職給出出色和精確的描述。Cf. von Reumont, *Lorenzo de' Medici*, II, 398-399.

143. 安東尼奧・梅利尼一四八四年三月七日致函廖內托・德–羅西的信（MAP, filza 96, no. 476）。由於方杜斯修道院，梅迪奇被牽涉進一場在大理院與聖蓬斯大人的官司（Lionetto de' Rossi to Lorenzo, July 11, 1484, MAP, filza 39, no. 253）。這個修道院的收入一年只有兩百五十杜卡特，建築物急需修繕，修士無心修道。一四八五年十二月二十三日來自科西莫和加萊亞佐・薩塞蒂的信（MAP, filza 26, no. 501）。

144. Picotti, *Leone X*, p. 73. 大主教的名字是奧利維耶・德佩納爾。

145. 拉謝斯迪約修道院的修士頑強地堅持有權利選舉自己的院長，而且不把教宗當回事！斯皮內利一四八七年十月三十日致函羅倫佐的信（MAP, filza 40, no. 153）；Picotti, *Leone X*, p. 80.

146. *Ibid.*, p. 78.

147. 廖內托・德–羅西一四八二年十二月四日致函羅倫佐・德–梅迪奇的信（MAP, filza 10, no. 610）。

148. 斯皮內利一四八九年五月九日致函羅倫佐的信（MAP, filza 41, no. 117）。

149. 同樣的人在一四九〇年四月四日的通信（MAP, filza 42, no. 37）。

150. 同樣的人在一四九〇年六月九日的通信（MAP, filza 42, no. 96）。

151. 同樣的人在一四九〇年四月四日的通信（MAP, filza 42, no. 37）。在寫這封信時，薩塞蒂去世的消息尚未傳到里昂，但大家知道他已經中風，應該沒辦法活下來。

152. 斯皮內利一四九〇年七月六日致函羅倫佐的信（MAP, filza 42, no. 111）。

153. 此福朗切斯科・諾里很可能就是福蘭切斯基諾，也就是福朗切斯科・安東尼奧，他出生在一四六四年，是在帕齊陰謀（一四七八年）中被殺的福朗切斯科・諾里的兒子，認作嫡出。諾里有一個遺腹子也叫福朗切斯科，但他在一四九〇年時年紀太小，不可能是里昂的員工。

154. 福朗切斯科・薩塞蒂一四八九年五月二十四日致函豪奢的羅倫佐的信（MAP, filza 88, no. 199）。馬泰奧・迪塞爾喬凡尼的其中一個孫子是收銀員。這個馬泰奧在一四四〇年代受僱於佛羅倫斯錢莊。古列爾莫・達加利亞諾與古列爾莫・迪尼科洛很可能是同一個人。當廖內托・德－羅西擔任經理時（一四八五年），阿瓦雷托和帕格洛・帕爾米耶里受僱於里昂分行，每個人的薪資是▽三十。廖內托一四八六年五月二十四日致羅倫佐的信（MAP, filza 39, no. 513）。

155. Pagnini, *Delia Decima,* II, 304. Cf. Ehrenberg, *Fugger,* I, 284-285. 這本書的作者資訊有時候不準確。

156. 斯皮內利一四八七年九月二日致函羅倫佐的信（MAP, filza 40, no. 136）：“... il male vostro giova loro.”

157. Buser, *Beziehungen,* pp. 332, 548.

158. 尚貝里的斯皮內利一四九五年二月十日致函在佛羅倫斯的羅倫佐・托爾納博尼的信。樞機主教巴爾比亞諾以同樣的心情在一四九四年七月三日致函洛多維科・伊爾莫羅。文本見於 Buser, *Beziehungen,* p. 550.。

159. Y. Renouard, «Lumieres nouvelles sur les hommes d’affaires italiens du moyen age,» *Annales (Economies, Societes, Civilisations),* 10:70 (1955).

160. Felix Reynaud, *Histoire du commerce de Marseille,* II (Paris, 1951), pt 2, 565-573.

161. 布克港的位置比更東邊馬賽在與亞維儂的聯繫上更為有利。

162. 安茹伯爵和普羅旺斯伯爵是那不勒斯王位的爭奪者。

163. MAP, filza 153, no. 3, fols. 33, 78, 82.

164. Archivio dello Spedale degli Innocenti, Estranei, No. 488, fol. 338: “1442, Giovanni Zampini dimora a Vingnone per chonto nostro de avere.”

165. MAP, filza 153, no. 3, fol. 78.

166. *Ibid.,* fols. 82, 85.

167. *Ibid.,* fol. 96.

168. *Ibid.,* fols. 85, 86, 90, 94.

169. 這個總數是按下表計算出來的：

	f.	*s.*	*d.*
1446-1447	3,556	14	6
1448	1,972	0	0
1449-1450	3,420	0	0
合計	8,948	14	6

170. Sieveking, *Handlungsbücher,* p. 10.

171. 這個資訊是基於巴爾多維尼和本奇的個人納稅申報（資產稅第八百三十二號〔深灰色〕第二百一十三至二百一十八和第六百五十一至第六百五十三頁）。

172. Sieveking, *Handlungsbücher,* p. 10.

173. 薩塞蒂的機密帳簿第十四頁：“La compangnia et trafficho di Vingnone che debbe dire in Francesco Sassetti et Giovanni Zampini, ma per ancora dicie in Giovanni Zampini.”

174. 薩塞蒂的機密帳簿第二十六頁：“Giovanni Zampini di Vingnone per conto nuovo d’avanzi appartenenti a llui e a me, perche i Medici ne trassono il corpo loro e gli avanzi insino di dicembre 1468.”

175. Sieveking, *AILS Genueser Rechnungsbüchern,* p. 101.

176. 薩塞蒂的機密帳簿第二十八頁。

177. 在幾封尚存的亞維儂分行信函中有提到國王勒內。

178. 米凱萊・迪尼一四七六年六月二十九日致函豪奢的羅倫佐的信（MAP, filza 33, no. 497）。Cf. Catasto No. 1019 (Drago 1481), fol. 335.

179. “Solevo avere parte a Vingnone nel trafficho di Giovanni Zanpini che fini già fa circha a 2 anni et disse in nome di Michele Dini dove s’attende a ritrarre et non si fa nulla perchè è finita già fa più tenpo,” Catasto No. 1013 (Leon Bianco 1481), fol. 320ᵛ.

180. MAP, filza 34, no. 387.

181. 最後的推測更有可能。迪尼一四八九年十月十三日致函羅倫佐的信（MAP, filza 73, no. 424）。

182. 斯皮內利一四九一年二月十五日致函羅倫佐的信（MAP, filza 42, no. 18）。

183. Pagnini, *Dello Decima,* II, 304-305.

184. 在一四七〇年時，福朗切斯科・薩塞蒂有一筆一萬四千小福羅林即七千三百零五袋福羅林金幣的錢存在亞維儂的李奧納多・曼內利公司（機密帳簿第三十頁）。

185. 亞維儂的喬凡尼・尚皮尼公司一四六三年七月二十九日致函在馬約卡島的喬治和保羅・奇加洛公司的信（MAP, filza 68, no. 60）。同個公司致函威尼斯大帆船隊隊長安東尼奧・佐爾達諾（MAP, filza 82, no. 25）。

186. MAP, filza 73, no. 355.

187. 根據里昂分行的資產負債表資料，一四六六年時，羅梭・達索馬亞在蒙佩利爾（*Rosso da Sommaia, per nostro chonto, in Montpellieri,* MAP, filza 83, no. 49, fol. 304ᵛ）。尚存還有三封他分別於一四七一、一四七六和一四七七年寄給羅倫佐的信。三封信中的最後一封是在一四七七年二月十八日，涉及在南錫戰場撿到的無畏者查理的頭盔，以及一名持有者或土魯斯管家的一名僕從給出的報價（MAP, filza 33, fol. 118）。

188. 在蒙佩利爾的羅梭・達索馬亞一四七一年十一月十五日致函豪奢的羅倫佐的信（MAP, filza 27, no. 565）。在這封信中，羅梭聲稱屬於「清貧紳士」家庭。

189. Catasto No. 1005 (Leon Nero, 1481), fol. 423：“Lorenzo sta a Monpolieri nella ragione che disse in Giovanni Zampini loquale Giovanni è morto e la detta ragione finita et atendono a ritrarsi.”

190. 米凱萊・迪尼一四八三年一月十二日致函羅倫佐的信（MAP, filza 38, no. 387）。

191. Catasto No. 1019 (Drago, 1481), fol. 335. 順便一提，羅梭的兒子叫喬凡尼・尚皮尼，以叔祖父的名字命名。

第十三章 梅迪奇銀行在義大利境外的機構
——布魯日分行和倫敦分行

一、一四五一年之前在布魯日和倫敦的梅迪奇銀行

在十五世紀，倫敦還不像後來一樣是世界級的大都市。相反的，它只不過是個次要的銀行聚集地，是一顆在布魯日軌道上運行的衛星而已。當然，這兩個地方緊密相聯，在其中一地的任何擾亂，都會波及另一地。如前所述，低地諸國依靠英格蘭來解決他們對義大利城邦國家的貿易赤字問題，尤其是佛羅倫斯。除了開始流行的佛蘭德掛毯和荷蘭亞麻布製品以外，低地諸國幾乎沒有東西可以用來換取明礬、香料、絲織品等義大利人進口的奢侈品。實際上，一些佛蘭德布料仍能在義大利北方找到銷路，但很可能在數量上不足以彌補赤字。羊毛是義大利人始終渴望購買並可用來恢復貿易平衡的唯一商品。但英格蘭羊毛需要供給給國內日益擴張的織布業；出於種種原因，出口許可證愈來愈難以獲得。

如何解決義大利對低地諸國的債務，這產生一個實際的問題，隨著十五世紀的演進，這個問題變得日益嚴重。它最終釀成一場危機，不但導致國際貿易量縮減，而且對義大利銀行的繁榮造成不利的影響。它毫無疑問

是導致梅迪奇銀行布魯日分行和倫敦分行衰敗的一個重要因素。

羊毛貿易中的共同利益把低地諸國和英格蘭的經濟聯繫在一起，從而在其他方面也相互聯繫起來，因為布魯日需要在英格蘭有信用貸款，以便購買羊毛時用來付錢給義大利人。調整國際收支平衡的任務落到義大利銀行的肩上，難怪在布魯日的交易所與倫敦的倫巴德街間有積極的互動。由於這兩家分行必須攜手共進，緊密合作，把它們分開討論並不妥當。

到了十五世紀初期，梅迪奇銀行已經在布魯日和倫敦做生意。雖然它在這兩個地方沒有分行，但都有辦事處來代理它的業務。一四一六年，梅迪奇銀行在布魯日的代表大概是菲利波·拉蓬迪，他替委託人收帳。[1]菲利波·拉蓬迪是盧卡籍的商業銀行家，受布根地公爵兼佛蘭德伯爵（一四〇四至一四一九年在位）無畏者約翰的喜愛。[2]在一四二〇年代和一四三〇年代，梅迪奇銀行在布魯日的代表是米蘭的加萊亞佐·博羅梅伊公司和佛羅倫斯的銀行瓜爾泰羅托·德－巴爾迪公司，也叫瓜爾泰羅托·瓜爾泰羅蒂公司（表38）。[3]在倫敦，梅迪奇銀行的辦事處為托托·馬基維利和烏貝爾蒂諾·德－巴爾迪公司。烏貝爾蒂諾是羅馬分行經理（任期從一四二〇年至一四二九年早逝為止）巴爾托洛梅奧·丹德烈亞的一個兄弟。瓜爾泰羅托·瓜爾泰羅蒂公司也擔任喬凡尼·迪比奇的侄子阿維拉多·德－梅迪奇的對手銀行的代理人，雖然阿維拉多的公司另外利用喬凡尼·奧爾蘭迪尼公司（一四二二年破產）的服務。[4]

這些辦事處有可能出售由佛羅倫斯錢莊和威尼斯分行送來寄售的香料和絲織品。他們還參與應急處理的教宗業務，因為根據一四二七年的資產負債表（表38），烏貝爾蒂諾·德－巴爾迪拖欠羅馬分行的款項達到一萬五千四百聖庫福羅林，瓜爾泰羅托·瓜爾泰羅蒂公司欠羅馬分行五千四百聖庫福羅林。[5]此外，在布魯日和倫敦的辦事處替在義大利的梅迪奇機構處理匯款和匯票業務。簡而言之，在一四二七年之前，梅迪奇銀行無疑在低地諸國和英格蘭有廣泛的商業利益，雖然它沒在那裡設立真正的分公司。[6]

這兩個國家的辦事處不斷成長的借方差額一定讓資深合夥人頗為擔憂，尤其是總經理伊拉廖內・德－巴爾迪，因為他利用馬可・斯皮內利尼去布魯日和倫敦（一四三〇年）的機會，傳遞特別資訊給博羅梅伊公司，以及居住在佛蘭德的佛羅倫斯商人喬凡尼・迪札諾比・達皮諾。[7]斯皮內利尼顯然是烏貝爾蒂諾・德－巴爾迪的員工或合夥人，他得到指令向他們施加壓力，並敦促他們加快清償在羅馬放款給蘇格蘭大使的貸款，因為按照伊拉廖內的估計，貸款雖然被斷斷續續地償還，但進度實在太慢。也許這種緩慢還款不完全是因為惡意；有可能是資金轉移困難，因為在當時的蘇格蘭沒有銀行，除了一些劣等品羊毛以外，這個貧窮的國度沒有東西可供出售。[8]斯皮內利尼還需要讓布魯日和倫敦辦事處記住，他們不應該以現金以外的任何條件開立信用狀。

無法確定斯皮內利尼是否取得成功，因為現存的信件顯示，資深合夥人對他的無效率相當失望，尤其是他未能從喬凡尼・迪札諾比・達皮諾那裡收回兩千五百杜卡特。[9]他們還繼續抱怨，因為送去寄售的貨物沒有預期的那麼快脫手，他們的辦事處匯款慢吞吞，並留下超量的周轉餘額。當然，與代理人交涉上的麻煩總是因為或多或少受到他們的擺布，不像自己的員工或分行那樣好控制。

由於失去耐心，資深合夥人在一四三六年決定派最信賴和能幹的員工去布魯日，也就是威尼斯分行的經理（任期從一四一七年到一四三五年）喬凡尼・迪阿多阿爾多的兒子貝爾納多・波提納利（一四〇七至一四五五年）。貝爾納多曾在尼科洛・德利斯特羅齊服務，後來為梅迪奇服務。[10]他在一四三五年時年薪是一百杜卡特。[11]貝爾納多的任務表面上是結清未償還的餘額，並整頓梅迪奇在布魯日辦事處的往來帳戶，但實際上任務更為廣泛：貝爾納多受到指示要對當地情況和商業前景做一番調查，以便確定是否有條件在布魯日及以後在倫敦建立分公司。這件事情是毋庸置疑的，因為受到指示的原文現在仍在梅迪奇銀行的檔案中，而且這個指令非常詳細。[12]

貝爾納多・波提納利雖能自由選擇行程，但被力勸走最安全的路線，並找個旅伴，不要因無隨行人員獨自騎行而冒不測風險。若有可能，他的旅行將取道日內瓦和巴塞爾，因為梅迪奇銀行有分行在那裡，他可以在繼續趕路之前順便蒐集到有用的資訊。一旦到了布魯日，他會住在烏貝爾蒂諾・德－巴爾迪的家裡，他在那裡會受到馬可・斯皮內利尼的歡迎，因為斯皮內利尼已得到他要來的消息。波提納利最急迫的任務是加快銷售已托運給烏貝爾蒂諾・德－巴爾迪公司的絲織品和掛毯。若有可能，貝爾納多被准許降價出售，但他卻未經允許就發放長期貸款。然而，如果市場情況好轉，他可以要求巴塞爾分行和日內瓦分行運送一些未售出的絲織品給布魯日分行，因為它們也有滯銷的存貨。如果有香料的需求，貝爾納多會要求威尼斯分行透過佛蘭德槳帆船的首航運送寄售品。

貝爾納多・波提納利被期望在倫敦遵循與布魯日同樣的政策，加速貨品的銷售，並匯寄在辦事處手裡的資金。並希望他能夠好好了解博羅梅伊與羅馬分行之間的爭端。

波提納利須明白自己不但代表資深合夥人，還代表梅迪奇全部分行和公司，包括日內瓦分行和巴塞爾分行。為了快速辦理梅迪奇銀行對喬凡尼・迪札諾比・達皮諾的債權主張，波提納利被委以受託代表人（*attorney*）的特別權力，使他能將這件事告上法庭，甚至獲得拘捕令，如果他必須如此極端才能獲得賠付的話。[13]

貝爾納多頭腦裡記著的是最終創建一家分公司，他被敦促在各處留意，打聽當地貿易及匯票習慣的資訊，並查明居住在布魯日的重要外國商人的實力和信用狀況，尤其是外匯經紀人。那麼佛羅倫斯人是怎麼做的呢？他們對未來的商業前景有什麼感受呢？資深合夥人急於想知道，當涉及到外國商人時，布魯日法庭是否仍保有當機立斷、不偏不倚、公正司法的聲譽。資深合夥人唯一的擔憂是，百年戰爭狼煙又起，這就把布根地公爵拖入衝突（站在法蘭西一邊）之中，很可能招致報復和嚴重擾亂英格蘭與佛蘭德地區之間的貿易關係。[14]

在貝爾納多・波提納利返回佛羅倫斯之際，他有可能做出讓高層讚許的報告，因為他在一四三八年被派回到低地諸國。雖然他在布魯日住下來，但他在同一年的三月和八月造訪安特衛普市集。[15]此外，他還監督教宗任命敕令的遞送，一份與倫敦主教教座有關，另一份則與伊利主教教座有關。[16]這些交易涉及的金額很可觀，高達兩千三百四十七格羅特鎊十八索爾多四德涅爾，可以從在倫敦的博羅梅伊公司收取。貝爾納多還忙於議付匯票，並寫信給在費拉拉的安東尼奧．薩盧塔蒂，說他要把一批英格蘭的諾布林金幣隱藏在布包裡運送到巴塞爾或日內瓦。[17]他仍是一名普通的員工，[18]因為梅迪奇銀行機密帳簿中的入帳紀錄透露，布魯日分行直到一四三九年三月二十四日（佛羅倫斯新曆）才成立為獨立的組織。[19]隨後一家有限責任合夥公司成立，梅迪奇銀行在其中投資六千聖庫福羅林，全部由羅馬分行提供，並依照一四〇八年的佛羅倫斯法律，他們的責任僅限於初期投資，僅此而已。貝爾納多出資多少不得而知。也許一分錢也沒有出。不管怎麼說，他可以分得六分之一的獲利，而資深合夥人則可以分得剩餘部分。

布魯日分行在頭兩年，也就是一四三九年和一四四〇年（佛羅倫斯曆法）做得相當好，淨利總計達六百七十格羅特鎊一索爾多五德涅爾。在減去一百格羅特鎊的準備金之後，貝爾納多可以得到九十五格羅特鎊三德涅爾的分紅，梅迪奇銀行獲得四百七十五格羅特鎊一索爾多二德涅爾。[20]在此後三年裡，即一四四一至一四四三年（表67），就算只有一點獲利也被記入，但自一四四

表67：布魯日分行1439年至1443年（佛羅倫斯曆法）的淨利
（除最後一欄外，金額單位均為佛蘭德通貨格羅特鎊）

年份	合計			壞帳準備金			貝爾納多・波提納利的分紅			資深合夥人的分紅：佛蘭德通貨			資深合夥人的分紅：佛羅倫斯通貨		
	£	*s.*	*d.*	£	*s.*	*d.*	£	*s.*	*d.*	£	*s.*	*d.*	£	*s.*	*d.*
1439-1440	670	1	5	100	0	0	95	0	3	475	1	2	2,350	0	0
1441	498	16	4	100	0	0	66	9	4	332	7	0	1,661	21	9
1442	302	0	0	…	…	…	50	6	8	251	13	4	1,312	0	0
1443	538	7	6	124	0	0	69	1	3	345	6	3	1,860	0	0
	2,009	5	3	324	0	0	280	17	6	1,404	7	9	7,183	21	9

資料來源：MAP, filza 153, no. 3, fols. 46, 63, 64, 65, 66, and 73.

四年至一四四九年（佛羅倫斯曆法），在梅迪奇銀行的機密帳簿沒有記錄任何收入，這意味著合夥人沒有獲得任何一點分紅。在一四五〇年時又有一些獲利，卻與倫敦分行的獲利合在一起，因此無法區分有多少是布魯日分行的分紅（表68）。為何布魯日分行在一四四四年至一四五〇年的六年時間裡表現這麼差，原因無處可查，很有可能是由債務人違約所引起的損失，而且我們清楚地知道布魯日分行因巴塞隆納代理喬凡尼・文圖里公司和李卡多・達萬札蒂公司的經營失敗（發生在一四四七年）而遭受打擊。[21]有可能這個損失很大，除了沖銷前幾年的未分配獲利，還沖銷現有的準備金。

巴塞隆納在當時仍是佛蘭德布料一個重要市場，尤其像是韋爾菲克細嗶嘰之類的輕薄型織物。布魯日分行派員工阿塔維亞諾・阿爾托維蒂去巴塞隆納，想盡力挽回一些放在文圖里和達萬札蒂那裡寄售的貨物。他是否達成任務是另一回事，很可能此行只是在損失之上再增加一些費用而已。

貝爾納多・波提納利很有可能在倫敦開辦一家支行，並讓熟識的安傑羅・塔尼負責，因為他們曾在威尼斯分行一起工作過。[22]由於塔尼不懂英語，因此沒有得到晉升，令他極度失望。在一四四六年，資深合夥人突然決心把倫敦辦事處從布魯日分行獨立出去，並為此目的成立一家新的合夥公司。[23]與一般的做法相反，他們沒有從員工中選擇經營合夥人，而是選擇一位外人，就如一四一六年曾一度任命喬凡尼・波提納利為威尼斯分行經理時所做的那樣。他們為倫敦分行選擇傑羅佐・德－皮利（一四〇六至一四六九年之後），他懂英語，並對這個城市瞭若指掌，因為他曾在倫巴德街經營生意多年。

新合夥公司的資本被設定在兩千五百英鎊，其中科西莫・德－梅迪奇和喬凡尼・本奇聯合提供兩千一百六十六英鎊十三先令四便士，折合一萬三千一百八十四福羅林一索爾多十德涅爾，剩下的部分由傑羅佐・德－皮利出資，即出資三百三十三英鎊六先令八便士。[24]除了每年一百諾布林（折合三十三英鎊六先令八便士）的津貼用以支付費用之外，皮利可以得到獲利的五分之一當作工作報酬。與類似的協議一樣，皮利被期望在倫敦堅

表 68：倫敦分行和布魯日分行 1447 年至 1450 年（佛羅倫斯曆法）的淨利（除最後一欄外，金額單位均為英格蘭通貨英鎊）

年份	合計			壞帳準備金			初級合夥人的分紅			資深合夥人的分紅 英格蘭通貨			資深合夥人的分紅 佛羅倫斯通貨			
	£	*s.*	*d.*	£	*s.*	*d.*	£	*s.*	*d.*	£	*s.*	*d.*	£	*s.*	*d.*	aff.
1447-1448	875	0	0	75	0	0	240	0	0[a]	560	0	0	3,300	0	0	
1449	899	8	1	100	0	0	239	16	5[a]	559	11	8	3,357	0	0	
1450	1,031	17	10	…	…	…	371	1	10[b]	660	16	0	4,000	0	0	
	1,806	5	11	175	0	0	850	18	3	1,780	7	8	10,657	0	0	
										扣除調整			52	9	1	
													10,604	19	11[c]	

a 初級合夥人是傑羅佐．德－皮利（獲得五分之一的淨利）和安傑羅．塔尼（獲得十分之一的淨利）。

b 初級合夥人的分紅如下：

	£	*s.*	*d.*	st.*
西莫內．諾里	87	18	1	
安傑羅．塔尼	117	19	9	
傑羅佐．德－皮利	165	4	0	
合計	371	1	10	

c 總計加上 7,183 福羅林 21 索爾多 9 德涅爾，即表 67 的合計，總數為 17,788 福羅林 12 索爾多 8 德涅爾，可以對應表 17 給出的數字。

* st. = sterling，英幣。下同。

資料來源：MAP, filza 153, no. 3, fols. 85-86 and 88-90.

守崗位，但他無需經特別許可即可公出南安普敦開拓業務，或進入科茲窩或英格蘭其他郡縣去採購羊毛。合夥契約在一四四六年六月一日生效，為期四年，至一四五〇年六月一日，這是個值得記住的日期。實際上，關於獲利分配的條款從未被落實過，因為在很短的時間內條款就被修改了。為了安撫因未被任命為經理而不高興的安傑羅．塔尼，他被給予十分之一淨利；資深合夥人的分紅被相應地從五分之四減少到十分之七。[25]

當皮利離開佛羅倫斯去接任新職時，他被給予詳細的指令，資深合夥人嚴令借錢給誰是安全的，給誰發放信貸是有風險的。既然這些指令的要旨已在前面第五章裡討論過，這裡就沒必要對同個話題多加贅述。[26]

倫敦分行在經驗豐富的傑羅佐・德－皮利管理下，從一開始就取得成功，在前三年的經營中取得令人歡欣鼓舞的結果（表68）。在第三年裡，資深合夥人從投入的資本中得到大約二五％的報酬率。相比之下，布魯日分行卻做得很糟，以至於貝爾納多・波提納利在一四四八年被召回佛羅倫斯，資深合夥人提前告知要終止跟他簽定的協議，他們無疑有權力這樣做。[27]為逆轉一四四六年之前就存在的形勢，他們此時將布魯日分行置於倫敦分行的管理之下。與此相應，在一四四八年十二月二十一日，一家新的合夥公司成立，一方是倫敦的「皮耶羅・迪科西莫・德－梅迪奇和傑羅佐・德－皮利公司」，另一方是西莫內・丹東尼奧・諾里，目的是在布魯日從事貿易和經營銀行業。[28]全部資本為兩千格羅特鎊，即一千六百九十一英鎊三先令四便士，由倫敦分行提供，但實際管理委託給在安傑羅・塔尼支持保護下的西莫內・諾里。[29]獲利按以下比例分配：每鎊中二先令六便士（八分之一）歸西莫內・諾里，十七先令六便士歸倫敦分行。這個合夥公司只是暫時性的，預定十八個月之後，也就是一四五〇年六月一日，合約期滿。

也許應該指出，我們在這裡有一個金字塔結構，由三個層層疊加的合夥關係組成：頂層是梅迪奇銀行，它有合夥人科西莫・德－梅迪奇和喬凡尼・本奇；中間是倫敦分行，合夥人是梅迪奇銀行、傑羅佐・德－皮利和安傑羅・塔尼；底層是由倫敦分行控制並由西莫內・諾里管理的布魯日分行。就獲利分配而言，情況也是如此：科西莫・德－梅迪奇分得梅迪奇銀行四分之三獲利，喬凡尼・本奇分得四分之一；梅迪奇銀行又可以得到倫敦分行十分之七的獲利；最後，倫敦分行有權分得布魯日分行收益的八分之七。

一四五〇年六月一日，當布魯日分行和倫敦分行的現有合約雙雙到期時，並沒有展期，而且政策再次來個一百八十度大轉彎。布魯日分行再次從倫敦分行中獨立出來。兩個互相獨立的有限責任合夥公司成立。同時，安傑羅・塔尼和西莫內・諾里工作互換，因為塔尼從倫敦調到布魯日，而在布魯日的諾里則被派去倫敦接替塔尼的位置。布魯日分行的資本被設定在三千格羅特鎊（佛蘭德通貨），其中梅迪奇銀行提供兩千一百六十鎊，傑羅佐．德－皮利五百四十鎊，安傑羅．塔尼三百鎊（表15）。[30]倫敦分行的資本要少很多：總計只有一千英鎊，其中八百鎊由資深合夥人（科西莫和喬凡尼．本奇共同出資）提供，其餘部分由傑羅佐．德－皮利出資。西莫內．諾里雖為合夥人，但「除了投入他本人」以外，沒有投資一分錢，卻可以分紅來當作擔任經理的報酬：如前所示，這是梅迪奇銀行的習慣做法。

根據留存下來的樣本，倫敦有限責任合夥公司郵寄的商業信函會署名 Simone Nori e compagni di Londra（倫敦西莫內．諾里公司）。[31]依照同樣的格式，布魯日的有限責任合夥公司自稱為 Agnolo Tani e compagni di Bruggia（布魯日安傑羅．塔尼公司）。[32]因此，梅迪奇的名字在布魯日分行和倫敦分行使用的正式名稱中消失了，這似乎是一個跡象，梅迪奇對未來不敢確定，也許打算從低地諸國和英格蘭全身而退。[33]商業界也明顯認為確是如此；梅迪奇的這個動作沒有抬高自己的信譽，反而招致滿懷忌妒的競爭對手的不利議論。根據諾里的說法，一些懷有惡意的義大利人像渡鴉那樣在「衝著它哇哇亂叫」。[34]

二、一四五一年至一四八〇年的倫敦分行

一四五一年三月二十五日之後，倫敦分行和布魯日分行分開經營，好多年都沒有交集。因此，跟蹤一段時間倫敦分行的命運似乎是明智之舉。實際上，傑羅佐．德－皮利仍是這兩家分行的合夥人，但根據有限責任合夥公司相關的法律規定，他把實際管理留給初級合夥人塔尼和諾里。既然公司章程免除對他的任何居住要求，雖然他並未完全進入退休狀態，他還是回到佛羅倫斯；因為他有責任感，所以他回到佛蘭德和英格蘭去巡視，從他到達布魯日的一四五三年十月二十九日起至一四五四年十一月或十二月止，待了一年多的時間。[35]從此以

後，他永久住在佛羅倫斯，很可能是年齡和體弱多病阻止他再次承受令人厭倦的馬背旅行。也有可能是他繼續就英格蘭和佛蘭德的商業事務問題向資深合夥人建言獻策，並就之後會計事項提出告誡，放幾個馬後炮。有點不可思議；他們會在多大程度上留意他的忠告。

皮利走訪布魯日的其中一個目的明顯是把有限責任合夥公司重新轉變為一家普通合夥公司，重新使用梅迪奇的名字和事業標記。諾里本想要資深合夥人成立類型一樣的合夥公司來保護他們在倫敦的聲譽和名望，但如果他們無足夠的心思這樣做，那麼他就聽之任之，等到合約終止。諾里聲稱，畢竟他得到信任，而且，「雖為義大利人」，他卻在那裡受到大家喜愛。[36]也許「被容忍」是個貼切的字眼，因為當時的英格蘭人有強烈的排外偏見，而「倫巴底人」受到那個城市的商人嫌惡，他們視倫巴底人為不受歡迎的入侵者，並想盡辦法把他們排擠出對轉口貿易的控制，無論用的是公平合理還是卑鄙下流的方法。[37]民眾的感受在《對英格蘭政府政策的批判》（一四三六）書中找到表達方式，詩人在書中發洩對威尼斯人和佛羅倫斯人的憤慨，因為他們用帆船帶來猿和美玉，以及各種各樣的小玩意，卻帶走英格蘭的命脈：那珍貴的羊毛。[38]

的確，雖然羊毛數量在持續減少，但羊毛仍是英格蘭的主要出口商品，布料的出口以加快的速度成長。但佛羅倫斯人渴望得到羊毛，而對鉛、錫、黃銅製的枝形吊燈，以及其他商品的興趣要低得多。他們很少買布；然而，梅迪奇銀行的通信偶爾提到 *suantoni*（來自南安普敦的布料）和 *charisea*（克瑟粗呢）。[39]大體上，一家控股公司斯泰普爾斯商人公司對羊毛的出口擁有獨占權，而這家公司的羊毛集散地位於加來。這個規則有兩個例外：其一，來自蘇格蘭和英格蘭北部的粗毛可直接從貝維克和泰恩河畔紐卡斯爾運送到布魯日和米德爾堡，無須經過加來的羊毛批發商；其二，有可能在國王的特許下，把羊毛出口到馬羅克海峽及以外的地區。[40]義大利人無疑在加來的羊毛批發商那裡購買一些羊毛，但不是很多，然後透過陸路運送到倫巴底；然而，他們採購的大部分貨物是經國王許可由桑威奇或南安普敦的槳帆船裝運[41]。當然，這種貿易引起斯泰普爾斯商人公司的激烈反對，他們對此感到憤恨，因為這侵害他們的專營權。這就是為什麼義大利人在那個城市裡如此不受歡迎，以及為什麼不斷有反義大利的暴動發生的主要原因之一。[42]隨著時間的推移，許可證變得愈來愈不容易獲得，只能透過討國王的歡心才能得到。國王最欣賞的好處是貸款，而他的欲望永無止境。由於一四五五爆發，並間歇地持續到一四八五年的玫瑰戰爭*使皇家財政陷入一片混亂，貸款甚至變得更加緊迫。[43]因此，上演梅迪奇銀行倫敦分行悲劇故事的舞台已經搭建好了。

要想拒絕國王的要求幾乎是不可能，因為佛羅倫斯槳帆船幾乎完全依賴羊毛作為回程船貨，而如前面解釋過，佛蘭德地區對義大利有很大的貿易逆差，實際上沒有回程船貨可以提供。帆船去斯魯伊斯港或澤蘭的船隻停泊處主要是為了卸下他們的出口貨物，然後去南安普頓卸下其餘貨物，然後裝滿羊毛和一些錫或鉛作為壓艙物。[44]要不如此，這些槳帆船就會先停靠南安普敦，然後再去佛蘭德。道理很簡單：為了裝載或再裝載，船必須先卸空。

現有的證據幾乎未留下懷疑的空間。佛羅倫斯槳帆船隊遵循的航海日誌有幾份保留下來。它們全都提到南安普敦作為終點站，並把斯魯伊斯港列為往國外航行的停泊港。[45]在從菲尼斯特雷角而來，並沿英吉利海峽北上的情況下，南安普敦要比斯魯伊斯港近得多壓根無關緊要。甚至在今天，根據海事習慣，返回歸航航程始於船隻裝載入境貨物上船之地，而非更早：這不是距離的問題，而是取決於裝貨和卸貨。若這個證據還不夠，那麼還有在第七章討論過的佛羅倫斯和布根地槳帆船隊的貨物清單。在一四六四年之前，佛羅倫斯帆船隊與熱那亞武裝商船相比，在出國行程上難以裝滿船艙，因為香料和奢侈品雖然有很大的價值，卻只占很小的空間。[46]

* 玫瑰戰爭是指一四五五至一四八五年英國兩大王族之間的混戰，因蘭開斯特家族的族徽為紅玫瑰，約克家族的族徽為白玫瑰，因此也稱為「紅白玫瑰之戰」。

在一四六四年之後，情況完全變了：教宗的明礬是從義大利運往國外的主要船貨，羊毛則是入境的主要船貨。當一艘布根地帆船在穿越北海從瓦爾赫倫島去英格蘭的途中被擄獲，它裝載的貨物有少量要運往義大利，但大部分船物是要前往南安普敦的教宗的明礬，連同一些奢侈品，例如掛毯和金線，目的地相同。[47]

不斷讓倫敦分行和布魯日分行經理苦惱的是如何處理好在義大利的借方餘額。布魯日分行通常有帳款在西班牙，但不足以彌補赤字。在一封一四五三年十月四日的信件中，西莫內．諾里透露腦子裡的想法，他寫道：「你知道的，我們在那裡（指在義大利）總是資金短缺。」[48]而布魯日分行的經理托馬索．波提納利在一四六四年十一月九日的紀錄中感到慶幸，因為他希望有現成的一批羊毛存貨可以用來交換槳帆船正在運來的明礬。[49]雖然梅迪奇銀行的經理很清楚必須想辦法獲得報酬，但值得懷疑的是，他們是否領會問題的含意所在，並完全認識到，國際收支中持續的失衡現象產生了極為嚴重的經濟問題，實業家無論多有才能，都無法在單獨一家企業內解決這個問題。

遺憾的是，在傑羅佐．德－皮利之後的梅迪奇銀行倫敦分行經理沒有突出的能力。也許西莫內．諾里是最好的，但他太懶散，而且缺乏某些重要素質，無法成為一名專心致志於操控艱難討價還價的生意人所需的強韌品質。起初，事情進展相當順利，因為資金尚未被放款給國王的貸款鎖住。生意很好。後來在一四五三年夏天，諾里騎馬進入科茲窩山區採購羊毛。[50]他打算只購買六十包羊毛，但由於剪下的羊毛品質特別好，而且價格低廉，每包十一馬克（折合七英鎊六先令八便士），他無法抵擋誘惑，就買了一百包。[51]來自佛羅倫斯的絲織品找到現成的市場，在倫敦賣得比在布魯日還要好，也許是因為為亨利六世和安茹的瑪格麗特的兒子愛德華親王施行洗禮所作的準備。王室的生育和婚姻始終是慶典和奢華排場的時機。

諾里與他的頂頭上司傑羅佐．德－皮利相處得十分融洽。他本應與布魯日分行密切合作，但事實上關係不是很友好。根據諾里的說法，布魯日的「我行」不關心他的任務，而且給他蹩腳的服務。[52]諾里抱怨說，安傑羅·塔尼從不願意承認自己可能是錯的，而且「總是把剪刀掛在腰帶上」，用來剪除任何批評。他的助手托馬索·波提納利同樣很容易發怒，而且特別敏銳，「立即可以聞到怒氣」。[53]諾里還聲稱，布魯日分行時常因匯票和購買英格蘭羊毛，因而出現兩千英鎊左右的借方餘額。[54]可以有足夠信心假設，這些羊毛的採購是為了結清在義大利的帳目。

讓諾里非常高興的是，這個有限責任合夥公司在一四五四年三月二十五日被變更為一家普通合夥公司，當時傑羅佐·德－皮利仍在布魯日。[55]在投入的資金或獲利的分配上均未作任何變更。合約的期限為四年，到一四五八年三月二十四日結束。唯一變更的是公司的正式名稱，採用「倫敦的皮耶羅·德－梅迪奇、傑洛佐·德－皮利公司」這個名稱。很可能倫敦分行此時仍有獲利，但在玫瑰戰爭開戰之後不久便消失了：它對生意有負面影響，並大大減少梅迪奇銀行在雙方陣營中的客戶數量。

由於愛德華四世是個篡位者，他承擔不起對抗輿論或漠視在城市和在議會中十分強大的商業利益。為安撫英格蘭商人和織造商，他不得不同意一四六三年的法令，以打擊「遊手好閒的人」禁止外國人囤積羊毛，以及把羊毛運到除貿易中心城鎮加來以外的任何地方，此法令不管是外國人還是外籍居民都適用，這樣就廢止了許可證制度。[56]但愛德華四世需要能湊集到的全部金錢。在不廢除這項法規的前提下，他在隔年設法在另一項法令中添加一個小小的條款，毛織品「經由馬羅克海峽離開本王國」，就能解除必需品條例的約束，因此恢復以前曾經存在的許可證制度。[57]事實上，愛德華四世繼續發出許可證，不過也許比以前更謹慎。[58]

為了獲得這些寶貴的許可證，西莫內·諾里與繼任者蓋拉爾多·迪貝爾納多·卡尼賈尼（一四二四至一四八四年）被誘使借出愈來愈多的錢。損失很快就愈滾愈大，流動資本被扣留在凍結的債務中，進一步削弱獲利能力。

如果可以相信傑羅佐·德－皮利的資產稅申報資料，那麼到一四五七年，損失已經吞噬全部資本。[59]然而，一四五八年三月二十四日對這家合夥公司的清算結果並沒有預期的損失慘重，因為資產剛好與債務抵消。[60]在愛德華四世一四六一年即位之後，財務狀況才惡化得非常嚴重。當然，惡化的因素是，梅迪奇銀行無法兌現他們向蘭開斯特王室支持者提出的債務償還要求，例如亨格福特領主羅伯特，在康迪隆戰役*中被法蘭西人捕獲，並自一四五三年至一四五九年被監禁之後欠了一大筆錢，梅迪奇銀行為了贖回他而付了這筆錢。[61]

一四六〇年代初，西莫內．諾里花了大量時間在義大利，也許是因為英格蘭的氣候不適合他，他的肺不太舒服。在一四六一年的大部分時間裡，他不在倫敦；他在一四六四年三月又去了一次佛羅倫斯，直到一年多之後的一四六五年五月才重返工作崗位。[62]在回到倫敦幾個月之後，他病入膏肓（一四六六年十二月），難以繼續照料生意。[63]在能夠旅行的時候，就出發去佛羅倫斯，再也沒有返回英格蘭。他在一四六九年時還活著，因為他向資產稅稅務人員填寫一份納稅申報單，但他必定在此後不久就死了。因為他與倫敦分行的盈虧與共，他的同父異母兄弟福朗切斯科．諾里繼承了巨額債務。[64]

當西莫內．諾里不在倫敦時，管理的擔子就落在副手蓋拉爾多．卡尼賈尼的肩上。虧損就是在那時產生的，因為與為主人提供忠誠的服務相比，卡尼賈尼更熱中於討好愛德華四世。由於不能或不願抵制壓力，他一次又一次地向國王放款。實際情況是，卡尼賈尼處於兩難境地，因為新的許可證只有透過發放新的貸款才能獲得。通常的做法是透過准許出口一定數量免除所有關稅和津貼的羊毛來償還貸款。因此，在一四六四年四月二十六日，愛德華四世因為一筆八百馬克（合五百三十三英鎊六先令八便士）的貸款，授權卡尼賈尼從倫敦或桑威奇運送兩百包羊毛給加來的斯泰普爾斯商人公司，並從那裡再運到山區，無須支付關稅和津貼。[65]由於外國人的關稅是每包羊毛四馬克，這樣的一筆貸款會透過運送許可證允許的羊毛數量自動償清。[66]這種形式的貸款如果數量適度，並不特別危險，但如果無充分、牢靠的抵押或轉讓擔保，那麼借出大筆的錢是不安全的。

到一四六五年時，倫敦分行的經營情況已經十分糟糕，以至於皮耶羅．迪科西莫．德－梅迪奇拒絕對現行的合夥協議續約，但他很可能被托馬索．波提納利說服，跟他一起成立一家有限責任合夥公司，由喬凡尼．德－巴爾迪和蓋拉爾多．卡尼賈尼擔任普通合夥人。這家有限責任合夥公司為期三年，始於一四六六年三月二十五日，止於一四六九年三月二十四日；它以蓋拉爾多．卡尼賈尼和喬凡尼．德－巴爾迪的名義經營業務，未提及其他合夥人，也未使用任何行業標誌。[67]資本被設定為兩千英鎊，其中九百英鎊由皮耶羅．德－梅迪奇出資，五百英鎊由托馬索．波提納利提供，普通合夥人各出資三百英鎊。在撥出一〇％的獲利用於慈善施捨之後，剩下的獲利將按以下方式分配：皮耶羅．德－梅迪奇得到每鎊中的八先令四便士，波提納利得到每鎊中的五先令，卡尼賈尼和巴爾迪各得每鎊中的三先令四便士。[68]公司章程（現在尚存）包含規定普通合夥人的職責並限制權力的通常條款，但條款顯然未設置向國王貸款的上限。當然，由於這個合夥公司是有限責任合夥公司，皮耶羅．德－梅迪奇和托馬索．波提納利的責任只限於期初投資加上未分配的獲利。

傑羅佐．德－皮利從一開始就是合夥人，也就是說，二十年來仍還活著；他明智地決定撤出，盡可能減少自己的損失。因此，他與皮耶羅．德－梅迪奇達成協議，這份契約為在最後解決全部索賠和反索賠中支付給皮利一千五百福羅林當做準備金，並免除他與倫敦分行或布魯日分行有關的其他責任：這是一條巧妙的退路，尤其是因為他的忠告不再被採納，或是被完全漠視。[69]

一四六五年八月二日成立的有限責任合夥公司是否在計畫的一四六六年三月二十五日付諸實施，因現存紀錄中的空缺而無法確定；如果執行了，那麼也難以確定它是否持續公司章程規定的三年整。根據比利時歷史學家阿曼德．葛蘭茲威格的解釋，喬凡尼．達尼奧洛．迪札諾比．迪梅塞爾．安德烈．德－巴爾迪（約一四三三

＊康迪隆戰役是指發生在一四五三年七月十七日法國南部城市加斯科尼的戰役，標誌著百年戰爭結束，由於英國戰敗，它喪失在法國除加來以外的其他土地。

至一四八八年）在估計這家企業涉及的風險後，避開如此沉重的責任，留下蓋拉爾多．卡尼賈尼擔任唯一的經理。[70]甚至更有可能的是，這兩位經理剛開始是一起工作，後來有些衝突，無法就將要推行的政策取得一致意見。不管怎麼說，有一封喬凡尼．德－巴爾迪一四七〇年二月二十七日寫自布魯日的信顯示，他在那時仍在擔心梅迪奇銀行在英格蘭的利益。[71]在貝內代托．博羅梅伊王政復辟期間，他在一四七一年二月二十二日為自己及三位辦事員獲得皇家專利保護，以及羊毛關稅將維持在每包四馬克（合二英鎊十三先令四便士）的保證。[72]一四八二年時，喬凡尼．德－巴爾迪仍在倫巴德街做生意，那一年有一次，愛德華四世為償還兩百英鎊（即三百馬克）的債務，授權給「約翰．德巴爾德」出口七十五包羊毛，免除每包四馬克的關稅，並經由馬羅克海峽將它們帶到外國各地。[73]當喬凡尼．德－巴爾迪一四八八年一月十一日在佛羅倫斯去世時，加萊亞佐．迪福朗切斯科．薩塞蒂描述他是「一個偉大的商人，而且私下說他是一個有信譽和值得尊敬的人」。[74]沒有證據說明喬凡尼．德－巴爾迪不管怎樣都應對梅迪奇銀行倫敦分行的困境負責。要是皮耶羅．迪科西莫聽從巴爾迪的忠告，而非把運氣押在卡尼賈尼身上，也許嚴峻的情況本可避免。

根據貝內代托．代伊的編年史，在一四七〇年前後，倫敦分行的員工不超過四個人，包括蓋拉爾多．卡尼賈尼、羅倫佐．巴爾杜奇、羅倫佐．奧塔萬蒂和雅各波．德爾札凱利亞。[75]在卡尼賈尼之後，在英格蘭這群人中最知名的很可能是羅倫佐．巴爾杜奇，英格蘭人管他叫勞倫斯．巴爾多斯。[76]至少在一四五五年至一四六一年間成為布魯日分行的員工之後，他被調到倫敦，並在卡尼賈尼中斷與梅迪奇銀行的聯繫之後被卡尼賈尼僱用。[77]一四六八年他參與愛德華四世的姊妹約克的瑪格麗特採買嫁妝的協商，瑪格麗特要嫁給布根地公爵無畏者查理。[78]在一四八〇年，他因為是卡尼賈尼的合夥人而欠債被捕，但後來證明自己只是拿薪資的員工而被釋放。[79]

一四六七年，梅迪奇銀行倫敦分行已處於財務嚴重不佳的情況，以至於皮耶羅．迪科西莫依照薩塞蒂的忠告，決定派安傑羅．塔尼帶著釐清情況並對帳簿進行審計的指令去到了倫敦。他在一四六八年一月初到達，並發現愛德華四世拖欠難以置信的八千五百英鎊，為此卡尼賈尼已獲得轉讓數個收入來源的一半以及出口羊毛的許可，條件是每包四馬克的關稅從債務中扣除，直到債務完全償清。[80]這個協議因此做好分期償還債務的準備，但還款進度非常緩慢；事實上，在塔尼看來實在太慢了。[81]此外，國王還拖欠另一筆兩千英鎊的債務，這是用各種抵押品當作擔保，而非用轉讓收入當作擔保。總之，倫敦分行的財務狀況實在不太樂觀，塔尼暗示，它已經處於破產邊緣，除非總行和其他分行馬上緊急救援。他在一四六八年二月十二日尖刻地寫信給皮耶羅．迪科西莫說：「我非常明白，我的任務是讓業務起死回生；儘管如此，我還是希望能成功，如果你和托馬索（波提納利）能照我說的去做。」

依照塔尼的估計，資產可以抵消債務。除了一萬零五百英鎊的國王債務以外，還包括英格蘭人一千英鎊的應收帳款，主要都是領主，以及運送去佛羅倫斯錢莊與布魯日分行和米蘭分行寄售價值七千英鎊的商品（羊毛和布料）。至於國王的債務，塔尼不指望在第一年收回兩千五百英鎊以上。對英格蘭人進行索賠想必不錯，但塔尼卻認為，要收回這些債務困難重重，進度緩慢。在債務欄，有一大筆欠羅馬分行的債務，又是資金轉移問題，但大部分的資產包括以每年一二％或一四％高利率借來的資金。整體情況就是這樣。雖然在大多數情況下，資產是不易變現和非生產性的，但倫敦分行為了自身的生存而依賴借來的資金，利息費用「在不斷消耗它的資產」。[82]為了擺脫這種不能自拔的困境，塔尼別無選擇，只好加速結算國王的債務，並逐漸增加向歐洲大陸運送羊毛和布料，尤其是向義大利。

關於這個計畫的第一部分，塔尼希望能得到一些由國會撥給的津貼，並表示樂意接受羊毛和布料來償還債務。[83]實際上，儘管愛德華四世擔心瓦立克的不滿，但他還是表現出很努力要清償欠梅迪奇的債務。他向他們移交國會津貼的部分所得，並送上羊毛和布料。塔尼希望把轉讓關稅擔保的債務減少到兩千五百英鎊。[84]這實在太過樂觀了。為了繼續保持愛德華四世的特別眷顧，梅迪奇銀行被鼓動發放新的貸款，最大的一筆為一四六八年十一月的兩千六百英鎊。[85]此外，他們未能抵擋住貸款給愛德華四世的誘惑，以便向他出售價值一千英鎊絲織品，用在國王的妹妹嫁給無畏者查理的婚禮上，婚禮在一四六八年七月三日星期日在布魯日附近的達默隆重舉行。[86]總之，取得一些進展，舊債的分期償還超過新貸款的數額。顯然，有一次帳目結算發生在一四六八年十二月，透過這次結算，未攤還的舊債餘額被核定為三千兩百二十五英鎊六先令八便士，也就是在一四六九年一月八日頒發的一份特許證書中給出的數字。[87]

塔尼的拯救活動第二部分實施起來令人驚訝地要比第一部分困難得多。他請求福朗切斯科·薩塞蒂對送去寄售，且實際上在梅迪奇銀行其他分行手裡的貨物墊付三千英鎊。[88]然而，塔尼的請求未被理睬，而薩塞蒂只是妥協的政客，而非商業領袖，他除了慷慨地指手畫腳以外，毫無實際行動。誇張一點說，塔尼暴躁地向羅倫佐·德－梅迪奇抱怨說：「我們需要的不是建議；我們能夠在這裡獲得足夠的建議，因為律師在這個王國裡占了四分之一。」他繼續說：「當我打算離開時，每個人都答應要我創造奇跡，而現在大家都沉默不說話了。」[89]最有利的反應來自在米蘭的皮傑洛·波提納利，他表態願意接受更多的羊毛和布料，並承諾快速售出，並當即送回資金。他的兄弟也出手相助，雖然他本來可以做得更多。然而，假若沒有他的幫助，倫敦分行可能只好聽天由命了。在里昂的福朗切斯科·諾里未採取任何行動，而在羅馬的喬凡尼·托爾納博尼則跟往常一樣，只能看到自己的難題和切身利益。他拒絕接受用布料來償還倫敦的借方餘額。[90]然後，在一四六九年時，他突然警覺起來，因為借方總額達到四萬零兩百一十三福羅林，即六千七百零二英鎊，而結算還遙遙無期。他匆匆趕往佛羅倫斯，在薩塞蒂的默許下，他拿走塔尼用布根地人帆船送去寄售，但實際上屬於布魯日分行的羊毛和布料。[91]這個突如其來、不合法的行動成為進一步讓財務變得更困難的來源。簡而言之，無法相互協調，團隊無法一起合作；在這種情況下，馬車沒有陷入泥沼，簡直是個奇跡。

安傑羅．塔尼的任務完成了，他在托馬索．波提納利的陪同下，在一四六九年春天回到了義大利。[92]他很可能有一種心滿意足的感覺，因為他成功地挽救倫敦分行，並使它重整旗鼓。然而，靠不住的卡尼賈尼仍負責經營。而且，塔尼的任務會成功，靠的是在因紛爭而四分五裂的英格蘭裡保持著和平的環境。但嚴格來說，並非如此，因為玫瑰戰爭狼煙再起，戰火肆虐。擁立國王的瓦立克反叛，把愛德華四世從國王寶座趕了下來，並放逐國外，同時貝內代托．博羅梅伊重新獲得王權幾個月（一四七〇年十月至一四七一年三月）。在他短暫的復辟期間，梅迪奇銀行的代理人沒被騷擾，因為亨利將蓋拉爾多．卡尼賈尼、羅倫佐．巴爾杜奇，「以及梅迪奇聯誼會的其他人」都保護了起來。[93]但是，自然而然篡權者的債務就賴帳了。因此，當愛德華四世在反對者潰敗之後再次登上英格蘭王位時，卡尼賈尼一定欣慰地向他歡呼致意。然而，梅迪奇從他們主顧的勝利中幾乎沒有得到多少好處。他們的主顧，不管是蘭開斯特王室還是約克王室都一樣，大多數都命喪巴尼特和蒂克斯伯里的戰場上。國王則深陷更高的債務中，還款能力比以往任何時候都更弱了。一四七一年八月三十日，他承認拖欠卡尼賈尼總計六千六百英鎊，並授予他經由馬羅克海峽出口羊毛到外國各地的普通許可證，不付關稅或津貼，關稅從債務中扣除。[94]也許一些羊毛在這些許可下被運走，但安傑羅．塔尼的偉大功績是無法再現的。英格蘭的局勢看起來是那麼的令人絕望和動盪不穩，以至於梅迪奇在一四七二年決定撤退，並中斷與蓋拉爾多．卡尼賈尼的聯繫。

為了取悅福朗切斯科．薩塞蒂，托馬索．波提納利同意布魯日分行接收倫敦分行的資產和債務，包括對愛德華四世的不確定債權。愛德華四世在一四七五年六月六日承認，他仍欠羅倫佐和朱利亞諾．德－梅迪奇、托馬索．波提納利及其代理人五千英鎊，並授予他們普通特許，允許他們出口羊毛，並將關稅（每包四馬克）用來分期償還債務。[95]薩塞蒂與波提納利之間的這筆交易當然是背著安傑羅．塔尼進行的，塔尼是布魯日分行的合夥人，但並非倫敦分行的合夥人。在得知這件事後，他寫了一份措詞強硬的抗議書，反覆強調倫敦分行和布魯日分行是互相獨立的法人（*La ragione di Londra ... era ragione da parte e ciaschuna faceva per se*），倫敦分行的損失完全不該要他負責。在這場爭辯中，他毫無疑問是對的，但這不合福朗切斯科・薩塞蒂之意，他喜歡做出權宜之計，拖延令人不快的決定，但這非但無法解決問題，反而最終使問題變得更加嚴重。[96]在塔尼合理的抗議下，布魯日分行還是承擔倫敦分行的債務，同時也承擔利息費用，這成為一項持久的負擔，嚴重削弱獲利能力。事實上，它是導致布魯日分行在一四七八年衰敗的一項成因。倫敦分行的損失總計達五萬一千五百三十三福羅林，直到那時才最終被一筆勾銷。[97]

那麼在英格蘭以吉羅德・卡尼齊亞尼的名字為人所知的蓋拉爾多・卡尼賈尼又發生什麼事呢？在斬斷與梅迪奇的關聯之後不久，他從好友愛德華四世那裡為自己及直系繼承人順利獲得外僑入籍證書（一四七三年十一月三日）。[98]在此後幾天內，他迎娶一位富有的英格蘭女性伊莉莎白・斯托克頓夫人，並成為一名鄉紳，因為國王為了補償他三百六十英鎊，授予他位於白金漢郡的大林福特封地以及牧區教堂的牧師推薦權。[99]顯然他加入了布商行會，並從此自稱為「倫敦的商人、市民和布商，有段時間曾是佛羅倫斯梅迪奇家族的合作夥伴，以及同個家族的員工和受託代表人」。[100]順便一提，他否認曾是他們的合夥人。

當托馬索・波提納利聽說卡尼賈尼是如此順遂並喜結良緣之後，立即決定卡尼賈尼應該補償因管理不善而造成的一些損失。為了達到這個目的，一項近乎欺詐的計畫被制訂出來。他的親信克里斯托福羅（即克里斯托法諾）・斯皮尼被派去倫敦，並百般懇求，說了一大堆恭維話說服卡尼賈尼幫助他，在愛德華四世一四七一年八月三十日授予的六千六百英鎊的許可下籌備一家大型的羊毛企業。[101]因為卡尼賈尼享有羊毛交易商的信任，他被勸誘擔任向他們購買羊毛的擔保人，總共七百一十一包又二十納爾，足以裝滿帆船的貨艙。斯皮尼付了定金。這些羊毛從南安普敦一起運，斯皮尼就扔掉友誼的面具，拒絕進一步的付款，諉稱餘款將從卡尼賈尼欠梅迪奇公司的債務中扣除。卡尼賈尼這時意識到自己成了冤大頭，於是請求大法官法庭簽發令狀逮捕斯皮尼，或是阻止他離開這個國家。顯然這項請求得到許可，令狀得到執行，但卡尼賈尼因害怕自己在佛羅倫斯的親屬遭到報復，被迫讓斯皮尼重獲自由，並讓他回到布魯日。

一四七五年一月十三日，卡尼賈尼從愛德華四世那裡獲得對他、他的僕人以及他的財產免遭「克里斯多夫·斯派恩」及屬於梅迪奇學會的佛羅倫斯其他商人傷害的五年保護[102]。國王明白，他們企圖「無端地」煩擾卡尼賈尼，因為他為英格蘭王室服務，以及他的英格蘭婚姻，其實這有點算是對事實真相的訛傳。卡尼賈尼也把這件事告上法庭，法庭在一四七五年二月二十五日做出判決，裁定梅迪奇應當支付兩千英鎊應付款項給英格蘭羊毛經銷商，而卡尼賈尼則大概要支付其餘九百五十二英鎊的雜項費用。無論如何，國王欠梅迪奇銀行的債務被從六千六百英鎊減為五千英鎊，也就是一四七五年六月六日給出的數字，因為七百一十一包羊毛的關稅總計超過一千六百英鎊。[103]卡尼賈尼寫了一封投訴信給豪奢的羅倫佐，指控說斯皮尼「比土耳其人更不值得信任」。[104]羅倫佐在讀到這句話時一定會露出一絲冷漠的微笑，還聳聳肩呢。

雖然在與蓋拉爾多·卡尼賈尼的合夥公司解散之後，倫敦分行不再作為一家獨立的實體繼續存在，但毫無疑問的是，梅迪奇銀行一四七三年在倫敦市中心重新成立一間辦事處，因為只要他們在經營羊毛，沒有辦事處就無法很好地施展。這家新的公司與清算過程中的老公司相反，是布魯日分行的一家下屬機構，並被放在托馬索·古德提的管理之下。梅迪奇銀行文件中一份一四七七年十一月十二日的資產負債表（表69）提供確鑿的證據。[105]它顯示這家新公司的資本相當可觀，總計約三千七百五十英鎊，這在十五世紀時是一筆鉅款。

在這個資產負債表的兩欄中，一個顯眼的帳目是國外辦事處的帳戶，這是梅迪奇銀行和那個時期義大利其他商業銀行家所有財務報表中的一個標準特徵。在借方欄，任何辦事處應收帳款的最高總額是記載布魯日的梅迪奇和波提納利公司專用帳戶的一筆用於羊毛供應的五百五十四英鎊十七先令一便士的帳目。同家公司還有另外兩個帳戶，一個是往帳，餘額為一百七十一英鎊十五先令一便士，另一個是來帳，餘額為三百零三英鎊二先

表 69：梅迪奇銀行 1477 年 11 月 12 日倫敦辦事處的資產負債表
（金額單位均為英格蘭通貨英鎊）

資產			
	£	*s.*	*d.*
庫存現金和現金帳簿（*quaderno di cassa*）餘額	471	18	2
英格蘭商人	107	5	7
英格蘭神職人員	226	6	0
梅迪奇銀行的員工	128	16	5
國外辦事處	1,747	16	6
雜項債務人	88	13	5
托馬索和喬凡尼・波提納利	579	10	8
為國王的船形桌飾支付的雜項費用	32	7	4
家具	112	6	4
生活費用	168	15	0
銀行費用	87	5	5
合計	3,751	0	10
負債			
	£	*s.*	*d.*
可隨時提取的存款	169	5	10
應付給英格蘭商人的帳款	1,111	6	9
預付信用狀	86	15	7
在倫巴德街的義大利商人	457	18	8
那不勒斯船的船長	17	7	6
領事簽證費	5	12	10
應付給收費經紀人的款項	22	19	8
國外辦事處	920	19	1
寄售絲織品的帳款	9	12	1
梅迪奇銀行布魯日分行連同 5,000 英鎊 * 的皇家特許	666	13	4
應計利潤	278	12	8
	3,747	4	0
資產負債表中的誤差	3	16	10
合計	3,751	0	10

* 這當然是 1475 年 6 月 5 日的特許（Rymer's *Foedera*）。

資料來源：MAP, filza 99, no. 3, fols. 4 and 5.

令六便士，因此它的債款總計將近一千零三十英鎊。佛羅倫斯的「我行」另外還欠五百二十英鎊，幾乎可以肯定是用來支付以大帆船運到比薩的羊毛費用。在國外辦事處手裡唯一重要的餘額是一筆一百一十八英鎊的帳目，大概是記在威尼斯的喬凡尼．福雷斯科巴爾迪和菲利波．內爾利公司名下。倫敦辦事處與里斯本的巴爾托洛梅奧．馬基翁尼（他運送寄售的糖和葡萄酒）保持著密切的商業關係，但這也許毫無價值。

在貸方欄，國外辦事處的應付款項最高金額是一筆將近三百三十三英鎊的款項，這與威尼斯的費德里格．德－普廖利公司支付的匯票有關。難道倫敦辦事處缺少經營資本，要透過出售匯票來籌集資金？第二高的帳目是一筆兩百八十七英鎊的款項，可能代表威尼斯的梅迪奇公司送去寄售一批葡萄乾的收益。接著有一筆八十二英鎊十七先令六便士的餘額，記在福雷斯科巴爾迪和內爾利公司的貸方，差不多抵消他們的借方餘額。羅馬分行只有約六十英鎊記在它自己的貸方，金額小到可以忽略不計，也許是因為它更喜歡把自己的帳目記在一家不屬於梅迪奇銀行的公司，因喬凡尼．托爾納博尼未必總是配合的。此外唯一重要的帳目是一筆一百一十六英鎊的款項，它與里斯本的巴爾托洛梅奧．馬基翁尼寄售的一批糖有關。

根據這個資產負債表，債務包括應付給英格蘭商人的一千一百一十一英鎊。其中幾位是羊毛商，他們地毯式搜遍所在地區的羊毛進行收購，然後轉手賣給義大利出口商，或是賣給加來的斯泰普爾斯商人公司的商人。梅迪奇銀行在倫敦沒有儲蓄銀行，但他們接受客戶隨時可支取的存款（*sono or stanno a suo piacere*）。在負債當中有一筆六百六十六英鎊（正好一千馬克）的帳目，很可能代表可從國王借款中扣除的關稅。其他項目不言而喻，無需解釋，例如應付給經紀人或應付給佛羅倫斯領事的費用，以及應在義大利承兌的信用狀預收款。在倫敦，如同在布魯日，佛羅倫斯領事對所有進口或出口商品，以及所有匯款或匯票徵稅。沒有資本帳戶出現在負債欄，除非把「應計獲利」項目視作頂替它的權益帳戶。

在資產欄，有一、兩個令人困惑的項目。當然，英格蘭神職人員應收款項的金額與遞送教宗敕書與教會其他事務有關。托馬索・迪福爾科和喬凡尼・迪阿多阿爾多・波提納利公司的帳戶當然提到一筆羊毛交易，在這筆交易中他們各獲得五〇%的股利。根據慣例，身為梅迪奇銀行合夥人的托馬索・波提納利不應自行負責做生意，因此大家不禁懷疑他是否在欺騙雇主，也就是說，藉著把他們排除在某些賺錢的交易之外中飽私囊。

倫敦分行是由托馬索・古德提管理的，因為他被稱為我們的托馬索・古德提，並有一個提款帳戶，記有一百二十一英鎊十三先令九便士，可能是對他應計薪資的首期付款。顯然，他是在唯一助手亞歷山德羅・迪阿多阿爾多・波提納利的幫助下經營倫敦分行，在提到他的兄弟福爾科和提到愛德華四世在一四七五年六月六日頒發的特許狀裡的古德提時提到過他。看起來托馬索・波提納利儘量把對自己忠誠，而非對梅迪奇公司忠誠的親戚安插在自己的身邊，這是科西莫在那個時代始終堅決反對的原則，而且一貫的在合夥公司契約中排除的做法。

一四七七年，梅迪奇銀行的倫敦辦事處已經窮途末路，無可救藥。幾個月後，豪奢的羅倫佐斷然做出不可撤銷的決定，終止與托馬索・波提納利的來往，並強迫他接收在布魯日的梅迪奇公司，以及在倫敦的下屬機構。因此，倫敦分行成了一家不屬於梅迪奇銀行控制下的新公司的一部分。

三、一四五一年至一四七三年的布魯日分行

如前所見，布魯日分行在一四五〇年由安傑羅・迪雅各波・塔尼（一四一五至一四九二年）掌管，一開始是一家有限責任合夥公司，幾個月之後成為一家羽翼豐滿的合夥公司。在此時簽定的合夥契約並沒有留下來，但我們有一份一四五五年七月二十五日的合夥契約，包含因喬凡尼・本奇的去世而必要的某些修訂。這個契約條款已經在第五章做過相當詳細的討論，此處不再贅述。這份一四五五年的契約在一四五六年三月二十五日生效，四年後的一四六〇年三月二十四日期滿。有可能這分契約在變動很少或未作任何更改的情況下展期五年，

安傑羅．塔尼仍是布魯日分行的領導人。[106]

塔尼的助手是雄心勃勃的托馬索．波提納利（一四二八至一五〇一年），他是佛羅倫斯錢莊前經理福爾科的兒子，皮傑洛和阿切利多的弟弟，他們相繼在米蘭分行擔任經理。一四六五年，布魯日分行契約正要續約的時候，波提納利已經三十七歲，在布魯日的梅迪奇銀行服務將近二十年，他感到很苦惱，因為發掘他的科西莫拒絕晉升這個渴望在國際外交事務中施展才華的自我主義者。[107]在布魯日工作這麼多年之後，波提納利說著一口流利的法語，這是當時宮廷和上流社會的語言，或許還一知半解地學會說一點流行的佛蘭德語。他在布根地宮廷熟門熟路，擔任夏洛萊伯爵的顧問，夏洛萊伯爵就是後來的無畏者查理（一四六七至一四七七年在位），波提納利對他欽佩得五體投地。[108]波提納利是夏洛萊伯爵的隨從，雖然是外國人，早在在無畏者查理繼父親接過政府的指揮棒之前，就被委任為公爵的顧問成員。[109]一四六四年，當托馬索．波提納利還是梅迪奇銀行的員工時，總行就已經接到報告說他花太多的時間在宮廷裡，而非照料銀行的業務。他在一封寫給皮傑洛的信裡表白，他說他不知道是誰散布這樣的謠言，但那是他預期受到指責的事情裡「最不希望聽到的」。[110]他辯稱，他從之前一向跟盧卡人做生意的羅馬教廷那裡敲定一份絲織品訂單。[111]為了提振這家新的企業，他甚至請求允許立即僱用一名會法語的員工，但他的請求好像被拒絕了。

塔尼已經在一四六四年四月二十四日離開布魯日，此時正在佛羅倫斯，在這段期間，由波提納利代理經理。[112]有相當一段時間，他一直在監視塔尼的工作，並一直努力使資深合夥人對他的主管失去信任。塔尼雖然不再年輕，但一點也不打算退休，還是相當願意繼續擔任布魯日分行的經理。科西莫在一四六四年春天還活著，對指定托馬索．波提納利為塔尼的繼任者一事有些遲疑。為迫使立即做出必要的決定，托馬索．波提納利寫信給哥哥皮傑洛，說若塔尼回到布魯日，他會離開梅迪奇銀行。[113]雖然他的信充滿虛假的詆毀和貶低性的言詞，把塔尼說成是使自己令梅迪奇銀行的許多客戶厭惡的「土耳其人」，皮傑洛把信轉交給總行，加了幾句支

圖8：梅迪奇銀行在布魯日的庭院（現為女修道院）

在拱廊的上方，圓形雕飾代表豪奢的羅倫佐的妻子克拉麗斯．奧爾西尼。

持弟弟的話。[114]它是否給人留下了良好的印象也許值得懷疑。由於科西莫在一四六四年八月一日去世，對波提納利的任命被擱置幾個月；顯然，皮耶羅跟他父親一樣猶豫不決，直到一四六五年四月才做出對托馬索．波提納利有利的決定。[115]

雖然契約上的日期是一四六五年八月六日。但實際生效日要回溯到一四六五年三月二十五日，有效期為三年，也就是說，到一四六八年三月二十五日期滿。[116]資本設定為三千格羅特鎊（佛蘭德通貨），其中兩千鎊由皮耶羅．迪科西莫．德－梅迪奇出資，六百鎊由安傑羅．塔尼出資，四百鎊由托馬索．波提納利出資。然而，獲利將按照以下方式分配：皮耶羅．迪科西莫每鎊得到十二索爾多六德涅爾，安傑羅．塔尼每鎊得到二索爾多六德涅爾，托馬索．波提納利每鎊得到五索爾多。顯然，這筆買賣很合算；雖然他的股份只占十五分之二，但他可以得到四分之一的獲利。另一方面，塔尼很不合算：他拿出五分之一的資本，只得到八分之一的收益。托馬索・波提納利身為經營合夥人，當然被要求居住在布魯日，把全部時間奉獻給「皮耶羅・迪科西莫・德－梅迪奇公司」經營的業務。在其他方面，契約條款與梅迪奇其他合夥協議（包括一四五五年那份有名的契約）中見到的條款變化不大。

波提納利並不缺乏進取心，但他喜歡給人冒險和大幹一場的深刻印象，而不是先估量風險是否比獲利的機會更大。他一當上經理就大刀闊斧。為了給布魯日宮廷與善良的大眾對梅迪奇銀行的財富和聲譽留下深刻的記憶，波提納利在一四六六年說服皮耶羅・德－梅迪奇，讓他以七千萊茵版福羅林取得布魯日最好的宅邸之一，即布拉德林公館。[117]這是一座哥特式的磚造建築，有兩座優美的角樓，在底層有一個寬敞的接待大廳、一間「帳房」，以及其他設施。在庭院中，車道上方的拱門上，波提納利最後安裝兩塊有豪奢的羅倫佐及其妻子克拉拉（克拉麗斯）・奧爾西尼半身像的圓形高浮雕飾板。[118]也許應該指出，這棟建築一直是梅迪奇家族的私人財產，而非梅迪奇銀行的資產，梅迪奇銀行一直都支付租金來使用這片房產。

在義大利，富商居住在宮殿裡和擁有別墅早已司空見慣，但在比較蠻荒的北方，這樣的景象必定會讓公眾與宮廷大為震驚。當他在購買一座宮殿時，波提納利倨傲地寫信給資深合夥人說，他並非生活在鋪張和排場中，這與送達佛羅倫斯的報告相反。[119]就在此刻，他正動身去聖奧梅爾參加瓦立克伯爵會見布根地大混蛋安東尼的會議。[120]波提納利的理由是，其他人「不該抓他一直在追逐的兔子」。[121]然而，不清楚梅迪奇將從追逐中獲得什麼好處。

正當波提納利設法在外交上一試身手並干預國家事務之際，他還在玩遊戲似地進行兩個有風險的計畫。一個是包收格拉夫林的通行費，格拉夫林位於低地諸國與英格蘭飛地加來*之間的邊界，他正設法把它從盧卡商

---

*飛地指被其他國家包圍的領土。加來位於今日法國西北角。

人喬凡尼·阿諾爾菲尼手裡奪走。[122]波提納利希望用阿諾爾菲尼過去支付的價格，來對進口到低地諸國的全部羊毛包收這個重要通行費，以每埃居四十八格羅特的匯率計算，價值▽一萬零八百，即兩千一百六十格羅特鎊（佛蘭德通貨）。[123]在波提納利看來，這是一個可望獲得豐厚報酬的難得機會，而且可以說沒有任何風險。因為布根地公爵已經禁止所有英格蘭布料在他的領地銷售，波提納利甚至期望羊毛進口會因此增加。[124]他沒有考慮公爵的禁令很可能招致英格蘭人的報復，並反過來影響英格蘭與低地諸國之間的經濟關係和政治關係。[125]他進一步主張：「一旦包收通行費落到別人手裡，就不可能奪回來。」

最後，波提納利得到他想要的東西，並在一四六五年五月二十八日獲得特許狀，他和梅迪奇公司可以收取格拉夫林五年的通行費，從一四六五年六月二十四日的聖約翰節算起。年租金為一萬六千法郎（三十二格羅特／法郎），即兩千一百三十三格羅特鎊六索爾多八德涅爾，分四期支付，比阿諾爾菲尼支付的價格稍微低一點。[126]波提納利持續包收格拉夫林通行費好多年，甚至在中斷與梅迪奇的關係之後仍一直擁有這個權利。[127]當合約在無畏者查理統治下的一四七〇年展期時，包收通行費的價格增加到兩千七百格羅特鎊，即一萬六千兩百阿圖瓦鎊（每阿圖瓦鎊合四十格羅特）。[128]一四七二年，福爾科·迪阿多阿爾多·波提納利（一四四八至一四九〇年）假借其堂兄弟的名義獲得退款四千阿圖瓦鎊，即六百六十六格羅特鎊十三索爾多四德涅爾，因為從一四七〇年耶誕節至一四七一年八月三十一日，英格蘭的內亂使得收入下降到幾乎為零。[129]毫無疑問，格拉夫林的通行費引出托馬索·波提納利和與他在同一條船上的梅迪奇，對低地諸國的無冕之王布根地公爵放款愈來愈多的第一步。

雖然波提納利在包收格拉夫林通行費方面成功地獲得皮耶羅·迪科西莫的勉強同意，但他的另一項計畫在取得支持上困難重重，這是布根地大帆船的倒楣冒險。奉善良者腓力的命令，在比薩港已經建造兩艘大帆船，他已應庇護二世的請求，計畫領導一次攻打土耳其人的十字軍東征。[130]在教宗去世（一四六四年八月十五日）

後，為這場戰役所作的計畫被迫放棄，但這些大帆船已經完全準備好，隨時可以離港出海，但公爵用不到。[131]由於梅迪奇銀行已把一切安排妥當，並收到一筆付給造船商∇七千的預付款，善良者腓力的公使安東萬．德克魯瓦再次遊說波提納利，並要求他出售這些大帆船。[132]但大帆船不是當前需求的商品，雖然公爵很願意承擔損失，但找不到買家。為了讓宮廷滿意，波提納利後來突然想到一個主意，包租或購買這些大帆船，由佛羅倫斯船員操縱它們，但懸掛布根地王室聖安德魯斜十字旗，從此這些船就叫布根地大帆船。這個提議一箭雙雕，既可規避佛羅倫斯海事執政官的管制，又可討好渴望看到自己的旗幟飄揚在地中海海面上並與已在經營大帆船隊的法蘭西國王和那不勒斯國王一較高下的布根地公爵。[133]起先，波提納利獲得皮耶羅的同意，由梅迪奇銀行經營這些大帆船，也許是在找到買家之前的一個臨時解決方案。

無論如何，這些布根地大帆船自一四六七年起始終在運行中，並從低地諸國定期航行到比薩，偶爾從比薩航行到君士坦丁堡。[134]從這些紀錄並不能十分清楚地看到梅迪奇銀行是在什麼條件下經營這些大帆船的，但他們顯然終究完全擁有這些大帆船。從通信中透露，皮耶羅．迪科西莫在反對波提納利的提議但又做了讓步之後，再次變卦，並在一四六九年迫不及待要對這項事業進行清算，因為他認為風險過大，無利可圖。[135]波提納利答應服從，但他仍像以前一樣找不到買家；這些大帆船在一四六九年六月時仍由梅迪奇銀行在經營，掛著布根地的旗幟在航行。[136]

一四六九年夏天，波提納利到佛羅倫斯彙報，並洽談新合夥契約的條款。新契約在一四六九年十月十四日簽署，但因皮耶羅．迪科西莫在一四六九年十二月二日去世而從未生效過。[137]另一項協議則在一四六九年十二月十五日簽訂。[138]這項協議的條款相同，除了羅倫佐和朱利亞諾．德－梅迪奇的名字被換成皮耶羅的名字以外。資本被設定為三千格羅特鎊（佛蘭德通貨），其中兩千鎊由皮耶羅．德－梅迪奇的兩個兒子出資，四百鎊由塔尼出資，四百鎊由波提納利出資，兩百鎊由安東尼奧．迪貝爾納多．德－梅迪奇出資。跟以往一樣，分紅

圖 9：布魯日分行的經理（1464-1480）
托馬索・波提納利及他的妻子瑪麗亞・班迪尼－貝倫賽利

的比例不同：羅倫佐和朱利亞諾每鎊可以得到十索爾多，塔尼二索爾多六德涅爾，波提納利五索爾多六德涅爾，安東尼奧・德－梅迪奇每鎊二索爾多。波提納利對分紅比例不太滿意，因為他期望可以得到獲利的三分之一，而非二七・五%。[139]這相當貪婪，但波提納利就是這樣的人，只考慮自己利益。協議的期限是五年，從一四七〇年三月二十五日開始，一四七五年三月二十四日結束。這個合夥公司以「羅倫佐・德－梅迪奇、托馬索・波提納利公司」的名稱經營。這個名稱一直使用到豪奢的羅倫佐於一四八〇年退出為止。

如同其他契約，管理的負擔落在初級合夥人托馬索・波提納利和安東尼奧・德－梅迪奇肩上，他們的職責被嚴格規定。都被認為應該居住在布魯日，把全部時間用在增進合夥公司的福祉，並落實由資深合夥人制定的政策。為了滿足眼前的需求，托馬索・波提納利被允許每年提取三十格羅特鎊，安東尼奧·德－梅迪奇十鎊。這一切都是典型的梅迪奇公司章程；不過非比尋常的是一項特別條款，強烈要求波提納利「儘量少與布根地公爵和其他王公貴族的宮廷打交道，尤其是在讓他們賒欠和放款上，因為這牽涉到的風險大於得到的獲利」。下一項條款接著指出「許多商人因此日子不好過」，並指出「我們的父輩始終謹防這種牽連，並保持袖手旁觀，除非只是為交朋友或維持朋友關係而借出小筆金錢」。初級合夥人被告戒要避免做出「大」承諾，並提醒資深合夥人的政策是「為了保護他們的財富和信譽，而非透過風險投機來中飽私囊」。當然，這是針對托馬索·波提納利列出的。依照皮耶羅·迪科西莫的方針，這次契約顯然想要踩煞車抑制波提納利的冒險、與宏大但往往令人失望、無法如願以償的野心。另一條款命令售出大帆船，並對這項事業進行清算，就算是虧本也要做；它還禁止在未來對航運作任何投資。[140]這是在束縛托馬索·波提納利，並給他戴上一個緊箍咒。

波提納利在一四六九年十二月初回到布魯日。他不知道皮耶羅已於十二月二日去世，他寫信給雇主，用許多道歉來掩飾自己的意圖，說他最近訪問佛羅倫斯期間充分考慮後，打算結婚。[141]新娘還是個小女孩，他一路把新娘從佛羅倫斯送到布魯日，並在那裡舉行盛大的慶祝活動。波提納利已經四十歲，而他的妻子瑪麗亞·迪福朗切斯科·班迪尼－貝倫賽利才十五歲。在他們結婚後不久由雨果·范德胡斯繪製的三聯畫裡，這個不開心的女孩看上去很難受，戴著當時法蘭西宮廷和布根地宮廷貴族女士中流行的碩大圓錐形女式高帽。[142]雖然波提納利假裝不熱中虛飾的華麗，但他還是把妻子打扮得好像是貴婦一樣。

可以理解，波提納利不太滿意契約的條款。然而，他的確在一定程度上順從了。他是否在宮廷度過更少的時間值得懷疑，但不管願不願意，他，或更確切地說是布魯日分行，把這兩艘布根地大帆船八分之七的產權賣給一群以喬凡尼·迪阿多阿爾多·波提納利為首的投機商人。[143]售價總計達兩千一百七十一格羅特鎊十三索爾多四德涅爾（佛蘭德通貨），包括最後一次在比薩港時，用來維修、補給食物及其他補給品的兩千九百零一金福羅林四索爾多。這項買賣有追溯力，自大帆船從港口啟航時算起。在達到目的地之後，它們被布根地公爵徵用，而且實際上是在他召集起來攻打法蘭西人的一支艦隊中服役。當然，這項合約的結果是，梅迪奇銀行仍然擁有八分之一的所有權，並繼續為新船主承擔經營它們的責任和負擔。

一四六九年合夥契約的效力只維持十二個月，如同在第五章裡解釋，因為新任襄理安東尼奧．德－梅迪奇的所作所為讓全體員工討厭，以致所有年輕人都威脅說，如果他在，他們就退出。也許為了解脫，波提納利被迫請求把安東尼奧召回。[144]

在薩塞蒂的默許下，托馬索．波提納利獲得了一份新契約，因為皮耶羅此時已去世，不再有反對意見，這項契約讓他的權力大大擴展，授予其自由裁量權。[145]托馬索．迪雅各波．古德提被接納加入合夥公司，代替安東尼奧的位置，雖然是當部屬。托馬索．波提納利則達成一筆更好的交易，被提升到資深合夥人的地位，排在僅次於兩位梅迪奇兄弟羅倫佐和朱利亞諾之後。他沒被要求居住在布魯日，他被免除這類義務，而且可以隨意回國與妻兒一起住在佛羅倫斯，留下古德提負責實際的管理。雖然托馬索．波提納利自那時起在佛羅倫斯與布魯日之間穿梭往返，但他還無法讓自己長住義大利，因為他大部分時間因商業事務或外交事務滯留在低地諸國。

資本仍像以前一樣為三千格羅特鎊，但出資分配稍作變動：羅倫佐和朱利亞諾．德－梅迪奇出資兩千零七十五鎊；托馬索．波提納利出資四百鎊；安傑

	每鎊獲利的分紅	占比
羅倫佐和朱利亞諾．德－梅迪奇	10 索爾多 0 德涅爾	50.0
托馬索．波提納利	5 索爾多 6 德涅爾	27.5
安傑羅．塔尼	2 索爾多 6 德涅爾	12.5
托馬索．古德提	2 索爾多 0 德涅爾	10.0
總計	20 索爾多 0 德涅爾	100.0

羅·塔尼出資三百七十五鎊；托馬索·古德提出資一百五十鎊。在另一方面，獲利分紅沒有變動，仍與一四六九年的契約相同（見上頁表）。

至於對王公貴族的貸款，又一次給波提納利留下深刻印象，涉及的風險是如此之大，以至於最好儘量避免做這種生意。[146]契約重申這個原則，即不捲入政府財政，並透過避免不可靠的投資來保護家庭財富不受損失，這是梅迪奇銀行的傳統政策。無論如何，由於有那麼多的企業和無畏者查理殿下的大慈大悲，波提納利被允許在有需要的情況下，借給他最多六千格羅特鎊，但不能更多，以免「那樣的事情發生在我們身上，就如最近發生在倫敦分行蓋拉爾多·卡尼賈尼身上和過去曾發生在許多我國商人身上的那樣。他們的例子歷歷在目，我們應該經常碰到」。顯然，梅迪奇家族想到巴爾迪家族和佩魯齊家族的災難性失敗，他們在貸款給英格蘭的愛德華三世和安茹的羅貝爾中失去「可以買下一個王國的財富」。情形既然如此，有人會覺得奇怪，梅迪奇為何給波提納利開綠燈，而且不問問自己一旦捲入，是否有可能把貸款額度控制在六千格羅特鎊的上限以內。波提納利在另外兩件事情中也自行其是：他被允許保留格拉夫林通行費的包收，並被允許以可能的最佳方式解決布根地大帆船問題。

托馬索·古德提到佛羅倫斯簽訂新的合夥協議。當他離開佛羅倫斯回到布魯日時，他得到一份由豪奢的羅倫佐親自口授的告誡書。[147]首先，古德提將確保托馬索·波提納利同意契約的新條款，並為此目的隨身攜帶一份契約供他的主管簽署後返還給總行。告誡書接著詳述布魯日分行與羅馬分行之間的差異，涉及一份一萬一千坎塔爾明礬的合約以及被喬凡尼·托爾納博尼扣留的寄售羊毛和布料以償還蓋拉爾多·卡尼賈尼的應收帳款餘額。羅倫佐答應無論如何要調解這件事（要達到何種程度，他未作說明）。然而，與此同時，這兩家分行應該攜手合作，不應爭吵打架。因此，波提納利被力勸與卡洛·馬特利合作，托爾納博尼已派他到布魯日去促銷明礬。古德提被提醒梅迪奇銀行已經建立新的分行：一家在那不勒斯，由阿格斯蒂諾·比廖蒂擔任經理，另一家在威尼斯，由喬凡尼·多爾西諾·蘭福雷迪尼擔任經理。期望布魯日分行有機會可以幫助他們。還進一步強調，古德提的職責是一心一意為梅迪奇銀行服務，並恭敬與忠誠的對待托馬索·波提納利，以便勤勉盡責修復過去幾年造成的傷害，將功補過。

這份契約在一四七一年三月二十五日生效，並期望維持三年。然而在兩年後的一四七三年三月二十六日提前終止，被新的公司章程取代，新契約中克里斯托法諾·斯皮尼取代托馬索·古德提，古德提被派去倫敦擔任一家剛剛改組的下屬機構經理。[148]主要的條款與之前大致相同：托馬索·波提納利保留資深合夥人的職位，限制甚至比一四七一年的契約更少。留存下來的文本未提及放款給無畏者查理的任何上限，也未提及布根地大帆船的命運。一切都交由波提納利酌辦。新契約的約定有效期為五年，即至一四七八年三月二十六日。

跟古德提一樣，克里斯托法諾·斯皮尼在離開佛羅倫斯去布魯日時也收到一份告誡書。[149]然而，與談及將來策略的指令相反，這份告誡書詳述倫敦分行的清算和卡尼賈尼的困難，羅倫佐抱怨說，他用我們的錢而非他的錢貸款給國王陛下，結果是我們被迫承受損失的全部影響，而不是他承受。如何擺脫絕境，辦法得由波提納利想，而且他得知無論他做什麼總是能得到同意和批准；為了成功，他需要點石成金之術！無論如何，與卡尼賈尼達成的任何有關清算老合夥公司的協議都將被措詞清晰地加以表達，以便不留下任何指摘或遺漏的可能性。一切也應準備就緒，以便隨大帆船的首運送卡尼賈尼曾答應交割的兩百包羊毛。關於與羅馬簽訂的明礬合約，豪奢的羅倫佐提醒斯皮尼這件事的重要性，因為任何管理不善都很可能帶來騷亂。羅倫佐顯然在跟上性急暴躁的舅舅喬凡尼·托爾納博尼的步調上遇到了麻煩。

四、托馬索・波提納利的困境（一四七三至一四八一年間）以及對布魯日分行和倫敦分行的毀滅性清算

一四七三年合夥契約的結局標誌著經營出現嚴重困境的開始，這些困境一度困擾著因放款給無畏者查理和承擔由倫敦分行所留下赤字的布魯日分行。雖然安傑羅・塔尼在名義上仍是合夥人，但在一四七三年與波提納利和斯皮尼締結的公司章程從未交給他批准或由他簽字：這是極不合常規和蹊蹺的做法。後來，塔尼有很好的理由拒絕負責布魯日分行在一四七三年之後遭受的任何損失。事實上，在塔尼不知情的情況下，波提納利和薩塞蒂同意由布魯日分行來承擔因清算倫敦分行所留下的債務。[150]這個解決辦法（如果可以稱為解決辦法的話）僅僅是用分期償還的方式來延緩這些債務，並讓布魯日分行背負難以承擔的沉重利息費用，造成赤字。更糟糕的是，把塔尼排除在外，成立一家截然不同的合夥公司，來負責仍有可觀獲利的羊毛貿易，結果，布魯日分行只留下沉重的費用負擔和微薄的收入。那家獨立合夥公司的契約並沒有留存下來，但在塔尼的報告和豪奢的羅倫佐親自口授的告誡書顯示有這家公司。[151]

第一次冒險出問題的是布根地大帆船。一四七三年四月二十七日，駛往南安普敦的兩艘船在離格拉夫林不遠的海域受到保祿・貝內克指揮的但澤私掠船*的攻擊，他們無視船上飄揚著中立的布根地旗幟。[151]其中一艘大帆船聖馬泰奧號因遠遠駛離追掠者而得以逃脫，但另一艘由福朗切斯科・德塞爾馬泰奧・泰達爾迪指揮的聖喬治號則遭登船並被擄。[152]十三名佛羅倫斯船員在混戰中痛苦地死去。[153]被俘獲的大帆船裝載著運往南安普敦

＊戰爭期間受交戰國特許可以在海上攻擊、逮捕敵方商船的民間武裝船隻。

圖 10：布魯日分行的經理（1449-1464）
安傑羅·塔尼及他的妻子卡泰麗娜·塔納利
三聯畫《最後的審判》的其中一聯，作者漢斯·梅姆林。

的貴重物資明礬和絲織品，以及運往義大利的一些乾貨和兩件祭壇裝飾品。[154]其中一件是梅姆林《最後的審判》，由安傑羅·塔尼委託創作，預定用於佛羅倫斯的一座教堂。然而，它卻被帶到但澤，今天它仍在那裡，雖然一八〇七年曾被劫掠到羅浮宮，並在第二次世界大戰中僥倖逃過一劫。第二艘大帆船在一四七三年十月二十七日安全地到達比薩港，但它不到一年就在一次風暴中沉沒，葬身海底。[155]

據估計，包括船隻和船貨的戰利品價值達到六千五百四十格羅特鎊，或是根據另一個資料估計，達到四萬埃居（每埃居合四十八格羅特），即八千格羅特鎊。[156]無論哪個資料正確，損失都相當巨大，托馬索·波提納利立即與在烏德勒支集會（一四七三年）的漢薩同盟一同向私掠船提出索賠。[157]無畏者查理還強烈抗議，因為攻擊者扯下他的旗幟，並把它踩在腳下。[158]甚至連教宗也支持波提納利，並把保祿・貝內克及追隨者當作在公海上搶劫教宗明礬的海盜，逐出教會。[159]但一切都無濟於事。得到漢堡和盧貝克祕密支持的但澤一點也不退讓。[160]此外，在布魯日領導下的佛蘭德各城市則非常反對因為義大利人的一批明礬船貨而違背漢薩同盟；他們試圖阻止無畏者查理，他關心自己國民的利益甚於關心波提納利的利益。[161]不管怎樣，公爵已經忙得不可開交，不希望再引起爭端。

由於外交手段失敗，波提納利只好訴諸法律，並為了報復，扣留漢薩同盟商人在布魯日和安特衛普市集上的貨物和所有財物，但城市當局強迫他停止這樣做。[162]最後，在一四九六年，他從低地諸國的最高法院馬利納大法院獲得一份完全有利於他的判決。[163]在低地諸國的漢薩同盟商人又一次被欺負。[164]為了保持漢薩同盟的商譽，壓根未捲入這場衝突的布魯日城最終同意，在一四九九年支付一萬六千福羅林給福爾科和貝內代托・迪皮傑洛・波提納利，若他們聲明放棄由一四九六年的決定產生的所有權利。[165]這筆錢的最後一期付款到一五一二年還未被支付。[166]從聖喬治號被保祿・貝內克及私掠船俘獲算起，時間已經過了將近四十年。

布根地大帆船的災難性結局使梅迪奇銀行蒙受多大的損失，都只是猜測，誰也說不准。現存的紀錄都沒有給出任何線索。然而可以肯定的是，船隻和船貨至少部分是有保險的，因為貝爾納多・康比的總分類帳包含保費收據和支付被俘大帆船上的貨物保險費有關入帳紀錄。[167]

儘管這次布根地大帆船的冒險以慘敗告終，但波提納利在一四七六年之前仍一直得到雇主的信任。最有可能破壞他們信任的是無畏者查理在軍事上的失敗和財政上的困境。他那不顧後果的戰役摧毀他的財政，到一四七六年，他已經窮途末路。[168]甚至連托馬索・波提納利也因為耗盡自己的財力，無法出借更多的錢。然後迎來了莫拉災難（一四七六年六月二十二日），在這次災難中，無畏者查理的軍隊完全被瑞士人擊潰，並損失所有的物資和大砲。這是一場可怕的屠殺，豪奢的羅倫佐從他的代理人那裡得到確切消息，得出結論，並開始擔心波提納利的貸款。[169]當從莫拉戰役*逃脫之後，無畏者查理在一四七七年一月五日另一場鋌而走險的戰鬥中在南錫被殺，最後的時刻終於到了。

他的死幾乎引起布根地君主政體的崩潰。而且，對於梅迪奇銀行而言，它暴露出波提納利已明顯超越一四七〇年合夥協議規定六千格羅特鎊的限度，不過這個規定在一四七三年的契約中被刪除。根據某個資料來源，無畏者查理在去世時欠梅迪奇銀行五萬七千阿圖瓦鎊，即九千五百格羅特鎊。[170]波提納利為了收回已借出的錢，被誘使提供另一筆兩萬阿圖瓦鎊（即三千三百三十三格羅特鎊六索爾多八德涅爾）給奧地利大公馬克西米利安。因此總共的預付款累計到大約一萬三千格羅特鎊，但羅倫佐的備忘錄記載的數字是一萬六千一百五十格羅特鎊。[171]哪個數字正確，關係不大。也許兩者都是正確的，因為我們不知道這些數字是怎樣被計算出來的，哪些帳目被包括在內或排除在外。總之，有一件事是確定的：波提納利違抗命令，並犧牲梅迪奇銀行的利益來滿足自我。就如豪奢的羅倫佐在備忘錄中痛苦地評論，波提納利「為了博取公爵的歡心，提升自己的重要性，不在乎是否犧牲我們的利益」。[172]

波提納利還在另一方面違背公司章程。雖然他被要求不參與海外冒險，但他在葡萄牙人對幾內亞海岸的一次探險中投入一大筆錢，羅倫佐在備忘錄中指出，既然布魯日分行資金短缺，而且在付息借款，就不該做這件事。

關於這個無利可圖的冒險我們知道得不多，但它肯定是在後來成為葡萄牙國王約翰二世的約翰親王贊助下，在一四七四年或一四七五年籌備的沿非洲海岸的航行之一。[173]波提納利在其中一封信裡提及在商業方面向「親王」提建議的喬凡尼·羅德里格。[174]幾乎可以肯定的是，那是指宇宙結構學者馬斯特·羅德里格，眾所周知，他經常以這個身分提供諮詢。[175]其他文件提到巴爾托洛梅奧·馬基翁尼，他是里斯本最富有的知名義大利銀行家，毫無疑問資助過約翰親王發起的一些探險航行和貿易航行。[176]

最後，豪奢的羅倫佐叱責波提納利誘使他同意為仍有利潤可圖的羊毛生意單獨成立一家合夥公司。[177]在這個企業裡，波提納利每鎊獲利可以分到九先令（四五％），而他在布魯日分行的分紅額度每鎊只有五先令六便士（二七．五％）。[178]他因此找到可以帶來最大獲利分紅，同時又把損失轉移給雇主的辦法，羅倫佐起先不理解這是個詭計；只是到了後來他才漸漸明白自己被騙了。

羅倫佐的備忘錄當然從一四七九年開始，毫無疑問是親自口述的，因為它會以下面的話開頭：「羅倫佐．德－梅迪奇說」。它包括一則聲明，顯示布魯日分行的損失總計達九百八十二格羅特鎊五索爾多十德涅爾（表70）。若倫敦分行那些高很多的損失也加上的話，則總和達到難以置信的一萬八千九百八十二格羅特鎊五索爾多十德涅爾，即大約七萬杜卡特。「這些，」羅倫佐帶著枯澀的諷刺補充說，「是透過托馬索．波提納利的管理帶來的巨大利潤。」[179]此外，羅倫佐抱怨，波提納利在購買和改建一幢房子（布拉德林公館）中浪費八千杜卡特。總計，梅迪奇銀行以存款、明礬和往來帳戶預付款的形式向布魯日分行提供大約八萬八千零八十四杜卡特，但只交換回來價值一萬兩千五百杜卡特的六萬兩千五百磅羊毛。而且這些資金還無法滿足需求，因為布魯日分行繼續從梅迪奇銀行在義大利的分行提款，就算有匯錢回來，也沒匯多少錢。

布魯日分行的損失毫無疑問比九百五十二格羅特鎊五索爾多十德涅爾還多。第一，備忘錄嚴重出錯，從淨虧損中扣除羊毛生意的綜合獲利，而實際上只應扣除其中屬於羅倫佐的份額（一千六百零五格羅特鎊）。這樣的修正可以將實際損失提高到兩千九百四十五格羅特鎊五索爾多十德涅爾，相當於大約一萬兩千杜卡特，這在十五世紀是相當可觀的一筆錢，當時的人仍以千來計算，而非以百萬來計算，而十億則是根本想不到的。[180]甚

＊莫拉戰役是一四七四至一四七七年發生在布根地的戰爭，布根地公爵與瑞士聯邦軍隊交戰，地點在離伯恩三十公里處的莫拉，以布根地公爵的慘敗結束。

表 70：布魯日分行和倫敦分行的損益表
根據豪奢的羅倫佐的備忘錄，1479[a]
（金額單位均為格羅特鎊，佛蘭德通貨）

	£	*s.*	*d.*
1469 年的虧損，如資產負債表所示	313	15	7
1476 年和 1477 年的虧損	5,565	10	3
三年的總虧損	5,879	5	10
	£	*s.*	*d.*
1471 年的獲利，如損益表所示	994	0	0
1472 年的獲利	801	0	0
1473 年的獲利	2.004	0	0
1474 年和 1475 年的獲利	30	0	0
總獲利	+3,829	0	0
扣除上述虧損	-5,879	5	10
虧損超過獲利的金額	-2,050	5	10
加上估計的 1478 年虧損	-2,500	0	0
淨虧損（很可能更大）	-4,550	5	10
羊毛生意的獲利	+3,568	0	0[b]
布魯日分行的淨虧損	-982	5	10
加上倫敦分行的估計虧損	-18,000	0	0
布魯日分行和倫敦分行合計總虧損	-18,982	5	10

a 本表的呈現有點非同尋常，但是密切按照原表資料。

b 這個數字包含羅倫佐・德－梅迪奇的分得的 45%獲利 1,605 鎊，即以及托馬索・波提納利和克里斯托法諾・斯皮尼 55%的獲利 1,963 鎊。

資料來源：ASF, MAP, filza 84, no. 21, fol. 46.

至連這個巨大的數字也嚴重低估損失的程度，因為它依據的假設是大部分的資產只有帳面價值。考慮到高比例的無效債權和呆帳，這當然是樂觀的。

托馬索・波提納利沒有被要求住在布魯日，他在一四七八年四月十日來到米蘭，並在短暫造訪佛羅倫斯後，在倫巴底王國的首都停留幾個月，也許是為了離哥哥阿切利多近一些。[181]十月，他全家在喬凡尼・迪阿多阿爾多的護送下從布魯日南下到米蘭居住。[182]就是在這幾個月期間，羅倫佐下定決心中止與波提納利兩兄弟的合夥，他指摘他們為了提升自身利益而忽視他的利益。他們已經使他損失七萬到八萬福羅林；雖然獲得可觀的財富，但即使在他處於緊要關頭時，他們從未與他分享，這毫無疑問暗示著緊跟著帕齊陰謀的那場危機。[183]

托馬索・波提納利不接受這個決定，他反對說，他無法在既不丟臉又不損害梅迪奇銀行所享有的信譽前提下執行。[184]根據波提納利的說法，必須繼續經營，才能收回未完成的索賠和付清因裝運教宗明礬而拖欠羅馬分行的餘額。波提納利補充說，為了減輕布魯日分行的利息費用負擔，有必要攤還由已停業的倫敦分行留下的債務。確切地說，與薩塞蒂一起選擇敷衍問題而非正視問題的人是誰？關於去幾內亞海岸的航行，波提納利懊悔這些航行的首航流產了，但他認為打退堂鼓是個錯誤，因為之後的探險有望產生比較有利的結果。至於接管布魯日分行，波提納利認為負擔實在太重，令他難以承受，而且，這個解決辦法不符合梅迪奇銀行的利益。

然而，羅倫佐決心要清算，並迫使波提納利接管布魯日分行，讓他自食惡果。察覺到危險的波提納利證明自己不是好欺負的。他甚至尋求米蘭攝政王薩伏伊的博納和全能的公爵祕書切科・西莫內塔的支持。外人的干涉在很大程度上困擾著羅倫佐，他氣憤地寫信給他的大使吉羅拉莫・莫雷利，指責波提納利把「生意變成國家問題」，把無關緊要的家醜外揚。[185]

雖然托馬索・波提納利仍逗留在米蘭，但羅倫佐・德－梅迪奇決定毅然處理難局，並採取行動，他派李聶里・達里卡索利去布魯日調查分行狀況，以便提出建議來解決問題（一四七九年九月）。李聶里・達里卡索利年齡稍長，較有經驗，他還是安東尼奧・達拉巴塔和貝爾納多・康比公司的合夥人的時候在布魯日待過很多年。[186]為給予他必要的權威以羅倫佐的名義行事，他被授予受託代表人的權力，這使他能夠收回所有未完成的索賠，續約或結束任何合夥關係，包括在布魯日與托馬索・波提納利和克里斯托法諾・斯皮尼和在倫敦與托馬索・古德提的合夥關係，並就相關事務做出必要的和解或妥協。[187]李聶里也有權利在托馬索・波提納利不在時，負責指揮布魯日分行的兩名員工福爾科・迪阿多阿爾多・波提納利和貝爾納多・馬西。授權書饒富趣味地列舉梅迪奇公司在布魯日的主要債務人。位於名單開頭的是已故布根地公爵查理的繼承人和繼位者（在他去世時應付的金額），奧地利大公馬克西米利安（新的貸款），以及查理的遺孀約克的瑪格麗特。它還提到一位樞機主教（烏茲堡主教喬治・黑斯勒），梅迪奇銀行的一名前任員工（卡洛・卡瓦爾康蒂），一家熱那亞公司（喬凡尼和阿格斯蒂諾・多里亞公司），以及幾位貴族，其中包括「羅伊西烏姆・多米努姆・德拉格拉圖爾賈」，他當然是格魯修斯的領主（溫徹斯特伯爵）路易・德布魯日，他那漂亮的客棧今天成為一座著名的博物館。名單末尾的名字是貝內代托・波提納利（大概是他的一個堂兄弟）和巴爾托洛梅奧・馬基翁尼，兩個都是里斯本人，他們毫無疑問牽連到豪奢的羅倫佐強烈反對的幾內亞企業。

一如平常，李聶里・達里卡索利收到一份清楚交代任務目的、並提出完成任務的各種建議的告誡書。[188]在羅倫佐・德－梅迪奇看來，布魯日分行一直管理不善，李聶里・達里卡索利的主要任務是建議合適的做法：看要重組還是清算。也許損毀已到了無法修復的地步。羅倫佐此時認識到，災難的主要禍根是布魯日分行一直負擔著倫敦分行的債務。結果，它在靠借來的資金支付利息或外匯，得不到相應的投資收益。如羅倫佐所見，最緊迫的任務是讓布魯日分行擺脫債務困境，以便減少利息費用的毀滅性負擔。為此目的，以布魯日分行和里昂分行承兌的匯票交換，李聶里帶來硬幣和大約兩萬杜卡特的一小筆錢。然而，除非十分必要，不然他不會使用。

在到達目的地之後，李聶里・達里卡索利的第一項職責是對帳簿進行全面審計，尤其是機密帳簿，以便確定布魯日分行的財務狀況。為了確保當波提納利不在米蘭期間，負責布魯日辦事處的兩位年輕人福爾科・迪阿多阿爾多・波提納利與貝爾納多・馬西會好好配合，他下達嚴格的命令，他們必須服從里卡索利，宛如豪奢的羅倫佐本人在場一樣。另一件要快速處理的事情是縮小布魯日分行拖欠梅迪奇其他分行的債務，尤其是威尼斯分行和里昂分行，得匯款給他們，而不是從他們那裡提款。近來，里昂分行甚至拒付布魯日分行的匯票。羅倫佐在聽說這件事時很不高興，「因為他看重自己的榮譽，勝過世界上的全部金子」。也許有一件事情羅倫佐忽視了或沒有完全明白。由於佛蘭德對義大利有貿易逆差，因此由威尼斯分行承兌的匯票在交易所供應不足。因此出現布魯日的銀行家在義大利累積借方餘額的趨勢。

由於留存下來的通信中有缺漏，我們無法確切知道之後幾個月發生什麼事。可以有把握地假定，托馬索·波提納利一聽說里卡索利已掌控在布魯日分行的帳房，正在打聽他的文件下落，並查閱他的文檔，就匆匆離開米蘭。里卡索利立即啟動終止波提納利與梅迪奇合夥的談判，但波提納利固執己見，並聲稱里卡索利低估資產的價值，布魯日分行的財務狀況並非描繪的那麼糟糕。由於波提納利口才便給，善於遊說，他甚至讓里卡索利提議與梅迪奇的合夥公司展期，但豪奢的羅倫佐不願聽這樣的建議。憑著一四八〇年七月二十九日的信，里卡索利接到強制命令，解除梅迪奇與波提納利之間現有契約，對合夥公司進行了清算。[189]

波提納利不得不勉強順從，因為按照公司章程，羅倫佐·德－梅迪奇已給了他充分的預告。波提納利聲稱自己沒有管理失當，大部分投資都很穩當，這反而動搖自己討價還價的餘地。此時他的聲明被完全接受了，因此被迫按照帳面價值接收許多問題資產。無論如何，一四八〇年八月七日簽訂的契約沒里卡索利原先希望的那樣有利，因為布魯日分行的財務狀況進一步惡化，原因是來自葡萄牙的幾內亞企業的壞消息和在格拉夫林通行稅的麻煩，它被一個迫切需要收入的政府從波提納利手裡奪走。一四八〇年八月七日結算的詳細情況無從知曉，因為契約並沒有留存下來。[190]

後來的調整發生在一四八一年二月十五日，並得到豪奢的羅倫佐和阿切利多·波提納利兄弟名義的批准。根據這次帳目結算，托馬索·波提納利欠羅倫佐的餘額為一萬六千六百一十六杜卡特，依照一份總額為五萬六

表71：1481年2月15日豪奢的羅倫佐與托馬索・迪福爾科間的帳目結算

	杜卡特	*s.*	*d.*	
記於托馬索・波提納利帳上的11,000坎塔爾明礬的價值	56,000	0	0	借方
扣除：四批羊毛船貨的價值	35,716	5	0	貸方
明礬合約的餘額	20,283	15	0	借方
對羊毛交貨的進一步調整	3,667	15	0	貸方
波提納利的應收帳款餘額	16,616	0	0	借方
	杜卡特	*s.*	*d.*	
由波提納利支付的五個存款帳戶	16,404	0	0	貸方
一年8%的利息	1,312	0	0	貸方
合計	17,716	0	0	貸方
扣除：上述餘額	16,616	0	0	借方
應由豪奢的羅倫佐付給波提納利的餘額	1,100	0	0	貸方

資料來源：MAP, filza 84, no. 76, fols. 153-154.

千杜卡特的明礬合約（表71），這筆錢仍為應付帳款。[191]但另一方面，羅倫佐欠波提納利幾筆存款的本金，共一萬七千七百一十六杜卡特，這些錢是由波提納利承擔付清責任。最終結果是，豪奢的羅倫佐仍是一個擁有一千一百杜卡特負債的債務人。不清楚這個數字真正代表的是什麼，因為它只涉及明礬和羊毛帳戶的部分結算。從一千一百杜卡特的這個數字得出布魯日分行清算的任何結論都是異常危險的，因為現有資料明顯不完整。很可能這次結算對波提納利相對有利。他從里卡索利手裡搶奪來的一項讓步是免費使用布拉德林公館四年。

在里卡索利與波提納利協商結算的同時，安傑羅．塔尼也粉墨登場；他從佛羅倫斯一路來到布魯日，目的是達成清算他在布魯日分行股份的契約。留存下來的紀錄沒有透露談了哪些條件，但很有可能塔尼堅持不退讓，並拒絕對倫敦分行的損失負責，因為他並非倫敦分行的合夥人。他在布魯日待了幾個月，然後取道法蘭西回到佛羅倫斯。在法蘭西，路易十一世提供給他財務總監職位和一筆四千法郎的養老金，合約兩千五百埃居。然而，塔尼拒絕邀聘，理由是自己已年老體弱，而且法語也不精通。[192]

初級合夥人克里斯托法諾・斯皮尼欣然與里卡索利合作，並得到報酬，被免除任何與布魯日分行赤字有關的責任。[193]倫敦分行經理托馬索・古德提的運氣就沒那麼好了。在梅迪奇銀行服務十七年之後，他回到佛羅倫斯想要安頓下來。但一到目的地就依威尼斯分行經理喬凡尼・多爾西諾・蘭福雷迪尼要求遭到逮捕，並被關進債務人監獄，蘭福雷迪尼提出訴訟，要求他支付與一批委託給倫敦辦事處的葡萄乾有關的三千五百四十九杜卡特。[194]雖然古德提聲稱已把實際收到的款項移交給托馬索・迪福爾科，但他還是輸掉官司，並被商事法庭判決全額賠付蘭福雷迪尼要求的款項。一四八三年，古德提把懷孕的妻子留在佛羅倫斯，一路跋涉來到布魯日，就為了從波提納利那裡拿回這三千五百四十九杜卡特的錢，因為波提納利答應過提供價值三千四百六十五杜卡特的五十五包羊毛，但羊毛丟失了，從未交貨。[195]古德提到一四八九年才回到佛羅倫斯。隨著葡萄乾和羊毛事件而後發生的是一連串的訴訟，這些訴訟在古德提一六二〇年代去世之後很久仍懸而未決。[196]

由於梅迪奇完全退出，有個經由歷史學家散播且被其他人複述的說法因而缺乏了立論基礎。這說法認為豪奢的羅倫佐在與波提納利斷絕關係後，召皮耶蘭托尼奧・迪瓜斯帕雷・班迪尼－貝倫賽利來管理布魯日分行。[197]一四七八年皮耶蘭托尼奧是帕齊銀行在布魯日的代表，他與謀殺朱利亞諾・德－梅迪奇的兇手貝爾納多・班迪尼－貝倫賽利以及波提納利的妻子瑪麗亞・班迪尼－貝倫賽利關係密切。[198]雖然皮耶蘭托尼奧毫無疑問並未參與帕齊陰謀，但他在事件發生後的行為並無法讓羅倫佐・德－梅迪奇喜愛。陰謀未遂的消息一傳到布魯日，皮耶蘭托尼奧就隨身帶著書籍和屬於帕齊銀行的貴重物品逃入聖域避難。[199]當里卡索利出示一道查封帕齊全部財產的命令時，皮耶蘭托尼奧・班迪尼－貝倫賽利沒有合作，甚至很可能成功地阻止部分資產被沒收。[200]在那樣的情況下，他不大可能會被羅倫佐選中去填補這個職位。而且，所有現有的證據都表明，波提納利沒有繼任者。皮耶蘭托尼奧繼續住在布魯日，很可能自一四七八年起獨立進行貿易。在一四九〇年或更早，他曾是佛羅倫斯領事。[201]

豪奢的羅倫佐從布魯日的企業退出，使托馬索．波提納利不再享梅迪奇這個名字帶來的聲譽，使其處於一個不安穩的狀態，很少甚至沒有流動資本，債權人吵著要求還款。他用自己的餘生努力收回被欠款項，而且避開不斷從四面八方困擾自己、並以威脅要逮捕他的債權人。他的主要債務人是奧地利大公馬克西米利安，即布根地的瑪麗去世（一四八二年）之後的低地諸國攝政王。馬克西米利安揮金如土，在外交上反復無常，算得上是歐洲所有王公貴族中最壞的債務人。儘管如此，在一四八〇年前後，他將一件昂貴的珠寶：華麗的布根地鳶尾花飾，鑲嵌有貴重的寶石，重量至少在十九磅，質押給托馬索．波提納利。[202]但是珠寶代替不了現金，尤其當利息累積如山的時候。布根地鳶尾花飾被小心翼翼地儲藏在佛羅倫斯的新聖瑪麗亞醫院。顯然，波提納利被迫把它作為抵押品給了自己的債權人。在一五〇〇年，當鳶尾花飾在付訖四千杜卡特（或大福羅林）後終於解除抵押時，波提納利一無所有；所有的一切，金錢以及羊毛，都被直接分給對這項珠寶有留置權的幾位債權人。[203]也有其他跡象表明，波提納利在與羅倫佐斷絕關係後時常陷於財務困境。一四八五年，格拉夫林通行稅被交還到他的手裡，允許用一半的包收價來清除馬克西米利安的債務。但這個過程太緩慢了，因此波提納利在一四八七年獲得進一步的寬免，這是出於對「請願者、他的妻子及七個孩子」的憐憫，因為累計欠款已經「迫使他停業」並「使他為維護信譽背上沉重的費用」。[204]為了籌集資金，波提納利最終被迫把他對馬克西米利安和漢薩同盟的債權賣給侄子貝內代托和福爾科．迪皮傑洛．波提納利，且極有可能是大賤賣。[205]

波提納利不僅受到債權人的煩擾；他還與不誠實的員工發生糾紛。實際情況是他自己規避合約和混淆是非，最終導致無休止的訴訟，從而樹立一個壞榜樣。其中一個有罪的員工是貝爾納多．馬西，他在處理葡萄牙帳戶的過程中監守自盜好幾年，大概是與卡洛．馬特利共謀犯下的。馬西被逮捕並被仔細盤問，但無法讓他承認所有的罪行；結果，波提納利始終未能證明這個案子有明確證據，因為包含相關資料的紀錄都神祕地從布魯

圖 11：漢斯．梅姆林所作的三聯畫《最後的審判》細部

跪在天秤上的男人就是托馬索．波提納利，他的妻子坐在他前面。

日的帳房消失了。[206] 另一個類似的案子是福爾科．迪阿多阿爾多．波提納利的案子，他也犯下欺詐罪，在受僱的同時獨自從事貿易活動。[207] 雖然是親戚，但他還是被逮捕，並自一四八七年十月至一四八八年四月被關，儘管有弟弟亞歷山德羅和哥哥喬凡尼的抗議，兩個人都曾大力支持過托馬索。這項行動很可能在波提納利家族內部引起裂痕。[208]

因為被各種困難逼得走投無路，托馬索不再遵守商業信譽，不擇手段地翻舊帳或欠債不還。梅迪奇家族在一四九四年被從佛羅倫斯驅逐後，他趕緊向他們財產的保管人索賠一筆一萬五千四百四十五福羅林的款項，這筆錢據傳是在與里卡索利進行結算時從他那裡勒索去的。這個債權主張在一四九八年十二月二十四日得到裁決，但這筆錢因自治公社在法蘭西人占領佛羅倫斯時被迫付給紀堯姆．比舍一萬七千五百福羅林而被截留。[209] 又是一件令人失望的事情，這樣的事情還多著呢！

托馬索．波提納利還算運氣好，他被聘為外交人員。也許他天生是個外交官而非商人。一四八七年，奧地利的馬克西米利安派他擔任大使，去見米蘭攝政王洛多維科．伊爾莫羅，很可能是為了洽談對米蘭公國領地的投資事宜。[210]利用這個機會，他去了佛羅倫斯，並與豪奢的羅倫佐談和，憑著安全通行證與外交地位，保護自己免受居心不良的債權人侵擾。[211]一四八九年時，波提納利與前合夥人克里斯托法諾．斯皮尼一同擔任外交使節被派去英格蘭，這次是由豪奢的羅倫佐親自派遣，去討論一份通商條約的條款，這個條約在比薩為英格蘭羊毛設立地中海集散地，這對威尼斯人是個打擊，還招致作為大帆船停靠港的南安普敦的厄運。[212]一四九六年，波提納利是規範英格蘭與低地諸國之間商業往來多年的偉大條約《大條約》的談判者之一。[213]

年近七十的托馬索．波提納利最後退休並去了佛羅倫斯。他在四年後的一五〇一年二月十五日在當地的新聖瑪麗亞醫院去世，這醫院是他的祖先、碧翠絲的父親福爾科．迪里科韋羅．波提納利在一二八八年創建。

托馬索的兒子福朗切斯科在遺囑中被提名為遺產主要繼承人，但拒絕接受遺產，唯恐資產不足以償還全部的債務。依據羅馬法律，透過放棄遺產繼承權，就不必對債務負責。托馬索．波提納利最後為自己在商業事務中的錯誤和魯莽行為付出了代價。

注釋

1. *Codex diplomaticus lubecensis,* V, 633-634. 日期為一四一六年五月二十七日。亦參見佛羅倫斯的喬凡尼．德－梅迪奇公司一四一五年十二月十一日致盧貝克的洛多維科．巴廖尼的信（ASF, MAP, filza 83, no. 51, fol. 312）。
2. Léon Mirot, «La Société» des Raponde, Dine Raponde» in *Etudes lucquoises* (Paris, 1930), pp. 79-169; also in *Bibliothèque de l'Ecole des Chartes,* 89:299-389 (1928). Cf. R. de Roover, «Communaute des marchands lucquois,» pp. 74-79.
3. Catasto No. 51 (Leon d'Oro, 1427), fols. 1162^{r}-1168^{r}, 1187^{r}-1190^{T}, 1191^{r}-1200^{r}. 巴爾迪家族的那個分支在一三九三年改姓瓜

爾泰羅蒂。

4. Camerani, *Documents*, pp. 29, 31, Nos. 35, 45. Cf. Martens, «Les Maisons de Medici et de Bourgogne,' pp. 115-129. 然而，米娜·馬丁混淆這兩家互相競爭的梅迪奇銀行。

5. 另外，根據一四二七年的資產負債表，烏貝爾蒂諾·德－巴爾迪欠威尼斯分行五百格羅特鎊，即五千杜卡特。因此，他的債務總額超過兩萬福羅林，這是相當大的一個數字。另一方面，托托·馬基維利和烏貝爾蒂諾·德－巴爾迪是佛羅倫斯錢莊的債權人，債權達到三千六百福羅林，很可能是透過直布羅陀海峽運到佛羅倫斯的羊毛款項。相反，布魯日的瓜爾泰羅托·瓜爾泰羅蒂公司則欠佛羅倫斯錢莊三千八百福羅林。

6. R. de Roover, "Oprichting van het Brugse filiaal," p, 7. 這是作者在皇家佛蘭德科學、文學和美術學院（比利時）院士的就職演說，有稍有不同和更詳細的敘述。

7. MAP, filza 68, no. 2: Ricordo a te Marcho Spinellini, Verona, December 23, 1430.

8. 蘇格蘭羊毛、諾森伯蘭羊毛等北方羊毛是「微不足道的」羊毛，無法承受較高的出口關稅。Eileen Power, "The Wool Trade" pp. 43, 50.

9. 一四三二年十月四日的信（MAP, filza 68, no. 472）。印刷的詳細目錄記載這封信源自阿維拉多·德－梅迪奇，但這是有疑問的。

10. Origo, "The Domestic Enemy," p. 363, n. 81.

11. MAP, filza 153, no. 3, fol. 17.

12. MAP, filza 68, no. 588: Ricordo per Bernardo Portinari.

13. Camerani, *Documenti*, p. 50, No. 115.

14. 布根地的公爵已經離開英格蘭同盟，並與法蘭西國王締結阿拉斯和約（一四三五年）。因此法蘭西人得以重返令人不快和再次被攻占的巴黎（April 13, 1436）。英格蘭人認為自己被布根地的公爵背叛，並對他與他的臣民採取制裁手段。英格蘭與佛蘭德之間的貿易一度中斷。

15. 他在安特衛普的出現得到一四三九年三月十一日的一個檔案（MAP, filza 68, no. 5）和八月三十日或三十一日由一名叫安貝爾·德普萊納的人寫於布魯塞爾的一封信（MAP, filza 93, no. 612）證實。

16. MAP, filza 68, no. 5 and filza 94, no. 159.

17. MAP, filza 94, no. 146, fols. 241-242. 寫這封信的日期和地點是一四三八年五月二十三日的布魯日。英格蘭諾布林金幣的標準價值是六先令八便士英幣，即三諾布林等於一英鎊。
18. 在一份一四三九年三月十三日的公證契約中，他仍被稱為員工，而非合夥人（Camerani, *Documenti,* p. 54, No. 129）。
19. MAP, filza 153, no. 3, fols. 18, 30. Grunzweig (*Conespondance,* p. vii) 斷言一四二一年存在這樣的一家分行，但毫無任何支持證據。那份資產稅報告（在第 viii 頁提到）是一四五一年的，而非一四三一年的。有關這方面的更多資訊，亦請參見 R. de Roover, "Oprichting van het Brugse filial," p. 5, n. 5 and p. 6, n. 6.
20. MAP, filza 153, no. 3, fol. 46.
21. 參見第五章第四十一條注釋。
22. 塔尼對語言不擅長。他從未學會英語或法語。
23. MAP, filza 94, No. 134：給傑羅佐．德－皮利的指示。
24. MAP, filza 153, no. 3, fol. 83. 對這項契約要旨的適當討論可見 Lewis Einstein, *Italian Renaissance in England,* pp. 242-245.
25. 證據可以在機密帳簿的入帳紀錄中發現（MAP, filza 153, no. 3, fols. 86, 89）。
26. 路易斯．愛因斯坦亦討論皮利的指令（pp. 245-249）。
27. 到一四四八年四月時，安傑羅．塔尼似乎已在負責布魯日分行（Camerani, *Documenti,* p. 71, No. 194）。
28. MAP, filza 88, no. 391, fols. 505-506.
29. MAP, filza 153, no. 3, fol. 83.
30. MAP, filza 153, no. 3, fols. 94, 96.
31. Grunzweig, *Correspondance,* pp. 19, 24, 26.
32. 證據可見一四五三年十月四日倫敦分行的一封信，這封信幾次提到「布魯日的安傑羅．塔尼」公司（MAP, filza 84, no. 89, fol. 178）。
33. 也有法律方面的考慮：假如梅迪奇在這兩家有限責任合夥公司的正式名稱中保留他們的名字，那麼就得負完全責任。
34. 西莫內．諾里一四五三年九月二十五日致函喬凡尼．本奇的信（MAP, filza 88, no. 111); "la brighata grachiava." 這是一封信的第一部分，Grunzweig (*Correspondance,* pp. 24-26, No. 13) 發表這封信在一四五三年十月四日的附言（MAP, filza 98, no. 377）。

35. 皮利在一四五三年十一月十日的信裡告知他安全到達布魯日。差不多在一年之後，一四五四年十月二十日，他寫道，他即將離開，但期待來自安傑羅．塔尼的消息，因為塔尼當時在佛羅倫斯，並期望重返他的崗位（Grunzweig, *Correspondance,* pp. 26-27, 46-47）。

36. 一四五三年九月二十五日的信，引用於注釋三十四："Io ci ò credito e ben vis to e amato quanto Italiano."

37. Power, "The Wool Trade," p. 46.

38. *The Libelle of Englyshe Polycye, 1436,* ed. Sir George Warner (Oxford, 1926), pp. 18-21.

39. 西莫內．諾里一四五三年十月四日的一封信提到包含運到佛羅倫斯的十件南安普敦布料的一個小包裹（MAP, filza 84, no. 89）。Grunzweig (*Correspondance,* p. 23) 提到同一批貨，還包含一包克爾賽手織粗呢。Cf. Ruddock, *Italian Merchants in Southampton,* p. 93.

40. Power, "The Wool Trade," pp. 41-45. Cf. Grunzweig, *Correspondance,* pp. 70-72.

41. Armand Deroisy, "Les Routes des laines anglaises vers la Lombardie,' *Revue du Nord,* 25:40-60 (1939). 一些羊毛也經由直布羅陀海峽和熱那亞到達米蘭（Grunzweig, *Correspondance,* pp. 136?37, No. 43）。

42. Power, "The Wool Trade," p. 46.

43. 梅迪奇看到即將來臨的鬥爭。在一四五三年九月二十五日的信裡，諾里報告說王后（安茹的瑪格麗特）因預產期接近，已去威斯敏斯特，他還說：「上帝保佑，這是為這個王國好」（MAP, filza 88, no. 111）。後來死於蒂克斯伯里戰役（一四七一年）愛德華親王在一四五三年十月十三日出生。

44. R.de Roover, "Balance commerciale," p. 377.

45. Peruzzi, *Storia del commercio,* Appendices, p. 82; Grunzweig, "Consulat de la Mer," pp. 24-25, 32, 53; F. E. de Roover, "Voyage de Girolamo Strozzi," pp. 135-36; R. de Roover, "Balance commerciale," pp. 377-379.

46. 這項契約清楚呈現在 *The Libelle* pp. 17-21. 一四三六年，即 *Libelle* 的日期，熱那亞人仍控制小亞細亞的明礬礦，他們擁有這些明礬礦直到一四五五年（Heyd, *Histoire du commerce du Levant,* II, 320）。

47. R. de Roover, "Balance commerciale," p. 381. 各種資料對於這個船貨的價值給出不同的估計，但其中的貨品則完全一致。

48. 一四五三年十月四日寄給佛羅倫斯梅迪奇錢莊的信："... perche di danari, chome sapete, al chontinovo di chosta abiano di bixogno" (MAP, filza 84, no. 89)。

49. “. . , trovando in Inghilterra una somma di lane a ddare a Fincontri d’alumi” (MAP, filza 12, no. 375).

50. 諾里一四五三年九月二十五日致函喬凡尼・本奇的信（MAP, filza 88, no. 111）。

51. 遺憾的是，這封信未揭露諾里是從牧羊業者還是從中間人那裡買了羊毛。

52. 諾里委託塔尼送去日內瓦的一些荷蘭亞麻製品，包裝糟透了，在到達目的地時有四分之三被磨破了。

53. 一四五三年九月二十五日的信（MAP, filza 88, no. 111）：“Agnolo a le forbid a cintola e a Tommaso salta tropo presto il fummo al naso.”

54. “Al chontinovo sono stato e.sono obrigato per loro in ￡2,000 sterlini per tenpidi lane e danari trattimL”

55. MAP, filza 83, no. 95, folsv 537-538.

56. 《制定法大全》：3 Edward IV, c. 1 (1463). Ruddock (*Italian Merchants in Southampton,* p. 208) 提到這項法規，但給出不同的事件的時間順序。毫無疑問在一四六三年之後許可證繼續在發放。在一四六四年時，無羊毛被裝上佛羅倫斯大帆船或威尼斯大帆船（Grunzweig, *Correspondance,* p. 133）。

57. 4 Edward IV, c. 2 (14.64). 亦參見 12 Edward IV, c. 5 (1472). 這項法規明確規定，用大帆船即大型大帆船裝運「去西方」的羊毛和羊毛皮不受市場規則的制約。

58. *Calendar of the Patent Rolls, Edward IV and Henry VI, 1467-1477,* II (London, 1900), 11, 132, 160, 273, 547, *et passim.* Cf. Cora L. Scofield, *The Life and Reign of Edward the Fourth* (London, 1923), II, 423, 424, 426.

59. ASF, Catasto No. 798 (Carro, 1457), fol. 651. Cf. Grunzweig, *Correspondance,* pp. 65, 68-69.

60. *Correspondance,* pp. 119, 131. 這家合夥公司的善後工作持續到一四六四年。

61. *Ibid.,* pp. 116, 121. 亨格福特的遺孀連一分錢也不肯付。康迪隆永戰役是百年戰爭中最後一場戰役。由於戰敗，英格蘭失去在吉耶納的最後堡壘，只保住加來。領主亨格福特在赫克瑟姆戰役後被斷頭處死，貝內代托・博羅梅伊的支持者在此次戰役中被擊潰（一四六四年五月）。有關贖金之事仍然擱置（Grunzweig, *Correspondance,* p. 132）。雖然沒有證據，但極有可能梅迪奇什麼都沒收到。

62. 諾里在一四六〇年十一月或十二月離開倫敦（Grunzweig, *Correspondance,* p. 95），到一四六一年十月才重新復職（Scofield, *Life of Edward IV,* I, 196）。第二次旅行的日期見 Grunzweig, *Correspondance,* pp. 106, 108, 115 以及托馬索・波提納利一四六五年五月三日寫的信（MAP, filza 12, no. 321）。他在一四六五年三月三十日到達布魯日（MAP, filza 12,

no. 316）。

63. Grunzweig, *Correspondance,* p. xxviii.

64. Promemoria a Lorenzo de' Medici per Francesco Nori (MAP, filza 20, no. 622).

65. Scofield, *Life of Edward IV,* II, 421. 應該注意的是，這項許可證是在禁止從南安普頓裝運羊毛（3 Edward IV, c. 1）的法規仍然有效的期間發出的。

66. 兩百乘以四馬克等於八百馬克，即貸款的本金。關稅如下：

津貼	每包羊毛或兩百四十張羊毛皮四十三索爾多四德涅爾
進口稅	每包十索爾多零德涅爾，每包
	五十三索爾多四德涅爾或四馬克，每馬克可兌換十三索爾多四德涅爾

（*Calendar of the Patent Rolls, Edward IV and Henry VI,* II, 239）。

67. MAP, filza 99, no. 2, fols. 2-3. 對這項契約的簡短討論亦可見 Einstein, *Italian Renaissance in England,* pp. 256-257. 然而，這個討論不是很有啟發性。

68. 這些數字分別對應的是四一．六%、二五%和一六．七%。

69. Scriptà, dell' achordo e fine fatta con Gierozzo de' Pigli, 1467 (MAP, filza 148, fol. 40).

70. *Correspondance,* p. xxviii.

71. 這封信是寄給豪奢的羅倫佐的 (MAP, filza 20, no, 459)。

72. *Calendar of the Patent Rolls, Edward IV and Henry VI,* II, 239. 提到由三名職員和四名僕人組成的機構會，意味著他的公司是重要的。

73. *Calendar of the Patent Rolls, Edward IV, Edward V, Richard III, 1436-1485,* III (London, 1901), pp. 251, 296. 另一份許可證允許出口十五．五袋羊毛，用以分期償還一小筆四十一鎊六先令八便士即六十二馬克的債務。

74. ASF, Conventi Soppressi 78, Familiario, vol. 316, fol. 54: Lettere a Benedetto Dei.

75. Paginl, *Delia Decima,* II, 305. 亦參見 Carnerani, *Documenti,* pp. 78, 85, 88, 91 *et passim.* 雅各波．德爾札凱利亞是里昂分行

經理朱利亞諾・德爾札凱利亞的一個兄弟。他從一四六〇年起在倫敦工作（Caxnerani, p. 94, No. 268）。羅倫佐・阿塔萬蒂，即奧托萬蒂起先在布魯日工作，一四五八年時，他是那裡的一名夥計（*ibid.*, p. 85, No .240）。

76. *Calendar of the Patent Rolls, Edward IV,* II, 160 (May 29, 1469).

77. Camerani, *Document^* pp. 78, 97, 123, 125, *et passim.*

78. Scofield, *Life of Edward IV,* I, 453-454 and II, 423-424.

79. 根據安傑羅・塔尼一四八〇／一四八一年一月十日致喬凡尼・達尼奧洛・德－巴爾迪的一封信（在私人的 Guicciardini Archives, Florence, No. 49）。

80. 許可的日期是一四六七年十二月二十日。國王的債務總計達八千四百六十八鎊十八先令八便士，四捨五入的話就是八千五百鎊（*Calendar of the Patent Rolls, Edward IV,* II, 11）。Cf. Scofield, *Life of Edward IV,* II, 423. 在原文資料中給出的數字與塔尼報告中的數字相符：“Con questa vi mando il bilancio di questa ragione che, come per esso potrete vedere, dalle ₤8,500 in fuori che s’ànno avere dalla Maestà di questo Re, non v’à altra detta che non s’àbino a ritrarre in brieve.” 一四六八年一月十二日的信（MAP, filza 23, no. 102）。同個數字也在之後一四六八年一月二十三日和二月十二日的兩封信件中提到（MAP, filza 137, no. 192 and filza 22, no. 10）。

81. 上述引用的信：“... e restono avere in una partita dalla Maestà di questo Re ₤8,500 in circha, che attenghono a lloro, di che n’ànno asengnamenti sulle chostume e credo chol tenpo s’àbino a ritrarre, rna fieno lunghi perchè sono asengniati sulla mezza e non più.” 事實上，想要抵消債務，需要進口三千包以上的羊毛，因為八千五百鎊相當於一萬兩千七百五十馬克。

82. 這些資料是基於第八十條注釋引用塔尼的報告給出的資訊。

83. 塔尼一四六八年二月十二日致函皮耶羅・迪科西莫的信。在這封信中，塔尼表示希望得到由議會和神職人員投票資助有計劃入侵法蘭西的部分津貼，哪怕是十五分之一和十分之一。寫信的人不希望這項計畫實現。預言成真：愛德華四世從讓入侵行動付諸實行。一四六八年五月九日，塔尼報告說，如果津貼由議會投票通過的話，愛德華四世答應給他三千鎊到四千鎊（MAP, filza so, no. 391）。事實上這個津貼經投票通過（Scofield, *Life of Edward IV,* I, 452）。

84. 塔尼一四六八年九月一日致函皮耶羅的信（MAP, filza 22, no. 174）。

85. Scofield, *Life of Edward IV,* II, 423.

86. Scofield, II, 423 和第八十四條注釋所提九月一日塔尼的信。抵押擔保的兩千鎊並沒有償還。

87. 柯拉・史考菲認為，這個特許指的是一筆新的貸款，但依照梅迪奇的通信，這個解釋極不可靠（*Life of Edward IV*, II, 421）。

88. 安傑羅・塔尼一四六八年五月九日致函皮耶羅・迪科西莫的信（MAP, filza 20, no. 391）。

89. 這些陳述見於上述一四六八年五月九日信中的一條附言，日期為五月二十三日。

90. 托爾納博尼顯然拒絕接受布匹來支付倫敦分行的應收帳款餘額。塔尼在一四六八年九月一日致函皮耶羅的信（MAP, filza 22, no. 174）。

91. 安傑羅・塔尼的報告，沒有注明日期，但時間在一四七四年以後（MAP, filza 82, no. 163, fols. 500-501）。

92. 托馬索・波提納利與安傑羅・塔尼一四六九年六月八日從根特寫的聯名信（MAP, filza 17, no. 711）。

93. Scofield, *Life of Edward IV*, II, 424.

94. *Calendar of the Patent Rolls, Edward IV*, II, 273.

95. Thomas Rymer's *Foedera* (London, 1727), XII, 7-9.

96. MAP, filza 82, no. 163; A. Warburg, "Flandrische Kunst und florentinische Renaissance," *Gesammelte Schriften* (Leipzig, 1932), I, 375-376.

97. Sieveking, *Handlungsbücher*, p. 51. 這是羅倫佐和朱利亞諾・迪皮耶羅・德－梅迪奇與堂兄弟的後輩皮耶爾福朗切斯科・德－梅迪奇之間一次結帳提到的數字（MAP, filza 99, no. 8, fols. 30-31）。

98. *Calendar of the Patent Rolls, Edward IV*, II, 401. 有關卡尼賈尼更詳細的傳記，參見 Scofield, *Life of Edward IV*, II, 420-428.

99. 結婚是在一四七三年十一月三日和十一月三十日之間，因為在這日期之後克里斯托法諾・斯皮尼的信中有提到（MAP, filza 26, no. 133）。Cf. *Calendar of the Patent Rolls, Edward IV*, II, 466.

100. Scofield, *Life of Edward IV*, II, 420.

101. *Ibid.*, II, 425-427. 我同意柯拉・史考菲的陳述，是卡尼賈尼不再忠誠，而非管理不善，讓他陷入與梅迪奇銀行的麻煩之中。

102. *Calendar of the Patent Rolls, Edward IV*, II, 481. Cf. Grunzweig, *Correspondance*, p. xx.

103. 羊毛的總價為六千七百九十五鎊十六索爾多五德涅爾，再加上九百八十二鎊包裝等費用。進口稅的確切數字為一千七百三十八鎊十二索爾多三德涅爾。因此每大袋羊毛的價格是九鎊十一先令，這個價錢相當可信。

104. 一四七五年七月一日的信："Egl'à mancho fede che un Turcho"（MAP, filza 26, no. 162）。
105. MAP, filza 99, no. 3, fols. 4-5.
106. 皮傑洛・波提納利一四六四年五月十九日致函科西莫・德－梅迪奇的信（MAP, filza 12, no. 328）："echondo mi scrive Tommaso, la ragione loro finiscie per tutto questo anno"（根據托馬索寫給我的信，這家合夥公司在今年還會維持過）。這意味著到一四六五年三月二十四日為止。
107. 葛蘭茲威格 (*Correspondance,* p. xiii) 描述，托馬索・波提納利在一四三七年來到布魯日，但這肯定是不對的，因為布魯日分行到一四三九年才建立。此外，根據父親的資產稅報告，托馬索並非在一四二五年出生，而是在一四二八年，或許一四二九年。
108. Grunzweig, *Correspondence,* p. xviii.
109. 根據葛蘭茲威格 *(ibid.)* 的說法，這次的委任發生在一四六四年。不管怎麼說，他在一四六五年五月十八日有關格拉夫林通行稅的特許狀中被委任為公爵的顧問。一四六八年時，托馬索・波提納利在無畏者查理婚禮的遊行行列中，走在佛羅倫斯遊行隊伍的最前頭，「帶著公爵閣下顧問的行頭」（R. de Roover, *Money and Banking in Bruges,* p. 21）。
110. 托馬索・波提納利一四六四年十一月十日致函皮耶羅・迪科西莫的信（MAP, filza 12, no. 375），一四六四年十二月十八日的信（MAP, filza 12, nos. 381 and 395），和在一四六五年一月九日之前、日期不詳的一條附言（MAP, filza 12, no. 397）。
111. 托馬索・波提納利一四六四年七月一日致函科西莫・德－梅迪奇的信（MAP, filza 73, no. 315）。
112. Grunzweig, *Correspondance,* pp. 109, 117.
113. 托馬索的信件原文可見 Grunzweig, *Correspondance,* pp. 122-125. 它被 Singer, *The Earliest Chemical Industry,* p. 150 引用。
114. 皮傑洛・波提納利一四六四年五月十九日致函科西莫・德－梅迪奇的信（MAP, filza 12, no. 328）。
115. 波提納利被邀請來到佛羅倫斯，以便討論新契約的條款。他在一四六五年六月下旬離開布魯日，行經洛林，並在七月二十三日到達米蘭。（Portinari from Milan to Piero, July 24, 1465, MAP, filza 17, no. 576. 他在一四六五年十月五日重返布魯日的崗位（MAP, filza 72, no. 372）。
116. MAP, filza 84, no. 22, fols. 47-49.
117. 托馬索・波提納利一四六六年三月四日致函皮耶羅・德－梅迪奇的信（MAP, filza 12, no. 314）。進貨價格分六年付清。

118. Joseph Marechal, *Bijdrage tot de Geschiedenis van het Bankwezen te Brugge* (Bruges, 1955), pp. 61-62.
119. 一四六六年三月二十九日致皮耶羅的信（MAP, filza 12, no. 314）。
120. Scofield, *Life of Edward IV,* I, 405.
121. "... non sarebbe bene che altri prendessi la lepre die per noi è stata levata"（上述引用之信，n. 119）。
122. Grunzweig, *Correspondance,* pp. xxiii-xxiv.
123. 格拉夫林的農場由安東萬・德克魯瓦開價給波提納利，德克魯瓦當時是善良者腓力的全權顧問。托馬索・波提納利一四六四年七月一日致函皮耶羅・德－梅迪奇的信（MAP, filza 73, no. 315）。
124. 波提納利一四六四年十一月九日致函皮耶羅的信（MAP, filza 12, no. 375）和一四六四年十二月一日的信（filza 12, no. 379）。
125. Georg Schanz, *Englische Handelspolitik gegen Ende des Mittelalters* (Leipzig, 1881), I, 445. 為了報復，低地諸國的產品被法令（4 Edward IV, c. 5）禁止進入英格蘭。Cf. Scofield, *Life of Edward IV,* I, 357-358, 367.
126. Louis Gilliodts-van Severen, *Cartulaire de I'ancien grand tonlieu de Bruges, I* (Bruges, 1908), 341-343.
127. 在無畏者查理死後，格拉夫林的通行稅暫時被廢除，但被奧地利的馬克西米利安恢復，並在一四八五年又回到波提納利手裡（Grunzweig, *Correspondance,* pp. xxxv-xxxvii）。
128. 合兩百四十格羅特的格羅特鎊值六阿圖瓦鎊（每阿圖瓦鎊合四十格羅特或二十斯代瓦）。這個較小的鎊幣是荷蘭盾的前身。
129. Georges Bigwood, *Le Regime juridique et economique du commerce de I'argent dans la Belgique du moyen age, I* (Brussels, 1921), 663.
130. 然而，阿曼德・葛蘭茲威格陳述有三艘大帆船，其中一艘在首航時就遭受海難。"La Filiale de Bruges des Medici," *La Revue de la Banque,* 12:79 (1948).
131. 布魯日的波提納利一四六四年十一月二十七日致函皮耶羅的信（MAP, filza 12, no. 379）。
133. Grunzweig, *Correspondance,* pp. 108, 114, 129, 133；布魯塞爾的托馬索・波提納利一四六五年二月十四日致函皮耶羅・迪科西莫的信（MAP, filza 12, no. 313）。這些大帆船到一四六五年五月仍未售出（MAP, filza 12, no. 321）。
133. Grunzweig, «La Filiale de Bruges des Medici,» p. 79.

134. Grunzweig, *Correspondance,* p. xxi. Cf. F. E. de Roover, “A Prize of War: A Painting of Fifteenth-Century Merchants,” *Bulletin of the Business Historical Society,* 19:4 (1945).

135. 在一封一四六九年一月九日的信中，波提納利仍在懇求皮耶羅保留大帆船（MAP, filza 12, no. 307）。參見一四六九年一月三十一日的信（MAP, filza 12, no. 308）。

136. 波提納利一四六九年六月十八日致皮耶羅・迪科西莫的信（MAP, filza 17, no. 711）。

137. MAP, filza 84, no. 28, fol. 60.

138. MAP, filza 84, no. 29, fols. 61-62. 這項契約並非在佛羅倫斯簽訂，因此一份副本被送去布魯日讓波提納利簽字。

139. 米蘭的托馬索・波提納利一四六九年十月二十七日致函皮耶羅・德－梅迪奇的信（MAP, filza 22, no. 227）。

140. Sieveking (*Handlungsbücher,* p. 50) 十分清楚這些條款的涵義，只有將應有的讚賞給予這位商業史的開拓者才是公正的。

141. 布魯日的托馬索・波提納利一四六九年十二月七日致函皮耶羅・迪科西莫的信（MAP, filza 17, no. 465）。

142. Warburg, “Flandrische Kunst,” pp. 197, 377.

143. ASF, Diplomatico, Santa Maria Nuova di Firenze, September 7, 1470: “... dictus Thomas ... vendidisse dicto Johanni ... septem octavas panes duarum galearum que comuniter appellantur galee Burgundie.”

144. 托馬索・波提納利一四七〇年六月九日致函羅倫佐的信（MAP, filza 4, no. 501）。安東尼奧・迪貝爾納多・德－梅迪奇在被召回佛羅倫斯之後，在一四七九年進入外交部門，他擔任豪奢的羅倫佐的特使派去君士坦丁堡，以便從蘇丹・穆罕默德二世那裡把殺害朱利亞諾・德－梅迪奇的一個兇手貝爾納多・班迪尼－貝倫賽利逮捕和引渡。眾所周知，貝倫賽利被囚押到佛羅倫斯並被處死。

145. MAP, filza 84, no. 24, fols. 51-52.

146. Sieveking, *Handlungsbücher,* p. 52.

147. MAP, filza 94, no. 198, fols. 357-358.

148. MAP, filza 84, no. 251, fols. 53-54.

149. MAP, filza 82, no. 112, fols. 320-323.

150. 豪奢的羅倫佐的備忘錄（MAP, filza 84, no. 21）和安傑羅・塔尼的報告（MAP, filza 82, no. 163）：“. . lo feciono per loro sanza dirmi nulla.”

151. 關於布根地大帆船這件事情已經有不少文章發表：A. von Reumont, "Di alcune relazioni dei. Fiorentini colla città di Danzica; memoria," *Archivio storico italiano,* New Series, XIII, pt. I (1861), 37-47; G. von der Ropp, "Zur Geschichte des Alaunhandels,' pp. 130-136; Otto Meltzing, "Tommaso Portinari und sein Konflikt met der Hanse,' *Hansische Geschichtsb lätter,* 12:101-123 (1906). F. E. de Roover, "A Prize of War," pp. 3-12; *idem,* "Le Voyage de Girolamo Strozzi,' pp. 117-136.

152. 這個福朗切斯科・泰達爾迪是位豐富多彩的人物：除了是商人和航海探險家之外，他還是一部拉丁文長篇小說的作者和人文主義者。Paul O. Kristeller, "Una novella latina e il suo autore, Francesco Tedaldi, mercante fiorentino del Quattrocento," offprint from *Miscellanea in onore di Emilio Santini* (Palermo, 1955), 24 pp. 福朗切斯科・泰達爾迪有時候被叫做福朗切斯科・塞爾馬泰伊 (von Reumont, «Relazioni," p. 39; Ruddock, *Italian Merchants,* pp. 198, 210, 214).

153. 一些傷患被無情地扔進大海。A. von Reumont, "Relazioni," p. 42; *Hanserecesse (1431-1476),* Zweite Ab.teilung, VII, 63.

154. *Hanserecesse (1431-1476),* 2. Abt. VII, 115.

155. F. E. de Roover, "Voyage de Girolamo Strozzi," p. 136.

156. *Hanserecesse (1431-1476),* 2. Abt., VII, 115, No. 41; Gilliodts-van Severen, Inventaire des archives de la ville de Bruges, VI, 417, No. 1262.

157. *Hanserecesse (1431-1476),* 2. Abt, VII, 65, No. 41. 順便一提，在回應這項索賠上，漢薩同盟城鎮否認是一個同盟；關於在某些國家享受的特權，他們只是一個主體而已。

158. 參見公爵特使馬斯特・吉安・哈勒韋因在烏德勒支會議上的抱怨（*Hanserecesse (1431-1476),* VII, 82, No. 106）。

159. von Reumont, «Relazioni,» pp. 37-47.

160. 漢堡和盧貝克在烏德勒支會議上聲稱他們禁止在自己的城牆內出售掠奪品，但斯皮尼回應說該禁令在白天得到遵守，晚上並不遵守（*Hanserecesse (1431-1476),* VII, 65, No. 41）。從紀錄中可以清楚地看出，漢薩同盟城鎮的行動沒有誠意。

161. *Ibid.,* pp. 381-382, No. 168. 這個態度在一四七四年與一四九五年間並未改變。*Hanserecesse (1477-1530),* Dritte Abteilung, ed. D. Schafer, I (Leipzig, 1881), 425, No. 552.

162. *Hanserecesse (1431-147$),* 2. Abt., VII, 234-35, No. 135. 在一四七四年一月，波提納利扣留德意志商人的貨物、他們的銀行帳款，以及他們與毛皮商的賒帳。

163. Meltzing, "Portinari," p. 120. 這個決定的確切日期是一四九六年八月五日。

164. *Hanserecesse (1477-1530),* 3. Abt, I, 249, No. 327.

165. Meltzing, "Portinari," p. 121.

166. von der Ropp, "Alaunhandel," p. 136.

167. F. E. de Roover, "Early Examples of Insurance," pp. 191-194.

168. Michel Mollat, «Recherches sur les finances des dues valois de Bourgogne,» *Revue historique,* 219:318-319 (1958).

169. 里昂的廖內托・德－羅西一四七六年六月二十六日致函在佛羅倫斯的福朗切斯科・諾里的信（MAP, filza 34, no. 342）。梅迪奇顯然希望公爵會被迫談判並議和，不過他未朝這條路走，因為他們有那麼多錢處於危機關頭。

170. Gilliodts-van Severen, *Cartulaire de I'ancien grand tonlieu,* I, 343; Bigwood, *Commerce de l'argent,* I, 89, 470, 663. 葛蘭茲威格 (*Correspondance,* p. xxxi) 陳述債務達到五萬七千格羅特鎊，這是不正確的，因為該文本指的是折合四十格羅特小鎊，而非折合兩百四十格羅特的大鎊。

171. MAP, filza 84, no. 21.

172. *Ibid.:* "Et lui, per entrare in grazia del prefato Ducha et farssi grande alle nostre spese, non se ne churava."

173. Edgar Prestage, *The Portuguese Pioneers* (London, 1933), p. 188; Henry H. Hart, *Sea Road to the Indies* (New York, 1950), p. 28.

174. 米蘭的托馬索・波提納利一四七八年十一月二十三日致函豪奢的羅倫佐的信（MAP, filza 137, no. 429）。

175. Prestage, *Portuguese Pioneers,* pp. 216-217, 234.

176. 馬基翁尼後來資助到東印度群島的早期航行（Heyd, *Histoire du commerce du Levant,* II, 512-514）。在葡萄牙人的紀錄中，巴爾托洛梅奧・馬基翁尼有時被叫做「佛羅倫斯的巴托洛梅烏」。Prospero Peragallo, "Cenni intorno alia colonia italiana in Portogallo nei secoli XIV, XV, e XVI," *Miscellanea di Storia italiana,* XL (Turin, 1904), 417-420; Charles Verlinden, "La Colonie italienne de Lisbonne et le développement de 1'économie métropolitaine et coloniale portugaise," *Studi in onore di Armando Sapori* (Milan, 1957,) pp. 621, 623.

177. 這份契約已不存在，但在李聶里・達里卡索利被羅倫佐派去布魯日與托馬索・波提納利進行最後結算時帶去的檔案中有提到（MAP, filza 89, no. 241）。

178. 羊毛業務是由克里斯托法諾・斯皮尼管理的，他在每鎊獲利中可以分到二先令即一〇%，因此梅迪奇與波提納利的分紅比例相同，即四五%(Map, filza 84, no. 21）。

179. 義大利文本說：“... e questi sono i ghuadangni grandi die ci à assengniati il ghoverno di Tommaxo Portinari” (MAP, filza 84, no. 21, fol. 46)。

180. 這些杜卡特是按每杜卡特兌換六十格羅特計算的。

181. 安東尼奧・迪貝爾納多・德－梅迪奇一四七八年四月十一日致朱利亞諾・迪皮耶羅・德－梅迪奇的信（MAP, filza 103, no. 110）。在帕齊陰謀發生時（一四七八年四月二十六日），托馬索・波提納利很可能在佛羅倫斯。

182. 米蘭的托馬索・迪福爾科和喬凡尼・迪阿多阿爾多・波提納利一四七八年十月二十一日致函羅倫佐・德－梅迪奇的信（MAP, filza 137, no. 426）。

183. 豪奢的羅倫佐一四七八年十月六日和十一月十四日致函在米蘭的大使吉羅拉莫・莫雷利的信（MAP, filza 96, fols. 91 and 93）。

184. 米蘭的托馬索・波提納利一四七八年十一月二十三日致函羅倫佐・德－梅迪奇的信（MAP, filza 137, no. 429）。

185. 佛羅倫斯的羅倫佐・德－梅迪奇一四七八年十二月二十二日致函在米蘭的吉羅拉莫・莫雷利的信（MAP, filza 50, no. 6）。

186. 李聶里・達里卡索利在一四四八年時是布魯日的居民（Gilliodts-van Severen, *Cartulaire de l'estaple,* I, 692, No. 863）。他在一四五三年時仍在那兒，他因移除在小兄弟會佛羅倫斯小禮拜堂的墓碑而被罰款（Grunzweig, *Correspondance,* pp. 29, 33, 36-37）。根據貨幣兌換商行會的紀錄，一四六五年至一四七七年，李聶里・達里卡索利是安東尼奧・達拉巴塔和貝爾納多・康比公司的合夥人（Arte del Cambio, Libro di compagnie, No. 15, fols, 14^{v}, 45^{V}, 60^{r}）。他顯然在布魯日期間（自一四七八年至一四八一年）撤出，並於一四八一年返回佛羅倫斯時重新加入同家公司（*ibid.,* fol. $8o^{r}$）。他的女兒麗莎在一四八一年十月二日嫁給托馬索・古德提（ASF, Carte Strozziane, Series IV, No. 418: Libro di ricordi di Tommaso Guidetti, fol. 3^{V}）。

187. ASF, Archivio notarile antecosimiano, G 620: Protocollo di ser Simone Grazzini da Staggia, 1472-1494, fols. 126-128. 日期是一四七九年九月一日。

188. MAP, filza 89, no. 308：Ricordi e istruzioni di Lorenzo de' Medici a Rinieri Richasoli, September 14, 1479.

189. 布魯日的李聶里・達里卡索利一四八〇年八月七日致函羅倫佐・德－梅迪奇的信（MAP, filza 137, no. 449）：“... che avendo queste ultime vostre, per le quail dite si tagli le parole del fare di nuove et si vadi drieto al chontarsi tutta la ragione.” 亦參

見安傑羅・塔尼一四八〇年八月二日的信（MAP, filza 26, no. 293）。

190. 只有附在契約裡的里卡索利信函留存下來（見 n. 189）。

191. MAP, filza 84, no. 76, fols. 153-154.

192. 圖爾的安傑羅・塔尼一四八一年四月九日致函羅倫佐・德－梅迪奇的信（MAP, filza 38, no. 156）。

193. 布魯日的李聶里・達里卡索利一四八〇年八月十九日致函羅倫佐・德－梅迪奇的信（MAP, filza 137, no. 450）。

194. Carte Strozziane, Series IV, No. 418: Libro di ricordi di Tommaso Guidetti, fols. 2-7.

195. 根據古德提紀錄簿裡一張活頁的記載，羊毛的價值為每包六十三杜卡特。

196. ASF, Archivio dello spedale di Santa Maria Nuova, No. 130. 看來這些葡萄乾實際收到的款項是被福爾科・迪阿多阿爾多・波提納利貪汙了。

197. Warburg, "Flandrische Kunst," p. 202; Sieveking, *Handlungsbücher,* p. 53; Meltzing, *Bankhaus der Medici,* p. 137; Gutkind, *Cosimo de' Medici,* Eng. ed., p. 186, Ital. ed., p. 247. Grunzweig (*Correspondance,* p. xxxiv) 反駁這些作者的斷言。

198. Gilliodts-van Severen, *Cartulaire de l'estaple,* II, 224, No. 1181. 在一四七五年八月十九日的文件中，班迪尼－貝倫賽利被稱為："Pierre Antoine Banding, marchand de Florence, facteur et compaignon de la compaignie de Francisque et Andrea de Pacis." Cf. Pagnini, *Delia Decima, II,* 304.

199. 布魯日的福爾科・迪阿多阿爾多・波提納利一四七八年五月二十三日致佛羅倫斯的托馬索・波提納利的信，（ASF, Spedale di Santa Maria Nuova, No. 130）。

200. Grunzweig, *Correspondance,* p. xxx.

201. Gilliodts-van Severen, *Cartulaire de l'estaple,* II, 270, No. 1253.

202. Ehrenberg, *Zeitalter der Fugger,* I, 277.

203. Pagnini, *Delia Decima,* II, 299-302.

204. Gilliodts-van Severen, *Cartulaire de l'ancien grand ton-lieu,* I, 343-345.

205. Grunzweig, *Correspondance,* p. xxxvii.

206. MAP, filza 89, no. 197. 很有可能是在結算豪奢的羅倫佐與托馬索・波提納利之間帳目的帳簿時發現有欺騙的情況。

207. 福爾科・迪阿多阿爾多・波提納利一四八八年四月十日在高等商事法庭被控十宗罪（ASF, Spedale di Santa Maria Nuova,

No. 130）。

208. 參見亞歷山德羅・迪阿多阿爾多・波提納利一四八一年七月十三日從倫敦寫的信，（Spedale di Santa Maria Nuova, No. 130）。

209. Grunzweig, *Correspondancey* p. xxxviii.

210. 在布魯日皮耶蘭托尼奧・班迪尼－貝倫賽利一四八七年四月二十三日致函羅倫佐・德－梅迪奇的信（MAP, filza 82, no. 41, fol. 179）。

211. 托馬索・波提納利待在佛羅倫斯幾個月，直到一四八九年。參見 Libro di ricordi di Tommaso Guidetti, fol. 7^{V} (Carte Strozziane, Series IV, No. 418)。

212. 南安普敦市市長堅持要在國會發言，並說如果威尼斯大帆船停止來到那裡，那麼他的城鎮就會被毀滅。波提納利和倫敦的斯皮尼一四八九年十一月十一日寫的信（MAP, filza 41, no. 388）。Cf. Ruddock, *Italian Merchants,* p. 222.

213. Grunzweig, *Correspondance,* pp. xxxix-xl.

第十四章　梅迪奇銀行的衰落：一四六四至一四九四

梅迪奇銀行的衰落跨越了三十年的時間，自一四六四年科西莫去世算起，至一四九四年梅迪奇家族被逐出佛羅倫斯為止。此時，梅迪奇銀行實際上已處於破產的狀態，仍在經營的幾家分行（里昂分行、羅馬分行和那不勒斯分行）都在為生存而與極為不利的條件鬥爭。在這三十年裡，由前後三代的梅迪奇人領導：痛風的皮耶羅·迪科西莫（一四六四至一四六九年），豪奢的羅倫佐（一四六九至一四九二年），以及皮耶羅·迪羅倫佐（一四九二至一四九四年）。

當科西莫·德－梅迪奇在一四六四年八月一日去世時，他的公司已經過了鼎盛期，並開始走下坡。倫敦分行終歸失敗；其他分行的處境也愈來愈艱難；而且獲利在不斷減少。倘若科西莫還在世，而且還保持著元氣，倒是有可能挽回梅迪奇銀行日益衰敗的命運，撐住將傾倒的大廈。不幸的是，他的繼任者不像他那麼有能力，而且還被信賴的人讒言蠱惑所害。

在厄運的打擊下，科西莫遺下皮耶羅，他是兩個婚生兒子中較大的一個，被培養為統治者，但未在帳房裡接受過實際訓練。[1]更糟糕的是，皮耶羅患有嚴重的痛風，在他生命僅存的最後五年裡大部分時間纏綿病榻。儘管有這些疾患，但他還是做得比期望中要好得多，並設法啟動一項經濟緊縮政策力挽狂瀾，不過，這項政策並沒有徹底執行。儘管如此，他被指責在科西莫去世後不久引起震撼佛羅倫斯商業界的破產浪潮。

根據尼科洛・馬基維利的記述，皮耶羅・德－梅迪奇依照迪耶薩爾維綿裡藏針的建議，從外國人和佛羅倫斯人那裡收回許多債款，從而造成極大的不滿，給自己樹敵眾多。[2]馬基維利補充說，皮耶羅惹來的憎惡據傳是隨信用緊縮引起企業倒閉的數量而變本加厲。迪耶薩爾維・內羅尼期望皮耶羅的不受歡迎會有助於他與梅塞爾・盧卡・皮蒂、尼科洛・索代里尼和梅塞爾・安傑羅・阿奇亞奧里一起醞釀推翻梅迪奇統治的陰謀取得成功。這個企圖非但沒達成，反而遭受挫敗，主謀者除了盧卡・皮蒂在最後一刻變節，並反擊背叛同夥以外，其他人全被流放。[3]他的背信棄義帶來的只有恥辱，他被所有人蔑視，包括梅迪奇家族的擁護者和敵對者。[4]

馬基維利的故事表面上被一些歷史學家接受，但也有一些人認為事情不大可能這樣而拒絕相信。[5]然而，從來都是無風不起浪。雖然馬基維利有些歪曲事實，但他的故事還是有真實的成分。可以肯定，皮耶羅・迪科西莫在父親死後不久就下令調查名下的財產和商業利益，以便弄清楚「自己到底涉水有多深」。這次的審計很可能顯示出梅迪奇公司的業務狀況並非像據信那樣昌榮。[6]結果，皮耶羅著手進行一項經濟緊縮政策，在梅迪奇紀錄中有大量相關證據。他按部就班終止經營不善的威尼斯分行，他藉著派遣塔尼去與愛德華四世協商結算，竭力使自己從倫敦的混亂中解脫出來，他命令在米蘭的皮傑洛・波提納利削減給斯福爾札宮廷的貸款。毫無疑問是由於皮耶羅的堅持，一四六九年十月十四日與托馬索・波提納利簽訂的合夥協議才反對擴大貸款給無畏者查理，並規定要對布根地大帆船進行清算。皮耶羅堅持這項政策，但遺憾的是他未能確保政策得以按自己意願貫徹執行。

因此幾乎可以肯定地說，皮耶羅・迪科西莫懂得未雨綢繆採取一項緊縮而非擴張的政策。尚有疑問的是，這項政策是否引發科西莫去世後在佛羅倫斯爆發的破產浪潮。第一個破產的是馬泰奧・迪喬治・德爾馬艾斯特羅・克里斯托法諾，時間是一四六四年十一月十三日；他拖垮其他幾家公司，包括喬凡尼和安傑羅・巴爾代西公司、貝爾納多・班基兄弟公司和皮耶羅佐・班基公司。這些公司都是不很重要的企業，負債在兩萬福羅林以下。[7]第一場重大的崩潰是皮耶羅・帕爾蒂尼兄弟公司，欠債四萬福羅林。下一個輪到洛多維科・斯特羅齊，負債總計約三萬兩千福羅林，以及羅倫佐・迪拉廖內・伊拉廖尼，他破產時赤字達十六萬福羅林。他是一四二〇年至一四三三年擔任梅迪奇銀行總經理伊拉廖內・德－巴爾迪的孫子。[8]在一四六四年十二月的最後幾天裡，消息傳到佛羅倫斯，說一四三四年被科西莫放逐的帕拉，他的兒子詹福朗切斯科・斯特羅齊已暫停付款，並尋求與債權人達成協議。[9]同樣的事情發生在福西亞明礬礦的前承包人巴爾托洛梅奧・佐爾齊，也就是喬治身上，他也許成功地收回財富，因為一四七九年在威尼斯與蘇丹・穆罕默德二世締結和平條約之後，他再次得到在小亞細亞的權利。[10]薩爾維亞蒂公司也瀕臨破產，而它在布魯日的經理博羅梅伊則逃進聖域避難，因為他無法滿足所有債權人的要求付款。然而，梅迪奇銀行出手相救，提供一萬兩千福羅林。[11]到一四六五年四月時，薩爾維亞蒂公司東山再起。[12]

根據安傑羅・阿奇亞奧里的一封信，一四六四年至一四六五年的危機是自一三三九年以來最慘重的災難。[13]這也許有點誇張，但毫無疑問，失業現象很普遍，缺乏信心導致商業停滯。皮耶羅的政策在何種程度上該對這場不景氣負責，那是另一回事。這些破產幾乎沒有影響到梅迪奇銀行；也許最沉重的打擊是在威尼斯的分行，威尼斯分行在帕爾蒂尼破產中牽涉到的金額總計達一千杜卡特。里昂分行從斯特羅齊公司購買一份十二金馬克的匯票，也就是七百六十八（合六十四分之一馬克的）埃居；但托馬索・波提納利恰好及時讓付款人布魯日的薩爾維亞蒂公司接受。[14]

大多數破產的公司都與黎凡特地區有關係，不景氣似乎是因為威尼斯與鄂圖曼蘇丹之戰的爆發，雖然不見得是公司破產的直接原因。這場戰爭持續十六年，自一四六三年至一四七九年。交戰一開始，在君士坦丁堡和土耳其其他地方未成功逃脫的威尼斯人不是被屠殺，就是被監禁，所有威尼斯人的財產都被查封。[15]結果是在黎凡特地區有利益的所有公司都被徹底毀滅，或至少損失慘重。雖然在鄂圖曼帝國的佛羅倫斯人未受到騷擾，

圖 12：法蘭西的查理八世及其軍隊在 1494 年 11 月 17 日進入佛羅倫斯，那是梅迪奇家族被驅逐的幾天後

左側第一幢建築是梅迪奇宮。

但他們失去所有在威尼斯人手上屬於他們的東西。

事實上，皮耶羅・迪科西莫盡最大努力來緩和這場危機。他不但幫助薩爾維亞蒂公司，而且還幫助羅倫佐・伊拉廖尼和洛多維科・斯特羅齊與債權人達成協議。[16]斯特羅齊最終全額償還所有償權人的欠款，因而使自己一貧如洗，但伊拉廖尼同意接受每鎊中的幾先令，結果變得比經商前更富有了。[17]

一四六六年之後，皮耶羅・迪科西莫繼續執行父親去世時採取的經濟緊縮政策。然而，他發現這項政策難以貫徹實施，因為信貸的發放是遵循最省事的原則，而貸款的回收則會與政治需求發生衝突。分行經理對經營策略沒有表現出絲毫熱情。被指責過於隨意貸款給斯福爾札宮廷的皮傑洛・波提納利，承諾要節省開支，但他依然指出，在緊急情況下，幾乎不可能拒絕要求而不失寵或不受影響。[18]一旦被捲入太深，放款人的戰略優勢就會讓位給借款人。撤退就會招致災難。

闡明一家分行不應將負擔加於另一家分行這個原則很好辦，但付諸實踐則是另一回事。[19]缺乏財源的分行動輒利用有盈餘可供出借的分行，或是附近尋求投資機會的分行。

在警告皮傑洛的弟弟托馬索．波提納利注意提防與布根地宮廷的瓜葛之後，皮耶羅考量到威望和影響力，一反常態地允許他包收格拉夫林的通行稅，並為與無畏者查理「和睦相處」起見小額放款。在踏出第一步之後，還會有可能停止和避免進一步的許諾嗎？然後還有英格蘭羊毛問題，如前所述，羊毛實際上是北歐可用來結算對義大利逆差的唯一商品。布魯日分行甚至比倫敦分行更加依賴英格蘭綿羊毛。但義大利出口商或多或少受英格蘭國王的支配，因為他可以透過頒發或拒發許可證來管制物資流通。這個問題還有其他方面的因素。精緻的布料是用英格蘭羊毛織造的，它的品質無與倫比，對佛羅倫斯毛紡業而言是不可缺少的原料。作為國家的非正式元首，皮耶羅．德－梅迪奇有為「窮人」提供織布機和工作的責任。任何長期失業情況都有可能醞釀動盪，誘發暴亂，讓陰謀者占便宜，而且沒有哪個人完全可以信任。今天的朋友就是明天的敵人。

皮耶羅．迪科西莫並非處在令人羨慕的位置上。由於忙於政務，他幾乎沒時間管理梅迪奇銀行，而且不得不把業務的經營交給自己的管理員福朗切斯科．迪托馬索．薩塞蒂（一四二一至一四九〇年）。在擔任日內瓦分行的經理成功地服務多年之後，薩塞蒂終於在一四五九年被召到佛羅倫斯去幫助喬凡尼．迪科西莫履行總經理的職責。[20]在喬凡尼去世後，整副擔子全部落在薩塞蒂的肩上，儘管這家控股公司從未復甦到一四五五年之前那般對他有利的地步。在他擔任整個梅迪奇公司總經理的同時，他只在亞維儂分行和日內瓦－里昂分行是合夥人，除了在佛羅倫斯錢莊有一段很短的期間以外，他在其他分行沒有出資，也沒有分紅。

皮耶羅．德－梅迪奇死於一四六九年十二月二日，然後由二十一歲的羅倫佐和只有十六歲的朱利亞諾兩位年輕人繼任。他們因為缺乏經驗，不得不在很大程度上依靠父親的幕僚。羅倫佐很快就擺脫幕僚在政治事務中對他的影響，並在幾年時間成長為那個時代偉大的政治家。但他對商務不太感興趣，並在那個領域裡繼續依賴福朗切斯科・薩塞蒂，後者變得獨斷專行。沒有薩塞蒂的意見或違背他的意見，什麼也做不了。對薩塞蒂政策的任何批評都被視作出於嫉妒、乃至不可告人的動機而置之不理。[21]然而，薩塞蒂沒有已故的喬凡尼・本奇那樣的毅力。他缺乏本奇的專注，也沒有科西莫鋼鐵般的意志。如果有可能的話，他想要討好每個人，他得過且過，對嚴苛的決定遲疑不決，致使為時太晚而來不及採取預防措施。

在科西莫掌權的時代已經把分行經理緊緊地掌控在自己的手裡，從不允許他們偏離自己的指令辦事，但薩塞蒂卻跟在他們的後面跑，而不是給他們指引。[22]例如，他甘願被托馬索・波提納利蒙蔽，並把較為謹慎的安傑羅・塔尼提出的任何反對意見當作廢話而置若罔聞。[23]在另一個例子中，薩塞蒂對任何提醒充耳不聞，像是廖內托・德－羅西有可能是不可信任的，而且不採取行動，直到造成的損毀無法補救。[24]最後，薩塞蒂終於認識到，他奉行錯誤的政策：在他的職業生涯結束時，他寫信給羅倫佐：「我不該忘記告訴您，若您的管理人員不用比過去時代更嚴格的紀律和更強硬的手段來領導，那麼麻煩就會死灰復燃，因為任何對權力的放鬆都是導致放肆和任性的誘餌。」[25]他應該在梅迪奇公司陷入窮途末路之前早點表明態度。

大家可能會覺得奇怪，薩塞蒂是如何擔起梅迪奇銀行的關鍵管理職位？福朗切斯科是在新市場的一名貨幣兌換商的兒子，父親在孩子們還小的時候就去世了，他在一四四〇年前後就成為日內瓦的員工，開始為梅迪奇銀行服務，並在六年內晉升到分行經理，也許是透過耍陰謀排擠掉主管魯傑里・德拉卡薩。薩塞蒂一直留在日內瓦，直到一四五九年被召回佛羅倫斯以減輕他的朋友、工作負荷超重的喬凡尼・迪科西莫的負擔。之後不久，他娶了內拉・迪皮耶羅・科爾西，一名只有十五歲的女孩，她給他生了五個兒子和五個女兒。[26]到了一四六二年，在梅迪奇銀行服務二十年之後，他已經有將近兩萬七千福羅林的可觀財富，包括一棟在佛羅倫斯的房子，三座農莊、珠寶、一座圖書館和投資在梅迪奇公司的一萬八千福羅林，這些投資有的是計息存款，也有的是投資在亞維儂分行和日內瓦分行。[27]四年之後，他的財富幾乎翻了數倍，總計達五萬兩千福羅林。[28]他的商業投資已經增加到四萬五千福羅林，主要是投資在梅迪奇銀行。他還購買更多的不動產，並在蒙圖吉山丘上建造華麗的別墅，從露台上可眺望穆尼奧內河谷，菲耶索萊山聳立在前方。據說這棟別墅花了他一萬兩千福羅林以上。[29]薩塞蒂擁有一批精品藏書，有用拉丁文寫的，也有用本國方言寫的。他的藏書簽上用法文寫著意義深遠的箴言：*A mon pouvoir*（盡我所能）。

但在薩塞蒂去世之前，大部分的財富已無法挽回地失去了，在里昂分行的災難性崩潰與其他不良投資中被吞噬了。一四八九年，他從里昂寫信給豪奢的羅倫佐說，他不再富裕，而且後悔未能提供任何經濟上的援助。[30]在給同一個人的另一封信裡，薩塞蒂表達想要儘快擺脫債務的願望，因為利息在消耗他的財產。[31]

如前所述，薩塞蒂在六十七歲時去了里昂，待了七個月的時間梳理因廖內托・德－羅西管理不善造成的麻煩。在他返回佛羅倫斯之後幾個月，也就是一四九〇年三月二十一日，他中風，被男僕發現他不省人事地躺在房間的地板上。他苟延殘喘了幾天，右半邊身體癱瘓，說不出話來。[32]他很有可能死於一四九〇年三月三十一日，因為豪奢的羅倫佐在四月一日口授信件給羅倫佐・斯皮內利、菲力浦・德科米納、余姆貝爾・德巴塔爾奈，以及在法蘭西的其他客戶，通知他們薩塞蒂的死訊。[33]葬禮隔日在聖三一教堂舉行，福朗切斯科・薩塞蒂曾在那裡獲得一座家庭小禮拜堂，為此他曾委託多梅尼科・吉蘭達約繪製一幅祭壇裝飾畫《牧羊人朝拜聖嬰》，以及表現教宗批准聖方濟會議事規程的著名壁畫。[34]

命運已不再偏愛薩塞蒂，儘管他另有箴言 *Mitia Fata Mihi*（願命運善待我）。他的後代在十六世紀貧困潦倒；他們盡可能長期保有蒙圖吉別墅，但他們最後還是被迫賣掉。[35]為了挽回財富，一位名叫菲利波・薩塞蒂的曾孫受僱當葡萄牙人的傭工去了東印度群島，他因熱帶疾病把命丟在那裡（一五八八年）。雖然他成功累積一筆財富，但他的繼承者被剝奪了繼承權，幾乎什麼都沒得到。菲利波的兄弟福朗切斯科是個不切實際的人，整日埋頭於舊羊皮紙中，繪製家譜，寫家族史，以此打發時間，他在家族史中強調家族的高貴和過去的富裕，純粹是白白浪費時間，徒勞無益。[36]

在福朗切斯科．薩塞蒂一四八八年離家去里昂的前一天晚上口授給兒子們的備忘錄中，他把自己的倒楣完全歸咎於「廖內托．德－羅西那徹頭徹尾糟糕又不盡責的管理」。[37]然而，難道薩塞蒂不該受到指責嗎？他的職責是確保分行經理受到控制，審計他們的帳目，檢查欺詐舞弊，並制訂要遵循的規則。這一切他都沒有做。薩塞蒂錯在給了分行經理太多自由行動的空間，而且沒認真仔細審查他們的報告。也許他有時難以說服豪奢的羅倫佐，也無當機立斷的個性與魄力。總之，梅迪奇銀行的衰落不應追究某個人的缺點。羅倫佐．德－梅迪奇也應對衰敗負責。此外，還有他和薩塞蒂都無法控制的力量在起作用。

根據馬基維利的說法：「豪奢的羅倫佐在商業經營中運氣不佳（*fu, quanto alla mercanzia, infelicissimo*）；由於他那些代理人管理不善（*il disordine de' suoi ministri*），好像以為自己是王公貴族，而非是平民百姓似的經營業務，他的許多財富在國外多遭受損失；結果，國家不得不拿出大把大把的錢來支持他。」[38]亞當．斯密因為誤解馬基維利而用這篇文章的大部分篇幅來闡明政府企業的浪費和無效率，並用來證明王公貴族從事貿易一般都不成功。[39]這個例子舉得很差勁，因為梅迪奇銀行從來不是大眾銀行，而羅倫佐是位碰巧也是國家領導人的私人銀行家，沒有得過王侯的地位。真實情況是，某些分行經理的行為，例如米蘭和布魯日的波提納利兄弟，確實是那種透過給王公貴族留下梅迪奇銀行有能力出借無限金錢的錯誤印象，從而激起他們貪欲的行為。讓卡尼賈尼得以出借十二埃居給愛德華四世，以及托馬索．波提納利曾在一段時期欣然答應為多至八萬埃居作擔保，甚至連久經世故的菲力浦．德科米納也感到驚訝。[40]

除了馬基維利，多部編年史斷言豪奢的羅倫佐不僅運氣不佳，而且還缺少經商的天分。例如，人文主義者福朗切斯科．桂奇迪尼*認為，羅倫佐對商業毫不理解，未能仔細研究托馬索．波提納利和廖內托．德－羅西提交的報告，因此被他們矇騙，結果只有透過挪用公共基金才得以從破產中被挽救過來。[41]羅倫佐的侄子亞歷

圖 13：豪奢的羅倫佐

山德羅・德−帕齊甚至更直言不諱，把梅迪奇公司的失敗歸因於舅舅缺乏經商能力，鋪張浪費，熱衷於公共事務等。[42]喬凡尼・米凱萊・布魯托用了一點心理學分析，告訴我們羅倫佐把一切都歸咎於代理人的不忠，而他們為了開脫則聲稱他的過度開銷才是一切麻煩的根源。[43]當然，這樣的說法是站不住腳的，不可能得到支持；並非羅倫佐的揮霍浪費造成在里昂、布魯日或倫敦的巨大損失，而是管理不善和超額借款給君主的結果。這不表示豪奢的羅倫佐毫無責任。他確實犯了致命的錯誤，即聽從薩塞蒂的建議，給了分行經理太多的放任。結果，他的權威逐漸喪失，他在一四七八年曾向吉羅拉莫・莫雷利抱怨，他預期在本該享有極大信譽的米蘭，甚至無法阻止自己的經理（波提納利兄弟）在斯福爾扎宮廷裡煽動敵意，使他感到非常哀傷。[44]

有關廖內托・德−羅西和波提納利兄弟管理不善的現有證據，確鑿無疑，無法抹去，但為豪奢的羅倫

＊福朗切斯科・桂奇迪尼（一四八三至一五四〇年）是義大利文藝復興時期的歷史學家、政治家，著有《義大利史》。

佐撰寫讚辭的人，質疑那些他缺乏經商能力或至少對公司事務幾乎不感興趣的說法，仍視他為只有美德而無瑕疵的超人。[45]這些人認為，說這些話的編年史家不是被偏見所蒙蔽，就是被黨派給遮了眼。[46]那麼事情的真相究竟是什麼呢？

跟他的父親皮耶羅一樣，羅倫佐受過良好的人文主義教育，但他在經商方面的訓練相當薄弱，他沒有接受帳房實務方面的教育和歷練。實際情況是，在一四六六年為彌補這個缺陷，他做過一次羞怯的努力，在羅倫佐十七歲那年去羅馬時；他父親再三叮囑他要用心傾聽喬凡尼・托爾納博尼的話，托爾納博尼會向他解釋羅馬分行的狀況，以便羅倫佐在返回佛羅倫斯後能報告那裡的現況。[47]

然而，這些與商業界的臨時接觸只是系統訓練的蹩腳替代品而已。[48]豪奢的羅倫佐在繼任父親的職務之後對公司的管理不感興趣，並把所有權力轉授給福朗切斯科・薩塞蒂。在皮耶羅去世後不久，當安傑羅・塔尼不同意薩塞蒂對倫敦分行的政策，訴諸於羅倫佐時，羅倫佐答覆說：他不懂這種事情（*che lui non se n'intendeva*）。[49]十年後，羅倫佐在親自口授的一則備忘錄中不得不承認，由於欠缺知識，他被托馬索・波提納利欺騙了；順帶一提，波提納利的圖謀是受到薩塞蒂未與塔尼商量所助長，這個說法薩塞蒂當然不會同意。[50]同樣的故事也重複發生在里昂分行上，羅倫佐甚至在廖內托・德－羅西的所作所為已經引起薩塞蒂的懷疑之後，也沒有把羅西召回。[51]在一四八七年，斯皮內利寫信給豪奢的羅倫佐：「我很高興看到您開始對您的事務感興趣，並管理得愈來愈好，因為，若您持之以恆，您的利益和聲譽都將有所增長。」[52]因此，可說是毫無疑問，羅倫佐至少在早期生涯忽視自己的商業利益，在不斷累積的損失削弱財政，而且不斷破壞統治基礎之後，他才被迫對此更加關注。

帕齊陰謀（一四七八年四月二十六日）意在顛覆梅迪奇銀行與梅迪奇政權，朱利亞諾・德－梅迪奇在這場陰謀中被刺殺，羅倫佐則僥倖逃脫保住一命。這是突然發生在財政困難達到極點的關鍵時刻，此時在阿普利亞、佛蘭德、英格蘭和米蘭都正遭受損失。因為帕齊銀行也許是佛羅倫斯第二大的銀行，並在羅馬、里昂和布魯日有分行，故其合夥人和經理很清楚這件事，也就是他們最危險的競爭對手正遭遇嚴重的麻煩，猶如泥菩薩過河。事實上，家族中頭腦最好的雷納托・德－帕齊拒絕參與這場陰謀，因為梅迪奇銀行已困難重重，他相信破產已近在咫尺，為期不遠。[53]在他看來，若梅迪奇失去全部信譽，那麼也將失去全部權力。陰謀的失敗只誘致教宗思道四世及同盟者加倍努力打擊梅迪奇銀行，以便扳倒梅迪奇家族。羅倫佐在一封寫給吉羅拉莫・莫雷利的信中抱怨說：「那不勒斯國王想辦法要毀了我的生意，他堅持要我付出而不許我收回。我擔心，如果教宗聽說這件事，必將以同樣的方式削弱我在羅馬的生意。」[54]羅倫佐的擔心是有充分理由的；教宗查封梅迪奇的全部財產，拒絕償還教宗聖庫欠梅迪奇銀行的債務，還把喬凡尼・托爾納博尼逐出了羅馬。

為了應付緊急情況，羅倫佐被迫調動一切可用的資源。他寫信給在米蘭的佛羅倫斯大使莫雷利詢問公爵的書記官切科・西莫內塔，是否能讓他有三萬或四萬杜卡特（即十二萬至十六萬美元）的黃金，這在當時來說是一大筆錢，因為當時的貨幣購買力是今天的好幾倍。[55]更嚴重的是，一四七八年五月至九月間，正陷於絕望困境的羅倫佐・德－梅迪奇在不同時間共計取走屬於皮耶爾福朗切斯科・德－梅迪奇兩個未成年兒子喬凡尼和羅倫佐的五萬三千六百四十三福羅林硬幣，因為他是他們的監護人。[56]這筆錢一直到一四八五年都沒有歸還，直到一四八五年被兩位達到法定成年年齡的年輕人主張權利。透過仲裁人達成一項有關此事及其他事情的和解，但雙方都不滿意，並成為自喬凡尼・迪比奇以降梅迪奇銀行家族這兩家分行違法的主要原因之一。[57]雖然羅倫佐被迫把祖傳的卡法喬洛別墅和在穆傑洛地區的其他財產讓渡給堂兄弟，但他們抱怨承擔倫敦分行的三分之一損失，以及父親並未同意的限制花費。[58]

豪奢的羅倫佐是否在一四七八年或之後侵吞公共基金，長期以來一直是在他的讚頌者與誹謗者之間反覆爭論的未決問題。[59]編年史家的說法（其中說得最赤裸的是彼得羅・帕倫蒂）始終無法讓人相信，據說是因為他們的強硬陳詞未得到任何文獻資料的證實。[60]然而，當梅迪奇銀行家族在流亡十八年之後重新掌權時（一五一二年），似乎有可能隱瞞任何罪證。總之，在斯特羅齊的資料中找到一份檔案，無疑可以確定，豪奢的羅倫佐挪用了公共資金。[61]一四九五年一月三十日，自治公社向梅迪奇銀行家族財產保管人提出七萬四千九百四十八大福羅林的索賠要求，這筆錢由公共基金管理人福朗切斯科·德利婭·托薩分多次交給羅倫佐或其代理人。檔案上明明白白地寫著，這些款項「既未經任何法律許可，也未經授權」而被支出，「對自治公社造成損毀和侵害」。[62]在缺少一四六九年之後的業務紀錄的情況下，無從顯示這筆七萬五千福羅林的錢是如何被實際用掉的，是使梅迪奇銀行銀行東山再起，還是用來賄賂外交官（這是馬基維利所處時代的普遍做法）。不管怎樣，不僅豪奢的羅倫佐的繼承者，還有梅迪奇銀行的合夥人，包括羅倫佐·托爾納博尼和喬凡巴蒂斯塔·布拉奇，都要對自治公社被騙走的這筆錢承擔責任。因此，帕齊陰謀之後之所以得以避免破產，有可能就是因為侵占公庫的錢。

即使是在這些絕望的情況下，也沒有用上大膽果敢的補救措施，而是留給薩塞蒂去修補裂縫，但直到整家公司無法挽救，他的所作所為也都沒能阻止裂縫擴大。沒有把這座搖搖欲墜的大廈推倒重建的打算；然而，即便使老朽結構完全恢復活力的計畫被送到豪奢的羅倫佐面前，顯然也毫無結果。

其中有個建議是在一四八二年前後形成的一項重組計畫，當然是在清算布魯日分行和威尼斯分行（一四八〇年）之後作為起點，解僱並逮捕廖內托·德–羅西（一四八五年）前作為終點。[63]這個計畫意圖復興喬凡尼·迪阿梅里格·本奇去世（一四五五年）之前就已存在的控股公司組織形式。事實上，這項建議涉及創建兩家這樣的公司：一家置於福朗切斯科·薩塞蒂的管理之下，另一家置於喬凡尼·托爾納博尼的管理之下。第一家控制佛羅倫斯錢莊，以及在里昂和比薩的分行，而第二家則包含羅馬和那不勒斯的銀行。

這項計畫被非常詳細地制訂出來，細到包含資本中每位合夥人要提供的數額，以及可以得到的獲利分紅。

然而，由於這項計畫從沒有付諸實施，用放大鏡來審視並沒有意義。閒話少說，只說這兩家控股公司的計畫資本合起來被設定為最少四萬八千杜卡特，其中豪奢的羅倫佐只出資一萬八千杜卡特，薩塞蒂一萬五千杜卡特，喬凡尼．托爾納博尼出資的金額相同。此外，初級合夥人被期望提供另外兩萬杜卡特。資本總額在不包括定期存款下因此達到六萬八千杜卡特，至少從表面上看是如此。請注意，羅倫佐．德－梅迪奇的股份被減少到總數的一小部分，這證明損失的程度。除了銀行業之外，這項計畫建議在里昂創立一家專門經營絲織品的公司，並置於福朗切斯科．德爾托瓦利亞的管理之下。資本將由里昂分行提供，以便有三層疊加的合夥公司或公司：即由福朗切斯科．德爾托瓦利亞管理的合夥公司在金字塔的底部，里昂分行在中間，有福朗切斯科．薩塞蒂和豪奢的羅倫佐為合夥人的母公司在頂端。為圓滿起見，這個重組計畫還提到在佛羅倫斯經營一家絲織作坊或金箔加工廠的適切性，但未再提到毛紡作坊。

重組計畫提議喬凡尼．多爾西諾．蘭福雷迪尼和洛多維科．馬西擔任佛羅倫斯錢莊的經理。比薩分行的管理被委託給以前在蒙佩利爾的西莫內．福爾基，或委託給福朗切斯科．斯皮納。在里昂，有人提議保留廖內托．德－羅西，雖然據密告他不值得薩塞蒂繼續對他投以信任。在那不勒斯分行的領導人位置上，制訂者計畫由福朗切斯科．納西和巴蒂斯塔．潘多爾菲尼擔任聯席經理，「如果他們有望合作的話」。

顯然，這個計畫是被設計用來提供長期以來缺乏的東西，即控制和協調。確切地說，梅迪奇銀行近年來的主要麻煩之一就是缺乏協調。科西莫．德－梅迪奇總是能阻止嚴重衝突，但薩塞蒂未用同樣的鐵腕管控分行經理。結果梅迪奇公司因糾紛而四分五裂，分行經理非但不像一個團隊那樣通力合作，反而經常勾心鬥角，每個人都在維護自己的利益，而不顧企業的整體利益。例如，不能自制的喬凡尼．托爾納博尼與布魯日分行和里昂分行發生衝突，而薩塞蒂無法恢復和平，無法協調不同分行的行動。他還允許較差的分行拖垮那些財務狀況還算健全的分行。在不同分行內部，員工也經常被猜忌和解僱而分裂，福朗切斯科．薩塞蒂有時加以鼓勵，而非設法加以抑制。這種情況的最佳例子也許是安傑羅．塔尼與托馬索．波提納利之間的不合，薩塞蒂讓它繼續存在，因為他更喜歡永遠保持一種混亂狀態，以避免任何傷害其聲譽使人不快的決定。

這項重組計畫的制訂者很可能是喬凡巴蒂斯塔．布拉奇，他是佛羅倫斯錢莊的員工之一。[64]他的影響力不足以使計畫被羅倫佐．德－梅迪奇接受，若被接受，這項計畫是否會帶來重大改變，或是把梅迪奇公司從一具腐朽的死屍轉變成一家欣欣向榮的企業，也是值得懷疑的。

儘管如此，這個計畫還是某種程度上以不同的形式在一四八六年被重新提上議事日程，當羅倫佐．斯皮內利寫信給豪奢的羅倫佐，表示贊同創立一家控股合夥公司，所有其他實體都將源自這家公司（*dal quale uscissino tutte l'altre ragioni*）。[65]換言之，目的是將一四五五年之前就已存在的控股公司復活，但由豪奢的羅倫佐、福朗切斯科．薩塞蒂，以及喬凡尼．托爾納博尼擔任資深合夥人。透過這個做法，希望托爾納博尼會停止有損於其他分行的做法來提升羅馬分行的利益，並希望他會更傾向全面考慮梅迪奇公司的問題。又一次什麼都沒做，計畫書仍是一紙空文。而且，有人會想知道他是否有可能改變喬凡尼．托爾納博尼根深柢固的習慣，隨著年齡增長，他變得愈來愈古板。梅迪奇銀行需要的是另一個喬凡尼．本奇，但沒有人具備他的長才。

薩塞蒂在一四九〇年三月三十一日去世之後，由佛羅倫斯錢莊的一位合夥人喬凡巴蒂斯塔．布拉奇繼任，很可能有得到菲利波．達傑利亞諾的幫助。當然，托爾納博尼舅舅繼續干涉，而且他的忠告無論是好是壞，都比以往任何時候更有分量。薩塞蒂死後不久，羅倫佐．斯皮內利就表達了不切實際的期望：現在將採取步驟使里昂分行站穩腳跟，或許是透過清算過去的負債並注入新的資本，因為他補充說，只要事情處於不確定狀態，而且「我不知道我是否在天堂裡，還是地球上」，就不可能獲利。[66]但是，一如往常，照例沒有採取任何行動。羅倫佐．德－梅迪奇不是不願把更多的錢放進虧本的生意，就是更有可能無法提供重新開始所需要的資本。在他餘生的最後兩年時間裡，梅迪奇銀行繼續變糟，一度瀕臨破產的深淵。

豪奢的羅倫佐一四九二年四月八日在卡雷吉別墅去世之後，生意更是一落千丈。他的長子皮耶羅．迪羅倫佐（一四七二至一五〇三年）是個二十歲的年輕人，健康、傲慢、喜歡運動，既沒有外交技巧，又沒有管理能力。他的次子梅塞爾．喬凡尼（一四七五至一五二一年）剛在成熟的十七歲就被封為樞機主教，比皮耶羅更有天賦，但他已表現出揮霍無度的傾向，這助長加速家族銀行的衰敗，也在他成為教宗之後摧毀教宗的財政。羅倫佐的三兒子朱利亞諾（一四七九至一五一六年）在父親去世時還是個小孩子。據豪奢的羅倫佐常說：「我有三個兒子：一個愚蠢，一個聰明，一個善良。」[67]他實際上是否說過這句話無關緊要。但這樣的描述恰如其分地反映出皮耶羅、喬凡尼和朱利亞諾的個性。

對於梅迪奇家族來說，不幸的是繼承權落到最不適合成為國家元首或銀行領導人的兒子上。皮耶羅．迪羅倫佐把對公共事務的管理交給書記官皮耶羅．多維齊．達比別納，把商業事務的管理交給舅公喬凡尼．托爾納博尼。這不是最佳的選擇。托爾納博尼並非一個擁有任何遠見或有能力看到全部問題的人。他心懷善意，但易於衝動，總是在憂鬱的情緒和無根據的樂觀興致之間變化無常。

如果梅迪奇家族的統治沒有因為皮耶羅在政治上的愚笨無能和法蘭西人的入侵而在一四九四年被推翻的話，那有可能會在最嚴重的金融崩潰中甚至以更不體面的方式終結。梅迪奇銀行此時已處於破產邊緣。大部分的分行已經停止營運，尚存的分行則在苟延殘喘。甚至連那麼久以來一直是梅迪奇銀行中流砥柱的羅馬分行也在衰退，因為資金都被套在放款給教宗聖庫和給奧爾西尼家族的貸款之中。[68]此外，梅迪奇家族欠羅馬分行的債務超出占有的資本一萬一千兩百四十三大福羅林。再者，多梅尼卡聖瑪麗亞教堂的年輕樞機主教梅塞爾．喬凡尼另外還欠七千五百福羅林。[69]

在梅迪奇家族被逐出佛羅倫斯之後，他們的全部財產被敵人建立的新政權占有。在「叛逆者」財產的保管人與喬凡尼．托爾納博尼之間就銀行事項達成一份契約，根據這份契約，他及兒子羅倫佐將繼續經營銀行。關於托爾納博尼公司的資訊很少，甚至一無所知，但由於被剝奪資本和信用，銀行失去活力，很快就消失了。雖然要引證能支持人文主義歷史學家福朗切斯科・桂奇迪尼的文獻有困難，但他斷言羅倫佐・迪喬凡尼・托爾納博尼參與恢復梅迪奇的圖謀（一四九七年）是由於即將破產的可怕前景所促使，卻很可能是對的。[70]

不管豪奢的羅倫佐或「管理人」福朗切斯科・薩塞蒂的缺點是什麼，把梅迪奇銀行的衰敗單單歸咎於判斷失誤或錯誤的政策都只是片面的觀點。實際上，梅迪奇的衰敗並非源於單一的原因，而是源於複雜的情況，以及其重要性無法評估的互相作用因素交織而成。[71]有些起作用的因素，例如英格蘭羊毛的供應減少是羅倫佐或薩塞蒂完全無法控制的。羅貝爾・洛佩教授甚至斷言：「即使是熟練的管理也不會帶來許多紅利」，而且大概也不會把梅迪奇銀行從即將到來的毀滅中挽救回來。[72]這個看法或許是正確的，但難以證明。然而可以肯定的是，梅迪奇銀行的財務結構使它極易受到不利趨勢的傷害，譬如在一四七〇年代和一四八〇年代流行的趨勢。就像留存下來的資產負債表顯示，梅迪奇銀行嚴重舉債經營。這個政策允許他們累積巨大的獲利，只要投資的報酬超過支付給存款人的利息。另一方面，在愈來愈多的損失耗盡合夥人相當微薄的股本之後，滅頂之災也將接踵而至。

細讀現存的資產負債表（表33、表39、表41、表47、表51、表60和表69）顯示出另一個重要的事實：即梅迪奇銀行在經營中的現金準備極少，通常遠低於資產總額的一〇%。事實上，這是福朗切斯科・達蒂尼和米蘭的博羅梅伊公司等中世紀商業銀行家財務報表中的共同特徵。[73]現代歷史學家總是很訝異對他們利用的替代貨幣範圍之廣。然而，有人可能會提出這樣的問題，即現金準備是否充足，梅迪奇銀行是否不受缺乏流動性的困擾。對這個問題的回答應該持謹慎的態度，因為中世紀的商業銀行家在危機中更傾向依賴自己的私人資源，也就是窖藏的錢財，就如梅迪奇在一四三三年和再次在一四八三年發生帕齊陰謀事件時所做的那樣。另一個解決辦法是透過兌換來吸收金錢，但這是一種昂貴的借款形式。對它的依賴是引起梅迪奇多家分行損失慘重的一個主要因素，尤其是布魯日分行、倫敦分行和里昂分行。

在科西莫管理下的幾年繁榮時間裡，梅迪奇銀行主要透過把收益再投入經營，並為防備呆帳預留大量的準備金而得以發展壯大。然而，獲利十分豐厚，科西莫能提取大筆資金來擴大不動產的持有量，或顯示出手頭寬裕。他是個偉大的建設者。除了梅迪奇宮和建在卡雷吉的自用別墅之外，他還提供資金建造聖羅倫佐教堂，完成道明會聖馬可修道院，擴建菲耶索萊大教堂，和修繕耶路撒冷的聖靈大教堂。實際上是科西莫開始蒐集手稿，後來成為眾所周知的羅倫佐圖書館。根據孫子的《回憶錄》，在一四三四年和一四七一年間，豪奢的羅倫佐，也就是梅迪奇家族把多達六十六萬三千七百五十五福羅林的錢花在建築、慈善和納稅上，不包括家庭開支。[74]羅倫佐繼續收藏書籍和手稿，並資助藝術，但與科西莫當年所為已不能同日而語。除了波喬阿卡亞諾別墅以外，他幾乎沒留下什麼建築遺產。[75]理由毫無疑問是他不再能像祖父習慣的那樣隨心所欲地花錢。也許羅倫佐無法減少其他費用，以補償生意上的虧損。總之，如果沒有因為管理不善造成的損失，那麼他那些如上所述的奢侈導致梅迪奇銀行衰敗的推論似不可信。

值得加以認真關注的一個因素是，梅迪奇家族如果不是法律上的統治者，也是實際上的統治者。由於他們的地位，政治上的考慮往往比冷靜的商業考慮更有優先權。一個適用的案例就是米蘭分行的建立，它從一開始就是一個意在向福朗切斯科·斯福爾札提供財政支援的許諾。它無可置疑地是受政治動機鼓舞的行動，但不符合科西莫的經營方針，由於涉及到的種種風險，反對放款給王公貴族、權貴或高級神職人員。此外，把米蘭分行作為例外等於為其他分行開了一個可以仿效的不良先例。隨著梅迪奇銀行規模的擴大，它也變得愈來愈難為閒置資金找到獲利機會。包收稅金提供輕鬆獲利的誘人機會，但這一步一旦踏出去就不可避免會引導包稅人對未來的預期收入撥款，這是一步往往以債務人違約和債權人破產而告終的棋局。例如，格拉夫林通行稅就是驅使托馬索·迪福爾科愈來愈深陷與無畏者查理糾紛之中的楔子。

有時候，不放款根本無法做生意，就像在英格蘭，出口羊毛的許可證只有透過預先付款給國王才能確保獲得。這就是梅迪奇銀行在與愛德華四世交往中面臨的兩難處境。實際情況是，蓋拉爾多·卡尼賈尼是個懦怯的人，無法抵抗壓力，他透過獲得免稅出口羊毛的許可證所預付的金額，遠遠超過在可預見的未來內可分批償還的金額。

這毫無疑問是格拉斯教授所謂的「店商這種金融類型」從私人銀行業逐漸過渡到政府財政的一個天生缺陷。[76]梅迪奇的眼前就有個例子：阿奇亞奧里、巴爾迪、福雷斯科巴爾迪、佩魯齊及佛羅倫斯的一些公司，他們都因為貸款給英格蘭的國王和其他外國君主而翻船。雖然梅迪奇銀行清楚地知道這樣的危險，但他們無法避開，結果撞上同一塊礁石上沉沒。

現在普遍公認，十五世紀的最後幾十年並非大繁榮時期，而是見證既持久又深重不景氣的時期。它對佛羅倫斯的經濟造成嚴重的破壞，並肯定對梅迪奇銀行的困境要負一部分的責任。豪奢的羅倫佐在呈報一四八一年資產稅報告時做出下面清醒的陳述：「在填寫這份報告時，我將不遵循我父親一四六九年同樣的程序，因為此一時彼一時，兩者之間存在巨大差異，結果我在多項事業中遭受許多損失，這點不但為閣下您所深知，而且世人也皆知。」[77]

當然，這段陳述暗示，一四六九年痛風的皮耶羅去世之後，營業狀況已經變得更為糟糕，每況愈下。是什麼導致一蹶不振是個值得辯論的問題。歷史學家現在普遍同意把下降趨勢歸咎於人口的減少，這個趨勢持續一百五十年，從黑死病爆發到地理大發現，並在十五世紀的最後幾個十年中走到低谷。[78]人口統計學雖然可以解釋總體趨勢，但解釋不了為什麼不景氣會加深。急劇衰落的一個主要原因可能是威尼斯與土耳其人之間的戰爭爆發*，就如已經提到的情況，從一四六三年肆虐到一四七九年，掀起一股破產的浪潮。儘管實際上佛羅倫斯保持中立，也有可能他們遭受到戰事帶來的擾亂，以及一般貿易管道的堵塞不亞於交戰國。然而，和平的恢復並未迎來繁榮的新時期，不景氣繼續自然發展。

除了人口統計學和戰爭之外，貨幣不穩定性也應該是經濟不景氣的原因之一。實際上，銀製通貨的幣值繼續貶低，結果大福羅林的匯率從一四五五年的約四皮喬洛鎊上漲到一四九七年的七皮喬洛鎊。[79]這樣的上漲趨勢到一四七五年慢下來，然後又增加衝勁。金融動盪影響梅迪奇銀行的財富到何種程度仍是個問題。就算有疑問，也很可能影響的範圍很少，因為變化是逐漸發生的，前後歷時二十多年。不管怎麼說，在留存下來的信件中從未提及金融動盪是資金困難的根源。然而，提到的是把資金從北歐轉移到義大利的問題。隨著世紀交替，似乎這個問題變得更加嚴重，並在一四七〇年之後達到一個關鍵階段。這也可以解釋為何豪奢的羅倫佐說自父親去世以來景氣惡化了。

如前述，羊毛實際上是佛羅倫斯人願意在北歐購買，並可用來結算他們的債權與教宗的債權的主要商品，絕非能夠忽略不計的項目。尤其是低地諸國與義大利的貿易差額嚴重入超，因為佛羅倫斯布料、荷蘭亞麻製品和阿拉斯掛毯的進口量遠遠無法達到貿易平衡。透過增加赤字的方式，教宗的匯款使情況雪上加霜，而非錦上添花。遺憾的是，能買到的英格蘭羊毛數量愈來愈少。由於義大利人在獲取回報以及從英格蘭和低地諸國提取資金方面日益困難，對外貿易因而隨之終止。如梅迪奇銀行的通信清楚地顯示，貸方餘額往往會在布魯日分行和倫敦分行累積，而喬凡尼．托爾納博尼時常抱怨，因為在這些城市的分行經理未能即時匯款給羅馬分行或佛羅倫斯錢莊。當然，托爾納博尼依舊目光短淺，未能診斷出困難的根源所在。另一個後果是托馬索．波提納利尋求在義大利借錢，在英格蘭和低地諸國投資。

---

*從穆罕默德二世攻陷君士坦丁堡的一四五三年，到威尼斯共和國滅亡，鄂圖曼帝國和威尼斯之間陸陸續續發生七次戰爭。兩國主要是為了爭奪地中海東部的海上霸權，控制商路和商業據點，戰爭持續兩個半世紀。

也許應該留意，就此而論，梅迪奇銀行對經濟成長的貢獻很小，而它的資產非但未被高效益地投資，反而主要被用來供宮廷的鋪張浪費或軍事戰役，從玫瑰戰爭到義大利傭兵隊長（例如斯福爾札）的戰功。[80]毫不奇怪，梅迪奇銀行未能使他們的錢以各種方式被浪費後失而復得。缺乏投資機會是義大利文藝復興時期商業資本主義另一個弱點。

梅迪奇銀行並非不景氣的唯一受害者，佛羅倫斯的其他銀行也遭這股無法抗拒的力量所打擊。一四七八年時，帕齊銀行也許經營得比其主要競爭對手都好，但資產稅申報表暗示，它離經營得好還很遙遠。佛羅倫斯第二富豪喬凡尼．迪保羅．魯切拉在一四七〇年之前就因損失而退出銀行業。[81]在一四二二年與一四七〇年之間，國際銀行的數量從七十二家減少到三十三家。[82]到一四九四年時，剩下不到六家的銀行，不足以填滿貨幣兌換商行會的職位。這次衰退是災難性的。因此梅迪奇銀行的衰落碰巧與佛羅倫斯銀行業的崩潰重疊。實際上，佛羅倫斯在十六世紀曾再次作為銀行業中心，但再未獲得過西歐金融中心的領導地位。

對於這個令人沮喪的全面蕭條景象，有一個令人注目的例外，那就是菲利波．德利斯特羅齊（一四二八至一四九一年）和羅倫佐．德利斯特羅齊（一四三〇至一四七九年），他們一直到一四六六年都在流亡，後來在那不勒斯經商。在梅迪奇銀行走下坡路時，他們的銀行卻諸事順遂，蒸蒸日上。兩位斯特羅齊家的兄弟在一四六六年前後都成功累積不少財富，這些財富使得菲利波在兄弟去世之後得以建造著名的斯特羅齊宮。

若梅迪奇銀行得到妥善管理，它是否能夠從危機中倖存下來，這永遠只是猜想。也許梅迪奇銀行應該像喬凡尼．魯切拉所做的那樣，在損失完全吞噬資本之前從商業中全身而退。然而，沒有人敢踏出這一步，果斷的承擔責任，尤其是福朗切斯科．薩塞蒂。

注釋

1. 證據被發現在一封塞爾喬凡尼・卡法雷奇・達沃爾泰拉致其學生喬凡尼・迪科西莫的信，科西莫那時正在費拉拉的「羅馬」分行的帳房裡接受業務訓練（May 5, 1438）。Pieraccini, *La stirpe de' Medici*, I, 77. See above Chap. IX, n. 82.
2. Machiavelli, *History of Florence*, Bk. VII, chap. 2, pp. 353-355; *idem, Istorie fiorentine*, Libro VII, §10-11.
3. 梅塞爾・盧卡・皮蒂的背叛顯然得到福朗切斯科・薩塞蒂的掩護，薩塞蒂是皮耶羅在這項業務中的密使。Jacopo Pitti, "Istoria fiorentina," p. 22.
4. 陰謀者當中有前總經理的兒子阿梅里格・迪喬凡尼・本奇。
5. 在質疑馬基維利的人中有Dorini (*I Medici*, p. 77)。接受馬基維利的故事的人中有Gino Capponi, F, A. Hyett和Panella (*Storia di Firenze*, p. 154). 最可靠的描述是由 Perrens (*History of Florence*, p. 231) 給出的，他利用佛羅倫斯的米蘭大使尼科代莫・特蘭凱迪尼的通信來判斷，這個人假裝是梅迪奇家族的朋友。
6. 當然，這是佛羅倫斯商人的標準做法。唯一的疑點是這樣的審計是否被委託給在科西莫有生之年已對梅迪奇家族不友善的迪耶薩爾維・內羅尼。
7. 阿拉曼諾・里努奇尼 (Ricordi, p. 94) 給出破產商業公司的名單。亦參見亞歷山卓・馬欽吉・內利斯特羅齊給在那不勒斯的兒子菲利波・斯特羅齊的信件：*Lettere di una gentildonna fiorentina*, ed. Cesare Guasti (Florence, 1877), pp. 333-336, 354, 379, 421.
8. 巴爾迪家族的這一分支在十五世紀時改姓式為伊拉廖尼。
9. Macinghi, *Lettere*, p. 336.
10. 亦參見托馬索・波提納利的書信，分別寫於一四六四年十二月十八日和二十六日，一四六五年一月九日和二十五日（MAP, filza 12, nos. 378, 381, and 311）。
11. 布魯日的托馬索・波提納利一四六五年一月二十五日致函皮耶羅・迪科西莫的信（MAP, filza 12, no. 311）。
12. 同樣的人在一四六五年四月五日的通信（MAP, filza 12, no. 316）。
13. Macinghi, *Lettere*, p. 350. 梅塞爾・安傑羅很悲觀，繼而悲嘆「窮人沒有麵包，富人沒有大腦，秀才沒有常識」；因此未來並不光明。

14. Grunzweig, *Correspondance,* pp. xxiv-xxv：布魯日的托馬索・波提納利一四六四年十二月二十六日致函皮耶羅・德－梅迪奇的信（MAP, filza 12, no. 381）。

15. Heyd, *Commerce du Levant,* II, 328; Pagnini, *Delia Decima,* II, 235-236.

16. Perrens, *History of Florence,* pp. 231-232. 佩倫誇大說皮耶羅是羅倫佐・伊拉廖尼毀滅的始作俑者顯然不符合事實。

17. Macinghi, *Lettere,* pp. 358, 379. 詹福朗切斯科・斯特羅齊 *(ibid.,* p. 421) 亦與債權人達成一項協議，並答應滿足他們的全部需求，但要八年的分期付款。

18. 參見皮傑洛・波提納利一四六七年六月二十九日致皮耶羅・迪科西莫的重要信函，（MAP, filza 17, no. 569）。

19. *Ibid.*：“Io ho molto bene inteso della deliberazione avete fatta e del'ordine dato per tutto, che non si dia graveza l'una ragione al'altra, die, come vi dissi per altra mia, lo lodo e commendo.”

20. 說薩塞蒂在一四四〇年前後在亞維儂為梅迪奇銀行服務是不合實際的，因為亞維儂分行到一四四六年才建立。他始終在日內瓦。這項錯誤最早是由他的子孫犯下的，其他人只是照抄：”Notizie dell'origine e nobilità della famiglia dei Sassetti raccolte da Francesco di Giambatista Sassetti, 1600,” *Lettere edite e inedite di Filippo Sassetti* (Florence, 1855), p. xxxv.

21. R. de Roover, “Lorenzo il Magnifico e il tramonto del Banco dei Medici,” *Archivio storico italiano,* 107:185 (1949).

22. F. E. de Roover, “Francesco Sassetti,” p. 76.

23. Warburg, “Flandrische Kunst,” pp. 375-376. 本注釋基於塔尼的備忘錄（MAP, filza 82, no. 163）：“Ragione che Agniolo Tani allegha per lequale e' dicie la ragione di Bruggia non avere a partire nè a fare niente chon Gherardo Ghanigiani di Londra, e che lui non à chompagnia chol detto Gherardo.” 瓦爾堡的備注把這個備忘錄做了非常好的摘要。它清楚地顯示薩塞蒂偏袒托馬索・波提納利，因為他的提議雖然有害，卻把他從困窘中解脫出來。

24. 重組計畫（MAP, filza 83, no. 19）：“Resta che il Xaxetti si fidi di Lionetto.”

25. 里昂的福朗切斯科・薩塞蒂一四八九年五月二十四日致函佛羅倫斯的豪奢的羅倫佐的信（MAP, filza 88, no. 199）。

26. 薩塞蒂的的一個兒子（泰奧多羅一世）英年早逝，費德里格成為牧師，科西莫和加萊亞佐加入梅迪奇銀行。我不知道在泰奧多羅一世死後的一四七九年才出生、最小的兒子泰奧多羅二世後來做什麼。其中一個女兒，名叫維奧蘭特，嫁給內里・卡波尼，他是里昂一家對手銀行的領導人，透過妻子，他對梅迪奇銀行的種種困難瞭若指掌。福朗切斯科・薩塞蒂也有一個非婚生兒子，名叫文圖拉，他也謀得神職。在這點上，福朗切斯科像喬凡尼・本奇。Warburg, “Francesco

Sassetti's letztwillige Verfügung," *Gesammelte Schriften.*, I, 131-132.

27. F. E. de Roover, "Francesco Sassetti," pp. 69-70. 商業投資占不動產的六八・六％。這些數字都是基於在薩塞蒂的機密帳簿第二頁裡發現的財產目錄（ASF, Cart Strozziane, 2d Series, No. 20）。

28. *Ibid.*, fol. 71. 扣除債務的商業投資占總數的六四％。這些帳簿現存於羅倫佐圖書館。

29. Warburg, "Letztwillige Verfügung," p. 133.

30. 里昂的薩塞蒂一四八八年十二月九日致函在佛羅倫斯的羅倫佐・德－梅迪奇的信（MAP, filza 40, no. 217）："... dolgomi di nonn esser riccho et pechunioxo come io solevo."。同樣的陳述可見一四八九年二月十二日的信（MAP, filza 40, no. 204）。

31. 同樣的人在一四八九年五月二十四日的通信（MAP, filza 88, no. 199）。

32. 佛羅倫斯的福朗切斯科・迪塞爾巴羅尼一四九〇年三月二十二日致羅馬的佛羅倫斯大使皮耶羅・潘多爾菲尼的信（Florence Biblioteca Nazionale, Manoscritti, II, IV, 371, fol. 105）。里昂的羅倫佐・斯皮內利一四九〇年四月四日致羅倫佐・德－梅迪奇的信（ASF, MAP, filza 42, no. 37）。斯皮內利聽說薩塞蒂中風，而且不期望薩塞蒂能活下來。薩塞蒂的死訊那時尚未傳到里昂。

33. Del Piazzo, *Protocolli*, p. 414.

34. Warburg, "Letztwillige Verfügung," p. 131, n. 2.

35. 那棟別墅被薩塞蒂的後代在一五四六年賣給皮耶羅・迪吉諾・卡波尼。Guido Carocci, *I dintorni di Firenze* (Florence, 1906), I, 183.

36. Warburg, "Letztwillige Verfügung," p. 129. 提到菲利波・薩塞蒂在一五八一年與西班牙國王簽定一份 *asiento*（食物供給合約）。H. Lapeyre, *Simon Ruiz et les Asientos de Philippe II* (Paris, 1953), p. 43.

37. Warburg, "Letztwillige Verfügung," p. 141.

38. *History of Florence*, Bk. VIII, chap. 7. 原文如下 (*Istorie fiorentine*, Libro VIII, §36)："Nelle altre sue private cose fu, quanto alla mercanzia, infelicissimo; perchè per il disordine de' suoi ministri, i quali non come privati, ma come principi le sue cose amministravano, in molti parti molto suo mobile fu spento; in modo che convenne che la sua patria di gran soma di danari lo suwenisse."伯恩這段文字的譯文不可靠。例如，從梅迪奇通信可清楚地看出 *disordine* 這個詞的意思是管理不善，

ministri 這個詞經常用來指分行經理，也就是今天我們常說的高階經理人。

39. *The Wealth of Nations,* Bk. V, chap. 2, pt 1 (New York: Modern Library ed, 1937), p. 771.
40. Philippe de Commines, *Memoires,* eds. Joseph Calmette and G. Durville (Paris, 1925), III, Bk. VII, chap. 6, 41-42.
41. *Storie fiorentine,* chap. 9, pp. 76 and 81: "... nelle mercatantie e cose private non ebbe intelligenzia."
42. Alessandro de' Pazzi, "Discorso al Cardinale Giulio de' Medici, Anno 1522," *Archivio storico italiano,* 1:422 (1842).
43. Giovanni Michele Bruto, *Istorie fiorentine,* ed. Stanislao Gatteschi (Florence, 1838), II, 499.
44. 豪奢的羅倫佐一四七八年十一月十四日致函吉羅拉莫・莫雷利的信 (MAP, filza 96, no. 93): "... et non posso fare che io non scoppi di dolore quando io penso che a Milano, dove io doverrei havere tanta reputatione et favore, non possa havere ragione co' raie' ministri."
45. 梅青在一九〇六年時把梅迪奇銀行的衰落歸咎於羅倫佐的放縱及代理人的管理不善，尤其是托馬索・波提納利（*Bankhaus der Medici,* pp. 123, 132, 134-135）。
46. Roberto Palmarocchi, *Lorenzo de' Medici* (Turin, 1941), pp. 37-42.
47. 佛羅倫斯的皮耶羅・德－梅迪奇一四六六年三月十五日致函在羅馬的兒子羅倫佐的信（MAP, filza 20, no. 142）。此信的文本發表於 A. Fabroni, *Laurentii Medicts Magnifici* II, 47-49 以及 Roscoe, *Lorenzo de' Medici,* p. 417, Appendix VI.
48. 由於在別處作出同樣的陳述，我已經被標記為人文主義的敵人。其實這是一種誤解。我想要說的是，一名銀行家需要懂得銀行業務，我並不反對他還懂拉丁文。我假設我的批評家不會因為廚師喜愛閱讀維吉爾或荷馬，而再次光臨一家把食物燒焦的餐館。參見 Emilio Cristiano in *Lo Spettatore Italiano,* 4:267-268 (1951)。
49. 安傑羅・塔尼的報告（MAP, filza 82, no. 163）。
50. 羅倫佐・德－梅迪奇的回憶 (MAP, filza 84, no. 21)。
51. 里昂的廖內托・德－羅西一四八四年六月十九日致函豪奢的羅倫佐的信（MAP, filza 51, no. 282）。
52. 羅倫佐・斯皮內利一四八七年九月二日致函豪奢的羅倫佐的信（MAP, filza 40, no. 136）。
53. Guicciardini, *Storie fiorentine,* chap. 4, p. 36; Perrens, *History of Florence,* p. 298.
54. 一四七八年七月二十五日（MAP, filza 124, No. 2）。譯文見於 Ross, *Lives of the Early Medici,* pp. 207-208.
55. *Loc. cit.*

56. MAP, filza 104, fols. 454-469：一四八五年十一月八日。五萬三千六百四十三福羅林的總額是這樣算出來的：

1478 年	5 月 1 日	20,043	福羅林
	5 月 3 日	5,000	
	6 月 2 日	8,000	
	8 月 8 日	8,000	
	8 月 13 日	1,600	
	9 月 27 日	11,000	
	合計	53,643	福羅林

57. MAP, filza 99, No. 8, fols. 30-31.
58. 桂奇迪尼提到這些差異，見 *Storie fiorentine* (p. 76).
59. Perrens, *History of Florence,* p. 409; Palmarocchi, *Lorenzo de' Medici,* p. 38.
60. Guicciardini, *Storie fiorentine,* pp. 77, 81; Pietro di Marco Parenti, "Storia fiorentina, 1476-1518," Florence, Biblioteca Nazionale, Manoscritti, Magi. II, II, 129, fol. 105^{r}.
61. ASF, Carte-Strozziane, Series I, No. 10, fols. 190-191. 路易士・馬克斯發現了此文件，並爽快地讓我注意到它。
62. "... perche detto scrivano e huficiali per leggie veruna non anno alturita nessuna, annolo fatto in danno e progiudicio del Ghomune."
63. MAP, filza 83, no. 19, fols. 67-68.
64. 在一封廖內托・德－羅西寫於一四八五年九月二十三日的信裡，布拉奇被指定為該計畫的制訂者，當時羅西還在斯廷凱債務人監獄服刑（MAP, filza 26, no. 447）。
65. 一四八六年九月六日的信（MAP, filza 39, no. 558）。
66. 一四九〇年四月九日的信（MAP, filza 42, no. 38）。
67. Hyett, *Florence,* p. 475.

68. MAP, filza 84, no. 46, fol. 96.
69. MAP, filza 82, no. 145, fols. 446-462. 另一個副本在哈佛大學的貝克圖書館，塞爾福里奇收藏梅迪奇手稿，No. 495, Section C.
70. *Storie fiorentine,* chap. 15, p. 143.
71. F. E. de Roover, “Francesco Sassetti,” p. 80. Cf. Vittorio de Caprariis, “Sul Banco dei Medici,’ *“Bollettino delVArchivio storico del Banco di Napoli,* fasc. 1 (1950), p. 51. 這個作者受岳父貝內代托．克羅切的思想啟發，認為尋找梅迪奇銀行衰落的原因是徒勞的。在某種程度上說他是對的，但做點嘗試，解釋一下最有可能的原因，剔除那些沒有影響的條件，總歸是有價值的。
72. R. S. Lopez, “Hard Times and Investment in Culture,” *The Renaissance, Medieval or Modern?* ed. Karl H. Dannenfeldt (Boston, 1959), p. 61.
73. R. de Roover, “Accounting prior to Luca Pacioli,” p. 142; Tommaso Zerbi, *Le Origini della partita doppia,* pp. 420, 440.
74. 這些記載的文本見於 Roscoe, *Lorenzo de’ Medici,* p. 426 (Appendix X)。
75. Guicciardini, *Storie fiorentine,* p. 81 指出這點。
76. Gras, *Business and Capitalism,* p. 166.
77. ASF, Catasto No. 1016 (Leon d’Oro, 1481), fol. 474^{r}: “... non oservo Tordine di mio padre del 69 per essere grande differenzia da quel tempo al presente. Et per avere ricievuto molti danni in diversi mie traffichi chome ch’e noto non solamente alia Signoria Vostra, ma a tutto il mondo,” Cf. Sieveking, *Aus Genueser Rechnungsbuchern,* pp. 102-103.
78. M. M. Postan, “The Trade of Medieval Europe: the North,” *Cambridge Economic History,* II (Cambridge, 1952), 191-216; Robert S. Lopez, “The Trade of Medieval Europe: the South,” *ibid.,* II, 338-354. 然而，洛佩在一四五三年止步，但君士坦丁堡的奪取和土耳其人在地中海東部的劫掠無助於繁榮。亦參見波斯坦教授給巴黎國際大會（一九五〇年）的報告，發表於 IXe Congres International des Sciences Historiques, I. *Rapports* (Paris, 1950), pp. 225-241.
79. 參見本書第一版第六十一頁圖表。Cf. Cipolla, *Studi della moneta,* pp. 60-64, 99. Cipolla 的圖表與我的相符。
80. M. M. Postan, “Italy and the Economic Development of England in the Middle Ages,” *Journal of Economic History,* 11:339-346 (1951). 然而，沒有證據證明梅迪奇銀行曾從英格蘭領主那裡接受過大量存款。唯一的例外大概是溫徹斯特的樞機主教

亨利・博福特，他是羅馬分行的債權人。

81. ASF, Catasto No, 919 (Leon Rosso, 1469/70), fol. 406. 魯切拉有一家與皮耶羅・索代里尼合夥的錢莊。

82. Pagnini, *Delia Decima,* II, 65.

附錄

梅迪奇銀行總經理與分行經理（按年代順序排列）

總經理

一四〇二～一四二〇　貝內代托・迪利帕喬・德－巴爾迪
一四二〇～一四三三　伊拉廖內・迪利帕喬・德－巴爾迪
一四三三～一四三五　利帕喬・迪貝內代托・迪利帕喬・德－巴爾迪
一四三五～一四四三　安東尼奧・迪梅塞爾・福朗切斯科・薩盧塔蒂・達佩夏和喬凡尼・迪阿梅里格・本奇
一四四三～一四五五　喬凡尼・迪阿梅里格・本奇
一四五五～一四六三　喬凡尼・迪科西莫・德－梅迪奇
一四五九～一四六三　福朗切斯科・迪托馬索・薩塞蒂，輔助喬凡尼・迪科西莫
一四六三～一四九〇　福朗切斯科・迪托馬索・薩塞蒂
一四九〇～一四九四　喬凡巴蒂斯塔・布拉奇，有菲利波・達傑利亞諾協助

分行經理

佛羅倫斯錢莊

一四〇六～一四〇九 朱利亞諾・迪喬凡尼・迪塞爾馬泰奧
一四〇九～一四二〇 尼科洛・迪巴爾達薩雷・博尼
一四二〇～一四三一 福爾科・迪阿多阿爾多・波提納利
一四三一～一四三五 利帕喬・迪貝內代托・德－巴爾迪
一四三五～一四四〇 迪喬凡尼・迪阿梅里格・本奇
一四四〇～一四五四 喬凡尼・迪巴爾迪諾・因吉拉米
一四五四～一四七〇 福朗切斯科・迪巴爾迪諾・因吉拉米
一四六〇～一四七〇 裏理托馬索・拉皮
一四七〇～一四七八 福朗切斯科・丹東尼奧・諾里，有洛多維科・馬西協助
一四七八～一四八四 洛多維科・馬西
一四八四～一四八七 阿格斯蒂諾・迪桑德羅・比廖蒂
一四八七～一四九四 喬凡巴蒂斯塔・布拉奇

羅馬教廷分行

一四〇〇～一四二〇 伊拉廖內・迪利帕喬・德－巴爾迪
一四二〇～一四二九 巴爾托洛梅奧・丹德烈亞・德－巴爾迪
一四二九～一四三五 安東尼奧・迪梅塞爾・福朗切斯科・薩盧塔蒂・達佩夏

一四三五～一四三八　安東尼奧・迪塞爾洛多維科・德拉卡薩
一四三九～一四六四　羅伯托・馬特利
一四六四～一四九四　喬凡尼・迪福朗切斯科・托爾納博尼

威尼斯分行

一四〇二～一四〇六　內里・迪奇普里亞諾・托爾納昆奇
一四〇六～一四一六　喬凡尼・迪福朗切斯科・達加利亞諾
一四一六～一四三五　喬凡尼・迪阿多阿爾多・波提納利
一四三五～一四四八　洛托・迪塔尼諾・博齊（塔尼尼），有安東尼奧・迪尼科洛・馬特利協助
一四四八～一四六五　亞歷山德羅・迪尼科洛・馬特利
一四六六～一四六九　喬凡尼・多多・阿爾托維蒂
一四六九～一四七一　歇業
一四七一～一四八〇　喬凡尼・多爾西諾・蘭福雷迪尼
一四八一　皮耶羅・丹東尼奧・迪塔代奧

那不勒斯分行

一四〇〇　卡斯泰拉諾・迪托馬索・福雷斯科巴爾迪
一四〇〇～一四〇四　阿多阿爾多・迪奇普里亞諾・托爾納昆奇
一四〇四～一四〇七　雅各波・迪托馬索・巴爾托利

一四〇七～一四二三 雅各波・迪托馬索・巴爾托利和羅梭・迪喬凡尼・德－梅迪奇
一四二三～一四二六 羅梭・迪喬凡尼・德－梅迪奇和凡蒂諾・迪凡蒂諾・德－梅迪奇
一四二六～一四七一 歇業
一四七一～一四七五 阿格斯蒂諾・迪桑德羅・比廖蒂
一四七五～一四八九 福朗切斯科・納西
一四九〇～一四九四 貝爾納多・卡爾內塞基

比薩分行

一四四二～一四五〇 尤果利諾・迪尼科洛・馬特利和馬泰奧・迪克里斯托法諾・馬西
一四五〇～一四六〇（？） 尤果利諾和安東尼奧・馬特利，有馬泰奧・馬西協助
一四六〇～一四八六 歇業
一四八六～一四八九 伊拉廖內・迪巴爾托洛梅奧・馬特利

米蘭分行

一四五二～一四六八 皮傑洛・迪福爾科・波提納利
一四六八～一四七八 （皮傑洛的弟弟）阿切利多・迪福爾科・波提納利

日內瓦－里昂分行

一四二六～一四二九 米凱萊・迪費羅和喬凡尼・迪阿梅里格・本奇

一四二九～一四三五　喬凡尼・迪阿梅里格・本奇
一四三五～一四四七　魯傑里・迪塞爾洛多維科・德拉卡薩
一四四七～一四五八　福朗切斯科・迪托馬索・薩塞蒂
一四五九～一四六一　阿梅里格・迪喬凡尼・本奇
一四六一～一四七〇　朱利亞諾・迪喬凡尼・德爾札凱利亞，有福朗切斯科・諾里（一四六〇～一四六八）協助
一四七〇～一四八五　廖內托・德－羅西
一四八六～一四九〇　羅倫佐・斯皮內利
一四九〇～一四九四　羅倫佐・斯皮內利，有科西莫・迪福朗切斯科・薩塞蒂協助

巴塞爾分行

一四三三～一四三八　羅伯托・馬特利
一四三八～一四四一　喬文科・迪羅倫佐・德拉斯圖法
一四四一～一四四三　羅倫佐・迪喬凡尼・德拉斯圖法

亞維儂分行

一四四六～一四四八　喬凡尼・迪貝內代托・尚皮尼
一四四八～一四五六　喬凡尼・尚皮尼，有韋拉諾・迪巴爾托洛梅奧・佩魯齊協助
一四五六～一四六一　喬凡尼・尚皮尼和福朗切斯科・迪喬凡尼・本奇

一四六一～一四七六 喬凡尼・尚皮尼

一四七六～一四七九（？） 米凱萊・迪尼

布魯日分行

一四三九～一四四八 貝爾納多・迪喬凡尼・波提納利

一四四八～一四五〇 傑羅佐・德－皮利，有西莫內・諾里協助

一四五〇～一四六五 安傑羅・塔尼

一四六五～一四八〇 托馬索・迪福爾科・波提納利

一四六九～一四七一 襄理安東尼奧・迪貝爾納多・德－梅迪奇

一四七一～一四七三 襄理托馬索・古德提

一四七三～一四八〇 襄理克里斯托法諾・斯皮尼

倫敦分行

一四四六～一四五〇 傑羅佐・德－皮利，有安傑羅・塔尼協助

一四五〇～一四六六 西莫內・丹東尼奧・諾里

一四六〇～一四六六 襄理蓋拉爾多・卡尼賈尼

一四六六～一四六九 喬凡尼・德－巴爾迪（？）和蓋拉爾多・卡尼賈尼

一四六九～一四七二 蓋拉爾多・卡尼賈尼

一四七三～一四八〇 托馬索・古德提

毛紡作坊I

一四〇二~一四二〇　米凱萊・迪巴爾多
一四二〇~一四三九　歇業
一四三九~一四八〇　安東尼奧・迪塔代奧・塔代伊
一四八〇~一四九一　歇業
一四九一~一四九四　保羅・本奇

毛紡作坊II

一四〇八~一四二九　塔代奧・迪菲利波
一四三一~一四三三　瓊蒂諾・迪桂多・瓊蒂尼
一四三三~一四六五（？）　安德烈・瓊蒂尼

絲織作坊

一四三三~一四三八　皮耶羅・迪多梅尼科・科爾西和福朗切斯科・迪福朗切斯科・柏林吉耶里
一四三八~一四四七　福朗切斯科・柏林吉耶里，有雅各波・塔納利亞協助
一四四七~一四八〇　柏林吉耶里・迪福朗切斯科・柏林吉耶里和雅各波・塔納利亞

梅迪奇銀行歷史上重要日期和事件

日期	事件
一三四八	黑死病結束一段長時間的人口成長和經濟成長
一三六三	外號「比奇」的阿維拉多・德-梅迪奇去世
一三七八	梳毛工起義，即佛羅倫斯毛紡業工人起義
一三八四～一三九三	喬凡尼（比奇的兒子）在生意上與遠房堂兄弟維耶里・迪康比奧・德-梅迪奇聯手
一三九七	喬凡尼・迪比奇（已是羅馬的一位銀行家）把總行搬到佛羅倫斯，並藉此確立了梅迪奇公司
一四〇六	比薩被佛羅倫斯奪取
一四一四～一四一八	康斯坦茲會議
一四二〇	梅迪奇銀行的第一次重組。喬凡尼・迪比奇退休，把銀行的管理留給兒子科西莫
一四二三～一四二六	佛羅倫斯與米蘭交戰
一四二九～一四三三	征服盧卡之戰，惡化為與米蘭的衝突
一四二九	喬凡尼・迪比奇於二月二十日去世
一四三一～一四四三	巴塞爾會議，一四三七年後分裂
一四三三	科西莫・德-梅迪奇在九月七日被捕，勉強逃脫被判處死刑的厄運。取而代之的是被放逐到威尼斯和帕多瓦。他們的許多追隨者，包括阿維拉多・迪福朗切斯科・德-梅迪奇（科西莫的堂兄弟）也被流放

一四三四　科西莫於九月二十九日被召回，從那時起到去世，控制著無合法國家領袖的佛羅倫斯政府

一四三四～一四四三　大公會議召開：佛羅倫斯（一四三四～一四三七）、博洛尼亞（一四三七）、費拉拉（一四三八），和再次到佛羅倫斯（一四三九～一四四三）

一四三五　梅迪奇銀行重組

一四四〇　羅倫佐（科西莫的兄弟）去世

一四五〇　米蘭被梅迪奇支持的福朗切斯科・斯福爾札攻占

一四五五　喬凡尼・迪阿梅里格・本奇（一四三五年起擔任總經理）的去世引來梅迪奇銀行的逐漸衰落

一四六四　科西莫在八月一日去世，並由皮耶羅（唯一健在的兒子）接替

一四六九　皮耶羅在十二月二日去世，並由兩位年輕人豪奢的羅倫佐和朱利亞諾接替。銀行的管理被委託給福朗切斯科・薩塞蒂，他變得大權獨攬

一四七八　在教宗思道四世的縱容下，在羅馬醞釀帕齊陰謀，要推翻佛羅倫斯統治者的梅迪奇家族，並摧毀梅迪奇銀行。陰謀失敗：朱利亞諾四月二十六日在佛羅倫斯的大教堂出席彌撒時被刺殺，但豪奢的羅倫佐逃過一劫，只是頸部受了點輕傷。血腥的報復緊隨而至：帕齊家族不是被滿門抄斬，就是被放逐，他們的同謀遭受同樣的命運。甚至許多無辜的人也被處死。這場危機動搖梅迪奇銀行：羅倫佐・德－梅迪奇決定斷絕與波提納利兄弟的關係，並清算布魯日分行和米蘭分行

一四八五　里昂分行陷入困境；經理廖內托・德－羅西被召回佛羅倫斯，並在達到時被捕

一四九〇 福朗切斯科・薩塞蒂在三月三十日或三十一日死於中風

一四九二 豪奢的羅倫佐八月八日在卡雷吉別墅去世

一四九四 法蘭西人入侵義大利。皮耶羅・迪羅倫佐・德－梅迪奇在十一月九日逃往海外。幾天後（十一月十七日），查理八世（法蘭西國王）帶領軍隊進入佛羅倫斯。梅迪奇全部財產被查封，指定接管人。梅迪奇銀行實質上已經破產，未能禁受住這次打擊

【系譜表】

系譜表 1
早期梅迪奇家族的部分系譜

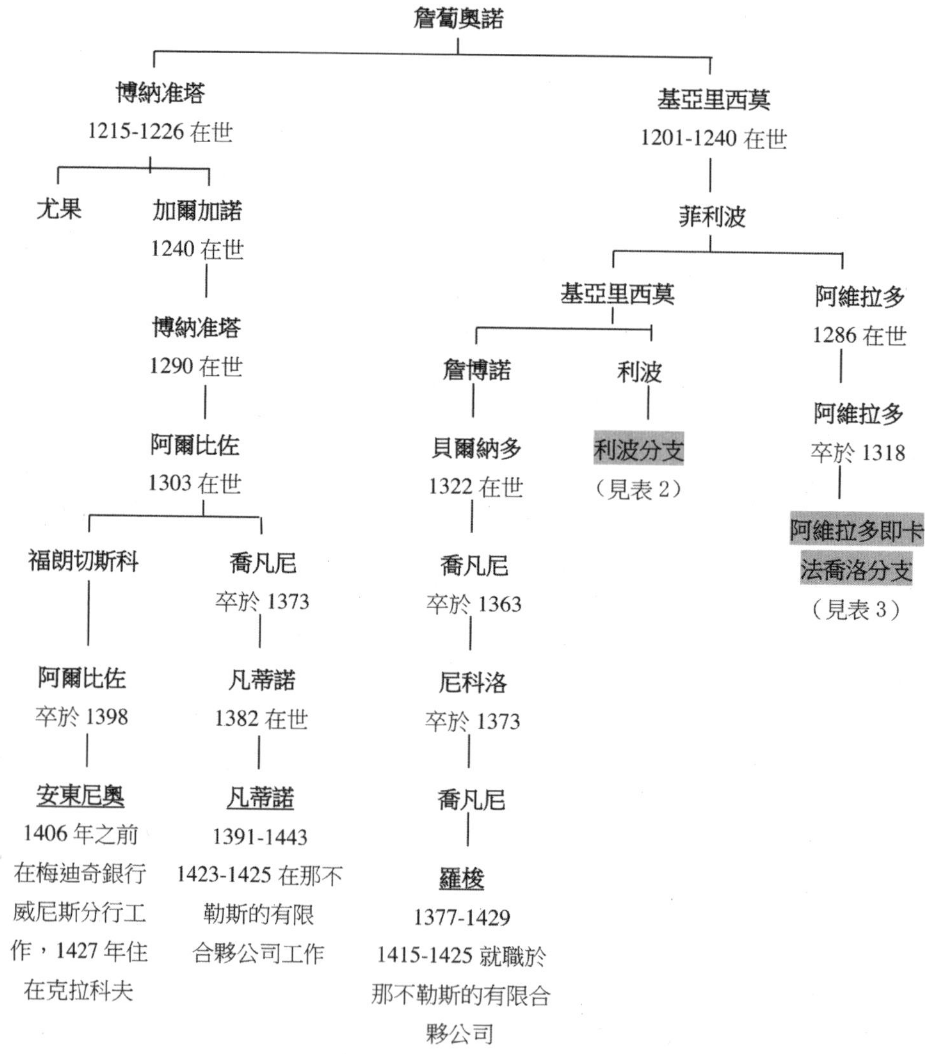

* 在這些表格中，劃線的名字與梅迪奇銀行有關。

系譜表 2
梅迪奇家族的利波分支

- **利波** 卒於 1290
  - **博尼諾**
    - **拉波**
      - **古喬** 1374 在世
        - **<u>奧蘭多</u>** 1380-1456 在安科納的有限合夥公司 1436-1444
  - **康比奧** 1367 在世
    - **梅賽爾・喬凡尼** 卒於 1397
      - **安東尼奧** 卒於 1397 梅塞爾・維耶里的合夥人
        - **安東尼奧**
        - **<u>康比奧</u>** 1391 出生，在佛羅倫斯的梅迪奇銀行的收銀員，1417-1719
        - **<u>福朗切斯科</u>** 1397 出生 在威尼斯分行，1412-1427
        - **<u>喬凡尼</u>** 卒於 1427，被在佛羅倫斯的梅迪奇銀行工作，1415-1419
    - **梅塞爾・維耶里** 1323-1395
      - **尼柯拉** 1385-1454
      - **康比奧** 1392-1463
        - 幾個兒子
  - **梅塞爾・阿拉曼諾** 卒於 1355
    - **梅塞爾・薩爾維斯特羅** 卒於 1388 在梳毛工起事中擔任領導角色
    - **安德烈** 1400 在世
      - **<u>貝爾納多</u>** 1403-1456，年輕時在佛羅倫斯（1419）；在安科納的有限合夥公司 1436-1444

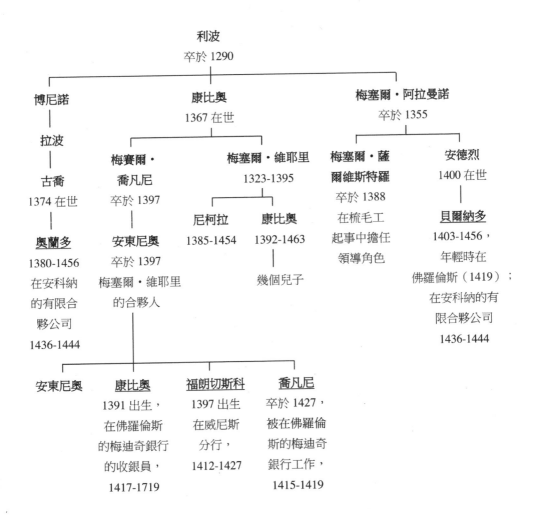

系譜表 3
梅迪奇家族的卡法喬洛即阿維拉多分支

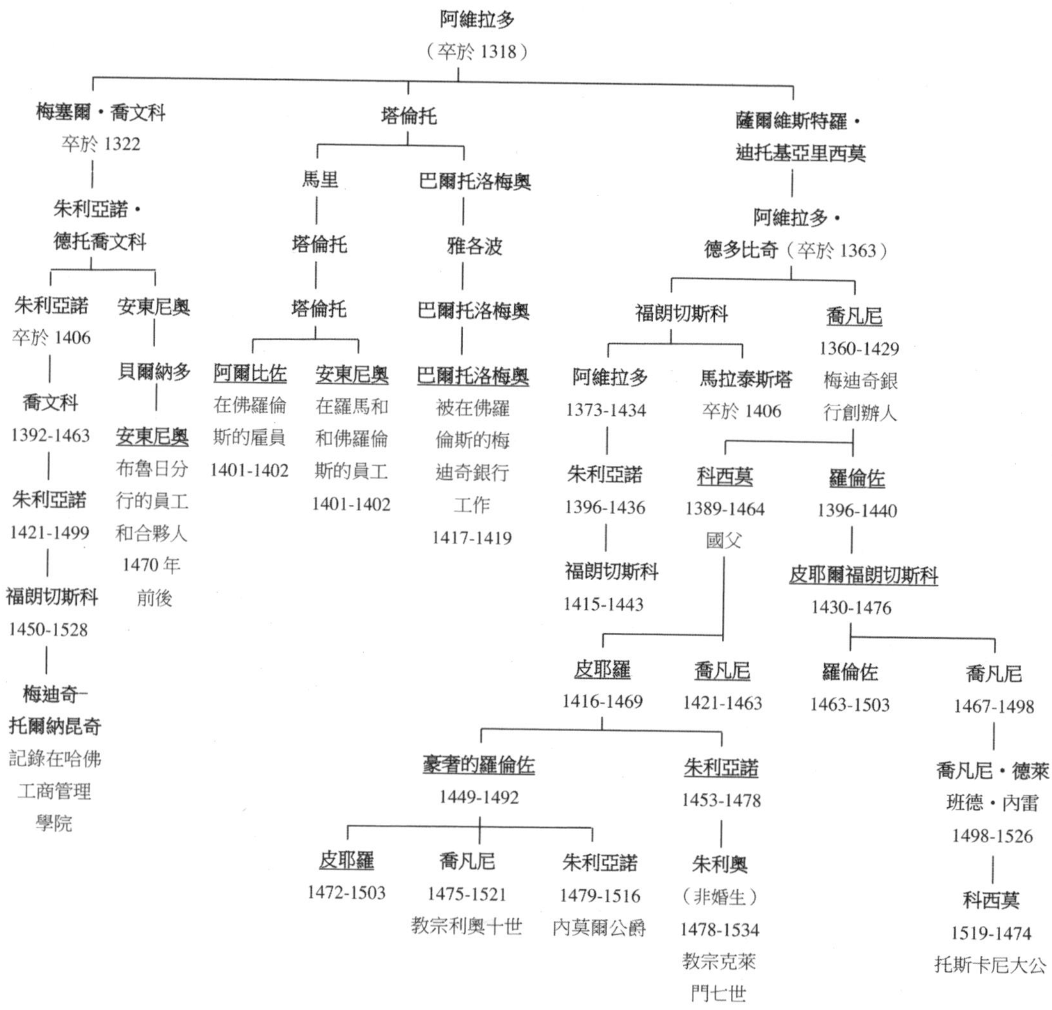
阿維拉多
（卒於 1318）
梅塞爾・喬文科
卒於 1322
朱利亞諾・
德托喬文科
朱利亞諾
卒於 1406
喬文科
1392-1463
朱利亞諾
1421-1499
福朗切斯科
1450-1528
梅迪奇−
托爾納昆奇
記錄在哈佛
工商管理
學院
安東尼奧
貝爾納多
安東尼奧
布魯日分
行的員工
和合夥人
1470 年
前後
塔倫托
馬里
塔倫托
塔倫托
阿爾比佐
在佛羅倫
斯的雇員
1401-1402
安東尼奧
在羅馬和
和佛羅倫
斯的員工
1401-1402
巴爾托洛梅奧
雅各波
巴爾托洛梅奧
巴爾托洛梅奧
被在佛羅
倫斯的梅
迪奇銀行
工作
1417-1419
薩爾維斯特羅・
迪托基亞里西莫
阿維拉多・
德多比奇（卒於 1363）
福朗切斯科
阿維拉多
1373-1434
朱利亞諾
1396-1436
福朗切斯科
1415-1443
馬拉泰斯塔
卒於 1406
喬凡尼
1360-1429
梅迪奇銀
行創辦人
科西莫
1389-1464
國父
羅倫佐
1396-1440
皮耶爾福朗切斯科
1430-1476
皮耶羅
1416-1469
喬凡尼
1421-1463
羅倫佐
1463-1503
喬凡尼
1467-1498
喬凡尼・德萊
班德・內雷
1498-1526
科西莫
1519-1474
托斯卡尼大公
豪奢的羅倫佐
1449-1492
皮耶羅
1472-1503
喬凡尼
1475-1521
教宗利奧十世
朱利亞諾
1479-1516
內莫爾公爵
朱利亞諾
1453-1478
朱利奧
（非婚生）
1478-1534
教宗克萊
門七世

系譜表 4
巴爾迪家族的部分系譜

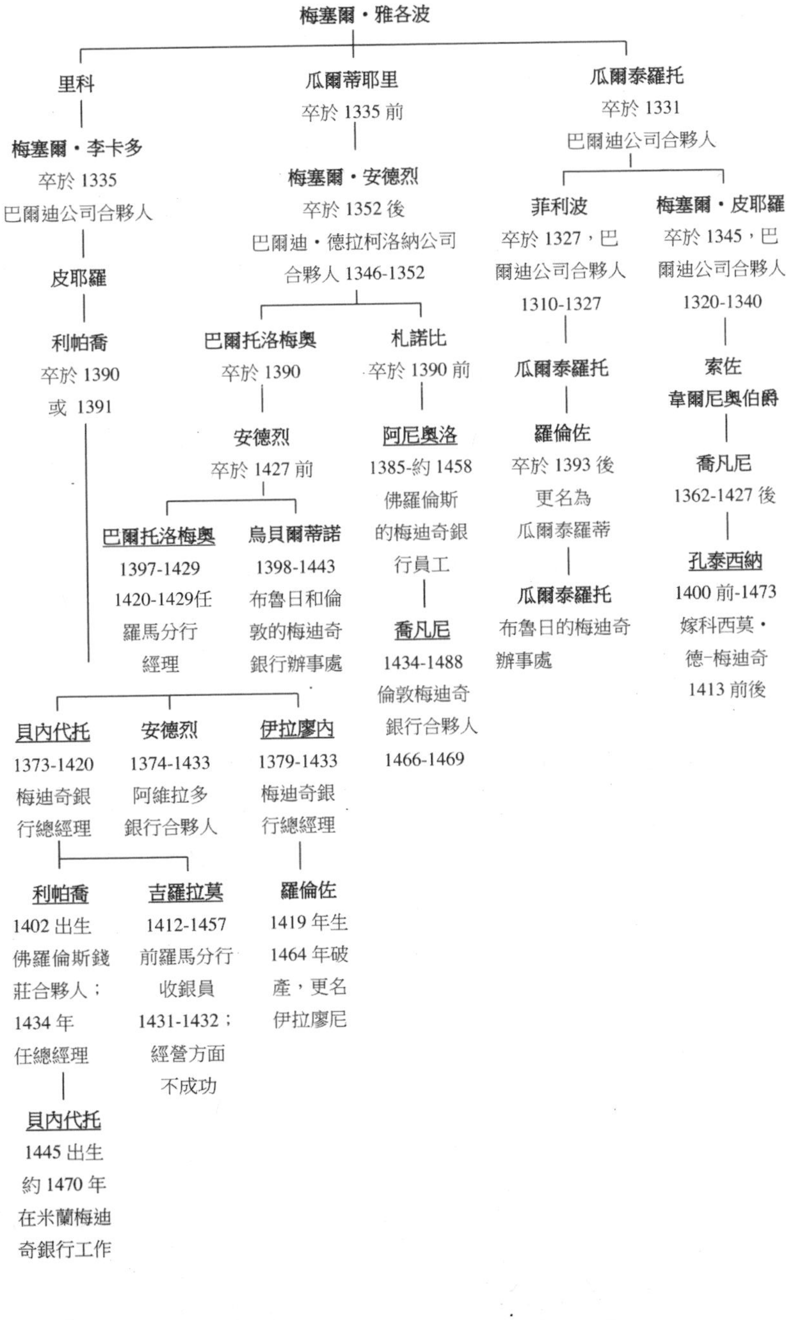

系譜表 5
波提納利家族的部分系譜

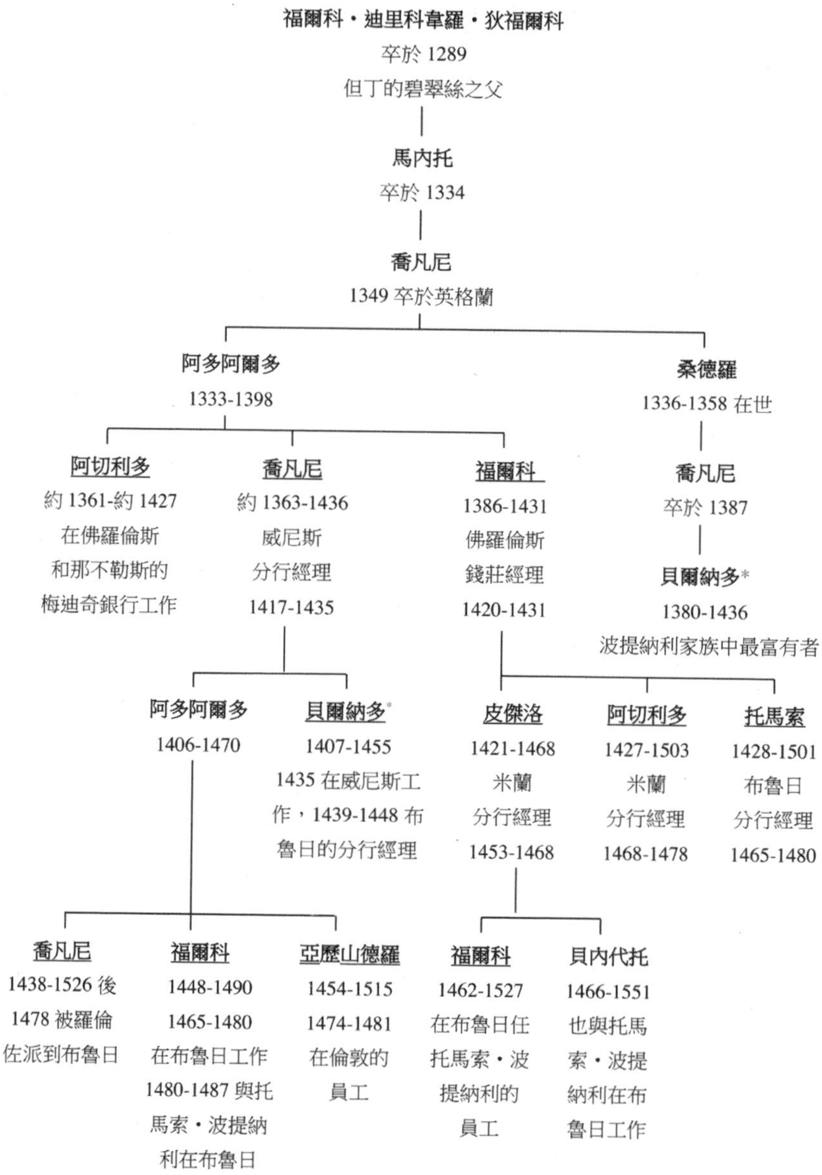

* 這兩位貝爾納多，即貝爾納多・迪喬凡尼・迪阿多阿爾多和貝爾納多・迪喬凡尼・迪桑德羅，不應被混淆，歷史學家經常搞混。

系譜表 6
馬特利家族的部分系譜

- 尤果利諾
  - 尼科洛 卒於 1425
    - **尤果利諾** 1400-1484 1442-1458 後比薩有限合夥公司合夥人
      - 尼科洛 1436 出生
      - **菲利波** 1438-1473 1455-1466 在羅馬的員工
      - **卡洛** 1440-1499 1471-1492 在羅馬和布魯日的員工
      - **喬凡・巴蒂斯塔** 1441-1510 1457（?）-1466 在威尼斯的員工
    - **安東尼奧** 1404-1480 1435-1448 威尼斯分行襄理 1448-1458 任職於比薩有限合夥公司
    - **巴爾托洛梅奧** 1407 出生 1436-1444 任職於安科納有限合夥公司
      - **伊拉廖內** 1486 梅迪奇在比薩的合夥人
    - **羅伯托** 1408-1464 1439-1464 羅馬分行經理
    - **亞歷山德羅** 1417-1465 1448-1465 威尼斯分行經理
      - **安東尼奧** 1465 在威尼斯的員工

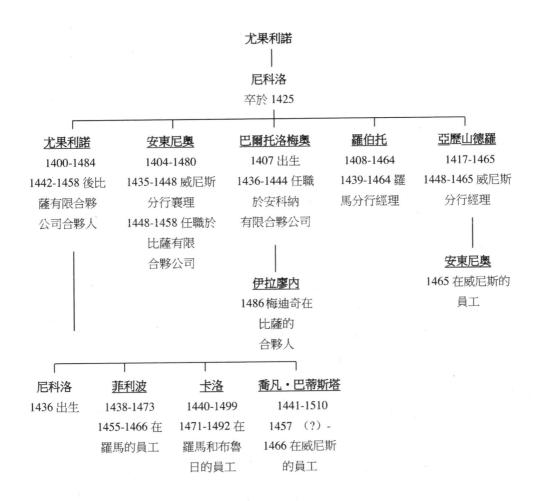

系譜表 7
薩塞蒂家族的部分系譜

- **托馬索・薩塞蒂** 卒於 1425 前後 新市場錢莊主
  - **巴爾托洛梅奧** 1413 出生 1440-約 1450 受僱於佛羅倫斯錢莊
  - **福朗切斯科** 1421-1490 1447-1458 日內瓦的分行經理 1459-1490 梅迪奇銀行總經理
    - **泰奧多羅一世** 1460-1479
    - **加萊亞佐** 1462-1513 1485-1492 在里昂分行
    - **科西莫** 1463-1527 1482-1492 在里昂分行
    - **費德里格** 1472-1513 後教宗聖庫首席書記官
    - **泰奧多羅二世** 1479-1546
    - **文圖拉** （非婚生的）成為牧師
  - **費德里格** 1406 出生（非婚生）
    - **托馬索** 1465 年在里昂分行

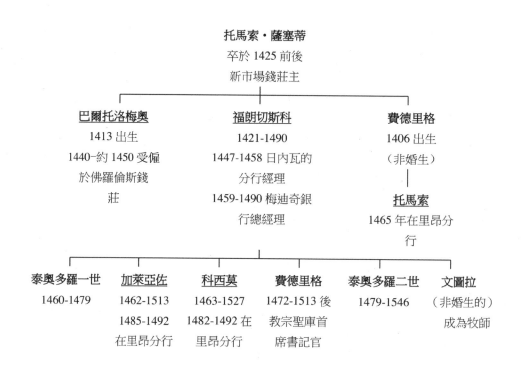

參考資料

手稿資料來源

研究梅迪奇銀行的主要資料來源當然是《公國前的梅迪奇家族檔案》，這是現存於佛羅倫斯國家檔案館收藏的梅迪奇檔案。這項收藏包括一百六十六捆包含各種檔案的卷宗，主要是信件。遺憾的是，這些資料以最混亂的方式紮成捆，根本未嘗試分類，只有極少數例外。結果，不找遍全部資料就幾乎無法找到所需的相關資料。例如，喬凡尼·托爾納博尼的書信被散落在七十捆不同的卷宗裡，根本沒有考慮年代先後。整個收藏應被重新分類，但檔案管理員在此艱巨任務面前望而卻步，且遲遲不肯解開前輩的作品，不管它們有多不像話。為了對此情形有所補救，前一百捆卷宗的詳細目錄已被出版：《公國前的梅迪奇家族檔案：第I卷，一至二十捆》（羅馬，一九五一年）；《公國前的梅迪奇家族檔案：第II卷，二十一至五十捆》（羅馬，一九五五年）；《公國前的梅迪奇家族檔案：第III卷，五十一至一百捆》（羅馬，一九五七年）。包含其餘六十五捆的第IV卷已完成，但用於出版的資金尚待義大利政府撥付。

由於梅迪奇檔案的混亂狀態，尚未嘗試列出信件的清單，讀者將不得不依靠注釋中所給的參考文獻。所有參考文獻中的日期均按現代曆法，而非佛羅倫斯舊曆，據此，年度開始於三月二十五日（顯身日）而非一月一日（割禮日）。印製的檔案清冊沿用舊曆，因此有一年從一月一日到三月二十四日存在脫節現象。

跟十四世紀和十五世紀的商業信函一樣，梅迪奇的商業信函也常常以抄錄前一封信開始。在其他情況下，信函包括晚於正文日期的附言。因此經常發生不同日期資訊共用同個參考文獻的情況，但這並非錯誤。

除了梅迪奇檔案以外，還廣泛利用國家檔案館的資產稅紀錄、各行會的入會名單、斯特羅齊卡檔案文件，梅迪奇的羊皮紙紀錄形成單獨的收藏（*Fondo diplomatico Mediceo*）。有限地利用佛羅倫斯的法規、公證檔案、資產稅之前的稅項紀錄、斯廷凱債務人監獄檔案、來自新聖瑪麗亞醫院檔案室的一些波提納利家族檔案，以及題名為「手稿」的收藏。

偶爾也查閱國家檔案館以外的收藏，例如在佛羅倫斯的里卡迪圖書館和義大利國家圖書館的手稿、佛羅倫斯育嬰堂檔案室的帳冊、*Carte stranieri*（外來檔）、在普拉托的達蒂尼檔案館裡的信件，以及在布魯塞爾的比利時國家總檔案館裡的國王財庫帳目。

在羅馬，教宗財務總管的許多登記簿冊現仍存於梵蒂岡檔案館裡。其中一些始於該辦事處尚在梅迪奇銀行掌控的年份。這些紀錄不在梅迪奇的名下，而在羅馬分行經理或負債教宗業務的雇員名下：這是一個誤導性的事實。共有三套《收支帳簿》：一套用義大利文記載，兩套（一套給教宗財務主管，一套給教宗聖庫）用拉丁文記載。有時候，只留存下一套，但在其他情況下，兩套或全部三套都留存下來，這樣就有大量的副本。該收藏被稱為《教宗聖庫收支帳簿》，保存在梵蒂岡機密檔案館。這些資料的利用有限，因為它涉及的是教宗財政，而非梅迪奇銀行。

塞爾福里奇收藏裡的帳簿、書信謄錄簿、以及其他屬於梅迪奇－托爾納昆奇的業務紀錄都在哈佛大學企業管理研究院貝克圖書館裡。在本書裡只有限的利用這些紀錄，因為梅迪奇-托爾納昆奇（見系譜表3）的先輩與梅迪奇銀行的創始者喬凡尼．迪比奇的關係不是很密切。誠然，梅迪奇－托爾納昆奇紀錄有很大的歷史價值，尤其是對於研究佛羅倫斯織布業和絲織業，而對於銀行業的價值要小一些。

為方便讀者，系統的合夥契約、告誡書、帳簿以及資產負債表等列表如下：

合夥契約一覽表

地點	日期	在 MAP 中的參考位置		
		Filza	No.	fols. *
佛羅倫斯	1420.09.01	153	2	4-5
	1435.06.08	94	137	220-221
		153	3	2
	1441.03.25	94	120	185-186
		153	3	50-51
佛羅倫斯（錢莊）	1420.10.16	153	2	5ᵛ-6ᵛ
	1493.03.25	89	121	…
安科納	1436.05.01	94	153	282-283
	1440.11.28	94	117	180-181
布魯日	1448.12.21	88	391	505-506
	1455.07.25	84	26	55
	1465.08.06	84	22	47-49
	1469.10.14	84	28	60
	1469.12.15	84	29	61-62
	1471.05.12	84	24	51-52
	1473.03.26	84	25	53-54
日內瓦	1439.06.23	149	44	…
倫敦	1446.05.31	153	3	53-54
		82	178	552
		94	132	157-158
	1454.03.25	83	95	537-538
	1465.08.02	99	2	2-3
	1467.08.13	148	32	…
那不勒斯	1423.01.01	153	2	8-9
	1490.03.25	89	189	…
比薩	1442.12.26	153	3	52
羅馬	1416.03.25	94	166	305-306
	1420.09.16	153	2	2-3
	1429.03.10	94	89	238-239
	1435.08.16	153	3	4
	1465.03.24	16	149	…
	1487.07.22	94	152	280-281
威尼斯	1406.04.25	89	190	…
	1420.10.23	153	2	7-8
	1435.07.15	153	3	3
	1455.01.20	146	…	176-182
	1460.03.25	146	…	183-184
	1465.03.25	82	22	118-120
佛羅倫斯（毛紡）	1439.07.01	94	138	222-223
	1443.07.02	94	131	208-209
佛羅倫斯（絲織）	1438.03.24	89	71	…
	1444.03.25	94	122	188-189
	1447.03.25	94	135	216-217

* Filza, No., fols. 分別意為捆號、卷宗號和頁碼。下同。

里科爾迪告誡書（訓令）

目的地	告誡物件	日期	在 MAP 中的參考位置		
			Filza	No.	fols.
布魯日	馬可・斯皮內利尼	1430.12.23	68	2	…
	貝爾納多・波提納利	1436	68	588	…
	托馬索・古德提	1471.05.23	94	198	357-358
	克里斯托法諾・斯皮尼	1472.05.13	82	112	320-323
	李聶里・達里卡索利	1479.09.14	89	308	…
倫敦	傑羅佐・德－皮利	1446.05.31	94	134	214-215
那不勒斯	安東尼奧・德－梅迪奇	1481.07.08	89	154	…
羅馬	巴爾托洛梅奧・德－巴爾迪	1420.09.15	68	402	…
突尼斯	斯基亞塔・巴涅西	1477.09.12	94	213	…
威尼斯	喬凡巴蒂斯塔・里多爾菲	1480.03.29	Bibl. Naz. Florence Mss. II. V. 13 (Carte Lanfredini) fols. 167-168		

帳簿

《公國前的梅迪奇家族檔案》第一百五十三捆包含三本梅迪奇銀行機密帳簿：

- 喬凡尼・迪比奇・德－梅迪奇公司、翡冷翠銀行（即佛羅倫斯錢莊）的一號機密帳簿，一三九七至一四二七年，前十頁缺失。
- 科西莫和羅倫佐・德－梅迪奇以及伊拉廖內・迪利帕喬・德－巴爾迪的二號機密帳簿（白色標記A），一四二〇至一四三五年，共八十五頁。
- 科西莫和羅倫佐・德－梅迪奇、喬凡尼・迪阿梅里格・本奇和安東尼奧・迪梅塞爾・福朗切斯科・薩盧塔蒂的三號機密帳簿（黃色），一四三五至一四五一年，共一百頁。

三本帳簿均為羊皮紙。

《公國前的梅迪奇家族檔案》第一百三十三捆：

- No. 1. 佛羅倫斯的阿維拉多・迪福朗切斯科・德－梅迪奇的銀行總分類帳，一三九五年片段，第十七至一百一十頁。
- No. 2. 羅馬的阿維拉多・德－梅迪奇的貨棧帳簿，一四一二至一四一三年片段，第一百五十一至一百六十六頁，第一百五十九頁起空白。

• No. 3. 比薩的阿維拉多·德–梅迪奇的銀行總分類帳，一四二四至一四二六年片段，第一至一百一十八頁。

《公國前的梅迪奇家族檔案》第一百零四捆，各種資料的合訂本，包含兩份由佛羅倫斯錢莊簽發、承兌或代收匯票的紀錄片段：

• 第七至四十八頁。簽發和承兌匯票帳本，一四四〇年四月二日至一四四一年三月二十四日，三十六頁有書寫，加上五張空白頁。

• 第五百四十一至五百五十九頁。外匯交易帳本，一四七七年三月二十五日至一四七八年三月二十一日。

《公國前的梅迪奇家族檔案》第一百三十一捆。這捆材料包含七個不同帳本的片段：

第一百三十一號（單獨命名）羅馬分行記載簽發、承兌或代收匯票日記帳，標記為L，一四二九年三月二十六日至一四三〇年三月二十四日；兩百零八頁：第一至八十四頁是收到的信件；第一百零三至一百九十八頁是簽發匯票的信件；第一百九十九至二百零八頁是空白。

(a) 一小本梅迪奇家族成員所記的私人帳目，一五〇六至一五一一年。

(b) 在巴塞爾所記之流水帳，一四三三年；只有第二至十九頁有帳目。

(c) 科西莫和羅倫佐·迪喬凡尼·德–梅迪奇的一座花園圍牆建造費用，一四三二年；第一至二十頁，加上七張空白頁。

(d) 威尼斯分行在一四五九年所記之現金帳簿；只有十頁有書寫內容。

(e) 安東尼奧·迪拉札羅·貝爾蒂尼在日內瓦所記的備查簿，一四二一至一四二二年；二十二頁的片段，頁角被火燒壞。

(f) 一四三〇年的帳目報表

《公國前的梅迪奇家族檔案》第一百三十四捆，包含四個項目：

- No. 1. 現金收支帳，由梅迪奇威尼斯分行一四三六至一四三七所記之現金帳簿的片段；第一百四十七至兩百四十三頁。
- No. 2. 布魯日分行總分類帳的片段；一四四一年；第一百四十七至兩百四十三頁。
- No. 3. 佛羅倫斯錢莊一四五五年所記外匯交易帳（所簽發、承兌或代收之匯票的紀錄）；第一至四十八頁。
- No. 4. 米蘭分行總分類帳片段，一四五九年；第一至一百一十三頁。

《公國前的梅迪奇家族檔案》第一百三十五捆，包含兩個項目：

- No. 1. 由佛羅倫斯錢莊所記總分類帳（黃色標記L）片段，一四六〇年；前九十七頁尚存。
- No. 2. 屬於比薩分行的匯票紀錄和信件謄錄簿（標記D），一四九一至一四九二年；第一至二百三十頁。

ASF，Conventi soppressi，Archivio 79, vol. 119：伊拉廖內·德–巴爾迪的機密帳簿，一四二〇至一四三二年；兩百五十七頁。

ASF，斯特羅齊卡檔檔，系列II，No. 20：福朗切斯科·薩塞蒂的機密帳簿，一四六二至一四七二年；七十頁。

佛羅倫斯，育嬰堂檔案室，外來檔，No. 490：梅迪奇銀行，羅馬分行，由洛多維科·德拉卡薩所記之現金結餘帳，一四二四年三月二十五日至一四二八年二月二十二日；由羅伯托·迪尼科洛·馬特利所記，一四二八年三月二十五日至一四三一年七月二日；由吉羅拉莫·德–巴爾迪所記，一四三一年七月二日至一四三二年十一月二日；由喬文科·德拉斯圖法所記，一四三二年十一月二十五日至一四三三年三月二十五日。

資產負債表一覽

分行	日期	參考材料
梅迪奇銀行（整體）	1427.07.27	資產稅 No. 51，第 1200 頁。
佛羅倫斯（錢莊）	1427.07.12	同上，第 1162-1160 頁。
	1433.05.30	資產稅 No.470，第 521-546 頁。
巴塞爾分行	1442.03.24	《公國前的梅迪奇家族檔案》，第 104 捆，第 599-603 頁。
倫敦分行	1477.11.12	《公國前的梅迪奇家族檔案》，第 99 捆，no. 3，第 4-5 頁。
里昂分行	1467.04.02	《公國前的梅迪奇家族檔案》，第 83 捆，no. 49，第 301-306 頁。
米蘭分行	1460.03.24	《公國前的梅迪奇家族檔案》，第 83 捆，no. 9，第 34-42 頁。
那不勒斯分行	1478.02.28	《公國前的梅迪奇家族檔案》，第 99 捆，no. 4，第 6-13 頁。
比薩分行	1486	《公國前的梅迪奇家族檔案》，第 83 捆，no. 7，第 26-31 頁。
羅馬分行	1427.07.12	資產稅 No. 51，第 1191-1200 頁。
威尼斯分行	1427.10.06	資產稅 No. 51，第 1187-1190 頁。
佛羅倫斯（毛紡作坊）	1427	資產稅 No. 51，第 1170-1171 頁。
佛羅倫斯（絲織作坊）	1493	《公國前的梅迪奇家族檔案》，第 136 捆，第 79-81 頁。

其他參考材料

以下文件對於梅迪奇銀行的歷史而言亦非常重要：

安傑羅．塔尼的報告，涉及布魯日分行和倫敦分行（一四七四年後），《公國前的梅迪奇家族檔案》第八十二捆，第一百六十三卷宗，第五百至五百零一頁。

羅倫佐．德－梅迪奇的備忘錄，關於在布魯日和倫敦的損失（一四七九年），《公國前的梅迪奇家族檔案》第八十四捆，第二十一卷宗，第四十六頁。

托馬索．波提納利與李聶里．達里卡索利的協議，關於布魯日分行的清算，一四八一年二月十五日，《公國前的梅迪奇家族檔案》第八十四捆，第七十六卷宗，第一百五十三至一百五十四頁。

整個梅迪奇銀行的重組計畫（一四八五年九月前），《公國前的梅迪奇家族檔案》第八十三捆，第十九卷宗，第六十七至六十八頁。

公共資金被豪奢的羅倫佐的侵吞，斯特羅齊卡檔檔，系列I，第十卷宗，第一百九十至一百九十一頁。

利用以下兩份編年史稿：

克羅納卡．迪貝內代托．代伊（一四九二去世），ASF，手稿，第一百一十九卷宗。

彼得羅．迪馬可．帕倫蒂（一五一九年去世）的佛羅倫斯歷史，一四七六至一五一六，佛羅倫斯國家圖書館，東方三賢人。**II, II**, 第一百二十九至一百三十四卷宗：**II, IV, 169-171**。

已公開出版的資料及第二手作品

Aebischer, Paul. «Banquiers, commerçants, diplomates et voyageurs italiens à Fribourg (Suisse) avant 1500,» *Zeitschrift für Schweizergeschichte (Revue d'histoire suisse, Rivista storica svizzera),* 7:1-59 (1927).

Agnoletti, Anna Maria (ed.). See *Statuto dell'Arte della Lana.*

Aiazzi, G. degli (ed.). *Ricordi storici di Filippo di Cino Rinuccini dal 1282 al 1460 colla continuazione di Alamanno e Neri suoi figli fino al 1506.* Florence, 1840.

Antiqua ducum mediotani decreta. Milan, 1654.

Antonino, San. *Summa theologica.* Verona, 1740.

Archivio Mediceo avanti il Principato, Inventario. Ed. by Francesca Morandini and Arnaldo D'Addario. 3 vols. Rome: Ministero dell'Interno, 1951-1957.

Biax, Francois. *La Chambre Apostolique et les "Libri Annatarum" de Martin V (1417-1431).* Analecta Vaticano-Belgica, 14. Brussels: Institut historique beige de Rome, 1947.

Barbadoro, Bernardino. *Le finanze della Repubblica fiorentina, imposta diretta e debito pubblico fino all'instituzione del Monte.* Florence, 1929.

Barbieri, Gino. *Economia e politico, nel ducato di Milano, 1386-1535.* Pubblicazioni della Universita Cattolica del Sacro Cuore, ser. III, no. 18. Milan, 1938.

— *IndiLstria e politico, mineraria nello stato pontifico dal '400 al '600 (lineamenti).* Rome, 1940.

Bauer, Clemens. *Unternehmung und Unternehmungsformen im Spätmittelalter und in der beginnenden Neuzeit.* Jena, 1936.

Becker, Marvin B. "Nota del processi riguardanti prestatori di danari nei tribunali fiorentini dal 1343 al 1379," *Archivio storico italiano,* 114: 741-748 (1957).

— "Three Cases concerning the Restitution of Usury in Florence," *Journal of Economic History,* 17: 445-450 (1957).

Below, Georg von. Review of Alfred Doren's *Die Florentiner Wollentuchindustrie* in *Jahrbücher für Nationalokonomie und Statistik,* 79: 702-708 (1902).

Bensa, Enrico. *Francesco di Marco da Prato: Notizie e documenti sulla mercatura italiana del secolo XIV.* Milan, 1928.

Berlière, Dom Ursmer. *Inventaire analytique des Diversa Cameralia des Archives Vaticanes (1389-1590).* Rome: Institut historique beige de Rome, 1906.

Bernardino of Siena, San. *Quadragesimale de Evangelio Aeterno.* Vols. 3-5 of *Opera omnia.* Quaracchi-Florence, 1956.

Berti, Pietro. "Nuovi documenti intorno al catastò fiorentino per quali vien dimostrato die la proposta del medesimo non fu di Giovanni de' Medici," *Giornale storico degli Archivi toscani,* 4: 32-62 (1860).

Bigwood, Georges. *Le Régime juridique et économique du commerce de l'argent dans la Eelgique du moyen âge.* Mémoires de l'Académie Royale de Belgique, Classe des Lettres et des Sciences morales et politiques, ser. II, no. 14, 2 pts. Brussels, 1921-1922.

Biscaro, Gerolamo. "Il banco Filippo Borromei e compagni di Londra, 1436-1439," *Archivio storico lombardo,* 4th series, 19:37-126, 283-386 (1913).

Bloch, Marc. «Le Problème de l'or au moyen âge,» *Annales d'histoire économique et sociale,* 5: 1-34 (1933).

Boffito, Giuseppe and Attilio Mori. *Piante e vedute di Firenze.* Florence, 1926.

Borel, Frédéric. *Les Foires de Genève au quinzième siècle.* Genève, 1892.

Borlandi, Franco (ed.). See *El libro di mercatantie et usanze de'paesi.*

Braudel, Fernand and Ruggiero Romano. *Navires et marchandises à l'entrée du Port de Livourne (1547-1611).* Paris: S.E.V.P.E.N., 1951.

Brésard, Marc. *Les Foires de Lyon aux XVe et XVIe siècles.* Paris, 1914.

Brucker, Gene A. "The Medici in the Fourteenth Century," *Speculum,* 32: 1-26 (1957).

Bruto, Giovanni Michele. *Istorie fiorentine.* Ed. by Stanislao Gatteschi. 2 vols. Florence, 1838.

Bullarium Romanum. Vol. 4. Turin, 1859.

Buser, Benjamin. *Die Beziehungen der Mediceer zu Frankreich während der Jahre 1434-1494 in ihrem Zusammenhang mil den allgemeinen Verhältnissen Italiens.* Leipzig, 1879.

Caggese, Romolo (ed.). See *Statuti della Repubblica fiorentina.*

Caizzi, Bruno. "Ginevra e Lione: im episodic di guerra fredda economica nel XV secolo," *Cenobio, rivista mensile di cultura* (Lugano), II (1953), no. 6, 39-46.

Calendar of the Patent Rolls, Edward IV-Richard III, 1461-1485. 3 vols. London, 1897-1901.

Cambi, Giovanni. *Istorie.* Delizie degli eruditi toscani, vols. 20-23. Florence, 1785-1786.

Camerani Marri, Giulia (ed.). *I documenti commerciali del fondo diplomatico mediceo nell'Archivio di Stato di Firenze* (1230-1492),

Regesti. Prefazione di Raymond de Roover. Florence: Leo S. Olschki, 1951.

Camerani Marri, Giulia (ed.). See *Statuti dell'Arte del Cambio.*

Cameron, Annie I. (ed.). *The Apostolic Camera and Scottish Benefices, 1418-1488.* London, 1934.

Canestrini, Giuseppe. *La scienza e l'arte di stato desunta dagli atti ufficiali della Repubblica fiorentina e del Medici.* Florence, 1862.

Caprariis, Vittorio de. "Sul Banco dei Medici," *Bollettino dell'Archivio storico del Banco di Napoli,* fasc. 1 (1950), pp. 45-54.

Carabellese, Francesco. "Bilancio di un'accomandita di casa Medici in Puglia del 1477 e relazioni commerciali fra la Puglia e Firenze," *Archivio storico pugliese,* 2: 77-104 (1896).

— See also Zambler.

Carocci, Guido. *I Dintorni di Firenze.* 2 vols. Florence, 1906-1907.

Casaregi, Giuseppe Maria. *Il cambista instruito per ogni caso de'fallimenti, o sia instruzione per le piazze mercantili.* Venice, 1737.

Casati, Dott. "Documenti sul palazzo chiamato 'il Banco Mediceo'," *Archivio storico lombardo,* 12: 582-588 (1885).

Cassandro, Giovanni. "Vicende storiche della lettera di cambio," *Bollettino dell'Archivio storico del Banco di Napoli,* fasc. 9-12 (1955-1956), pp. 1-91.

Cassuto, Umberto. *Gli ebrei a Firenze nell'età del Rinascimento.* Florence, 1918.

Cavalcanti, Giovanni. *Istorie fiorentine.* 2 vols. Florence, 1838.

Ceccherelli, Alberto. *I libri di mercatura della Banca Medici, e l'applicazione della partita doppia a Firenze nel secolo decimoquarto.* Florence, 1913.

— *Il linguaggio dei bilanci: Formazione e interpretazione dei bilanci commerciali.* Florence, 1939.

Charavay, Etienne. See Vaesen, Joseph.

Charpin-Feugerolles, Marquis de La Rivière, Hippolyte de. *Les Florentins à Lyon.* Lyon, 1893.

Chiaudano, Mario. "I Rothschild del Duecento: la Gran Tavola di Orlando Bonsignori," offprint from *Bullettino senese di storia patria,* New Series, VI (1935), fasc. 2, 40 pp.

Chiaudano, Mario and Raimondo Morozzo della Rocca (eds.). *Notai liguri del secolo XII: Oberto Scriba de Mercato* (1190). Turin, 1938.

Chomel, Vital and Jean-G. Ebersolt. *Cinq Siècles de circulation internationale vue de Jougne: un péage jurassien du XIIIe au XVIIIe siècle.* Paris: S.E.V.P.E.N., 1951.

Ciardini, Mario. *I banchieri ebrei in Firenze nel secolo XV e il monte di pietà fondato da Girolamo Savonarola.* Borgo San Lorenzo,

1907.

Cipolla, Carlo M. *Studi di storia della moneta,* I: *I movimenti dei cambi in Italia dal secolo XIII al XV.* Pubblicazionl della Università di Pavia, Studi nelle scienze giuridiche e sociali, no. 101. Pavia, 1948.

Codex diplomaticus lubecensis (Lübeckisches Urkundenbuch). Vols, V-VIII. Lübeck, 1877-1889.

Commines, Philippe de. *Mémoires.* Ed. by Joseph Calmette and G. Durville. 3 vols. Paris, 1925.

Corazzini, Giuseppe Odoardo. *I Ciompi, cronache e documenti.* Florence, 1887.

Corpus iuris canonici. Ed. by E. Friedberg. 2 vols. Leipzig, 1879-1881. Reprinted 1922.

Corpus juris canonici. Decretum Gratiani cum Glossis. Venice, 1584.

Corti, Gino. "Le accomandite fiorentine nel XV e XVI secolo." Unpubl. diss. University of Florence, 1937.

— "Consigli sulla mercatura di un anonimo trecentista," *Archivio storico italiano,* 110: 114-119 (1952).

Costa de Beauregard, Henri, Marquis. *Souvenirs du règne d'Amédée VIII, premier due de Savoie.* Chambéry, 1859.

Cotrugli, Benedetto. *Delia mercatura et del mercante perfetto, libri quattro.* 1st ed., Venice, 1573; sd ed., Brescia, 1602.

Daniel, Gabriel, S. J. *Histoire de France depuis l'établissement de la monarchie f rançaise dans les Gaules.* Vol. VII. New ed., Paris, 1755.

Davanzati, Bernardo. "Notizia dei Cambi," *Scrittori classici italiani di economia politica, parte antica.* Vol. II. Milan, 1804.

Davidsohn, Robert. "Blüte und Niedergang der Florentiner Tuchindustrie," *Zeitschrift für die gesamte Staatswissenschaft,* 85: 225-255 (1928).

— *Geschichte von Florenz, IV. Die Frühzeit der Florentiner Kultur. 2* pts. Berlin, 1922-1925.

Della Tuccia, Niccola. "Cronache di Viterbo e di altre città." published in *Cronache e statuti della Città di Viterbo.* Ed. by Ignazio Ciampi. Florence, 1872.

Del Piazzo, Marcello (ed.). *Protocolli del carteggw di Lorenzo il Magnifico per gli anni 1473-74, 1477-92.* Florence: Leo S. Olschki, 1956.

de Poerck, Guy. *La Draperie médievale en Flandre et en Artois: technique et terminologie.* 3 vols. Bruges, 1951.

Deroisy, Armand. «Les Routes des laines anglaises vers la Lombardie,» *Revue du Nord.,* 25: 40-60 (1939).

de Roover, Florence Edler. "Early Examples of Marine Insurance," *The Journal of Economic History,* 5: 172-200 (1945).

— "Francesco Sassetti and the Downfall of the Medici Banking House," *Bulletin of the Business Historical Society,* 18: 65-80 (1943).

— "Lucchese Silks," *Ciba Review,* 80: 2902-2930 (1950).
— "A Prize of War: A Painting of Fifteenth-Century Merchants," *Bulletin of the Business Historical Society,* 19:3-15 (1945).
— "Restitution in Renaissance Florence," *Studi in onore di Armando Sapori.* Milan, 1957. Pp. 775-789.
— «Le Voyage de Girolamo Strozzi de Pise à Bruges et re tour à bord de la galère bourguignonne 'San Giorgio',» *Handeltngen van het Genootschap «Société d'Emulation» te Brugge,* 91: 117-136 (1954).
de Roover, Raymond. «La Balance commerciale entre les Pays-Bas et l'Italie au quinzième siècle,» *Revue beige de philologie et d'histoire,* 37: 374-386 (1959).
— "Cambium ad Venetias: Contribution to the History of Foreign Exchange," *Studi in onore di Armando Sapori.* Milan: Istituto Editoriale Cisalpino, 1957. Pp. 631-648.
— "La Communauté des marchands lucquois à Bruges de 1377 à 1404,» *Handelingen van het genootschap «Société d'Emulation» te Brugge,* 86: 23-89 (1949).
— "Le Contrat de change depuis la fin du treizième siècle jusqu'au début du dix-septième,» *Revue beige de philologie et d'histoire,* 25: 111-128 (1946-47).
— "The Development of Accounting prior to Luca Pacioli according to the Account-books o £ Medieval Merchants," *Studies in the History of Accounting.* Ed. by A. C. Littleton and B. S. Yamey. London, 1956. Pp. 114-174.
— "Early Accounting Problems of Foreign Exchange," *The Accounting Review,* 19:381-407 (1944).
— *L'Évolution de la lettre de change, XIVe-XVIIIe siècles.* Paris: S.E.V.P.E.N., 1953.
— "A Florentine Firm of Cloth Manufacturers," *Speculum,* 16: 1-33 (1941).
— "I libri segreti del Banco de' Medici," *Archivio storico italiano,* 107: 236-240 (1949).
— "Lorenzo il Magnifico e il tramonto del Banco dei Medici," *ibid.,* 107: 172-185 (1949).
— *The Medici Bank: its Organization, Management, Operations and Decline.* New York: New York University Press, 1948.
— *Money, Banking, and Credit in Mediaeval Bruges.* Cambridge, Mass.: The Mediaeval Academy of America, 1948.
— "Monopoly Theory prior to Adam Smith/* *Quarterly Journal of Economics,* 65: 492-524 (1951).
— "New Interpretations of the History of Banking," *Journal of World History (Cahiers d'histoire mondiale),* 2: 38-76 (1954).
— "New Perspectives on the History of Accounting," *The Accounting Review,* 30: 405-420 (1955).
— "Oprichting en liquidatie van het Brugse filiaal van het Bankiershuis der Medici," *Mededelingen van de Koninklijke Vlaamse*

Academie voor Wetenschappen, Letteren en Schone Kunsten van België, Klasse der Letteren, XV (1953), no. 7.

— "The Origin of Endorsement," *South African Bankers' Journal,* 52: 156-162, 205-212, 257-266 (1955).

— "The Three Golden Balls of the Pawnbrokers," *Bulletin of the Business Historical Society,* 20:117-124 (1946).

— "Il trattato di fra Santi Rucellai sul cambio, il monte comune e il monte delle doti," *Archivio storico italiano,* 111: 3-41 (1953).

— "What is Dry Exchange? A Contribution to the Study of English Mercantilism," *The Journal of Political Economy,* 52: 250-266 (1944).

— See also Camerani Marri, Giulia

de Turri (della Torre), Raphael. *De cambiis, tractatus.* Frankfort-on-the-Main, 1645.

di Tucci, Raffaele. *Studi sull'economla genovese del secolo decimo secondo: la nave e i contratti marittimi, la banca privata.* Turin, 1933.

Doren, Alfred. *Studien aus der Florentiner Wirtschaftsgeschichte:* I. *Die Florentmer Wollentuchindustrie vom 14. bis zum 16, Jahrhundert.* II. *Das Florentiner Zunftwesen vom 14. bis zum 16. Jahrhundert.* 2 vols. Stuttgart-Berlin, 1901-1908.

Dorini, Umberto. *L'arte della seta in Toscana.* Florence, 1928.

— *I Medici e i loro tempi.* Florence, 1947.

— See *Statuti dell'Arte di For Santa Maria.*

Ebersolt, J. See Chomel, Vital.

Edler, Florence. *Glossary of Mediaeval Terms of Business, Italian Series, 12,00-1600.* Cambridge, Mass.: The Mediaeval Academy of America, 1934.

Ehrenberg, Richard. *Le Siècle des Fugger.* Abridged ed. trans, from the German. Paris: S.E.V.P.E.N., 1955.

— *Das Zeitalter der Fugger.* 2 vols. gd ed. Jena, 1922.

Einstein, Lewis. *The Italian Renaissance in England.* New York, 1902.

Emiliani-Giudici, Paolo. *Storia politica del municipi italiani.* 2 vols. Florence, 1851.

Endemann, Wilhelm. *Studien in der romanisch-kanonistischen Wirtschafts- und Rechtslehre bis gegen Ende des 17. Jahrhunderts.* 2 vols. Berlin, 1874-1883.

Fabroni, Angelo. *Laurentii Medicis Magnifici Vita.* 2 vols. Pisa, 1784.

— *Magni Cosmi Medicei Vita. 2* vols. Pisa, 1789.

Fanfani, Arnintore. *Le origini dello spirito capitalistico in Italia.* Milan, 1933.

Fantozzi, Federigo. *Pianta geometrica della città di Firenze.* Florence, 1843.

Filarete, Antonio Averlino. *Tractat über die Baukunst nebst seinen Büchern von der Zeichenkunst und den Bauten der Medici.* Ed. by Wolfgang von Oettingen. Vienna, 1890.

Fiumi, Enrico. "Fioritura e decadenza deU'economia fiorentina," *Archivio storico italiano,* 115: 385-439 (1957); 116: 443-510 (1958); 117: 427-506 (1959).

— *L'impresa di Lorenzo de' Medici contra Volterra (1472).* Florence: Leo S. Olschki, 1948.

Forgeot, Henri. *Jean Balue, Cardinal d'Angers (1421?-1491).* Bibliothèque de l'Ecole des Hautes Etudes, sciences philologiques et historiques, fasc. 106. Paris, 1895.

Fournier, Paul. *Les Florentins en Pologne.* Lyon, 1893.

Franceschini, Gino. "Il palazzo dei Duchi d'Urbino a Milano," *Archivio storico lombardo,* 8th ser., 2: 181-197 (1950).

Gandi, Giulio. *Le corporazioni dell'antica Firenze.* Florence, 1928.

Gandilhon, Rend *La Politique economique de Louis XI.* Rennes, 1940.

Gargiolli, Girolamo (ed.). *L'arte della seta in Firenze: trattato del secolo XV.* Florence, 1868.

Garner, S. Paul. *Evolution of Cost Accounting to 1925.* University, Ala.: University of Alabama Press, 1954.

Gascon, Richard. «Nationalisme économique et géographie des foires: la querelle des foires de Lyon, 1484-1494," *Cahiers d'histoire* (Clermont-Ferrand), 1: 253-287 (1956).

— «Un Siècle du commerce des épices à Lyon, fin XVe-fin XVIe siècles,» *Annales (Economies, Societes, Civilisations),* 15: 638-666 (1960).

Gaupp, Frederic E. "De eerste Medici, Geldwisselaars — kooplieden — bankiers," *Wegbereiders der Renaissance.* Amsterdam, n.d. Pp. 13-51.

Gilliodts-van Severen, Louis (ed.). *Cartulaire de l'ancienne estaple de Bruges.*4 vols. Bruges, 1903-1906.

— *Cartulaire de l'ancien grand tonlieu de Bruges.* 2 vols. Bruges, 1908-1909.

— *Inventaire des archives de la mile de Bruges,* Vol. VI. Bruges, 1876.

Ginori Conti, Piero. *Carte Cambi da Querceto (secoli XV-XVI): Inventario e descrizione.* Florence, 1939.

— *Le magone della vena del ferro di Pisa e di Pietrasanta sotto la gestione di Piero dei Medici e Comp. (1489-1492).* Florence: Leo S.

Olschki, 1939.

Goldschmidt, Levin. *Universalgeschichte des Handebrechts.* Stuttgart, 1891.

Goris, Jan A. *Etude sur les colonies marchandes méridionales à Anvers de 1488 à 1567. Louvain,* 1925.

Gottlob, Adolf. *Aus der Camera apostolica des 15. Jahrhunderts: ein Beitrag zur Geschichte des päpstlichen Finanzwesens und des endenden Mittelalters.* Innsbruck, 1889.

— "Zwei ,instrumenta cambii' zur Uebermittelung von Ablassgeld (1468)," *Westdeutsche Zeitschrift für Geschichte und Kunst,* 29: 204-212 (1910).

Gras, Norman Scott Brien. *Business and Capitalism: an Introduction to Business History.* New York, 1939.

Grunzweig, Armand. *Correspondance de la filiale de Bruges des Medici.* Only pt. 1 published. Brussels, 1931.

— «La Filiale de Bruges des Médici,» *La Revue de la Banque,* 12: 73-85; 183-191 (1948).

— «Le Fonds de la Mercanzia aux Archives d'Etat de Florence au point de vue de l'histoire de Belgique,» *Bulletin de l'Institut historique beige de Rome,* 12: 61-119 (Brussels, 1932); 13: 5-184 (1953); 14: 23-56 (1934).

— «Le Fonds du Consulat de la Mer aux Archives d'Etat à Florence,» *ibid.* 10:1-120 (1930).

Guicciardini, Francesco. *Storie fiorentine dal 1378 al 1509.* Ed. by Roberto Palmarocchi. Bari, 1931.

Gutkind, Curt S. *Cosimo de' Medici, Pater patriae, 1389-1464.* Oxford, 1938.

— *Cosimo de' Medici il Vecchio.* Florence: Marzocco, 1940.

Hanserecesse von 1431-1476. Zweite Abteilung. Ed. by Goswin Frhr. von der Ropp. Vol. VII. Leipzig, 1892.

Hanserecesse von 1473-1530. Dritte Abteilung. Ed. by Dietrich Schäfer. Vol. I. Leipzig, 1881.

Hart, Henry H. *Sea Road to the Indies.* New York: Macmillan, 1950.

Hauser, Arnold. *The Social History of Art.* 2 vols. New York: Alfred A. Knopf, 1951.

Heers, Jacques. *Gênes au XVe siècle: Activité économique et problèmes sociaux.* Paris: S.E.V.P.E.N., 1961.

Heers, Marie-Louise. «Les Génois et le commerce de l'alun à la fin du moyen âge," *Revue d'histoire economique et sociale,* 32: 31-53 (1954).

Hermes, Gertrud. "Der Kapitalismus in der Florentiner Wollentuchmdustrie," *Zeitschrift für die gesamte Staatswissenschaft,* 72: 367-400 (1917).

Heyd, Wilhelm. *Histoire du commerce du Levant.* 2 vols. 2d printing. Leipzig, 1923.

Holden, J. Milnes. *The History of Negotiable Instruments in English Law.* London: The Athlone Press, 1955.

Huvelin, Paul. *Essai historique sur le droit des marchés et des foires.* Paris, 1897.

Hyett, Francis A. *Florence: her History and Art to the Fall of the Republic.* London, 1903.

Janson, H. W. *The Sculpture of Donatello.* 2 vols. Princeton: Princeton University Press, 1957.

Kervyn de Lettenhove, Joseph, Baron. *Lettres et négotiations de Philippe de Commines.* 2 vols. Brussels, 1867.

Kristeller, Paul O. "Una novella latina e il suo autore, Francesco Tedaldi, mercante fiorentino del Quattrocento," *Studi letterari, Miscellanea in onore di Emilio Santini.* Palermo, 1955.

Kuske, Bruno. "Die Handelsbeziehungen zwischen Köln und Italien im spätern Mittelalter," *Westdeutsche Zeitschrift für Geschichte und Kunst,* 27: 393-441 (1908).

Lane, Frederic C. *Andrea Barbarigo, Merchant of Venice, 1418-1449.* John Hopkins University Studies in Historical and Political Science, Series LXII, no. 1. Baltimore: The Johns Hopkins University Press, 1944.

— "Venetian Bankers, 1496-1533: A Study in the Early Stages of Deposit Banking," *Journal of Political Economy,* 45: 187-206 (1937).

— *Venetian Ships and Shipbuilders of the Renaissance.* Baltimore, 1934.

— "Venture Accounting in Medieval Business Management," *Bulletin of the Business Historical Society,* 19: 164-173 (1945).

Lapeyre, Henri. *Une Famille de marchands: les Ruiz.* Paris: S.E.V.P.E.N., 1955.

— «Une Lettre de change endossée en 1430,» *Annales (Economies, Sociétés, Civilisations),* 13: 260-264 (1958).

— *Simon Ruiz et les Asientos de Philippe II.* Paris: S.E.V.P.E.N., 1953.

La Sorsa, Saverio. *L'organizzazione dei cambiatori fiorentini nel medio evo.* Cerignola, 1904.

Lastig, Gustav. "Beiträge zur Geschichte des Handelsrechts," *Zeitschrift für das gesamte Handelsrecht,* 23: 138-178 (1878); 24: 386-449 (1879).

Lattes, Alessandro. *Il diritto commerciale nella legislazione statutaria delle città italiane.* Milan, 1884.

Liagre, Léone. «Le Commerce de l'alun en Flandre au Moyen Age," *Le Moyen Age,* 61: 177-206 (1955).

El libro di mercatantie et usanze de' paesi. Ed. by Franco Borlandi. Turin, 1936.

Lopez, Robert S. *Genova marinara nel Duecento: Benedetto Zaccaria, ammiraglio e mercante.* Milan, 1933.

— "Hard Times and Investment in Culture," *The Renaissance, Medieval or Modern?* Ed. by Karl H. Dannenfeldt. Boston: Heath & Co., 1959. Pp. 50-61.

— *Storia delle colonie genovesi nel Mediterraneo.* Bologna, 1938.

— "The Trade of Medieval Europe: the South," *Cambridge Economic History.* Vol. II. Cambridge: Cambridge University Press, 1952. Pp. 338-354.

Lopez, Robert S. and Irving W. Raymond (eds.). *Medieval Trade in the Mediterranean World: Illustrative Documents translated with Introduction and Notes.* New York: Columbia University Press, 1955.

Lucas, Henry S. "Mediaeval Economic Relations between Flanders and Greenland," *Speculum,* 12:167-181 (1937).

Lunt, William E. (ed.). *Papal Revenues in the Middle Ages.* 2 vols. New York: Columbia University Press, 1934.

Luzzatto, Gino. "L'attività di un patrizio veneziano del Quattrocento," *Studi di storia economica veneziana.* Padua, 1954. Pp. 167-193.

— *Storia economica d'Italia,* I: *L'antichità e il medio evo.* Rome: Leonardo, 1949.

Macinghi negli Strozzi, Alessandra. *Lettere di una gentildonna fiorentina del secolo XV ai figliuoli esuli.* Ed. by Cesare Guasti. Florence, 1877.

Machiavelli, Niccolò. *History of Florence from the Earliest Times to the Death of Lorenzo the Magnificent.* Ed. by Charles W. Colby. Rev. ed. New York, 1901.

— *Istorie fiorentine.* Vol. I of *Opere.* Edited by Antonio Panella. Milan, 1938.

Mandich, Giulio. *Le Pacte de Ricorsa et le marche italien des changes au XVIIe siècle.* Paris: S.E.V.P.E.N., 1953.

Mansfield, Mildred. *A Family of Decent Folk, 1200-1341: the Lanfredini, Merchant-Bankers and Art-Patrons.* London, 1922.

Marshal, Joseph. *Bijdrage tot de Geschiedenis van het Bankwezen te Brugge.* Bruges, 1955.

Martens, Mina. «Les Maisons de Medici et de Bourgogne au XVe siècle,» *Le Moyen Age,* 56: 115-129 (1950).

Martin, Alfred von. *Sociology of the Renaissance.* New York: Oxford University Press, 1944.

Mazzi, Curzo. "La compagnia mercantile di Piero e Giovanni di Cosimo dei Medici in Milano nel 1459," *Rivista delle Biblioteche e degli Archivi,* 18: 17-31 (1907).

Mecatti, Giuseppe. *Storia cronologica della città di Firenze.* 2 vols. Naples, 1755.

Melis, Federigo. "Di alcune girate cambiarie dell'inizio del Cinquecento rinvenute a Firenze," *Moneta e credito,* fasc. 21. Rome, 1953. Offprint. Pp. 27.

— "La formazione dei costi nell'industria laniera alia fine del Trecento," *Economia e Storia,* 1: 31-60, 150-190. (1954).

— "Una girata cambiaria del 1410 nell'Archivio Datini di Prato," *Economia e Storia,* 5: 412-421 (1958).

— *Note di storia della banca pisana nel Trecento.* Pubblicazioni della Società storica pisana, no. 1. Pisa, 1955.

— *Storia della ragioneria: Contribute alia conoscenza e interpretazione delle fonti più significative della storia economica.* Bologna: Cesare Zuffi, 1950.

Meltzing, Otto. *Das Bankhaus der Medici und seine Vorläufer.* Jena: Gustav Fischer, 1906.

— "Tommaso Portinari und sein Konflikt mit der Hanse," *Hansische Geschichtsblätter,* 12: 101-123 (1906).

Meyer, Alfred Gotthold. *Oberitalienische Frührenaissance: Bauten und Bildwerke der Lombardei.* 2 vols. Berlin, 1897-1900.

Mirot, Léon. «La Société des Raponde, Dine Raponde,» *Etudes lucquoises.* Paris, 1930. Pp. 79-167. Also in *Bibliothèque de l'Ecole des Chartes,* 89: 299-389 (1928).

Molini, Giuseppe. *Documenti di storia italiana copiati su gli originali autentici e per lo più autografi esistenti in ParigL* 2 vols. Florence, 1836-1837.

Mollat, Michel. «Recherches sur les finances des dues valois de Bourgogne,» *Revue historique,* 219: 285-321 (1958).

Mori, Attilio. See Boffito, G.

Müller, Karl Otto (ed.). *Welthandelsbräuche (1480-1540).* Deutsche Handelsakten des Mittelalters und der Neuzeit, V. Berlin, 1934.

Müntz, Eugène. *Les Arts à la cour des papes.* Vol. III. Paris, 1882.

Nelson, Benjamin N. "The Usurer and the Merchant Prince: Italian Businessmen and the Ecclesiastical Law of Restitution, 1100-1500," *The Journal of Economic History* VII (1947), Supplement, 104-122.

Noonan Jr., John T. *The Scholastic Analysis of Usury.* Cambridge, Mass.: Harvard University Press, 1957.

Origo, Iris. "The Domestic Enemy: the Eastern Slaves in Tuscany in the Fourteenth and Fifteenth Centuries," *Speculum,* 30:321-366 (1955).

— *The Merchant of Prato, Francesco di Marco Datini, 1235-1410.* New York: Alfred A. Knopf, 1957.

Pagel, Karl. *Die Hanse.* Berlin: Deutsche Buch-Gemeinschaft, 1942.

Pagnini, Gian-Francesco. *Della Decima e di varie altre gravezze imposte dal Comune di Firenze, della moneta e della mercatura de' fiorentini fino al secolo XVI.* 4 vols. Lisbon-Lucca, 1765-1766.

Palmarocchi, Roberto. *Lorenzo de' Medici* Turin, 1941.

Panella, Antonio. *Storia di Firenze.* Florence: Sansoni, 1949.

Paquet, Jacques. «Une Ébauche de la nonciature de Flandre au XVe siècle: les missions dans les Pays-Bas de Luc de Tolentis, évêque de

Sebenico (1462-1484),» *Bulletin de l'Institut historique beige de Rome,* 25: 27-144 (1949).

Partner, Peter D. "Camera Papae: Problems of Papal Finance in the Later Middle Ages," *The Journal of Ecclesiastical History,* 4: 55-68 (1953).

— *The Papal State under Martin V: the Administration and Government of the Temporal Power in the Early Fifteenth Century.* London: The British School of Rome, 1958.

Pastor, Ludwig von. *The History of the Popes from the Close of the Middle Ages.* Vol. I. 3d ed. St. Louis, 1906.

Pauli, Karl Wilhelm. "Ueber die frühere Bedeutung Lübecks als Wecheselplatz des Nordens," *Lübeckische Zustdände in Mittelalter.* Vol. II. Lübeck, 1872. Pp. 98-171.

Pazzi, Alessandro de'. "Discorso al Cardinale Giulio de' Medici, Anno 1522," *Archivio storico italiano,* 1: 420-436 (1842).

Pegolotti, Francesco Balducci. *La pratica della mercatura.* Ed. by Allan Evans. Cambridge, Mass.: The Mediaeval Academy of America, 1936.

Peragallo, Prospero. "Cenni intorno alia colonia italiana in Portogallo nei secoli XIV, XV, e XVI," *Miscellanea di Storia italiana,* XL (Turin, 1904), 381-462. A later edition of 1907 was not accessible to me.

Perrens, Francois-Thomas. *The History of Florence under the Domination of Cosimo, Piero, Lorenzo de' Medicis, 1434-1492.* London, 1892.

Peruzzi, Simone Luigi. *Storia del commercio e dei banchieri di Firenze in tutto il mondo conosciuto dal 1200 al 1345.* Florence, 1868.

Peyronnet, Georges. "II ducato di Milano sotto Francesco Sforza (1450-1466), politica interna, vita economica e sociale," *Archivio storico italiano,* 116: 36-53 (1958).

Piattoli, Livio. "II contratto d'assicurazione marittima a Venezia nel medio evo," *Rivista di storia del diritto italianoy* 8: 327-337 (1935).

Picotti, Giovanni Battista. *La giovinezza di Leone* X, *il Papa del Rinascimento.* Milan, 1927.

Pieraccini, Gaetano. *La stirpe de' Medici di Cafaggiolo: Saggio di ricerche sulla trasmissione ereditaria dei caratteri biologici.* 3 vols. 1st ed., Florence, 1924; 2d ed., Florence: Vallecchi, 1947.

Piotrowski, Roman. *Cartels and Trusts.* London, 1933.

Pisani, Maria. *Un awenturiero del Quattrocento: la vita e le opere di Benedetto Dei.* Genoa, 1923.

Pitti, Buonaccorso. *Cronica.* Florence, 1720.

Pitti, Jacopo. "Istoria fiorentina," *Archivio storico italiano,* 1:xv-liii, 1-208 (1842).

Pius II (Aeneas Silvius Piccolomini). *Commentaries.* Trans, by Florence Alden Gragg, ed. by Leona C. Gabel. Smith College Studies in History, XXII, XXV, XXX, XXXV, XLIII (1937, 1939-1940, 1947, 1951, 1957).

Pöhlmann, Robert. *Die Wirtschaftspolitik der Florentiner Renaissance und das Prinzip der Verkehrsfreiheit.* Preisschriften der Fürstlich Jablonowski'schen Gesellschaft, Historisch-economische Sektion, no. 13, Leipzig, 1878.

Postan, Michael M. "Italy and the Economic Development of England in the Middle Ages," *Journal of Economic History,* 11: 339-346 (1951).

— "Report on the Middle Ages," in IXe Congres International des Sciences Historiques, I: *Rapports.* Paris: Colin, 1950. Pp. 225-241.

— "The Trade of Medieval Europe: the North," *Cambridge Economic History.* Vol. II. Cambridge: Cambridge University Press, 1952. Pp. 119-256.

— See Power, Eileen.

Postlethwayt, Malachy. "Venice," *The Universal Dictionary of Trade and Commerce.* Vol. II London, 1755. Pp. 819-824.

Power, Eileen and M. M. Postan (eds.). *Studies in English Trade in the Fifteenth Century.* New York, 1933.

Prèstage, Edgar. *The Portuguese Pioneers.* London, 1933.

Prims, Abbé Floris. "Heer Anselmus Fabri, onze tiende deken (1415-1449)," *Antwerpiensia, 1937; Losse Bijdragen tot de Antwerpsche Geschiedenis.* Antwerp, 1938. Pp. 19-26.

Pucci, Antonio. *Il Centiloquio che contiene la cronica di Giovanni Villani in terza rima.* Delizie degli eruditi toscani, vols. 3-6. Florence, 1772-1775.

Raymond, Irving S. (ed.). See Lopez, Robert S.

Redlich, Fritz. *De praeda militari: Looting and Booty,* 1500-1815. Bieheft 39 of *Vierteljahrschrift für Sozial- und Wirtschaftsgeschichte. Wiesbaden,* 1956.

— "Military Entrepreneurship and the Credit System in the Sixteenth and Seventeenth Centuries/' *Kyklos,* 9: 186-193 (1957).

Remy, F. *Les Grandes Indulgences pontificates aux Pays-Bas à la fin du moyen âge, 1300-1531.* Louvain, 1928.

Renouard, Yves. «Lumières nouvelles sur les hommes d'affaires italiens du moyen âge,» *Annales (Economies, Sociétés, Civilisations),* 10: 63-78 (1955).

— *Les Relations des papes d'Avignon et des compagnies commerciales et bancaires de 1316 à 1378.* Bibliothèque des ecoles françaises d'Athènes et de Rome, fasc. 151. Paris, 1941.

Reumont, Alfred von. "Di alcune relazioni dei Fiorentini colla città di Danzica; memoria," *Archivio storico italiano,* new ser., XIII, pt. 1 (1861), 37-47.

— *Lorenzo de' Medici the Magnificent* 2 vols. London, 1876.

Reynaud, Félix. "Le movement des navires et des marchandises à Port-de-Bouc à la fin du XVe siècle," *Revue d'histoire économique et sociale*, 34: 153170 (1956).

Richards, Gertrude R. B. *Florentine Merchants in the Age of the Renaissance.* Cambridge, Mass., 1932.

Rinuccini, Filippo. See Aiazzi, G.

Rocha, Manuel. *Les Origines de "Quadragesimo Anno": Travail et salaire à travers la scolastique.* Paris, 1933.

Rodolico, Niccolò. *La democrazia fiorentina nel suo tramonto (1378-1382).* Bologna, 1905.

— *Il popolo minuto.* Bologna, 1899.

— "The Struggle for the Right of Association in Fourteenth-Century Florrence," *History,* new ser., 7: 178-190 (1922).

Romano, R. See Braudel, F.

Ropp, Goswin, Baron von der. "Zur Geschichte des Alaunhandels im 15. Jahrhundert," *Hansische Geschichtsblätter,* Jahrgang 1900, pp. 117-136.

Roscoe, William. *The Life of Lorenzo de' Medici called the Magnificent.* 9th ed. London, 1847.

Ross, Janet (ed.). *Lives of the Early Medici as told in their Correspondence.* Boston, 1911.

Ruddock, Alwyn A. *Italian Merchants and Shipping in Southampton, 1270-1600.* Southampton: University College, 1951.

Rutenburg, Victor I. *Popular Unrest in Italian Cities (Fourteenth Century and Beginning of the Fifteenth).* In Russian. Moscow, 1958.

Rymer, Thomas (ed.). *Foedera, conventiones, litterae, et cujuscumque generic acta publica inter reges Angliae et alios quosvis imperatores, reges pontifices, principes, vel communitates.* Vol. XII. London, 1727.

Salvemini, Gaetano. *La dignitd cavalleresca nel Comune di Firenze.* Florence, 1896.

— *Magnati e popolani in Firenze dal 1280 al 1295.* Florence, 1899.

Salzman, L. F. *English Trade in the Middle Ages.* Oxford, 1931.

Sapori, Armando. *La crisi delle compagnie mercantili del Bardi e del Peruzzi.* Florence, 1926.

— "Gi'Italiani in Polonia nel medioevo," *Archivio storico italiano,* 83: 125-155 (1925).

— (ed.). *I libri degli Alberti del Giudice.* Milan: A. Garzanti, 1952.

— (ed.). *I libri di commercio del Peruzzi.* Milan, 1934.

— "The Medici Bank," offprint from *Banca Nazionale del Lavoro Quarterly Review,* no. 11 (October 1949). 18 pp.

— *Mercatores.* Milan: Garzanti, 1941.

— *Studi di storia economica (secoli XIII-XIV-XV).* 3d enlarged ed. Florence: Sansoni, 1956.

Sassetti, Filippo. *Lettere edite e inedite.* Edited by Ettore Marcucci. Florence, 1855.

Savary, Jacques. *Le Parfait Négotiant.* 2d ed. Paris, 1679.

Scaccia, Sigismund. *De commerciis et cambio.* 1st ed. Rome, 1619.

Schanz, Georg. *Englische Handelspolitik gegen Ende des Mittelalters mit besonderer Berücksichtigung des Zeitalters der beiden ersten Tudors Heinrich VII. und Heinrich VIII. 2* vols. Leipzig, 1881.

Schevill, Ferdinand. *History of Florence from the Founding of the City through the Renaissance.* New York, 1936.

— *The Medici.* London: Victor Gollancz, 1950.

Schick, Léon. *Un Grand Homme d'affaires au début du XVIe siècle: Jacob Fugger.* Paris: S.E.V.P.E.N., 1957.

Schulte, Aloys. *Geschichte des mittelalterlichen Handels und Verkehrs zwischen Westdeutschland und Italien mit Ausschluss von Venedig.* 2 vols. Leipzig, 1900.

Scofield, Cora L. *The Life and Reign of Edward the Fourth.* 2 vols. London, 1923.

Sieveking, Heinrich. "Bericht: das Hauptbuch von Averardo de' Medici," *Anzeiger der Kaiserlichen Akademie der Wissenschaften; Philosophisch-Historische Klasse,* 39: 170-177 (1902).

— *Aus Genueser Rechnungs- und Steuerbilchern: Ein Beitrag zur mittelalterlichen Handels- und Vermögensstatistik.* Sitzungsberichte der Kais. Akademie der Wissenschaften in Wien, Philosophisch-Historische Klasse, vol. 162, pt. 2. Vienna, 1909.

— *Die Handlungsbücher der Medici.* The same series, vol. 151, pt. 5. Vienna, 1905.

Silva, Pietro. "L'ultimo trattato commerciale tra Pisa e Firenze," *Studi storici (Periodico trimestriale diretto da Amedeo Crwellucci),* 17: 627-702 (1908).

Silvestri, Alfonso. "Sull'attività bancaria napoletana durante il periodo aragonese,' *Bollettino dell'Archivio storico del Banco di Napoli,* fasc. 6 (1953), pp. 80-120.

Singer, Charles. *The Earliest Chemical Industry: An Essay in the Historical Relations of Economics and Technology Illustrated from the Alum Trade.* London: The Folio Society, 1948.

Singer, Charles, et al. *History of Technology.* Vol. II. Oxford: Oxford University Press, 1956.

Smith, Adam. *An Inquiry into the Nature and Causes of the Wealth of Nations.* New York: Modern Library, 1937.

Solivetti, Guido. *Il banco dei Medici in Roma all'inizio del XV secolo.* Rome: Tipografia E. Pinci, 1950.

Statuta populi et communis Florentiae. 2 vols. Fribourg-Florence, 1778.

Statuti dell'Arte del Cambio di Firenze (1299-1316). Ed. by Giulia Camerani Marri. Florence: Leo S. Olschki, 1955.

Statuti dell'Arte di For Santa Maria al tempo della Repubblica. Ed. by Umberto Dorini. Florence, 1934.

Statuti senesi scritti in volgare ne[3] secoli XIII e XIV. Ed. by Filippo-Luigi Polidori. Vol. I. Bologna, 1863.

Statuti della Repubblica fiorentina, vol. II: *Statuto del podesta dell'anno 1325.* Ed. by Romolo Caggese. Florence, 1921.

Statuto dell'Arte della Lana di Firenze (1317-1319). Ed. by Anna Maria E. Agnoletti. Florence, 1940.

Stefani, Giuseppe (ed.). *L'assicurazione a Venezia dalle origini alia fine della Serenissima.* 2 vols. Trieste: Assicurazioni General! di Trieste e Venezia, 1956.

— *Insurance in Venice from the Origins to the End of the Serenissima. 2* vols. Trieste, 1958.

Stefani, Marchionne di Coppo. *Istoria fiorentina.* Delizie degli eruditi toscani, vol. 16. Florence, 1783.

Strieder, Jakob. *Studien zur Geschichte kapitalistischer Organisationsformen.* 2d ed. Munich, 1925.

Studi in onore di Armando Sapori 2 vols. (paged contin.). Milan: Instituto Editoriale Cisalpino, 1957.

Symonds, John Addington. *Renaissance in Italy.* 2 vols. New York: Modern Library, 1935.

Tawney, Richard H. *Religion and the Rise of Capitalism.* New York: Harcourt, Brace, reprint 1952 of rev. ed., 1937.

Teja, Antonio. *Aspetti della vita economica di Zara dal 1289 al 1409,* Part I: *La pratica bancaria.* Zara, 1936.

Theiner, Augustin. *Codex diplomaticus domini temporalis S. Sedis.* Vol. III. Rome, 1862.

Trimble, Rufus. "The Law Merchant and the Letter of Credit," *Harvard Law Review,* 61: 981-1008 (1948).

Unger, W. S. "Rekening van den Invoer van Aluin in de Schelde Delta, 1473-1475," *Economisch-Historisch Jaarboek,* 19:75-88 (1935).

Usher, Abbott Payson. *The Early History of Deposit Banking in Mediterranean Europe.* Harvard Economic Studies, 75. Cambridge, Mass.: Harvard University Press, 1943. (Only vol. I published.)

Uzzano, Giovanni di Antonio da. *La pratica della mercatura.* Vol. IV of G. F. Pagnini, *Della Decima.* Lisbon-Lucca, 1766.

Vaesen, Joseph and Etienne Charavay (eds.). *Lettres de Louis XI, roi de France.* Vol. III. Paris, 1887.

van Houtte, Jean A. «Bruges et Anvers, marchés 'nationaux' ou 'internationaux,' du XIVe au XVIe siècle,» *Revue du Nord,* 34: 89-108

(1952).

Vasari, Giorgio. *The Lives of the Painters, Sculptors, and Architects.* Trans, by A. B. Hinds. 4 vols. New York, Everyman's Library, n. d.

Verlinden, Charles. «La Colonie italienne de Lisbonne et le développement de l'économie métropolitaine et coloniale portugaise,» *Studi in onore di Armando Sapori.* Milan, 1957. Pp. 617-628.

— *L'Esclavage dans l'Europe médiévale,* vol. I: *Péninsule ibérique-France.* Bruges: "De Tempel," 1955.

Vespasiano da BisticcL *The Vespasiano Memoirs: Lives of Illustrious Men of the Fifteenth Century.* Trans, by William George and Emily Waters. London, 1926.

Vettori, Francesco. *Il fiorino d'oro.* Florence. 1738.

Vigne, Marcel. *La Banque à Lyon du XVe au XVIIIe siècle.* Paris, 1903.

Villani, Giovanni. *Cronica.* 4 vols. Florence, 1845.

Villani, Matteo. *Cronica.* 2 vols. Florence, 1846.

Warburg, A. "Flandrische Kunst und Florentinische Renaissance," *Gesammelte Schriften.* Vol. I. Leipzig, 1932. Pp. 185-206, 370-380.

— "Francesco Sassetti's letztwillige Verfugung," *Gesammelte Schriften,* same vol. Pp. 127-158, 353-365.

Warner, Sir George (ed.). *The Libelle of Englyshe Polycye: a Poem on the Use of Sea-Power (1436).* Oxford: Clarendon Press, 1926.

Zambler, A. and F. Carabellese. *Le relazioni commerciali fra la Puglia e la Republica di Venezia dal secolo X al XV.* Trani, 1898.

Zeno, Riniero. *Documenti per la storia del diritto marittimo nei secoli XIII e XIV.* Turin, 1936.

Zerbi, Tommaso. *Le origini della partita doppia: gestioni aziendali e situazioni di mercato nei secoli XIV e XV.* Milan: Marzorati, 1952.

— *Studi e problemi di storia economica,* I. *Credito ed interesse in Lombardia nei secoli XIV e XV.* Milan: Marzorati, 1955.

Zippel, Giuseppe. "L'allume di Tolfa e il suo commercio," *Archivio della R. Società Romana di Storia Patria,* 30: 5-51, 389-462 (1907).

— "Un cliente mediceo," *Scritti varii di erudizione e di critica in onore di Rodolfo Renier.* Turin, 1912. Pp. 475-490.

譯後記

呂吉爾

我自幼立志成為一名學者，但卻在讀書學習的黃金時段遭遇一場歷時十年的浩劫，被無情地屢拒於學校大門之外，再加上後來種種自己無法選擇的原因，我這輩子已不可能實現自己兒時立下的志向。

既然無法成為學者，那就成為別的什麼「者」吧。自從接觸外語起，我就對外語產生了極大的興趣，並立下了另一個志向，那就是在翻譯領域有所成就，但因機緣不至而無果。

在陰差陽錯地被換行教書之前，我曾從事精密機械製造，在一家工廠負責生產工藝和設備維修。由於當時當地沒人能翻譯我廠所用進口設備和測量儀器的外文說明書，我就自告奮勇承擔起「啃」這塊硬骨頭的任務。我的英語學習就是在翻譯這些說明書的過程中起步的，因此我對翻譯情有獨鍾。轉行成為一名教師後，我一直想翻譯能惠及廣大青少年的諸如科普圖書之類的書籍。但繁重的教務剝奪了我譯書的可能性，我只好在教學之餘小試譯筆，承蒙王建新、郭躍華、胡強、李愛平、江世亮、朱澤民等諸多編輯人士的鼓勵和支持，陸陸續續也發表了三百多篇譯文。

在我看來——儘管這個認識有點狹隘，一個人學了外語，若不從事翻譯，也不從事外語教學，那麼就只能利己而不能利人。因此我的腦袋裡一直存在一個譯書的念頭，幾十年未能淡忘。但由於本人所從事教書職業的特殊性，這一意願始終未能實現。直到退休後，可能性才有了成為現實性的可能。但要真正實施這一意願卻也並非易事。至少需要解決兩個難題。一是要找到值得翻譯的原著，且尚無人譯過。二是要找到願意出版譯著的出版社，譯了沒人出版也是徒勞枉然。有幸的是，昔日弟子丁騁騁向我提起這部中世紀歐洲經濟史領域的經典之作 *The Rise and Decline of the Medici Bank, 1397-1494*。說打算翻譯，問我是否有意合作？這部書是台灣清華大學經濟史專家賴建誠教授推薦給他的。

上網一查，發現此書尚無中譯本，因此可為首譯。有了值得翻譯的原著，我和丁騁騁一拍即合，合計著手翻譯。但接著問題又來了，我們找不到此書的電子版，手頭只有丁騁騁在台灣訪學時賴建誠教授給他的紙質影本。這給翻譯工作造成了極大的不便，遇到需要查考電子工具書時，我們就不得不一一通過鍵盤輸入的方式進行查考，無法直接通過滑鼠點擊來查詢詞義，這極大地降低了翻譯的進度和效率。但別無他法，只好步步為營。書中的大量表格資料、參考文獻著錄以及人名、地名等的外文原文都得靠敲鍵盤逐字錄入，工作量之大可想而知。又因上不了 Google，有些外文詞語——除了英文之外，此書還涉及多種其他外文：如義大利文、拉丁文、法文、德文等——還無法查到，這個耽擱起來可不是一天、兩天的事情，得通過其他途徑多方查詢學習，幾個月解絕不了也是常事。清末翻譯家嚴復曾言「一名之立，旬月躊躇」，其實何止旬月？這對於未曾涉譯海者來說，確實是難以置信，無法體會的。

凡事得有原則，翻譯亦不能例外。忠於作者原意是我堅守的底線，譯文通達是我力求的水準，譯出作者風格是我的追求。考慮到該書涉及大量專名（人名一千三百多個、地名三百多個，還有四百多個其他專名），我特地為此擬訂了若干條專名翻譯準則，如下所示：

1. 以譯名讀音儘量貼近原語發音為宗旨；
2. 「音從主人」原則為主，「約定俗成」原則為輔；

3. 以各語種讀音規則為依據，以譯名詞典／手冊為參照；
4. 以第四聲漢字對譯外文專名重讀音節，體現外文重音（但該準則難以實現）；
5. 優先選用單音單聲字，避開多音多聲字，少用單音多聲字；
6. 同音同字，避免同語同一音節用不同的漢字對譯；
7. 優先選用名詞詞性的漢字（如祁 n.），儘量避免動詞詞性的漢字譯名（如祈 v.）；
8. 優先選用譯音用字、人名用字（如噶、噠、郜等）；
9. 優先選用詞義善者，避免用貶義漢字譯名；
10. 優先選用常用字，避免冷僻字和筆劃過繁的漢字（但極高頻字亦不宜）。

根據以上準則，我們特地從新華字典裡選輯了一份譯音用字表，從每個漢語音節裡選出一個或幾個符合上述準則的漢字備用，以確保在翻譯過程中保持一致性，一音一字。

皇天不負有心人，我在不經意間發現了一個非常有用的網站（http://zh.forvo.com，號稱 all the words in the world pronounced），它提供世界各國語言單詞的原聲發音，均由 native speakers 朗讀錄製。這為我們音譯人名、地名等專名提供了極為有利的幫助。我就是在反覆聆聽該網站提供的發音後再選用適當的漢字來翻譯這些專名的。在此過程中，我也發現人名、地名詞典中的不少譯名與原語發音不相符合，有的甚至相去甚遠。我估計這可能是因為詞典編撰者難以對數以萬計的專名逐一聆聽原聲發音，大多是根據拼寫規則套譯所致。我希望這種音不從主人的現象在本譯本中得以避免。

我們之所以在專名翻譯中強調音從主人原則，以音似為追求目標，是因為人名是被人稱呼的，若發音變了，甚至與原名相去甚遠，那麼該名的主人就有可能「不予理會」，因為他／她會以為你是在稱呼別人。

有個小故事可以說明這個問題。我曾為來我家鄉考察和提供技術培訓的瑞典水處理專家擔任翻譯。在一次餐間，其中一位專家跟我說：「你叫我 [s'tefen]。（音「斯代芬」）我感到很親切，因為我家裡人都是這麼叫我的。但在中國的其他地方，人們都管我叫 [s'ti:fen]（音「斯蒂芬」），我感到很彆扭。」事情是這樣的，他是瑞典人，名片上印的是 Stephen。據我所知，字母 e 在絕大多數歐洲語言中都發 [e] 音，只有在英語裡在開音節發 [i:] 音，在閉音節也發 [e] 音。因此我就直接叫他 [s'tefen]（音「斯代芬」），結果歪打正著，讓他獲得了賓至如歸的感覺。事情就這麼簡單，卻反映出一個值得關注，馬虎不得的問題，即人名的翻譯一定要在讀音上貼近原語。在漢語裡也一樣，你若把人家的名叫錯了，人家會不高興，若把人家的姓「改」了，那輕則生氣，重則光火，甚至「大動干戈」也說不定。可見翻譯無小事，譯名更非小事。通過這件小事，我對嚴復的「信、達、雅」譯事三原則有了真切的體悟：「信」是譯者必須守住的底線，「達」是譯者須努力達到的水準，「雅」則是譯者需孜孜追求的境界。

以 Medici 一詞為例，就存在多種譯名，如梅迪奇（見《新華社世界人名翻譯大辭典》）、梅迪契（見《大英百科全書》中文版）、梅第奇、梅氏家族、麥地奇、麥迪奇、麥第奇、美第奇等（見網路）。幾部有關 Medici 家族的中譯本（如《美第奇家族：文藝復興的教父們》《美第奇家族興亡史》）都譯為美第奇。但在我看來，此譯名最不理想。因為「美」字鮮見用於外國人名譯名，在我所擁有的人名翻譯詞典和手冊中均以「梅」字翻譯外文音節me（請看表1所舉例子）。其中的「第」字顯然與原語發音不符，因為在義大利語中，音節 ti 才念「第」（中文拼音 [dì]），如 Datini 譯為「達蒂尼」就非常貼近原語發音。第二個音節 di 跟「迪」讀音更接近。而第三個音節 ci 用「奇」也有問題，因為該字有兩個發音 [qí] 和 [jī]，到底念哪個音，不知道原語發音的讀者就很難把握。不如用「琦」（單音單聲）取而代之。而「契」字則有三個讀音 [qì] [qiè] [xiè]，更不適合用於專名譯名。再者，該人名的重音在第一音節，因此第一音節用第四聲漢字「麥」對譯優於「梅／美」，能體現原語的重音。若將「美第奇」倒譯回去，則會變成 Metici，而非 Medici。因此，按我所擬上述準則，Medici一名宜譯為「麥迪琦」。「琦」字不但褒義，且常用於人名，如梅貽琦。

地名的翻譯亦是如此。如 Florence 一詞，僅以「佛羅倫斯」和「福洛倫斯」兩個譯名作比較。「佛」字有兩音，分別念 fó 或 fú，「福」字單音，念 fú，顯然用「福」字對譯首字母 f 更合適，因為 u、f 發音口型基本相同，在漢語裡 f 和 fu 發音是一樣的，因此，f 譯「佛」（fó）與 f 譯「福」fú）比較，顯然後者更接近原語發音。「羅」字為第二聲，「洛」字為第四聲，顯然後者更能體現原語中 -lo 的重讀音節地位。詞尾 -ce 發清音 [s]，怎麼能變成「薩」（韻母 a，且為第四聲）？而「斯」字雖有韻母 [i]，但漢語裡 [s] 後面的 [i] 音其實沒發出來，仍念 [s]（如斯、絲等），而不像英文中 [si] 念如 sea, see 等。其實，Florence 這個詞在任何一種語言裡都不可能念成「佛羅倫斯」[fó/fú luó lún sà]，因此採用「福洛倫斯」[fú luò lún sī] 的譯法，更符合「音從主人」的譯名原則。但「洛」字在音效上卻不如「羅」字的聽感。這確實是個兩難的問題，孰優孰劣，很難取捨。順便一提，該地名的義大利語原文是 Firenze，徐志摩譯之為「翡冷翠」，不失為音、義具佳的神來之譯，可惜沒被普遍採用。由此可見，約定俗成者未必靠得住，未約定俗成者未必非佳譯。

而至於國名及常用地名，則均按「約定俗成」原則翻譯，因為國

表 1：外語音節漢譯舉例*

	me	di	ci	Medici	lo	ren	zo	Lorenzo
義語	梅	迪	奇	梅迪奇	洛	倫	佐	羅倫佐
英語	梅	迪	奇	Medicus 梅迪卡斯	洛	倫	佐	羅倫佐
德語	梅	迪	希	Medicus 梅迪庫斯	洛	倫	措	Lorenz 洛倫茲
西語	梅	迪	奇	Medina 梅迪納	洛	倫	索	洛倫索
法語	梅	迪	西	Medina 梅迪納	洛	朗	佐	Lorenzi 洛倫齊

* 本表所列內容分別引自維基百科提供的世界各國語言譯音用漢字表，及新華通訊社譯名室所編相關語種姓名譯名手冊。據此，我將 Medici 譯名定為梅迪奇，Lorenzo 譯名定為羅倫佐。

名和常用地名涉及面廣而不可輕易「另起爐灶」。如 London 雖不念 [lúndūn]，我仍採用「倫敦」這一譯名。但我將中世紀時的 France、Germany、England 等分別譯為「法蘭西、德意志、英格蘭等，因為今昔有別，譬如當時的英格蘭並非現今的英國。另一個理由是，若將 France、Germany、England 譯為法國、德國和英國，那麼Italy、Spain 等是否該譯為義、西國？非此豈不違背邏輯？

但讀者眼前這一譯本中的專名譯名並非如此。為何？因為有意見認為，既然已經有了「約定俗成」的譯名，又何必再「標新立異」？這樣做不僅改變不了局面，反而會使一名多譯現象「雪上加霜」，更使讀者「無所適從」，給閱讀帶來不便。此話不無道理。思量再三，為了讀者的方便，為了譯稿能順利出版，我「忍痛割愛」，最終還是沒能守住「底線」，把辛辛苦苦嚴格按「音從主人」原則翻譯的全部專名音譯名推翻重譯，花了一個月多的時間，把書中兩千餘個專名全部換成了「習慣」譯名。憑此，我對「翻譯始終是門遺憾的藝術」一說有了深切的體會。

我起先將本書書名譯為《梅迪奇銀行盛衰記》或《梅迪奇銀行浮沉錄》，但因其缺乏學術味而捨棄。後擬將書名譯為《梅迪奇銀行興衰史》，以便與經濟史直接掛鉤，但最終還是採用了按字面直譯的《梅迪奇銀行的興衰》。關於本書作者的生平和學術成就，以及本書的學術價值，賴建誠教授和丁騁騁已分別在前言和導讀中作了扼要的介紹和精闢的論述，若我在此再呈贅詞，勢必班門弄斧，多此一舉。免了。

寒暑更替，春華秋實。譯稿終告完成，喜悅之情，溢於言表。在譯稿行將付梓之時，我要衷心感謝那些始終關心、支持和幫助我的人們。首先要感謝賴建誠教授。是他慧眼識材，從浩瀚文獻中挑選出這部經濟史領域的經典。要是沒有他的推薦，很可能就沒有讀者面前這一譯本。更令我感動的是，他屈尊為譯本作序，向讀者介紹本書精義所在。我要感謝丁騁騁悉心審校全稿，擇要補充了有關背景的注釋，並提出了中肯的修改意見，不但使譯者受益匪淺，而且使譯文的品質得以提升。他還根據自己的研究寫了導讀，為讀者深入理解此書要義指明了方向，鋪設了道路。感謝貓頭鷹出版社張瑞芳的大力支持和辛勤編輯，使得本譯著繁體字版順利與讀者見面。好事多磨，翻譯過程中為了找到合適的出版社，我和丁騁騁費了好大一番周折。我還要感謝王亞君、呂薇娜、陸峰、陸辰，是他們的理解和支持使我得以心無旁騖，一門心思做好本書的翻譯工作。

受本人知識和譯技的局限，譯文中失誤之處在所難免，懇切希望讀者朋友不吝指教（歡迎回饋至 zjjier@163.com 郵箱。譯者在此誠致衷心感謝！）。

二〇一七年一月二十五日
記於陋室默耕齋

譯者補充說明

早在譯稿即將發排之際，簡體版編輯王萌先生向我提了三個問題。第一個問題是關於「Medici」一詞的翻譯。鑑於之前的譯者都把「Medici」翻譯為「美第奇」。若另起爐灶，依我譯作「梅迪奇」，勢必造成不必要的傳播障礙，不利於讀者搜索。他建議我改譯為「美第奇」。雖然我心裡極不情願，猶豫再三，但為方便讀者起見，最終還是同意了王萌的意見。但我要說明一點，我絕不會主動把「Medici」譯為「美第奇」，因為這不符合「音從主人」的譯名首要原則，也不符合公認的譯名用詞常規和各語種譯名詞典的慣例。我堅持「梅迪奇」的譯法，理由詳見上面「譯後記」。讀者朋友，您現在看到的書名是《美第奇銀行的興衰》*，下面赫然印著「呂吉爾譯」，其實這並非呂吉爾所譯。呂吉爾所譯書名是《梅迪奇銀行的興衰》。儘管這是個兩難的選擇，但無法回避，不得不做出選擇。我選擇了「違心」，就如老話說的那樣，「人在屋簷下，不得不低頭」，只有讓步、妥協，才能解決問題。我只能這樣想：原則誠可貴，信念價更高；若為讀者顧，兩者皆可拋。

第二個問題是關於譯者附錄中族譜圖的去留。我根據收集到的 Medici 家族成員資料，整合編製了一幅梅迪奇家族從一二〇〇年到一七三七年的完整族譜圖。為編製此圖，我嘗試了多種方式，甚至買來大張的白紙鋪在地上編繪家族樹。但由於涉及十八代人，歷史五百多年，始終找不到一種合適或理想的形式。不是圖表面積太大，就是編製十分困難。我一遍又一遍地推倒重來，花費在此圖上的時間和辛勞不亞於翻譯一章書稿。終於，我用 Excel 編制的圖表達到了自認為理想的效果。此外，在編製族譜表時發現，歷史學家們對誰是 Alessandro the Moor（一五一〇至一五三七）生父的問題意見不一。有歷史學家認為亞歷山德羅是烏爾比諾公爵羅倫佐二世（一四九二至一五一九）的私生子；另有歷史學家則認為亞歷山德羅是教皇克萊門七世（一四七八至一五三四）的私生子。但有一點卻是一致的，有關亞歷山德羅被刺身亡案情的文字都提到，亞歷山德羅是被自己的一個堂弟羅倫札奇歐（一五一四至一五四八）設計殺死的。既然刺客與被刺者是堂兄弟關係，那麼亞羅山德羅的生父應該是教皇克萊門七世，否則，刺客與被刺者應是叔侄關係，因為羅倫佐二世與羅倫札奇歐是堂兄弟關係（兩者都是教皇克萊門七世的遠房侄子），亞歷山德羅與羅倫佐二世也應是堂兄弟關係。因此書衣海報以此發現結果修改人物關係。

第三個問題其實不是問題，而是我譯稿中存在幾處漏譯。多虧王萌先生的火眼金睛明察秋毫，發現了這幾處漏譯，使之在排版之前得以補救。不然將留下永久的瑕疵和無限的遺憾。我要感謝王萌先生！感謝他為保證本譯著的品質而付出的辛勤勞動！

二〇一八年四月二十七日

＊此為簡體版書名。

索引

書籍、畫作、條約

人物

三畫

四畫

五畫

六畫

七畫

八畫

九畫

十畫

十一畫

十二畫

十三畫

十四畫

十五畫

十六畫

十七畫

十八畫

十九畫

二十畫

地點

三畫

四畫

五畫

六畫

七畫

八畫

九畫

十畫

十一畫

十二畫

十三畫

十四畫

十五畫

十六畫

其他

三畫

四畫

五畫

八畫

九畫

十畫

十一畫

十二畫

十三畫

十四畫

十五畫